여섯 빛깔 무지개

여섯 빛깔 무지개

임근준 외 지음

wo
rk
ro
om

여섯 빛깔 무지개의 소회(所懷)

임근준

0. 이 책의 근간이 된 LGBT 팟캐스트 「여섯 빛깔 무지개」는 한국 동성애자 인권 운동 20주년에 맞춰 그간의 변화를 갈무리하는 뜻을 지녔다. 1994년 초동회로 시작한 한국의 성 소수자 인권 운동은 초반에 괄목할 만한 성과를 거뒀지만, 1997년 연말의 경제 대위기 이후 한동안 제자리걸음을 반복했다. 2000년대 초반엔 각 단체들이 새로운 투쟁 방향을 찾아내지 못하는 바람에 운영상의 위기를 겪기도 했다. 유교적 사회의 특성상 커밍아웃 중심의 운동 전략은 한국에 널리 뿌리내리지 못했지만, 그래도 지난 20년 동안 한국의 LGBT 사회는 조금씩 성장해왔다. (유교적 사회에선 커밍아웃을 가족과 확대 가족 공동체에 대한 배신의 성격을 띠는 돌출 행동으로 간주하는 경향이 있다. "너는 어떻게 부모 형제 생각은 않고, 네 생각만 하니?"라는 식의 반응이 대표적이다.)

1. 「여섯 빛깔 무지개」는 애초부터 20회의 방담으로 기획됐지만, 어떤 분을 모실 것인지 구체적인 계획을 확정하고 제작에 돌입한 것은 아니었다. 초창기 활동가, 2~3세대 활동가, 법조인, 예술가, 보통의 청년 등 대략적인 그림을 그릴 수야 있었지만, 다양한 성 소수자의 목소리를 담아야 한다는 암묵적 전제가 있었으므로, 어느 정도 타입캐스팅을 피할 수 없었다. 그런데, 타입캐스팅은 여차하면 주류 사회를 주요 변수로 의식해 '모범 소수자의 이미지를 만드는 일'로 전화하고, 소수자 사회 내부의 실재하는 차이들을 은폐하는 기능을 행하게 된다. 자연, 조심스러울 수밖에 없었다. (예를 들면, 말로는 차세빈 씨를 트랜스젠더 여성의 대표로서 모신 것은 아니

라고 했지만, 일단 차세빈 씨를 모셨으면, 다음 에피소드에선 트랜스젠더 남성을 모시지 않을 수 없었다. 소위 '안배'가 만들어내는 기계적 배분에서 완전히 자유로워지려면, 이런 기획을 더 많이 더 자주 반복하는 수밖에 없다.) 그러므로, 큰 욕심을 내지 않고, 현재 시점에서 한국 LGBT 사회의 의식과 역량을 아카이브한다는 자세로 기획과 제작에 임했다.

2-1. 팟캐스트가 진행된 2014년은 세계 동성애자 운동에서 큰 변화와 성취가 이어진 1년이었다. 동성혼 법제화가 완연한 대세가 됐고, 2014년 유로비전 송 콘테스트에선 예수처럼 수염을 기른 드래그 퀸 가수, 콘치타 부르스트가 우승을 거머쥐고 새 시대의 LGBT 아이콘으로 떠올랐다. (콘치타 부르스트의 이미지는 소위 '합성짤'의 현현이라고나 할까… '짤방' 세계에서 탄생해 실재계로 강림한 호모 여신 같은 존재라고 할 수 있다. 동성혼 법제화 시대를 대표하는 예수이자 성모 마리아로서의 드래그 랙 이콘이 바로 콘치타 부르스트다. '콘치타'는 스페인 은어로는 여자의 성기를 뜻하는 '작은 조개'란 단어가 되고, '부르스트'는 독일어로 소시지를 의미한다).

2-2. 불행히도, 한국의 LGBT 사회는 국제적 동성혼 법제화의 대세에 올라타지 못했다. 2013년을 기점으로, 동성혼 법제화 시대를 맞이한 서구와 그 외의 지역 사이에는, 어떤 심대한 격차가 발생했다. 국제적 동성혼 법제화의 흐름을 주도한 미국 사회는 정치적, 윤리적, 도덕적 우월성을 획득했고, (서구의) 주류 사회가 LGBT를 다루는 방식과 (서구의) LGBT 사회 내부의 동역학은 동시에 급격히 변화했으며, 현재에도 급변하는 추세는 여전한 모습이다.

한국을 비롯한 아시아의 LGBT 사회는 이러한 국제적

승리에 기뻐하면서도, 이를 어떻게 국내 상황에 활용할 것인지 갈피를 잡지 못했고, 강 건너 불꽃놀이 구경하듯 급변하는 상황을 바라만 보는 처지였다. 이게 단지 기회를 놓친 것 이상의 위기의식으로 이어지는 이유는, 1960년대 후반 이래 북미와 서유럽에서 전개돼온 커밍아웃 중심의 LGBT 운동도, 결국 동성혼 법제화로 인해 서서히 힘을 잃을 것이기 때문이다. 덩달아 커밍아웃 위주의 공격적 가시화 전략을 구사할 수 없게 되면, 한국에서 LGBT들은 어떤 새로운 전략을 구사할 수 있을까? 답을 찾기가 쉽지 않다.

2-3. LGBT 인권 운동가 정욜 님, 번역 문학가 조동섭 님, 영화감독 이혁상 님, 게이 바 사장 천정남 님, 레즈비언 페미니스트 예조 AKA 마아 님, 인권 변호사 장서연 님, 취업 준비생 게이 청년 유상근 님, 후죠시 진챙총 님, 이성애자 여성 영화 평론가/기자 이다혜 님, 신경과학자 제이슨 박 님, 언론인 김도훈 님, 영화 제작자/감독 김조광수 님, 드래그 퀸 앤초비 오일 님, 트랜스젠더 커리어 우먼 차세빈 님(과 언더웨어 디자이너 원종필 님), 트랜스젠더 남성 진호 님, LGBT 인권 운동가 호림 님, 레즈비언 커플 고기 님과 복숭아 님, 만화가 이우인 님, 이렇게 스무 명의 손님을 모시고 성 소수자로서 개인의 삶을 이야기하는 동시에 LGBT 사회의 변화 발전 과정을 추적하는 과정은, 사실 말처럼 쉬운 일은 아니었다. 때로 섭외 자체가 어렵기도 했었는데, 특히 꼭 모시고 싶었던 개척자 장진석 님과 전해성 님의 섭외가 불발로 끝난 것은 퍽 아쉬운 일이었다.

하지만, 세상의 변화란 예측 불가능의 묘한 것이어서, 팟캐스트 제작 중에 한국 LGBT 운동의 발전상을 입증하는 큰 사건이 터졌다. 박원순 서울시장이 시민사회의 적법한 합의 과정을 통해 도출된 인권헌장의 선포를 거부하고, 이어

보수 기독교계의 지도자들을 만나 "동성애를 지지하지 않는다"고 입장을 표명하자, 성소수자차별반대 무지개행동이 서울시청사 로비를 점거하고 보란 듯 여론을 주도하며 농성을 벌였다. 이 투쟁이 성공적으로 마무리된 직후, 호림 님을 모시고 투쟁의 전개 과정과 성과에 관해 질문을 던지고 답을 들을 수 있었던 시간은, 더 나은 미래를 향한 작은 기적, 작은 축복이나 다름없었다.

3. 「여섯 빛깔 무지개」는 성 소수자 사회의 협조와 인천문화재단의 지원이 아니었으면 실현하기 어려웠을 프로젝트다. 우선, 도와주신 LGBT 동료, 이웃 여러분께 두 손 모아 사의를 표한다. (제작 진행을 도와준 송이원 님, 고마워요.) 마찬가지로, '2014 문화다양성 확산을 위한 무지개다리사업'의 하나로 팟캐스트와 단행본이 제작될 수 있게끔 애써주신 인천문화재단에(그리고 정지은 님께) 감사드린다. 아울러, 팟캐스트 홍보와 책 표지에 작품 이미지를 사용할 수 있도록 허락해주신 박미나 작가님과 책의 편집을 맡아주신 김재석 님, 화보 촬영을 맡아주신 LESS(김태균) 님, 그리고 워크룸 프레스의 박활성 님과 김형진 님께도 특별한 감사의 뜻을 전한다. (여러분, 고맙습니다! 좋은 일 하셨으니, 복 받으실 겁니다.)

4. 2015년은 한국의 성 소수자 운동에, 새 출발의 해였다. 1969년의 스톤월 항쟁 이후 펼쳐진 서구 LGBT 사회의 1970년대와 같지는 않겠지만, 지난 20년의 세월과 다른 새로운 시대임에는 틀림이 없다고 확신한다. 나는 이 책이 새로운 세대의 도약을 위한 정신적 구름판이 되리라 기대한다. 10년 뒤 LGBT 청소년들이 이 책을 읽고는, 다 함께 '저런 한심한 시대가 있었고 이제는 모두 이겨냈다'며 깔깔대고 웃을 수 있게 되기를 원망(願望)해본다.

양성애자 게이인 나는, 1994년 대학 사회에서 처음 커밍아웃한 이래, '투쟁하는 인생도 살 만하고 사회 문화는 산사태처럼 발전한다'는 믿음의 증거가 되고자 노력해왔다. 이제 여러 동료들과 젊은 벗들이 있으니, 계몽의 짐은 잠시 내려놓고자 한다.

(비고: 'LGBT'는 레즈비언, 게이, 바이섹슈얼, 트랜스젠더의 약자를 모아 만든, 성 소수자 공동체의 가치중립적 이름이다. '성 소수자'라는 이름도 가치중립적이지만, 여차하면 '게이'라는 호칭과 마찬가지로 남성 동성애자로 대표되는 힘의 체계에 포섭되므로, 대개 국제적 인권 단체들은 LGBT라는 표현을 선호한다. 성 소수자 공동체 내부의 상이한 주체들을 분명히 드러내는 모자이크의 이름이기 때문이다.)

함께 그려요, 여섯 빛깔 무지개

정지은 / 인천문화재단 기획사업팀

무지개에는 두 종류가 있다. 사람들이 가장 먼저 떠올리는, 비 온 뒤 하늘에 뜨는 일곱 빛깔 무지개도 있지만 빨주노초파남보에서 남색이 빠진 무지개도 있다. 바로 이 책의 제목이자 성 소수자 혹은 다양성의 상징인 '여섯 빛깔 무지개'이다.

1979년 이래 가장 대중적이고 국제적으로 사용되고 있는 이 무지개는 인권 퍼레이드 행사에서 빠지지 않고 등장하며, 또한 이 책의 근간이 된 팟캐스트의 제목이기도 하다. 2014년 오픈리 게이이자 미술 · 디자인 평론가 임근준이 진행하고 인천문화재단이 지원한 「여섯 빛깔 무지개」 팟캐스트에는 다양한 LGBT들이 출연해 자신들의 속내를 들려주었다. 레즈비언 변호사, 게이 번역가, 트랜스젠더 뮤지컬 배우, 드래그 아티스트 등 출연자들의 면면만 봐도 다채롭기 이를 데 없다. 모두 20회에 걸쳐 진행되는 동안 이 팟캐스트는 아는 사람은 다 아는 '핫 아이템'으로 등극, 업데이트를 할 때마다 관련 분야의 상위에 오르는 인기를 조용히(!) 누렸다. 특히 지금까지도 간간이 잘 들었다며 "주변에 이런 사람들이 있는지도 몰랐는데, 다시 생각해보게 된다"고 청취자들이 소감을 전해올 때의 뿌듯함이란… 팟캐스트를 시작하기 전에는 나 역시 LGBT라는 단어 자체가 생소했던 터라 감회가 새롭다.

우여곡절도 많았다. 온라인을 통해 대중에게 공개되는 팟캐스트의 특성상, 섭외부터가 쉽지 않았다. 일단 커밍아웃을 한 사람이어야 하고, 최대한 각자 전문 분야에서 활동하는 다양한 성 소수자의 목소리를 들려주어야 했기 때문이다. 무엇보다도 자신의 인생사를 공개하는 용기를 갖춘 출연자를 찾기란, 진행자의 인맥이 없었다면 불가능했을 것이다.

홍석천 씨나 하리수 씨와 같은 대중적 인지도가 높은 연예인이 있는 커뮤니티는 그나마 나았지만, 레즈비언이나 FTM 트랜스젠더처럼 성 소수자 내에서도 자신들의 정체성을 대표해 목소리를 낼 수 있는 '스피커'가 드문 커뮤니티는 더욱 난관이었다. 이들은 많고 적음을 떠나 LGBT 내에서도 상대적 소수자에 머무르기 쉬우며, 사회적으로 더 고립되거나 잘못된 정보가 유통되는 경우도 허다했다. 팟캐스트를 진행하며 겪었던 이러한 어려움은 성 소수자를 인정하지 않는 우리 사회의 모습을 그대로 반영한 것이기도 하다. "내가 게이라는 사실을 알리지 말라"처럼 완전히 이성애자인 척하는 '패싱(passing)', 벽장 안에 들어간 것처럼 자신의 정체성을 숨긴다는 뜻의 '클로짓(closet)' 등 정체성을 부정하고 낮과 밤에 전혀 다른 사람으로 살아가는 성 소수자들이 많다는 것도 한국 사회의 특징이다. 별거 아닌 이야기라도 마이크 앞에서 말한다는 것 자체가 부담되고 어색할 텐데, 여기 나왔던 분들이야 오죽하겠는가. 이 자리를 빌려 다시 한 번 감사의 말씀을 드린다.

팟캐스트 녹취록을 바탕으로 만든 이 책에는 커밍아웃부터 시작해 한 개인이 성 정체성을 깨닫고 받아들이는 과정, 출연자의 인생 이야기가 오롯이 담겨 있다. 정체성을 고민하는 많은 성 소수자 청소년에게 건네는 따뜻한 위로와 경험에 바탕을 둔 실질적인 조언도 빠지지 않는다. 가장 중요한 지점은 자신이 느끼는 대로 행동하고, 실패를 두려워하지 않고 부딪치면서 해결해가는 과정으로서의 인생 그 자체다. 성 소수자의 정체성에 짓눌리거나 피해자 콤플렉스에 빠지지 않으면서 자신의 인생을 주체적으로 설계하고 사회의 당당한 구성원으로 살기 위한 노력이 필요하다는 얘기다. 그러므로 성 소수자로서 행복하게 사는 방법은 인간으로서 행복하게 사는 방법과 전혀 다르지 않다. 여섯 빛깔 무지개가 일곱 빛깔 무지개와 공존할 수 있는 사회라면, 우리는 다 같이 조금씩 더 행복해질 것이다. 당신의 성 정체성이 무엇이든, 그것은 중요하지 않다.

1

동성연애의 법칙

여자가 묻고 게이가 답한다

이다혜, 임근준

이다혜: 장르 문학 전문지 『판타스틱』 기자로 일했고, 현재 영화 잡지 『씨네21』 기자로 활동 중이다. 『씨네21』에서 시사 칼럼 「이주의 한국인 무엇을 이야기할까」와 문화 칼럼 「작업의 순간」을 연재했고, 책 칼럼 「다혜리의 요즘 뭐 읽어」를 연재 중이다.

이다혜: 본격적인 이야기를 시작하기 전에, '게이다(gaydar)'에 관해 이야기해볼까 해요. 제가 이 단어를 처음 들은 게 미국 드라마 「섹스 앤 더 시티(Sex and the City)」에서였어요. 처음 듣고 그런 게 진짜 있나 싶어서 게이 친구한테 물어보니까 실제로 그렇다더라고요. 커밍아웃을 했건 하지 않았건, 본인이 벽장 속에 들어가 있는 클로짓 게이건 간에, 그냥 딱 보면 판단이 선다고요. 이게 어떻게 가능한 거죠? 이성애자 여자도 게이다를 갖출 수 있는 방법이 있나요?

임근준: 연습하면 가능합니다. 게이다는 '게이(gay)'와 '레이다(radar)'가 합쳐진 단어죠. 그걸 "촉이 선다" 이렇게 말하는 분들도 있고요. 저도 어렸을 때 게이다가 그렇게 발달하진 않았어요. 경험의 축적이 중요합니다. 미술하고도 약간 비슷해요. 미술에서 예술적 판단을 내리기 위해서는 취향과 감식안이 필요하죠. 취향은 어렸을 때에 방향성이 결정되면 극복이 좀 어렵잖아요. 내 귀에 심포니가 안 좋게 들리고, 뽕짝이 좋게 들리면, 그냥 난 뽕짝이 좋은 사람이죠. 그러나 가치판단 능력은 갖출 수 있어요. 노력하면 감식안이 올라가니까 "심포니가 왜 훌륭한지는 알겠어, 하지만 난 뽕이 좋아" 이럴 수 있는 거죠. 게이다도 마찬가지입니다. '성적 지향(sexual orientation)'은 5세 즈음 이후에는 바꿀 수 없지만, 게이다는 게이뿐만 아니라 이성애자 남녀도 훈련을 통해서 얼마든지 체득할 수 있어요.

어떻게 판별이 가능한가요?

먼저 제 답변이 정치적으로 올바르거나 과학적으로 완전히 검증된 것이 아니라는 걸 감안해주세요. 게이다는 여러 가지 차원에서 작동하죠. 일단 육체적 차원에서 걸음걸이가 가장 중요한 판별 기준 중 하나입니다. 심지어 게이와 이성애자는 골반의 각도도 다른 것 같습니다. 어렸을 때 게이가 되고 이성애자가 되는 건, 결국 자궁 안에서 받은 성 호르몬 밸런스의 차이에서 결정되는 부분이 있다고 연구가 되어 있기 때문에, 그게 골반 모양에 영향을 미치는 것 같아요. 남자와 여자가 골반 모양이 다르잖아요? 그런데 게이 남성도 골반 각도가 좀 달라요. 예전에 제 이성애자 친구들하고 일이 있어서 자동차를 타고 동네를 한 바퀴 돌고 있었는데, 그때 같이 있던 친구의 친척 동생이 지나간 거예요. 친구가 제게 게이인지 아닌지를 물어봤죠. 친척 동생의 엉덩이 자세와 걷는 모양을 본 순간 깨달았어요. 100퍼센트 게이가 확실하다! 이성애자와 게이는 걸음걸이가 달라요. 발끝에 자존심이 걸려 있는 경우가 많죠. 모델 워킹처럼 걷기도 하고, 남의 시선을 의식하기 때문에 여러 명이 있는 자리에서 걸어갈 때 엉덩이에 힘이 들어가 있습니다.

그건 여자랑 좀 비슷한 것 같네요.

많이 비슷하죠. 뒤에서 봤을 때 엉덩이 모양도 달라요. 커밍아웃한 옛날 발레리노들의 동영상을 보면 아주 쉽게 판별할 수 있어요. 게이 발레리노분들의 골반이 더 많이 열리죠. 유연성이 좋아서 점프할 때 다리가 올라가는 각도나 느낌이 이성애자와 다르고, 그래서 더 다양한 표현이 가능합니다. 물론 게이다가 걸음걸이에만 반응하는 건 아니에요. 두 번째는 발화(發話), 즉 언어죠. 말하는 습관. 게이 여러분이 모음을 길게 발음하는 특성이 있습니다. 파찰음 같은 걸 끌었다가 터뜨리는 걸 좋아해요. 말의 흐름이 다르기 때문에 게이와 이성애자의 발화 패턴을 구별할 수 있습니다. 언어학 논문도 나와 있어요. 농담 삼아서 '게이 언어(gay tongue)'가 따로 있다고 하잖아요.

정말 입증된 건가요?

네, 게이 여러분이 음의 고저가 훨씬 많습니다. 래퍼 중에 게이가 많아요. 랩은 일종의 수다 떨고 누군가를 비칭(bitching)하는 거잖아요. 두성부터 흉성까지 훑어서 플로우를 만드는 걸 보면 딱 봐도 "쟤는 게이인데?" 할 수 있죠. 그리고 또 다른 요소는 손짓이에요. 아무래도 남자 게이의 여성적인 면모가 손동작으로 표출되는 경향이 있습니다. 손가락 모양 같은 게 좀 다르고요.

이탈리아 남자들도 항상 손을 쓰는 버릇이 있잖아요. 손동작이 많냐 적냐가 아니라 손을 쓰는 방식에 차이가 있다는 것처럼 들리는데요.

제가 볼 땐 손끝뿐 아니라 어깨도 좀 달라요. 공을 던져보면 게이의 어깨가 어떻게 다른지 알 수 있습니다. 피트니스 센터에서 무거운 것도 잘 들고, 손아귀 힘이 센 게이도 많지만, 체력장에서 남자 게이가 만점을 받는 경우는 거의 없어요. 공을 못 던져서죠. 공이 날아가질 않거든요. 게이의 뇌가 움직이는 물체를 렌더링하는 방식이 여성적인 거죠. 반대로 레즈비언 여러분은 던지기를 대부분 잘합니다.

그것도 어깨의 문제인 건가요?

골반 모양도 좀 다르죠. 모든 레즈비언분이 그런 건 아니지만, 부치(butch) 여러분 중에는 걸음걸이 자체가 벌써 '저분은 해병대 갔다 오셨나?' 이런 느낌이 드는 분이 있어요. 그게 아예 조절이 안 되죠.

그런 몸동작이 무의식적인 부분이라, 게이다가 작동할 수 있다는 거죠?

맞아요. 물론 이게 상대적인 것이라, 어떤 게이 여러분은 아무리 봐도 모르겠는 분이 있어요. 본인은 일부러 그러는 게 아니라고 해도, 4~5세 때 '이걸 남들이 안 좋게 보는구나' 하고 뇌에 각인되면 의식적이거나 무의식적으로 조심하기 시작하죠. 한번 자기 검열이 내면화되면 전혀 티가 안 나는 분도 분명히 존재합니다. 게이 문화에서는 이걸 '패싱'과 '커버링(covering)'으로 나눠요. 패싱은 완벽하게 이성애자인 척하는 거예요. 소위 '철벽 클로짓'이라고 하죠. '내가 게이라는 사실을 아무도 알아서는 안 된다', '당신이 내가 게이라는 사실을 알기만 해도 죽음이야' 이런 무서운 삶의 태도랄까요. 요즘은 그런 분들이 별로 없죠. 반면에 커버링은 사회에서 살아남기 위해서 거기에 맞춰 자기의 게이다움의 톤을 조절하는 걸 말합니다.

일종의 사회화 역할을 하는 부분이 있겠네요. 자기의 성 정체성을 받아들일 수 없는 사람들 앞에서는 적당히 일반인 코스프레를 하는 식으로.

그런데 본인은 '일코(일반인 코스프레)'를 굉장히 열심히 한다고 생각하지만, 사회 분위기가 누그러지면 일반 직장에서도 게이다움을 약간은 표출하고 사는 거죠. 남들은 못 알아보지만, 다른 게이는 자신을 알아볼 수 있을 정도로.

이게 수위 조절이 정말로 가능한 거군요.

개인 차원뿐만 아니라, 사회적 분위기가 어떻게 변하느냐에 따라 전선이 왔다 갔다 합니다. 한마디로 게이다는 앞서 말씀드린 요소들에 대한 순간적인 종합 판단이 되는 셈이죠. 예를 들어 횡단보도를 건너다 눈이 딱 마주쳤는데 상대방이 날 스캐닝한다, 그건 뭐 100퍼센트 게이인 거죠. 그 짧은 순간에 가치판단이 끝나요. '그래 넌 85점', '너는 90점, 하지만 나랑은 안 돼.' 순간적으로 눈알이 돌아가는 건 남성적 뇌의 특성이잖아요. 게이도 남자이기 때문에 그걸 절대 컨트롤할 수 없어요. 게이들끼리는 자동 커밍아웃이 되는 거죠. 이성애자 남자도 옆에 자기 부인이나 애인이 있어도 가슴이 크고 아름다운 여성이 지나가면 자기도 모르게 한 번 훑고, 바로 혼나잖아요. 그게 어쩔 수 없는 남자의 눈이죠. 신석기시대의 뇌가 잘못된 겁니다.

그런 특성 때문에 재미있다고 느끼기도 해요.

대부분 게이는 자기가 좋아하는 템플릿이 있어요. 과체중인 '뚱베어'만 좋아하는 분, 마른 사람만 좋아하는 분, 근육 게이만 좋아하는 분. 이렇게 특정 템플릿 이외의 나머지 체급을 절대 안 만나는 분들이 있기 때문에, 게이의 게이다가 성능이 가장 좋은 편이지만, 종합적인 전천후 게이다로서는 부족한 면이 있습니다. 게이다를 메타 차원에서 돌려서 이성애자 남녀가 장착하면 오히려 정확도가 더 높은 분들도 가끔 있어요.

전 이 방송을 돌려 들으며 수련하겠습니다.

제가 비엔날레에서 모 큐레이터분을 만났어요. 그분이 모범생이라 예전엔 게이다 능력이 제로였죠. 그런데 한 잡지사의 게이 후배 기자들하고 서 있는데, 그분이 와서 배시시 웃으시더니 "거기는 일부러 그렇게 뽑으세요?" 이러셔서 깜짝 놀랐죠. 게이다 장착에 딱 2년 걸리더라고요.

저는 2년 후면 불혹을 지나갈 것 같아서 또다시 슬퍼지네요.

단기 속성으로….

자, 그럼 이제 오늘의 주제인 「련애박사의 고난이도 동성련애 108법칙」에 대해 얘기해볼까요? 이 글을 처음 쓰신 게 2003년도로 알고 있어요.

네, 벌써 오래전 얘기네요.

10년이 지나면서 바뀐 부분도 있겠죠. 처음부터 차례로 짚어가면서 게이와 이성애자 연애의 차이점과 비슷한 점, 시대가 변하면서 달라진 점에 관해 알아보겠습니다.

반드시 실물을 보고 고른다. (절대 온라인상의 프로모션을 두고 상상을 키우는 '초짜'적 행위로 뇌의 에너지를 허비하지 않는다.)

온라인에 올리는 사진은 자기 검열에 검열을 거친 가장 완벽하고 이상적인 이미지잖아요.

이건 반쯤 맞고 반쯤은 틀린 것 같아요. 옛날엔 게이들이 인터넷 데이팅 사이트를 통해 사람을 만났어요. 그런 곳에 올린 프로필 사진은 자신이 되고 싶은 누구이지, 실제의 내가 아니잖아요. 그 사람을 만나면 100퍼센트 실망하죠. 게다가 그걸 독해하는 사람도 평소에 만나고 싶었던 사람의 이미지를 거기에 투사하기 때문에 절대로 합의점이 나오지 않았어요. 그런데 요즘은 지역 기반 게이 데이팅 앱인 그라인더(Grindr)나 잭드(JACK'D) 등이 발전하면서 프로필 사진의 거짓말을 독해하는 능력이 생긴 거죠. 이제는 SNS로 충분한 대화를 나눈 후에 만나는 것도 가능합니다.

게이분들은 데이팅 앱을 워낙 많이 쓰기 때문에 프로필 이미지에 대한 감식안이 일반인보다 높은 것 같습니다.

훨씬 높아졌죠.

대상이 포착되면 과감하게 종합 검색 작업에 들어간다.
(게이 바나 클럽에서는 거의 모두 다 나름대로는
'멋진 남자 가면 놀이'를 하고 있는 것이므로 절대 인간성
따위를 알 수 없다. 따라서, 꼭 밝은 대낮에 연극적 공간이
아닌 일상적 공간에서 취하는 행실을 봐야 한다.)

여기서 '일상'은 낮에 하는 평범한 데이트 같은 거죠?

게이는 삶이 게이와 이성애자의 공간으로 나뉘어져 있어요. 그래서 약간 정신분열적이기도 합니다. 저 자신

도 그렇게 느끼거든요. 친구 인맥 관계도 종로나 이태원에서 만날 때하고 또 주중에 일반 공간에서 만날 때하고 너무나 달라요. 게이 동네에서 게이 친구들과 했던 얘기가 주중에 기억이 안 나기도 해요. 그 순간을 상기시켜 줄 자극제 없이 두 개의 삶과 사회가 완전히 분리되어 있으니까, 게이 동네에서 했던 얘기는 거기 가서야 기억날 정도인 거죠. 마치 알코올중독자가 술 먹고 들은 얘기는 술 먹어야 기억나는 것처럼요. 공간과 사물이 사람의 기억과 정체성에 정말 어마어마한 영향을 끼칩니다.

그 사람의 총체적인 모습을 보려면 낮과 밤을 다 경험해야 한다는 말씀인 거죠?

게이 사회에 나오면 병적으로 거짓말하는 친구가 생각보다 많아요. 게이의 인간성에 문제가 있다기보다, 거짓말을 해도 되기 때문이죠. 아무도 알 수 없잖아요. 인맥이 연결되거나 검증되는 것도 아니고, 서로 묻지 않고 파지 않는 것이 예의거든요. 대부분 클로짓 게이로 사니까요. 한번 누가 내 직업에 대해 오해하거나 혹은 내가 거짓말을 했는데 그게 점점 퍼지고 또 좋은 평가를 받으면, 그 가짜 정체성에서 벗어나기가 싫은 거죠. 걸렸다 싶으면 그냥 연락 끊고, 페이스북 계정 지우고, 잠수 탔다가 다른 이름으로 나타나도 아무도 모르는 거죠.

그럼 커뮤니티 안에서 공간 이동도 가능한 건가요? 이태원에 가던 사람이 종로로 간다든가, 클럽을 바꾼다든가 하는 방식으로요.

네, 아무리 업계가 좁아도 내가 가던 단골 술집만 바꿔도 인맥이 안 겹치니까요. 누가 특정 게이를 거짓말쟁이라고 해도 '왜 쟤는 저 사람 흉을 보나? 혹시 원나잇스탠드 하고 서로 사이가 안 좋게 끝났나?' 이런 식으로 문제가 해결되기 때문에 검증이 어려운 세계라 볼 수가 있죠. 요즘은 좀 덜해요. 잭드나 그라인더 같은 게이 앱이 나오고 많이 희석됐지만, 왕년에는 게이 바에 걸어 들어가는 순간 다른 인간이 됐으니까요. 게이 동네에 나타날 때는 풀 메이크업에 옷을 멋지게 차려 입잖아요. 업소에 들어갈 때부터 남의 시선을 의식하니까, 그 순간에는 내가 되고 싶은 누군가가 되는 거죠.

굉장히 연극적으로 바뀌는 부분도 있겠네요.

퀸의 프레디 머큐리도 공연을 할 때는 마초, 뮤직비디오에서는 디바잖아요. 그런 콘셉트를 잘 이용할 수 있는 건 사회적 정체성과 태도를 드레스 코드처럼 골라서 입는 게이 문화 특유의 성격이 있기 때문에 가능한 겁니다. 게이 세계의 아름다움은 이성애자 남성의 아름다움과 달리 인공의 아름다움이니까요. 밤에 술집 조명 아래에서 봤을 땐 너무 빛나고 아름다운데 대낮에 보면… 그 태양빛이 무섭잖아요? 마음 아프지만 게이는 밤에 봐야 한다, 이게 저의 지론입니다. 아무튼 낮에 만났는데 이 친구가 내게 반갑게 인사를 하느냐, 게이와 이성애자를 대할 때 차이가 있느냐, 이런 것들이 중요합니다. 만약 이성애자의 공간에서 나를 봤는데 표정이 어둡고 얼굴에 부정적인 기색이 잠깐 스친다면, 약간의 자기혐오가 아직 남아 있는 거죠. 그런 사람과는 언젠간 반드시 문제가 일어날 수 있어요. 그래서 저 사람의 진짜 모습을 종합 판단하려면 낮에도 봐야 합니다.

자기가 게이로서 정체성을 자각하고 게이 커뮤니티의 일원이 된 지 얼마 안 된 사람이라면, 시행착오를 반복하고 경험을 많이 쌓아야 좀 더 자유로워지고 달라질 수 있지 않을까 싶습니다.

이성애자와 달리 게이로 사는 방법은 아무도 안 가르쳐 주기 때문에 3~4년 헤매는 건 기본이죠.

나비처럼 날아 벌처럼 쏴라. 사랑 앞에서 밍기적대봐야 상대를 짜증나게 할 뿐이다. 좋아한다고 말했다가 거절당하는 것은 수치스런 일이 아니다. 좋아하면서도 용기가 없어 밍기적대다가 볼 장 다 보는 게 수치스런 일이다. 믿음직한 사람이라는 첫인상을 심어주려면 멋지게 공작에 들어가라. 우울과 소심은 상대를 짜증나게 할 뿐.

서로 다 알고 있어야 '밀당(밀고 당기기)'이 성공적으로 재밌어지는 거거든요. 그런데 그런 거 없이 그냥 막연하게 '한번 찔러봤다가 아니면 말고'라는 식의 태도만 유지하고 계속 집적거린다는 느낌만 주면, 그건 게이건 이성애자건 다 똑같이 안 되는 일인 것 같아요.

데이팅 앱뿐만 아니라 게이 동네에서 마주쳤던 사람이 마음에 들어서 공작에 들어갈 때, 자꾸 찔렀다 말았다 하면 절대 효과 없죠. 밀당이 중요하다고 말하는 분도 있지만, 밀당을 할 때 하더라도 일단 기본적으로 내가 너에게 호감이 있다고 표현하는 것은 중요합니다. 만약 내가 공주과다, 먼저 대시하기는 싫다, 그게 안 맞는다, 이렇다면 결정적인 순간에 그 오빠 앞을 지나다니는 게 중요하죠. 그가 싱글이 됐을 때 괜히 앞에 슥 지나가는 겁니다.

그때 술을 같이 마시는 게 가장 확실하고요.

그렇죠. 그런데 깨진 지 얼마 안 됐거나 감정적으로 정리가 안 됐을 때, 술 먹고 홧김에 한 번 섹스하는 건 또 안 좋고요. 하여튼 먹잇감의 자세로서 해맑게 앞으로 스윽 지나가는 건 아주 중요합니다.

이태원이나 번개에서 만난 상대의 경우 그 자리에서 '쇼부'를 보려 하지 마라. 호감을 주고, 관심이 있음을 표명한 뒤

전화번호만 챙기면 그만이다. 나중에 일대일로 만나서 연애를 제안하는 것이 열 배는 효과적이다.

다음 날은 확실히 기다리거든요.

이것도 일종의 밀당일 수는 있는데요. 이태원에는 대부분 친구랑 같이 나오잖아요. 두세 명, 서너 명씩. 평판에 신경 쓰는 게이는 친구가 보고 있는 자리에서 바로 '예스'를 해버리고 둘이서 딱 떠나는 건 심리적 부담감을 느끼기 때문에, 너무 밀어붙이면 타율이 떨어집니다. 물론 그게 취향이라면 그냥 밀어붙이면 되지만 타율을 좀 높이고 싶다면 그 자리에서는 번호만 따고, 며칠 있다가 연락하는 게 맞죠.

꼬실 때엔 반드시 눈을 들여다보며 꼬신다.

이건 밑줄 100개짜리에요.

'시선의 힘'이라는 건 매우, 매우, 매우 중요합니다.

게이들도 마찬가지겠지만, 한국 사회는 눈을 똑바로 보고 얘기하지 말라고 해요. 전 집에서는 눈을 똑바로 보고 얘기를 하라고 교육을 받았는데, 학교에서는 그걸 싫어하는 거예요. '화났나?' 이렇게 생각하거나, 윗사람들은 애가 너무 도전적이다, 버릇이 없다고 말합니다. 그래서 눈을 보면서 뭔가를 얘기하는 것에 익숙하지 않은데, 눈을 똑바로 보고 가까이에서 이야기하면 대체로 호감이 없던 사람도 '이건 뭐지?' 하는 느낌을 조금 갖게 되거든요.

일단 심박이 올라갑니다. 저도 어렸을 때는 눈을 보고 말하다가, 사회생활에 적응을 해야 하니까 보통은 눈을 똑바로 보고 말하진 않아요. 잠깐 마주쳤다가도 눈을 딴 데로 돌리죠. 인중이나 코를 바라보는 식의 편법을 사용하는데, 연애할 때는 안 그래요. 눈을 들여다보면서 자신감 있게 감정을 표출하는 게 정말 효과적입니다. 특히 키스를 할 때, 여자는 눈을 감는 경향이 있지만 남자는 눈을 똑바로 뜨고 상대를 보는 분이 있죠. 그런 분이 섹스를 더 잘해요. 시각적으로 상대를 장악하는 게 매우 남성적인 뇌이기 때문에, 눈으로 남성성의 척도를 어느 정도 평가할 수 있습니다. 물론 이성애자 남성이라고 키스할 때 다 눈을 부릅뜨고 하는 건 아니지만요.

과도하게 남자다운 척하는 것은 금물. 잠깐이면
몰라도 장기적으로 연기하는 것은 불가능하다.
제대로 연애하려면 절대 연기하지 말아야 한다.

자기가 어떤 사람인지 잘 파악하고 성공하는 방법을 찾는 것이 중요하죠.

게이 여러분은 바나 클럽에 갈 때, 내가 되고 싶은 누군가가 됩니다. '오케이, 난 오늘은 오빠야' 이러고 오빠를 연기하면 두세 시간은 할 수 있단 말이죠. 그런데 한국 사람이 그렇게 오래 연기를 못 해요. 와르르 각이 무너집니다. 남자 연기를 하는 아는 분이 있는데 연애를 하면 대부분 집에 일찍 귀가해요. 게이가 여성적인 건 창피한 게 아닙니다. 물론 여성적인 걸 표현하는 방법이나 수준이 개성에 따라 다를 수는 있는데, 억지로 남자다운 척하는 건 자살골이 될 가능성이 아주 높아요.

타이밍은 연애의 전부다. 상대가 연인이 아쉬울 때
멋진 자세로 (물리적으로든 사회적으로든)
앞에 쿨하게 나타나주는 것은 중요하다.

아까 눈빛과 더불어 정말 타이밍은….

직장 생활 초년병 시절에 야근 끝나고 "아이고 힘들어" 할 때 자동차 몰고 회사 앞에 나타나면 마음이 안 흔들릴 사람이 누가 있겠습니까?

옆에서도 "저런 애라면 꼭 잡아"라고 얘기하죠. 주변의 평판도 관계를 지속하는 데 아주 중요한 역할을 하거든요.

그게 게이 사회의 최대 약점이에요. 평판이 없거든요. 클로짓 게이니까 아는 친구가 별로 없고, 둘이 연애를 하고 다녀도 아무도 연애하는지 모르고요. 게이 친구가 적은 게이도 많기 때문에 연애를 하는 것에 대해서 평판이 작동을 안 하는 거죠. 그게 게이 사회가 이성애자 사회와 엄청나게 다른 지점입니다.

게이임을 부끄러워하는 자는 자신의
게이 연인(바로 당신)도 부끄러워하는 법이다.

남녀를 불문하고, 자기 자신하고 잘 못 지내는 사람은 남하고도 절대 못 지냅니다.

하룻밤 관계가 끝나자마자 갑자기 울면서 통성기도를 하면 도망쳐야 합니다. 반면에 이렇게 내적 갈등이 심한 분만 노리는 선수도 있죠. 훨씬 다루기 쉬우니까요. 욕망의 패턴이 결정되어 있고, 일주일마다 한 번씩 울면서 기도하고 봉사 활동을 하면 또 다시 죄를 지을 수 있기 때문에… 그 에너지 사이클의 힘이 아주 셉니다. 하지만 좀 평탄한 관계를 원한다면 자신의 게이다움을 긍정하는 분을 만나는 게 더 행복하죠.

내가 좋아하는 남자에게 짝사랑하는 이성애자 남자가 있는 경우, 그 판타지가 깨질 때까지 기다린다. (머릿속에서 이상화된 이성애자 오빠는 천하무적이니, 결코 내가 무찌를 수 있는 상대가 아니다. 차라리 애인이 있는 게이를 꼬셔내기가 더 쉽다.)

저도 정말 궁금했거든요. 짝사랑하는 이성애자 남자가 있으면 어쨌든 사랑하고 싶고, 연애하고 싶은 감정이 더 심하게 달아오르잖아요.

원나잇스탠드 이상으로 좋은 관계가 되기는 어려워요. 이성애자 남자를 어렸을 때부터 아주 오랫동안 짝사랑하는 분들도 있죠. 그런데 절대로 이뤄질 수 없고, 키스도 한 번 못 해봤을 거 아니에요. 못 먹는 떡이 이만큼 아름답게 버티고 있으면, 그 사람을 이길 방법은 없는 거예요. 주변의 게이들이 들이대잖아요? 뇌 속에서 합리화 기제가 발동하면서 나한테 들이댄 게이에 대해 각종 흠을 찾아냅니다. 그게 고착화되니까 계속해서 이성애자만 짝사랑하는 분도 있어요. 일종의 관계 공포증하고 똑같습니다.

여자 중에는 나이 많은 유부남 상사만 골라서 좋아하는 분들이 있어요. 그런데 상사와 사귀지도 않고, 그 관계를 반복해서 다른 사람과 맺어가요. 이런 여성은 자신의 고립 상태를 약간은 자학적으로 즐기는 것 같아요.

자존감 문제하고 연관이 있는 거죠. 어렸을 때 충분히 사랑을 받고 자랐으면 나를 사랑해주는 사람을 사랑하지, 나를 무시하는 사람을 사랑하지는 않거든요. 완벽한 이성애자 남자의 상을 한번 만들어놓고 나머지 애들을 평가하기 시작하면, 기준점이 남성성이 되는 겁니다. 이성애자 남자에 비교하면 게이 남자가 훨씬 여성적이죠. 다 '짝퉁'이 되는 거예요. 아주 안 좋은, 불건전한 관계가 될 수 있습니다.

연애를 잘 하고, '젠틀'하게 잘(?) 헤어지는 남자라면 꼭 기억해둔다. 언젠가 나랑 사귀어도 좋을 만한 멋진 남자이기 때문이다. (연애는 해본 놈이 잘하기 마련이다. 그리고 다행인지 불행인지 게이들은 대개 6개월 이상 사귀지 못한다. 연애를 잘 하고 있는 남자들을 주시해두었다가 쓸 만한 남자 가운데 파경을 맞은 이가 있으면 적절하게 뜸을 들였다가 배고플 시점에 공작에 들어가라. 성공률 최상이다. 사실 애인이 있는 게이 남자들처럼 꼬시기 쉬운 것도 없다. 허나 독특하게 드라마틱한 인생을 선호하는 것이 아니라면, 그러시지 말라.)

게이 커뮤니티가 평판을 신경 쓸 필요가 없다면 그냥 밑바닥까지 다 드러내 보이는 경우가 많을 듯합니다.

평판이라는 기제가 약화되어 있기 때문에 깨질 때 지저분한 케이스가 좀 있죠. 이성애자 사회는 보는 눈도 많고, 가족도 소개했고, 내 얼굴과 평판을 생각해서라도 헤어질 때 기본적으로 해야 할 바를 합니다. 게이 사회는 그렇지가 않으니까 자기 윤리 기준이 뇌 속에 없는 분은 심하게 행동하기도 하죠. 안 그렇다면 그건 희귀동물인 거예요. 보는 사람도 없는데 자기 윤리 기준을 충실하게 지켰다면, 현대 게이, 현대인이에요. 좀 심하게 말하면 1000명에 한 명? 그렇다면 기억해둬야죠. '쟤는 헤어질 때도 잘 하네? 상대방은 이상하게 막 했는데도 끝까지 품위를 지켰어', 오케이, 적어놔야죠.

이성애자 남자는 평판을 너무 신경 쓴 나머지 여자가 떠나게 소장하는 일이 많기든요.

그건 게이 동네도 마찬가지에요.

'이렇게 하면 얘가 먼저 헤어지자고 하겠지?' 자긴 나쁜 남자 하고 싶진 않고 '얘가 날 버렸어'라는 피해자 코스프레를 하고 싶은 거죠. 그래서 생기는 문제도 많고요.

한국 사회가 유교 사회라서 먼저 헤어지자고 안 하고 상대방이 헤어지자고 말할 수밖에 없는 상황으로 몰아가는 건 게이 사회건 이성애자 사회건 똑같이 존재하는 것 같아요.

키스를 못하면 다시 생각해볼 일이다. 키스를 못하면 대개 섹스도 못한다. 특히 키스에서 머뭇거리는 자는 침대에서도 두고두고 뻘쭘해한다. 시체 놀이나 할 게 아니라면, 뭐 사실 눕혀보나 마나.

이 부분은 공부해서 되는 것도 아니고….

잘하는 사람은 타고나는 것 같아요. 노력한다고 되는 게 아니더라고요. 차라리 학원이라도 다녀서 좀 나아지면 좋을 텐데, 그렇지가 않아요. 키스를 잘하는 분은 거의 100퍼센트 섹스를 잘합니다. 그건 정말 어쩔 수 없는, 단 한 건의 예외가 없었어요.

정말 단 한 건의 예외도 없었나요?

저는 경험해본 적이 없습니다. '키스 능력=섹스 능력'입니다.

'원나잇 섹스'면 모를까 3년 차 이하의
게이는 좋은 연인이 되긴 힘들다.

게이들이 대개 성인이 되거나 혹은 10대 중후반이 돼서야 게이로서 사회화 경험을 하기 때문에, 아무래도 게이 나이가 정신연령이 낮죠. 이성애자로서가 아니라 연애 가능한 게이로서의 정신연령이 3년 차라고 하면 세 살이라고 볼 수도 있을 정도로 자기 문제에 빠져 있는 분들이 많아요. 성 지향성은 타고나는 거지만 정체성은 학습하는 거니까, 사회화 과정을 거쳐야죠. 게이 공동체의

역사도 알고, 공동체의 어려운 점도 알고, 나와 비슷한 사람들이 어떻게 사는지도 알아야 비로소 '게이'가 되는 겁니다. 그래서 연애 과정에서 초보 게이가 반복하는 실수의 패턴이 확실히 있어요. 그게 꼭 창피한 건 아닌데, 빨리 인정하고 극복하는 게 중요하죠. 처음 연애를 시작할 때 '내 인생의 남자야, 난 이 남자랑 평생 가는 거야' 이런 마음 자세와 생각은 안 하는 게 좋습니다. 물론 본인이 원하면 짧게 단타로 6개월 만에 100명을 찍을 수도 있겠죠. 하지만 연인 관계를 발전시켜서 장기 연애를 하고 싶으면 다양한 경험을 쌓는 게 중요해요. 연애도 경험이니까요.

3~4년 이상 가까이 지낸 게이 친구가 여럿인 게이는
인간성에 큰 문제가 없는, 검증된 남자다.

어쨌든 장기적인 관계인 거니까요.

게이 동네는 친구의 교체 주기도 짧아요. 온라인이나 페이스북, 이런 걸로 엮여서 또래 집단이나 친구 그룹이 만들어지죠. 그러고 나면 그 안에서 자연스럽게 사랑의 작대기가 그어집니다. 이합집산이 일어나고 몇 커플이 깨져 나가면, 그 공동체의 동역학이 소진하고 서로 싸우기 시작해요. 그걸 사적 영역으로 밀어붙여야 하는데 공사를 구분하지 못하고 표면으로 나왔다면 또래 모임도 깨지고 친구를 갈아타게 되죠. 게이 동네는 계속 친구를 갈아탈 수 있기 때문에 정말로 마음을 터놓고 이야기 나눌 수 있는 게이 친구를 사귀는 게 애인 만드는 것보다 난이도가 높습니다.

좋은 친구 관계는 서로의 안 좋은 모습도 다 볼 수밖에 없으니까요.

오래 알고 지낸 게이 친구가 있고, 그들이 그 사람을 좋게 평가한다면, 그분은 거의 성인군자거나, A급 이무기 게이니까 굳이 애인으로 삼지 않더라도 친구로 지내면 좋죠. 급할 때 도움 받을 순간이 반드시 있습니다.

부분적으로 커밍아웃한 게이들은 비교적 안정적으로 연애를 한다.
나를 자신이 커밍아웃한 이성애자 친구에게 정중히
소개시키는 자라면, 확실히 믿을 만한 남자인 경우가 많다.
인간은 사회적 동물이라, 묻지마 연애의 경우 관계는
무책임하기 쉽고, 종종 파국은 잔인해진다.

이성애자도 마찬가지거든요. 자기 가족이나 친구에게 나를 소개한다는 건 인정을 받았다는 의미죠.

이성애자 친구에게 커밍아웃을 했고, 애인인 나를 소개했다는 건, 게이로서의 자존심을 다 건 일이에요. 내가 만약 행동을 좀 잘못했다면 '이 친구가 게이라서 이런 약점이 있구나'라고 이성애자가 생각할 수도 있는데, 그걸 감수했다는 뜻이잖아요. 게이한테는 이성애자의 상견례 자리만큼이나 의미 있는 행위입니다.

상습적인 거짓말은 거의 불치의 병이다. 상습적으로 거짓말을
늘어놓는 게이는 가까이하더라도 반드시 거리를 유지할 것.

정말 고칠 수 없어요. 이 사람을 내가 고칠 수 있다고 생각하는 것만큼 바보짓이 없어요. 남이 한 건 남의 실수고 나는 다르다고 생각하는 게 대체로 그런 악행을 저지르는 자들이 계속해서 연애하는 비결이거든요. 남의 실수를 보고 배울 줄 아는 사람이 되어야 합니다. 특히나 거짓말과 폭행은 절대 고쳐지지 않는 습관 중의 하나죠.

그렇습니다. 이게 한번 버릇이 되면 극복이 어려워요. 친구라고 해도 어느 정도 안전거리를 유지하는 게 좋죠. 거짓말은 절대 고칠 수 없어요. 여자 친구 때리는 남자하고 거의 동급이라고 보시면 됩니다. 의부증과 의처증도 현대 의학으로 절대 고칠 수 없어요.

'끼 떨기'를 재수 없어하는 남자는 대개 자신의 소녀다움을 억압하는 자들이다. 2~3년 뒤 진정한 아줌마로 거듭나는 수가 많다. 주의할 것. 그러나 새로 만난 남자 앞에서 가볍게 끼를 떨어보는 것은 중요한 실험이다.

게이로서의 여성성을 나쁘게 평가하는 사람은 결국 자신을 나쁘게 평가할 수밖에 없어요. 세상에 완전 남자다운 게이는 없습니다. 게이 남자는 어느 정도 다 여성적입니다. 그게 뭐 어때서요. 그런 부분을 억압했다가 에너지가 쌓이면 어떻게 됩니까? 뻥! 터지면 어느 순간을 지나서 갑자기 아줌마가 나타나는 분도 있습니다. 연애하다가 '어? 오빠는 어디 가고 아줌마가 앉아 있네' 이런 경험이 재미없는 분이면 피하는 게 좋죠. 가볍게 끼를 떨어봤을 때 상대방이 어떻게 행동하는가를 보는 것도 방법이죠. 인상을 쓰면 아직 내면에 문제가 약간 있고, 게이로서의 자기 모습을 완전히 극복하지 못한 거예요. 끼 떠는 건 중요한 실험입니다. 끼 떠는 것을 쿨하게 잘 받아넘기는 사람이면 괜찮은 남자에요. 그런데 요즘 잭드나 그라인더를 보면 지기 프로필에 이렇게 적어두죠. "끼 없음", "여성적인 분 사절."

그렇게 적는 이유가 있나요?

100퍼센트 초짜 게이라는 거죠. 이성애자처럼 행동하는 게이의 내면에 문제가 있는 거지, 끼 떠는 게이가 나쁜 건 아니거든요. 물론 너무 끼를 떠는 게 싫을 수는 있어요, 부담스럽거나. 하지만 "완전 끼 없음" 이렇게 적어놓고 끼 없는 사람은 본 적이 없습니다. 게이가 게이다움을 긍정하는 게 참 중요한 일이죠.

트라우마를 삶의 에너지로 삼는 자들은 최악의 연인이니 조심해야 한다. / 첫 섹스가 끝난 뒤 매너가 꽝이면 좋은 연인일 가능성은 제로다. / 게이 친구들을 못 만나게 하는 애인은 정작 먼저 당신 몰래 바람피울 사람이다.

이성애자도 똑같습니다. 남자 친구 만나지 말라고 하는 사람들, 그리고 첫 섹스 이후의 매너는 그 이후의 관계를 너무나 적나라하게 보여주는 지표입니다. 또 트라우마를 평생 끌어안고 사는 사람이 있죠.

게이들이 '게이 전용'으로 하는 페이스북을 '게이스북'이라고 하는데, 어떤 게이가 이런 말을 올려놨더라고요. "섹스하고 난 뒤에도 만지고 싶은 남자랑 사귀세요." 조건 봐서 사귀면 결국은 본인이 매너 나쁜 남자가 되기 때문에 조심해야 합니다. 게이 친구 못 만나게 하는 애인은 남자 친구를 못 만나게 하는 이성애자보다 심한 경우가 있어요. 종로 게이 바와 이태원 클럽에 못 나가게 하고.

그건 사회적인 관계잖아요.

그런데도 못 가게 하는 사람이 너무 많아요. 가면 반드시 바람난다고 생각하는 분들이 있죠. 게이 데이팅 앱에도 이렇게 쓰여 있어요. "어서 좋은 남자 만나서 우리 서로 앱 지웁시다."

왜 굳이 앱을 지워야 하죠? 다른 사람을 만나거나 찾아보지 않겠단 건가요?

상징인 거죠. 연애를 시작하면 무리한 요구를 하는 분도 가끔 있더라고요. 게이스북 계정을 지우라고요.

이성애자 중에는 남자 번호를 다 지우라는 분도 있어요. 그런 사람은 그냥 안 만나면 됩니다.

문제가 있는 분들이에요.

미모를 가꾸는 것을 수치스럽게 생각하는 남자가
게이로서 안정된 모습을 보여주는 일은 없다.

제가 아는 게이는 외모를 아주 열심히 가꾸는데요….

의외로 한국에는 외모를 전혀 가꾸지 않는 게이도 있습니다. 종로에 있는 게이 포장마차 거리를 가보면, 서양이나 다른 아시아 주변 국가에 비해서 '아니, 저분은 이성애자가 아닌가?' 이럴 정도로….

너무 안 꾸며서요?

네, 예전에 패그 해그(fag hag)인 교포 여자 친구가 이태원 클럽에 가보고 싶다고 해서 데려갔는데, 저한테 그러는 거예요. "왜 나한테 장난을 치냐? 무슨 이성애자 클럽을 왔냐?" 그날따라 아무도 헐벗지 않고, 다들 체크무늬 윗도리를 입고 왔더라고요. 제가 봐도 무슨 공대 행사에 왔나 싶었어요.

딱 스테레오 타입의 복장이네요.

너그럽게 생각할 수도 있지만, 그런 분들 중에 게이로서 팩하고, 박피하고, 시술받는 걸 안 좋게 생각하는 분이 있죠. 본인도 안 하고. 게이의 여성적인 문화에 심리적인 거부감을 갖기 때문이죠. 하지만 미모를 어느 정도 가꾸는 건 상당히 중요합니다.

외모 가꾸기를 억누르는 것도 자기 정체성을 충분히 받아들이지 못한다는 반증이 될 수 있을까요?

그런 경우도 있고 아닌 경우도 있어요. 정말로 너그럽고 게을러서, 예쁜 게이도 좋고 여성적인 것도 좋지만 안 꾸미는 분들도 상당히 많아요. 그것도 유교랑 관련이 있는 것 같아요. 내가 게이임에도 남의 시선을 전혀 신경 쓰지 않고 편안하게 아저씨로 사는 게이들이요. 유교가 가끔 힘을 발휘할 때가 있죠. 좀 무서울 때가 있습니다. 어떻게 하면 저렇게 아저씨 같을 수 있을까?

헤어진 전 애인들과 잘 지내는 사람은 확실히 거부 못 할
특수한 장점을 지닌 남자일 가능성이 거의 100퍼센트다.

이건 이성애자하고 가장 다른 점이에요. 이성애자 사이에선 헤어진 전 애인이나 전 아내와 잘 지내는 사람하고는 가능한 한 만나지 않거나, 그 관계를 짧게 하는 게 훨씬 좋더라고요.

꼭 엑스와 잘 지내야 한다는 얘기는 아니에요. 엑스들이 꼬이는 사람이 있죠. 그 사람한테 장점이 있다는 거예요. 성기가 엄청 크거나, 섹스를 엄청 잘하거나.

보통 이성애자 여성은 '너희가 꼬여 있는 걸 통해서 내가 확인받고 싶지는 않아'라는 생각을 해요. 하지만 남자는 이게 일종의 트로피 같은 역할을 할 수도 있죠.

이성애자 여자 주변에 엑스 남자가 자꾸 껄떡대면 그건 똥파리다 이거죠.

그걸 즐기는 사람이면 십중팔구는 나와의 관계에 충실하지 못하죠.

나쁜 놈이죠.

게이로서의 삶을 즐길 줄 아는 남자는
좋은 연인이 될 가능성이 높다.

게이로서의 삶을 즐긴다는 게, 단지 '붕가(섹스)'를 하거나 클럽에 가는 게 아닙니다. 계획을 세우고 자신의 삶에서 적당한 균형 감각을 유지하는 것. 여행도 즐기고, 친구들과 스포츠도 함께하고, 이성애자 친구와 게이 사회에 중간 지대도 만들고, 계획적으로 삶을 살면서 힘을 밀당할 줄 아는 것을 의미합니다. 이성애자 사회와 게이 사회의 힘을 가지고 내 삶을 풍요롭게 만들 줄 아는 사람이죠. 이게 보통 능력이 아니거든요. 당연히 좋은 연인이 되겠죠.

대책 없이 노는 게이는 대책 없이 놀게 두자.

'대책 없이 논다'는 건 어떤 건가요?

게이 사회에 처음 나와서 놀기 시작하는 걸 '데뷔'라고 합니다. 일단 데뷔를 하고 놀기 시작하면 멈추기 어렵습니다. 멀쩡하게 모범생이었던 분들이 늦바람이 나서 학사 경고를 받고 결국 졸업을 못 한다거나, 시험에 통과하지 못하거나… 이러면서 삶이 걷잡을 수 없이 파괴되는 분들이 있어요.

거의 중독된 상태처럼 절제할 수 없다면 문제가 커질 순 있겠네요.

얼굴이 좀 반반하고 예뻐서 데뷔를 하고 게이들에게 사랑받으면, 그게 완전히 신세계잖아요. 그걸 끊을 수가 없는 거죠. 그래서 멀쩡하게 커리어가 잘 풀릴 친구가 그 이야기를 듣기 위해 계속 바텐더로 일을 해요. 처음엔 괜찮겠지만 나이가 들고 미모가 무너지기 시작하면 걷잡을 수 없는 겁니다. 이런 분들 중에 머리가 좋으면 국가와 도시를 바꿔가면서 놀아요. 서울에서 한 바퀴 돌면 이제 다 아니까 예쁘단 소리를 더 들을 수 없죠. 그러면 다른 도시로 가는 거예요. 새 친구들 만나서 놀고, 또 에너지가 잦아질 즈음 지겨워지면 또 다른 도시로 튀는데, 이게 에너지 소모가 어마어마해요. 젊었을 때 특별히 아름답고 똑똑하고 힘셌던 애들이 '요즘 더 멋있어졌겠지?' 하고 오랜만에 만나면 '넌 누구니?' 이런 일을 자주 겪습니다. 마음이 아파요. 절대 도망가면서 살면 안 되는데…. 쾌락을 추구하는 게이의 삶이 나쁜 건 아니지만, 방향성이 설정되어 있지 않으면 인생이 망할 수 있습니다.

예술가 게이 남자가 위대한 예술가가 될 가능성이 없다면, 그는 오로지 단기용 애인일 뿐이다.

이게 너무 매정한 말이거든요. 선생님 아니면 누가 이렇게 매정하게 얘기합니까?

아트스쿨 다니는 남자는 이성애자건 게이건 그냥 단기 애인이지, 평생을 함께할 애인일 가능성은 없죠.

그렇더라고요. 아트스쿨뿐만 아니라 이쪽 직업군에 있는 분들이 애인으로는 굉장히 좋지만, 배우자로는 최악인 경우가 많거든요.

위대했던 예술가도 결혼을 잘못하면 그냥 망해요. 살바도르 달리가 옛날에 이렇게 말하고 다녔죠. "No Marriage."

PC한 페미니스트 게이는 마초 게이만큼이나 꽝이다.

페미니즘이 나쁜 건 아니에요. 그런데 만사에 '정치적 올바름(Politically Correct, PC)'을 들이대면서 분노하는 게이가 있는데, 이런 게이는 마초보다 나빠요. 차라리

마초가 낫죠. 마초는 그냥 아무 생각이 없는 거니까 가르쳐주면 수긍을 합니다. 그런데 PC한 페미니스트 게이는 하나하나에 정치적 이슈를 가지고 분노를 표출하기 때문에, 그 분노의 근원이 뭔지를 알지 못하면 영원히 이 패턴이 반복됩니다. PC한 페미니스트 게이는 친구로 지내는 게 더 낫지, 애인으로서는 정말 엄청 피곤한 상대에요. 솔직히 인간의 욕망이 PC하지 않잖아요?

어떤 면에선 그걸 다 받아들여야 되는 거예요. 내가 PC하지 못한 면이 있기 마련이고, 거기서 내가 조심해야 한다는 정도의 자각은 필요하지만, 자기의 PC함을 지나치게 과시하는 사람이라면 그런 사람이 관계에서 뛰어날 가능성은 거의 없더라고요.

평소에는 얌전한 분이지만 잠자리에서 아주 심한 쌍욕을 해달라는 분도 있잖아요? 그래야 흥분이 된다며. 그걸 PC한 페미니스트 게이가 이해하겠어요?

'밀고 당기는' 애인은 한 남자 곁에 오래 머물지 않는 법이다.

앞서 게이의 연애가 6개월 정도가 마지노선인 것 같다고 말씀하셨는데요.

네, 게이들의 연애가 좀 짧게 끝나죠. 물론 오래 사귀는 분도 많아요. 둘 다 나쁠 건 없지만, 그래도 좀 재미없는 패턴이 반복되는 건 아니라고 봅니다. 둘이 만나서 호르몬이 확 올라가고, 그 과정에서 술도 먹고, 명동도 걸어보고, 맛집도 찾아가고, 영화도 보고, 여름이면 바다나 캐리비안 베이 한번 가고… 그러다 보면 이제 할 게 없는 거예요. 만약 봄에 사귀었다면 이제 찬바람이 나기 시작하죠. '이걸 정리할까?', '크리스마스까지 버틸까?' 여름에 만나면 대부분 크리스마스까진 참아요. 선물 받으려고. 그러곤 차버리죠. 밀당으로 계산해서 연애하는 분들은 절대 내 곁에 오래 머물지 않습니다. 밀당도 중독이기 때문에 그 맛이 사라지면 관계가 재미없어지는 거죠. 물론 나랑 즐겁게 놀고, 나한테 선물 받아가고, 또 나는 즐거운 마음으로 선물하고, 그것도 감수할 수 있고 재미있다면 가는 거죠. 그런데 그 이상을 원한다면 계산에 딱딱 맞춰서 연애하는 분은 멀리하는 게 낫습니다.

둘이서 함께 여행을 가보면 됨됨이가 드러난다.
장기용인지 단기용인지 판단할 때, 여행은 최고의 시험장이다.

여행을 가면 나와 상대방의 밑바닥이 다 드러나죠. 내가 이렇게 구는 걸 쟤가 참을 수 있는지 아닌지가 정말 중요해요. 우리는 상대방만 쓰레기라고 생각하는 경향이 있어요. 그런데 나도 쓰레기거든요. 그래서 같이 여행을 가면 각자 다른 포인트에서 화를 내게 돼 있고, 이 사람이 나를 참을 수 있나, 내가 저 사람을 참을 수 있나를 가장 확실하게 알 수 있습니다.

내가 누구인지, 나의 사용법을 상대방에게 숙지시키는 방법으로 여행만큼 좋은 게 없죠. 여행을 가서 애인이 싫어하는 걸 빨리 파악하고, 화를 낼 것 같으면 딱 목덜미를 잡고 안전한 지역으로 탈출해야죠. 애인이 그걸 빨리 숙지 못 한다, 그러면 문제가 되는 겁니다.

게이로서 선택할 수 있는 최선의 인생 견적을 뽑아낸 게이는
연애 견적도 잘 뽑는다. 자신이 게이라는 사실을 인생
계획에서 '주요 팩터'로 고려하지 않는 자에게 연애가
인생 계획에 들어있을 리는 없다. 이 말은 그의 인생에
그대가 낄 자리가 없다는 뜻도 된다는 걸 잊지 말자.

만약 '내가 게이로서 어떻게 인생을 살 것인가'에 대한 10년 계획이 없으면 절대로 장기 연애가 안 돼요. 게이로서 10년을 살겠다는 계획이 없는데 그 삶에 사랑하는 사람이 어디에 들어가겠어요. 들어갈 자리가 없는 거죠. 말로는 "난 정말 널 사랑해" 그러는데 실제로 자기 삶의 영역에 애인이 들어올 자리를 전혀 마련하지 않는 사람도 있습니다. 정말 지옥 같아요. 그건 안 당해보면 모르는 겁니다. 왕년에 말로는 "사랑해"를 수없이 날리면서, 정작 자기 삶의 영역에는 제가 들어설 자리를 요만큼도 만들지 않았던 애들을 생각하면, 지금도 분노 수치가 확 올라갑니다.

이성애자 남자들이 결혼을 미루면서 하는 핑계가 있잖아요? 준비가 되지 않았다고 말하는데, 결과적으로 준비가 되지 않는 건 없는 거예요. 가장 상습적인 거짓말인 거죠. 그냥 그 상대가 내가 아니었다든가, 아니면 그냥 하고 싶지 않았다든가, 이런 게 이유지 준비가 안 됐다는 핑계는 솔직히 준비하고 있지 않은 거죠. 그게 핵심인 것 같아요.

조건이 정말 안 돼서 결혼을 못 한다고 해도, 남녀가 오래 사귀다 보면 남자 집에 여자가 정기적으로 가면서 주말에 머물거나, 여자 집에 남자가 와서 주말을 보내는 게 패턴화가 되잖아요. 그럴 때 상대방을 위한 공간을 집 안에 어떻게 얼마나 배려하느냐를 보면 어떤 사람인지 확실하게 나오는 거죠. 완전히 흔적을 남기지 않게 은폐하는 놈, 별로 좋지 않아요. 여자도 마찬가지에요. 아무리 여자가 사회에서 약자이기 때문에 집 안에 남자의 흔적을 남기는 게 불리할 수 있다고 해도, 그건 인간성 차원의 문제가 될 수 있죠.

이성애자 남자 집에 엄마가 일주일에 한 번씩 와서 청소를 해주는 케이스도 있는데, 너무 끔찍한 일이거든요. 아직까지도 자기가 집 관리를 충분히 하지 못하고 있다는 반증도 되지만, 그런 것 자체가 한국 사회에서는 여자들에게 굉장한 피해 의식을 불러일으키기도 해요.

제가 예전에 장기적으로 사귀었던 애인이 개인 오피스텔을 하나 마련했습니다. 양쪽에 서로 다 오픈한 관계였어요. 가끔 밤샘 작업을 하면 낮에 자야 하잖아요. 그 친구 오피스텔에 누워 자고 있는데 엄마가 청소하러 온 거에요, 문을 따고. 아무리 엄마와 인사한 사이지만 문을 따고 들어와서 청소해야 한다고 하시는데…. 진짜, 이 멘붕을 뭐라고 설명해야 할 것인가, 이건 분노라고 할 수도 없어요.

어떻게 대처해야 좋을지 알 수가 없죠. 그리고 대체로 그런 상황에서 엄마가 초인종을 누르고 들어오진 않거든요.

뭔가 괴롭히고 싶은 마음이 있는 거죠. 혼자 오신 것도 아니고 일하는 아줌마를 데리고 오신 거예요. 그때 이 관계는 앞으로 힘들겠다는 판단이 섰죠. 여성분들도 말을 못 하는 거지, 비슷한 경험이 있을 거예요. 남자 친구 집에 혼자 누워 있는데 엄마가 오셨다거나….

연애는 장기용이건 단기용이건 '바로 지금'에 충실해야 한다. 깨지는 것을 두려워해선 안 된다. / 좋은 남자를 요구하기 전에 내가 준비된 좋은 게이 남자인가 체크해보자. / 일단 준비되면 남자는 꼬이기 시작한다. / 그러나 선택도 쉽지는 않다. / 미남이 아니면 미남이 되려 노력하자.

이성애자와 똑같네요.

참 신비합니다. 인간이 패턴이니까요. 만약 내가 어떤 애인이랑 사귀다가 깨졌어요. 그래서 마음이 급해서 누구랑 사귀고 싶다, 절대 애인이 안 생기죠. 그런데 정서적으로 어느 단계에 올라가고 내가 회복하는 순간, 놀랍게도 주변에서 빼꾹빼꾹 일제히 합창을 하기 시작해요. 잭드나 그라인더를 보면 연락이 올 때 한꺼번에 오기도 해요. 심지어 보름달이 차오를 땐 연락이 많이 오고, 달이 기울기 시작하면 메시지가 확 줍니다.

늑대 인간 이야기처럼 호르몬 변화와 관계 있는 건가요?

네, 날씨에 엄청나게 영향을 받고요. 아무리 메시지가 100개 넘게 왔다고 해도 고르는 일이 또 쉽지 않죠. 내가 감식안이 없으면 맞는 걸 고르기도 힘들어요. 여자분들도 그렇잖아요. 특히 판단력이 부족한 미녀분들은 남자를 고를 때 최악을 고르죠. 어떻게 보면 연애가, 장고 끝에 악수를 두는 거니까요.

이성애자 여자는 연애가 안 될 때는 그냥 안 되는 거고요. 연애를 시작해서 외모를 꾸미기 시작하면 갑자기 괜찮은 남자들이 한꺼번에 대시를 하는 거예요.

외모를 꾸며서만 그런 게 아니라 실제로 얼굴이 달라요. 스킨십하고도 관계가 많죠.

그러니까요. 얼굴에 호르몬 밸런스의 자신감이 나오면서 실제로 아름다워집니다. 게이들도 연애가 잘될 때하고 망해갈 때하고 얼굴에서 빛이 나는 정도가 완전히 다릅니다. 그래서 카카오톡 사진을 바꿔주는 게 무서워요. 간단한 사진이지만 딱 보면 얘가 요즘 남자가 있는지 없는지, 이성애자 남녀도 판별이 갑니다. 그게 정말 무서운 거죠.

그런 촉은 남자가 훨씬 좋은 것 같아요. 얘들이 짐승은 맞는 것 같다는 생각이 들 때가 있어요. 같은 여자들끼리는 잘 모르는데 남자들끼리는 알거든요.

누울 자리를 보고 다리를 뻗어야 하니까요. 인간이 진화하면서….

아, 그것도 진화겠네요.

진화의 결과죠. 딱 보고 알아야 하니까요. 순간의 판단력이 생존을 좌우하기 때문에요. 이것도 좀 짐승 같은 얘기지만, 여자분들은 정수리 냄새도 진짜 달라요.

그래요?

연애를 할 때와 안 할 때의 냄새가 확연히 다릅니다.

저의 정수리 냄새는 당분간 아무도 맡지 못하게 해야겠네요.

남자가 연애를 시작하면 홀아비 냄새가 사라지잖아요. 여자가 왔다 가면 집에서 냄새가 안 나요. 여자 혼자 사는 집도 남들이 안 들어가서 그렇지, 똑같이 혼자 사는 여자 냄새가 있습니다. 그런데 연애를 시작하면 그 냄새가 확 바뀝니다. 정말 드라마틱해요.

외모가 중요하지 않다고 말하는 남자들은
더 외모를 따지는 법이다.

이게 기준이 없어서가 아니라, 말하고 싶지 않은 자신만의 기준이 따로 있을 때도 있고, 기준이 너무 높으니까 아예 말하지 않는 게 맞다고 생각하기도 하더라고요.

미장원도 그렇잖아요. "머리 모양 어떻게 해드릴까요?" 라고 물었을 때 "아무렇게나요" 하는 분들, 제일 무서운 손님이죠.

비운의 여주인공 놀이는 절대 하지 않는다.

드라마 킹, 드라마 퀸을 말씀하시는 거죠?

헤어질 때 막장 드라마를 찍는 분들이 있어요. 그런데 지금은 생각이 약간 바뀌었어요. 이게 자기 본성에 맞으면 어쩔 수 없습니다.

멋지게 헤어지면 전 애인들 가운데 몇몇은 나중에 언제고 다시 사귀자 제안하는 법. / 재활용도 좋은 선택이 될 수 있다.

그렇죠. 젊었을 때 사귀었던 애들이 30~40대에 다시 연락이 오기도 합니다.

그다음도 같은 얘기에요.

이게 의견이 많이 갈려요. 재활용은 안 된다는 분들도 많죠.

이성애자들도 마찬가지에요. 전과 똑같이 끝난다고.

트위터에서도, "요즘 잘 지내?"라고 엑스가 다시 연락이 오면 그건 악마의 유혹이니까 절대 그 이야기에 귀 기울이면 안 된다고 하는데, 저는 아닌 경우도 봤어요.

연락이 낮에 오냐, 밤에 오냐의 차이가 정말 커요. 밤에 오는 연락은 절대 대답할 필요가 없죠. 그런데 관계가 아주 나쁘게 끝나지 않은 사람이 낮에 연락을 하면, 전화를 한번쯤 받는 것도 나쁘진 않더라는 거죠.

"요즘 뭐해?", "예뻐졌네?" 이런 얘기 말고, 상대가 정식으로 러브레터를 길게 써서 보냈다, 저는 당연히 가산점이 있다고 생각합니다. 제 친구 중에 젊었을 때 사귄, 분노가 아주 많았던 남자가 성인이 돼서 연락이 다시 온 거예요. 그게 러브레터였던 거죠. 친구가 좋아하는 문학의 문구를 다 짜깁기해서 보낸 겁니다. 저한테 묻는 거예요. "이걸 답을 할까, 말까?" 편지를 읽고 제가 그랬죠. "에이, 결혼해야지."

상대방이 좋아하는 걸 다 기억하고 있는 거잖아요. 그런 사람은 쉽게 만날 수 없는 거니까요.

결혼해서 잘 살고 있습니다.

그래요? 행운을 잡는 분들도 계시네요.

여자분들한텐 오래 묵은 게이 친구가 하나 있으면 순간

의 판단력에 큰 도움이 됩니다. 그런데 게이 친구들도 삶의 경험이 많은 애들은 괜찮은데, 초짜 게이들은 자기 여자 친구에게 애인이 생기는 걸 싫어해요. 자기 마론 인형이 없어지는 것하고 똑같거든요. '마론 인형이 독립을 하다니, 영원히 불행하게 나와 함께 한숨을 쉬면서 술을 먹어야 하는데….' 그래서 영원히 남자랑 오래 연애 못 하는 분들도 있어요. 게이 친구들이 옆에서 각종 흠을 잡는 거죠. 얘는 이래서 안 되고, 쟤는 저래서 안 되고. 그런 게이 친구는 하등 도움이 안 됩니다.

애인의 바람은 꼭 내가 아는 이와 난다. / 애인이 한 번 바람피웠다고 차버리면 평생 한 남자를 오래 사귈 가능성은 거의 없어지고 만다.

원나잇스탠드는 나하고 모르는 사람과 할 수 있는데, 바람은 그냥 원나잇스탠드가 아니잖아요. 신기하게도 바람은 꼭 내가 잘 아는 사람하고 나더라고요. 그건 이성애자와 게이가 구별이 없어요.

바람이 나는 건 대부분 정서적인 부분까지 포함하는 것이기 때문에 자기의 상황을 이해해주는 누군가를 잡게 되는 경우가 많거든요.

이럴 때 단칼에 이 사람을 차버릴 것인가 아닌가를 생각하면….

한 번의 기회를 줘라?

그렇죠. 전 한 번도 아니에요.

이게 기회를 주는 게 아니라 내가 헤어지고 싶지 않기 때문이기도 해요. 습관적으로 반복하는 사람은 안 되지만, 어느 정도는 실수라는 거짓말을 믿어주며 그냥 넘어가는 부분도 있고요.

그게 제가 타협한 지점이에요. 저는 그냥 블랙박스를 쳐버려요. "난 너의 그 부분을 심판하지 않겠어." 인간의 구린 본성, 오케이. 이렇게 흙을 덮은 다음에 거기다가 인조 잔디를 깔고, 파지 않습니다.

그 말씀이 제일 중요합니다. 자기 애인이나 배우자의 바람 문제와 관련해서 한 번 크게 다투고, 그걸 본인이 "이번엔 넘어갈게"라고 얘길 했으면 다시 들추지 말아야 해요. 그걸 자기가 계속해서 파면서 상대와 자기를 괴롭힐 거라면 그건 빨리 끝내는 게 좋은 관계죠.

세상에 완벽한 관계도 없고, 영원히 둘이 너무너무 사랑하면서 사는 그런 동화 같은 관계도 본 적이 없어요. 인간이 원래 구려요. 어떡하겠어요? 그러고 살아야죠.

공개적인 다중 연애는 한국에서 불가능하다.

한국의 게이나 이성애자분 중에 '오픈 릴레이션십(open relationship)'이 무슨 뜻인지 몰라서 페이스북이나 잭드에 저걸 써놓은 분이 엄청 많아요. 이게 아마 '열린 음악회'쯤 되는 거라고 생각하는 모양이에요. 오픈 릴레이션십의 의미는 "내가 누구하고 사귀고 있지만, 성적으로 배타적인 관계가 아니기 때문에 다른 사람과 자는 것을 용인한다"인 거죠. 물론 서로가 약속을 정하기 나름이라 여러 가지로 나뉩니다. 원나잇스탠드까지만 봐준다, 이중으로 사귀어도 되는데 날 더 사랑해야 한다….

대체로 원나잇스탠드까지 용인하긴 하죠.

아니면 아예 "나하고 만났을 때만 집중하면 되고 나머지 시간은 전혀 묻지 않는다" 이런 것도 있죠. 저는 오픈 릴레이션십에 성공하는 한국 분을 못 봤어요. 한국은 여전히 유교적 사회잖아요. 유교적 프로토콜이 작동하고 개인주의가 없기 때문에 아직 안 되는 것 같아요. 하겠다는 분은 있지만.

자기가 뭘 하겠다는 건지 잘 모르는 분도 많아요.

그냥 "이 남자를 잡아야겠다"라고 생각했기 때문이죠. 마음속으로는 계속 부글부글 끓다가, 화산이 뻥 터지면 큰일인 거죠.

근거 있어 보이는 자신감이 외모보다 힘이 세다.

외모가 생각보다는 그냥 거기서 거기거든요.

그런데 제가 생각이 약간 바뀌었어요. 게이 가운데에서도 인공미와 여성적 아름다움으로 승부하는 분들이 있잖아요. 정말 정치적으로 올바르지 않은 얘기지만, 외모가 중요합니다.

외모가 아주 뛰어나진 않은데, 여자로서의 가능성에 대해 충분히 인식하고 많은 경험을 쌓으며 성공에 대한 자신감이 높은 여자도 있어요. 그건 정말 외모로 얘기할 수 없는 부분이에요.

그건 아름답죠. 여신 같은 카리스마가 있는 엄청난 섹시함으로 승화되기도 하는데, 이게 국내에서는 보기가 쉽지 않습니다.

애를 낳고 나니까 다 끝나더라고요.

애를 낳고 나서도 나 자신이 성적 주체라는 것을 인지하면서 사람들과 성적 긴장감을 주고받는 게 아주 중요한데, 한국에서는 플러팅(flirting)을 하면 정말로 진도가 나가야 한다고 생각해요. 그런데 플러팅은 예의죠. 남녀나 남자와 남자, 여자와 여자가 만났을 때 하는 가벼운 플러팅은 "그래, 네가 아직은 성적 주체야"라고 말하는 거니까요. 카운터에서 계산을 할 때에도 다른 나라는 플러팅이 있잖아요. 그런데 한국은 절대 없죠. 여자가 애를 낳고 나면 성적 매력을 잃는 건, 본인들 잘못도 있지만 사회의 잘못이 커요.

조신하게 행동하라는 명령이 내려오는 거죠.

사회에서 완전히 비(非)여성으로 보는 거죠. 엄마, 모성, 그거 진짜 나빠요. 나이 많은 여성도 끝까지 여성으로 대접해주는 건 정말 중요합니다. 연예인들 데리고 다 같이 해외여행 가는 리얼리티 쇼가 있었잖아요. 거기에서 남자 가이드로 나온 연예인이 윤여정 씨를 여자로 대접 안 하고 선생님 대접을 했죠. 그건 윤여정 씨에 대한 모욕이에요.

개를 잘 기르는 남자는 애인에게도 잘 한다.

이것도 생각이 바뀌었어요. 개를 잘 기르는 남자는 애인한테도 잘 하는 건 사실이지만, 개만 잘 기르는 애들도 있더라고요.

혼자 살면 연애하기 유리하다.

말할 것도 없어요. 이성애자도 똑같고요. 남녀 다 빨리 독립해서 아무리 작은 방이라고 해도 내 공간을 만드는 게 필요합니다.

경제력이 생기면 독립하세요. 삶의 질이 달라집니다.

원나잇 상대를 집에 들이면 안 된다. 원나잇은 집 밖에서.

이게 자기 집 위치를 노출하는 거기 때문에 원나잇일 때는 상대방 집에 가거나, 아니면 아예 다른 곳이 제일 안전하죠.

네, 원나잇스탠드 상대는 솔직히 알 수 없는 상대잖아요. 인간성도 검증되지 않았기 때문에, 추가적인 문제가 발생할 가능성도 있어요. 그리고 내가 만약에 오픈 릴레이션십을 하고 있다면, 이것도 기본 예의 중의 하나라 생각합니다.

학벌이고 재벌이고 내게 해주는 거 없으면 무용지물이다.

이성애자 여성분들이 꼭 알아둬야 합니다.

상대방이 학벌이 좋고, 힘이 있고, 돈도 많으면 매력적으로 보일 수 있어요.

그럴 수도 있죠. 하지만 연애라는 건 '지금'이 유일한 기회잖아요.

나한테 떡 하나 안 사주는 놈이 재벌이면 뭐 할 겁니까, 도대체?

애인의 선물은 꼭 지니고 다닐 수 있는 것으로 준비한다. / 지니고 다닐 선물을 건넬 때엔 내 모습이 잘 기억될 장소에서 건넨다. 그래야 그 물건과 내가 연관되어, 물건이 '나'를 환기시키는 법.

게이 동네에서 애인을 만나고 나면, 주중에 이성애자 공간에서 애인이 생각 안 날 수도 있어요. 일상 공간에 가서 이게 분리가 되면 확연히 뇌 속에서 존재가 지워집니다. 이럴 때 선물이 있으면 효과적이에요. 지니고 다니는 물건이면 계속해서 내 존재감이 나오죠. 그래서 팬티 선물하라는 거 아니겠습니까?

그 말은 맞아요.

팬티 선물하면 바람도 잘 못 피우죠.

심리적으로 압박감을 느끼더라고요.

그럼요. 물론 캘빈 클라인 씨 딸은 남자 친구 옷을 벗길 때마다 아빠 이름이 나오니까 열 받겠지만요. 팬티에다 이름을 새기고 줄 건 아니지만, 그걸 줄 때 밝은 장소에서 내가 줬다는 걸 기억할 수 있게 줘야 해요. 쑥스럽다고 가방에다 슥 넣어주면 그 물건과 내가 연결이 안 되기 때문에 아무 효과가 없을 수 있어요.

선물을 주는 중요한 기술이네요.

선물을 받을 때는 본인도 기쁘게 받을 줄 알아야 합니다.

한국 사람이 부끄러워서 그걸 잘 못해요. 그 자리에서 포장을 풀고, 좋아하고, 고맙다 인사를 해야죠.

맞아요, 그걸 해야 선물을 또 받을 수 있어요. 그래야 주는 사람도 기분이 좋거든요.

거기서 "고마워" 이러면서 가방에 물건을 확 넣어버리면 주는 사람도 기분이 상하죠.

상대방이 플러팅 할 때에도 외모 칭찬을 하면 "아니야, 나 못생겼어, 왜 그런 얘기를 해" 이러지 말고요.

"감사합니다."

좀 자신이 있다면 "고마워, 나도 알아" 이건 좋은 자세입니다. 선물을 잘 하고 잘 받는 것도 연애의 중요한 기술 중 하나입니다.

모성 본능으로 연애하는 게이와 우울한 성격의 게이는 박복하다.

'박복하다'에서 빵 터졌어요. 이외엔 할 말이 없어요.

그러게요. 사실 '박복하다'에는 이중적 의미가 있어요. 게이들이 잠자리, 섹스를 '박'이라고 하기도 하니까요. 하여튼 엄마의 마음으로 남자를 만나서 이거저거 해주고, 아낌없이 퍼주는 나무가 되고 나면 파산자 신분만 남게 됩니다.

이런 모성 본능은 이성 연애에서도 마찬가지입니다. 구세주 콤플렉스 같은 게 있는 거라고 봐요. "내가 이 남자를 구원하고 싶다", "나만은 구할 수 있다", "그게 바로 나다", "이 남자가 지금까지 실패해온 것은 나를 만나기 위해서다", 이 사람이 달라질 가능성을 봤다고 착각하는 거죠.

왜 연애할 때, 있는 그대로의 모습을 보지 않고 잠재력을 보는 걸까요? 아니, 남자 친구가 무슨 주식인가요?

언젠가 오르겠지? 그런데 연애는 어디까지나 '지금'에 충실해야 하는 거라 잠재력은 의미가 없거든요.

더 후져지는 건 쉬운 일이에요. 좋아지는 건 엄청 노력해야 하고요.

구세주 콤플렉스로 연애를 하면 대체로 기력이 다 빨려요. 끝난 다음에 돌아보면 돈도 없고, 다른 사람을 만날 여력도 없습니다. 자기가 구원에 실패했다는 사실이 스스로 인간적인 무능을 대변하는 것처럼 느껴지거든요. 모성 본능 같은 것은 절대로 피하시라고 말씀드리고 싶습니다.

한숨 쉬면서 연애하는 것, "내 팔자가 그렇지", "이번 남자도 또 날 때렸어", "또 바람을 폈지, 그래 그게 내 팔자지, 하지만 난 참을 수 있어. 왜? 나니까" 이런 분들이 있어요, 진짜로. 옆에 있는 친구들이 정신 차리라고 프라이팬으로 때려줘야 돼요.

박복한 짝도 있는 거죠.

누울 자리가 있어야 나쁜 놈들도 눕는 건데, 어떤 면에서 누울 자리를 제공하는 분들이 더 나빠요.

내가 지금 애인을 원하는 것인지 아빠를 원하는 것인지
잘 생각해보자.

이건 앞에 있는 상황의 반대 이야기입니다.

요샌 제가 생각이 바뀌었어요. 아빠를 원하면 아빠를 가져야죠. 아들을 원하십니까? 아들을 가지시면 됩니다. 제가 나이가 들다 보니 조금 더 너그러워졌습니다. 이런 특별한 단계에 있는 분들도 있고, 영원히 못 빠져나오는 분들도 있다는 거죠. 그렇다면 서로 윈윈 시추에이션으로 아들을 원하는 분은 아빠를 원하는 아이를 만나면 된다, 이렇게 간단한 결론을 내리게 되었습니다.

그렇게 말씀하시니까 설득이 되는데요?

그런데 이걸 남녀로 얘기하면 판단이 훨씬 어려워져요. 남녀는 사회에서 위계 관계가 있잖아요? 나이 많은 빅 대디가 있고 어린 여자가 있다면, 문제가 좀 심각하죠.

이성애자 여자는 꼭 조심해야 할 케이스입니다.

예술계에는 가끔 엄청 강한 분들도 있어요. 일부러 나이 차이가 확 나는, 나이가 어리고 야심이 있는 신여성분이 이미 성공한 나이 많은 권력자 남자를 구해서 이 남자로 '파워 에고 트립'을 하고, 권력을 과시하는 거죠.

루퍼트 머독과 결혼을 한 웬디 덩이란 분도 있고요.

네, 남편이 죽으면 재산을 물려받고, 남편의 상징 자본을 이용해서 자신의 장노년 인생을 확 불태우는 삶도 있고요. 조지아 오키프가 남편 알프레드 스티글리츠를 통해서 한 게 바로 그 위대한 '아빠 비즈니스'였어요. 꼭 약자가 지는 게임은 아니지만, 약자가 질 가능성은 매우 높아요.

잘 쓴 연애편지는 대단히 대단히 대단히 힘이 세다.

잘 쓴 연애편지는 정말 대단히, 대단히, 대단히 힘이 세요. 제가 영업에 성공한 비결 중 하나가 이거였거든요. 가장 신기했던 건 꼭 연애편지가 아니라 그냥 쓰는 편지도 상대는

전혀 다르게 받아들이는 거죠.

편지는 물신성이 있어요. 손에 잡히고, 편지지, 필치, 심지어 실수로 거기다 커피라도 묻혔다면 이런 것도 다 기억에 남거든요. 3년 만에 이사 가면서 어쩌다가 꺼내보게 되었다고 해도, 읽는 순간 모든 기억이 토탈 리콜되는 무시무시한 것이 연애편지입니다. 마음이 약한 분들은 다시 꺼내보기 마련이기 때문에 연애편지는 어마어마하게 힘이 셉니다. 글이라는 게 사람의 캐릭터와 딱 맞아 떨어져야 하기 때문에 정말 정답은 없죠. 아무튼 진심을 담으면 대충 전달은 된다는 게 신비한 세계죠. 절대로 달필일 필요는 없어요.

「내 남자 친구의 결혼식(My Best Friend's Wedding)」(1997)이라는 영화를 보면 결혼하는 남자 친구의 상대역으로 카메론 디아즈가 노래를 부르는 장면이 있어요. 노래를 못하는데 정말 열심히 하는 거예요. 그걸 보고 반하죠. 최선을 다했다는 것만 드러나도, 잘 먹히는 카드가 됩니다.

진심을 전달하는 방법 가운데 연애편지하고 노래는 영원히 변치 않는 구닥다리 방법이에요. 우리는 소프라노 마리아 칼라스가 애리스토틀 오나시스를 다른 여자한테 빼앗겼다고 알고 있잖아요. 그런데 아니더라고요. 오나시스가 암에 걸려 죽게 됐을 때 결국은 마리아 칼라스 집에 와서 죽었어요. 용서해달라고 계속해서 마리아 칼라스 집 아래에서 노래를 불렀다는 거예요. 마리아 칼라스가 가수인데 오나시스가 노래를 부르면 좋게 들리기야 했겠어요? 못 불렀겠죠. 하지만 중요한 건 노래라는 거죠.

눈알 굴리는 남자는 '안 된다'는 할머니 말씀은
100퍼센트 진실이다.

눈이라는 게 안면에 돌출된 뇌이기 때문에 거짓말을 못 해요. 왜 거짓말을 할 때 눈알이 왼쪽 오른쪽이 다르게 돌아가잖아요. 그건 인간이 어마어마하게 노력을 하지 않으면 속일 수가 없더라고요. 신정아 씨도 방송에 나와서 삼풍백화점에 깔린 얘기를 하는데, 눈이 딱 상상계를 이야기할 때 보는 방향으로 올라가더라고요. 연애하는 상대가 상상력이 너무 뛰어나서 계속해서 허언증 증세를 보인다, 그거 안 좋잖아요? 눈알 굴리는 남자는 안 되는 게 맞더라고요.

양복 입은 모습을 싫어하는 게이는 거의 없다. 양복 입은 모습을 보여주면 상대의 호감을 얻는 데에 효과적이다.

저는 남자가 수트를 입고 있으면 '수트 포르노'라는 생각을 해요.

레디메이드 수트를 샀다고 해도 정확하게 내 몸에 맞춰서 수선해서 입는 것이 중요해요. 테일러드 수트라는 게 결국 몸매를 드러내는 거거든요. 벗은 거나 다름없기 때문에 여성복하고 너무 다르죠. 이게 아주 야한 거예요. 어깨에서 허리로 떨어지는 드롭 수를 맞춰서 와이셔츠와 재킷을 딱 맞춰 입는 게 정말 섹시할 수 있는데, 한국에서는 드롭을 맞춰서 입지 않고 헐렁하게 입는 경우가 많기 때문에 섹시함이 완전 반감되죠.

양복빨에 속지 말자.

제 후배 중에 클로짓 게이인데 몸짱인 애가 있어요. 직장 생활을 하면서도 하루에 정말 두세 시간씩 운동을 다닙니다. 그런데 여자분들이 좀 많은 직종이에요. 자기의

섹시함을 100퍼센트 활용해서, 일을 안 합니다. 회의를 할 때 기본 패턴이 있어요. 괜히 "좀 덥네" 하며 단추를 푼다든가, 넥타이를 다시 조인다든가, 재킷 벗으면서 와이셔츠의 팔을 접어 올린다든가.

뭘 아는 분이네요. 그런 거 하나하나에 여자들이 엄청나게 반응하거든요.

그 친구가 하는 말이, 여자분들 가운데 완벽주의를 추구하는 직장인은 오히려 여성으로서의 자존감이 높지 않을 수 있다는 거예요. 이런 분들에게 아름답다고 말하지 말고, 한 가지만 말하라는 거죠. 예를 들면 피부가 하얘서 어떻다 같은, 그런 말을 아주 무심하게 던지는 겁니다. 그러면 그 사람이 마음속으로 나를 남자로 보기 시작하고, 이제 모든 일을 떠넘길 수 있다고 말하더라고요. 이런 악마가 있는가 싶었습니다.

전 회사 안에서는 아무것도 하지 말고, 일만 하라고 말씀드리고 싶어요.

직장 안에서 이런 부가적인 성적 매력을 가지고 자기의 이득을 취하려는 건 아주 비윤리적인 일이에요. 염치없고 천박합니다.

네, 하지만 그 남자분은 정말 선수네요.

그렇죠. 정말 못됐죠. 이성애자면 차라리 진도라도 나갈 텐데, 얘는….

우리가 처음에 게이다 얘기를 했잖아요. 진도가 안 나가는 것의 정체가 뭔지 여자들이 잘 모르는 거예요. 아무런 다음 액션이 없는 거죠. 그런 식으로 이용을 당하는 분들도 있더라고요.

이 세상에는 비아그라와 씨알리스 등 각종 약이 나왔기 때문에 요즘 '디나이얼(denial) 게이' 여러분은 열심히 성생활을 하면서 살고 있습니다.

공포 특집인가요?

공포 특집이죠. 특정 직업군에 대해 말씀드려 죄송합니다만, 법조와 의료 분야에 있는 게이는 정말 결혼을 많이 해요. 대부분 버티고 버티다가 30대 후반에 결혼을 합니다. 후배들의 얘기를 어쩌다가 들어보면, 아무리 피곤해도 비아그라를 먹고 일주일에 한 번은 한다는 거예요. 최선을 다해서. 옆에 있는 게이들이 한마디씩 거들죠. "이성애자들은 그렇게 열심히 안 해!"

네, 일주일에 한 번 안 해요. 진짜 성실하신 분이네요. 사시패스를 하셨겠죠?

신혼 때는 맨날 했다는 거예요, 아무리 피곤해도. 그랬더니 옆에서 듣고 있던 이성애자 여자 친구가 "뭐야? 이성애자 남자보다 게이 남자가 훨씬 나은데? 운동 열심히 하지, 모양 예쁘지, 대화 되지… 남이랑 바람피우는 건 나한테 안 들키면 되는 거야"라고 말하는데, 빵 터졌습니다.

한국에 있는 백인들 가운데 열이면 아홉이 닭이다. 저질 취향이 아니라면 고르는 데에 신중해야 한다.

똑같이 클럽이나 바에서 백인을 만난다고 해도 서울과 홍콩의 물이 너무 달라요. 신계와 인간계의 차이 같은 게 좀 있거든요.

농담이니까 그냥 그러려니 해주세요. 안 그래도 예전에 이길 블로그에 써놨을 때, 한국에 계신 백인종 영어 선생님과 데이트하고 계신 여성분들이 강렬히 항의하기도 했습니다. 하지만 이 먼 나라까지 온 데에는 다들 이유가 있기 마련이죠. 그 이유를 잘 가려서 고르는 것은 개인의 행복을 위해 좋은 선택이지 않을까 싶어요. '얘는 어쩌다 여기를 왔을까' 그거 하나만 생각하면 괜찮지 않을까 합니다.

한국계 미국인 게이의 경우 마음속 깊이 자신이 미국인이라고 생각하고 있다는 점을 잊지 말자. 사실이야 어떻건 간에 그들은 파국의 결정적인 순간에 양키처럼 행동한다.

문화적 정체성이라고 하는 게 여러 가지 위계가 있죠. 예전에도 백인 사회에 적응한 교포를 '바나나'라고 부르기도 했잖아요. 겉만 황인종이고 속은 아니라는 식으로. 그런 용어를 꼭 나쁘다고는 생각하지 않아요. 그럴 수 있죠. 그런데 한국계 미국인 게이들은 '게이'라는 레이어가 하나 더 있으니까, 자기 정체화 과정에서 커밍아웃하지 않았다면 난이도가 더 높아집니다. 다문화적인 환경에서 성장하게 됐을 때, 한국적 윤리를 따르는 부분과 미국적 윤리를 따르는 부분이 '나에게 유리한 것'으로 결정되곤 합니다.

비겁하게 군다는 생각이 들 때가 많이 있거든요.

마음의 준비를 하고 연애해야 분노를 조절할 수 있죠.

사귈 때는 미국인, 결혼할 때는 한국인, 이런 일도 많죠. 연애할 때는 매너가 좋고 개방적인데, 결혼하고 나면 똑같이 한국인 아저씨 하나가 집 안에 들어앉아 있는 거예요. 특히 교포 사회는 종교 시설을 중심으로 강한 유대를 형성하잖아요. 단순히 교포니까 더 개방적이겠지, 이 사람은 자기가 사는 독일, 프랑스, 미국의 가치관을 그대로 갖고 있을 거라는 기대는 어느 정도 버려야 더 행복한 결말이 될 수 있어요.

요즘에도 가끔 가다 트위터에 올라오는 얘기가, 휴가철 때 교포 사회의 교회 오빠들이 부인감을 찾으러 한국에 나와서 선을 쭉 보잖아요. 그것도 엄마랑 같이 나와서.

저도 그 선 본 적 있어요….

정말요? 이럴 수가. 정말 십중팔구 클로짓 게이, 디나이얼 게이입니다. 일단 현지 수급이 안 됐기 때문에 여기 온 거죠. 한국 여자가 더 조신하고, 부모를 공경하고…, 생각해보면 뭘 바라고 있는지 빤히 보이죠. 희생할 여성이 필요한 겁니다. 그런 결혼은 안 하는 게….

그 관계는 결혼이든 무엇이든 잘 되지 않을 가능성이 아주 높다는 걸 꼭 아셨으면 좋겠어요.

이것과 비슷한 케이스가 홍콩과 중국 본토의 게이입니다. 홍콩 게이는 겉으로 볼 때는 훨씬 서양화되었죠. 영어도 잘하고, 괜찮게 사는 집안의 애들이면 영국계 학교를 다녔고요. 하지만 사생활은 보수적입니다. 홍콩의 가족 문화라는 건 엄청 보수적이기 때문에 홍콩에서 게이 레즈비언 인권 운동이 잘 안 돼요. 가시성을 추구하는 문화가 잘 발달하지 않는 거죠. '오픈리(openly) 게이'가 별로 없어요.

신기하네요. 홍콩에 있는 서양 사람은 오픈리 게이가 많은데, 오히려 홍콩 사람들은 그런 환경에 노출돼 있음에도 그렇지 않다는 거잖아요.

네, 홍콩에서는 유교적 가족주의 문화가 잘 작동하고 있기 때문에 게이의 가시성 문화가 발달하지 않았는데, 중국 본토는 그렇지 않아요. 중국 본토는 문화혁명 때 유교가 파괴돼서 가족주의 문화가 남아 있지 않고, 중국 게이 청년들은 사적 영역에서 '윤리적으로 이러해야 한다'라는 규율이 존재하지 않으니까 오히려 매우 개인주의적이고, 개방적이며, 본인이 원하는 욕구를 그대로 실현해야겠다는 의지가 강해요. 그래서 사람들이 보통 생각할 때엔 중국 본토의 게이가 보수적이고 홍콩 게이는 개방적일 것 같지만, 정반대입니다.

유대인은 마마보이인 경우가 많으므로 확 휘어잡아야 한다. / 실은 한국 애들도 그렇다.(특히 경상도 출신!)

이성 연애에서 조금 괜찮은 경상도 집안 아드님들하고 연애를 하면, 사실상 남자의 엄마가 첫 번째 애인이고 내가 두 번째 애인인 경우가 많아요. 좀 심하게 말하면, 내가 첩인 거죠.

그럼요, 나랑 바람피우고 있는 거예요.

그 엄마는 끊임없이 분노하고요. "내 아들을 뺏어간 저 여자, 가만두지 않겠다."

그것에 대한 정신적인 피해 보상을 응당 받아야 한다고 생각하기 때문에 며느리한테 계속해서 스트레스를 주는 거예요. 아들은 모든 상황에서 엄마의 기분을 먼저 배려합니다. 효자니까.

연애할 때 남자가 아직도 엄마가 사준 팬티를 입고 다닌다, 그건 정말…. 일단 내가 선물한 팬티로 남자를 다 갈아치운 다음에 엄마가 사준 팬티를 입나 안 입나 봐야죠.

훈련을 시켜야 해요. 그게 안 되면 정말 문제가 있는 거고, 훈련이 된다면 어쨌든 간에 바뀌어나갈 가능성이 있다고 판단해도 되는 거겠죠.

마마보이는 결국 아들 하나를 놓고 엄마와 내가 투쟁을 해야 하는 거죠. 물론 내가 질 가능성이 훨씬 높아요. 누가 낳았는데…. 하지만 일단 마음에 드는 남자라면 한번 싸워는 보고, 내가 졌다면 과감하게 포기해야죠. 첩으로 살 수는 없잖아요. 유대인은 정체성을 엄마가 물려주기 때문에 엄마의 파워가 이루 말할 수 없이 세요. 앞의 이야기하고도 연관이 있는데, 백인종과 한국 사람이랑 사귄다, 이게 이성 연애건 동성연애건, 와스프-상류층 앵글로색슨 집안 애들이 아시아 황인종하고 사귀는 걸 전

본 적이 없어요. 대부분 아일랜드, 이탈리아, 유대계죠. 그 가운데 가장 난이도가 높은 게 유대계에요. 엄마들이 너무나 힘들게 나오기 때문에 시집살이가 보통 어려운 게 아니에요. 오히려 쉬운 게 이탈리아 애들이에요. 이탈리아계는 가족 문화가 우리하고 똑같기 때문입니다.

사랑한다고 서로 말이 오간 뒤라면,
사랑한다는 말은 남발해도 좋다.

사랑한다는 말을 아끼는 사람들이 있죠. 마초분들 가운데 민망해하면서 사랑한다는 말을 잘 못 하는 분들이 있는데, 그냥 남발하는 편이 훨씬 좋아요.

일단은 충분히 표현하는 사람이 훨씬 좋죠. 나중에 무슨 황량한 사막 한복판에 있는 관계처럼 될 수도 있어요. 한국에서는 너무 닭살스럽고, 남사스럽다고 얘길 많이 하는데, 그렇게 생각하지 말고 표현은 가능한 한 많이, 자주, 확실하게 하는 게 좋습니다.

"내 마음 몰라?" 이런 거 아무 소용없어요.

몰라요!

어떻게 알아, 네 마음을 내가! 표현을 하란 말이야…. 꼭 말로 해야 하는 건 아닙니다. 말도 하고 행동도 해야죠. 또 중요한 건 시간이에요. 상대방을 위해서 일부러 시간을 내는 것. 진짜 중요합니다.

술기운에 프러포즈하지 마라.

듣는 사람 입장에서 솔직히 기분 나쁘죠. 만취해서 와서는 들이대면 대체 어떻게 합니까?

취중진담에 대한 환상도 있잖아요. 이러저러해서 용기를 못

내고 있다가 술 한잔 들어가니까 말할 수 있어, 이렇게 생각하는 거죠. 그런데 술기운이 아니고는 프러포즈를 못 하는 사람이라면 그 관계는 지속하는 과정에서도, 끝날 때에도 결국 그 술 때문에 뭔가 큰 어려움을 겪게 되는 법이더라고요.

약 기운 술기운에 기대는 건 그다지 좋은 방법이 아닙니다. 그것 때문에 다른 문제도 발생할 수 있다는 뜻이기 때문에, 꼭 좋은 결과로 이어진다는 보장은 없죠. 프러포즈를 아주 계획적이고 크게 해야 한다는 게 아니라, 상대방이 마음의 준비가 되어 있을 때, 맨정신으로 들이대야 한다는 거예요. 이 정도 아이큐는 있어야 좋은 파트너잖아요.

프러포즈 받았을 때 그 자리에서 '노!' 할 필요는 없다.
몇 번 더 만나보고 거절해도 늦지 않기 때문이다.

계산적인 얘기지만 아무리 못생긴 사람이 들이댄다고 해도, '넌 절대 안 돼. 말이 돼? 네가 지금 들이대는 게?' 이런 생각이 드는 사람도 그 자리에서 거절할 필요는 없어요.

저는 이 사실을 너무 늦게 알았어요. 아닌 건 아니라고 빨리 얘기해줘야 한다고 생각해서 그런 실수를 했던 거죠. 몇 번 반복해서 결벽증적으로 의사 표현을 하는 태도 자체가 연애에는 아무런 도움도 안 되고, 무엇보다 그 자리에서 '안 돼' 하는 그 자체가 내가 가진 어떤 편견 때문인 적이 아주 많은 거예요. 계산적이라고 생각할 수도 있겠지만 그 사람의 가능성을 볼 수 있다는 면에서 몇 번 더 만나보는 건 나쁘지 않습니다.

이게 비즈니스하고 거의 마찬가지에요. 어떤 중요한 비즈니스 제안이 들어오면 한국 사람은 전화로 그냥 빨리

'오케이' 해주길 바라잖아요. 그럴 때 선수들은 긍정적인 목소리로 "실례지만 일정 문제를 확인해야 되기 때문에 내일 오전에 다시 확답을 드리겠습니다"라고 하고, 충분히 생각할 시간을 조금이라도 벌죠. 하루 이틀 정도는 생각하고 답을 줘야 나에게 유리합니다. 모든 일에는 플러스 마이너스가 있는데, 아무리 간단한 일이라고 해도 나중에 생각해보면 판단이 달라지는 수가 있잖아요.

애인이 나의 삶에 기여할 기회를 주면 애인은
새로운 차원에서 기뻐한다.

내 삶의 공간에 너의 영역을 만들어주면 이성애자와 달리 게이로서는 그게 난생 처음 경험해보는 경우가 많아요. 클로짓 게이들은 애인이 들어올 수 있는 공간이라는 게, 결국은 옷장 안의 작은 공간이니까 솔직히 별 의미가 없죠. 그런데 조금이라도 오픈리 게이다, 커밍아웃을 했다, 그래서 그 영역에 들어오게 하고, 기여할 기회를 주면 영원히 노예가 되기도 합니다.

어떤 부분에서 인정 투쟁 과정과 비슷한 것 같아요.

커밍아웃을 안 했더라도 친한 동생인 것처럼 가족에게 소개하고, 집에 와서 자고 가고, 집에 반찬도 해오고, 반찬도 가져가고, 뭐 이런 식으로 하다가 어영부영 10년, 15년 사귀는 친구들 많이 봤습니다.

단점 없는 남자는 없다

부작용 없는 약도 없어요. 그 단점을 빨리 파악하고, 내가 이걸 감수할 수 있나 없나 결정해서 정리하면 되는 거죠.

남들한테는 단점인데 나는 그걸 참을 수 있는 정도인 사람이 있어요.

체취가 안 맞는 사람하고는 못 살아요, 아무리 멋있는 상대라고 해도. 코 고는 것, 키스 못하는 것, 다 감수할 수 있지만 냄새가 안 맞으면 절대로 그 커플은 오래갈 수 없습니다. 인간은 짐승이기 때문에, 냄새에는 정말 중요한 정보들이 들어가 있습니다. 전 소개팅을 시키면 냄새부터 맡아보게 합니다. 그리고 단점을 참는 정도가 아니라 좋게 해석하고 받아들이는 것도 문제죠. "오빠가 날 때렸는데, 날 너무 사랑하니까 때렸다" 이렇게 생각하는 거요.

학력과 미모는 동시에 발현되기도 한다. 그러나 지성과 미모는 함께 발현되지 않는다. 함께 발현된 경우라면… 꼭 손에 넣으시길.

이건 설명을 좀 해주셔야겠네요.

공부를 열심히 해서 학력을 획득한 의지의 한국인이 얼굴도 아름다운 분은 꽤 있어요. 그건 찾으면 나옵니다. 그런데 학력과 다른, 한 차원 높은 추상적 차원의 지성과 드라마틱하게 아름다운 외모를 함께 갖춘 분은 찾기 어렵습니다.

지성은 어떤 면에서 인간적인 성숙을 포함하는 개념인 거잖아요. 타인을 대하는 첫 번째 관문이 외모이기 때문에, 외모에 자신이 없는 분은 거기서 어떤 어려움을 겪고 성숙해지는 과정을 경험할 가능성이 있죠.

외모도 아름답고 지성까지 갖춘 비스무레한 분을 몇 차례 봤는데, 대부분 어렸을 때 과체중이었어요. 성인이 돼서 외모를 갖춘 것이기 때문에 이게 내 것이 아니라는 의식이 있죠. 그리고 과체중이었다가 몸무게를 줄이면 몸에 약간의 흔적이 남잖아요. 그분들은 잘 벗진 않죠. 잠자리에서 윗도리를 안 벗으시려는 분들이 아주 많아요. 스크래치 마크를 보여주는 게 너무 싫기 때문에.

주홍글씨 같은 거겠죠.

그 미모는 얼굴 차원의 미모지 완전한 건 아니라고 볼 수 있어요. 그래서 타고난 미모를 갖고 있는 분들은 진짜 지성을 획득하는 데에 어려움이 있어요. 이게 아름답다고 좋은 건 아니에요. 자기 성찰 능력이 있어야 지성이 발현하는데, 그러려면 외로워야 하거든요. 그런데 예쁜 애들은 남자건 여자건 외로울 틈이 없어요. 아무도 가만두질 않으니까요. 전화 오고, 눕히려고 하고, 별의 별짓들을 하기 때문에. 세상이 너무 친절해요. 지성이 발현 안 되는 거죠. 제가 최근에 깨달은 놀라운 사실이 있어요. 미남 게이 친구가 있는데 우산을 안 들고 다니는 거예요. 비가 올 것 같아서 우산 들고 나가라고 줘도 안 받아요. 그 친구한테 우산은 그냥 생기는 거예요.

그렇게 쭉 살아오신 거죠, 그분은?

네, 비 맞고 다니면 중장년의 예쁜 아줌마들이 우산을 그냥 주는 거예요. 어딜 가든 그냥 하나씩. 제가 트위터에 이 이야기를 올렸더니 우산을 받아본 적 없는 남자분들이 멘붕을 하더라고요. 그런데 잘생긴 남자분들이 우산만 받는 게 아니에요. 각종 먹을 것, 옷, 심지어 이불도 받아요. 조공이 계속 들어오는 거예요.

'조공 받는다'는 표현이 딱인 것 같아요.

정말로 잘생긴 사람은 어렸을 때부터 남자고 여자고, 못생긴 사람, 성적 매력이 부족한 사람의 삶이 얼마나 난이도가 높은 것인지 몰라요. 알 수가 없습니다.

운전하는 꼴을 보면 싸울 때의 성격이 드러난다.

진짜 그렇죠.

운전하다가 꼬이거나, 길이 막히거나, 길을 잃거나 하면 순간적인 멘탈 붕괴가 오지 않습니까? 그때 어떻게 대처하는가가 중요합니다.

남자들은 길을 찾거나 운전하는 능력을 자기 남성성의 발현이라고 생각해요.

발현 맞죠.

물론 맞죠. 그래서 저도 운전을 잘하는 사람, 길을 잘 찾는 사람을 좋아하는데, 문제는 그러다가 실수할 수 있잖아요. 이를테면 일방통행인 줄 알고 들어갔는데 엉뚱한 방향이었다든가… 그때 저는 별 생각 없이 앉아 있는데 본인이 자존심이 상해버리는 거예요. 갑자기 화를 내면서 지나가는 고양이한테 화풀이를 하는데, 이걸 도대체 어떻게 하면 좋은가 싶었어요.

직장에서 제일 말단한테 화낼 사람인데요?

맞아요. 자책이 심한 사람도 있고, 내비게이션 탓을 하는 사람도 있어요. 그런데 그게 나중에 싸울 때 어떤 방식으로 이 사람이 그 화를 터뜨리는가를 정확하게 반영합니다.

어머니 여러분, 제발 애기 기를 때 엎어져서 운다고 바닥에 대고 "때치, 때치" 하지 마세요. 바닥은 죄가 없어요. "네가 잘못해서 넘어졌으니까 울지 말아"라고 말하는 냉정한 엄마가 됩시다. 그냥 안아주시고 '호' 해주시면 돼요. 바닥 때치는 아니에요. 바닥이 무슨 죄라고.

진정한 게이는 리모컨을 애인에게 양보한다.

이것도 정말 어려운 문제죠. 리모컨을 쥔다는 것 자체가 선택권을 쥔다는 것이기 때문에 남자분들이 리모컨에 민감하죠. 리모컨은 애인에게 주세요. 뭐 그까짓 것.

이런 사소한 종류의 다툼에서 유난히 양보가 안 되는 사람이 있더라고요.

그게 이해가 안 가요. 자기 부인이나 여자 친구가 드라마 보고 싶다고 하면, 진짜 남자는 양보해야죠.

더 나아지고자 노력하지 않는 게이는 살아 있는 악덕이다.

게이는 끊임없이 노력을 하는 수밖에 없어요. 사회에서 게이를 멋있게 평가하지 않기 때문이죠. '여성성'하고 똑같아요. 우리는 사회에서 여성성이 우수함과 연관되어 있지 않은 문화에서 자랐잖아요. 훌륭한 여성이 되기 위해선 끊임없이 현대화하려는 노력을 해야 하지만, 남자는 그럴 필요가 없어요. 남성성은 여태까지 기준이었으니까요. 기념비도 다 자지 모양이잖아요. 뭐 말 다했죠, 어떡하겠어요. 트로피가 그 모양인데.

사회적으로 성공한 여자 선배들이 결혼해서 사는 걸 보면 너무 화날 때가 있어요. 시댁에서 자기의 포지션 자체가 "네가 밖에서 돈 좀 번다고 집에서까지 유세야?" 이런 식인 거예요. 집에 가서는 거의 종살이를 해요.

남녀의 연애가 어렵더라고요. 인간이 정치적으로 올바른 뇌가 아니니까, 결국은 낙차가 있어야 로맨스가 발생하잖아요. 그 낙차가 게이 동네에서는 쉽게 합리화가 되는데, 남녀 관계의 낙차는 남녀 차별 문제와 연관되어 있기 때문에 어려워요. 여자가 사회적으로 더 성공했을 때에 남자분들이 자존심이 눌리게 되고, 그게 실질적으로 부부생활에 영향을 미치기도 하니까요. 남자의 작은 고추라는 게 민감한 기관이어서 안 서는 분들도 많죠. 한번 자존심이 상하면.

그래서 자존심을 충족시킬 수 있는 다른 사람을 찾아야 하는 거죠. 더 비극적인 건, 그런 상황에서 그 와이프가 그걸 받아들일 수 없는 거예요. 자기가 가정생활에서 실패했다는 사실을 받아들일 수가 없기 때문에 그 모든 걸 끌어안고 생활을 유지하는 거죠.

사랑 때문에 바람을 피우는 게 아니라 자존심 때문에 바람피우는 남자분들이 많고, 그렇게 바람을 피우면 또 미안하잖아요? 꽃다발을 사서 집에 오는 거죠. 이건 변하지 않는 패턴이에요. 난데없이 남편이 꽃다발을 사왔다, 정말 그때는 올 게 왔구나….

행복한 삶의 태도가 행복을 부른다.

모든 지구인에게 전하고 싶은 복음입니다.

아침마다 나에게 주문을 걸어야 해요. "나는 운이 좋아", "나는 행복해", "오늘도 열심히 성심으로 살아보자", "오늘 하루도 더 나은 하루가 될 게 확실해" 이렇게 자기 주문을 걸면 그 에너지가 축적되고, 남에게 베풀어지고, 그 피드백으로 긍정 에너지가 오기 마련입니다. 제가 강연을 가도 그래요. 솔직히 일반인 여러분 중에 미술사를 얘기하면 못 알아듣는 분도 많죠. 자존심이 상하잖아요. 다른 거라도 얻어 가야죠, 긍정적인 에너지! 그래서 저는 라디오 방송을 하거나 중요한 특강이 있으면 자동차 안에서 노래를 부르면서 가요. 에너지를 높이는 거죠. 그 에너지를 유지하면서 강의를 하면 그분들이 못 알아들어도 얼굴 표정이 달라집니다. 뭔가 에너지를 받고 가는 거죠.

아주 중요한 팁인데요?

자동차 안에서 노래를 부르면서, 발성 연습으로 에너지를 막 올리면서 가면 강연할 때에도 꾸준히 그 힘의 레벨이 유지가 돼요. 노래에서 레가토(Legato)라고 있잖아요. 에너지가 일정하게 쫙 유지되는 거요. 그게 가능합니다. 공연할 때 기승전결도 중요하지만 에너지의 밀도가 끊임없이 이어지는 게 중요하잖아요.

모든 프로라면 갖추어야 될 덕목입니다.

행복한 삶의 태도란 건 무척 중요한데, 상대방을 만났을 때 같이 걸어가면서 콧노래를 부르는 사람들 있죠? 자기도 모르게 자기 자신을 응원하는 사람들, 그건 머릿속에서 이상한 음악이 나오고 있다는 거예요, 사운드트랙이 자동으로. 그런 사람은 긍정적인 사람입니다.

몇몇 게이 남자들의 우울한 성격은 대개 유전적으로 타고난 것이다. 바뀌기를 기다리느니 토끼 대가리에 뿔 나기를 기다리자.

성격은 이미 어렸을 때 결정 나잖아요. 이건 바뀔 수가 없습니다. 우울한 상태를 사랑할 수 있으면 만날 수 있지만, 바뀔 수 있다고 믿으면 서로 피곤해요.

어떤 단점이든 간에 바뀔 수 없다는 걸 기본 전제로 깔고 관계를 시작하시는 게 맞죠. 그런데 그렇지 않고 '저건 내가 바꿀 수 있다'라고 생각하는 순간….

상대방이 "나를 바꾸겠다. 더 나은 존재가 되기 위해서 노력하겠다", "알코올중독을 치유하겠다", "뱃살을 빼겠다", "운동을 하겠다", "담배를 끊겠다" 이럴 땐 옆에서 응원을 해줘야죠. "야! 네까짓 게 담배를 어떻게 끊어?" 이럴 필요는 없잖아요? 언젠가 『허핑턴포스트』에 부부관계가 끝났다고 느꼈을 때를 회고한 남자들의 이야기가 쭉 나왔어요. 어떤 분이 "나, 의대 갈 거야" 이랬더니 과학자인 부인이 "네까짓 게 의대를 어떻게 가" 이랬다는 거죠. 의대는 아무나 가나? 뭐, 이런 이야기. 내가 먼저 상대방에게 변화를 요구할 수는 없어요. 상대방이 변화를 추구하면 응원해주는 애인은 좋지만, 상대방의 우울한 성격이 바뀌는 건 어려워요. 쾌활한 성격이 좋으면 쾌활한 '제품'을 찾아야죠.

맞습니다. 가장 많이 착각하는 것 중 하나가 "이 사람은 이러이러한 건 괜찮지만, 이러한 문제가 있어"라는 것, 그래서 그것만 고치면 된다고 생각하는 건 정말 큰 판단 착오라는 거예요. 자기가 알고 있던 그 장점들까지 같이 망가질 가능성이 훨씬 높습니다.

그건 그 제품의 속성이에요.

잘 키운 오코게 하나 열 애인 안 부럽다.

'오코게(おこげ)'는 일본의 용어인데 요즘은 많이 사라졌어요. 오코게는 오카마(おかま)에서 온 말인데, 오카마는 일본의 전통적인 게이 용어죠. 서양 게이와 달리 좀 더 여성적인, 여장까지 포괄하는 넓은 의미의 남성 성소수자란 의미입니다. 오카마가 원래 일본어로 '솥'에서 왔다고 해요. 솥이 둥글 넙적하게 생겨서 엉덩이 같다고 생각했나 봐요. 그래서 오카마라고 하는 것도 비칭으로 항문 섹스하는 사람들이라는 뜻인 거죠. 그 솥에 붙어 있는 밥풀, 그러니까 누룽지가 오코게입니다. 그놈에 그 친구라는 뜻으로, 사회에서 핍박받는 게이의 여자 친구, 여자로서 게이들의 친구가 되어주시는 특별한 분들이죠. 그걸 서양에서는 패그 해그라고 합니다. 패그 해그 여러분도 타고나는 거예요. 이미 유치원 때부터 게이 꼬마 애들과 함께 잘 어울려 놀고, 그 여자 주변에 게이가 몰려요. 참으로 희한한 친화력이 있습니다. 모든 여자분들이 게이들과 친하게 지낼 수 있는 것도 아니에요.

패그 해그가 따로 있습니다. 물론 그 말도 비칭이라서 어떤 분들은 자기를 패그 해그라고 부르면 불같이 화를 내는 수도 있습니다만. 그런데 요즘은 일본에서 후죠시 문화가 발생하면서 2D 만화 속의 게이들이 우리의 패그 해그 친구들을 뺏어갔어요. 그래서 오코게란 단어를 요즘엔 잘 안 쓰고 있습니다.

스포츠 마사지를 배워두면 쓸모가 많다.

이건 확실합니다. 전 지구적이라고 생각해요. 스포츠 마사지를 배워두면 쓸모가 많죠. 상대방의 몸이 피곤해서 기분이 안 좋을 때, 그걸 포착하는 능력이 더 계발되는 부분도 있잖아요.

연인이 있으면, 아무래도 붕가를 해야 한다는 의무감이 있죠. 하지만 사회생활을 하다 보면 너무 피곤해서 아무런 욕망이 없을 때도 있어요. 또 여자분들은 한 달에 한 번씩 '마법의 시간'이 있잖아요. 그럴 때에 붕가를 하고 싶어 하는 분들도 있지만, 대부분 고질라가 나옵니다. 치사한 남자는 여자 친구를 집에 빨리 보내는 분들이 있어요. 그건 좀 아니죠. 그냥 안아주고, 핫팩이라도 만들어서 배에 갖다대주고, 발 마사지 해주고, 머리를 감겨주거나 두피 마사지, 목 뒤만 풀어줘도 기분이 좀 나아지는데 말이에요.

지금 말씀하시는 걸 들으니까 어딘가 동화책 같은 느낌이 드네요. 그런 남자는 없는 게 아닌가? 몰라서 그래요.

남자들이 좀 재미있는 게, 차라리 시키면 그걸 편하게 수행하는 경향이 있어요. "지금 가서 죽을 사와", "약을 사와", "물을 끓여서 갖고 와"라고 하면 그걸 할 수 있는데, 눈치를 봐야 하는 상황 자체를 잘 못 견디더라고요.

눈치 줄 필요 없어요. 구박할 필요도 없고요. 저는 이성애자 여자 여러분에게 완제품 남자는 없으니까 포기하고 '공대 남자'를 고르라고 강조합니다. 공대 남자는 상대가 예쁜 건 알아요. 그런데 머리를 한 건지, 눈을 한 건지, 옷을 바꿨는지 몰라요. 이게 남자에요. "와, 너 오늘 마스카라 잘 됐다", "오늘 뽕브라 했네?" 이건 100퍼센트 게이죠. 공대 남자가 좋아요. 그런데 공대 남자도 등급이 있죠. 수학 잘하고, 알고리즘을 잘 짜야 해요. 알고리즘을 짤 줄 알면 추상적 사고 능력이 있는 건데, 이거만 가지고는 안 되죠. 남자 노릇을 하려면 족구는 할 줄 알아야 합니다. 학교 다닐 때 보세요. "재가 족구는 되는구나" 그러면 남자죠. 게이다도 필요 없어요. 족구 하는 거 보고 공이 컨트롤이 안 되면, 그분은 게이에요. 족구에서 팀의 에이스다, 걔는 이성애자인 게 확실합니다. 이제 문제가 해결됐죠? 운동 능력 있고, 허우대 멀쩡하고, 추상적 사고 능력 있고. 옷이 촌스럽고 눈치가 없는 건 여자가 재개발하면 돼요. 영역 표시로 옷은 갈면 되니까.

그건 확실합니다. 결혼하고 보통 와이프가 가장 먼저 하는 게 남편 옷장 싹 다 버리고 새로 채워주거든요. 그런 부분은 정말 갖춰져 있는 사람 찾을 필요가 없고, 그냥 여자가 하면 되는 거예요.

남자하고 대화하지 마세요.

그건 저도 완전히 동의해요.

남자 친구하고는 인생의 큰 문제만 얘기하면 되고, 내가 뭘 원하는지 초기에 프로그래밍을 하면 되는 거예요. 남자는 로봇입니다. 프로그램을 빨리 학습하는 능력이 있느냐만 보면 돼요. 그리고 그걸 준수하는 인간성이 있는가. 연애에서 초기 단계에 어떤 전환점을 지나면 가르쳐야 하잖아요. "내가 마법에 걸렸을 때에는 이렇게, 이렇게, 이렇게 하거라" 하고 가르쳐줬는데, 내가 고질라가 됐을 때 걔가 그걸 했다, 그러면 남편감인 거죠. 공대 남자는 숙지시켜 놓으면 합니다. 인풋 정보가 있고 프로그래밍이 되었으면 액션을 합니다. 남자도 어깨, 목, 두피, 발 마사지 같은 걸 했는데 여자가 만족하면 대부분 '내가 해냈어'라는 성취감을 느끼죠. 짜증내지 마세요. 알아서 해주길 바라고, 내 마음을 읽기를 바라는 건, 게이나 하는 거예요. 내 마음을 읽었으면 그건 무서운 상황입니다. 도망쳐야 해요.

네, 마지막 문장이 또 중요하네요.

'스몰 토크(small talk)'는 게이 친구랑 하세요. 남편이랑 왜 대화를 합니까? 무뚝뚝한 공대 남자 좋아요. 그냥 연애해서 데이트하고, 닭튀김 먹이고, 맥주 한잔 먹으면 성욕 느끼고, 붕가하고, 재우고.

향수는 최소량만 사용한다.

이것도 좀 바뀌었어요. 악취보단 향수가 낫더라고요.

한국 사람이 향수를 선택하는 방법은 너무 단순해요. 잘 모르니까 향수 코너에 가서 "요즘에 뭐가 유행해요?"라고 물어보고 사는 분이 많습니다. 다른 사람이 쓴 향수를 따라서 사기도 하고요. 향수는 구입할 때 일단은 자기가 뿌려 보는 게 정말 중요해요. 자신과 어울리는 향인지를 판단할 수 있는 능력이 돼야죠. 절대로 남이 뿌리는 향수가 좋다고 사지 마세요. 자신한테 맞는 향수가 나올 때까지 인내심을 갖고 테스트하라고 말씀드리고 싶습니다.

사실 향수를 제일 잘 골라줄 수 있는 사람은 '퍽 버디(fuck buddy)'죠. 나하고 스포츠 섹스하는 친구, 혹은 옛날에 그런 관계였던 친구가 내 냄새를 잘 알잖아요. 나는 내 냄새를 잘 모르니까 그 친구가 내 몸에 잘 맞는 향수를 골라줄 수 있죠. 아니면, 내가 샤워를 안 해서 향수를 뿌리고 어디를 갔을 때 상대가 좋은 냄새라고 하면 그건 100퍼센트 나랑 맞는 향수에요. 샤워하고 향수를 뿌리고 나갔으면 그냥 향수 냄새가 좋은 거지, 내 냄새는 아니잖아요.

음주 습관이 나쁜 게이 남자는 롱런하지 못한다.

몇 번 말했듯이 게이 동네에서 롱런이 어려워요. 일단 게이 사회가 좁으니까요. 젊었을 땐 예쁘고, 친구 갈아타고 이런 게 다 가능하지만 나이가 들면 친구들이 떨어져 나가요. 많은 중년 게이가 결혼을 해서 내 곁을 떠나죠. 이제 삶이 점점 팍팍해집니다. 미모 우선의 세계니까 젊은 게이가 늙은 게이를 친구로 인정을 안 해줘요. 그때 술 먹고 굴러다니기 시작하면 끝이에요. 그래서 음주 습관은 롱런에 있어 상당히 중요합니다. 일주일마다 클럽 나와서 술 먹고, 밤새 노는 게 생각보다 에너지 소모가 큰 일이거든요.

소녀와 마초의 버튼은 거의 동일하다는 점을 잊지 말자.
(누르면, 반드시 켜진다.)

'버튼'이라는 게 누구나 하나씩은 있기 마련이죠. 버튼을 가리는 분도 있고, 부정하는 분도 있고, 수동적 공격성으로 내놓고 다니는 분들도 있어요. "누르기만 해봐 그냥, 가만두지 않겠어" 이러는 분들이 있죠. 소녀의 자존심과 마초의 자존심은 똑같아요. 누르면 언제나 켜지고,

뒤탈이 따릅니다. 간혹 소녀나 마초 중에 자기 주제 파악과 자기 풍자가 돼서 뒤탈이나 뒤끝이 없는 분도 있어요. 그분들은 멋쟁이죠.

게이 나이트클럽에서 놀아보려는데, 갑자기 눈이 따갑고,
머리가 멍하며, 테이블이 더러워서 참기 어려운 지경이라면,
이제 남편감을 찾을 때가 된 것이다.

게이 동네에서 노는 것도 하루 이틀이에요. 물론 영원히 노는 분도 있어요. 제 친구 중에 한 명은 저보다 나이가 많은데 아직도 전 세계의 클럽을 뛥니다. 정말 존경스럽죠. 그 친구는 알코올을 한 방울도 마시지 않아요.

다 할 순 없어요. 자기에게 더 중요한 게 있다면 다른 무언가는 철저하게 제어해야 하는데, 그분한테는 그게 술을 안 마시는 거겠네요.

무서운 친구죠. 술 담배는 전혀 안 하고, 오로지 그 분위기에 맨정신으로 섞여서 노니까요. 이거보다 조금 낮은 난이도의 무서운 게이는 클럽에 파장 시간에 가는 거죠.

아예 새벽 늦은 시간에요?

네, 막판에 '오늘은 그냥 집에 갈 수 없어' 하는 애들 가운데 '오케이, 오늘은 너야' 하고 데려갑니다. 뱀파이어도 아니고 너무 무섭지만, 정말 효과 만점이라고 하더라고요. 심지어 막판에 가면 입장료가 없어요.

연애 상대의 펫 피브즈(체질적으로 싫어하는 것들)를
일찌감치 파악하는 것은 중요하다.

펫 피브즈(Pet Peeves)라는 게 이유 없이 싫어하는 것들이거든요. 물론 이유가 아예 없는 건 아니에요. 그런데

그 이유를 내가 일일이 알 필요는 없어요. 그걸 다 파악하면 사람이 싫어지기 때문에 거기에다 그냥 흙을 덮고, 잔디를 깐 다음, 판단하지 말고 그것만 피해가는 거죠.

오래된 관계가 진짜 무서운 게 이걸 막 눌러버려요. 싸울 때 "너 이거 싫어하지?" 이러면서 거기다 폭탄을 던지죠.

이성 연애에서 서로의 펫 피브즈를 숙지하지 않은 채 7~8년 정도 연애를 하고 덜커덕 결혼을 하겠다며 가족을 만나죠. 그때 장막 뒤에 숨어 있던 수많은 사람이 튀어나오면서 여태까지 내가 알고 싶지 않았던 펫 피브즈의 연원, 이 남자의 모든 나쁜 버릇의 실체가 드러나면서 마지막까지 남아 있던 연민의 정과 사랑이 무너집니다. 그래서 이성 연애에서는 장기 연애를 하고 결혼하는 건 아니라고, 전 늘 주장하곤 합니다. 초기에 결혼하고 나서도 너무나 많은 난관이 있기 때문에 그걸 사랑의 콩깍지로 넘어야 해요.

사리 판단이 안 될 때 그냥 빨리 가는 게 나은 거죠.

네, 그냥 견뎌야 하기 때문에 만나서 좋을 때 결혼을 후딱 해버리는 게 훨씬 삶이 평탄합니다.

나 자신이 펫 피브즈를 잘 이해하고 있다면, 애인의 눈에서 콩깍지가 떨어지기 전에 숙지시켜야 한다. / 보통의 경우, 좋은 애인은 이미 숙지하고 있다. / 애인과 일은 완전히 분리해서 관리한다.

정말, 정말, 중요하고 기본적인 겁니다.

예를 들어 남자 한쪽이 인테리어 디자인업자고, 다른 한쪽이 아직 어리고 디자인 전공이다, 그래서 일도 같이하게 됐다, 거의 동업이었다, 그러다 연인 관계가 깨졌다, 그리고 전쟁. 게이 동네의 흔한 패턴이에요. 더 심한 게 레즈비언분들이죠. 레즈비언은 사회에 나오면 직업을 구하는 게 상당히 어렵습니다. 인맥이 다 여자 위주인데 한국 사회에서 기회는 여전히 남자가 독식하고 있기 때문에, 자영업을 많이 하죠. 자영업을 할 때 애인과 같이 하는 분들이 있어요. 금전적인 문제가 폭발했을 때, 연인 관계도 함께 폭발해버리는 일이 너무 많죠. 저도 어렸을 땐 이걸 몰랐어요. "왜? 난 할 수 있어"라고….

귀여운 시절의 이야기군요.

할 수 있긴 뭘 할 수 있어, 주제 파악을 해야지…. 애인과 일은 섞는 게 아니에요. 절대 아닙니다. 직장 내에서의 연애도 어렵잖아요.

일과 얽힌 사람하고 연애하는 게 가장 쉽거든요. 일과 관련해 서로 어느 정도의 존중도 있고, 일로 사람이 맞부딪힐 때는 조심스럽고 예의 바른 모습을 보여주거든요. 그런 부분에서 환상을 갖게 되죠. 그런데 사귀면서 드러내는 민얼굴은 흉한 면도 있고, 특히 연애가 깨졌을 때는 일을 하면서 상대에게 비열하게 굴기도 하잖아요.

업계에서 상대방이 나보다 권력자다, 연애를 하면 좋죠. 여러 가지 보이지 않는, 또 보이는 특혜도 입을 수 있고. 그런데 그것 자체가 비윤리적이고, 세상엔 공짜가 없기 때문에 헤어질 때 반드시 뒤탈이 있어요. 또 애인 관계가 청산될 때 중간에 있는 친구들을 찢어 나눠 가져야죠. 그럴 때 잘못하면 나의 커리어에 치명상을 입을 수 있기 때문에 연애와 일은 가급적 완전히 분리하는 게 신상에 이롭습니다.

연인에게 일과 자신의 중요성을 비교하기를 요구하는 애인은 좋을 때엔 천사지만, 여차하면 무서운 비치로 돌변하는 법이다. 정신 바짝 차려야 한다.

많은 분이 애인에게 징징대면서 "내가 중요해? 일이 중요해?"라고 물으면, 말은 "네가 훨씬 중요하지"라고 하지만, 속으로는 이러죠. '일이 100배는 중요하지, 뭔 소리야. 그걸 말이라고 물어봐? 인생을 걸고 일하는 건데, 알바도 아니고.'

"내가 중요해? 일이 중요해?"라고 물어보는 사람은 계속 그렇게 물어보더라고요.

그냥 중독이에요. 징징대는 거거든요.

헤어진 애인에 대해서는 반드시 좋은 이야기만 늘어놓아야 나에게 이롭다.(그것이 거짓일지라도!)

연애도, 직장도 마찬가지라고 생각해요.

맞습니다. 내 자아 안에 있는 자기 윤리의 문제에요. 제삼자 입장에서 연인 관계를 오래 관찰해보면, 이 사람이 괜찮은 사람인데 맨날 '똥'을 만난다, 그럼 이 사람이 '똥'이라는 얘기에요. 똑같은 놈들끼리 만나게 돼 있어요. 내가 만약에 과거 애인을 되돌아 생각해볼 때 계속 문제 있는 사람을 만났다면, 그 사람들이 문제가 아니에요.

내가 그걸 선택하고 있는 거거든요, 매번.

내 잘못이에요. 그렇기 때문에 헤어진 애인이 뭔가 나에게 실수한 게 있다고 해도, 법적으로 해결할 문제가 아니라면 입 닥치고 좋은 점만 얘기해야 합니다. 헤어지고 멘붕이 와서 눈물, 콧물 짜고 있다고 해도, 가장 친한 친구에게조차 그 사람의 나쁜 점에 대해서 험담을 하면, 그건 친구 관계에도 나쁜 영향을 미치죠.

사적이든 공적이든 간에 끝난 관계에 대해서 과도하게 상대방을 비난하면서 자기를 피해자로 만들고 싶어 하는 사람이 있어요. 그게 결국은 습관이기 때문에 이 사람이 나와도 무슨 문제가 생겼을 때 똑같이 반응을 하더라는 거죠.

직장 생활을 마무리하고 나갈 때도 마찬가지입니다. 좋게 끝나는 법은 없어요. 언제나 섭섭한 게 있죠. 하지만 좋은 것만 얘기해야 합니다. 험담을 늘어놓으면 결국은 자기 얼굴에 침 뱉기라서요.

구직하는 분들 중에 종종 헷갈려하기도 해요. 지금 내가 다니는 직장이 얼마나 이상한 곳인지 이야기하면 내가 얼마나 훌륭한 인간인지를 어필할 수 있다고 생각하는 것 같은데, 그렇지 않아요. 사람들이 볼 때는 그 정도의 직장에서 불평이 많다는 것만 보이는 거예요. 자기를 더 좋게 보일 수 있게 하는 방법은 욕하는 게 아니라 좋은 걸 얘기하는 거예요.

이게 난이도가 좀 있는 게, 직장 내에서의 성차별 같은 부분에 대해서도 사람들이 함구해버리니까, 힘 조절이 너무 어려운 부분이 있어요. 게이들도 커밍아웃하고 사회생활을 하다 보면 "이게 게이 차별이다"라고 딱히 얘기하기 어렵지만, 분명히 게이 차별인 부분들이 있거든요. 여자분들이 사회생활을 할 때 아주 교묘한 성차별을 겪는 것과 똑같은 문제인데, 이걸 공적인 차원에서 문제를 제기하기가 아주 제한되어 있고 어렵습니다. 하여튼 애인과 좋지 않게 끝났다, 정말 억울하다, 법에 호소하세요. 험담은 안 됩니다. 트위터나 페이스북 같은 공적인 자리에 헤어진 애인의 문제점, 얘는 섹스할 때 이랬고 저랬고 이런 얘기를 하시면 정말 곤란합니다.

도망칠 때 확실하게.

'이 사랑 못 견뎌' 싶으면 정리할 땐 확실하게 정리하셔야죠.

침몰하는 연애는 보통 구출하려 노력해도 구해지지 않는다. /
한 달 동안 꾸준히 노력해보고 안 되면 깨끗이 포기하라.

인간의 한계가 있어요. 연인 관계라고 하는 게 에너지의 흐름이기 때문에 둘이 노력해도 안 되는 케이스가 꽤 많죠. 그래도 최소한 한 달은 노력해보는 게 인간의 예의죠. 혹시 압니까, 될지. 그래도 안 되면 포기해야죠.

한 달 동안 노력한다는 게 그 반대의 경우도 있어요. "포기했지만 한 달은 더 해봐야지"라고 생각할 수도 있지만, 아무리 이러저러한 일을 당하고 이게 안 좋은 관계인 걸 알아도, 자기가 거기서 빠져나가지 못하기도 하죠. 그럴 때는 자기한테 시한을 주는 거예요. 내가 계속 밑도 끝도 없이 가는 게 아니라 그냥 한 달 더 해보고 아니면 그만두자, 라고 시한을 분명히 정해놓고 마지막으로 노력을 해보는 건 중요하죠. 하지만 무한정 하는 건 절대로 안 됩니다.

기간 한정도 괜찮고, 삼진아웃제도 괜찮습니다. '이 관계 이상한데?'라고 한번 물음표가 떴다면 특정 이슈에 관련해서 카운트를 시작하는 거죠. 처음은 경고, 고쳐줘. 두 번도 경고, 고쳐줘, 마지막이야. 세 번째면 오케이, 짐 싸야죠.

그럴 때에도 가능하면 상대한테 알리는 게 좋더라고요.

그렇죠, 반드시 알려줘야 합니다.

자기 혼자 속으로 카운트하시는 분들이 계세요. 그런데 그건 아니에요. 내가 당신의 어떤 점 때문에 매우 언짢다는 걸 분명히 얘기를 해야 하고, "이번에 그랬어", "이번에 또 그랬어"라는 걸 분명히 얘기를 하고, 그럼에도 세 번째까지 간다면, 그때는 말씀하신 것처럼 삼진아웃인 거죠.

"오빠는 내가 왜 화났는지 몰라?" 어떻게 아니, 말을 안 하는데! 게이분들도 그런 사람이 있어요. 화났는데 그걸 말 안 해주고 알아서 다 읽어주길 바라는 거죠. 독심술을 배운 것도 아니고 그걸 어떻게 압니까, 진짜.

못생겼으면 착하기라도 해야 한다는 말은 거짓말이다.

많은 사람이 못생겼으면 착해야 한다고 주장합니다. 그게 말이 됩니까? 못생겼으면 사회에서 차별을 받으니까 더 악독해져야지, 착해야 한다니요. 못생겨서 사회나 또래 집단에서 계급이 낮고, 착한 역할을 도맡는 사람이 있죠. 그분들이 성형수술을 하면 성격이 확 바뀝니다. 그건 착한 게 아니죠. 착한 가면을 쓸 필요는 없어요.

한국 사회는 착한 것과 열심히 노력을 하는 것에 대해서 과도하게 좋은 이미지를 부여해요. 그래서 못생겼으면 착하게 굴어야 한다는 걸 다들 자기 안에 내면화해요. "나는 예쁘지 않으니까 착하게 굴어야 해" 이렇게 생각하죠. 착하게 군다고 해서 못생긴 게 없어지지 않아요. 특히 상대방 눈엔 더 그렇습니다. 굳이 착한 걸 꾸며낼 필요가 없어요.

매너 좋게, 그리고 속마음은 나를 위주로. 얼굴 고치고 싶으면 고치고, 명품을 바르고 싶으면 바르고, 뭔가 다른 조치를 취해서 나의 상징 자본을 끌어올리면 되는 거지, "내가 못생겼으니까 착한 가면을 쓰고 친구들에게 하나씩 희생하면서 살아야지" 그건 절대 아니라고 생각합니다.

스무 몇 살 땐 그냥 예쁜 게 예쁜 거고, 못생긴 게 못생긴 거기도 하거든요. 그런데 삼십대 중후반 넘어가면서부터 보니까 확실히 노력을 기울이면서 자기를 꾸밀 줄 아는 사람이 어떤 시간이 딱 지나고 나면 정말 멋있어지더라고요.

노화가 베푸는 공평한 못생김이란 게 있습니다. 그때가 역전의 기회에요. 노력하고, 옷 잘 입고, 허리 빳빳하게 유지하고, 스타일 추구하고. 여러분, 패셔니스타분들이 대부분 가슴이 납작한 건 다 이유가 있는 거예요. 노력해야 할 이유가 있는 거죠. 가슴 큰 여자분들 가운데 패셔니스타? 저는 본 적이 없어요. 왜? 노력할 이유가 없었던 겁니다.

우울증과 달리 소심증은 연애로도 치유되지 않는다.

이것도 좀 틀린 말이긴 하죠. 우울증도 치료가 안 되니까요.

결국은 더 안 좋은 얘기를….

그러게요. 제가 못된 얘기를 했네요. 죄송합니다.

예쁜 남자를 보는 순간 손이 나가고 있다면, 이미 뇌는 중년이다.

나도 모르게 손이 움직이고 있다면, 내 마음속에 숨어 있던 'K-저씨'가 나오는 거죠. K-줌마, K-저씨가 나오고 있는 걸 내가 한번 느꼈다면, 즉각 내면 점검에 들어가야 합니다. 내면의 노화가 외면의 노화보다 훨씬 두려운 것이기 때문에 조심해야 해요. 커밍아웃하지 않은 제 친구 가운데 주변 남자를 주물거리는 분들이 있죠. 젊고 예뻤을 때는 괜찮아요. "형, 왜 그래" 하고 넘어가죠. 그 또래 안에서 게이란 걸 알면 "저 형은 손이 좀 그렇다", 이렇게까지는 봐주는데, 나이 들고 또 상대방의 나이가 어려지면 쇠고랑을 찹니다.

남자건 여자건 옛날엔 됐다고 해서 지금도 될 거라 생각 말고, 애초부터 조심하는 게 가장 좋다는 걸 말씀드리고 싶습니다.

K-저씨의 제일 큰 문제점이 성추행이나 성희롱을 해놓

고 본인이 의식이 없는 거죠. 아직도 시골 소년의 마음으로 살고 있기 때문입니다. 자신의 생물학적 인터페이스가 나이가 들었고, 그에 맞는 내면의 정신세계로 변화했어야 하는데 그걸 못 한 거죠. 서양에서도 그런 일이 있더라고요. 데이비드 보위도 부인이 있지만 젊었을 땐 쿨하니까 이 여자 저 여자와 함께 클럽에서 진한 애무에 들어가곤 했는데, 젊을 땐 멋있으니까 아무도 싫다고 안 했던 거죠. 그런데 최근에 상대가 진심으로 싫다고 한 건지 모르고 계속했다가 쇠고랑을 찰 뻔했던 적이 있죠. 그게 아차 하는 순간이기 때문에 끊임없이 자기 자신을 거울에 비춰봐야 해요. 나의 생물학적 인터페이스가 어찌 변하고 있는가, 이 인터페이스에 맞게 내면의 소프트웨어도 변화를 줘야 합니다.

절대 남의 연애 문제에 감 놔라 배 놔라 관여하지 않는다.
언제고 나도 구설에 오르기 마련이다.

게이 사회가 여성 사회와 비슷하기 때문에 연애 문제로 친구에게 하소연하면 상대방을 비난하면서 떼거지로 함께 인민 재판을 엽니다. 특히 게이스북에서요. 패싸움이 나기도 하고, 한 놈만 완전 나쁜 놈이 되기도 해요. 이런 식으로 남을 비난하는 습관을 내 몸에 붙여버리면 결국은 언젠가 나도 돌팔매질의 대상이 되기 마련이죠. 그건 정말 변하지 않는 인간 사회의 법칙인 것 같습니다. 카르마죠.

패거리를 지어서 누군가를 비난하는 습관 자체는 안 들이는 게 좋습니다. 습관을 들이면 재미가 붙거든요. 아예 시작하지 않는다, 그리고 무엇보다도 내가 직접 알고 있는 사람과 상황이 아니라면 말할 때 조심하는 게 좋다….

전 이건 프랑스가 맞는 것 같아요. 정치인들조차도 사생활 영역은 알아서 하는 거고, 국민들이 '알 바 없다'는 식으로 나오잖아요. 프랑수아 올랑드가 어마어마하게 재미있는 연애사를 펼쳐주고 있지만, 그냥 가십 기사에나 나오죠. 정치인의 공적인 윤리와 아무 상관이 없는 문제니까 거기에 대해서 우리가 감 놔라 배 놔라 할 필요는 없다!

애인 없는 싱글로 좋은 평판을 얻는 것보다는, 애인이 있는 상태에서 구설에 오르는 편이 낫다.

이성애자 여자 친구가 "오빠, 나 이혼하면 어떡하지?"라고 물으면 저는 이렇게 말합니다. "해, 뭐가 어때? 일곱 번까진 괜찮아. 일곱 번까진 친구들도 네 남편의 순서를 기억할 수 있어. 다이아몬드 반지가 작아지지만 않으면 돼." 엘리자베스 테일러도 여덟 번째부터는 사람들이 기억을 못 했어요. 일곱 번까지는 괜찮아요. 일곱 빛깔 무지개에도 다 이유가 있습니다. 사람이 일곱 단위까지는 기억을 할 수가 있어서, 결혼 일곱 번 괜찮습니다.

구설이라는 것 자체에 심한 공포가 있기도 해요.

우리가 전원일기의 마음을 갖고 있어서 그렇죠. 다들 마음은 시골이라.

애인 없는 싱글은 좋은 평판을 얻지 못하죠. 결혼을 해서 애를 키우고 사는 사람들을 보면, 평소엔 일도 못하고 인간쓰레기 같다가도, 가끔씩 놀라운 인간의 깊이를 보여줄 때가 있습니다. 그건 이 사람이 항상 겪는 매일 매일의 전쟁 같은 심리 상태가 가족에서 기인하는 부분이 있다는 거예요. 결혼하지 않은 사람은 평상시엔 매너 좋고 신사 같다가도, 어떤 부분에선 너무 애 같을 때가 있습니다. 이 사람은 중요한 책임을 지지 않고 지금까지 피해가면서 살아온 거예요. 저도 애인 없는 싱글로 좋은 평판을 유지하고 살아온 사람인데, 결과적으로 그게 좋은 평판이 아니더라고요.

한국에서는 연예인이 연애 관계 같은 걸로 구설수에 오르고, 사과하고, 눈물 흘리고 그러잖아요. 연예인이 가십이 있어야 연예인이죠! 연예인의 가십은 엔터테인먼트의 꽃입니다.

모든 남자들의 욕망은 기실 똑같다는 점을 잊으면 안 된다.

남자는 남자에요. 앞서 말했듯이, 인간의 욕망 패턴이 똑같아요. "내 애인은 정말 인격자야", "내 애인은 그런 남자 아니야"라고 하지만, 그런 남자는 없어요. 남자는 남자고, 여자는 여자고, 인간의 욕망이 다 오십 보 백 보죠. 상대방을 너무 높게 평가했다가 뒤통수 맞으면 괴롭습니다. 나 자신도 과대평가해선 안 돼요. 인간은 누구나 실수할 수 있어요. 그 실수를 용인할 줄 아는 것도 중요합니다.

종종 어떤 게이 남자들은 남자와 여자의 나쁜 점을
다 가지고 있다.

보통 이성애자 여성 여러분은 이렇게 생각합니다. "게이니까 남자와 여자의 좋은 점을 다 갖고 있네?", "얘기도 잘하고, 옷도 잘 입고, 센스도 있고, 눈치도 빠르고", "나 머리 모양 바꾼 줄도 알고", "같이 쇼핑도 하고." 그런데 남자 특유의 이기심이나 냉정함과 여자의 나쁜 점을 다 갖는 게이도 있죠. 여자 여러분의 단점은 말 안 할게요, 욕먹을 것 같아요. 거긴 건들면 지뢰밭이니까 넘

어가겠습니다. 혼혈 친구들도 비슷해요. 한국인 엄마와 백인 아빠라면, 부모는 "우리 자녀는 백인으로서의 정체성과 한국인으로서의 정체성 둘 다 갖고 있는 사람이야"라고 생각하지만, 자녀 입장에서는 "나는 한국인도 아니고, 백인도 아니야"라고 생각할 수 있습니다. 머리가 좋으면 도망 다닐 수 있죠. 한국인으로서의 책임감이 요구될 땐 이리로 도망가고, 백인으로서의 책임감이 요구될 땐 이리로 도망가고. 그걸 부모가 몰라요. 부모와 자녀 간의 인종 정치학의 위계가 발생해서 서로 오해하고, 성인기에 관계가 틀어지기도 하죠. 게이 남자들에게 있는 남성성과 여성성의 결합도, 그걸 자기가 어떻게 주제 파악하고 있는가, 또 그것을 사회화하는 데 있어서 어떠한 염치와 자기 윤리의 기제를 스스로에게 적용하고 있는가, 이걸 보면 종합적인 인간성을 평가할 수 있습니다.

일주일을 어떻게 무엇을 하며 보내는가를 보면 사람이 보인다.

모든 사람에게 적용되는 문제죠.

"주말에 뭐했어?"라고 물어봤을 때 무슨 말이 나오는지 보면, 그 사람에 대해 종합적인 판단을 내리기가 훨씬 더 쉬울 수 있어요. 주중에 회사를 다니면 큰 변화가 있긴 힘들거든요. 주중의 리듬과 주말의 리듬이 결합하면서 이 사람이 쭉 해나가는 어떤 생활의 리듬이 만들어지는데, 주말에 무엇을 하고 있는지 한번 들여다보세요. 인간의 몸이 일회용이기 때문에 유지와 관리가 중요하죠. 아니면 훅 가니까요. 그래서 대학교까지는 예쁘다가 직장 생활을 시작하면서 캐릭터도 변하고 육체도 붕괴하는 분들이 아주 많죠. 그건 대부분 일주일의 패턴 계획을 잘못 세웠기 때문에 붕괴하는 거예요. 자기 자신을 잘 아껴 쓰는 분들이 있잖아요? 스스로 주제 파악을 해서 이쯤엔 쉬고, 당분 투여, 운동, 쉬는 시간, 친구와의 약속, 이런 식으로 삶의 균형을 유지하는 분들이 좋은 사람이죠.

계획을 잘 세운다는 건 결국은 취사선택을 잘하는 거고, 자기가 내린 결정을 잘 지키는 사람인 거예요.

내가 지금 뭘 원하는지, 내가 지금 뭘 필요로 하는지 잘 판단하는 남자와 여자, 당연히 애인으로서 점수가 올라갈 수밖에 없어요.

일주일 내내 스트레스를 풀 구석이 없는 남자는 애인에게 짜증낸다. / 애인에게 징징거리지 않는 남자가 되려면 연애와는 별도로 스트레스를 풀 안정적인 방도를 마련해두어야 한다.

이건 앞의 이야기와 이어지는 것이기도 한데요.

만고의 진리입니다. 스트레스 풀 곳을 만들지 않으면 직장 생활 초기에 대부분 연애 관계가 깨지죠. 남자고 여자고 짜증을 내기 때문입니다. 남자도 이런 게 좀 심하지만 요즘 젊은 남녀 연인 관계를 보면 여자분들이 진짜 짜증을 많이 내세요. 일단 "짜증 난다"라는 말을 입에 붙이시면 안 돼요. 자기 윤리 기준이 높은 사람은 절대 "짜증나" 이런 얘기를 하지 않습니다.

그 말을 하는 순간 짜증이 확 증폭되거든요. 그래서 더더욱 하면 안 되는 말입니다. 스트레스를 푸는 안정적인 방도라는 건 자기가 찾아야 하는 거예요. "건강에도 좋고 하니 운동을 하세요"라고 많이 얘기하는데, 꼭 운동이 아니어도 스트레스를 확실하게 풀고 쉴 수 있는 무언가를 마련해야 합니다. 사람을 많이 만나는 일을 하는 분들은 방 안에서 혼자 있는 시간을 갖는 게 스트레스를 푸는 방법일 때도 있더라고요.

반신욕이 효과 만점입니다. 반신욕이 취향에 맞는 분들은 향초가 잘 맞기도 하는데, 게이가 향초를 너무 많이 켜놓으면 무서워요. 산책과 함께 머릿속으로 딴 생각을 하는 것도 괜찮고요.

남동생이 방문을 열어봤다가 초를 두세 개 켜놓고 있는 걸 보고는 성황당 같다고 그러더라고요. 집에서 이런 거 좀 하지 말라면서.

스트레스라는 게 결국 '자아 고갈(ego depletion)'이에요. 자아 조절 자원이 떨어졌기 때문에 멘붕이 오고 짜증이 나는 거죠. 자아 조절 자원이라고 하는 것은 어떠한 의사 결정을 내릴 때마다 조금씩 사용되는 뇌의 힘입니다. 그런데 그 총량을 측정할 방법이 없었다가 최근에 실험으로 총량을 추정할 수 있게 됐어요. 상황을 세팅해놓고 실험 대상자에게 반복적인 스트레스를 가한 다음에 정상 상태에선 해결할 수 있는 과제를 주면 해결을 못 해요. 그게 자아 조절 자원이 고갈된 상태입니다. 쇼핑할 때에도 자아 조절 자원이 고갈되면 쓸데없는 물건을 사거나, 나에게 해로운 결정을 내리게 되는 거죠. 끊었던 담배를 다시 피거나, 술을 먹거나. 그럼 자아 조절 자원은 어떻게 충족시키느냐? 잠을 자거나 휴식을 취하는 것도 좋은 방법이지만 당분 투여가 효과 짱입니다. 뇌는 당분을 먹고 사는 애니까요. 도넛이나 스포츠 음료, 튀김 등을 먹는 식으로 뇌를 속이는 각종 방법을 계발하면 언제나 효과가 있습니다. 인간의 뇌가 그렇게 난이도가 높지 않아요.

모든 장애와 난관에도 불구하고…
기회가 오면 꼭! 달려가 잡아야 한다.

이제 나이가 들고 연애에서 계속 실패를 반복하다 보면 다 그만둘까, 특히 게이 여러분은 '탈반'할까, 이렇게 되죠. 여기서 탈반은 탈(脫) 이반을 의미합니다. 후죠시 여러분도 그렇죠. "이 동인지도 아니고, 저 동인지도 아니야. 그래, 탈덕해야겠어." 하지만 "재가 괜찮은 것 같아. 아, 아니야. 저것도 썩은 사과일 거야" 이렇게 포기하지 마시고, 기회가 오면 잡으십시오. 인생은 포기하지 말고 끝까지 달려야 합니다. 산 넘어 개똥밭인 걸 알고도 "저 산을 넘어가야지" 하고 달려 나가는 것이 바로 삶이에요. 기업도 마찬가지죠. 망할 게 뻔하더라도 신제품 개발하고 "가자, 앞으로!"를 해야 하는 것이 어쩔 수 없는 생존의 법칙이 되겠습니다.

잊지 말자. 세상은 넓고 게이 남자는 많다.

완전 동의해요. 왜 이렇게 게이 남자가 많은 거야…. 제가 나이를 먹다 보니까 그런 느낌이 더 드는 것 같아요. 남아 있는 독신남 중에 게이 남자가 너무 많아요.

게이 인구가 좀 늘긴 했어요. 사회가 게이에 대해서 너그러워지니까 자기 자신을 게이로 인지하고, 게이 사회로 나와서 게이의 삶을 선택하는 분들이 많아졌죠.

눈에 보이지 않는 것들이 중요하다는 검증되지 않은
인류의 확신에도 불구하고, 우리는 모든 것을 눈에
보이는 것으로 판단한다.

눈에 보이지 않는 비가시성도 가시적인 것들로 은유되는 세상이죠. 그래서 눈에 보이는 것들을 무시하면 곤란합니다. 눈에 보이지 않는 게 중요하다고 해서 눈에 보

이는 게 안 중요한 건 아니에요. 끊임없이 인격의 외양, 내 사랑의 외양, 내 육체의 외양, 내 삶의 외양, 남의 눈에 내가 어떻게 보일 것인가, 나 자신을 어떻게 향상시켜서 남 앞에 나 자신을 제시할 것인가, 이게 매우 중요합니다. 남의 눈을 의식해서 나 자신을 낮추는 봉건적 방식보다 나 자신을 아름답고 훌륭하게 꾸며서 멋있게 제시하는 태도를 학습하는 게 더 좋죠. 머릿속으로 끊임없이 시뮬레이션을 해보며 자신을 더 멋진 형태로 개선하기 위해 어디를 어떻게 손보면 좋을까 생각하는 게 좋습니다.

저도 동의해요. 남의 기준에 맞추라는 게 아니라 나는 어떤 모습으로 보이고 싶은가의 문제인 거죠. 내가 생각하는 나의 이상적인 모습이 있을 것이고, 그건 당연히 외모까지 포함하죠. 얼굴과 몸매, 표정과 태도까지를 다 같이 넣은 개념이거든요. 그만큼 내 속에서 시뮬레이션이 아주 많이 필요한 일이죠. 말씀처럼 사람들이 눈에 보이는 것을 통해서 눈에 보이지 않는 것까지 판단한단 말이에요. 인상이 좋고, 잘생기고 예쁘면 그 사람의 성격이 좋을 것이라고 미루어 짐작하는 세상이란 거죠. '왜 나의 진심을 알아주지 않지?'라고 생각하는 분이라면, 자기의 진심이라고 생각하는 것에 더 가깝게 외모를 끌어올릴 수 있는 방법이 뭐가 있을지 고민해보는 것도 좋을 것 같습니다.

현실 사회에 나의 진심을 어떻게 가시화하고 구현할 것인가를 고민해야지, 세상이 왜 나의 진심을 몰라줄까 하고 비난하는 건 자살골인 것이죠.

그건 기다린다고 해서 개선되지도 않고, 그걸 알아주는 사람이 나타나지도 않아요.

게이 여러분이 사회에서 일부 커밍아웃을 했거나, 커밍아웃을 하지 않았을 때에 비가시화되어 있는 삶의 영역이 있을 수밖에 없잖아요. 남의 눈을 덜 의식하게 되니까 중장년이 돼도 성장하지 못하는 게이로서의 어떤 부분이 있을 수밖에 없어요. 그런 부분을 끊임없이 의식하고 노력해서 개선하지 않으면 더 나은 조건의 인간이 될 수 없어요. 반면 육체는 늙으니까 매력이 반감하죠. 어렸을 땐 게이 클럽에 가면 몸이 아름답고 매력적이어서 사람들의 고개가 팍팍 돌아가는데, 그 시절이 지나고 나서 게이 클럽에 들어갔는데 아무도 안 쳐다보면 대부분 우울증에 걸립니다. 아주 심각한 우울증에 걸리거든요. 그걸 개선하기 위해서는 다른 부분으로 끊임없이 재개발 사업을 해나가야 합니다. 육체적 아름다움도 중요하지만, 다른 매력 요소를 만들어야 존경을 받는 거죠. 내가 나이 들어서 내 전문 분야에서 게이로서 어떤 역할 모델이 되겠다, 어떤 하나의 선택지가 되어서 아래 세대에 "이렇게 살 수도 있구나"라고 벤치마킹되겠다는 의식을 갖는 게 정말 중요합니다. 여성분도 마찬가지고요.

저는 직장 생활을 시작하고 좀 놀랐던 게, 생각보다 일을 오래하는 여자 선배가 없다는 거예요. '누구처럼 되고 싶어'라는 역할 모델을 찾는 게 사실상 불가능했어요.

여자도 게이도 직장 생활에서 기회를 잡아 성공했을 때, 아직 약자의 위치에 있는 후배들이 그 사다리를 타고 올라올 수 있는 기회를 만들어줘야죠. 내가 스스로 역할 모델이 되는 건 하나의 길을 만든다고 생각하는 거라서 좀 차이가 있어요.

누군가가 갔기 때문에 그다음 사람들이 다른 방식으로도 거기까지 갈 수 있는 방법이 생기는 거죠.

게이 사회도 마찬가지입니다. 왕년에 사회에서 커밍아웃하지 않고 활동했던 분들이 있죠. 미국에서도 베리 매닐로우 같은 사람을 보면 '걸커인데 커밍아웃을 안 했어?'라고 생각할 수 있지만 그분 노래를 들어보면 가사에 모든 게 다 들어 있어요. 그리고 그분이 '람다 리걸(Lambda Legal)' 같은 게이 법률 조력 단체에 몰래 기부도 왕창 했거든요. 그 시대의 한계도 있고, 그분은 나름대로 노력을 했으니까, 인정할 부분은 인정하고 넘어가면 좋지 않을까 싶어요.

지금과 다른 시대였고, 그분들은 또 나름대로 최선을 다한 거죠.

근데 이게 연애에도 똑같이 적용되니까요. 마음의 여유를 갖고 유동성과 가소성을 인정하면서 끊임없이 가시적인 영역에서 나 자신을 평가하면서 앞으로 나가는 자세, 꿈과 희망을 포기하지 않는 도로시의 자세랄까요?

한편으로는 나이를 먹으면서 연애와 관련해서 포기하는 부분도 생기잖아요. 그래서 더더욱 이렇게 살면 내가 어떻게 보일까, 나는 어떤 사람으로 보이고 싶어 하는가에 대해 신경 쓰고 가꾸지 않으면, 두 배로 빨리 늙더라고요.

전 포기하지 말라고 늘 주문을 합니다. 60~70세에도 성적으로 매력적인 주체로 버텨야겠다는 의지가 정말 중요해요. 이성애자 남자는 기득권자니까 안 그래도 됩니다. 하지만 여성과 게이 남성은 끊임없이 물갈퀴 짓을 해서 앞으로 나가는 백조로 살아야 하는 겁니다.

설령 그것이 제자리에 머물러 있는 것이라 할지라도 그것만으로도 너무 어렵고 대단한 일이거든요. 지금까지 임근준 연애 박사님을 모시고 「련애박사의 고난이도 동성련애 108법칙」에 대해 이야기 나눠봤습니다. 저도 많이 배우고 가는 기분이라서 오늘의 가르침을 뼛속 깊이 새겨봅니다.

2

당신의 인권이 여기 있다

사랑의 정치

정욜

동성애자인권연대의 창립 멤버이자, 대표를 역임했다. 2002년부터 곽이경, 육우당 등과 함께 동성애와 관련된 청소년 유해 단어 지정을 폐지하는 운동을 추진했다. 2004년부터는 반전 평화 운동과 HIV 감염자 인권 운동에도 동참했고, 2011년부터 인권재단사람에서 활동 중이다. 2012년에는 통합진보당 성소수자위원회 위원장이 되었다. 2011년에는 게이 네 명의 인생을 다룬 다큐멘터리 영화「종로의 기적」에 출연했다.

'동성애자인권연대'에서 가장 오래 활동해 왔습니다. 동성애자인권연대는 언제 만들어졌고 어떤 활동을 벌여왔습니까?

동성애자인권연대는 1997년 9월, 대학생들의 동성애자 인권 모임 연합으로 출발한 단체입니다. 1998년 단체명을 바꿔서 16년 정도 이어져왔고, 2015년 '행동하는성소수자인권연대'로 명칭을 다시 변경했습니다. LGBT를 비롯해 다양한 정체성을 가진 사람이 회원으로 속해 있고, 또 성 소수자 인권을 지지하는 이성애자도 참여하고 있습니다. 성 소수자 인권 증진을 위한 여러 이슈에 참여하고, 잘못된 점을 개선하고 바꾸는 활동을 주로 합니다. 인권 운동뿐 아니라 회원들의 공동체를 지향하는 단체이기 때문에 각자의 관심사에 따라서 자발적 활동도 많습니다. 2014년도에는 차별금지법을 제정하기 위한 활동이나 김조광수-김승환 씨의 동성 결혼처럼 평등한 가족 구성권을 위한 활동에도 참여했습니다.

외로운 분들이 그냥 가도 괜찮은 거죠?

물론이죠. 누구나 와서 자유롭게 어울리고 놀면 됩니다.

성장기에 '나는 남과 다르다'는 자의식이 있었나요?

고등학교 시절 독서실에 꾸준히 함께 다니던 친구를 많이 좋아했어요. '왜 내가 그 친구를 좋아하지?'라고 생각했죠. 친구들이 여자애 얘기를 하면서 깔깔거릴 때 저만 거기에 동조하지 못하면서요. 그 친구가 옆에 있는 것만으로 그냥 좋았어요. 그런 감정을 경험하고 나서 본격적으로 '나는 누굴까'를 고민하고 찾아가려 했었던 것 같아요.

'나는 게이구나'라고 성 정체성을 확실히 자각하게 된 계기는 무엇인가요?

동성애자로서 삶을 살아가야 되겠다는 생각은 1997년부터 하게 됐습니다. 대학에 들어와서도 제가 게이라는 것을 잘 인정하진 못했어요. 호감이 있는 선배를 만났는데, 둘 다 자신이 동성애자라는 사실을 확신하지 못한 채 감정이 깊어갔죠. 서로를 향한 깊은 애증을 경험하고 나서 '아, 나는 맞구나, 헤어나올 수가 없겠구나' 싶었습니다.

먼저 간단하게 용어 설명 부탁드립니다. LGBT라고 하면, 무엇의 약자인가요?

레즈비언(lesbian), 게이(gay), 바이섹슈얼(bi-sexual), 트랜스젠더(transgender)의 앞 글자를 모은 용어입니다. 최근에는 에이섹슈얼(a-sexual)의 A, 인터섹슈얼(inter-sexual)의 I, 퀘스천(question) 혹은 퀴어(queer)의 Q도 붙어서 LGBTA, LGBTI, LGBTQ 등으로 쓰이기도 합니다. 이제 한국에서도 사람들이 LGBT라는 단어를 예전보단 더 많이 이해하고 있는 것 같아요.

대학교에 들어가서 처음으로 다른 동성애자들의 존재에 대해 눈뜬 게 동성애자 모임의 대자보를 봤을 때였다고 들었습니다. 그때 본 대자보의 내용을 기억하세요?

'대학동성애자인권연합'에 대한 소개 글이었어요. 언제든지 편하게 찾아오라는 말과 사무실 전화번호… 특별한 건 아니었지만, 저에게는 정말 중요한 내용이었어요. 왜냐하면 내가 찾고 싶었던, 나와 비슷한 사람들이 있는 그런 모임에 한번 가보고 싶었거든요. 그 앞을 몇 번이나 왔다 갔다 했습니다. 그 대자보를 보는 것만으로도 안도가 됐어요. '나와 비슷한 사람을 전화하면 만날 수 있구나.' 밤에 몰래 전화번호를 적어서 찾아갔죠. 아마 그걸 못 봤다면 다른 델 갔겠죠?

대학에선 전공이 뭐였나요?

입학은 인문학부로 하고, 졸업은 일어일문으로 했어요. 공부에 흥미가 별로 없는 대학생이었어요. 사학과 선배들이랑 많이 어울리기도 하고, 그래서 뭐…, 두서없습니다.

사학과 선배들과 어울렸던 건 운동권이었기 때문인 건가요?

그런 이유도 있었고요. 앞서 말한 좋아했던 선배가 사학과였어요.

처음에 대학교 동성애자 모임에 나갔을 때 분위기는 어땠나요? 1997년이면 요즘하곤 조금 상황이 다르지 않았습니까? 인터넷 통신 모임에 게이 단체가 등장한 이후이긴 해도, 요즘처럼 스마트폰이 있는 것도 아니고, 잭드나 그라인더 같은 지역 기반의 게이용 앱이 일반화된 상태도 아니기 때문에 게이 사회가 돌아가는 프로토콜이 지금하고는 사뭇 달랐잖아요.

이제 온라인으로도 사람을 만날 수 있고, 오프라인으로 일대일이나 일대다로 만나기도 하고, 공동체 모임에 쉽게 찾아갈 수도 있죠. 각 대학에는 지금도 동성애자 모임이 활성화되어 있어요. 이렇게 그 역사성을 유지하는 곳도 있죠. 예전과 달리 동아리방이 생겼다거나, 활발하게 자치활동을 벌이는 모임도 있습니다. 그런 공동체를 통해 '데뷔'하기도 하고요. 저와 같은 경험을 한 사람들인 거죠. 요즘과 당시를 주관적으로 비교해보면, 그때가 좀 더 공동체 지향적이라고 해야 할까요? 오프라인에 나와서 서로의 안위를 걱정해주고 잘 챙겨줬죠. 지금처럼 사람을 쉽게 만날 수 있는 시기는 아니었지만, 그때가 좀 그립기도 해요.

아무래도 공간이 중요했던 시대였기 때문에 정서적 밀착감이 있었죠. 그 당시에 3대 PC 통신인 '천리안', '하이텔', '나우누리'가 아주 인기였는데, 나우누리가 가장 물이 좋았던 걸로 기억합니다. 어디에서 주로 활동하셨나요?

저는 나우누리에서 놀았는데 정모는 가본 적이 없어요. 만약 대학동성애자인권연합의 대자보를 만나지 않았다면 나우누리에서 정모도 나가고, 거기서 친구나 애인도 만났겠죠. 나우누리에서 '눈팅'만 하고 나가보고 싶다는 마음만 가지고 있을 때에 그 대자보를 봤어요. 아주 뜻하지 않게 인권 운동을 하게 된 거죠.

첫 번째 커밍아웃에 대해 말씀해주세요.

가장 큰 첫 커밍아웃은 1997년 11월, 제가 대자보를 보고 동성애자인권연대에 찾아간 날 했어요. 다른 성 소수자 선배, 동기, 후배를 만난 그 첫 길, 첫 자리요. 저한텐 역사에 길이 남을 일인 거죠. 정말 감사하고 있습니다.

가족에게는 언제 커밍아웃했나요?

제가 직접 하게 된 건 어머니하고 남동생이 유일합니다. 아버지께 직접 말씀을 드린 적은 없어요. 전역 이후 한 2~3년 지나고 나서 스물대여섯 살 정도로 기억합니다. 제가 부대에 있을 때 정신과 병동에 있었어요. 어머니와 산책하면서 당시의 얘길 하다가 말했습니다. 처음부터 긍정적으로 받아들여 주시진 않았어요.

동성 간의 첫 번째 성 경험, 관계, 그리고 또 연애는 언제 어떻게 시작했나요? 요즘은 아무래도 첫 관계 연령이 예전에 비하면 확 아래로 내려가니까 그만큼 자기 자신을 보호할 준비가 안 된 경우가 많아서 어려움을 겪는 분들도 왕왕 보입니다.

고등학교 때 동성 친구들과 성적 접촉 같은 장난을 하잖아요. 제대로 된 연애, 연애에 대한 감정, 그다음에 어떤 성적인 경험은 대학교 1학년 때 좋아하던 선배를 만나면서 경험했습니다. 좀 더 안전한 관계나, '어떻게 하면 조금 더 즐겁게 하는 것인가?'에 대해선 전혀 몰랐어요. 그래도 첫 연애나 성적인 경험은 잊히지 않죠. 그게 어찌 됐든지 간에 가장 중요한 추억으로 남아 있어요.

많은 게이와 레즈비언 청년이 성에 대해서 의외로 바른 정보를 알고 있지 못합니다. 한국도 댄 새비지의 「새비지 러브(Savage Love)」처럼 온라인에 연애/성 상담 코너가 하나쯤 필요한 게 아닌가 싶어요. 게이 공동체에 어떤 식으로든 첫발을 내딛는 분들을 위해 조언 한말씀 해주세요.

이유를 다 떠나서 데뷔를 하면 스스로 박수를 많이 쳐줬으면 좋겠어요. 기왕 발을 내딛는 만큼 주변 사람과 재미있고, 즐겁게, 사랑도 열심히 했으면 합니다. 자기 자신을 믿고요. 그 다음에 누구나 삶을 살다 보면 성장하면서 만나는 벽이 있잖아요. 그런 벽이 두려워서 그냥 멈칫하는 것보다, 넘어설 수 있는 방법을 주변 사람들과 찾아나가는 게 중요해요. 늘 자기가 마음 터놓고 이야기 나눌 수 있는 사람을 꼭 만났으면 합니다.

저는 좀 실용적인 첨언을 붙여볼까 합니다. 남성 동성애자는 아무래도 혈기왕성할 때 공동체에 나오면 성 경험의 기회가 많죠. 젊은이 여러분께 A형, B형 감염 백신, HPV(인유두종 바이러스) 백신을 꼭 맞으라고 말하고 싶어요. 경제적으로 부담이 된다 하더라도 꼭 맞으시길…. 붕가하고 아프면 억울하잖아요. 정체성 문제로 혼란을 겪는 LGBT 여러분께 추천해줄 만한 책은 무엇인가요?

정체성을 고민하는 나이를 청소년기라고 한다면, 검둥소에서 나온 카림 르수니 드미뉴의 『난 그것만 생각해(Je ne pense qu'a ca)』(2009)라는 책이 있어요. 제목 좋죠? 주인공이 주변 친구의 놀림을 받지만, 자기 정체성을 긍정적으로 깨달아간다는 이야기입니다. 아주 짧아요. 거기에 덧붙여서 해설서가 절반 정도 들어가 있는데, 그걸 읽으면 자신의 정체성에 관한 고민의 실마리를 풀 수 있을 겁니다. 동성애자 인권연대가 기획하고 출판사 시대의창에서 나온 『후천성 인권 결핍 사회를 아웃팅하다』(2011)도 추천합니다. 책 제목이 어려운 용어의 조합이긴 한데… 군대, 가족, 커밍아웃, 청소년 시기, HIV/AIDS 등에 대해 당사자와 전문 인터뷰어인 지승호 씨가 나눈 이야기를 정리한 책입니다. 다른 이론서보다는 읽기가 편하실 거예요. 성 소수자가 읽으면 충분히 공감하고 고민해보면 좋을 내용이 담겨 있고, 성 소수자가 아니라면 LGBT 인권에 대해서 전반적으로 이해하고 접근해 나가기 쉬운 책입니다.

판매 지수는 어떻습니까?

출간 당시에 여성학 쪽에선 좀 높았어요. 1쇄를 2000부 정도 찍었습니다. 한국에 동성애나 성 소수자에 관한 다양한 이야기가 담긴 책이 많이 소개가 되고 사람들한테 읽혀야 하는데, 책이 너무 없어요. 출판사 입장에선 시장성이 떨어지기 때문이라고 하더군요. 그래도 개인적으론 앞으로 더 많은 책이 읽히고, 사회를 바꿔나가는 데 좋은 역할을 했으면 좋겠습니다.

영화는 어떤 게 있을까요?

하비 밀크의 삶을 다룬 「밀크(Milk)」(2008)라는 영화를 추천합니다. 한국에 개봉도 했었고 쉽게 접할 수 있을 것 같아서요. 개인적으로도 정말 좋아하는 영화에요. 힘이 빠져서 기운이 없을 때 이 영화를 보면 힘도 나고 열심히 살아야겠다는 생각이 듭니다.

지금 애인이 있습니까? 애인이 있다면 동성 결혼을 통해 가정을 꾸릴 생각이나 계획이 있나요?

현재 기준으로 애인은 없고요. 예전에 6년 정도 연애하면서 동거를 한 친구가 있었는데, 헤어진 지 2년 정도 됐습니다. 긴 시간을 동거했었기 때문에 가정을 꾸린 거나 마찬가지였죠. 그래서 애인이 생기면 가족을 꾸려가면서 살 생각이 있지만, 결혼까진 생각한 적이 없어요. 근데 상대가 소송을 불사해서라도 "이거 해야 되겠다"라고 한다면 열심히 따를 계획은 있습니다.

성 소수자에게 연애는 이성애자보다 난이도가 높습니다. 연애를 할 때 어떤 점이 가장 어려웠나요?

제가 동성애자인권연대에서 활동하면서 다양한 사람을 많이 만나고 있잖아요. 20대 때부터 이놈 저놈 다 만나봤는데 연애는 정답도 없고, 너무 어려운 것 같아요. 지금은 누군가를 만나는 게 저한텐 너무 두렵습니다. 나이가 들면서 연애에 대한 자신감이 떨어지는 것 같아요.

자신만의 연애 노하우가 있나요? 예를 들면 특별한 연애 코스 같은 거요.

이 방송을 저희 회원들이 들으면 웃을 것 같아요. "정욜이 이런 질문을 받고 이런 대답을 하다니?!" 제가 너무 취약한 부분이라서요. 대학생 초반에 동성애자인권연대를 알고부터, 군대를 다녀오고, 직장에 다니면서까지 이 안에서 주어지는 여러 가지 역할을 맡아왔었기 때문에, 시간이 많은 편은 아니었어요. 늘 사람들과 이야기 나누고, 이야기를 들어줘야 하는 입장이다 보니까 누구를 만나면 조용한 데를 많이 찾아다녔어요. 공원, 미술관, 박물관이나 한가한 커피숍이요. 만났던 사람들은 싫었을 수도 있을 것 같아요. 그리고 동거를 오래 하니까 상대한테 소홀해지더라고요. 집에 자주 있으니까 어딜 간다거나 하는 특별한 계획이 없어졌어요. 제가 동거를 하면서 유일하게 배운 점은, 연애를 잘 이어나가기 위해서는 누군가 한 명은 늘 작은 거라도 준비를 해야 한다는 겁니다. 이게 진짜 중요해요. 서로 그냥 '저 친구가 알아서 해놓겠지' 이런 생각으로 하루를 시작하면 끝내 싸우거나 지루해지는 일이 생기더라고요. 현재로서는 아직 사람이 없어서… 연애 코스만 열심히 짜고 있습니다.

아무래도 게이와 레즈비언의 동선이 사회에서 좀 제한적이죠. 우리만의 공동체를 만들어야 하니까 남성 동성애자는 종로와 이태원, 즉 '종태원'에, 레즈비언들은 신존이나 홍대 근처에 국한되죠. 데이트 코스 개발도 한국 LGBT 사회의 큰 과제입니다.

이런 책 나오면 재미있을 텐데… 임근준 씨가 책을 쓰는 것도 좋을 것 같은데요.

게이로서 사는 건 행복하세요?

행복이 너무 주관적이어서…. 동료들과 있을 때, 함께 술 마시고 이야기 나누고 있을 때 행복하단 생각은 많이 해요. 혼자 있을 때는 잘 모르겠어요. 제가 하는 일이 감정이 전이되는 경우가 많습니다. 어려움을 겪고 있거나, 정체성에 혼란을 느끼거나, 인권 침해를 경험하는 등 상처가 많은 분들을 상대로 하니까요. 그래서 혼자 있을 때 한숨이 나오거나, 우울하거나, 속상할 때도 많아요. 그래도 행복하게 살아가려고 노력하고 있습니다.

저도 예전에 인권 운동을 할 적에는 자신이 있었어요. 내가 얼마든지 남들의 불행한 이야기를 다 듣고, 함께 나눌 수 있다고 생각했는데, 인간이 어느 정도 한계가 있더라고요. 그래서 스트레스 해소가 인권 운동가로 활동하는 데 매우 중요한 요소라고 생각해요. 평소 본인의 스트레스는 어떻게 해소하나요?

주변 친구들한테 가장 많이 듣는 말이, "스트레스를 해소하는 게 정말 필요할 것 같은데…"입니다. 저는 술을 많이 마셨어요. 지금도 술을 좋아하지만, 최근에는 자전거를 탑니다. 집이 한강 근처에 있어서 머리가 너무 아프면 자전거를 끌고 나갑니다. 한 시간 정도 자전거를 타고 와서 샤워하고 나면 훨씬 낫더라고요. 전에는 그런 재미를 잘 몰랐어요.

예전에 함께 동거한 연인이 HIV 감염인이셨던 걸로 알고 있습니다. 게이 공동체엔 비감염인과 감염인의 연인 관계로 고민하는 분들이 종종 있습니다. 비감염인이기 때문에 이해하지 못하는 문제들이 있죠. 특히 감염인의 건강한 삶과 권리에 대해 무지합니다. 서로 사랑에 빠진 비감염인과 감염인에게 각각 조언을 부탁합니다.

이혁상 감독의 다큐멘터리 「종로의 기적」에 이 이야기가 나옵니다. 말씀하신 것처럼 저는 HIV/AIDS 감염인 친구와 커플이었어요. 만나자마자 동거를 시작했었죠. 함께 살아보니까 다른 사람이 상상하는 어려움 같은 것보다 좋은 게 많았어요. 주변의 많은 게이 레즈비언 친구가 제가 "이 사람과 연인 관계를 시작하겠다"라고 얘기했을 때, 대부분 "너도 감염되면 어떡하려고?" 하는 반응을 보였어요. "만약에 감염이 되면 그 상대는 어떤 상황이 되겠냐, 더 힘들어하지 않겠냐." 처음엔 이런 반응이 당연하다고 생각했어요. 그런데 감염인이냐 비감염인이냐가 중요한 게 아닙니다. 너무 당연한 얘기지만, 연인 관계를 긍정적으로 오랫동안 유지하기 위해서는 서로에 대한 이해가 중요하잖아요. 감염인과 비감염인 게이가 함께 더불어 연인 관계를 유지하고 사랑한다는 건 이미 그 상황에 대해서 이해를 하고 출발한 거니까 서로에 대한 이해도는 높아요. 두려움이 있으면 아예 시작 자체를 못 했죠. 저흰 서로에 대해 매우 지속적으로 물어봤어요. 성적 관계도 마찬가지였고요. 많은 게이가 서로의, 지금의 내 건강 상태를 모르기 때문에 HIV/AIDS에 많이 감염됩니다. 그걸 이해하는 것부터 출발하면, 더 좋은 관계를 유지할 수 있을 거라 장담합니다.

이제 HIV/AIDS는 관리 가능한 질병이 됐습니다. 그런데 여전히 한국에서는 적잖은 수의 감염인이 자살을 생각하거나 시도합니다. 감염인으로서 건강하게 살기 위해 알아야 할 기본 지식과 정보는 어디 가면 얻을 수 있나요?

말씀하신 대로 HIV/AIDS는 만성질환화가 돼서 관리 가능한 질병이 됐다는 게 엄연한 사실입니다. 그럼에도 당사자분들은 감염 사실을 통보받는 게, 죽음을 경험하는 것과 같다고 말하더군요. 그 충격을 잘 극복하고 자신을 돌보는 게 중요합니다. 그런데 초기에 그게 되지 않으면 잘 다니던 직장을 관두거나 스스로 포기하면서 죽음을 생각하는 분들이 있죠. 그래서 질병으로 인한 사망보다 스스로 목숨을 끊는 비율이 더 높아요. 한국 사회는 이런 측면을 더 구석으로 몰고, HIV/AIDS를 더 공포스러운 질병으로 만드는 게 아닌가 싶습니다. 대학 병원의 감염내과를 간다든가, 대한에이즈예방협회, 한국에이즈퇴치연맹 홈페이지를 검색해서 들어가면 관련 정보를 확인할 수 있어요. 이런 정보를 확인하는 것도 좋지만, 감염 확진 판정을 받으면 다른 감염인을 만나 감정을 공유하는 게 중요해요. 어려운 일과 기쁜 일을 나누며 친목을 쌓고, 어디 병원이 더 괜찮은지 정보도 얻는 거죠. 사이트로 '러브포원'이라든가, 다음 카페에서 '건강나누리'를 검색해보세요. 이런 사이트에서 고민을 털어놓을 수 있고, 다른 사람들이 어떤 고민을 하는지도 알 수 있죠. 무엇보다 자기 몸의 면역 수치를 정기적으로 유지하고, 몸을 건강하게 만들기 위한 정보를 공유할 수 있기 때문에, 감염인은 반드시 가입해야 합니다.

인권 운동 단체 중에서 HIV/AIDS에 특화한 대표적인 단체는 어디인가요?

2004년에 출발한 'HIV/AIDS 인권연대 나누리+'라는 연합 단체가 있습니다. 이곳은 건강사회를 위한 약사회, 동성애자인권연대, 공공의약센터, 한국 남성 동성애자 인권 운동 단체 '친구사이', 인권운동사랑방 등의 단체와 관심 있는 개인들이 참여하는 열린 조직입니다. 2004년 이전에는 HIV/AIDS 관련한 정보 제공과 감염인의 생활, 인권과 관련한 이슈 파이팅 소식을 대부분 성 소수자 단체가 펼쳤거든요. 그것을 좀 더 확장한 단체인 거죠. 열 분 정도 활동하고 있고,

그동안 감염인의 인권 문제를 사회적으로 이슈화해 왔어요. 정부가 발의한 AIDS 예방법을 대대적으로 개정하는 운동도 펼쳤죠. 이 질병이 만성화된다는 건 수명도 연장된다는 거잖아요. 감염인이 고령화되면서 필요로 하는 여러 정책이 새롭게 만들어져야 하는데, 지금까진 와상이나 몸이 너무 안 좋은 분들만 요양 병원에 들어가는 상황이었어요. 남양주시에 있는 S 요양 병원에서 감염인의 인권을 침해한 문제가 있었는데, 이와 관련한 대응 활동을 펼치고 있습니다.

최근 감염인을 장애인으로 판정해서 복지 혜택을 주자는 이슈에 찬반 양론이 있습니다. 어떤 방향이 더 옳다고 보나요?

한국에서는 이 부분을 깊이 있게 논의한 적이 없어요. 당사자들 사이에서도 의견이 다르고요. 미국이나 일본은 장애로 등록이 되면 복지 혜택을 받죠. 한국에는 감염인이 억울한 인권 침해를 당하고 차별을 받으면 구제할 수 있는 조치가 없어요. 법적 근거가 생기면 방금 말씀드린 요양 병원 같은 문제에 좀 다르게 접근하고 해결 방안을 찾을 수 있을 겁니다. 한편으로는 너무 복지 쪽으로만 바라보는 시각도 있어요. 특히 감염인은 경제적으로도 어렵다 보니까 자신이 장애인으로 등록되면 더 많은 비용을 받을 수 있는지를 생각하기도 하죠. 저는 한국에서 이런저런 긍정적 논쟁이 계속 있어야 한다고 봅니다. 해외 자료도 검토해야 하고요.

저는 종종 어느 병원이 좋은지, 어느 의사 선생님이 게이 HIV/AIDS 감염인의 삶을 잘 이해하고 편견 없이 환자를 대하는지, 감염인 여러분께 문의를 받곤 합니다. 특별히 추천해줄 병원이 있나요?

확진 판정을 받으면 감염내과 병동을 가서 정기적으로 검사를 받죠. 감염내과 의사분들 중에 대뜸 동성애 하지 말라는 분들도 있어요. 아무리 질병이 전파되는 것에 대한 우려라고 해도, 그런 식으로 노골적으로 얘기하는 분들도 있는 거죠. 전에 제 파트너는 치료제 복용을 하면서 서울시립의료원을 다녔어요. 담당 의사였던 최재필 교수님이나 국립의료원의 신형식 교수님은 환자들에게 특별한 말이나 조언보다도, 본인들의 제스처를 통해 환우들과 가깝게 지내려고 노력하는 분들입니다. 이마를 만져주고, 손을 잡아주고, 신체적인 접촉을 하면서요. 어떤 의사들은 이걸 두려워하기도 하고, 좀 멀리 있기도 해요. 환자들에게는 그게 상처가 됩니다. 그런데 모든 감염인이 정기적인 검사 때문에 감염내과 병동만 갈 필요는 없어요. 감기가 걸릴 수도 있고, 이가 아파서 치과를 갈 수도 있죠. 어디가 아프면 당장이라도 1, 2차 병원에 갈 수 있어야 하는데, 환자분들은 고민이 많아요. 자기 질병을 얘기해야 하는지, 그래서 내 질병이 노출되는 건 아닌지…. 한 가지 분명히 아셔야 할 건 만약 노출이 되면 의료인은 법적 처벌을 받게 되고, 인권 단체나 다른 감염인과 함께 문제를 제기할 수 있습니다. 그런 부분에서는 용기를 내고 1, 2차 병원도 편안하게 찾아갔으면 좋겠어요. 질병이라는 게 자기 몸 상태를 의료인과 얼마만큼 잘 소통하고 나누느냐가 중요하잖아요. 최근에 생긴 은평 지역의 살림의료생협이나, 마포의 마포의료생협 등 의료협동조합을 추천해요. 예를 들어 "제가 HIV/AIDS 감염인인데 허리가 안 좋고, 머리가 좀 이상한 것 같습니다"라고 증상을 구체적으로 얘기하면, 그 의료인들과 친밀한 관계에서 몸을 더 자세하게 점검할 수 있습니다.

생협을 통해서 평소 건강 관리에 도움을 받는 것도 좋은 방법이군요. 한국 병원은 조기에 복합 항바이러스 처방으로 공격적인 치료를 하는 경우와 그렇지 않은 경우가 있습니다. 북미에서는 조기 진단이 이뤄지면 일찌감치 항바이러스 복합제제를 처방해서 HIV를 순화시키죠.

한국의 감염내과 의사 선생님들은 여전히 예전 방식대로 처방을 합니다. 여기에 대해서는 어떻게 생각하세요?

좋은 약도 환자에 따라 부작용이 생길 수 있고, 자기 몸에 맞는 것을 찾아가는 시간이 어느 정도 필요하죠. 예전에 한국은 각 감염내과 의사들마다 환자가 몸이 많이 안 좋아지거나, 면역 수치가 300 정도 됐을 때 처방하는 기준이 제각각이었다고 들었어요. 그런데 지금은 공격적인 치료까지는 잘 모르겠지만, 면역 수치가 500~600 정도인 분들에게도 치료제를 시작하도록 권한다는 얘기를 들었어요.

지금 한국에서 감염인의 치료비는 보통 어느 정도 소요되나요?

한국은 유병률(어떤 시점에 일정한 지역 인구 중 환자의 비율)이 아주 낮은 나라잖아요. 수치적으로 따지면 1만 정도거나 1만 조금 안 되는 정도다 보니까, 지금까지는 치료비가 거의 들지 않는다고 해도 무방할 정도로 대부분 보험 처리가 되고 있어요. 대학 병원의 감염내과 교수들을 만나고 특진비가 청구되거나, 정기적인 검진이 아니라 다른 수술을 받을 수 있죠. AIDS는 희귀난치성질환으로 등록되어 있어 본인부담금이 10퍼센트입니다. 후불제로 운영하는 병원이 아니면 본인이 비용을 먼저 납부하고 후에 보건소에 청구해서 지급받습니다. 치료비가 거의 들지 않지만, 진료비 지원 예산이 너무 부족해 지원금 지출이 늦어지는 일도 많아요.

건강 관리를 잘하기 위해선 조기 검진이 중요하다고 알고 있습니다. 내가 HIV에 감염됐는지 안 됐는지 점검하기 위해선 어디로 가는 것이 가장 좋습니까? 그리고 1년에 몇 차례 검진받는 것이 가장 이상적인가요?

보건소에 가면 익명으로 검사할 수 있어요. 좀 더 안정적인 곳을 찾고 싶다면 한국에이즈퇴치연맹에서 운영하는 동성애자 사업부 '아이샵(iSHAP, ivan Stop HIV/AIDS

Project)'에서 정기적으로 검진하는 날이 있으니까 예약해서 방문해도 좋을 것 같아요. 성 정체성이 같은 사람들의 조언도 듣고요. 1년에 검사를 몇 차례 받아라, 이런 식으로 권유하는 건 없어요. 자기가 위험한 관계를 했거나 노출될 가능성이 있었다 싶으면 1~2개월 후에 검사받는 게 맞습니다. 그래야 더 정확한 결과가 나올 수 있으니까요.

한국에서 HIV를 검사할 때 익명성은 어느 정도 보장되고 있나요?

한국 예방법상 검사 자체를 익명으로 하지 않으면 불법이에요. 그것을 보건소가 어겼다면 문제죠. 편한 마음으로 검사를 받으면 될 것 같아요. 하지만 2차 검사를 하고 확진을 받으면 감염인으로서 정부의 혜택을 받기 위해 국가 등록을 해야 합니다.

요즘 미국에서는 '트루바다(Truvada)'라는 약이 나와서, 게이 감염인과 비감염인 사이의 역학 관계가 아주 크게 변화했습니다. 비감염인이 감염인과 성교나 연애를 할 때에 트루바다를 사전에 복용하면 감염을 막을 수 있다는 사실이 알려져서 아예 과거처럼 세이프 섹스, 즉 콘돔 사용을 하지 않는 경향까지 나오는 거죠. 정욜 씨는 '프렙(노출 전 예방법: Pre-Exposure Prophylaxis, PrEP)'이라는 사전 감염 예방 조치로서 트루바다 복용을 고려해보신 적이 있나요?

저도 2012년도 기사를 통해서 '예방약이 나와?' 이렇게 생각을 했었고, 미국 FDA에서 승인을 받은 거였기 때문에 '이게 효과가 분명히 있겠구나' 싶었죠. 그런데 한국과 미국이 너무 분위기가 다르니까 그걸 직접 내가 복용해 봐야겠다고 생각해본 적은 없어요. 치료비 자체가 굉장히 비싼 편이라, 미국에서도 어느 정도 치료비를 감당할 수 있는 경제적 여건이 되는 사람들이 한다는 얘기를 들었어요. 만약에 한국에서 프렙이 가능해도 저처럼 가난한 활동가에겐 좀 어렵겠죠. 그보다는 트루바다가 어떻게 FDA 승인을 받을 정도로 미국 사회와 게이 커뮤니티에서 받아들여졌을까, 저는 이런 것이 여전히 고민이고 알고 싶어요. '제약 회사가 약을 판매하려고 압력을 가했나?', '게이 커뮤니티 안에서 정말 요구가 있었나?' 하는 것들이요. 트루바다는 한국에도 있고, 투약하는 분들도 있습니다. 프렙이 아니라 그냥 감염인 처방에 따라서 복용하는 분들도 있고요. 한국에서도 성 권리적 측면에서 이 프렙에 대한 논의를 해보면 좋을 것 같아요. 감염내과 교수님들에게 물어보면 효과가 있대요. 한국에선 어떻게 받아들여질지….

저도 국내 주요 대학 병원의 감염내과 의사들한테 문의했더니, 한국에서 프렙으로 트루바다를 먹을 때 보험 처리가 안 되기 때문에 비용 문제가 있다는 말씀은 하더라고요. 하지만 '펩(노출 후 예방법, Post-Exposure Prophylaxis, PEP)'으로, 내가 세이프 섹스를 하지 않았는데 상대방이 감염인이라는 사실을 알게 됐을 때 응급실에 와서 트루바다 처방을 요구하면 보험 처리가 된다고 들었습니다.

성적인 관계가 아니더라도 병원에서 일하시는 분이 종종 주사에 찔리기도 하잖아요. 그렇게 되면 AIDS 치료제를 처방하고 이후에 이 사람의 몸 상태를 지속적으로 확인하죠. 행여나 관계를 했는데 위험에 노출될 가능성이 있었다 싶으면 AIDS 치료제를 복용하는 것도 나쁘지 않다고 생각합니다.

이제 종교 이야기를 해볼까 해요. 기독교는 동성애자에게 걸림돌이 되곤 합니다. 신앙과 게이로서의 삶을 어떻게 조화시키고 사는지 궁금해요.

저는 기독교적 신앙을 믿고 있습니다. 종교의 역할은 개인을 위로하거나 격려해주고, 용기를 갖게끔 해주는 거죠. 그런데 신앙과의 갈등을 더 많이 경험하면서 종교를 터부시하는 경향이 생겼어요. 십자가나 지하철에서 설교하고 돌아다니는 분들을 보면 가끔 제 감정을 조절하지 못할 때가 있어요, 너무 싫어서. 그래도 성 소수자들의 삶을 지지해주는 목회자분들과 얘기할 땐 마음이 편안해집니다.

왜 한국의 주류 기독교에서는 유달리 동성애자 인권에 대해서 퇴행적인 태도를 보일까요?

정말 적합한 표현이네요. 대형 교회를 중심으로 동성애 혐오를 이야기하는 목회자의 모습을 꾸준히 보았습니다. 하지만 최근에는 그게 더 드러나고 구체화된 것 같아요. 신촌 연세대 근처에서 '퀴어문화축제'를 개최할 때, 교회 쪽에서 직접 전화를 걸고 자신들의 교리와 신앙을 앞세워서 반대했어요. "이 사람들이 한국 사회를 퇴폐적으로 만들고, 청소년에게 얼마나 악영향을 끼치는지 아느냐"라는, 정말 그 단순하고도 구태의연한 이야기…. 사람들에게 혐오감을 조장하는 그런 모습들을 보며 저는 교회가 자신들의 위기를 동성애자 탄압과 같은 것으로 푼다는 느낌을 받아요. 힘이 빠집니다. 한국은 성 소수자 인권을 지지하는 방향으로 가장 크게 개선되고 있는 나라라는 연구 결과가 있지만, 오히려 교회는 거꾸로 가고 있어요, 남 탓을 하면서요.

해외 주요 LGBT 관련 뉴스가 나오면 게이 단체보다도 먼저 기독교 계열 언론이 분개하면서 아주 상세하게 소식을 전할 때가 많습니다. 그런 모습을 볼 때면 '저 애증의 에너지는 어디에서 오는 것인가?' 하는 의문이 들곤 하는데요. 요즘 기독교 계열 언론에서 동성애자와 관련해서 가장 크게 이슈로 삼고 있는 건 뭔가요?

1년에 한 번 성 소수자들이 자신을 드러내고 재미있게 놀 수 있는 퀴어문화축제에 너무 많이 집착하고 있습니다. 지방 선거에서 동성애자들의 인권을 지지하는 후보자가 나오면 그 후보를 낙선시키기 위한 명단을 따로 만들기도 해요. 이런 것들은 예전에는 볼 수 없던 모습이에요. 정치인이나 공무원은 그 사람들의 압력에 꼬리를 내리며 자신의 역할을 다하지 않는 모습을 너무 많이 보이고 있는 상황입니다. '어떻게 저렇게 열심히 하지?' 하는 의문이 들고, 화도 나요.

기독교 신앙의 문제로 심리적인 갈등을 겪는 성 소수자 여러분께 추천하고 싶은 책이나 영화가 있습니까?

'슘 프로젝트'가 만들고 한울출판사에서 나온 『하느님과 만난 동성애』(2010)는 크리스천 성 소수자들, 다양한 정체성을 갖고 있는 사람들의 자기 고백서 같습니다. 신앙에 대한 의미를 자기화해 크리스천 성 소수자로서 사랑하는 모습이 그려져 있는 책이니까, 신앙 때문에 고민이 많은 분이라면 읽어봐도 좋겠어요. 또 실화를 바탕에 두고 책과 영화로 제작된 「바비를 위한 기도(Prayers for Bobby)」(2009)도 추천합니다. 이 영화는 유튜브에서 제목을 검색하면 쉽게 찾아볼 수 있어요. 기독교 안에서 가족과의 갈등, 자녀가 죽음을 극복하는 과정을 담고 있어서, 자신의 종교나 부모님의 종교 때문에 힘든 성 소수자라면 이 책이나 영화를 보는 것도 격려나 위로가 되지 않을까 합니다.

군대에서 동성애자라는 이유로 고생을 했다고 들었는데, 자초지종을 말씀해주세요.

1998년 9월에 입대를 했습니다. 이등병 때 여러 이유로 12월부터 1개월 반 정도 국군창동병원의 정신과 병동에 있었어요. 커밍아웃과 아웃팅의 모호한 경계라고 해야 하나… 결과적으로 제 정체성에 대해서 지휘관들이 알게 됐는데, 어떻게 해야 할지 모르니까 저를 병원으로 보낸 거죠. 당시에 저도 기왕 일이 이렇게 된 거 더는 군 복무를 할 수 없겠구나 싶어 병원에 가는 것에 동의했어요. 병원에 가면 전역하는 줄 알았거든요. 복귀해야 하는 걸 알았으면 처음부터 병원에 가지 않았을 거예요. 병원에 가서 제일 처음 한 게 HIV/AIDS 검사였어요. 신경안정제도 먹고, 밤마다 독방에서 자야 했어요. 폐쇄 병동은 한 10~20명 정도 되는 인원이 다양한 질병을 이유로 공동생활을 하는 곳입니다. 그 안에서 저는 누군가를 건드릴 수 있는 남자 군인으로밖에 인식되지 못했어요. 군의관과 간호장교가 제가 아무리 모범적인 생활을 하더라도 밤이면 무슨 일을 벌일 수 있는 사람으로 보는 거잖아요. 충격을 받았고, 이런 부분이 저를 더 힘들게 했어요. 이때 부모님이 군의관을 통해서 제 성 정체성을 알게 됐어요. 저나 부모님이 준비가 충분하지 않았던 상황이라 부모님과의 관계도 저를 힘들게 했었죠. 그리고 군의관이 아침마다 밤새 괜찮았는지 확인하는 차원에서 점호를 해요. 근데 저한테 "간호장교 중에 마음에 드는 사람 없니?" 이런 걸 공개적으로 그 자리에서 물어보는 거죠. 결국에는 자대에 복귀해 지내다 전역을 했습니다. 사람들도 제가 왜 병원에 갔는지 알게 된 거죠.

요즘도 군에서 동성애자라는 정체성이 알려져서 차별을 받게 일이 왕왕 있을 것 같습니다. 군 생활 도중에 성 소수자라는 이유로 불이익을 받거나 차별을 겪게 되면 어떤 조치를 취하는 것이 좋을까요? 어디에 도움을 청할 수 있나요?

최근에는 군대에 동성애자 정체성을 갖고 있는 사병이 입대했을 때 취하는 나름의 지침을 정해놓은 훈령이 있습니다. 예를 들어 아웃팅을 하면 안 되고, 관심을 둬야 되고, HIV/AIDS 검사를 하면 안 되는 등. 그렇다고 군대라는 조직이 친화적인 건 아니죠. 한국은 징병제잖아요. 정체성을 말하면 전역이 될 거라고 생각하는 친구들이 있는데, 절대 그런 실수를 하면 안 됩니다. 성 정체성이 부대 내에 알려지면 몹시 힘들어져요. 그걸 해결할 수 있는 방안은 부대 내에는 없으니까요. 그런데 밖에도 없어요. 중요한 건 그 문제를 해결하기 위해서 누구와 이야기를 나누고 있느냐입니다. 부대는 어떻게 해서든 이 친구가 아무 문제없이 2년이라는 기간을 채우고 나가야 하는 조건을 최대한 들이밀 테고, 당사자는 거기에 맞춰 생활할 수밖에 없는 거죠. 만약 그렇지 못하면 밖에서 도움을 줄 수 있는 사람이나 단체, 기관을 찾아야 합니다. 그게 동성애자인권연대가 될 수도 있고요. 적어도 자기가 부대 안에서 어떤 상황에 처해 있는지 객관적으로 볼 수 있는 외부와의 연결 고리를 갖고 있어야 해요.

사회생활을 할 때에도 동성애자라는 이유로 직장에서 불이익을 당하기도 합니다.

차별과 인권 침해를 경험했을 때, 본인 스스로 이것을 잘 해석하고 적극적으로 정보를 찾아가며 해결해나가는 분들도 계세요. 인권 활동가들이 모든 문제의 해결사가 될 수 없다는 것은 너무나 자명한 현실이잖아요. 이 사람들을 좋은 조력자나 조언을 해줄 수 있는 친구로 생각해주면 좋겠어요. 도움을 줄 수 있는 기관이나 상황에 따른 적절한 대처법을 찾을 수 있게 도와줄 수 있겠죠. 중요한 건 어떤 단체에 연락하면 이 문제가 다 해결된다는 게 아니라, 적어도 차별에 대해서 내가 지금 어떤 경험을 했는지를 이해하고, 도움을 받을 수 있는 곳들을 연계하는 거죠. 그래서 이 문제를 다각도로 해석하고 함께 대응해나가는 것이 중요합니다. 정 어렵다면 동성애자인권연대나 '한국레즈비언상담소'와 같은 단체의 문부터 두드려보는 게 좋겠어요.

제대 뒤에 제빵사가 되려고 공부했다고 들었어요. 하필이면 왜 제빵이었나요? 게이 동네에서 빵을 만든다, 그럼 자연스럽게 달라붙는 별명이 '빵순이' 아니겠습니까?

입대 전부터 꿈이 제과제빵사였어요. 대학교 졸업하기 전엔 학원을 다녔죠. 전공이 일본어니까 졸업을 한 후에 일본에서 제빵 기술과 내용을 응용할 수 있겠다 막연하게 생각했어요. 1년 정도 제과점에서 일을 하기도 했습니다.

그 이후에는 한 도넛 회사에서 7년 동안 일했습니다. 그럼 언제부터 전업 운동가로 활동하고 계신 건가요?

퇴사한 건 2011년 중반 정도인 것 같아요. 이후 인권재단사람이라는 곳에서 일하고 있습니다.

게이 인권 운동가들 가운데에도 전업으로 활동하는 분들은 그렇게 많지 않아요. 이 분야에서 개척자에 위치해 계신데, 전업 인권 운동가는 어떻게 생활을 꾸려가는지 많은 분들이 전혀 모르실 거예요. 그 이야기를 간단히 해주세요.

긴 시간 동안 LGBT 인권 운동에 관심을 갖고 일해왔지만, 늘 회사 생활과 학업을 병행했기 때문에 전업이라 생각해본 적은 없어요. 근데 2~3년 전 '인권재단사람'에서 모금과 관련한 일을 배우고 새로운 영역 안에서 일을 했습니다. 인권재단사람과 LGBT 인권 운동가는 조금 다른 결을 가지고 있어요. 저는 인권재단사람에서 활동비를 받아요. 활동비가 전에 다니던 회사의 월급과 비교할 수 없을 정도로 부족하지만, 지난 7년 동안의 활동은 회사 생활에 대한 경험, 제가 가졌던 꿈들의 연장선이라고 생각합니다. 생활 면에서는 돈을 많이 벌 때와는 달리 그걸 줄여나가는 과정들이 있어요. 최저임금을 받는 수준이라고 생각하면 될 것 같아요. 요즘 인권 운동을 고민하는 청소년, 청년들도 많이 있던데, 개인적으로 무척 반갑고 기대하는 바도 커요. 한국의 NGO 활동은 외국과는 너무 다르거든요. 지나치게 전문성을 강요하고, 급여나 활동비를 제공하기보다 헌신과 봉사 활동으로만 인식하는 경향이 있죠. 사실 모든 인권 운동이 그렇습니다. 이 일을 업으로 선택하고 부족한 점을 점차 개선해가면서 활동하는 분들이 많아졌으면 좋겠어요.

한국의 LGBT 공동체가 성장하기 위해서, 그리고 인권 단체에서 활동하는 인권 운동가를 지원하기 위해서 더욱 활발하게 모금 활동이 이뤄져야 할 것 같습니다. 동성애자인권연대에서 2002년부터 회장을 맡아서 2012년까지, 무려 10년 동안 조직을 이끌었습니다. 가장 기억에 남는 순간이 있다면 언제인가요?

지금도 일반 회원으로 모임에 참여하고 있어요. 10년이라는 시간 동안, 매 순간이 즐거웠어요. 수없이 많은 새로운 사람이 그곳을 오갔죠. 동성애자인권연대라는 단체를 자기 발로 찾아오는 사람들은 모두 저와 비슷한 경험을 한 거잖아요. 제가 처음 동성애자인권연대에 들어와서 했던 역할이 저와 같은 사람들이 단체에 찾아오게끔 하는 것이었죠. 제가 대자보를 보고 망설이며 단체의 문턱을 넘었던 것처럼요. 서울과 경기 지역을 돌아다니면서 대자보를 붙였던 기억이 가장 강렬해요. 물론 슬픈 일도 많이 있었죠. 안타깝지만 회원 중에는 죽음의 장소로 사무실을 선택한 분도 있었거든요. 사무실은 볼품도 없고, 너무 작고, 시설도 열악하지만, 누군가에게는 가장 위로가 되는 공간이잖아요. 2003년쯤 한 청소년 성소수자가 사무실에서 죽은 일이 있었어요. 그 친구를 11년째 추모하고 있는데 그때마다 죽음을 직접 목격하고 수습하던 과정이 다 기억납니다. 이 친구가 필명이 '육우당'인데 시조 시인이 꿈이었고, 유서에 자신의 시가 담긴 책을 만들어 달라고 했어요. 정식 출판한 건 아니지만, 그 친구가 남긴 시와 유서의 내용들, 그리고 각자한테 남긴 여러 이야기를 엮고 모금을 통해서 2006년에 책을 만들었습니다.

그의 시 가운데 가장 기억에 남는 걸 읽어 주시겠어요?

그 친구가 가장 좋아하는 시이자 개인적으로도 좋아하는 시를 읽어드리겠습니다.

「성적 소수자」

육우당

태초에 인간이란 존재는 쌍으로 붙어 있었대.
머리 둘, 팔은 넷, 다리도 넷.
거만한 인간에게 분노한 제우스는
'우르르 쾅!' 번개를 내리쳐서
쌍으로 붙은 인간은 '뚝!' 떨어져 나가
머리 하나, 팔 둘, 다리 둘이 되었지.

그때부터 우리의 고난은 시작됐어.
서로 떨어지게 된 인간은 남은 반쪽을 찾아
이리저리 남녀가 만나게 됐고

어떨 때는 남자끼리 여자끼리 만나게 됐지.
그게 바로 우리들. 언제나 그늘처럼 존재해온 우리들.

자연스러운 모습인데
그들은 우리들을 멸시하고 우리들은 분노하고.

기가 막혀 기가 막혀.
나머지 반쪽을 찾겠다는데 뭐가 그리 이상해.
우리들은 지극히 정상이야 너희들과 약간 다를 뿐이지.
정 우리들이 역겹다면 제우스에게 따져.

오랜 세월 박해받아온 우리들
이제는 희망을 찾아
무지개를 휘날리며 앞으로 나아간다.

우리는 성적 소수자.
제우스의 번개로 내 반쪽 찾아다니는 아름다운 방랑자.

동성애자인권연대는 꽤 연륜이 있는 단체가 되었습니다. 오늘날 동성애자인권연대가 추구하는 가장 중요한 가치가 있다면 무엇인가요?

성 소수자로서 다양한 사회 이슈에 연대하는 일을 중요하게 생각합니다. 우리뿐만이 아니라 가난하고 억압받는 사람이 좀 더 평등하게 살 수 있는 사회를 함께 만들어가는 것을 원하는 단체이고요. 다 같이 행동하고 고민을 나눌 때 한국 사회가 좀 더 평등하게 바뀔 수 있을 거라고 믿고 있습니다. 단체 내에도 정말 다양한 회원의 모습이 있어요. 서로 배워야 할 것이 많은 조직이죠. 서로에게 의지도 많이 하지만, 한편으로는 실수도 많아요. 잘 모르니까 싸운 적도 많죠. 서로 날을 세우기보다는 늘 유동적인 조직이었으면 좋겠어요. 그래서 틀렸다 싶으면 수긍하고 배우기를 반복하는, 어떤 완벽함을 추구하지 않는 단체 말이죠. 동성애자인권연대가 생각하는 장단기 운동 목표는 '차별금지법' 제정처럼 가시적인 과제보다는 우리 커뮤니티 안에서 가장 열악한, 어디 가서도 환영받지 못하는 많은 사람이 우리가 있는 공간에 찾아와서 지지와 위로를 받고, 힘이 되었으면 좋겠다는 겁니다. 동성애자인권연대의 회원이 되는 조건은 전혀 없어요.

2011년에 『브라보 게이 라이프』라는 책을 발간했어요. 책 소개를 부탁드립니다.

나름북스라는 출판사 요청으로 2011년도에 나왔던 책입니다. 임근준 씨와 나눈 이야기들의 좀 더 자세한 내용이 에세이처럼 담겨 있어요. 제목 때문에 욕 많이 먹었어요. 전혀 '브라보'하지 않은데 '브라보'하다고 얘기해서…. 아직 판매하고 있습니다.

2011년에 개봉한 이혁상 감독의 다큐멘터리 영화「종로의 기적」에 주인공 중 한 분으로 등장했잖아요. 어떤 계기로 이 영화에 출연하게 된 건가요?

감독에 대한 믿음이 있었어요. 개인의 삶을 카메라가 계속 쫓는 다큐멘터리다 보니 감독과 잘 알지 못하는 사이였다면 결정할 수 없었을 거예요. 이혁상 감독은「종로의 기적」을 촬영하기 전에 인권 운동을 하면서 다양한 짧은 영상을 여러 편 제작했는데, 저는 그 영상이 정말 좋았어요. 간결한 메시지를 따뜻한 감성에 담아 사람들에게 자연스러운 방식으로 전달하더라고요. 그가 가진 유쾌함이나 퀴어적이고 따뜻한 면이 섞여 있는 다큐멘터리라면 더 많은 사람에게 보여줄 수 있지 않을까 싶었죠. 그리고 이 영화가 네 명의 에피소드, 즉 옴니버스처럼 구성된 영화이기 때문에 성 소수자의 다양한 삶이 좀 더 쉬운 언어로 전달될 수 있을 거라는 생각에 참여하게 됐습니다.

개인으로 커밍아웃하는 것과 운동가나 공인으로서 미디어에 커밍아웃하는 게 좀 다르잖아요. 언제부터 미디어에 얼굴을 공개하고 활동하기 시작했나요? 장단점은 어떤 게 있죠?

미디어로 얼굴을 완전히 드러낸 건 다큐멘터리「종로의 기적」을 촬영하고 나서였어요. 그 이전에는 인터뷰 요청이 거의 없었어요. 어떤 사건이 있으면 그것에 대해서 코멘트 정도만 하거나, 주제에 맞는 사람을 연결해준 적은 많죠. 다큐멘터리에 출연하고부터 사람들이 저를 알아봤고, 영화 때문에 인터뷰를 하게 된 거죠. 얼굴이 공개되는 게 좋은 건지 나쁜 건지 아직은 잘 모르겠어요.

이성애자 친구와 동성애자 친구의 비율과 균형이 어떻습니까? 양쪽의 인맥이 물과 기름처럼 분리되어서 교우관계를 유지하는 데 어려움을 겪는 성 소수자도 적지 않습니다. 특별히 친한, 내 모든 것을 이해해주는 이성애자 친구가 있나요?

지금 기준에서 이성애자 친구들은 주변에 거의 없다시피 하죠. 인권재단사람에서 함께 활동하는 분들은 대부분 이성애자입니다. 그래서 그 이전에 다녔던 몇 번의 직장 동료와는 다른 느낌이에요. 최근에 학교 동기동창 모임에 나와 달라고 요청을 받았는데, 제가 거기 가서 무슨 얘기를 할 수 있을까 싶어요. 주변에 있는 서른일곱 즈음의 이성애자 친구들은 결혼을 하고 아이를 낳고 그러잖아요.

커밍아웃하고 사는 게이들도 이성애자 사회에서 어느 정도는 자신의 게이다움을 톤 다운한다고 하죠? 표현 수위를 조절하는 겁니다. 예일 대학교의 법대 교수이자 오픈리 게이인 켄지 요시노는 소수자로서의 특질을 주류 사회의 눈높이에 맞춰서 조절하는 걸 '커버링'이라고 부르면서, 이게 새로운 종류의 차별 기제가 되는 수가 있다고 지적한 바 있습니다. 정욜 씨는 어떤가요? 소위 말하는 남성 동성애자의 '끼', 이걸 직장 생활하면서 의식적으로 조절합니까?

모르겠어요, 끼도 정말 다양하잖아요. 제가 긴 시간 동안 일반 기업에서 일했을 때는 스스로 잘 의식하지 못했지만, 거기에 맞춘 행동과 언어가 분명히 나왔을 거예요. 감추기 위해서 노력했을 거고요. 사람들이 저한테 던지는 여러 가지 일상적 질문에 꽤 많은 거짓말을 했었기 때문에…. 의식적인 커버링은 아니더라도 내재되어 있는 자연스러운 측면이었다고 생각해요. 지금은 좀 다른 환경에서 일하다 보니까 제가 갖고 있는 여성성을 더 보인다고 해도 그 사람들에게는 낯설게 느껴지지 않겠죠.

게이 공동체 안에서도 남성 동성애자의 여성적 면모 또는 여성 동성애자의 남성적 면모에 대해서 일단 부정하고 보는 사람이 많잖아요. 이런 끼에 대해서 어떻게 평가하나요?

제 주변의 친구들이 유쾌해서 좋아요. 사랑스럽죠. 전 자신의 그런 모습을 성장 과정이나 직장 생활에서 장점으로 활용했으면 좋겠어요. 근데 게이 공동체에서 끼를 대하는 태도는 참 역설적이죠. 데이팅 앱으로 사람을 만날 때 "이성애자처럼 보여야 한다"는 조건이 많잖아요. 끼스럽고 여성적인 게이의 모습을 같이 다니면 티 난다는 이유로 부정적으로 바라보는 게이도 있고요. 게이들의 끼 혐오에 대해서 자기반성이 필요하지 않을까 싶습니다.

게이도 등급과 단계가 있죠. 그냥 남자를 좋아하는 게이는 초보고, 게이를 좋아하는 게이가 진짜 게이죠. 제 지론은 그겁니다. 끼를 긍정하지 못하면 게이로서 행복하게 롱런하는 데 어려움이 있다는 것. 청소년 이야기가 나왔는데요. 동성애자인권연대 회장직에서 물러난 뒤에 그 단체에서 '청소년자긍심팀' 일을 하고 있다고 들었습니다. 청소년자긍심팀에서 하는 일은 무엇인가요?

청소년자긍심팀은 청소년들과 함께 진행하는 인권 교육 프로그램입니다. 성 정체성이나 가족에 대한 이야기를 나눈다든지, 함께 영화를 보거 가거나 게임을 하고 소풍을 가는 프로그램을 꾸준하게 해보자는 차원에서 2009년도부터 시작했어요.

오늘날 한국에서 청소년 LGBT의 삶을 위협하는 요소는 무엇이 있나요?

청소년들의 자기 정체성을 인정하지 못하는 학교, 가정, 사회 모두 그들의 삶을 위협하는 요소입니다. 아무리 본인이 "그래, 나는 게이로서, 레즈비언으로서 밝은 삶을 살 수 있어"라고 긍정한다 해도, 청소년들은 가족이나 친구들과 대부분의 시간을 보내야 하잖아요. 그렇게 자기 정체성을 금기

시하는 환경과 사람들 사이에 있다 보면 순식간에 위협을 느낄 수 있겠죠. 이런 환경을 변화하기 위한 활동과 대책 마련이 절실합니다.

누군가 교내에서 성 정체성을 이유로 집단 괴롭힘이나 폭력에 시달리면 어떤 대책을 세워야 할까요?

최근 교육청에서 학교 폭력 문제에 대책을 세운다고 하지만, 그 학교 폭력의 범주에 청소년 LGBT들이 경험하는 괴롭힘과 폭력은 전혀 포함되어 있지 않습니다. 오히려 교사나 또래 친구들이 동조자가 되죠. 2009년도에 부산에서 여성적이라는 이유로 비하받고 괴롭힘을 당한 친구가 계속 힘들어지자 가출한 사건이 있었습니다. 안타깝게도 집에서조차 지지를 받지 못해 결국 자살로 생을 마감했어요. 이 문제에 대해 '좀 참으면 되지'라고 생각하면 안 돼요. 무조건 피해 사실을 공유하고 지지해줄 수 있는 사람을 찾아야 합니다. 친구나 교사, 가족이 될 수 있겠지만, 그들이 지지자가 되지 못할 수도 있거든요? 그럼 범위를 넓혀 동성애자인권연대, 혹은 주변 청소년 성 소수자가 가입하는 카페에 와서 알리는 게 매우 중요합니다. 그렇게라도 하면 절반은 해결할 수 있어요. 하지만 이 문제를 계속 참으면 결국 곪아 터져 어떻게 할 수가 없죠. 어떤 피해를 받고 있고 부당하다고 생각하는 것들에 대해 자기를 지지해줄 수 있는 사람과 이야기를 나눠야 해요. 교사나 부모라고 무조건 지지할 수는 없다는 사실을 알아야 합니다.

믿을 만한 사람 혹은 단체를 찾아서 피해 사실을 공유하고 알리는 것, 그 뒤에 대책을 모색하는 자세가 필요합니다. 한국 사회에서 청소년 LGBT의 권리를 지키기 위해 당장 시정하고 도입해야 할 제도가 있을 텐데요.

서울, 경기, 전북, 광주 이 네 지역에는 학교 안 청소년들의 인권을 돌보고 대책을 마련하는 조례들이 있습니다. 2011년에 만들어졌는데 단 한 번도 교육 현장에서 청소년들이 어떤 경험을 하고 있고, 어떤 어려움이 있고, 어떤 현실에 놓여 있는지에 대해 교육 자료를 배포한 적도, 또 그것을 시키는 사람도 없었어요. 조례는 그냥 조례인 거죠. 이제는 그런 실천 계획을 만들어서, 학교 안에서 청소년들이 어떤 어려움을 겪고 있는지 알아내고, 구체적인 실천 계획을 마련해야 할 때입니다. 그런 것들을 시/도에 있는 교육청 차원으로 확대해서 운영해야죠. 해외에서는 이런 게 정말 잘 되어 있잖아요? 한국 사회는 그런 게 전혀 안 되어 있으니까, 이제라도 시작해야 합니다.

청소년 LGBT 여러분에게 한 말씀 부탁드려요.

힘들면 언제든지 연락하세요. 저는 혼자 고민하는 것보다는 둘이 낫고, 저처럼 나이든 아저씨보단 또래 동료들이 낫다고 생각해요. 주변의 친구와 좋은 관계를 맺고 좋은 친구를 지속적으로 만났으면 좋겠어요. 고민은 혼자 하는 것보다 나누는 게 필요합니다. 어려움은 혼자 해결할 수 없어요. 그걸 스스로 알아야 해요. 그 고민을 반드시 누군가와 나눴으면 합니다. 꼭 저나 저희 단체가 아니더라도요. 또 지금의 삶과 자신을 긍정하고, 있는 그대로의 모습도 충분히 아름다우며, 내가 최고라는 생각을 꼭 가지세요.

성 정체성도 고민이지만, 외모를 걱정하는 분들도 굉장히 많더라고요.

10대는 변화의 가능성이 어른들보단 많잖아요. 제가 청소년들에게 많이 하는 말이, 나 자신을 사랑하고 나와 같은 사람을 만나서 누군가에게 사랑을 받으면 더 예뻐진다는 거예요. 나이가 들면 얼굴이 잘 안 변하는데, 20대 초중반까지는 드라마틱하게 변합니다. 정말 멋지게 외모가 변하기도 하니까, 외모 고민을 너무 많이는 안 했으면 해요.

주변에서 그런 상담을 많이 하나 봐요?

네, 창피해서 어디에다 말을 안 해서 그렇지 일대일로 얘기해보면 외모 고민이 큰 문제인 분들도 많더라고요. 어쨌든 성격은 노력한다고 좋아지기 힘들지만, 외모는 노력하면 확실히 좋아집니다.

마지막으로 인권 운동가로서 꼭 이루고 싶은 꿈은 무엇인가요? 인생을 걸고 성취하고자 하는 가치 말입니다.

어려운 질문이네요. 늘 지금 하는 일을 잘 마무리해야 한다고 생각하며 살아요, 그게 어떤 일이든지 간에. 항상 그런 마음으로 활동하고 사람도 만납니다. 지금은 '무지개청소년 세이프스페이스'라는 프로젝트를 통해 위기의 청소년들에게 한 발자국 더 다가갈 수 있는 방법들을 찾고 있습니다. 청소년 LGBT 문제를 법률과 의료 등 다양한 영역에서 상담하고, 트라우마를 극복할 수 있도록 하거나, 학업과 인권 교육을 실시하고, 그들이 상시적으로 와서 놀 수 있는 안전한 쉼터를 만들어주는 프로젝트입니다. 아직은 기초 단계고 후원을 모금 중인데, 반드시 성공했으면 좋겠어요. [청소년성소수자 위기지원센터 '띵동'이 만들어져, 2015년 2월부터 상담과 지원활동을 진행하고 있다.] 또 지금까지 해왔던 것처럼 주변 사람들과 이야기 나누고, 다른 사람이 배울 수 있게끔 도움을 주다 보면 언젠가는 그 가치가 드러나겠죠. 그때 좀 더 자랑스럽게 얘기할 수 있을 것 같습니다.

성 소수자의 인권을 변호합니다
장서연

비영리 변호사 단체인 공감에서 변호사로 맹활약하고 있다. 이주 노동자와 이주 여성 등 이주 분야와 관련한 법률적 문제뿐만 아니라 성 소수자의 법적 권리 신장을 위해 애쓰는 중이다. 이화여자대학교 법학과를 졸업하고 45회 사법시험에 합격해 사법연수원 35기를 수료했으며, 광주지방검찰청 순천지청에서 1년간 검사 활동을 펼쳤다.

검사직을 희망했을 때에는 어떤 야심이 있었을 텐데요. "정의의 레즈비언 여검사" 이렇게 말을 해보면 약간 오금이 저립니다. 검사가 되고 싶었던 이유가 궁금해요.

큰 포부가 있었다기보다는 진로를 결정할 때 성적이 가장 많이 영향을 미쳤어요. 우리 때는 사법연수원 성적과 사법시험 성적으로 진로를 결정하게 되는데, 검사 성적이 됐었죠. 연수원 2년 차 때 실무 수습을 하게 돼요. 변호사, 검사, 법원 실무 수습을 2개월씩 하는데 그때 제일 재미있었던 것이 검사 시보였어요. 그래서 자연스럽게 검사를 지원했습니다.

성 소수자 대학생을 보면, 공부를 잘하는 학생 가운데에서 유달리 법대와 의대에 가는 분들이 많아요. 그건 왜 그럴까요?

조직에서 본인의 정체성과 관련해 불이익을 받을 염려가 상대적으로 적고, 전문직이라는 장점이 있죠.

광주지방검찰청 순천지청에서 사행 행위와 퇴폐 분야를 맡아서 단속과 수사를 했다고 들었어요. 어쩐지 단속을 아주 잘했을 것 같습니다.

순천지청은 유병언의 변사체를 발견하고도 못 알아봐서 문제가 됐었죠. 제가 초임 검사로 순천지청에 발령받았을 때는 '바다이야기'라는 사행성 오락이 한창 그 지역에도 유행했었어요. 저는 사행 행위 퇴폐 전담을 맡았는데, 그때 동기 세 명 중에서 나이가 가장 어렸어요. 게다가 여성이란 이유로 3부 정도의 작은 지청으로 배정을 받았죠. 그 3부가 또 특수부 역할을 하는 곳이었어요. 제가 인복이 있는 편이어서 그 청에서 가장 훌륭한 일반직 수사관님 아래로 배정이 돼서 많이 배웠습니다. 계좌 추적도 하고, 전화 통신 내역 조회도 했어요. 경찰이 오락실을 단속해서 수사하면 다 바지 사장, 명의 사장을 데려오거든요. 실제 사장과 공급책을 잡는 게 중요한데, 계좌를 추적해서 서울의 타워팰리스에 조사하러 가기도 하고…. 자랑을 하자면, 꽤 잘했던 편입니다.

법조계에도 적성에 따라서 판사, 검사, 또는 변호사가 잘 맞는 분이 있는데, 검사가 맞았을 것 같네요. 그런데 1년간 일하고 과감하게 공익 변호사로 변신을 했습니다. 결심이 쉽지 않았을 것 같아요. 어떤 계기로 인권 변호사가 되겠다고 마음을 정하셨는지 궁금합니다.

요즘 공익인권법재단인 '공감'에서 자원 활동을 하는 친구들은 어릴 때부터 공익과 인권에 대한 헌신을 결심하고 많이 와요. 그런데 저는 사법시험을 준비할 때에도, 연수원을 다닐 때에도 제가 공감에서 전업으로 인권 활동을 할 거란 생각을 못 했어요. 다만, 검사 생활을 하면서 이제 더는 숨기고 참으면서 살기가 힘들다는 걸 느꼈습니다. 만약 제가 이성애자 남자였으면 검사 생활을 아주 만끽했을 것 같아요. 솔직히 검찰의 음주 문화 같은 걸 좋아했거든요. 그런데 저는 여성이기도 하고, 동성애자로서 검사 생활을 하려면 제 삶과 정체성을 포기해야 하는 게 많기 때문에 1년 정도 됐을 때 너무 우울해졌죠. 지방에서 내 삶에 대해서 이야길 나눌 친구도 없었고요. 그래서 검사 생활을 그만두고 '정말로 내가 원하는 걸 해야겠다', '나답게 살 수 있는 일을 했으면 좋겠다'고 생각했을 즈음, 마침 공감에서 공채 공고가 뜬 거죠.

공감이 무엇을 하는 조직인지 간단히 소개해주세요.

공감은 2004년에 변호사 네 명이 설립했는데 당시만 해도 한국에서 낯설고 생소한 단체였어요. 지금은 변호사 여덟 명과 간사 세 명으로 총 열한 분이 일하고 있죠. 처음에 염형국 변호사가 지금 서울시장인 박원순 변호사가 있던 '희망제작소'에 찾아가서 "이런 공익 단체에서 일하는 변호사가 되고 싶다"고 했고, '아름다운재단' 안에 있는 하나의 공익 변호사 팀으로 공감이 만들어졌어요. 공감은 사건 수임료를 따로 받지 않아서 형편이 어려운 장애인 또는 성매매 피해 여성,

이주 노동자 관련 일을 주로 합니다. 성 소수자 관련 사업도 2006년부터 시작했고요. 이렇게 사회적 약자와 소수자의 인권 옹호 활동을 하는 비영리 변호사 단체입니다.

사실 사회에서 검사직은 엘리트 코스고, 판검사를 하다가 나중에 대형 로펌에 들어가면 일반인보다는 많은 돈을 벌면서 안정된 생활을 할 수 있잖아요. 그래서 검사직을 버리고 인권 변호사가 됐다는 것 자체가 사회적인 지위를 누릴 수 있는 카드 하나를 내던진 것이라 볼 수 있어요. 그 용기는 남다르지만, 주변의 반대가 있었을 것 같아요.

부모님 반대가 심했어요. 제가 검사를 그만둔다는 얘기를 듣고 서울에 사는 친척분들이 순천까지 내려와서는 눈물을 흘리며 "너 때문에 집이 지금 초상집이다"라고 하셨죠. 그때 부모님이 "너는 왜 남들처럼 평범하게 못 사냐"라고 하셨는데, 그땐 커밍아웃한 상태가 아니었기 때문에 그 말이 저한테는 상처가 됐어요. 나도 평범하게 살고 싶은데, 그렇게 못 살게 하는 사회 때문에…. 공감에 가게 된 이유 중 하나는, 지금은 나가신 정정훈 변호사님 때문이었습니다. 그분이 친구사이에서 시상하는 '무지개 인권상'의 제1회 수상자세요. 『한겨레』에 난 기사를 보고, '한국에도 이런 일을 하는 변호사 단체가 있구나', '공감에서 이런 일을 하는구나' 하고 알게 됐죠. 제가 옮겼을 때가 2007년인데, 검사를 하다가 공감에 간다는 게 뉴스거리가 되기도 했어요. 공감 홍보 차원에서도 기사가 나갔고요. "검사에서 인권 변호사가 된 아무개", 이런 식으로 인터뷰 기사가 났었죠. 부모님이 그 기사를 보고 반대가 좀 줄어들었어요. 지금은 제가 하는 일을 지지해주시고, 공감의 후원자가 되셨죠.

형제가 어떻게 되세요?

오빠랑 여동생이 있어요. 삼남매 중 둘째죠. 최근에 여동생이 둘째를 낳아서 조카가 넷이 됐어요. 좋은 고모, 이모 역할을 하고 있습니다.

인권 변호사로서 개인적으로 특별히 관심이 가는 분야가 있나요?

저도 성 소수자이기 때문에 LGBT 인권 이슈에 관심이 있습니다. 그리고 국가 공권력에 의한 피해자나 구금 시설 문제, 한국 사회에 이방인으로 있는 이주민들이나 HIV/AIDS 감염인 등 소수자 인권 이슈에 관심이 많습니다.

인권 변호사의 급여 수준은 생활이 안정적으로 유지가 가능한 정도입니까?

변호사 중에서 상대적으로 급여가 적다는 거지, 사회에서 절대적인 급여 수준으로서 낮다고 보진 않아요. 구체적으로 말씀드리면 연봉이 한 3000만 원 정도 됩니다. 업계 최저이긴 하지만 생활하는 데 불편함은 없어요. 부양할 가족이 있으면 좀 어려울 수도 있겠죠. 오히려 활동가들은 너무 적게 받잖아요.

검사는 정의의 칼을 휘두를 수 있는 권력이 손에 있는 거잖아요. 그 시절에 비해서 인권 변호사는 약자를 위해 싸우지만, 스스로도 약자이기 때문에 무척 힘이 들 것도 같아요. 인권 쪽 일하는 분들은 스트레스를 많이 받을 때가 있잖아요. 울화가 치밀 때도 있겠죠, 내 마음대로 되지 않아서. 어떨 때 그런가요?

제가 운 적이 두 번 있는데요, 한 번은 학생인권조례 때에요. 사실 호모포비아 단체들의 혐오나 저주는 저한테 상처가 되지 않아요. 제일 상처가 될 때는, 그래도 그나마 좀 넓게 보면 우리 편이라고 할 수 있는 민주당이라든가, 인권 진영이나 시민사회 진영에서 성 소수자 인권 이슈는 워낙 반대가 심하니까 빼고 가자고 할 때, "이번에는 그냥 통과하고 다음에 고치자" 이럴 때가 정말 서러워요. 그쪽에 대한 서운함도 있지만 우리의 역량 부족을 자각해서 울화가 치밀 때가 있는데, 그런 과정 중에 점점 또 연대가 넓어지는 거고, '학생인권조례'도 결국엔 통과가 됐고요. 그런데 그 과정들이 좀 힘들 때가 많았어요. 두 번째는 최근에 교육감 선거와 관련해서 정책협약식을 할 때 약간의 문제가 있었어요. 그것도 비슷한 거예요, 학생인권조례랑.

믿었던 사람이 약간의 차별 의식을 드러낼 때, 특히 잘 아는 분이 아주 교묘하게 선을 칠 때, 그때가 너무 분하죠. 스트레스 해소는 어떻게 하세요?

음주로 했었어요. 너무 많이 마셔서 지금은 금주하고 있습니다. 대신 운동으로 스트레스를 풀어요. 아침마다 테니스를 치죠.

어렸을 때부터 운동을 잘하셨습니까?

법대가 아니면 체대를 가려고 했어요.

『인권오름』에 연재한 「서연의 인권이야기」를 보니까 공감은 공채 면접을 음식점에서 한다고요?

지금은 공채를 하면 지원자가 많지만, 당시에 지원자가 저 혼자였거든요. 경쟁률이 일대일이었는데 제가 마음에 안 들었는지 면접을 세 번이나 봤어요. 그때는 전원일치 의견으로 채용하던 시절이었기 때문에 공감 구성원들이 다 나와서 음식점에서 면접을 했었죠.

"왜 검사를 그만두고 공감에 왔느냐?"는 질문이 나왔을 때 "내가 소수자여서 소수자 인권에 관심이 있고, 그래서 인권 운동을 하고 싶다"는 이 간단한 대답을 하지 못했다는 점에 대해서 아쉬움을 토로하셨더라고요. 답은 그냥 에프엠대로 "나는 인권 운동에 관심이 있다."

자기 소개서와 활동 계획서에 성 소수자 인권에 관심이 있다고는 했지만, 성 소수자라는 얘기는 안 했었어요. 또 면접을 일대일로 진행하거나 조용한 공간에서 하게 되면 '커밍아웃도 해야지'라고 생각하고 갔는데, 구성원 여덟 명이 식당 방에서 음식을 먹으며 시끌벅적했어요. 처음 보는 사람들에게 커밍아웃을 하기에는 힘들었고, 이 조직을 신뢰할 수 있는지에 대한 확신도 없었기 때문에, 왜 검사를 그만두고 공감으로 왔냐는 질문에 핵심적인 대답을 못 했죠.

레즈비언으로 커밍아웃을 한 건 공감에 들어가고 난 뒤의 일인 거죠?

그렇죠.

주변에 커밍아웃을 하는 게 아니라 공식적으로 대사회적인 커밍아웃을 하고 활동하는 셈이기 때문에 여러 생각이 많았을 것 같습니다. 특별한 계기가 있나요?

그건 대사회적인 인물이 커밍아웃을 해야 대사회적인 커밍아웃인 거지…. 제가 공감에서 일을 시작한 지 5년 만에 커밍아웃을 해야겠다고 생각하고 2012년 1월 『인권오름』에 '활동가들에게 커밍아웃하기까지 걸린 시간'이라는 제목의 글을 썼죠. 이렇게 시간이 오래 걸려서 커밍아웃을 한 것에 대해 이성애자들은 생각을 해봐라, 이런 내용이었어요. 성 소수자 인권 활동가들은 처음부터 제가 레즈비언이라는 걸 알았지만, 장애인이나 이주 노동자 쪽에서는 당연히 저를 비이성애자라고 보기가 힘들었겠죠. 글을 쓴 배경에는 학생인권조례의 영향이 컸어요. 그 직전인 2011년 12월에 성 소수자 단체, 활동가, 인권 단체가 서울시의회에 점거 농성을 들어갔었거든요. 차별금지법에서 성적 지향이나 성별 정체성 항목을 빼지 말라며 점거 농성을 했는데, 그때는 정치적으로도 상황이 좋았어요. 민주당이 개혁적인 색채를 펼칠 때였고 참여 경선 같은 걸 할 때여서 학생 인권을 짓밟고 갈 수 있는 상황이 아니라 부담이 갈 만한 시기였죠. 여러 가지가 잘 맞아서 학생인권조례가 성공적으로 통과했고, 그런 것들이 저한테 긍정적 영향을 미쳤어요. 당시 함께한 활동가분들을 보면서 '나도 이제 더 적극적으로, 내 역할로서 커밍아웃도 해야 되겠다'고 결심한 거죠.

특별히 기억에 남는 대화나 인물, 활동가가 있나요?

2007년이 공감에서 일을 한 첫해인데요. 그때 차별금지법에서 성적 지향 항목이 삭제되면서 두 개의 연대체가 나섰어요. 성 소수자 인권 단체를 중심으로 한 '긴급행동', 그리고 인권 단체와 여성 단체를 중심으로 한 '반차별 공동행동'이었습니다. 저는 반차별 공동행동 소속이었는데 그때 각 단체의 활동가들이 모였고, 성 소수자 인권 단체는 아니지만 각각 담당으로 온 활동가들이 다 '이쪽'이었어요. 그래서 성 소수자들은 어디에나 있다는 걸 느꼈죠. 재밌었던 일화는 첫 번째인가 두 번째 모임 후에 뒤풀이를 했는데, 동성애자인권연대의 장병권 씨, 사랑방, 또 다른 여성 단체의 멤버, 그리고 저까지 이렇게 딱 네 명이 모였죠. 성 소수자 단체는 하나밖에 없었지만 그때 서로 게이다가 돌면서 서로의 성적 지향을 한번 말해보자고 했죠. 그랬더니 한 명이 게이였고, 또 한 명은 자기가 게이인지 양성애자인지 고민하는 중이었고, 나머지 둘은 레즈비언이었던 거예요. 그때 다른 여성 단체나 인권 단체에도 LGBT 활동가가 있다는 걸 알게 돼서 더 편하게 활동하기 시작했어요.

레즈비언 활동가분들 가운데에서 게이 남자들하고 같이 안 지내는 분들이 가끔 있는데, 장서연 변호사님은 게이들하고도 아주 잘 지낸다고 들었어요.

저는 게이뿐 아니라 모든 사람하고 두루두루 잘 지내는 편이에요. 호불호가 별로 강하지 않아서 그런 것 같아요.

남성 혐오 같은 건 없는 체질이신 거죠?

네, 다만 이성애자 남성들에게 커밍아웃할 때에는 늘 어렵죠. 제일 편견이 심한 사람들이니까요.

「서연의 인권이야기」라는 연재 칼럼은 커밍아웃의 맨

마지막 지점까지 온 거라고 볼 수 있죠. 현대사회에서의 궁극적 커밍아웃이랄까요? 인터넷 검색을 하면 뜨니까요. 커밍아웃은 긴 과정입니다. 첫 번째 시작이 어땠는지 궁금해요. 누구에게 처음으로 "나는 레즈비언이다"라고 말하면서 이 과정을 시작한 건가요?

좀 늦게 했어요. 저는 PC 통신 세대입니다. 1999년 대학교 3학년 때 유니텔에서 무심결에 본능적으로 동호회 검색창에 '동성애'라고 쳤더니 바로 퀴어 동아리 '거아사(거칠은 땅의 아름다운 사람들)'가 뜨더라고요. 당시 나우누리는 주류고 물이 좋았다면, 유니텔은 천대받는 커뮤니티였어요. 커뮤니티 데뷔를 하고 대학교 친구들한테 커밍아웃을 했어요. 첫 커밍아웃이었는데 친구들 반응은, "그래도 넌 내 친구야. 존중해" 이런 식이었죠.

'그래, 난 레즈비언이야!' 이렇게 자기 확신을 갖게 된 때는 언제인가요?

고등학교 때 남들과 다르다는 건 알았죠. 남녀공학을 나왔는데 친구들은 남자 선배들을 좋아하고, 매점에서 우연히 자기가 좋아하는 남자 선배를 만나면 가슴이 콩닥콩닥거린다고 하고. 그런데 저는 반대로 제가 좋아하는 여자 선배들을 보면 마음이 콩닥콩닥해서…. '나는 왜 남들과 다를까?' 막연하게 생각했지만 깊이 고민하진 않았죠. 그리고 제가 대학교를 이화여자대학교로 갔는데 멋있는 선배가 정말 많았어요. 대학교 1학년 때 학생회 선배를 짝사랑했었죠. '나는 동성을 사랑하는, 동성애자구나'라는 걸 그렇게 알았어요.

처음으로 연애를 해본 건 언제에요?

1999년도에 거아사에서 동갑내기 친구를 만나서 첫 연애를 했어요. 좀 늦었죠.

게이 동네의 탑(top)과 바텀(bottom)처럼, 레즈비언 동네에는 부치와 펨(femme)이 있죠. 부치십니까?

저는 '전천'이에요.

이상형은 어떻게 되나요?

펨보다는 전천, 너무 여성스러운 사람 말고…. 그래도 예쁜 사람을 좋아해요. 연예인으로 치자면 심은하? 근데 이상형은 이상형일 뿐이죠. 가수 중에는 투애니원을 좋아해요. 특히 씨엘은 케이팝의 독보적인 캐릭터라고 생각합니다.

현재 레즈비언으로서 사는 건 행복한 편인가요?

가족들에게 "왜 평범하게 살지 못하냐"라는 말을 들었을 때 상처가 됐고, 평범하지 못함에 대해서 좌절한 적도 있기는 했죠. 그런데 지금은 공감에서 일을 하면서 나를 숨기지 않아서 좋아요. 파트너와 사는 것도요. 또한 소수자라는 정체성을 공유할 수 있는 유대감이 있어서 좋아요. 예를 들어 보통 이성애자들은 학교를 졸업하고 사회에 나와서는 친구 사귀기가 힘들다고 하는데, LGBT 커뮤니티에서는 소수자라는 유대감이 있어서 그런지 쉽게 친해질 수 있어요. 공감에 와서 레즈비언, 게이, 트랜스젠더, 인터섹슈얼 등을 만날 수 있었던 건 내가 레즈비언이어서 가능한 일인 거죠. 그렇게 만난 사람 중에 좋은 사람도 많고요. 그래서 행복합니다.

지금 애인은 얼마나 만났나요?

7년째 동거 중이고, 이제 8년 차에요. 행복하게 살고 있어요.

법률로 따지면 사실혼 관계네요.

결혼식을 한 건 아니에요. 사실혼이란 건 혼인신고만 안 한 거고 결혼식도 다 해야 돼요. 밖에서 보기에도 부부로 살아야 하는 거죠.

동성혼에 대한 계획은 있으신가요?

저는 결혼이나 결혼식이란 게 촌스럽다고 생각했거든요. '꼭 그런 식을 해야 되나?' 그런데 최근에 레즈비언의 결혼식을 다룬 영화를 보면서 만약 한국에서도 동성혼이 제도화되면 나도 하고 싶다는 생각을 했어요. 문제는 제 파트너가 "결혼식이나 결혼을 왜 해?" 이런 입장이라서 얘기를 해봐야 할 것 같아요.

쿨하신 분이군요. 지금 파트너와는 나이 차이가 어떻게 되나요?

나이 차이가 좀 있어요. 여덟 살. 그래서 지금 45세인데 가끔 깜짝깜짝 놀라는 게 15년 후에 제 파트너가 환갑이에요. 그런 생각을 할 때마다 놀라요. 내가 이렇게 늙은이랑 사귀고 있다니….

장서연 변호사님 성함을 처음 들었던 게 김조광수-김승환 부부의 동성 혼인신고가 한참 이슈가 되던 2013년이었습니다. 한국에서는 이때 처음으로 동성 결혼 이슈가 사회적인 의제로 떠올랐는데요. 동성혼 법제화를 위해서 법률적으로 사건이 어떻게 진행되고 있는지 LGBT 여러분도 자세히 모릅니다. 이게 어떤 식으로, 또 지금 어느 정도 진도가 나갔고, 어떤 전략이 수립되어 있는지 알고 싶어요.

김조광수-김승환 부부가 서대문구청에 혼인신고를 했는데 신고가 불수리 처분이 됐고, 그 불수리 처분에 대해서 서울서부지방법원에 불수리 처분 취소 소송을 제기한 상태에요. 지금 저뿐만이 아니라 변호인단이 한 50여 명으로 구성되어 있고요. 여기서 법적인 쟁점은, 민법에서는 혼인신고를 하도록 되어 있고, 혼인신고를 하면 혼인으로서 효력이 발생돼요. 그런데 문제는 민법에 혼인의 정의가 없어요. '혼인이 남녀 간에 성립한다', 이런 정의 규정이 없기 때문에 저희는 지금 입법이 아니라 해석상으로도 동성 혼인이 가능하다는 입장이거든요. 현재 민법에서 혼인의 금지 사유로 규정하고 있는 건, 팔촌 간의 혼인인 근친혼과 중복해서 혼인하는 중혼을 금지하고 있는데, 동성혼은 명백하게 금지하는 규정이 없기 때문에 가능하다는 거죠. 여기서 한 가지 불리한 게, 민법에서 부부라는 표현을 쓰며 부부간의 정조, 동거, 부양 의무가 있다는 걸 얘기할 때 그 부부가 한자어로는 지아비 부(夫), 지어미 부(婦)를 써서 '부부(夫婦)'거든요. 이게 이성 간의 결합을 전제로 한 것이라는 게 서대문구청의 입장인 거예요. 거기에 대해서 법은 시대에 맞게 해석해야 하고, 쟁점은 효력의 문제이지 성립 부분이 아니라고 다투는 거죠.

국제적으로 동성혼이 법제화된 나라가 대개 북미, 서유럽, 그리고 남미 일부 국가인데, 그곳에서의 법적 쟁점과 한국의 상황이 무척 달라 보입니다. 그래서 동성혼 소송이 앞으로 어떻게 법리 전선이 정해지고, 이 싸움이 성 소수자에게 유리하게 전개될 수 있을지에 대해서 게이 레즈비언들도 자세히 몰라요. 불수리 처분 취소 소송이 결정되고 나면 그다음엔 어떻게 되는지 궁금합니다.

만약 서울 서부지방법원에서 민법상 해석이 이성 간에만 혼인으로 전제되는 거라고 하면 이제 헌법재판소로 가야죠. 민법의 해석상 이성 간에만 혼인으로 인정하는 것은 성 소수자에 대한 차별이다, 헌법에서 금지하고 있는 평등 규정에 위반한다고 헌법소원을 하고요. 말씀하신 것처럼, 다른 나라에서 동성혼으로 갈 때 두 가지 방식을 거쳐요. 소송-법원을 통한 제도화, 아니면 국회-입법의회를 통한 제도화. 많은 나라가 의회를 통해서 입법으로 해결하고 있어요. 법원을 통해서 해결된 게 남아프리카공화국이나 미국의 일부 주 그리고 캐나다 등인데, 법적으로 하면 달라요. 이쪽은 영미법계고 한국은 대륙법계인데, 대륙법계라고 하는 건 성문법주의라고 해서 법의 해석에 충실하고, 영미법계는 법원에서 판례를 생성하면서 불문법을 만들어 나갑니다. 그럼에도 소송으로 간 이유는, 한국에서 김조광수-김승환 부부의 결혼식 말고는 가시화된 동성혼 사례가 없기 때문이에요. 중요한 기회라고 생각을 한 거죠. 소송에서 이기는 것, 법원을 설득하는 것도 중요하지만 한국 사회에 이런 삶이 있다는 걸 보여주고 공론화하기 위해서 소송이란 방식을 채택한 거죠. 소송은 긴 과정이 될 거고, 그 과정에서 여러 가지 전략이 있는데 제일 중요한 건 실제 커플들의 사례를 많이 보여줘야 해요. 김조광수-김승환 부부뿐만이 아니라 좀 더 다양한 세대의 성 소수자 커플을 보여줘야 하는 거죠.

그래서 동성 결혼, 성 소수자 인권 세미나를 여는 등 여러 가지 다각적으로 의제화를 위해서 활동을 벌이시던데요. 성 소수자들이 대사회적으로 "우리의 결혼을 법적으로 인정해야 한다"라고 이 문제를 공론화하기 위해서는 분명하게 전선-아젠다를 제시할 필요가 있어 보여요. 현재 한국에서는 서구와는 다른 어떤 방식으로 동성혼 법제화 문제에 대해 의제화를 준비하고 있나요?

동성혼 소송을 변호인단만 하는 건 아니고 성 소수자 인권 단체들하고 같이해요. 그래서 '성 소수자 가족구성권 보장을 위한 네트워크(가구넷)'라는 단체를 구성했고, 거기서 우리의 구호를 고민하고 있습니다. 저는 개인적으로 이게 평등과 인간의 존엄 문제라고 생각해요. 이런 것들을 관철하기 위해서는 성 소수자 커뮤니티뿐만이 아니라 바깥에 있는 전문가 그룹들도 필요하기 때문에 법원의 국제인권법학회, 젠더법학회 같은 곳과 공동으로 심포지엄이나 학술대회, 공청회, 토론회 등을 주최하려고 노력하고 있죠.

제가 동성혼 법제화와 함께 또 하나 관심이 있는 부분이 이성애자 연인들까지 포괄하는, 결혼과 별도로 동반자 관계를 법적으로 인정하는 '시빌 유니온(Civil Union)' 제도입니다. 이 부분이 한국에서 어떻게 될 것인지 관심이 많이 가더라고요.

그것도 진행하고 있습니다. 지금 진선미 의원실에서 '생활동반자법' 발의를 준비하고 있어요. 서구는 이미 결혼과 출산이 분리가 되고 있고, 결혼이 더는 꼭 해야 하는 규범이 아닌 거예요. 지금은 일대일 관계가 평생을 간다는 것도 안 맞는 시대이기 때문에 좀 더 자유로운 관계를 제도화할 필요가 있는 거죠. 결혼의 나쁜 점은 이런 거예요. 일대일이 결혼을 하는데 그 가족까지 딸려오는 거죠. 생활동반자법안은 가족과 가족의 결합이 되는 게 아니고 서로 계약 관계가 되기 때문에 훨씬 더 자유롭고요. 결혼은 제도적으로 이런 부분을 다 뺐다고는 하지만 여전히 문화적으로는 가부장적이고 여성에게 차별적인 제도이기 때문에 생활동반자법이 자유롭고 평등한 관계를 지향하는 사람한테는 더 좋을 수 있다는 취지로 법안 발의를 같이 준비하고 있어요. 동성 관계뿐만이 아니라 이성 관계도 마찬가지인 거죠. 대만이 동성혼을 입법하는 민법 개정안과 시빌 유니온 같은 생활동반자법을 발의하려고 했는데, 민법 개정안만 발의가 됐다고 해요. 시빌 유니온은 오히려 "가족 제도의 근간을 흔든다", "너무 급진적이다"라고 해서 발의조차 못하고 있거든요. 이런 측면이 서구와 아시아권의 차이일 수도 있겠다 싶어요. 서구는 오히려 "결혼은 절대 인정할 수 없어", "정 그러면 시빌 유니온으로 해"라고 하거든요. 거기서는 시빌 유니온이 단계적 제도라면 한국은 "차라리 결혼을 해", "다른 제도 만들지 마" 이런 분위기라는 거죠. 생활동반자법이 한국 사회에서 어느 정도 설득력이 있고 힘을 받을 수 있는지는 더 지켜봐야 합니다.

아까 민법상에 한자로 '부부(夫婦)'라고 되어 있는 것이 동성혼을 관철시키는 데 있어서 걸림돌이 될 수 있다고 말씀해 주셨지만, 헌법 제36조 제1항은 "혼인과 가족생활은 개인의 존엄과 양성의 평등을 기초로 성립되고 유지되어야 하며, 국가는 이를 보장한다"고 되어 있어요. 이 규정을 근거로 내세워서 '양성 평등'이 문자로 제시되어 있기 때문에 헌법적으로 동성혼은 배제될 수밖에 없다, 이렇게 해석하는 사람들도 있다고 들었어요. 이걸 어떻게 반박해야 한국에서 시민사회를 설득하고 동성혼을 정당한 시민권으로 관철할 수 있을까요?

헌법을 그렇게 해석하는 사람들은 극히 일부에요. 그 규정은 남녀평등에 관한 조항인 거예요. 호주 제도가 2005년에 폐지됐거든요. 성 평등의 가치를 담고 있는 규정이지 여기서 '양성 평등'을 이성 간의 결혼과 관계만으로 규정하는 거라 해석하긴 좀 어려워요. 왜냐하면 "개인의 존엄과 양성의 평등을 기초로 성립되고 유지되"는 게 혼인뿐만 아니라 가족생활도 수식하고 있거든요. 그렇게 따지면 가족생활에서 '양성 평등'이 도대체 뭐냐고 애매해지죠. 또 하나는 이 헌법이 1987년에 마지막으로 개헌된 거란 말이에요? 굉장히 오래된 헌법이죠. 그때는 동성혼을 아예 상정하거나 전제하지 않고 만들어진 법이라, 이 헌법을 어떻게 현대적으로 해석할지에 대한 법 해석적인 문제이지, 헌법 36조가 동성혼을 금지하고 있다, 헌법을 개헌해야 된다, 이렇게 보기는 좀 어렵죠.

대만 말씀도 해주셨는데, 아시아는 일본을 통해서 근대화의 영향을 받은 국가들이 많죠. 한국도 일본의 영향을 특히 법률상으로 많이 받았기 때문에, 선진국이라고 볼 수 있는 일본에서 동성혼 법제화가 이뤄지지 않고 있는 점이 우리에게는 악재라고 할 수도 있습니다. 일본에서는 어떤 움직임이 있나요?

일본은 헌법에 "혼인은 양성으로 이뤄진다", 이런 식으로 규정되어 있어서 더 고약해요. 하지만 최근에 동성혼이나 파트너십 제도와 관련해서 입법 운동을 시작하고 있대요. 말씀처럼 일본이 한국하고 그렇게 다르지가 않아요. 한국이 일본의 독일법을 계수했거든요. 지금은 아시아권에서 두드러진 게 대만인 것 같아요. 대만에 가서 '어? 대만은 어떻게 입법 운동이 이렇게 잘 되지?'라고 느꼈어요. 발의까지 하고 심지어 제1야당 당수가 동성혼을 지지하거든요. 한국하고는 너무 다른 상황이잖아요. 보니까 종교 차이에요. 대만은 기독교가 5퍼센트, 일본은 종교 색채가 별로 없고요. 한국은 기독교 비중이 정말 높잖아요. 이런 종교적인 영향, 그리고 종교가 정치 영역에 개입하는 양상이 달라서 일본과 대만과 한국의 상황이 다른 것 같아요.

현재 아시아에선 베트남만 동성혼 법제화 움직임이 구체적으로 진행되는 걸로 알고 있습니다. 북미, 서유럽, 브라질과 우루과이 등 남미에서 국제적인 동성혼 법제화의 큰 물결이 일어서 큰 성취와 진전을 이룬 것이 고무적인 일이지만, 이 흐름에 동참하지 못한 지역의 성소수자들에게는 과거에는 없던 또 다른 장벽과 지역적 격차가 고착화되는 일이 될 수도 있습니다.

서구의 영향을 받는 것도 있지만, 전 기본적으로는 LGBT 커뮤니티의 역량이 강화돼야 동성혼이 법제화된다고 봐요. 한편으로는 외국에서 법제화되는 게 우리한테 그렇게 나쁘지만은 않은 것 같아요. 예를 들어서 제가 또 많이 하고 있는 게 다문화 관련 이주민 문제인데, 국제 결혼도 많이 늘어나고 있고, 유학이나 이주도 많기 때문에 외국에서 동성혼이 법제화되는 것을 경험하고, 주변의 동성 결혼한 사람을 직접 만나게 되면 한국도 그 인식을 빨리 받아들일 거라고 봐요. 2013년에 갤럽 조사에서 동성혼 인정 여부에 대해서 1000명을 대상으로 설문 조사를 했을 때 20~30대는 찬성 비율이 40~50퍼센트였어요. 동성애 관련 수용도도 상승률이 가장 높은 국가가 대한민국이거든요. 그만큼 한국 사람들이 인식의 변화 속도가 빠르다는 거죠. 그래서 외국에서 법제화되는 것들이 저는 한국에도 긍정적인 영향을 미칠 거라고 봅니다. 다만 종교가 관건이에요. 미국의 반동성애 단체의 핵심이 한인 교회라고 하거든요. 이쪽에서 못 푼 한을 우간다나 아프리카 가서 풀거나 하는 식인데, 이런 것들만 잘 대처하면 외국에서의 승리는 한국에도 좋은 영향을 미칠 거라고 전망합니다.

한국 사회에서 다양한 성 소수자 여러분이 가정을 꾸리고, 사회에 나의 권리를 실질적으로 인정해달라고 요청하는 것, 이 구체적인 행동들이 더욱 축적되는 것이 중요하다는 말씀을 해주셨어요. 반기문 유엔 총장만 해도 영어로는 지속적으로 LGBT 인권 수호의 메시지를 보내고 있습니다. 그런데 한국어로는 단 한 마디도 하지 않고 있어요. 동아시아를 향한 구체적인 행동은 피하고 있다는 인상이 짙은데요. 김조광수-김승환 부부의 동성혼인 신고 수리 촉구의 일환으로 반기문 총장한테 LGBT 인권을 지지하는 한국어 메시지를 공식 요청해 보면 어떨까 하는 생각이 있습니다.

저희가 반기문 총장한테 받은 게 있어요. 동성혼과 관계된 건 아니고요. 아직까지는 동성 결혼이 국제 인권 규범으로 확고하게 정립된 게 아니고, 동성 결혼에 대해선 각국의 제도와 정책에 맡겨놓은 상황이에요. 하지만 반기문 유엔 사무총장이나 국제 인권 사회에서 아주 확고하고 지속적으로 주는 메시지 가운데 하나가 바로 청소년 성 소수자에 대한 괴롭힘 금지와 방지거든요. '무지개행동 이반스쿨'에서 유네스코의 성 소수자 혐오 괴롭힘을 없애는 학교 정책과 관련된 가이드북을 번역하면서 반기문 사무총장에게 편지를 보냈죠. "우리가 한국에서 『동성애 혐오성 괴롭힘 없는 학교 만들기』라는 유네스코 가이드북을 발간하는데 발간사를 보내 주면 좋겠다." 그래서 한국어판에만 반기문 유엔 총장의 발간사가 있죠. 그 당시 언론에도 보도됐어요.

LGBT 지지 메시지, 특히 청소년과 관련된 영어 메시지가 아주 효과적인데, 이걸 반기문 총장이 한국말로 비디오를 하나만 만들어주시면 큰 메시지가 될 수 있다고 생각해요. 그 나이 또래, 그 정도 정치적 영향력이 있는 사회 지도자가 한국에서, 특히 남성이 LGBT 얘기를 하는 걸 저는 본 적이 없어요. 반기문 총장이 설사 진심이 아니더라도 유엔 총장의 입장에서 그 말씀을 해주시면 한국 사회에 아주 큰 임팩트가 있으리라고 생각을 합니다.

한국어 메시지, 한번 고민해 봐야겠네요.

최근에 LGBT 난민 관련된 법적 지위와 인권에 대해서 계속해서 문제를 제기하는 모습도 봤어요. 사실 저는 처음 LGBT 망명 얘기를 들었던 게 1990년대 중반이었습니다. 중국 본토에서 성 소수자로서 차별받은 사례를 근거로 미국에 망명해서 그린카드를 받은 사례를 보고 약간 놀랐어요. '이럴 수도 있구나….' 당시에 그 문제를 처리해줬던 단체가 'APICHA(Asian and Pacific Islander Coalition on HIV/AIDS)'라는 단체였는데요. 거기 인권 운동가들이 "너희 나라도 망명이 될 텐데 한국에서 핍박받고 있는 청년들이 왜 미국으로 망명을 안 하는지 모르겠다"고 하더라고요. '그런가? 망명을 해야 되나?' 이런 생각을 잠시 했었습니다. LGBT 난민의 국제적 지위, 그리고 실제로 한국의 성 소수자가 LGBT 난민으로서 망명을 신청해서 북미에 받아들여진 케이스가 있는지 궁금합니다.

제가 LGBT 난민과 관련해서 일하는 게 두 가지에요. 하나는 한국인이 외국에 LGBT 난민 신청을 했을 때 한국 상황이 어떻다는 것을 법률 전문가로서 의견을 주는 것, 그리고 두 번째는 외국인이, 예를 들어 아프리카나 이슬람 국가 같은 곳에서 온 분들이 한국에 난민 신청을 하면 난민 지원을 해줍니다. 실제로 한국인도 외국에 나가서 LGBT 난민으로 인정된 사례들이 좀 있죠. 기사가 나기도 했고요. 그런데 북한 탈주민을 제외하고는 현재 캐나다, 영국이나 미국에서 한국인이 난민으로 인정받기가 쉽지는 않아요. 성 소수자라고 해서 무조건 난민으로 인정되는 건 아닌 거죠. 거기에 양심적 병역 거부와 같은 중첩된 사유가 있어야 합니다. 특히 게이나 레즈비언보다 트랜스젠더가 난민으로 좀 더 쉽게 인정받을 수 있어요. 워낙 법적 성별 정정 요건이 까다롭고 사회 차별도 심하기 때문이죠.

외국인 성 소수자로서 한국에 난민 신청을 한 사례는 딱 한 번 신문에서 봤던 기억이 있어요.

정확한 수치를 얘기하기는 어려워요. 공감에서도 많지 않았어요. 지금까지 대여섯 건 정도?

성 소수자로서 더 나은 시민권을 누릴 수 있는 나라들을 놔두고 왜 한국에 망명을 할까요?

이걸 아셔야 해요. 사람이 출국하고 고향을 떠날 때 '나 망명해야지' 이런 생각으로 떠나는 분들도 있지만, 대부분은 흐르고 흘러 못 살게 되니까 출국을 하고 나서 난민 제도가 있다는 걸 알고 신청하게 되는 거예요. 선교 단체의 도움을 받아서 왔다가 신청하거나, 노동자로 왔다가 돌아가기에는 너무 무서우니까 신청하시는 분들도 있고요. 그렇게 우연히 한국에 와서 난민 신청을 하게 된 거죠.

한국에서는 LGBT 망명 신청을 하면 잘 수리되는 편입니까?

아니요, 난민 인정 자체가 OECD 국가들 중에서 최저입니다. 기본적으로 난민을 인정하는 데에 상당히 많은 노력이 필요한데 인력이 너무 없어요. 지금 난민 신청 건수가 1000건이 있다고 하는데 그걸 열 명도 안 되는 난민 조사관들이 처리합니다. LGBT 난민의 가장 어려운 점은, "이 사람이 동성애자냐, 아니면 거짓말을 하는 거냐"를 조사관들이 판단을 못 하는 거예요. 동성애자인 걸 알아보는 방법이 어디 있겠어요. 이 사람의 진술에서 진정성을 봐야 되는 건데, 너무 많이 기각하고 있는 상태인 거죠.

다른 아시아 국가 중에서 LGBT 난민을 받아들이는 비율이 한국보다 나은 곳은 어디인가요? 일본은요?

일본하고 한국은 출입국 상황이 제도적으로도 비슷해요. 난민과 관련된 상황에서는 한국이 더 괜찮다고 할 수 있는 게, 우리는 난민법을 제정했거든요. 지금은 엎치락뒤치락하고 있는 상태고요. 아시아권에서는 난민 제도와 관련해서 본받을 만한 곳은 없는 것 같아요.

아시아도 타자에 대해 너그러운, 특히 인권 차원에서 사람들이 많은 관심을 기울이는 포용력 있는 문화권이 됐으면 합니다. 자, 2011년 8월부터 'SOGI(Sexual Orientation and Gender Identity) 법정책연구회'를 발족해서 연구 모임을 이끌고 계시다고 들었어요. 이 모임은 어떻게 출범하게 된 건가요?

제가 2007년부터 2011년까지 일하면서 변호사로서 혼자서 고민해야 했거든요. 아까 정정훈 변호사가 있다고 했지만 그 분도 나가시고, 사실상 LGBT 인권 분야에서 인권 변호사는 저 혼자 해나가야 하는 부분들이 많았죠. 활동가들과 고민은 나눴지만 법적인 고민을 같이 나눌 수 있는 사람들이 적어서 외로웠는데, 장애법연구회를 가보니까 거긴 변호사, 교수, 학자, 활동가, 연구자가 모여서 장애법 이슈에 대해 논의를 하더라고요. 그걸 보고 부러웠고, 우리도 그런 걸 만들면 좋겠다는 생각을 했어요. 그때 마침 전 친구사이 대표였던 한가람 변호사, 공감에서 변호사로 실무 수습을 하며 펠로우로 있었던 조혜인 변호사, 그리고 연수원을 수료한 류민희 변호사가 '희망을 만드는 법'을 만든다며 같이 법정책 논의를 나눌 수 있으면 좋겠다고 해서 연구자와 변호사가 모인 모임을 출범하게 됐죠.

모임명의 약자인 SOGI는 어떻게 읽습니까?

'소지'요. 성적 지향은 동성애뿐만이 아니라 이성애와 양성애를, 성별 정체성은 꼭 트랜스젠더만 얘기하는 것이 아니라 여성으로서의 정체성, 남성으로서의 정체성을 의미합니다. 두 단어 모두 중립적인 표현이에요. 이 이름을 결정하게 된 건 연구회 회원 중에 한 분이 최근 'SOGI'라는 표현을 국제 인권과 LGBT 인권 관련 문장이나 규범 같은 곳에서 공식 용어로 많이 쓰고 있으니까, 우리도 좀 더 객관적이고, 중립적이고, 포괄적인 용어를 써보자며 제안했고, 결국 'SOGI 법정책연구회'가 됐죠. 이렇게 하면 빠지는 게 없거든요. LGBT라고 하면 인터섹슈얼이 빠지게 되고, 또 LGB와 슬래시를 하고 T라고 해서 'LGB or T'라고 해야 되는데, 이렇게 하면 T는 또 다 이성애자인 것처럼 보일 수가 있거든요. 여러 가지 이유 때문에 SOGI가 가장 중립적이고 객관적이다, 이렇게 된 거죠.

모두 몇 분이 같이 활동을 하고 계시나요?

지금 회원은 열 명입니다. 게이도 있고, 레즈비언도 있고, 트랜스젠더도 있고, 인터섹슈얼도 있고요.

다양한 분들이 모여 계시네요. 현직 판사분들은 안 계신가요?

아직 판사 회원은 없고요. 더 넓혀가려고 고민 중이에요.

종로에 판사 게이 여러분들의 모임이 있지 않습니까, '제발 함께해주십사' 하고 부탁드리고 싶네요. SOGI 법정책연구회에서 가장 중점적으로 연구하는 주제는 무엇인가요?

다양합니다. 우리가 처음으로 기획한 소송 중에 하나가 트랜스젠더 성별 정정과 관련해서 요건을 완화하는 기획 신청이었어요. 그게 2013년에 아주 성공적으로 이뤄졌습니다. 또 하나는 한국의 LGBTI 인권 현황을 매년 보고서로 발간하는 인권 보고서를 내고 있어요. 또 친구사이 20주년 기념 프로젝트로 'LGBTI 커뮤니티의 사회적 욕구 조사'를 2년 동안 진행했습니다.

트랜스젠더 성별 정정 신청 이슈는 어떻게 해서 전향적으로 승리를 거둘 수 있었나요? 또 중간에 실질적으로 트랜스젠더분들의 목소리를 듣는 과정이 필요해서 친구사이 사무실에서 모임을 주재했죠. 보통 사람들이 생각할 때 트랜스젠더라고 하면 남자에서 여자로의(MTF, male to female) 트랜스젠더만 많이 생각하는데, 그때 여자에서 남자로의(FTM, female to male) 트랜스젠더분들 40여 명이 모여서 무척 감동적이었다는 이야기를 들었어요. 그 과정과 의의에 대해 말씀 부탁드려요.

저도 공감에 와서 트랜스젠더들을 만났어요. 동성애자 커뮤니티와 트랜스젠더 커뮤니티가 따로 있잖아요. 아무리 커뮤니티 생활을 해도 트랜스젠더를 만날 기회가 많지는 않았어요. 게다가 공감에 와서 보니까 동성애자와 트랜스젠더의 법적 쟁점이 좀 다르더라고요. 트랜스젠더는 어릴 때부터 계속 장벽에 부딪혀야 하는데 동성애자는 벽장 안에 있으면 모르는 거니까요. 예컨대 호르몬 주사를 맞게 되면 외관의 변화가 생기는데 주민등록증에는 성별이 표시가 되잖아요. 취직할 때나, 일상에서 신분증을 보여줘야 하는 순간 등 항시적으로 차별을 받습니다. 문제는 법원이 성별 정정에 너무 까다로운 요건을 요구한다는 거였어요. 성년이어야 하고, 혼인을 하면 안 되고, 자녀가 있어도 안 되고, 결정적으로 성전환 수술을 다 요구합니다. 모르는 사람들은 성전환 수술이 한 번에 모두 이뤄진다고 생각하지만, 특히나 FTM 트랜스젠더는 수술에 단계가 있어요. 호르몬 주사를 맞고 가슴 수술을 먼저 하고, 또 생식능력 제거 요건이 있기 때문에 자궁적출 수술을 하고, 그다음 외부 성기 성형수술을 하는 3단계를 거치죠. 이게 비용도 많이 들고 아직까지는 의학 기술이 그렇게 발달한 게 아니어서 수술 후 결과에 대해서 만족하지 않는 사람도 있습니다. 또 수술을 원하지 않는 분들도 있고요. 그런데 법적으로 성별 정정을 하려면 수술을 요구하기 때문에 의무적으로 하는 거거든요. 외국은 이렇지 않습니다. 예를 들어, 독일 연방헌법재판소에서는 국가에서 성별 정정을 할 때 성전환 수술을 요구하는 것이 신체에 대한 완전성과 자기 결정권을 침해하는 것이라며 위헌 판정이 난 상황인데, 한국은 끝까지 다 요구해요. 그래서 저희가 했던 일은 자궁 적출 수술을 해서 생식능력은 없지만 외부 성기 성형수술을 아직 안 한 20대부터 50대까지의 트랜스젠더 남성 5명에 대한 성별 정정을 기획 신청으로 들어갔던 거였어요. 여태까지는 공식적으로 인정한 사례가 없어서 만약 1심에서 안 받아들이면 대법원까지 가서 대법원의 규칙을 바꾸겠다는 생각이었는데, 다행히도 좋은 판사를 만나서 1심 서울 서부지방법원에서 인용이 됐죠. 그게 기사화되면서 많은 트랜스젠더 남성이 모인 거죠. 친구사이의 다용도 세미나실인 사정전에 '아저씨' 40명이 앉아 있는 걸 보고 오랫동안 활동했던 트랜스젠더 활동가가 큰 감동을 받았습니다.

현재는 성별 정정을 위해 자궁 적출 수술을 꼭 받아야 하는 건가요?

"자궁 적출 수술을 해야 한다"고 나와 있는 건 아니고, 요건에 "생식능력이 없을 것" 또는 "생식능력이 회복될 가능성이 없을 것"을 요구하거든요. 이것도 아시아적인 성향 중 하나인데, 자녀 관계가 생겼을 때 어머니가 남성이 돼서 아버지가 되는 게 자녀에게 사회적인 차별을 야기하기 때문에 인정해줄 수 없다는 거죠. 이것도 일본의 영향을 받은 거예요. 예를 들어 "미성년자 자녀가 없을 것"이라는 요구는 전 세계에서 일본하고 한국, 이렇게 두 나라밖에 없어요. 일본은 입법적으로 규정을 한 건데 한국은 법원이 그걸 따르는 거고요. 이렇게 보면 될 것 같아요. 역사적으로 생식능력을 없앨 것을 요구했던 건 장애인에 대한 강제 불임이거든요. 그런데 이제 그걸 유일하게 법 제도적으로 트랜스젠더 집단에게 요구하는 상황인 거죠. 이후에는 분명히 인권 침해였다고 자각해서 바뀌어야 할 부분입니다. 그리고 앞서 얘기했듯이 외관의 성전환 수술뿐만 아니라 생식능력을 제거하도록 하는 것도 독일 헌법재판소 판결에서 보듯 신체 완전성에 대한 침해이기에 한국에서도 빨리 반영이 됐으면 좋겠다 싶어요.

현재로서는 생식능력을 유지한 채 성별 정정은 불가능한 상황이죠?

한국에서는 그렇죠.

MTF 트랜스젠더는 어떠합니까? 생식능력이 없어야 하는 건가요?

마찬가지죠.

사실상 트랜스젠더는 성전환 수술을 받아야 하는 것과 다름없네요.

네, 아니면 여성은 자궁 적출 수술을 안 해도 폐경기가 왔을 때 자연스럽게 생식능력이 없는 걸로 되죠.

아직은 가야 할 길이 먼 상태라고 볼 수 있군요.

멀죠. 또 혼인 중인 것도 안 되거든요. 이건 한국의 판사들이 모르는 거죠. 트랜스젠더 중에는 이성애자도 있지만 양성애자와 동성애자도 있고, 그 비율이 오히려 비트랜스젠더 집단보다 높다고 나오거든요. 그렇게 따지면 혼인을 할 것이냐, 아니면 성별 정정을 할 것이냐 둘 중 하나를 고르라고 강요하는 거니까 문제죠.

하여튼 한국의 법률 체제를 보면 일본이 큰 걸림돌로 작용을 하고 있어요.

맞습니다. 한국이 일본보다 더 앞서나가는 부분도 있어요.

그래서 '과연 선진국이 맞는가', '어째서 저 모양인가' 하는 생각이 들 때가 있습니다. 장서연 변호사님의 활동을 보면 자연스럽게 미국의 LGBT 법률 단체인 '람다 리걸'이 떠오릅니다. 이 단체는 1973년 설립된 이래 오랜 세월 동안 성 소수자를 위한 법률 조력 단체로 활동을 해왔습니다. 저도 1990년대에 한국에서 처음 인권 운동을 시작하고 뭘 어떻게 해야 될지 모를 때 람다 리걸에 무작정 찾아가서 동성혼 법률 투쟁에 주요 역할을 했던 변호사 가운데 한 명인 이반 울프슨 씨에게 무작정 도와달라고 도움을 청했던 기억이 납니다. 제가 법률 무식자라 한국은 어떻게 하면 좋을지 모르겠다면서요. 그 당시에는 법률적으로 도와주실 분이 정말 아무도 없었거든요. 이제 한국도 장서연 변호사님과 SOGI 법정책연구회까지 있으니 큰 꿈과 희망이 생깁니다. 앞으로의 전망은 어떻게 보십니까?

제가 10년 전 사법시험에 합격하고 성 소수자 선배 변호사를 찾아봤는데, 너무 어려웠어요. 꼭 인권 변호사 일을 하지 않더라도요. 그런데 현재 공감에서 자원 활동하는 퀴어 친구도 많고, 로스쿨을 다니는 퀴어 친구들과 퀴어 모임도 있습니다. 그래서 10~20년 후에는 한국에도 LGBT 변호사회를 만들 수 있겠다는 생각을 해요. 이런 변호사회가 생기는 게 제 꿈입니다. 지금 너무 다양한 이슈가 있어요. 그만큼 변호사들이 더 많이 필요하고, 그렇게 돼야 전문화하고 특화할 수 있는 환경이 될 것 같아요. LGBT 커뮤니티의 역량도 강화되는 거니까 후배들이 많이 나와줬으면 좋겠습니다.

장서연 변호사님의 인권 변호사로서의 꿈과 야망이 뭔지 궁금합니다. 향후 10년의 계획이 있습니까?

이런 말 하면 실망하시려나…. 아직 구체적인 계획이 없어요. 제가 벌써 8년 차 변호사인데 이 8년을 계획했다기보다는 자연스럽게 오다 보니까 동료 변호사와 활동가도 만난 거죠. 그래서 '그때그때 나의 역할을 잘 하면서 앞으로 나가야겠다' 이런 생각을 합니다.

통일 운동 게이에서 동성혼 유부남까지 김조광수

학생운동가 출신의 영화 제작자이자 영화감독으로 청년필름의 대표다. 「해피 엔드」(1999), 「와니와 준하」(2001), 「질투는 나의 힘」(2002) 등의 영화로 이름을 알리기 시작했고, 「후회하지 않아」(2006)를 제작하면서 대사회적으로 커밍아웃했다. 이후 감독으로서 「소년, 소년을 만나다」(2008), 「친구사이?」(2009), 「사랑은 100°C」(2010), 「두 번의 결혼식과 한 번의 장례식」(2012) 등을 연출했다. 2013년에는 동성혼 법제화 투쟁의 일환으로 청계광장에서 김성환 씨와 공개 결혼식을 올려 한국 사회의 진일보를 상징하는 대표적 동성혼 유부남이 됐다.

감독님은 언제 누구를 상대로 처음 커밍아웃을 했나요?

1993년인데요, 제가 한양대학교 연극영화과를 졸업했는데 같은 과 출신의 여자 친구한테 처음 커밍아웃을 했어요. 그 해 한총련(한국대학총학생회연합) 문화국에서 일할 때였는데, "오후 3시 탑골공원" 이렇게 이른바 '택(tag)'이 떨어진 거예요. 탑골공원 앞에 나갔는데 이미 하얀색 헬멧 쓴 덩치 좋은 백골단이 쫙 깔려 있었어요. 그래서 '오늘은 글렀다' 생각하고 있었는데, 친구 하나가 구호를 외치고 유인물을 뿌리면서 차도로 뛰쳐나가는 거예요. 애들이 '쟤 미친 거 아니냐'며 같이 나갔는데, 나가자마자 최루탄 터지고 난리가 난 거죠. 탑골공원 옆길로 도망을 치다가 보니까 저 뒤에서 두 명이 끝까지 쫓아오는 거예요. '오늘은 체포가 목적이구나' 싶어서 가게든 카페든 숨어들 수 있는 곳을 찾았죠. 극장이 보이더라고요. 거기가 어딘지도 모르고 들어간 곳이, 그 유명한 파고다 극장이었어요. 할아버지 한 스무 분이 앉아 있었는데, 끈적끈적한 눈길로 저를 쳐다보더라고요.

또 뛰어 들어갔으니까요.

네, 숨을 고르고 있는데 눈길들이 끈적끈적해서 그제서야 '여기가 그 유명한 P 극장이구나' 하고 생각했죠. 당시 『썬데이서울』에 P 극장이라고 이니셜만 나왔었거든요. 저는 피카디리는 아닐 것 같고, 피카소가 아닐까 생각하고 있었어요.

피카디리를 가는 사람도 있더라고요.

피카디리는 개봉관이니까 아닐 것 같았어요. 피카소에 갔는데 거기도 아니라서 못 찾겠구나 싶었는데 결국 그 유명한 P 극장을 찾은 거죠. 그런데 그날은 허탕을 쳤고요. 그러고 나서 학교로 다시 돌아갔어요. 한총련 일을 열심히 하는데 계속 극장의 뜨거운 눈길이 생각나더라고요. 거길 다시 가긴 가야 하는데, 운동권 은둔 게이였기 때문에 그냥 갈 순 없었고, 내적인 명분이 필요했어요. 생각해보니까 제가 연극영화과 학생이잖아요, 거긴 극장이고. '나는 호모를 만나러 가는 게 아니야', '거기에 영화사적으로 유명한 영화를 보러 가는 거야', 그런 마음으로 다시 거길 갔는데 불안했죠. 혹시나 아는 사람에게 들킬 수도 있고, 또 제가 한총련 활동을 했으니까 안기부 요원이 따라 붙었다가 "한총련 문화국에서 일하는 놈이 호모다" 이렇게 되면 연결 짓기가 너무 좋잖아요.

안기부나 CIA에도 게이가 많잖아요.

맞아요. 아무튼 영화사적으로 중요한 영화들, 예를 들면「브루클린으로 가는 마지막 비상구(Last Exit To Brooklyn)」(1989) 같은 영화를 하는 저녁에 두 번째로 갔어요. 밤에는 쌔끈하고 젊은 오빠들이 있더라고요. 들어갈 때 눈이 마주친 형을 보면서 '저 형이 내 옆에 앉는다면…' 이렇게 생각했는데, 그 형이 딱 제 옆에 앉더라고요. 앉아서 무릎에 손을 삭 얹고 주물럭거리기 시작하더라고요. 가슴이 두근두근거렸죠. 그 형이 밖으로 나가자고 해서, 그 근처에 있는 허름한 모텔에서 여러분이 상상하는 어떤 일을 했어요. 그다음에 그 형이 멋있게 담배를 피우면서 자기는 스웨덴으로 이민을 갈 거라는 거예요. 어디 큰 기업에 다니는데 적금을 붓고 있대요. 3500만 원을 부었고, 5000만 원만 모으면 그걸 갖고 스웨덴으로 갈 거라고 하더라고요. 스웨덴에 가면 우리 같은 사람을 호모라고 안 부르고 게이라고 부른다고 하기에 "게이가 뭐에요?" 이랬더니, 게이는 즐거움이고, 스스로를 즐거운 사람들이라고 부른다는 둥 이런 얘기를 막 해줬어요. 저는 그 전까지는 운동과 게이라는 게 함께할 수 있는 거라고 생각해본 적이 없었어요.

그걸 상상하기 어려운 시절이었죠.

저한테는 완전히 신세계였던 거죠. 그런 얘길 어디서 들었냐고 물어봤더니 "너는 공부도 안 하냐?" 이러더라고요. 종로서적이나 교보문고 같은 큰 서점에 가면 동성애 관련 서적이 수십 권이 있다는 거예요. 가봤더니 진짜 여러 권이 있더라고요. 그때부터 공부하기 시작했고, 동성애를 통해서 운동을 할 수 있다는 걸 알게 된 거죠. 사회를 바꿀 수 있겠다는 생각이 들면서 누군가에게 커밍아웃을 하고 싶단 간절함이 들었어요. 그런데 막상 커밍아웃을 하려니까 두렵더라고요. 누군가에게 커밍아웃을 했을 때 상대방이 "더러워" 이런 소리를 할 수도 있잖아요. 익명의 사람으로부터 그런 얘길 듣는 것도 힘든데 가까운 사람이 나를 혐오스런 존재로 생각하고 있다는 걸 듣는 게 무서웠죠. 그래서 상대를 골랐어요. 그중에 퀴어 영화를 좋아하는 여자 친구가 있었던 거예요. 제 기억으로는 아마 「크라잉 게임(The Crying Game)」(1992)이었던 것 같은데, 그 영화를 같이 보고 친구에게 커밍아웃을 했죠. 그랬더니 그 친구가 얼굴이 딱 굳으면서, 자기는 한 번도 그런 생각을 해본 적이 없다고 하더라고요. 그러면서 자기에게 일주일의 시간을 달라고 했어요. 며칠을 기다려도 연락이 안 오니까 괜히 고백했다는 생각을 했죠.

일주일 뒤에 연락이 왔나요?

연락이 와서 만났는데 자기가 당황해서 그랬다며 한국에, 특히 자기 주변에 게이가 있을 거라고는 한 번도 생각을 안 했대요. 그래서 그렇게 대처를 했는데 집에 가서 생각해보니까 저한테 너무 미안했다고 하더라고요.

당시 서점에 동성애 관련 서적이 어떤 게 있었나요?

커밍아웃한 게이에 관한 『게이 100(The Gay 100)』 이런 책이었던 것 같아요.

그건 1995~96년도에 나왔던 것 같은데요?

아무튼 아주 일반적인 것들이었어요. '동성애란 무엇인가', 이런 내용의 책이 몇 권 있었어요. 처음에 두세 권밖에 없겠거니 하고 갔는데 열 몇 권이 있더라고요.

1995년 이전엔 책을 구하기가 거의 어려웠었는데?

제가 갔을 땐 있더라고요. 저도 깜짝 놀랐어요. 제가 주로 책을 사던 학교 앞 사회과학 서점엔 동성애와 관련된 책은 한 권도 없었는데 큰 책방에 갔더니 꽤 있더라고요. 물론 번역된 책도 있고 번역이 안 된 책도 있었죠. 번역되어 있는 책이 그렇게 많지는 않았어요. 그때 눈 빠지게 영어 사전을 찾아가며 책을 봤죠.

김조광수 감독님은 학창 시절에 전대협(전국대학생대표자협의회)이라고 하는 전설의 운동권에서 활동했습니다. 그게 나중에 이름이 바뀌어서 한총련이 되었죠. 이른바 'NL 민족주의 운동권' 계열의 학생이었던 거죠. 학교에 들어가자마자 '나는 운동권이 되어야겠어', 이렇게 운동을 시작하신 건가요?

그런 건 아니고요. 제가 83학번인데 그때는 전두환이 대통령이던 시절이에요. 3월에 입학해서 처음엔 클럽 다니느라 정신없었죠. 주로 종로에 있는 '코파카바나'를 갔었어요. 그런 곳을 다니면서 젊음을 만끽하고 있었는데 4월 말쯤에 아는 누나가 오더니 책 보면서 같이 공부하지 않겠냐고 하더라고요. 그래서 "누나, 저 책 읽는 거 너무 좋아해요" 이러면서 공부를 하기로 했죠. 첫 번째로 읽을 책이 뭐냐고 물어봤더니 『민중과 지식인』(1989)이라고 하더라고요.

낚였네요.

제가 "헤르만 헤세가 아니고요?" 물었더니 "우리는 그런 책 안 읽어" 이러더라고요. 어쨌든 책 읽는 게 좋아서 모임에 갔는데 거기에 예쁜 남자애가 한 명 있었던 거죠. 만약 거기 그 남자애가 없었으면 전 열심히 공부하지 않았을 거고, 운동권이 안 됐을 텐데, 그 남자애한테 마음이 끌려서 계속 나갔죠. 그 누나는 고려대 출신이었는데, 1학년 말쯤에 "넌 나한테 배울 걸 다 배웠으니 다른 사람을 소개해주겠다" 이러면서 심화반이라며 한양대 출신의 선배 한 명을 소개시켜 줬어요. 그런데 그 형도 정말 잘생겨서… 그 형한테 잘 보이려고 공부는 물론이고, 그 형이 출몰하는 곳엔 항상 쫓아다니면서 열혈 운동권이 됐습니다.

운동권 모임도 이념으로 굴러가는 게 아니고 결국 다 호르몬 비즈니스이다 보니, 미끼 상품이 꼭 있어야 하는 것 같아요. 저도 옛날에 친구사이에서 소식지 돌리려면 꼭 잘생긴 애를 하나 끼워넣었죠. 나머지 문제가 쉽게 해결되었던 기억이 납니다. 남자가 뭔지.

그런데 NL에서는 동성애를 "미제의 썩은 문화가 잘못 유입된 산물이다", 이렇게 얘기를 했어요. 그래서 제가 얼마나 괴로웠는데요.

특히 '주사파' 계열의 운동권 언니 오빠들은 게이를 엄청 싫어했어요. 이건 쓰레기 문화고, AIDS는 신의 형벌이라고, 미 제국주의가 망할 징조라고 그랬었죠.

AIDS도 너무 무서웠지만 그것보다 무서운 게, 내가 게이라는 사실이 드러났을 때 나를 향할 동지들의 환멸, 이걸 어떻게 견뎌낼까 싶었죠. 그래서 게이가 아닌 척하고 살았죠.

운동권 조직에도 크게 NL과 PD가 있고, 나중에 ND 같은 것도 나오고 조직이 여러 개가 있는데, 하필이면 왜 NL 중에서도 골수 중 골수인 주사파로 활동하신 거예요? NL은 통일을 중시하는 민족주의 운동권 계열이고, PD는 보다 이념적인 계급 지향, 마르크스 레닌주의에 더 가까운 좌파 라인이었죠.

일단 제가 군대를 간 게 1985년이었는데, 입대하기 전만 해도 NL과 PD로 나뉘지 않았어요.

그래도 MT, MC는 있었는데요.

아니에요, 제가 군대에 가기 전까지는 조직이 하나였어요. 군대에 있던 사이에 사상 논쟁이 발생하면서 조금씩 분화하기 시작했죠.

처음에 분화된 게 CA하고 NL이었죠.

네, 제가 속했던 그룹은 NL로 다 정리가 된 거예요. 군대를 갔다 오니 친한 애들이 다 그쪽에 있으니까 저도 자연스럽게 NL이 되었죠. 그러다 보니 엉겁결에 "미제의 썩은 문화의 산물"인 사람이 여기 섞여 있다는 사실을 아이들이 차츰차츰 알게 된 거죠.

고등학교 때 특별히 사상적 영향을 받고 대학에 와서 운동권이 된 케이스는 아닌 거죠?

네, 그런 건 전혀 아니었어요. 고등학교 땐 '철이와 미애'의 신철 씨가 저랑 같은 반이고 단짝이었거든요. 걔는 고등학교 때부터 이태원에 가는 걸 정말 좋아한 거예요.

그분이 클럽 디제이이기도 하죠.

걔를 따라서 이태원도 쫓아다니고 이러면서 '나는 언젠가 미국으로 가서 백인 게이들과 함께 행복한 삶을 꾸려야지', 이런 상상의 나래를 펼치던 꿈 많은 소녀가 됐죠.

가정환경을 좀 여쭤볼게요. 2남 2녀, 위로 형이 있고 아래로 여동생이 둘인가요?

네, 2남 2녀 가운데 둘째에요. 둘째라서 편한 것도 있고 서러움도 많았어요. 위에 누나가 있었다면 좋았을 텐데, 바로 위가 형이었고 두 살 차이인데 형은 여덟 살에, 전 일곱 살에 학교를 들어갔어요. 한 학년 차이라 모든 걸 다 물려받는 거예요. 참고서랑 옷 같은 걸 다 물려받으니까 어렸을 때부터 저만의 것은 없는 거죠. '내 것을 갖고 싶다' 이런 욕망이 어렸을 때부터 강했어요. 반면에 형이 있어서 좋은 점은 이 가부장제 사회에서 아들 노릇을 대신 해준다는 거죠. 일찍 결혼해서 아이들을 낳았기 때문에 그런 점은 다행이었어요. 제가 초반에 부모님한테 커밍아웃을 하기 전에, 독신으로 살겠다고 얘기를 했을 때 그 압박이 덜했죠. 만약에 제가 장남이었으면 말도 안 된다고 했을 수도 있는데, 그건 다행이죠.

어렸을 때 여동생들 데리고 소꿉장난도 하셨나요?

많이 했어요. 재미있었던 게 소꿉장난을 하면 주로 남편 역할과 아내 역할을 나눠서 밥 짓고들 놀잖아요. 그런데 저는 그런 걸 안 하고 결혼식을 주로 했어요. 제가 어렸을 때부터 동화를 좋아했는데, 동화의 마지막이 꼭 결혼식이잖아요. 그걸 보면서 꿈을 꿨던 거죠. 그때는 게이라는 걸 몰랐을 때니까 제가 왕자가 되고, 동네의 여자아이들을 번갈아 가면서 신데렐라, 백설공주 이런 걸 시켰죠. "넌 이제 사과 먹고 쓰러져 있는 거야" 이러고 가서 키스를 해주면서 깨어나고, "얘는 마차", "얘는 하객" 이렇게 해주니까 여자아이들이 정말 좋아하더라고요. 밥 짓고 빨래하는 것보단 훨씬 재미있으니까요.

타고난 연출력이 유전자에 박혀 있는 게 분명합니다. 아버지는 공군 출신이시고, 제대하신 이후엔 건설과 제조업 쪽에 종사하신, 말씀만 들어도 마초 이미지가 있으신 분이에요. 어머니는 한때 여성 국극단의 일원이셨다고요. 가정환경부터 범상치가 않습니다. 영화의 스토리 같네요. 그리고 두 분 모두 평안남도 출신이시라고 들었어요. 갈라진 지 오래돼서 남한 사람들은 잘 모르는데, 평안도 사람의 기질은 어떤 특징들이 있나요?

일단 고향을 잃어버린 사람들이기 때문에 가난으로부터 출발하죠. 피난 올 때 떼돈을 갖고 내려오는 게 아닐 게 뻔하잖아요. 없는 살림으로 시작해서 자수성가한 사람들이라, 가난에 대한 두려움이 너무 커요. 절대로 가난해지면 안 된다, 남들한테 업신여김 받으면 안 된다, 이런 강박이 있고, 악착같이 사는 경향이 있죠. 이런 것 때문에 약간의 과시욕 같은 것도 있어요. 돈을 모으면 사람들한테 과시할 만한 것들을 사는 거죠. 우리 동네에서 TV가 제일 먼저 들어온 집이 저희 집이었어요. 사람들한테 "나는 이북 출신이지만 TV가 있는 놈이야" 이런 걸 보여주고 싶으신 거죠. 그래서 TV를 틀어놓고 마당 문을 열어놔요. 사람들이 지나가다가 "저 집에 TV 있네" 이러면서 들어오게 만드는 거죠. 그 덕분에 어렸을 때 영화를 많이 봤어요. 좋은 면과 나쁜 면이 있는데, 안 좋은 점이라고 하면 부모와 고향에 대한 그리움 때문에 얼마간 우울한 정서가 있다는 거죠. 아버지는 부모님이 이북에 남아 계셨거든요. 그 우울한 정서가 어렸을 때 저한테도 영향을 많이 준 것 같아요. 저는 그나마 다행히 "엄마 아빠처럼 우울하게 살진 않겠어" 이렇게 밝고 명랑한 과로 바뀌었는데, 저희 형은 그걸 그대로 갖고 있어서 약간 우울해요.

> 어디 인터뷰를 보니 아주 어릴 적 사진도 있더라고요. 애기 때 얼굴을 보니까 한 4세가량이었는데, 아름다운 '빼게이' 꽃 어린이더라고요. 정말 똘망똘망하게 생기고. 시대 배경을 좀 설명드려야 될 것 같아서 자꾸 호구조사처럼 옛날 얘기를 하게 되네요.

네, 저는 1965년 3월 26일생인데, 호적에는 음력으로 2월 24일로 되어 있어요. 그래서 일곱 살에 학교를 들어갔고요. 이른바 빠른 생일이죠. 친구들은 대부분 64년생이지만 저는 65년생입니다.

> 1965년 뱀띠에 3월 26일생이니까 물고기에 가까운 양자리네요. 감독님은 본인이 타고 태어난 에너지가 어떤 에너지라고 생각하세요?

이성애자들은 안 그렇지만 성 소수자들은 사춘기처럼 예민한 시기에 동성애자라는 걸 깨닫게 되면서 '난 어떻게 살아야 되는 거야?', '난 왜 이렇게 태어난 거야?' 이렇게 자기 자신을 계속 되돌아보게 되잖아요. 또 저희 집안은 천주교였는데, 천주교가 여전히 동성애가 교리에 어긋난다고 얘기하잖아요. 그것 때문에 우울할 수밖에 없는 부분이 충분히 있었고요. 좌절도 많이 했지만 그 경험이 저를 좋은 사람으로 만들어준 것 같아요. 그때 저는 천성적으로 우울하지는 않다고 생각했어요. 한편으로는 남자를 좋아하면 어떠냐는 생각도 들더라고요. 또 주목받는 걸 좋아하는 스타일이라서 연극영화과를 간 것도 있고요.

83학번으로 운동권 생활을 시작하셔서 이것저것 경험을 했지만, 정작 1987년 민주화대투쟁 때에는 군대에 계셨어요.

네, 1985년 9월에 입대해서 1987년 12월에 제대했습니다.

대학교 3학년 2학기 때 시위 현장에서 경찰한테 붙잡히는 바람에 감옥과 군대 중에 선택을 하셨죠?

"감옥 갈래? 군대 갈래?" 이렇게 선택을 하랬는데, 솔직히 둘 다 가기 싫잖아요. 그래도 군대가 좀 나을 것 같더라고요.

운동권 학생들이 군대에 끌려가면 관심사병이잖아요.

대학생이 군대에 가게 되면 '학적 변동'이라는 스탬프를 찍어주는데, 그 스탬프가 보통은 파란색이거든요. 그런데 저희는 빨간색인 거죠. 부대에서 그것만 봐도 "얘는 운동권 출신이구나" 하고 알게 되는 거죠. 그래서 초반에는 좀 어려웠어요. 제가 간 6사단이 철원에 있는 전방 부대였거든요.

전방 부대 군기가 세죠.

1984년도에 군대에 끌려갔던 여섯 명의 대학생들이 의문사했던 사건이 있었어요. 그게 사회적으로 큰 문제가 됐고, 제가 그 의문사에 대해 진상을 규명하자는 집회에도 여러 번 참석했죠. 저희 학교 선배님도 그중에 한 분이셨거든요. 혹시 나도 군에 가서 의문사할지 모른다는 두려움이 없었던 건 아니죠. 가자마자 이 사람들에게 어떤 취급을 받을지 걱정이 많았는데, 부대에 저랑 비슷한 사람들이 세 명이나 있더라고요. 그분들이 후배가 왔다고 좋아하면서 열렬하게 환영을 해주셨어요. 그분들 덕분에 제가 있었던 부대에서는 운동권 학생에 대한 거부감 같은 게 별로 없었어요. 간부들은 어땠는지 모르지만, 사병들은 그랬죠.

운이 좋으셨네요.

셋 다 병장이었어요. 그분들 덕분에 군 생활을 편하게 했죠.

운동권도, 게이도 모두 머릿수가 중요하군요. 중요한 자리를 차지하고 있으면 질서가 바뀝니다. 김조광수 감독님은 군대에 가서 게이로서 호르몬 전성기를 보냈다고 들었습니다. 연애도 하고 삼각관계까지….

그 전까지는 운동을 하면서 게이라는 사실을 철저히 숨겨야 한다는 생각에 억누르고 있었는데, 군대를 간 그 시점엔 제가 운동권 학생이 아닌 거잖아요. 거기서는 소녀로 자리매김했죠. 지금보다 약간 예쁜 미모를 가졌고 호리호리했기 때문에, 사람들이 여군이냐고 놀릴 정도였어요. "미스 김 왔다" 이런 식으로 얘기할 정도로 여성스러움이 최고조였을 때였죠. 그래서 가자마자 여러 사병들에게 관심을 받은 거죠. 그 중에 하사 한 분과 병장 한 분이 동시에 저를 좋아했고, 제가 그 두 분 사이에서 줄타기를 하다가 한 분을 선택해서 정말 뜨거운 사랑을 했습니다. 그런데 해피엔딩은 아니었어요. 그 분이 저보다 선임이어서 먼저 제대하고 면회도 올 정도로 저를 정말 사랑한다고 생각했는데, 한두 달 정도 열정적인 사랑을 표현하다가 소식이 없는 거예요. 편지를 보내도 답장이 없고. 그때 알아봤어야 하는 건데, 그걸 못 알아먹고 제대하고 찾아간 거죠. 전화를 안 받아서 집까지 찾아갔더니, 자기는 저를 한 번도 사랑한 적이 없다고 얘기를 하더라고요. 믿을 수 없다고, 편지들을 보라고 매달렸지만, 결국 깊이 상처가 되는 말 몇 개를 듣고 나서야 그분을 놓았죠. 제가 12월에 제대했으니까 찬바람 부는 겨울에 눈물 바람으로 헤어졌죠.

예전의 군대는 남성만의 특별한 공간이고, 또 게이 인권 운동이나 게이라는 사회형에 대한 인식이 없었을 때라서 차별을 받기는커녕, 거꾸로 게이 여러분이나 여성적인 남성이 사랑을 받는 특수한 문화가 존재했었죠.

그게 딱 정확한 표현인 것 같아요. 게이에 대한 인식이 없어서 저 같은 사람을 '얘 게이야?', 이렇게 생각하는 게 아니라, 뭔가 특별하고 예쁜 애로 여겼죠.

당시 군 복무 기간은 몇 개월이었나요?

총 30개월이었는데, 그때는 교련 시간이라는 게 있었어요. 그게 1988년에 폐지가 됐는데 저 때는 있었거든요. 1~2학년 때 일주일에 한 번씩 교련 수업을 받아야 하고, 또 일주일 동안 군사훈련을 받으러 군대로 갔었어요. 그래서 1학년을 마치면 1개월 반의 혜택이 있고, 2학년까지 마치면 3개월의 혜택이 있었어요. 제가 2학년을 마치고 3학년 때 갔기 때문에 3개월의 혜택을 받아서 27개월만 했죠.

군대에 다녀온 다음 1989년에 인문대학 학생회 회장이 되고 전대협 간부를 맡았어요. 보통 군대를 갔다 오면 운동권에서 한발을 빼는 게 일반적인데 더 핵심적인 인물이 됐습니다.

제가 군에 있을 때 1987년 6월 항쟁을 겪었기 때문에 일종의 부채의식 같은 게 있었어요. 이 중요한 시기를 함께하지 못했다는 의식이 있어서 제대하면 누구보다 열심히 해야 되겠다는 생각을 했죠. 그런데 제가 제대하자마자 열린 1987년 대선에서 노태우가 당선된 거예요. 멘붕인 거죠.

야권에서 단일화만 되면 진짜 민주화가 되는 줄 알았죠. 김영삼-김대중 단일화가 안 되고, 어부지리로 노태우가 당선됐죠. 그 중간에 부정선거 논란도 많았고, 또 실제로 부정선거였을 가능성이 높죠. 이런 시기를 겪으면서 1988년에 복학하면 무조건 열심히 살아야겠다고 다짐했어요. 1989년에 4학년이 될 때, 학생회장을 86학번 애들이 했어야 하는 시기였어요. 인문대도 마찬가지였고요. 그런데 다들 이런저런 이유로 학생회장을 하기가 어려운 조건이었죠. 후보로 나올 사람이 없어서 고민하고 있던 차에 어떤 친구가 "형이 한 번 해봐" 이랬던 거죠. 제가 주목받는 걸 좋아하기도 했고, 또 책임감도 느껴져서 학생회장 역할이 주어진다면 열심히 해보겠다 싶었죠. 당시 한양대에서 인문대 학생회장을 한다는 건 구속을 각오해야 하는 거였어요. 운동권 중에 핵심이 인문대, 공대, 사회대였거든요. 구속쯤이야 각오하고 나갔죠. 그런데 문제는 인문대 대부분의 학생들이 연극영화과 출신의 학생회장을 생각해본 적이 없었던 거예요. 당시엔 연극영화과가 인문대 소속이었거든요.

어떻게 보면 있을 수도 없는 일이죠. '딴따라'라니….

네. NL과 PD 양 정파에서 후보를 낸 건데 NL 정파에서 걱정을 많이 했어요. 연극영화과에 대한 편견이 있잖아요. '날라리들'이라는. "한양대 운동권의 핵심 중의 핵심인데 거기에 날라리가?" 이런 식으로 맥없이 떨어지면 안 되니까 선거운동을 재미있게 하자는 아이디어를 냈어요. 군대를 갔다 왔다는 걸 장점화해서 군 시절 사진들로 여러 가지 재미있는 선거운동을 했죠.

그때만 해도 학생회 선거가 다채롭지 않을 때인데….

정파적인 구호 중심으로 접근할 때였는데 저는 좀 재미있게 접근을 해서 그 덕분에 학생들의 지지를 받았던 것 같아요. 상당한 표차로 이긴 거죠. 엉겁결에 당선이 되면서 재미있는 학생회장이 되어보겠다는 생각을 했어요. 학생회장을 할 때에도 제가 집회 사회를 보는 게 아니라 사전 집회 사회를 보면서 분위기를 띄웠어요. 학교에서 복학생은 아저씨잖아요. 그 아저씨가 나와서 율동을 하고 있으니까 나름 희한한 존재였죠.

그러다가 전대협의 주요 간부가 되어서 학생운동권의 핵심 권력으로 들어갔고, 임수경 씨의 방북 과정에 관여한 거죠.

아니요, 정확하게는 임수경 씨 방북에 관여해서 일을 하지는 않았어요. 1989년에 제가 인문대 학생회장이었고 임종석 씨가 한양대 총학생회장이면서 전대협 의장이었어요. 그때 임수경 씨가 방북을 한 건데, 언제 어디를 통해서, 어떤 방식으로 남한으로 내려올 것이냐를 두고 긴밀하게 여러 가지 회의들이 있었죠. 임수경 씨가 7월 27일 정전협정을 할 때 내려오느냐, 아니면 그 전에 내려오느냐, 이런 걸 갖고 논란이 있었어요. 전대협에서는 준비할 시간이 필요해서 언제 내려오라고 결정을 했고, 그 결정을 누가 기자회견에서 발표할 것이냐가 초미의 관심이었죠. 임종석이 의장이니까 분명 임종석이 할 것이라고 예상을 했고, 경찰과 안기부에선 무조건 잡아야 하니까 임종석이 언제 어디서 나타나 발표하느냐가 문제였어요. 어느 날 학교에 갔더니 어떤 분이 의장님이 보내셨다고 하면서 친서를 저한테 건넸어요. 그 친서에 "형이 대신 기자회견을 해줬으면 좋겠어"라고 적혀 있더라고요. 전 아무 생각 없이 원한다면 하겠다고 했죠. 또 임종석 씨가 젊었을 때 정말 잘생겼었거든요. 그래서 '꽃미남 종석이가 원한다면 난 무조건 하겠어요', 이러면서 기자회견을 하려고 자리를 만들고 있었는데, 기자는 한 다섯 명인가 왔고, 경찰이 300명 온 거예요. 그 당시만 해도 학교 안에 경찰이 들어오지 못한다는 건 불문율이었어요. 그런데 임종석을 잡아야 한다는 생각으로 경찰 300명이 들이닥쳐서 기자회견문 낭독도 제대로 하지 못하고 일단 끌려간 거죠. 끌려갔을 때 첫 마디가 "임종석이 어디 있는지 불어"였어요.

그때 임종석 씨가 도망 다니면서 신출귀몰해서 홍길동을 따서 '임길동'이란 별명이 있었죠. 도망 다닐 때 여장도 하고요.

여장을 했는데 어울렸다, 이런 소문들이 많았죠.

그래서 전 임종석 씨가 여장을 하고 도망친 게 다 김조광수 씨가 뒤에서 사주한 게 아닌가 생각했어요.

그런 얘기를 한 적은 있어요. 여장을 해보는 게 어떠냐, 변장하고 나가는 게 좋지 않냐…. 그런데 임종석 씨가 생각보다 체구가 커요. 만약에 저처럼 체구가 작은 애였으면 여장을 실제로 했을 수도 있는데, 임종석 씨는 오히려 눈에 너무 튀는 거예요. 그렇게 여장을 하면 더 잡히죠. 여장도 했다더라, 이렇게 소문이 났지만 실제로 여장을 한 적은 없어요. 시도는 했는데 눈에 더 튀어서….

기사를 보니까 경찰에 붙잡힌 게 1989년 8월이더라고요. 판사한테 반성문 쓰고 풀려 나오셨다던데.

제 인생의 오점 중 하나에요. 거기에 가서 판사한테 반성문을 썼다는 건 자기가 잘못한 게 없는 시국사범이 "나 잘못했다"라고 하는 거잖아요.

목에 칼이 들어오면 거짓말부터 하는 거지, 진실을 말할 건 없잖아요.

구속되기 전까지는 감옥살이가 어려우면 얼마나 어렵겠냐는 마음으로 들어갔는데, 들어가서 저에 대해 알게 된 거죠. 전 정말 역마살이 있어서 꼼지락대지 않으면 못 참는다는 걸요. 두 달을 갇혀 있었는데 너무 갑갑하고 힘들었어요. 제가 임수경 씨 사건에 깊숙이 관여한 건 아니었기 때문에 실형을 받을 가능성이 높진 않았어요. 그런데 저보다 조금 먼저 구속됐던 한양대학교 인문대 학생회의 투쟁을 담당하던 사회부장 후배가 실형을 받은 거예요. 그 얘기를 딱 듣는 순간 '실형을 받을 수도 있겠구나', '몇 년을 썩어야 하나', 이런 생각이 들면서 어떻게 하면 나갈 수 있는가 하는 마음이 든 거죠. 때마침 인문대 부학생회장하던 친구가 다음 해 총학생회의 중요한 후보로 추대될 수도 있게 됐어요. 그런데 인문대에 학생회장도 없고 부학생회장도 없으면 학생회에 문제가 될 수도 있다는 첩보를 입수한 거죠. 학생회를 살리려면 반성문이라도 쓰고 나가야 한다는 얄팍한 명분이 생긴 거예요. 장문의 반성문을 썼죠. 반성문이 공개됐을 때 어떻게 이런 전향서를 쓸 수 있냐고 공격받으면 안 되고, 또 그건 저도 창피하니까 내용을 보면 반성문인 듯 아닌 듯, 제 나름대로는 교묘하게 열심히 썼어요. 그 반성문을 내밀었는데 판사가 그나마 괜찮은 분이라 대충 넘어가줬어요. 그렇게 학교에 돌아와서 행복한 학교생활을 했는데, 실형을 받은 후배 면회를 못 가겠더라고요. 엄밀하게 보면 제가 지시했던 게 많았을 거잖아요. 그 후배는 실형을 살고 있는데 저는 반성문을 쓰고 나와서 학교에 다니고 있으니까요. 당연히 면회를 가야 하는데 마음은 못 가겠고…. 그 사이에 너무 큰 갈등이 있었어요.

풀려난 이후에 '영화제작소 청년'에 가입해서 활동을 하게 되는데 이게 몇 년도부터에요?

1992년 전대협에서 일했었고, 1993년 한총련을 만들었는데, 제가 83학번이니까 입학한 지 10년이 된 거잖아요. 물론 중간에 군대를 갔다 오긴 했지만, 학생운동을 너무 오래했고, 학생도 아닌데 학생운동을 하는 거니까 이제 그만둬야겠다고 생각했어요. 1993년 한총련 출범식을 마치고 그만뒀죠. 그러고 나서 두 달을 방황했어요. 사회에 나와서 무언가를 해야 하는데….

운동권들이 그럴 때 엄청난 멘붕을 겪죠.

할 수 있는 일이 아무것도 없는 거예요. 대자보 쓰는 일? 문건 만드는 일? 그걸로 사회에서 할 수 있는 일이 별로 없는 거죠. 이때부터 뭘 할 수 있을지 고민했는데 막상 자신감이 없더라고요. 고민만 하고 있을 때 영화제작소 청년이라는 독립 영화 제작소에서 일하고 있던 한양대 연극영화과 후배들이 있었어요. 「은교」(2012), 「해피엔드」(1999)를 만든 정지우 감독, 「와니와 준하」(2001), 「더 웹툰」(2013)을 만든 김용균 감독, 이런 친구들이 저한테 같이 영화 일을 하면 어떻겠냐는 제안을 했죠. 저는 학생운동을 하는 동안 영화 공부를 거의 안 했었거든요. 영화에 대해서 너무 모르는데 어떻게 일을 하냐고 했더니 "형 같은 기획자가 필요해" 이러더라고요. 자기들이 독립 영화를 만드는데 보여줄 수 있는 방법을 잘 못 찾겠다고 하더라고요. 전대협에서 일을 했으니까 자기들이 만든 영화를 전대협을 통해서 전국의 학생들에게 보여줄 수 있지 않겠느냐, 이렇게 얘기를 하길래 그런 거라면 내가 할 수 있을 것 같다고 했죠. 그래서 영화제작소 청년에서 1993년 하반기부터 일하게 됐어요.

이때가 한국의 운동권들이 영화계에 들어와 인맥을 만들면서 주류 사회로 들어가는 단계였죠. 그리고 1990년대 초반에 사상적으로도 큰 변화가 있었죠. 문민정부가 등장했고 그전에 소련이 무너지면서 탈냉전이 시작되었기 때문에 당시에 운동권들 중에서 정신적으로 문제를 겪은 분들이 많았죠.

특히 PD 계열이 많이 그랬죠.

네, 다단계에 빠지거나, 크리스천 아카데미의 운동권 중에는 갑자기 휴거를 주장하는 다미선교회에 빠지기도 했고요. 정신 치료 받는 분들도 많았습니다.

제 후배들 중엔 다단계에 빠지는 후배들이 좀 있었죠.

이런 문제에 대처하는 방식을 보면 NL과 PD가 달라요. 주사파 계열의 NL은 동구권이 무너지거나 소련이 무너지는 건 큰 영향이 아닌 거예요. 왜냐하면 이북은 그대로 건재하잖아요. 사상적 기반이 약간 취약한 반면 이 의미적 기반은 탄탄했죠. 품성론에 기반해서 "아이들을 잘 챙겨야 한다" 이런 게 있어서 누군가가 다른 길로 가는 것 같으면 다 달려들어서 도와줬죠. 다들 오지랖은 넓어가지고. 공부는 못해도 그런 건 또 잘하거든요. 술도 많이 먹고.

영화 쪽으로 활동을 하다가 커밍아웃한 게 언제였죠?

1993년 말에서 1994년 초, 이맘때였어요.

게이 바도 놀러 다니셨나요?

1994년에 게이 바가 너무 궁금한 거예요. 가고 싶은데 같이 갈 사람이 없는 거죠. 제 주변엔 운동권들만 있지 게이 친구들은 없으니까요. 그러다가 '파고다 극장 주변에 가면 있겠지?' 싶은 생각이 들어서 가봤죠. 한 군데 들어갔는데 가라오케 게이 바였어요. 노래방 시설 같은 게 많지 않았던 시절이어서 키보드 연주하는 팀이 있는 그런 곳이었어요. 제가 딱 들어갔는데 거기 계신 스무 분 남짓한 분들의 뜨거운 시선을 받았죠. '뉴 페이스가 왔다' 이런 느낌으로 다 쳐다보는 거예요. 누군가 옆에 와서 시중을 드는 분이 있어서 너무 놀랐어요. 저는 마담 문화? 약간 호스티스 문화가 이상하더라고요. 당시만 해도 인신매매 문제가 심각할 때였잖아요. '어떻게 게이들인데 종업원 문화가 있을 수 있을까' 싶었죠. 그냥 어떤 곳인가 궁금해서 왔는데 옆에 와서 계속 술을 따라주면서 이것저것 물어보고 막 노래를 하라고 시키니까 부담스러웠어요. 제가 드러날까 두려웠던 거죠. 그런 것 때문에 그다음에 안 나갔는데, 지금 생각해보니까 은둔 게이가 왔을 때 누군가가 옆에서 챙겨주지 않고 말을 걸어주지 않으면 그 사람이 뭘 하겠어요.

그 가게 이름이 기억나시나요?

발렌티노인가 유토피아인가 둘 중 하나였어요.

발렌티노와 유토피아는 정말 유서 깊은 곳이죠. 발렌티노는 지금까지도 잘 버텼어요. 연애는 어떻게 하셨나요?

연애는 별로 끊이지 않았었던 게, 제가 이른바 잡식성이에요. 성격이 약간 예민하고 까다로운 부분은 있지만 나이가 적든 많든 상관없고, 뚱뚱하지 않으면서 예쁘장하기만 하면 다 끌렸어요. 임근준 씨도 TV에 등장했을 때 "멋있다" 이러면서 끌렸었죠.

감사합니다. 영광이네요. 영화 제작자로서 영화계에서 존재감을 드러내기까지는 시간이 걸렸습니다. 1999년에 촬영한 「해피엔드」, 「와니와 준하」를 통해 저도 김조광수 씨가 주사파 왕 게이라는 걸 알게 됐죠.

그렇게 회자된 건가요? 그 당시에 주사파 게이가 없어서 그랬던 거죠?

영화계에도 운동권 출신이 있고, 게이 레즈비언 인권 운동계에서 일하는 사람들도 결국은 운동권 출신들이죠. 서로 한 다리 건너면 다 알잖아요. "주사파 게이가 나왔다", "그 전설의 주사파 김조광수가 게이라고 한다", 나름 장안의 화제였죠. 그렇게 1999년에 자리를 한 번 더 잡고 2000년에 부모님에게 커밍아웃을 하게 됐다고요. 어떤 심경의 변화 같은 게 있었나요?

심경의 변화는 아니고요. 1993~94년 즈음에 전 제가 게이라는 나름의 확신이 있었고, 또 앞으로 게이라는 것을 부끄러워하지 말자는 생각을 했어요. 언젠가는 꼭 사회적으로 커밍아웃을 해서 행복하게 사는 모습을 보여주고 싶었어요. 내가 왜 게이라는 것을 부정하고 살았을까 생각해봤을 때, 첫 번째 이유가 게이로서 행복하게 사는 사람을 보질 못했기 때문이었던 것 같아요. 당시 가십성 기사로만 뜨는 게이는 성욕에 들떠서 섹스 상대를 찾느라 인생을 허비하는 사람들처럼 묘사되어 있었잖아요. 그렇게 살고 싶지는 않았거든요. 언젠가 꼭 커밍아웃해서 후배들한테는 게이로 살아도 행복할 수 있다는 걸 보여주겠단 마음을 먹었어요. 그러려면 통과의례 중의 하나가 부모님께 커밍아웃을 하는 거잖아요. 처음엔 어머니가 무척 힘들어하셨죠. 천주교 신자시니까 본인 자식이 종교에서 금하는 어떤 일을 저지르고 다닌다 싶으셨던 거죠. 그렇게 3년 정도를 힘들어 하셨대요. 때때로 울컥하셔서 빨래하다 우시고, 설거지하다 우시고… 이런 경험을 쭉 하시다가 3년 정도 지나서 저한테 그런 말씀을 하셨어요. 곰곰이 생각해보니 자식이 게이라는 걸 왜 못 받아들일까 싶었다고요. 아들이 힘들까봐 걱정돼서 그랬던 게 가장 큰 이유였는데, 아이가 힘든 이유가 사회적으로 받는 차별이나 편견 때문일 거라는 생각을 하셨대요. 그렇다면 자신이 어떤 편에 서 있나, 사회적인 차별 쪽인가 아니면 아이 쪽인가를 따졌을 때, 자신도 아들 편에 서 있는 건 아니었구나 싶었던 거죠. 그래서 그냥 무조건 아들 편에 서야겠다, 이게 누군가한테 해를 끼치는 것도 아닌데 내가 왜 지금까지 망설였을까, 이렇게 생각을 하면서 정리한 거죠. 그때부터 엄마가 "게이로 살되 행복하게 잘 살아라" 이런 얘기를 많이 해줬어요.

형제들은요?

제 바로 밑 동생이 1990년에 뉴욕으로 시집을 가서 그때부터 지금까지 살고 있는데, 그래도 얘가 뉴욕에 사니까 혹시 좀 낫지 않을까 싶어서, 먼저 고백을 했죠. 그랬더니 알고 있었다고 하더라고요. 자기도 원래는 몰랐는데, 미국에 와서 게이들을 만나면서 오빠한테서 보였던 어떤 제스처들을 확인하게 됐고, 그렇게 게이다가 생겼다는 거예요. 동생이 부모님을 설득해주는 역할을 잘 해줬어요.

게이다가 장착된 이성애자 여성이 주변에 있으면 남자 게이들은 확실히 살기가 편해요. 꼭 동생이 아니라도 이성애자 여성은 게이들에게 든든한 친구죠. 그런데 1999년에서 2000년으로 넘어가면서 영화 제작자로서 이름을 날렸음에도, 돈을 크게 번 건 아니라면서요?

계속 망했죠. 「해피 엔드」 말고는 다 망했어요. 「질투는 나의 힘」, 「와니와 준하」, 「귀여워」, 하다못해 「분홍신」까지도 수익이 안 났어요. 회사를 만들고 8~9년이 될 때까지 빚이 한 해에 1억 원 정도씩 쌓였죠. 처음에 빚이 5000만 원에서 1억 원 사이일 때가 제일 힘들었어요. 그건 제가 감당할 수도 있는 빚이잖아요. 전세를 뺀다거나 하는 식으로요. 그래서 전셋집도 없어지는 건가 싶어서 힘들었는데, 점점 빚이 불어서 갚을 수 있는 한계치가 넘어가니까 덜 힘들어지더라고요.

어떤 심리적 돌파선이 있죠. 그다음부턴 빚이 재산처럼 느껴지기도 하고요.

맞아요. 투자사들을 설득할 때도 "내가 망하면 이것마저 못 받는다. 그러니 더 투자해줘야 한다", "성공할 때까지 밀어줘야 한다", 이러면서 빚이 3억, 4억, 5억 원 이렇게 늘어난 거죠. 결국 빚이 10억 원을 넘어갈 때쯤 「조선명탐정: 각시투구꽃의 비밀」(2011)이 흥행에 성공하면서 겨우 살았어요.

그 시점이 참 묘했어요. 주역 배우분이 이미 다른 작품으로 정점을 찍고 왔기 때문에 그때가 약간 힘들어할 때인데, 에너지가 잘 맞아떨어져서 흥행에 성공했죠. 「조선명탐정」이 겉으로 볼 땐 크게 흥행이 안 될 것처럼 보였거든요.

이 영화가 '청년필름'이란 정체성과 전혀 상관없이 기획적인 마인드를 가지고 정말 재미있는 영화를 만들어보자는 생각으로 출발한 영화라 이것마저 망했으면 아마 회사를 접었을 거예요.

「의뢰인」도 흥행해서 빚을 다 갚으셨다고요.

네, 2연타를 치면서 빚을 다 갚고, 다리 쭉 뻗고 잤죠. 그 전까지는 정말 힘들었어요. 그게 2011년이니까 이후엔 그렇다 할 흥행작이 없어서 돈을 못 벌고 있는데, 그래도 빚은 지고 있지 않은 상태죠. 2015년에 「조선명탐정 2」가 나와요. 히트를 치게 되면 앞으로 몇 년간 또 다리를 뻗고 살겠죠.

이렇게 제작자로서 안정된 모습을 보여주시다가 슬슬 다른 마음이 드셨나 봐요. 언제부터 단편 영화를 만드셨던 건가요?

2008년입니다. 제가 2006년에 이송희일 감독이 만든 「후회하지 않아」라는 영화를 제작했잖아요. 그 영화가 나름 히트는 했는데 독립영화로서의 히트였기 때문에 그다지 돈을 벌진 못했어요. 그런데 그 영화가 저의 성 정체성과 영화인의 정체성 모두를 가지고 히트를 쳤다는 점에서 제 인생의 어떤 전환점이 됐죠. 정말 행복했어요. 그때 어떤 일을 겪었냐면, 이성애자 여자 관객들이 극장에서 나오면서 저의 손을 꼭 잡고 "힘든 거 알아요" 이러더라고요. 무슨 얘기냐고 물었더니 이렇게 얘기하더라고요. "우리 사회 힘들잖아요", "제가 도와줄게요." 저는 결코 기대하지 않았던 온정주의적인 시선으로 저를 바라보고 있더라고요. 전 그게 싫었어요. 또 한편으로는 게이 관객들이 극장에서 '그래, 우린 역시 힘들어' 이렇게 울면서 영화를 보더라고요. 그것도 약간 떨떠름했어요.

「후회하지 않아」는 게이들이 그렇게 많이 보러 오지는 않았잖아요.

몇몇 젊은 게이들이 보러 왔었어요. 사실 아웃팅에 대한 염려 때문에 극장에 잘 안 오는 거잖아요. 그 염려를 무릅쓰고 오는 젊은 게이들이 있었는데, 그분들이 영화를 보더니 "그래 우리의 현실은 저렇지" 이러면서 현실의 암담함에 주눅이 들더라고요. 이런 것들이 달갑지 않아지면서 앞으로는 극장에서 게이들에게 꿈과 희망을 주는 영화를, 그리고 이성애자들에게는 게이들도 밝고 명랑하게 살고 있단 걸 보여줄 수 있는 영화를 만들어서 보여주고 싶단 생각이 들었어요. 현실과 밀접하게 맞닿아 있는 리얼리즘 계열의 영화도 필요하지만 제가 생각하는 영화는 사람들에게 꿈과 희망을 주고, 약간의 판타지가 있는 영화에요.

서양 퀴어 영화의 문법이 특히 1990년대에 좀 꿀꿀했죠.

네, 아메리칸 퀴어 영화들이 좀 그렇죠. 그러다가 "내가 한번 해볼까" 싶었는데, 처음부터 장편을 하기에는 좀 부담스럽더라고요. 그래서 블링블링의 최고조를 찍어보잔 생각으로 만들어본 게 「소년, 소년을 만나다」(2008)였죠. 이 영화를 만든 또 다른 이유는 친구사이라는 단체를 알려야 한다는 것이었어요. 젊은 게이들이 이제는 친구사이를 모르더라고요. 극장에서 개봉을 해야 하는데 단편이니까 어디서 틀어주겠나 싶어서 일부러 당시 시트콤 「거침없이 하이킥」으로 유명해진 김혜성 씨와 또 유명 여배우 예지원 씨 같은 분을 캐스팅해서 만들었어요. 그리고 약 5개 극장에서 단독 상영했어요. 한 2000명 정도, 생각보다 많은 관객이 영화를 봤더라고요. 그래서 「친구사이?!」 같은 영화도 만들게 됐고요. 결국은 감독을 못 찾아서 시작한 일이었지만, 그 과정에서 자신감이 조금 생겼죠.

「후회하지 않아」는 한국 퀴어 영화의 역사에서 하나의 전환점이었어요. 돈벌이는 안 됐을지 모르지만, 사회문화 현상이라고 할 수 있을 정도로, 오늘날 우리가 '후죠시'라고 부르는 동인녀들의 파워를 실감한 첫 번째 계기였죠. 주연이었던 김남길 씨는 팬덤을 바탕으로 이후 대스타 반열까지 올라가게 됐고요. 동인녀들은 영화를 보고 또 보고, 그리고 인터넷에서 누군가가 호모 영화라고 욕을 하면 우르르 몰려가서 다 진압하고요. 한국 사회에도 이렇게나 많은 동인녀가 있다는 걸 처음 깨달은 계기였습니다. 이 영화를 보고 나와서 감독님의 손을 잡았다는 분들도 괜히 예쁜 게이 한번 만져보려는 동인녀였을 겁니다. 게이들은 이때만 해도 극장에 와서 퀴어 영화를 보는 걸 두려워하던 시점이었어요. 이 영화가 흥행이 되는 순간 느낌이 왔을 것 같아요. 관객들이 좀 이상하다는 게….

'이상하다'보다는 좀 '남다르다' 싶었죠. 어디서 나온 사람들인가 싶을 정도로. 저도 그 전에는 이른바 동인녀라고 불리던 분들의 존재를 잘 알고 있진 않았어요.

이송희일 감독은 전혀 몰랐다고 하더군요. 나중에 한참 지난 뒤에야 그분들이 후죠시, 즉 여자 오타쿠라는 걸 알았다고 해요. 후죠시가 큰 사회적 힘이라는 걸 실감한 순간이 있었을 텐데, 언제 처음 깨달았나요?

그 사람들을 모아야겠다는 생각은 있었어요. 제가 그전에 팬픽을 접하게 됐었거든요. 팬픽이 동인녀들의 집합소잖아요. 그래서 그분들의 존재는 알고 있었는데 어떤 사람인지 교류하기는 어려웠어요. 그러다가 영화를 만들면서 이분들을 1차 타깃으로 가져가자는 생각이 들었고 부산영화제에서 상영할 때 이분들을 부산으로 결집시켜야겠다 싶었죠. 그 방법을 찾다가 결국 인터넷 팬픽 카페에 이런 영화가 나왔다고 알렸는데 초반에는 별로 관심을 안 보이는 것 같더라고요. 그러다가 부산영화제를 20일 정도 앞둔 시점에 어떤 분이 저희 회사에 꽃바구니를 보내셨어요. "부산영화제 상영을 축하합니다" 이렇게. 「해피 엔드」부터 여러 영화를 제작했지만 영화 개봉을 축하하는 선물을 준 팬은 한 번도 만나본 적이 없었거든요.

동인녀 여러분의 사랑의 깊이란 건 일반인들과 급이 다르죠.

네, 그러고 나서 다음 날 보니까 자발적으로 카페를 만들고, 회원 수가 100명, 200명, 300명, 이렇게 늘어나는데 장난이 아니더라고요. 초창기에 카페에 모인 분들이 수천 명이었는데 그분들과 계속 교류를 하게 됐어요. 제가 부산과 대구에 팬 미팅을 하러 가기도 했습니다. 전 감독도 아니었고 그냥 제작자인데, 제작자가 팬 미팅을 한다는 건 상상하기 어렵잖아요. 친구들한테 팬 미팅 하러 간다고 하니까 다들 미친 거 아니냐고 하더라고요. 감독도 아니고, 가면 두 명 정도 앉아 있을 거라고, 쪽 팔릴 테니 가지 말라고 말렸는데, 갔더니 30명씩 앉아 있더라고요. 그래서 그 인기를 실감하게 됐죠.

이때 새로운 팬 베이스도 발견하고, 또 정식으로 대사회적 커밍아웃도 하고, 화려한 의상으로 마이크도 잡았죠.

그 이후로 제가 대중들 앞에서 게이로서의 저를 보여주게 됐죠. 남들에게 주목받는 걸 좋아하는 제 기질과 여러 가지가 맞았던 것 같습니다. 제가 동인녀들이랑 맞을 수 있었던 게, 동인녀들이 선망하는 어떤 게이라는 형태와 이미지가 맞죠. 예를 들면 약간 귀여우면서 예쁘장한 스타일에다가 패션 감각이 약간 있어 보이는? 제가 키 크고 멋있는 게이는 아니지만요.

팬 서비스 차원에서 힐을 신고 나와줄 수 있는 게이죠.

네, 그걸 충족시켜 주면서 잘 맞아떨어졌어요. 저도 즐겼고요. 만약 제가 즐기지 않았다면 그게 또 안 됐겠죠. 「후회하지 않아」 팬들이 기획해서 열린 콘서트에서 제가 드래그를 하고 「라이크 어 버진(Like a Virgin)」 립싱크를 했는데, 반응이 폭발적이었어요. '내 안에 눌려 있던 욕망이 이거였구나' 하고 깨달았죠.

이때부터 성함도 양성쓰기를 해서 '김조광수'가 되었어요. 사회적인 캐릭터가 한 단계 성장한, 아름다운 모습으로 만개한 시기였다고 볼 수 있습니다. 말씀하셨다시피 2008년에 「소년, 소년을 만나다」, 2009년에 「친구사이?!」, 그리고 2010년에 「사랑은 100°C」 이렇게 영화를 점점 발전시켜 가면서 영화감독으로 성장하는 단계도 거쳤고, 2012년에 「두 번의 결혼식과 한 번의 장례식」을 연출하면서 감독으로서 입지를 굳히게 됐습니다. 이 지점에서 영화감독으로서 질문을 드리고 싶은 게 하나 있어요. 이송희일 감독이나 다른 게이 감독들은 약간의 내적 갈등이 있어요. 하나는 게이 공동체를 대변하는 입장에 있기 때문에 사회적인 책임을 가지고 프로파간다로서 긍정적인 게이를 묘사해야 한다는 압박감이 있고, 또 한쪽으로는 영화감독으로서 문제적인 영화를 만들어서 영화사에 족적을 남기고자 하는, 또 해외 영화제에서 상을 타고자 하는 욕망이 있죠. 둘 사이의 절충이 잘 안 되기도 합니다. 그런데 김조광수 감독님은 게이 프로파간다를 제작하는 데 있어서 전혀 내적 갈등이 없는 것처럼 보여요. 속은 잘 모르겠지만 겉으로 볼 땐 그렇습니다. 씨네필 출신의 영화감독들은 2010년대의 시점에서 퀴어 영화를 만드는 것에 대해 약간의 멘붕이 있어요. 1990년대 퀴어 영화의 유산을 물려받아서 말이 되는 뭔가를 만들기가 너무 어렵거든요. 영화감독으로서 이루고 싶은, 예술가로서의 꿈이 뭔가요?

제가 좋아하는 영화들이 이른바 씨네필들이 좋아하는 작가주의 예술영화가 아니에요. 어릴 때 TV로 보며 자란 영화들이 「주말의 명화」에 나오는 유명한 할리우드 영화였어요. 그래서 제가 꿈꾸던 영화도 그런 대중성을 갖고 있는 영화들이고, 지금 감독으로서 만들고 싶은 영화도 그런 영화들이에요. 사람들에게 꿈과 희망을 주고, 현실에 기반하되 미래를 꿈꿀 수 있는 영화를 만들고 싶어요. 물론 현실을 잊게 하는 건 아닙니다. 저는 영화적인 텍스트보단 대중과 호흡할 수 있는 이야기와 표현을 많이 고민해요. 프로파간다 이야기를 하셨잖아요. 그런 고민은 저도 있어요. 어떻게 보면 그게 저의 단점일 수도 있는데, 제가 만들고 있는 영화가 게이들의 하위문화와 보여주고 싶지 않은 문화를 잘못 드러내는 건 아닌가, 이런 점에 대한 자기 검열이 있어요. 좋은 면만 드러내거나 밝은 면 위주로 드러내고 싶은 마음이 있어서 과감하지 못하다는 생각도 많이 해요.

전 김조광수 감독님께 바라는 게 하나 있어요. 한국엔 「글리(Glee)」 같은 가라오케 영화가 없죠. 그런데 한국엔 아이돌 산업이란 자산이 있잖아요. 그래서 수많은 아이돌들 가운데 지금 일거리가 없는 분들과 함께 한국판 「글리」를 하나 만들어 주셨으면 합니다.

제 꿈 중의 하나에요.

한국이 못하는 게 뮤지컬 영화에요. 절대 안 되더라고요. 아직 영화 쪽에선 기반이 없어서 그래요.

이제 결혼 이야기를 여쭤볼게요. 낭군님은 언제 어떻게 만나신 건가요?

2004년 겨울, 친구사이 사무실에서 처음 만났습니다. 그 친구가 친구사이 문을 열고 들어오는데 후광이 확 비치면서 '어떻게 저런 예쁜 애가 있는 거야' 싶더라고요. 걔가 딱 자리에 앉았는데 그 자리를 떠날 수가 없는 거예요. 옆에서 말을 붙였는데 저보다 열아홉 살이나 어리더라고요. '얘는 내 떡이 아니구나' 싶어서 좌절을 했다가, 닉네임이 뭐냐고 물어보니까 '데이'라는 거예요. 혹시 「패왕별희(霸王別姬)」(1993)의 데이냐고 물었더니 맞다고 하더라고요. 영화를 좋아한다면 가능성이 있겠다 싶었고, 혹시 장국영을 좋아하는 게 아닌가 하는 생각도 들더라고요. 제가 예전에 별명이 50미터 거리에서 보면 약간 장국영 느낌이 난다고 '50미터 장국영'이었거든요. 이걸로 어필하면 할 수 있지 않을까 싶어서 그 이후 6개월 동안 작업을 진짜 열심히 했어요. 맨 먼저 한 게 뭐냐면, 그 친구를 만나면 건너편에 앉지 않고 항상 옆자리에 앉는 거에요. 건너편에 있을 땐 외모의 장단점이 다 보이잖아요. 제가 또 그 친구한테 어느 쪽 얼굴이 더 나은지 살짝 물어봤거든요. 오른쪽이 더 낫다고 하기에 그쪽 얼굴이 보이는 자리에만 앉는 거죠. 가끔 보이는 제 얼굴이 항상 괜찮은 얼굴로만 보일 거 아니에요. 그리고 그 아이가 저의 어떤 면을 좋아할지 모르니까 일단 다양한 모습을 보여줘야 된다 싶었어요. 그래서 제가 그때 미친 듯이 사회를 봤어요. 집회나 토론회, 파티 사회를 보면서 제게 다양한 재능이 있단 걸 인식시키면서 6개월을 보냈죠. 마침 친구사이 MT가 있어서 그때 방점을 찍겠다고 마음먹었어요. MT를 준비하는 친구들한테 그 아이와 저를 한 조에 넣어달라고 했어요. 그랬더니 애들이 “우리가 미친 것도 아니고, 왜 형을 위해서 그런 짓을 해줘야 하느냐!” 이러더라고요. 그래서 어떻게 했냐면, MT 때 제가 사회를 맡은 프로그램이 하나 있었는데, 그렇게 안 해주면 MT를 안 가겠다고 했죠. “프로그램 날려” 이랬더니 울며 겨자 먹기로 알겠다면서 한 조에 넣어주더라고요. 한 조가 되면 밥도 같이 짓고, 설거지도 같이하고 그러잖아요. MT에 갔을 때 계속 끈끈한 촉을 보내고 있다가 막판에 술이 좀 들어갔을 때 산책을 가자고 했죠. 따라나서더라고요. 이때다 싶었어요. 제가 마초는 아닌데 담벼락에 기대게 한 다음 키스를 하는 로망이 있었거든요. 영화에 많이 나오는 그걸 꼭 해보고 싶었죠. 그전에 사귀었던 사람들은 전부 저보다 키가 한참 큰 사람들이라 그걸 못 했는데, 이 친구는 키가 저보다 약간만 크거든요. 얘랑 꼭 해보고 싶단 생각이 들었죠. 손을 잡고, 담벼락에 탁 밀쳐서 키스를 했는데, 그때 느낌이 확 온 거죠. ‘얘도 날 좋아하고 있구나.’ 그런데 그걸 후배들한테 들켰어요. “MT 와서 열아홉 살 어린 애나 낚고 있다”면서 범죄의 현장이라느니, 도둑을 넘어서서 유괴범이라느니, 난리가 났죠. 이 친구가 84년생인데, 제가 83학번이잖아요. 대학교 2학년일 때 태어난 애랑 사귄다는 게 사실 유괴범에 가깝긴 한데….

두 분이 아주 장기 연애를 하셨어요.

8년 연애를 하고, 햇수로는 10년째인 2013년에 결혼을 했습니다.

공개 결혼식이 2013년 9월 7일 서울 청계광장에서 열렸습니다. 결혼식이 열리기 전부터 점점 사람들의 주목을 받기 시작하면서 개인의 결혼식을 넘어서 커다란 사회적 이벤트가 되었어요. 한국 사회에서 동성혼 법제화를 의제화하기 위해 사생활을 희생한 면모가 있는 거죠. 사생활을 공개해서 사회운동의 형태로 전환한다는 게, 심리적으로 부담스럽고 힘든 지점이 분명히 존재합니다.

겉으로 보는 것처럼 마냥 행복하기만 한 건 아니잖아요.

그런 면이 충분히 있죠. 아까 제가 소꿉장난할 때 결혼식을 즐겨 했다고 얘기했잖아요. 저는 공개 결혼식을 감행했던 첫 번째 이유가 제 로망의 실현이었어요. 어릴 때부터 많은 사람의 축복을 받는 결혼식을 정말 하고 싶었거든요. 평범한 사람들의 일생에서 결혼식은 수백 명의 축복을 받는 거의 유일한 행사잖아요. 그런데 어느 순간 제가 게이라는 걸 깨닫고 그걸 할 수 없단 생각이 드니까 너무 억울한 거예요. 한동안 좌절했는데 외국에서 결혼하는 동성 커플들이 생기기 시작하더라고요. 이것마저도 제 떡이라 쾌재를 불렀죠. 그런데 결혼식은 상대가 있어야 하는 거잖아요. 연애하는 상대들한테 "나 이런 로망이 있어" 이러면서 꿈처럼 얘기하면 표정이 딱 굳으면서 말도 안 된다고 하죠.

커밍아웃한 분을 찾기가 쉽지 않죠. 또 사랑에 빠지는 사람이 커밍아웃한 사람이거나 동성혼을 희망하는 사람이라는 법도 없는 거니까요.

그런 사람을 못 만난 거예요. 결혼이라는 과정을 동의해주는 사람도 만나기 어려운 데다가, 대한민국에서 공개적인 결혼이라니까 못 한다는 분들이 많았죠. 미국이나 유럽에서 태어났어야 했다며 좌절하고 있었는데, 그러다가 김승환 씨를 만났고, 사귀고 한 1년 정도 됐을 때 슬쩍 떠봤어요. 그랬더니 그 친구가 고민해 보겠다고 하더라고요. 다른 사람들은 다 펄쩍 뛰었거든요.

속이 깊은 분이네요.

네, 고민해보겠단 말로 시작하면서 그 고민을 서로 나눴어요. 저의 로망이기도 하지만 당신의 로망이기도 해야 한다고, 안 그러면 나중에 감당하기 어려울 거라고요.

억지로 끌려서 애인을 위해 희생하는 거라고 생각하면 이게 나중에 스트레스가 되거든요.

그런 얘기들을 했는데 자기도 그 정도는 감당할 수 있을 것 같다고, 그리고 사회적으로 꼭 필요한 일이니까 자기도 즐겨보고자 노력하겠다고 하더라고요. 결과적으로는 현실이 됐죠. 결혼을 준비하는 과정에서 정말 많이 싸울 거라는 얘기를 자주 들었어요. 제가 그럴 때마다 "이성애자랑 우리랑 똑같은 줄 알아?" 이랬는데 세상에나, 결혼식 준비하면서 정말 많이 싸웠습니다.

그게 보통 일이 아니거든요.

저희가 8년을 연애하고 결혼식을 준비했는데, 8년 동안 한서너 번 싸웠나? 정말 안 싸우는 커플이었거든요. 그런데 결혼식을 준비하면서는 일생에 다시는 이렇게 안 싸울 것처럼 일주일에 두세 번씩 싸웠어요. 우리가 정말 다른 사람이란 걸, 또 지난 8년 동안 몰랐던 걸 집약적으로 알게 됐죠. 저는 사람들이 주목해주는 걸 즐기는 사람이라면, 김승환 씨는 그렇지 않는 사람이었어요. 그래서 더 힘들어했던 것 같고, 그때마다 제가 잘 보듬어 주었어야 했는데 그걸 잘 못해서 김승환 씨가 중간에 심리 치료도 받았어요. 그런데 이게 일단 사회적으로 벌여놓은 일이잖아요. 많은 LGBT에게 희망을 주는 사람이 되었는데, 그러다가 결혼식 그만두기로 했다는 이야기가 나오면 희망을 안 준 것만 못하게 될 수도 있잖아요. 그 책임감 때문에 김승환 씨가 어려움을 딛고 결혼식까지 가게 된 거죠. 그 책임감이 없었다면 중간에 포기했을 수도 있었을 겁니다. 어려움이 정말 많았어요.

그 가운데 하나가 김승환 씨 부모님께 커밍아웃을 하는 과정이었을 것 같아요. 어땠나요?

김승환 씨 부모님이 정말 좋으신 분들입니다. 재미있는 얘기를 몇 가지 해드리자면, 공개적으로 결혼식을 해야 하니까 일단 부모님께 커밍아웃을 하는 건 필수 관문이잖아요. 그래서 언제쯤이 좋을까 계속 고민하다가 2011년 3월쯤에 말씀드리자고 마음을 먹고, 김승환 씨가 커밍아웃을 했어요. 부모님께서 창원에 사시는데 거기가 아주 보수적인 도시잖아요. 처음엔 커밍아웃을 못 받아들이시더라고요. 이걸 정신 질환이라고 오해하신 거죠. 정신과 치료를 받아야 한다고 이야기를 하셨는데, 저희가 그때 고민이 많았어요. 정신 질환 항목에서 제외된 지 이미 오래라고 근거를 제시해드려도, 남의 나라 이야기라고 안 받아들이시더라고요. 그러다가 정면 돌파를 해야겠다는 생각이 들었어요. 정신과 진료를 받겠다고, 대신 동네 정신과가 아니라 세브란스 정신과를 가자고 했습니다. 김승환 씨 어머니께서 세브란스 병원에서 신장 이식 수술을 받으신 경험이 있으세요. 당신의 목숨을 살렸기에 신뢰가 가는 병원이었던 거죠. 거길 예약하고 혹시 모르니까 알아봤어요. 이상한 의사가 있을 수도 있으니까요. 마침 제가 아는 친구의 언니가 거기에 정신과 의사로 계시더라고요. 그래서 미리 간단한 통화를 하고 정신과 상담을 받았어요. 그 선생님이 부모님도 상담하고 제 파트너도 상담했는데, 부모님과 파트너를 함께 만나는 자리에서 "아드님이 성 정체성 때문에 고민하는 것 같진 않다", "확고하다", "아드님은 정신 질환도 아니고 정신과 상담도 필요하지 않은 분이다" 이런 얘기들을 하셨어요. 부모님께서 고민을 하시더니 "저희는 아들의 커밍아웃을 받아들이기로 했어요"라고 말씀하시면서, 바로 그 자리에서 받아들이셨어요. 또 재미있는 건, 제가 그때 어떤 매체랑 영화 「조선명탐정」의 흥행에 대해서 인터뷰를 했어요. 그 얘기를 한 시간 정도 하고 나서 말미에 기자분이 제 파트너를 알고 있던 분이라 김승환 씨 안부를 묻더라고요. 그래서 부모님한테 커밍아웃도 했고, 내년쯤에 공개적으로 결혼할 생각이라는 얘기를 했는데, 한 시간 동안 인터뷰했던 건 싹 날아가고 그것만 기사화가 됐어요. "「조선 명탐정」 제작자 김조광수, 동성 파트너와 결혼" 이렇게 나온 거예요. 그게 실시간 검색 순위에서 1위를 하면서 이상하게 화제가 됐는데, 부모님이 촉이 좋으셔서 그 김조광수란 사람의 열아홉 살 연하 공대생이 너 아니냐며 김승환 씨한테 전화를 하셨어요. 김승환 씨는 거짓말은 또 하고 싶지 않으니까 맞다고 얘기했죠. 부모님은 아들이 게이인 건 이제 전혀 관심 밖이고, 어떻게 열아홉 살이나 많은 남자와 공개적으로 결혼을 하냐고 반대를 심하게 하셨어요. 그렇게 한 번 빵 터지고 나니까 결혼에 대한 이야기를 언제 꺼낼까란 고민이 싹 사라진 거죠. 전선이 바뀌어서 주도권을 우리가 쥔 거예요. 우리는 여러 이유 때문에 꼭 공개적으로 결혼을 해야 하고, 한국 사회를 바꾸는 일을 하겠다고 입장을 밝혔습니다. 부모님들의 동의는 구하고 싶지만 동의를 못 해주셔도 우린 하겠다고 말씀을 드렸죠. 부모님께서 화는 나지만 어쨌든 "말려야 한다"가 된 거지, "못 하게 하겠다"는 이미 끝난 거잖아요. 이미 기사화도 됐고요. 그래서 어떻게 말릴 것인가로 고민하셨지만 우리의 의지가 확고하니까 조금씩 뒤로 물러서게 됐어요. 처음에는 "절대 안 된다", "결혼 자체가 안 된다", "열아홉 살 많은 남자랑 사귀면 안 된다" 이런 입장이셨다가, 곧 "결혼을 하긴 하되 너네끼리 조용히 해라"가 됐고, 또 물러서면서 "가족들이 있는 자리에서 조촐하게 하자"로, 또 더 물러서서 "실내에서 해라", 그러다 "우리는 참석하지 않겠다", "결혼식을 우리 없을 때 해라" 이렇게 됐어요. 결혼식 즈음에 미국에 가실 일이 있었는데 미국 갔을 때 하라고 하시다가 막판엔 멀리서 지켜보겠다고 하셨어요. 그런데 저희가 멀리서 지켜보는 건 좀 그렇다고, 한 번밖에 없을 혹은 단한 번이고 싶은 결혼식에 꼭 참석해 주셨으면 좋겠다고 부탁을 드렸는데, 어머니께서는 참석이 어려울 것 같다고, 그 자리에 앉는 게 어렵다고 말씀하시더라고요. 그런데 또 재미있는 게, 저희가 영화 마케팅하듯이 예고편도 만들고 포스터도 만들고 그랬잖아요. 어머니 친구분들이 승환이가 그 승환이었냐면서, 너무 재밌겠다고, 꼭 가서 보고 싶다, 이렇게 된 거예요. 어머니 친구분들이 어머니한테 앞자리에 앉을 수 있게 초대장을 달라고 하셨어요. 승환 씨 어머니께서는 안 갈 거라고 하셨는데 아들 결혼식에 안 가는 게 말이 되냐면서 옆에서 많이 도와주셨죠. 친구분들 덕분에 어머니께서 가족석에 앉으셨어요.

결혼식에서도 중요한 건 이성애자 여성 팬이군요.

맞아요. 그분들이 오셔서 자리를 빛내주셨고, 결과적으로 그분들 덕분에 부모님도 자리에 참석하셨고요. 또 재미있는 건, 결혼식에 오신 분 중에 자제분이 다음 달에 결혼을 하는 분이 있었어요. 그런데 그분이 저희 부부를 꼭 자기 아들의 결혼식에 초대하고 싶다고 하시더라고요. 제 파트너 부모님의 가장 큰 고민은, 아들 결혼식이 곧 본인들의 커밍아웃인 거잖아요. 그 이후에 감당해야 할 것들 때문에 걱정이 많으셨는데, 친구분들이 저희를 긍정적으로 바라보고 또 초대하니까, 이런 과정들을 거치면서 그게 꼭 두려운 일만은 아니라고 생각하셨던 것 같아요. 결혼식 이후에 정말 많이 변하셨어요. 저희는 결혼식을 하고 나서 개인적인 변화가 크지 않을 거라고 생각했어요. 동거를 4년 정도 했었고, 양가 부모님한테 다 인사도 드렸고, 부모님이 저희 집에 와서 주무시기도 하셨고, 또 저희도 부모님 댁에 가서 자기도 했거든요. 그런데 부모님들이 그 전에는 저희를 아들의 남자 친구 정도로만 여기고 가족의 테두리에 이 사람을 들이겠다고 생각을 안 하셨다가, 결혼식이라는 형식적인 과정 이후에 바뀌신 것 같아요. 한번은 창원 아버님께서 서울에 올라오셨는데 마침 김승환 씨가 일이 늦게 끝나서 저하고 아버님 둘만 있었어요. 좀 서먹서먹하잖아요. 제가 며느리 코스프레를 하면서 아버님께 사과를 예쁘게 깎아드리고 있었는데, 아버님께서 어느 순간 김승환 씨 누나의 이사 문제를 저하고 얘기하시게 됐어요. 그러다 갑자기 둘 다 그걸 느낀 거예요. 그전에는 가족의 사소한 일을 한 번도 저하고 상의하신 적이 없었거든요.

> 가족의 일을 상의한다는 건 아주 큰 장애물을 넘었다는 뜻이거든요.

그래서 둘이서 약간 멈칫 했다가, 그게 없었던 척하면서 다시 자연스럽게 얘기를 하다가, 더 나아가서 가족들의 흉을 조금씩 보는 단계까지 나아가게 된 거예요. 가족의 흉을 본다는 건 정말 인사이더만이 누릴 수 있는 특권인 거죠. 그 이후로 친밀감이 많이 형성돼서 요즘은 저희가 창원에 놀러 가면 자연스럽게 같이 장도 보러 다녀요.

> 결혼식이라는 게 단지 이벤트가 아니라, 사람과 사람의 관계를 변형하는 힘이 있죠. 또 비공개로 하는 게 아니라 공개적으로 했을 때 나의 위상도 달라지고, 사람들이 게이 부부, 게이 연인을 대하는 방식이 달라지기 때문에, 앞으로 보다 많은 분들이 커밍아웃을 하고, 동성혼 결혼식을 올리고, 또 사회에 반복적으로 법제화에 대한 필요성을 요청하는 것, 이 과정이 필요하다는 생각이 듭니다. 사실 국제적으로는 동성혼 법제화의 바람이 일었고, 서구에서는 이미 승리를 거두게 됐어요. 이제 제3세계하고 거리가 확 생겼는데, 이걸 '게이 디바이드(Gay Divide)'라고 부르더라고요. 동성혼이 문화적 선진국과 후진국을 나누는 기준이 되었는데, 문제는 여기 편승하지 못한 한국이나 기타 아시아 국가들은 앞으로 전선이 흐트러

질 가능성이 크죠. 서구에서는 더는 동성혼 법제화가 의제가 아니고, 커밍아웃도 왕년의 전략적인 힘을 상실하게 됐고, 앞으로 뭘 투쟁해야 되는가에 대해 어느 정도 혼란이 있습니다. 한국 사회에서 동성혼 법제화 투쟁을 잘 진행하기 위해서 우리가 취해야 할 행보는 뭐가 있다고 생각하세요?

제가 결혼식을 준비할 때 가장 많이 들었던 이야기 중 하나가 "나는 결혼 제도에 찬성하지 않기 때문에 너의 결혼도 지지하기 어렵다"였어요. 특히 성 소수자 운동을 하는 분들이 그런 얘기를 많이 하셨는데, 전 본인이 동성혼을 하느냐 마느냐와 동성혼을 지지하는 건 다른 문제라고 생각해요. 결혼이라는 제도 안에 자기가 속하느냐 마느냐를 떠나서 결혼 제도의 평등권을 실현하는 건 또 다른 문제니까요. 누군가 결혼을 하고 싶어 하는 사람이 있다면 누구든 평등하게, 조건 없이 할 수 있는 사회여야 한다고 생각해주면 좋을 것 같습니다. 그런 점에서 한국의 성 소수자들이 자기 욕망을 다시 한 번 되돌아봤으면 좋겠어요. 다른 나라에 비해 한국이 결혼하고 싶어 하는 성 소수자 수가 적을 수 있어요. 그런데 그 이유가 어렸을 때부터 내 것이라고 생각을 안 했기 때문에 그런 욕망이 없는 걸 수도 있거든요. 이게 내 것이 될 수 있다고 생각한다면 충분히 달라질 겁니다. 어떤 꿈을 꿀 것인가에 결혼까지도 포함시켜서 고민해볼 필요가 있어요. 저는 결혼식을 하면서 이게 합법이냐 아니냐의 문제는 중요하지 않다고 봅니다. 누군가에게 한국에서도 저런 일이 가능한 일이구나라는 걸 보여주고 싶은 거죠. 주변에 '저런 사람이 있구나' 이렇게 공론화의 장, 꿈을 꿀 수 있는 단초를 제공할 것이라고 생각했어요. 거듭 말씀드리지만, 결혼을 나의 욕망의 하나로 검토해보라고 얘기하고 싶어요. 결혼식 이후에 청소년 LGBT들이 "감독님 덕분에 우리도 그런 꿈을 꾸게 되었어요", "언제 이 사회에서도 동성혼이 합법화가 될까요?" 이런 얘기를 해준 게 제일 듣기 좋았어요. 미국은 동성혼이 회자되고 판결이 나기까지 수십 년이 걸렸지만, 한국은 정말 다이내믹한 나라이기 때문에 그렇게까지 오래 걸리진 않을 것 같아요.

성 소수자 운동 진영에서 다양한 삶의 방법을 찾아내는 풀뿌리 운동도 좋지만, 구심점이 될 만한 하나의 전선을 형성하는 일도 중요하다는 생각을 해봅니다. 김조광수 감독님은 게이로서 진도가 굉장히 많이 나간 거예요. 사회적으로 커밍아웃도 하고, 제작자로서 성공도 하고, 영화감독으로 입지도 굳히고, 이제는 한국에서 그 귀하다는 동성혼 유부남이 되었습니다. 동성 부부로서 사회적 역할 모델이 되었어요. 다음 단계는 뭘까요? 자식을 갖고 싶은 생각은 없으세요?

저는 아기를 좀 두려워해요. 말이 안 통하면서 움직이는 것들을 정말 안 좋아하거든요. 식물은 좋아해요. 갖다 놓으면 예쁘게 있는 애들은 좋아하는데, 말은 안 통하는데 자기들끼리 놔두면 사고치는, 그런 애들을 별로 안 좋아해서 아기도 저는 두려워합니다. 그런데 파트너는 아기를 예뻐하는 편이라, 입양이나 육아에 대해서 일치된 입장을 만들어내지 못하고 있어요. 그리고 저희가 둘 다 영화 일을 하다 보니 출퇴근이 명확하지 않고, 일이 너무 불규칙해요. 우리가 아이를 잘 키울 수 있는 환경을 갖고 있는지에 대해서 의문이 있는 거죠. 또 저희가 너무 알려진 게이 커플이잖아요. 알려진 게이 커플이 키우는 아이가 감당해야 할 것들이 좀 클 것 같아요.

연예인 자식과 마찬가지니까.

어떻게 될지는 모르지만 꿈이 하나 있다면, 어떤 이유에서든 부모와 떨어질 수밖에 없는 환경에 놓인 청소년들과 가족을 이루는 겁니다. 자기가 LGBT임을 스스로 인정한 친구들

중에 부모가 필요하다고 생각하는 사람이 있다면, 그런 사람들의 부모가 되어줄 순 있을 거란 생각은 해요.

저도 전에 인권 운동을 할 때 그런 꿈을 꾼 적이 있어요. 'SOS어린이마을'처럼 입양될 수 없는 나이의 아이들과 대안 가정을 꾸려서 운영하는 곳이 있잖아요. 그것의 게이 모델이 가능하지 않을까 싶어요.

제가 지금은 바쁘게 일을 해야 돼서 여유가 없지만, 앞으로 10년 정도 지나서 시간적 여유가 생기면, 대안 가족 형태로 아이들과 공동체를 이루는 시기가 오지 않을까 싶어요. 그땐 좀 재미있는 형태의 가족, 행복한 가족을 만들 수 있지 않을까 생각해봅니다.

앞으로 변화하는 10년 가운데 어떤 가능성이 있는가, 이걸 우리가 계속 상상하는 게 참 중요합니다. 끝으로 궁금한 게 있어요. 결혼 생활엔 장점도 있지만 단점도 있을 것 같아요. 특히 배우자인 김승환 씨는 2010년에 설립한 '레인보우팩토리'의 대표로 일하고 계시니까, 두 분은 일과 결혼 생활이 섞여 있는 셈이에요. 그게 좋을 땐 좋지만 스트레스가 될 수 있잖아요.

이성애자나 동성애자 할 것 없이, 혹시 결혼을 꿈꾸고 있는 커플이 있는데 일도 같이 하겠다고 생각하는 분이 있다면, 절대 하지 마세요. 가능하다면 일은 따로 하세요.

일과 연애는 섞지 않는 게 철칙이죠.

네, 그리고 설령 일은 같이 하더라도 사무실은 절대로 같이 내지 마세요. 아무튼 함께 일한다는 것이 24시간 붙어 있는 느낌이거든요. 그건 그렇게 좋은 일은 아닌 것 같아요.

지금 사무실이 같은 곳인가요?

다행히 사무실은 달라요. 제가 지금은 레인보우팩토리 일은 거의 안 하고 있어서 이제는 괜찮은데, 초기에는 그 친구가 공대 출신이고 영화 일을 안 했었기 때문에 제가 결합해서 많이 알려줘야 했어요. 초반엔 트러블도 많았지만 지금은 괜찮아요.

저도 오며 가며 김조광수 감독님과 김승환 씨가 결혼 전에 데이트하는 걸 몇 번 본 적이 있어요. 물론 제 옆에도 오며 가며 딴 사람이 있었고요. 그런데 확실히 결혼하고 난 뒤의 얼굴이 훨씬 안정적이고 보기가 좋습니다. 마지막으로 새 시대의 청소년, 청년 LGBT 분들에게 메시지를 부탁드릴게요.

저는 제가 성 소수자인 것을 인정하기까지 15년 정도 걸렸어요. 초반에는 그걸 부정하느라 정말 힘든 시기를 겪어서인지, 후배들한테는 그런 세상을 물려주지 말아야겠다는 게 제 인생의 목표가 됐습니다. 바람이 있다면, 그냥 자연스럽게 자기 자신이 남들과 다르다는 것을 인정했으면 좋겠어요. 그걸 인정하는 순간부터 우리는 훨씬 행복해질 수 있어요. 우리는 자기 자신에 대해 고민하는 시기를 겪을 수밖에 없잖아요. 그건 시련이기도 하지만 어떻게 보면 신이 준 선물일 수도 있어요. 이성애자들은 그런 경험을 못 하거든요. 그 시기를 잘 견디고 나면, 나 자신에 대해 인생에서 너무도 소중한, 누구도 가르쳐줄 수 없는 점들을 깨달을 수 있습니다. 우리는 있는 그대로 행복한 존재라는 것을 다시 한 번 깨닫고 행복하게 잘 살았으면 합니다.

동성혼 법제화 투쟁의 승리, 그 명과 암

제이슨 박

시카고에서 인간의 시각 기능을 연구하는 신경과학자다. 고려대학교에서 법학을 공부했지만 심리과학으로 전공을 바꿨고, 이후 뉴욕 컬럼비아 대학교에서 박사 학위를 받았다. 신경심리학계의 권위자인 세미르 제키의 교양서 『이너 비전 — 뇌를 보는 그림, 뇌로 그리는 미술(Inner Vision — An Exploration of Art and the Brain)』(2003)을 번역했으며 『허핑턴포스트코리아』, 『도미노』 등에 기고해왔다. 트위터에서 자비 없는 '비칭'으로 계몽 사업에 힘을 쓴 나머지 '뉴욕 마초 게이'라는 별명을 얻기도 했다. 망가와 아니메 오타쿠이며, 무라카미 하루키의 팬이다. 화장품 마니아이자 박피 중독자이기도 하다.

어렸을 적 게이라고 자각한 때는 언제인가요?

서너 살 정도부터 '게이 어린이', 즉 '게린이'라고 부르는 특성이 있었던 걸로 기억해요. 또래의 남자아이들과 어울리는 것보다는 어른이나 여자아이들과 어울리는 게 더 편하고, 공놀이도 좋아하지 않고. 그래서 항상 뭔가 차이가 있다는 생각은 했었죠.

어렸을 때 소꿉놀이나 인형놀이를 좋아했나요?

네. 동네 누나, 사촌 누나, 동네 아이들이랑 소꿉놀이를 하거나 인형놀이 하는 걸 좋아했어요. 또 저희 어머니가 어떤 의미로는 깨인 분이시라서 아들인데도 인형을 가지고 싶다고 하면 사주기도 하고 그러셨어요.

어떤 성 소수자건 성장 과정에서 정체성 문제로 힘들 때가 한두 번은 있기 마련인데, 언제가 가장 힘이 들었고 또 어떻게 이겨냈나요?

우리가 다 한 번씩은 드라마를 찍잖아요. 저희 집안이 개신교라 어렸을 때부터 다들 교회를 다녔고 어머니는 지금도 여전히 신앙생활을 하시는 분이어서 압력이 있었어요. 그럼에도 중고생쯤 되면 몸이 원하잖아요. 호르몬이 발동하니까 누구를 만나고 싶다, 누가 좋다, 만져보고 싶다, 이런 감각이 드니까 너무 힘든 시기가 있었죠. 중고등학생이 접할 수 있는 세계라는 게 한정되어 있잖아요? 교회 형을 좋아한다든가…. 그런데 저는 오빠 말고 주일 학교 선생님이었어요. 그리고 또 학교 친구들. 이런 조그만한 일들은 어렸을 때부터 있었고, 민망한 드라마도 많이 찍었죠.

게이로서 사회화되는 과정이 여타 스탠더드한 게이와 조금 달랐던 걸로 알아요. 20대 시절에도 게이 바나 클럽에 잘 놀러 가는 사람이 아니었던 걸로 기억하는데요.

왜 그렇게 생각하셨는지 모르겠는데, 어렸을 땐 열심히 했어요. 제가 대학에 처음 들어갔을 때는 통신 모임, 학교 모임

같은 게 많이 생길 때였잖아요. 저도 주일마다 친구들이랑 춤도 추러 가고, 할 건 다 했었어요. 그때 스파르타쿠스, 지퍼가 잘 나가던 시절이었죠.

첫 경험의 상대는 누구였나요?

'첫 경험'을 섹슈얼한 행위로 정의한다면, 동년배 학교 친구들? 상호간에 합의를 한 연애는 대학에 들어와서 했습니다. 그때부턴 홍상수 영화를 찍기 시작했죠.

어떤 과정을 거쳐서 커밍아웃했나요?

일단은 제가 '걸커', 걸어 다니는 커밍아웃이잖아요. 항상 누구나 알 거라고 생각하고 특별히 숨기지는 않았어요. 가족들은 보면 알죠. 그리고 워낙 드라마를 세게 찍었기 때문에….

아무리 '걸커'라고 해도 가족의 '디나이얼'이란 게 있기 때문에, 확인 사살을 할 때까지는 말을 안 하죠.

그건 지금도 그래요. 다 아는데 어머니도 자기 쪽에서 얘기하고 싶은 마음은 전혀 없고, 제 쪽에서 얘기를 하면 들어는 주시는데 좋은 기색은 아닌 그런 정도예요.

학계에서의 커밍아웃은요?

서울에 있을 때도 숨긴 건 아니었어요. 거짓말은 안 했던 것 같아요. 그런데 뉴욕에 와서는 어느 정도 지난 후에 밝혀야 하는 시점이 오더라고요. 대놓고 얘기했죠. "Hey, you know what? I'm gay."

뭐라 그래요?

그냥 다들 "그렇구나" 해요. 제가 일하는 데가 심리학과 뉴로 사이언스 이런 쪽이어서….

거긴 다 '너드(nerd)'한 분들이잖아요.

과학이 하드코어해질수록 대부분 남한테 관심이 없고, 정치적으로도 리버럴하고, 종교도 안 믿죠. 다들 무신론자거나 불가지론자이기 때문에 그런 걸로 싫은 티를 내는 분은 한 번도 못 봤어요.

그런데 밝혀야 하는 시점은 언제 오나요?

직장 생활을 시작하면서 그런 생각이 들었어요. 미국은 상사 입장에서 아랫사람한테 물어볼 수 없는 질문이거든요. 그걸 물어보면 차별이 되죠. "왜 네가 그걸 알고 싶니?" 이런 입장이 되기 때문에요. 처음 인터뷰야 그렇다 쳐도 일을 하기 시작하면 사적인 영역이 전혀 안 겹칠 순 없잖아요. 상대는 분명히 알고 있는데, 그렇다고 그쪽에서 먼저 얘기를 꺼낼 수는 없고, '내가 얘기를 언제 해야 하지?' 이렇게 애매한 상황이 되더라고요. 2~3주 정도 후에 밥을 먹다가 "근데, 너 내가 게이인 거 알지?" 그랬더니 아주 복잡한 미소를 지으면서 "그렇지" 이러더라고요. 그렇게 돼서 전혀 불편 없이 지내고 있습니다.

미국에서 살기 시작한 건 유학을 떠나면서부터였죠? 그게 몇 년도인가요?

2002년에 석사 졸업을 하고 그때부터 왔다 갔다 했어요. 가서 6개월 정도씩 지내다가 유학을 간 건 2004년이죠.

원래 법학을 전공했잖아요. 어떤 심경의 변화가 있어서 법학을 버리고 신경심리학자가 된 건가요? 혹시 '아, 나도 다른 사람들처럼 치의대를 갔어야 더 행복하지 않았을까?' 이런 생각은 안 하나요?

법대는 그냥 성적이 되고 좋은 학교니까 가자는 마음으로 갔어요. 또 고등학교가 지긋지긋하잖아요. 고등학교를 끝내는 것만 해도 다른 걸 생각할 여유가 없었어요. 그런데 제가 다니던 고려대학교 법학과의 분위기가 약간 묘했어요. 몇 달 전만 해도 다들 서울대를 가려고 했지 고대에 올 거라고 생각하지 않은 애들이잖아요. 그러니까 이상한 에너지가 있었어요. 저는 그런 게 계속 불편하더라고요. 다른 이유는 법도 공부를 해보니까 재미는 있었는데, 시험을 쳐서 시스템의 부조리를 구원하는 게 탐탁치가 않은 거예요. 무슨 정의의 사도가 되는 것도 아니고, 혼자서 할 수 있는 게 아니라는 생각이 들어서요. 다른 걸 알아보다가 마음이 어두우니까 심리학으로 눈을 돌렸는데, 거기서도 보통 사람이 생각하는 심리학이 아니라 더 하드코어한 생리 쪽, 신경과 자극 처리에 관심이 생겨서 복수 전공으로 선택을 했어요. 그땐 치의대가 아예 선택지가 아니었어요. 꼭 의대를 가고 싶다는 마음도 없었고요.

공부를 좀 하는 게이 고등학생은 법학이나 의학 전공을 선호하죠.

고소득이 보장되는 자유직이니까요. 그래서 어떤 조직에서 뭘 하든 책임지고 할 수 있다고 생각하는 분들이 많은 것 같고, 또 권력과 어느 정도 관련된 일을 좋아하는 분들도 있죠.

막상 법조계에서 성공하면 다들 탈반하고, 이성애자인 척 패싱하고 결혼해서 살잖아요.

저도 제 친구 중에 그런 사람이 많아서 좀 충격을 받았어요. 한 5년 전에 한국에 왔을 때만 해도 다들 독신으로 살면서 일을 했는데, 이번에 와서 보니까 결혼한 사람도 하나둘씩 있더라고요. '동료 압력(peer pressure)'이라는 게 무시를 못 하는 거구나, 그 안에서 성공을 하려고 마음을 먹었으면 저렇게 거짓말을 하고 삶을 살아야 하는구나 싶더라고요. 제가 판단할 바는 아닌데, 더는 그 사람들의 삶에 관여하고 싶은 마음은 안 들더라고요.

전문 분야가 신경심리학 가운데에서도 시각뇌 부분이죠? 연구 주제에 대해서 설명해주세요.

시각뇌를 하다가 지금은 안구랑 신경 쪽을 더 열심히 연구하고 있어요. 신경 과학 안에서도 '비전(vision)' 파트가 커요. 인간이 정보를 받아들일 때 시각이 차지하는 비중이 워낙 크기 때문에 그 분야가 중요하고요. 또 하나는 실험을 설계할 때 자극을 통제하기가 좋아요. 다른 종류의 실험은 여러 가지 제약 조건이 있습니다. 예를 들어 통증이 따르는 실험은 실험자에게 어떻게 자극을 줄 것인지부터 시작해서 자극을 줄 때도 상처를 남기면 안 되죠. 반면 시각 실험은 비교적 일관되고 통제된 자극을 조종하기 좋기 때문에 과학자들이 선호하는 분야에요. 또 인간의 뇌에서 시각에 할당된 부위가 굉장히 큽니다. 그렇다 보니 여전히 할 말이 많아서, 많은 분이 연구하고 계신 분야입니다.

제3세계 출신의 과학자들은 자기 연구 분야만 알고 메타 차원의 인문 교양이나 예술에 무관심한데, 박사님은 이것저것 관심사가 많은 편이죠. 전문 분야 외에 관심사가 많다는 건 에너지 소모도 많은 편이라는 거고요. 그래서 일단 궁금한 게, 망가 아니메 오타쿠였던 것은 어린 시절의 일인가요? 아니면 지금도 만화를 보십니까?

'오타쿠'라고 불릴 만한 시기는 한 중학교 때까지였어요. 그 다음부터는 흔히 얘기하는 메타 오타쿠의 레벨로 들어갔던 것 같고요. 정말로 좋아서 즐거운 상태는 어렸을 때였지만, 나이가 들고 나서도 여전히 살펴는 보죠. 시스템이 완비되어 있으니까 데이터베이스 업데이트는 계속 합니다. 얘기를 하면 알긴 알죠.

또 무라카미 하루키의 팬으로서, 여러 판본을 사 모으기도 하죠? 하루키의 어디가 그렇게 좋은가요?

사람이 젊었을 때 노출됐던 문화적 자산을 극복하기가 그렇게 쉽지는 않은 것 같아요. 저도 무라카미 하루키의 한계나 웃긴 점을 다 알아요. 무라카미 하루키가 농담거리가 된 것도 되게 오래된 일이잖아요. 저는 고등학교 때 처음 봤거든요. 무라카미 하루키 붐이 일기 전에 몇 권이 번역돼 있어서 그때부터 열심히 읽기 시작했죠. 그렇게 컬렉션을 시작했는데, 오타쿠다 보니까 모으기 시작하면 멈출 수가 없어요.

그건 왜 그런가요? 중간에 포기하면 편하지 않아요?

그건 가치 평가나 호오와는 별로 관계가 없어요. 모으기 시작했으면 그냥 계속해야 하는 거예요. 유학을 가서 영문판도 모았는데, 영문판도 영국과 미국이 다르거든요. 그런 정보의 차이를 내가 아는 것에 미묘한 쾌감이 있어요. 작가 사인본도 영국판에서 나오면 그걸 구할 방법을 찾고요. 이런 과정이 또 하나의 즐거움입니다. 그렇게 사인본을 모았었는데, 『1Q84』부터는 너무 비싸져서 이제는 쫓아갈 수가 없네요.

한꺼번에 팔아서 목돈을 마련하는 건 어떤가요?

노벨상 받는 날만 기다리고 있어요. 노벨상을 받으면 한 큐에…. 제가 몇 가지 아주 귀한 컬렉션을 가지고 있거든요. 건방지게 학생 시절에 그걸 손에 넣었죠. 손꼽아 기다리고 있습니다.

농담이 적힌 티셔츠를 수집하기도 하죠? 대략 몇 장 정도 모았나요?

몇 년 전에 세어본 적이 있는데, 70~80장 정도였어요. 이사를 몇 번 다니다 보니 어디에 뭘 싸놨는지를 몰라서 한꺼번에 다 확인하기가 힘들어요. 지금은 옛날처럼 아주 세세한 농담은 별로 관심이 없고, 한눈에 알아볼 수 있는 쪽을 찾아서 입으려고 합니다.

화장품 마니아이자 박피 중독자이기도 합니다. 북미에서 승인이 나지 않은 새로운 화학 성분이 들어 있는 화장품을 어렵게 구해서 얼굴에 발라보기도 하고, 집에서 자가 박피술을 시행하기도 합니다. 아무리 과학적인 사고력을 바탕으로 한다지만, 자기 자신을 마루타로 삼는다는 게 남들이 보기엔 좀 무서운데요. 화장품 세계는 뭐가 그렇게 재미있나요?

처음부터 그렇게 센 걸 하진 않고, 조금씩 공부를 하는 거죠. 찾아보면 논문이 다 있어요. 몇 퍼센트의 케미컬을 어떻게 섞어서 사후 처치는 어떻게 한다, 이런 게 다 있거든요. 그런 걸 봐가면서 하면 크게 무서울 건 없고, 또 어렸을 때 여드름 트라우마가 있었던 사람들은 피부에 계속 집착을 하게 돼요.

한국에 돌아오실 생각이 없는 거죠?

지금은 미국에서 할 수 있는 일을 열심히 해볼 생각이에요. 하다가 좋은 조건으로 불러주는 분이 있으면 안 온다고 딱 잘라 말은 못 하죠.

한국을 떠나길 원하는 성 소수자 청년 여러분도 적지 않습니다. 저야 이 나라 이 사회에서 부대끼면서 하나하나 개선해나가는 사람이 더 고맙긴 합니다만, 그래도 본인이 더 자유로운 삶을 위해서 떠난다면 그건 박수 쳐서 응원해줄 일이죠. 북미에 가서 살기를 바라는 성 소수자 청년 여러분에게 조언해주실 점이 있다면요?

그냥 선택지의 하나로서는 고려해볼 수 있죠. 본인이 거기서 더 행복할 수 있다고 생각하면 충분히 노력할 수 있습니다. 그런데 사람 사는 게 다 힘들지 않겠습니까? 이민자로서 극복할 수 없는 부분이 있기 때문에 마음의 준비를 해야 하고요. 그렇다고 차별이 엄청 심하거나 한 세계는 아니니까 너무 겁먹지 말고요. 언어에 두려움 갖지 말고, 한번 도전을 해보세요. 학위를 위해서 오는 분들이면 그다음에는 또 다른 선택을 할 수 있으니까, 하나의 선택으로 모든 게 결정된다고 생각하지 않으면 좋을 것 같습니다.

박사님은 애인이 있지만 그 관계가 오픈 릴레이션십이죠? 한국엔 아직도 오픈 릴레이션십에 대한 사회적 인지도가 좀 낮은데요. 오픈 릴레이션십이 뭐고, 또 애인하고 상호 합의한 규약은 어떤 건지 말씀해주세요.

한국에서 그라인더를 켰는데 다들 오픈 릴레이션십이라고 표시를 해놓아서 깜짝 놀랐어요. 한국 분들이 이렇게 달라졌나 생각을 했죠. '열린 마음'으로 모든 걸 해보겠다는 분들이 표시를 하나 봐요. 미국에서도 오픈 릴레이션십이라고 쓴 분이 그렇게 많지 않아요. 보통은 싱글이거나 바람피우거나 이런 분들이죠. 오픈 릴레이션십을 하려면 자기 자신을 잘 알아야 해요. '내가 질투심에 휘둘리는 사람인가 아닌가' 판단을 내려야 합니다. 저는 어릴 때부터 그런 게 별로 없었어요. 남이 내 애인을 보고 좋아하면, 저렇게 인기 많은 사람이 나를 좋아하니까 좋은 거라는 식으로 생각을 했거든요. 본인이 그렇게 할 수 있는지는 누구보다 자기가 잘 알겠죠? 오픈 릴레이션십을 하려면 룰을 확실하게 정해두는 게 좋아요. 어떤 분들은 둘이서 같이 논다는 분도 있고, 하기 전에 알려주고 어디로 가는지를 얘기하라거나, 일단 만나고 나중에 얘기를 해라, 아니면 뭘 하는지 알고 싶지 않다는 분도 있습니다. 이건 꼭 게이만 그런 게 아니라 이성애자들도 얼마든지 적용할 수 있는 거죠. 저랑 제 애인은 'same state fidelity'라고, '같은 주 안에 있을 때는 서로에게 충실하자'는 룰을 가지고 있습니다. 지금 같은 주에 사는 게 아니라서요. 떨어져 있을 때는 하고 싶은 걸 해라, 그런데 거짓말은 하지 말고 병도 옮겨오지 마라, 그 부분에 있어선 조심해라….

2014년 상반기에 북미에서 유학하는 게이 여러분의 결혼 소식이 페이스북에 줄줄이 이어져서 '세상이 바뀌긴 했구나' 실감했어요. 박사님은 결혼할 의사가 있습니까?

옛날엔 결혼할 생각이 정말 없었는데 최근에는 조금 있어요. 사랑해서 결혼을 해야겠다는 건 아니고요. 직장 생활을 해보니까 삶의 프레임을 딱 고정하고 규칙적인 생활을 하는 게 중요하더라고요. 아이가 있거나 결혼을 한 분들은 아침에 정해진 시간에 애를 유치원에 데려다 놓고 나와서 일을 열심히 하고, 딱 5~6시가 되면 돌아가죠. 그런 삶의 방식이 좀 부러울 때도 있어요. 저도 결혼을 하고 집에 누군가 다른 사람이 있으면 생활 방식에 조금 더 신경을 쓰게 되지 않을까 하는 면에서 동성혼에 대해 생각을 합니다.

이제 동성혼 법제화 투쟁에 관해서 여쭤보도록 하겠습니다. 우선, 미국에서 동성혼 법제화 투쟁이 급진전된 과정을 좀 설명해주세요.

미국에서 동성애 운동을 처음 시작한 1970년대 초반부터 여러 가지 이슈가 급박하게 진전이 됐어요. 심지어 1980년대 초반에 동성혼도 이뤄질 기세로 밀어붙였죠. 그러다가 1981년에 HIV/AIDS가 발견되면서 동성애 운동이 힘을 많이 잃었고, 1990년대 이후에 상황이 많이 바뀌면서 슬슬 동성혼에 관한 얘기를 다시 하기 시작한 거죠. 2004년에 매사추세츠에서 처음으로 동성 커플을 인정하면서 이야기가 바뀌기 시작했고, 결국 2008년에 캘리포니아가 이걸 같이 하려고 시도를 했어요. 일단은 됐는데 주민들이 반대를 한다면서 주민 발의로 'Prop. 8(Proposition 8)'이란 게 나왔죠. 2년에 걸쳐 소송을 진행하다가 2010년에 우리가 이겼다는 판결이 하나 나오면서 분위기가 급격하게 바뀌었습니다. 다른 주들도 동성혼을 인정하는 분위기로 흐르기 시작했고요.

미국 사회의 티핑 포인트였죠. 'Prop. 8'을 깨기 위한 투쟁에 게이 사회가 나섰을 때 꼭 지지를 받았던 건 아니었어요. 당시만 해도 반신반의하는 사람들이 많았죠. 또 전통적으로 게이 결혼 이슈를 담당해왔던 람다 리걸 같은 베테랑 단체의 게이 인권 변호사들은 이걸 '소영웅주의'라고 비판하기도 했어요. 2010년의 상황을 좀 설명해주세요.

2000년대 초중반만 해도 미국에서 동성혼이 인정되는 주가 별로 많지 않았거든요. 그런 상황에서 그래도 캘리포니아가 좀 앞서가는 주니까 주 차원에서 동성혼을 인정하려고 했어요. 그런데 시민 단체에서 반대가 들어갔던 거죠. 주로 개신교 쪽을 지지하는 분들이 Prop. 8이라는 법안을 넣고, 엄청난 돈을 들여 선거운동을 해서 결국은 아슬아슬한 차이로 통과가 됐어요. Prop. 8은 남성끼리, 여성끼리의 결혼을 금지하는 법안입니다. 아놀드 슈왈제네거가 당시 캘리포니아 주지사였으니까, 2008년부터 '페리 대(對) 슈왈제네거(Perry VS. Schwarzenegger)'라는 이름의 소송이 시작됐는데, 처음 봤을 때는 사람들이 다들 이런 생각을 했어요. '이게 정말 될까?', '우리가 이런 데 에너지를 소모해도 될까?', '괜히 사람들의 반발만 사는 게 아닐까?' 왜냐하면 다들 동성혼이 실리적인 권리 쟁취로서 얼마나 중요한지를 제대로 몰랐고, 또 너무 큰 거라고 생각했기 때문에 무리수를 두다가 잃는 게 더 많지 않을까 걱정했던 거죠. 그런데 어느 날 뉴스에 아주 유명한 변호사인 테드 올슨과 데이비드 보이스 두 분이 팀에 참여한다는 거예요. 그걸 보고 깜짝 놀랐어요.

저도 놀랐습니다. 이분들이 지는 게임을 하는 분들이 아니잖아요.

두 분이 엔론 사 소송을 진행할 때는 서로 다른 팀에서 싸웠는데, Prop. 8을 깨는 소송에서 손을 잡은 거죠. 이게 뭔가 있나 보다 싶었어요. 소송을 할 때 청문을 하잖아요. 전문가를 불러서 전문가의 의견을 듣는 과정이 있었는데, 그게 다 보도가 됐죠. 동성혼을 반대하는 분들은 너무나 황당하게도 아무것도 할 말이 없는 거예요. 그분들이 밖에서는 교회, 성경 등을 끌어와서 결혼을 인정할 수 없다고 하는데, 법정에서는 그럴 수가 없거든요. 그러니까 이상한 소리를 하는데 그게 많은 사회학자에 의해서 반박이 됐죠. 무엇보다 LGBT 진영에서는 이미 수십 년간 준비를 해왔고요. 학자들이 어떠한 증거도 동성혼이 이성애자의 결혼을 해친다는 사실을 입증하지 못한다고 증언을 했죠. 또 큰 문제가 양육이잖아요. 게이 부모가 아이를 키웠을 때와 이성애자 부부가 아이를 키웠을 때 특별히 다른 점이 없다는 연구 결과가 많았기 때문에 이런 점들을 근거로 싸움을 했죠. 그리고 법이라는 건 논리니까 한 군데에서 통용되면 다른 데서도 적용이 가능한 거죠. 그런 과정을 보면서 사람들 생각이 많이 바뀌었습니다.

돌이켜보면 2008년도부터 아이폰 등의 스마트 기기가 보급되기 시작한 게 이런 의식 변화와 상관관계가 있지 않을까 하는 생각이 들더라고요. Prop. 8 소송전에서 아주 상세한 소식들이 트위터와 페이스북을 통해 계속 중계되다 보니까, 찬성자건 반대자건 이 뉴스에 노출되면서 둔감해지기 시작했거든요.

또 나름대로 예민해진 것도 있겠죠. 클릭만 하면 유튜브 클립이 뜨니까요. 정보를 소비하는 방식은 확실히 달려졌을 거예요. 또 나와 같은 의견을 가진 사람이 누구인지 한눈에 볼 수 있잖아요. 내 머리로만 혼자 생각하는 게 아니라, 왜 저 사람들이 저기에 '좋아요'를 찍을까 하는 방향성 같은 것도 정해지고요. 그런 의미에서 다른 세계가 된 건 저도 맞다고 생각합니다.

2013년에 아주 역사적인 판결 두 개가 나왔죠.

네, 캘리포니아 Prop. 8이 연방법원까지 가서 깨졌고, 또 하나는 'DOMA(Defense of Marriage Act)'가 깨진 거죠.

미 연방대법원이 DOMA에 위헌 판결을 내린 거죠. DOMA가 구체적으로 어떠한 의미와 의의를 지녔던 건지 말씀해주세요.

DOMA는 1996년에 빌 클린턴 대통령이 사인을 한 결혼보호법이에요. 동성애자의 인권이 다시 강조되기 시작하면서 반대 여론이 일어나니까 서로 균형을 맞추기 위해서 그런 법안이 제시가 됐던 겁니다. 미국 정부에서 "우리가 동성애자를 봐주긴 하는데, 너희들이 결혼까진 하게 놔두진 않겠다"는 정도로 균형을 제시한 거예요. 우리로서는 그게 발목을 잡는 형태가 된 거고요. 거의 20년이 지나고 나서 보니까 DOMA의 문제가 해결이 되어야만 했습니다. 미국 헌법에도 "남자와 여자가 결혼을 해야 한다" 이런 정의는 없었는데, DOMA는 그걸 보충하는 조항이었던 거죠. 그게 깨지면서 남자와 여자가 아니라 "두 명의 합의된 성인이 공동체를 이루고자 하면 정부가 그걸 인정한다"는 판결이 내려진 거예요. 이 법안이 깨지면서 가장 크게 달라진 점은, 결혼을 하든 말든 그건 주가 알아서 하는 거지만, 그 특정 주가 동성혼을 인정하면 연방 차원에서 인정을 해주겠다는 거예요. 세금이나 비자 문제 등이 한꺼번에 해결되면서 상황이 크게 바뀌었죠.

예를 들어 내가 미국에 살고 있는데 내가 속한 주가 동성혼 법제화를 하지 않았어도, 결혼을 인정한 주에 가서 결혼을 하면 이제는 미국 전체에서 결혼을 인정받게 되는 거죠. 2014년 9월 30일을 기준으로 미국에서 동성혼이 법제화된 곳은 몇 개 주인가요?

오늘 아침에 확인하고 왔는데 워싱턴 D.C.를 포함해서 20개래요. 주는 19개고요, D.C.까지 포함해서 20개가 되는 거죠. 미국이 전부 50개 주니까 아직은 반도 안 됐어요. [2015년 6월 26일 미국 연방대법원이 미국 전역에서 동성혼을 합법화했다.] 그럼에도 인구로 따지면 반 이상의 상당수 인구를 포함하는 수준이에요. 특히 게이는 대도시에 모여 살기 때문에 이게 의미가 매우 큽니다. 이제 게이가 사는 동네는 남부의 몇 개 주를 빼고는 거의 다 커버가 된 상황이라서, 결혼할 마음만 있으면 얼마든지 할 수 있는 상황이 됐습니다.

게이는 예나 지금이나 인구 이동에 민감하죠. '딥 사우스(Deep South)', 즉 동성애 차별이 심한 저주받은 미국 남부의 깊숙한 시골에서 태어났다고 해도 선택에 의해서 성인이 되면 어쨌든 집을 나오죠.

미국은 성인이 되면서 독립을 하고 자기가 살던 주를 떠나는 일이 그렇게 드물지 않은데, 게이라면 더더욱 그렇죠. 레즈비언들은 조금 다르겠죠? 게이는 대도시에 많이 살기 때문에 뉴욕이나 샌프란시스코, 제가 사는 시카고 등의 게이 비율은 다른 곳보다 훨씬 높아요.

미국 대도시의 게이 공동체는 제2차 세계대전과 함께 성장을 했어요. 전쟁이 끝나고 국가로부터 지원금이 나왔죠. 고향에 내려갔다가 탈반하고 결혼했다가도 금세 깨지고, 다시 도시에 돌아오고…. 그리고 또 베트남전쟁으로 다시 한 번 붐업이 있었기 때문에 이게 다른 나라하고는 상황이 조금 다릅니다.

나라의 크기도 관련이 있을 것 같고요. 시카고는 중서부의 주를 다 커버하는 거죠. 미시건, 오하이오, 아이오와, 이런 데 살던 게이들이 젊으면 일단 시카고로 오는 거예요. 너무 멀리 가기는 부담스러우니까 집에서 네다섯 시간 만에 갈 수 있는 도시를 찾다보면 시카고에 모이는 거고, 그 안에서 게이 도시가 형성되는 거죠.

동성혼 법제화는 게이를 차별한 가장 큰 사회적 억압이 사라졌다는 걸 의미합니다.

저도 너무 놀랐는데요, 그 판결이 나기 전후부터 사람들이 정말 급격하게 바뀌었어요. 다들 동성혼을 당연한 것으로 받아들이기 시작했습니다. 특히 어린 친구들은 유연하니까 더 더욱 쉽게 이 상황에 적응해서 결혼하고 애 키울 생각을 하는 것 같아요. 대중문화에서도 너무나 당연하게 그걸 받아들이고요. 뭐랄까요, '세상이 순서대로 가는 게 아니라 엘리베이터를 타고 확 올라가는구나' 하고 느꼈어요.

글쎄요, 저는 일종의 산사태 같기도 하달까요. 지층이 한꺼번에 와르르 무너지지 않습니까? 미국 사회의 전반적인 인식이 확 바뀌니까 이게 대단하다 싶었어요.

동성혼 자체가 원래 기존의 제도를 파괴하는 게 아니었던 거죠. 동성혼을 반대하는 많은 분들의 논리도 들을 만해요. 왜냐하면 우리는 이 동성혼을 함으로써 기존 시스템에 편입되는 거지, 그거를 바꾸겠다거나 진보시키겠다는 게 아니거든요. 그래서 동성혼을 주장하시는 분들의 근거 중 하나도 "우리는 너희들에게 영향을 주지 않는다"는 것이었어요. 막상 결혼을 하든 말든 삶은 바뀌지 않는다는 걸 알게 되니까, 그렇게 어려운 일이 아닌 거죠.

미국에서는 동성혼 법제화 이전에 게이 사회에서 성공과 부를 상징하는 '게이비 붐(Gayby Boom)' 현상이 이미 있었죠.

게이들이 아이를 키우기 시작한 지가 벌써 한 10년 됐죠. 애를 키우려면 일단 돈이 있어야죠. 그리고 육아를 시작하면 게이 타운에 계속 살기가 힘들잖아요. 가죽 바지 입은 분들이 웃통 벗고 돌아다니니까…. 더 안정적인 데를 찾아 떠나고, 그렇다 보니 또 문화가 바뀌고, 거주지도 바뀌게 되더라고요.

이제 게이들이 부부가 됐으니까 연방 차원에서 세금 관련 문제도 혜택이 있고, 외국인 배우자에게 미국 영주권을 주는 것도 가능해졌습니다.

상당수의 게이 커플은 국제 커플이고 그 비중이 이성애자보다 높아요. 한쪽이 외국인인 경우가 많아서 영주권이 상당히 큰 이슈였어요.

여론 조사에 따르면, 미 국민의 72퍼센트가 동성혼 법제화를 당연하게 받아들이고 있다고 하는데, 이런 변화는 어떻게 가능해졌을까요?

이게 차반이 아니거든요. 이 응답을 한 사람들 중의 상당수는 동성혼을 반대하는 분들이었죠. 그분들도 이걸 피할 수 없다는 점은 부인하지 못하는 거죠. 그분들한테 "도대체 당신은 왜 이런 식으로 받아들이게 됐고, 태도를 바꾸게 됐느냐?"라고 물었을 때, 가장 많이 나온 답변이 "내 주위 사람이 커밍아웃을 했다"였어요. 더더욱 많은 사람이 커밍아웃을 해서 이제는 고만고만하게 살 만한 중산층에서 벽장 안에 있는 분들은 거의 없는 것 같아요. 특별히 얘기하진 않아도 다들 알고 사는 그런 분위기가 됐죠.

「글리」 같은 거의 게이 드라마가 나오고, 애들이 그걸 보면서 노래를 따라 부르기 때문에 자동 커밍아웃이 되죠.

그렇죠. 「글리」가 2009년에 첫 방영됐는데, 내용은 그렇다 쳐도 세팅 자체가 '게이 쇼'잖아요. 그게 안방극장으로 가고 또 먹히니까 정말 대단한 일이었죠.

미국의 이러한 동성혼 법제화 흐름과 그에 편승한 여타 서구 국가들의 움직임은 일종의 국제적인 민주주의와 인권 투쟁의 새로운 전선을 형성했습니다. 동성혼이 국제적인 인권의 지표가 된 거죠. 동성혼을 법제화한 나라들은 도덕적 우월성을 확보한 채 여타 동성애자 탄압 국가들을 압박할 수 있게 됐습니다. 2014년 러시아 소치에서 열렸던 동계 올림픽 때 가장 두드러졌죠. 이때 미국과 러시아가 동성애자 문제로 어떻게 전선을 그었는지 설명해주세요.

미국은 DOMA가 깨지면서 동성혼이 대세가 됐고 앞으로는 시간문제가 된 상황인데, 러시아와의 관계는 파워 게임의 이슈가 있기 때문에 쉽게 말할 수 없을 것 같습니다. 트위터나 페이스북에 뜨는 러시아의 탄압이 보이는 것만큼 그렇게 심하지는 않다고 주장하는 분들도 있더라고요. 맞았을 수는 있지만 죽은 사람은 없다고. 그래도 LGBT들이 탄압을 받고 있는 건 사실이잖아요. 그걸 근거로 정치 게임이 일어난다고 해서 옳지 않다고 할 수 없는 것이고, 무엇보다 사람이 죽거나 다치면 안 되지 않겠어요?

새로운 전선이 만들어지니까 가장 발 빠르게 적응한 게 유엔이었죠. 반기문 총장께서도 지속적으로 LGBT 인권에 대해서 발언을 하고 계시죠. 한국인의 얼굴에 정말 안 어울리는 메시지처럼 느껴질 때도 있습니다만….

그런데 아직 한국에 오셔서 말씀하신 적은 없다고 들었어요.

어서 빨리 한국말로 똑같은 말을 하도록 우리가 압력을 행사해야 하겠습니다.

교황님도 좋은 말씀을 해주시는 세상인데요.

이러한 국제적인 반전에도 한국은 국제적 동성혼 법제화 조류에 올라타지 못했어요. 앞으로 이걸 어떻게 하면 좋을까요?

그래도 계속 노력은 해야 되지 않을까요? 포기할 수 없죠. 법 논리로는 우리가 이길 수 있는 것이기 때문에 계속 노력해주는 분들이 계시면 어떤 티핑 포인트를 지날 때 해결이 될 수도 있지 않을까, 저는 긍정적으로 생각해요. 한국의 국민 정서로 막아놓기에는 너무 논리적으로 말이 안 되는 일이고, 미국이 바뀌었다는 건 또 세계가 바뀌었다는 의미이기도 하니까, 사람들이 조금씩 익숙해질 것이라 기대하고 있습니다.

걱정되는 부분도 있어요. 예를 들면 동성혼 법제화 이후 서구의 LGBT 문화가 급변하고 있다는 거죠. 박사님도 지난여름 시카고에서 열렸던 게이 프라이드 행사에서 뭔가 분위기가 바뀌었다는 걸 실감하셨죠? 나가기 싫어하셨는데도 당시 퍼레이드는 대대적으로 승리를 자축하는 역사적인 순간이니까 나가셨잖아요.

머릿수를 하나라도 더해줘야 하니까요. 100만 명이 모여서 제가 안 가도 되는 분위기이긴 했는데…. 시골에 계신 분들도 그냥 축제를 구경하러 오셨더라고요, 가족 단위로.

소위 정상적인 행사가 되었죠.

네, 수영복이야 입지만 수영복이 그렇게 야하지도 않고요. 덜 벗고도 얼마든지 야할 수 있는데, 그런 분위기가 이제 거의 없어졌어요.

도발적인 분위기가 없어졌죠. 똑같이 수영복을 입었어도 왕년엔 '난 변태야' 같은 자세가 있었는데, 요즘은 그런 엣지가 싹 사라졌죠.

제가 거기서 상징적으로 봤던 장면이 있습니다. 보통 퍼레이드를 보면 어떤 직업을 가진 분들이 한꺼번에 단체로 많이 나오거든요. 경찰이 두 무리가 있었는데, 하나는 유니폼을 입고 나와서 각 잡고 행진을 딱 하시는 분들이 있었고, 또 다른 무리는 경찰이지만 톰 오브 핀란드(Tom of Finland) 풍으로 가죽을 입고 춤을 추시는 분들이 계셨어요. 이게 두 가지 관점이죠. 동성애자 인권 운동에서는 항상 두 가지 관점이 있는데, 하나는 '우리는 너희들과 같은 사람이다'고, 다른 하나는 '나는 너희와 달라'죠. 이제는 그 전자가 힘이 세진 거예요. 동성혼 자체가 동화되는 전략이기 때문에 한동안 모든 사람이 거기에 집중을 했고, 그 부분을 우리가 외부에 보여주기 위해서 노력했던 것이죠. 그러다 보니 별로 재미는 없어졌어요. 경찰 아저씨들이 나와서 유니폼을 입고 지나가는데 그게 그렇게 재미있겠어요? 퍼레이드를 보면서도 복잡한 기분이 들더라고요. 또 가족 단위로 나와 퍼레이드를 보면서 하하 호호 하는데, '그래, 우리가 무섭지도 않다는 거지?' 이런 마음이 들어서, 제가 늙었다는 생각도 했습니다.

또 한 가지 장기적으로 문제가 될 만한 것이 동성혼 법제화 이후 과거와 같은 강도의 커밍아웃 전략을 구사하기 어려워지고 있다는 겁니다. 이제 할리우드의 배우가 커밍아웃을 해도 단신으로 처리되고 맙니다. 이게 시사하는 바는 무엇일까요?

게이들이 특히 연예계에서 자기 정체성 게임을 많이 했잖아요. 자기 정체성을 숨기면서 그 낙차를 드러내고, 그걸 자기만의 매력으로 사용하는 사람이 많았어요. 2012년에 조디 포스터하고 앤더슨 쿠퍼가 커밍아웃을 했죠. 정말 안 할 것 같던 분들이었고, 어쩌면 안 해도 되는 사람들인데요. 그 사람들이 커밍아웃을 하면서 더는 숨기는 것도 의미가 없는 세계가 된 거고, 끝난 거죠. 그 이후에 커밍아웃을 한 엘렌 페이지가 그나마 거물이었는데, 아무도 뭐라 그러지도 않고 '그래, 너는 그렇구나' 하는 식으로 끝났죠. 또 맡는 역할이 크게 달라진 것도 아니고요. '걔가 과연 이성애자를 연기할 수 있을까?' 그런 걱정도 있었는데, 요새는 없는 것 같고요.

'커밍아웃'이라고 하는 건 언제 어떻게 시작된 전략인가요? 한국에서는 커밍아웃을 단지 친한 친구한테 "나 레즈비언이야", "나 게이야"라고 고백하는 거라고 생각하는 분이 많은데, 그 핵심은 자기 정체성의 가시화에 있잖아요.

네, 남들과 함께 공동체를 이루고 전선을 형성하는 데에 의미가 있습니다. 그래서 커밍아웃은 1970년대의 선구자분들이 당연히 많이 하셨죠, 물론 그 전에도 있었겠지만. 대대적으로 커밍아웃을 강조하기 시작한 건 1990년대 이후입니다. 우리가 HIV/AIDS 시대를 지나고 살 만해지면서 커밍아웃이 쿨하고 옳은 일이라는 분위기가 형성됐죠.

1980년대 AIDS 대공포의 시대가 지나고, 1990년대에 접어들어서 다시 동성애자 인권 운동이 전선을 추슬러서 반격에 나설 수 있게 됐을 때, 아주 큰 변화가 두 개 있었죠. 하나는 1990년대 중반에 'AIDS 칵테일' 요법이 나오면서 사람들이 AIDS에 걸리고도 곧바로 죽지 않게 된 것, 또 하나는 '아웃팅(Outing)' 전략이 생긴 겁니다. 본인이 커밍아웃을 안 해도 공인인 명사를 딱 찍어서 커밍아웃시키는 과격한 운동 방식이 등장했던 거죠. 이걸 좀 설명해주세요. 아웃팅 전략을 시작한 사람이 미켈란젤로 시뇨릴레라는 분이죠?

네, 발음이 아주 어렵죠. 그분이 1990년대에 싸움닭 역할을 했는데, 그게 필요했던 이유는 일단 HIV/AIDS 때문에 사람들이 죽어가던 시절이잖아요. 자기가 게이면서 게이를 억압하는 정책을 지지하거나, 해가 되는 일을 하는 정치가들과 공적 인물을 보면서 분노한 거죠. 그래서 "이런 애들은 그냥 까도 된다", "공익을 위해 이런 사람들을 드러내 보여주자" 이런 식이었어요. 그리고 록 허드슨이 AIDS로 죽었는데 자기 입으로는 끝까지 커밍아웃을 안 했어요. 이분이 자기 입으로 커밍아웃을 했으면 미국 사람들에게 더 긍정적인 메시지를 줄 수 있지 않았을까 하는 생각에서 아웃팅이라는 전략이 나왔어요. 아무나 아웃팅을 한 건 아니고, 표리부동한 사람을 대상으로 한 거였고요. 나름대로 효과적이었어요. 근데 그건 그 시대의 맥락이 있었고, 미국은 '사실 적시'는 명예훼손으로 치지 않기 때문에, '게이를 게이라고 불렀는데 뭐 어떡해? 나쁜 건가?' 보통 사람들도 이렇게 생각해서 그게 받아들여진 거죠.

미켈란젤로 시뇨릴레는 기존의 게이 인권 운동과는 다른 사고방식과 철학을 갖고 있었기 때문에 아웃팅이라는 전략을 구사할 수 있었죠. 1970년대 게이 레즈비언 인권 운동의 기본 사상이 일종의 모더니즘이자 시민권 운동이었다고 하면, 시뇨릴레의 1990년대 사상은 포스트모더니즘이라고 볼 수 있어요. '퀴어 정치학'이라고 하는 걸 내세운 장본인이기도 한데요, 그건 어떻게 다른 건가요?

방금 말씀하신 것처럼 초반 운동권의 느낌은 "우리도 잘할 수 있다. 시켜만 달라"였다면….

처음엔 아예 세금을 낸다고 했죠. "우리도 세금을 낸다." 그게 중요한 거죠. 세금을 내는데 왜 똑같은 권리를 누릴 수 없나, 똑같이 직장 생활을 하는데 왜 직장에서 차별을 당해야 하나, 이런 식의 "나도 정상이다" 전략이 정신과 편람에서 동성애 항목을 제외하는 등 큰 역할을 했는데, 악이 받히다 보니 쌓인 거죠. 또 친구들도 많이 죽으니까 열을 받은 상황에서 "그래, 나는 너랑 달라. 우리는 힘들게 살지만 그게 어때서?" 이런 관점을 취하면서 게이를 비하하는 단어였던 '퀴어'를 이성애자에게서 뺏어서 우리가 우리끼리 "그래, 우리는 퀴어야, 그래서?"와 같은 태도를 취하기 시작한 거예요. 지금도 연배가 좀 있는 분들은 퀴어라는 단어에 크게 거부감이 있는 분들이 많아요. 영미권의 50~60대 분들은 "나는 게이도 괜찮고 호모도 괜찮고 심지어 패것(faggot)도 괜찮은데, 퀴어는 싫다" 이런 분들이 많이 계시죠. 지금도 이성애자가 "너 게이니?", "너 레즈비언이니?" 이렇게는 물어볼 수 있어도 "너 퀴어니?" 이렇게는 못 물어봐요.

퀴어 정치학이 1990년대에는 아주 큰 힘을 발휘하기도 했지만, 뉴 밀레니엄 이후 2000년대 들어 힘이 쭉 빠졌습니다. 게이의 저항적인 하위문화 요소들이 주류 대중문화로 하나씩 올라가면서 유리 천장이 깨지고 과거의 낙차가 사라진 것이 가장 큰 이유가 아닐까 합니다. 첫 번째 유리 천장이 깨졌던 기억은 미국의 케이블 채널인 브라보에서 2003년 첫 방영한 「퀴어 아이(Queer Eye)」였던 것 같아요. 다섯 명의 게이 전문가가 이성애자 남성의 외양과 인테리어를 바꿔주는 일종의 메이크오버 프로그램으로 인기가 높아지고 화제를 모으자 결국 공중파에 진출하게 되었죠.

「퀴어 아이」가 큰 역할을 했죠. 다섯 명의 게이가 다 유명인사가 됐어요.

최근에 유리 천장을 깬 방송이 「루폴의 드래그 레이스(RuPaul's Drag Race)」라는 '드래그 퀸(drag queen)'들의 리얼리티 쇼죠. 「루폴의 드래그 레이스」와 「퀴어 아이」를 비교한다면 방향성 면에서 어떤 차이가 있을까요?

「퀴어 아이」는 어쨌든 이성애자가 기획해 만든 프로그램이라 이성애자를 위한 것이란 느낌이 있었다면, 「루폴의 드래그 레이스」는 아예 처음부터 게이 시청자를 위해서 게이 채널에서 방송된 거죠. 이성애자의 시점을 고려하지 않고 만들었는데도 이성애자들이 함께 보고 즐길 수 있는 더욱 센 전략을 구사했습니다.

시대가 바뀌었기 때문에 가능한 방송 형태가 바로 「루폴의 드래그 레이스」라고 볼 수 있어요. 한 가지 재미있는 건 남자 게이들의 드래그 문화는 주류로 올라가서 성공을 하고 있는데, 레즈비언 여러분이 남자 분장을 하고 마초로 으스대는 '드래그 킹(drag king)' 문화는 별 반향이 없습니다. 레이디 가가가 남장하고 나와서 노래를 부르는 식으로 잠시 활용하기도 했었죠. 인터넷을 보니까 일부 드래그 킹들은 아직도 드래그 킹 문화를 사수하면서 루폴에게 계속 청원을 하더라고요. 드래그 킹 특별판인 에피소드를 만들어달라고. 어떻게 생각하세요? 이것도 가능할까요?

재미가 있을까요? 드래그 퀸이라는 건 무대예술이거든요. 남자들이 남자의 몸을 가지고 여성성을 구현하는 거잖아요. 화려하게 춤을 추며 노래를 하는 것인데, 드래그 킹을 보면 '아니 지금 저게 뭘하고 계신 거지?' 하는 생각이 들어요. 일단 레즈비언분들이 가무에 좀 능하지 않은 것 같고, 드래그 킹이 구현하는 미학이라는 게 '그냥 남자'인 거죠. 화려함이나 화사함 같은 게 없어요. 공사판에서 일하는 아저씨처럼 입고 나와서 남자처럼 보이는 연기를 하는데, 드래그 퀸하고는 지향점이 약간 달라요. 드래그 퀸은 '그냥 여자'로 보이는 게 목표가 아니에요. 여성이면서 여성이 아닌 아름다움, 여성이 아니기 때문에 구현할 수 있는 아름다움을 목표로 하는 거죠.

박사님이 사는 시카고 지역이 한때 드래그 킹 문화의 본산지였죠. 시카고에서도 요즘 유명한 드래그 킹 쇼단이 남아 있는 게 없나요?

제가 이름은 잊어버렸는데 아직 하고 계시더라고요. 그런데 옛날처럼 큰 반향은 없는 것 같고요.

게이 하위문화의 종말을 실감한 또 다른 사건은 뉴욕의 전설적인 게이 디스코 클럽인 '록시 NYC'가 2007년에 폐관한 겁니다. 록시 NYC는 체육관 크기의 디스코 클럽이었잖아요. 요즘 청소년 여러분은 앞으로 그 정도 크기의 게이 클럽은 구경할 기회가 없을 것 같은데요. 박사님이 기억하시는 록시 NYC는 어떠한 모습입니까?

록시 NYC를 자주 가보진 않았어요, 뉴욕에 가서는 클럽을 뛰진 않았거든요. 제가 갔던 2004년만 해도 벌써 끝물이었습니다. 제가 놀랐던 건 게이들이 음악이 나오는데 엉덩이를 안 흔드는 거였어요. 다들 칵테일 들고 그냥 서 있는 게 느껴졌어요.

1990년대 중반까지만 해도 '환락궁'으로서 록시 NYC의 기능이 정상 작동을 하고 있었는데 뉴 밀레니엄으로 넘어가면서 힘이 쭉 빠졌어요.

제가 게이 동네에 사는데도 지금은 춤을 미친 듯이 추는 그런 클럽은 없어요.

게이 하위문화의 작동 방식이 완전히 바뀌었습니다. 왕년의 게이 하위문화의 기본 특징은 하락 규칙에 의한 정체화, 나를 아래로 끌어내려야 되는 거죠. 그리고 그에 연동되는 '키치'와 '캠프'의 미학이었습니다. 위악 취향, 좀 과도한 장식이나 패티시를 활용해서 정상적인 감각을 도발하는 방향이 게이 문화의 기본 특징이었고, 그런 캠프의 특징을 가장 잘 보여주는 게 드래그 퀸 퍼포먼스였습니다. 이것과 대비될 만한 것이 게이 동네에서 다시 소수 공동체를 만들고 있는 가죽 게이, 베어 여러분이었고요. 그런데 이제 이건 다 오래된 거죠. 게이 동네에서 뭔가 새로운 문화가 탄생했다는 소식을 들은 게 아주 오래 전입니다.

이런 게 가능하려면 본인의 자존감이나 자아가 강해야 합니다. 자아가 강하니까 이걸 가지고도 즐겁게 살 수 있다는 걸 남들에게 보여주는 거죠. 또 사회적인 억압을 통해서 험한 삶을 살다가 "나는 상관없어" 이러면서 나와야 하는 건데, 요새 젊은 분들은 해맑고 즐겁긴 하지만 강한 에고를 가진 분들은 잘 못 본 것 같아요. 한국은 제가 트위터로밖에 못 보지만.

억압과 고립이 있어야 분노의 에너지가 쌓이고, 그게 빵 터지면서 하위문화가 형성되는 것인데 요즘은 한이 쌓일 틈이 없죠. 게이 하위문화는 이대로 망하는 걸까요? 만약에 게이 하위문화가 없어지면 게이들의 종족성은 어찌 되는 것일까요?

그 부분에 대해서 걱정하는 분들도 있는데, 과연 그럴까요? 어쨌든 또 다르잖아요. 게이의 DNA 안에 남들과 다른 손짓과 감각이 있기 때문에 여전히 어느 정도의 정체성은 유지되지 않을까 생각합니다. 옛날처럼 강력한 경계가 있는, 강한 무언가를 주장하는 그런 공동체가 아닐 뿐이겠죠.

미국에서 동성혼 반대에 열심인 분들을 보면 미국 교포 사회의 중추인 한인 교회 구성원 여러분이 많아요. 그분들은 어떻게 된 걸까요?

게이 친구가 없겠죠.

다른 소수자 집단들은 이렇게까지 조직화해서 동성혼 반대에 나서지 않는데….

교회가 있으니까요.

교회도 딴 거 하기 바쁠 텐데….

한인 교회가요?

그렇게 한가한가요?

다 같이 모여서 할 수 있는 일이 그거겠죠. 예배 보고, 게이 욕하고. 『크리스찬 투데이』가 미국에 있는 신문이죠?

『크리스찬 투데이』에 나오는 동성애자와 HIV/AIDS 관련 뉴스가 인권 단체보다 빨라요.

양도 많고, 심지어 번역도 잘하시더라고요. 그래서 '이렇게 공을 들이시는구나', '분노가 얼마나 많으시면' 싶었어요.

애정을 느낍니다. 어쩔 때에는 코멘트도 없어요. 기사가 많으면 팩트만 적더라고요.

저도 그걸 읽어요. 거기 쓰인 팩트만 읽으면 되는 거니까요. 동성혼 논의가 진행될 때, 그걸 한글로 바꿔서 전한 곳은 그 분들밖에 없더라고요.

저는 그 담당자가 디나이얼 게이라고 확신합니다. 패션 디자인이나 예술계는 게이가 많다는 사회적 편견이 있잖아요. 반면에 과학계에서 커밍아웃하고 활동하는 분이 두드러지지 않는 건 왜 그럴까요?

앞에서 말씀드렸던 것처럼 과학자들은 남의 일에 별로 관심이 없고요, 또 종교색이 덜하고, 게이들이 과학을 그렇게 많이 하지 않아요. 제 느낌은 그렇습니다. 물론 아주 없는 건 아닌데 일반적인 사회에서 우리가 얘기하는 4~5퍼센트 수준을 넘어서진 않는 것 같아요.

그 반도 안 되는 것 같아요.

그건 모르는 거죠. 저도 몇 가지 조사를 해봤는데 다들 하는 얘기가 "설문해본 적이 없다. 그래서 우린 모른다" 이런 상황이더라고요. 레즈비언은 좀 있는데 과학을 하는 이성애자 여성들이 레즈비언분들과 겉보기에 큰 차이가 없으니까 그냥 그런가 보다 하는 거죠. 저는 과학자로서 특별히 차별을 받아본 적은 없어요. 2만 명이 모인 학회에 갔는데 '다들 어쩜 이렇게 신발을 못 신을까?', '옷을 저렇게 입어야 하나?' 이런 괴로움을 느낄 때는 있죠. 그리고 과학계 자체가 워낙 소수자가 많죠. 아시안이 꽉 잡고 있잖아요. 소수자가 주도적인 역할을 한다는 데 있어서 그렇게 큰 거부감이 없고 '네가 게이든 뭐든, 논문 쓰고 연구하는 데 그게 뭐가 중요하니?' 이런 생각을 하시기 때문에 과학자 게이로서 나를 꼭 드러내야 할 필요가 별로 없어요.

게이로서 탄압받다가 자살한 앨런 튜링만 너무 불쌍하네요.

반세기 전 일을…. 아무튼 그렇죠. 그때는 아직 그런 세계였고, 그분은 너무 잘나셨고요.

정말 천재였죠. 한국은 동성혼 법제화 운동이 이제 모델 제시 단계에 와 있는데, 커밍아웃 전략은 미국과 똑같이 힘이 빠지고 있는 게 느껴져요. 앞으로 어떤 방향을 개척해야 좋을까요?

그게 참 안타까운 일이죠. 관련 단체 분들이 하는 말이 다 그거예요. "우린 아직 그 단계도 못 가봤는데 벌써 와해되는 수준이다." 저는 외부 사람이니까 쉽게 할 수 있는 말은, "그래도 우리는 쿨해야 하고, 대중문화도 이용을 해야 하고, 그런 걸 통해서 우리가 멋진 사람이라는 메시지를 계속 보내는 게 중요하고, 그게 한 단계로서는 필요하다"는 겁니다. 그래서 커밍아웃하는 사람도 계속 필요할 것 같고, 1990년대 「섹스 앤 더 시티」에 나온 것과 같은 전략으로, 이성애자들한테 "네가 내 옆에 있으면 더 쿨해져" 같은 메시지를 주는 것도 나쁘다고 생각 안 해요.

맞아요. 힙스터 아이템으로서의 게이 친구 만들기, 이걸 자꾸 비판하는 분들이 있는데 그렇게 비판할 일이 아니라고 봐요.

단계가 있는 거니까요. 요즘 제가 기고하는 『도미노』나 『허핑턴포스트코리아』를 보면, 비율적으로 LGBT 쪽에 관심이 많아요. 어떤 분들은 그걸 보면서 "이 사회에 빈자가 몇 퍼센트인데 10퍼센트도 안 되는 게이 이야기를 이렇게 많이 하냐" 이러는데, 그렇게 비율적으로만 접근하면 할 말이 없죠.

마지막으로 덕담 한마디 해주세요.

저는 외부의 관찰자고, 도망가 있는 사람이라는 생각도 약간 들어서 항상 미안한 마음이 있어요. 그래도 트위터나 다른 매체를 통해서 외부의 시각을 여러분에게 전해드리고 생각할 기회를 드린다는 데에 의의를 두고 싶거든요. 버튼을 누르는 것도 일부러 누르는 거니까 거기에 너무 신경 쓰지 말고, 제가 전하고자 하는 메시지에 조금 더 귀를 기울여주시면 감사하겠습니다.

3

남자와 여자, 트랜스젠더로 태어나다

하리수 언니, 이제 제 시대에요

차세빈

뮤지컬 배우와 래퍼로 활동하는 MTF 트랜스젠더로 이태원에 있는 클럽 르퀸의 공동 대표를 맡고 있다. 2012년 KBS Joy에서 방영한 「XY 그녀」 등의 TV 프로그램에 수차례 출연했고, 2013년에는 '포스트 하리수'로 불리며 뮤지컬 「드래그 퀸」에서 헬레나 역을 맡아 화제를 모았다.

'나는 여자인데 왜 남자의 몸으로 태어났을까?'라고 처음 의문을 갖게 된 때가 언제인가요?

초등학교 때는 남자, 여자 안 가르고 편하게 지내다 남자 중학교를 가면서 적응하기 힘들었어요. 제가 친구들이랑 다르다는 걸 가장 많이 느꼈던 시기였습니다.

2차 성징이 올 때 남자와 여자가 각각의 자기 사회형을 갖기 때문에, 아무래도 성 소수자 여러분, 특히 트랜스젠더 여러분이 학교생활에 적응하기가 더 어렵죠.

네, 맞아요.

'내가 게이인가, 아니면 트랜스젠더인가?'라는 정체성 혼란을 겪는 케이스도 없지 않아 있어요. 대표적인 예가 미국에서는 가수 셰어의 딸이었던 채즈 보노 씨일 것 같아요. 처음엔 레즈비언으로 커밍아웃했지만, 나중에는 트랜지션을 받고 가슴 축소 수술까지 받아서 이제는 남자 명사로 활동을 하고 있거든요. "트랜스젠더하고 게이, 레즈비언은 완전히 다른 종족이야"라는 분들도 있지만, 정말 다른 종족인 건 아니죠. 다른데 한 종족, 다른 말로 친척이죠.

다 같은 성 소수자고, LGBT잖아요. 저도 처음에는 제가 게이인 줄 알고 있었던 것 같아요. 어느 순간 보니까 '마음은 여잔데, 왜 내 몸은 남자로 태어났지?' 이런 생각을 많이 하게 됐습니다. 결국 '나는 트랜스젠더구나' 싶었어요.

어렸을 때 사진을 봤더니 매우 밝은 소년의 모습이었어요. 트랜스젠더분들의 어릴 적 사진을 보면 대개 새초롬하고 소녀다운 모습인데, 세빈 씨는 개구쟁이고 미소년이더라고요.

저 정말 잘생겼었어요. 친구들 사이에서 인기도 많았고 여자애들한테 고백도 많이 받았죠. 고백을 받으면 전 "난 너랑 같은 스타일의 남자를 좋아한다"고 얘기했습니다. 제가 키도 좀 크고, 심지어 몸도 좋았고, 성격도 지금처럼 밝아서 남자건 여자건 친구가 많았어요. 그런데 고등학교 때 적응을 못하고 자퇴를 하거나 왕따당하는 트랜스젠더 친구가 많아요. 그런 걸 보면 너무 속상합니다.

어린이 시절에도 '소녀소녀'한 스타일은 아니었던 건가봐요?

좀 여성스럽긴 했어요. TV에 가수가 나오면 잘 따라 해서 동네에선 꽤 유명했어요. 어렸을 때 그룹 룰라의 김지현 씨를 정말 좋아했거든요. 엄마 화장품은 다 망가뜨리고 치마는 여러 벌 찢었죠. 그렇게 동네를 휘젓고 다녔어요.

공업 고등학교를 졸업했는데, 보통 공고 분위기가 거칠잖아요. 트랜스젠더를 비롯한 성 소수자들한테 딱히 우호적인 분위기는 아닐 텐데요.

애들이 저 때문에 남녀공학이라고 생각하고 다녔어요. 공업 고등학교다 보니까 담배 피우는 친구가 많아서 가방 검사를 자주 했어요. 저는 지금도 담배를 안 피우지만, 그때 가방 검사하면 매일 걸렸어요, 파우더랑 서클렌즈가 나와서. 다른 애들은 다 담배를 입에 물고 벌을 받는데, 저는 화장품을 입에 물고 무릎 꿇거나 서 있었죠. 그런데 그 시절은 오히려 '저런 애들은 지켜줘야 한다'는 사회적인 분위기가 있었어요. 하리수 언니가 처음 나왔을 때였거든요. 당시 사람들에게 리수 언니는 호기심의 대상이었잖아요. 어느 날, 도덕 시간에 선생님이 절 불러 세우더니, 얘는 잘 지켜줘야 하니까 괴롭히지 말라고 하시기도 했는데 오히려 부담스러웠어요. 알아서 잘 살고 있는데, 수업 시간에 너무 대놓고 그러니까요.

학교 다닐 때에도 성 소수자로서의 특징을 내가 어떻게 활용하느냐가 중요하죠. 과감하게 치고 나가면 내가 주도권을 가질 수도 있습니다. 요즘은 고등학교에 끼순이들이 두세 명씩 있으면 학기 초부터 완전 주도권을 가져서 거의 게이 반, 게이 학교를 만들어 즐겁게 사는 아이들도 있더라고요.

그러니까요. 성 소수자 친구들이 너무 움츠러들지 않았으면 좋겠어요. 저는 공업 고등학교다 보니까 저밖에 없었어요. 대학까지 건축과를 갔고요. 수술을 하고 멋지게 학교를 다니려고 했는데, 저도 그게 너무 힘들었습니다.

마음에 부담감이 좀 있던가요?

처음에는 친구들한테 편하게 얘기했어요. 그 친구들도 저를 많이 도와줬죠. 여자애들 세 명이랑 저랑 미스코리아 패밀리를 만들어서 매일 같이 다녔는데, 자기들이 예쁘다고 저한텐 우정상도 줬어요. 저는 1학년을 마치고 수술을 했어요. 그 친구들이 "세빈이가 예전에는 남자였지만 이제 여자로 나타났으니까 우리가 잘해주자"면서 노력을 했는데도, 전 힘들었어요. 나이도 어렸고, 아무리 우리끼리 뭉쳐 다녀도 교수님이나 사람들 시선도 있고요.

수술을 받고, 군대 문제는 바로 해결이 된 건가요?

네, 그때 수술하면서 바로 해결이 됐죠. 옛날에는 갔다 온 언니들도 있지만, 요즘엔 이런 정보를 알고 안 가는 친구들이 많아요.

저는 '내가 트랜스젠더로 어떻게 살 것인가'로 고민을 하다가 '아니야, 난 남자로 살아야지' 하고 해병대를 자원해서 간 케이스를 몇 번 봤어요. 일부러 자신의 정체성을 부정하려는 거죠. UDT도 한 명 봤고, 해병대는 두 명을 봤거든요.

그분들은 군대를 갔다 와서 어떻게 살고 계세요?

두 명은 트랜지션하고 수술도 받았고요, 한 명은 수술은 안 받고 트랜스젠더로 살고 있고요. 평소엔 얌전하다가도 화날 때엔 UDT 아저씨가 나옵니다.

그런 거 너무 무서워요.

차세빈 씨는 '나는 트랜스젠더로 살면 안 돼! 난 남자로 살아야지!' 이런 고민은 해본 적 없나요?

제가 수술하겠다고 엄마한테 얘기를 했을 때 이렇게 말씀하셨어요. "네가 남자를 좋아하는 건 알고 있었다. 요즘 예쁜 남자가 대세던데, 너도 그냥 화장하고 그렇게 살면 안 되겠냐?" 한창 이준기 씨가 예쁜 남자로 붐이었거든요. 그런데 저는 남자가 좋아서 여자가 되는 게 아니고, 여자이기 때문에 남자가 좋은 거잖아요. 정말 확고했어요. 남자가 좋은 건 하나의 일부분이었으니까요. 부모님이 이혼을 해서 초등학교 5학년 때부터 엄마랑 따로 살았는데, 어린 시절엔 엄마가 이런 얘길 자주 했어요. "너 대학만 가라, 그리고 너 하고 싶은 거 해라." 그래서 전 공업 고등학교 힘들게 3년 동안 장학금 받으면서 다니고, 대학에 가자마자 수술을 한 거죠. 처음에는 부모님이 제가 수술하고 여자로 사는 것에 엄청 반대를 했어요. 지금은 누구보다도 더 이해를 해주시는 것 같아요.

성전환 수술을 끝내고서야 어머니를 다시 만났다고요.

네, 저는 엄마한테 통보처럼 전화를 주고 아예 연락을 끊었죠. 한 1년 정도 연락을 거의 안 드리고, 변한 모습으로 엄마 앞에 나타난 거죠. 그 사이 전화할 때마다 서로 울고, 너무 힘들었어요.

그 시기가 트랜스젠더 여성의 인생에서 가장 힘든 시기고, 또 지지와 성원이 절실한 시기잖아요. 그때 혼자서 그걸 다 견디신 거예요?

그땐 저랑 같은 친구들과 언니들이 있었죠. 저는 어릴 때 이태원에 있는 유명한 Y 클럽을 찾아가서 막내 일을 하면서 일수도 찍고, 지방에 일도 다녔어요. 참 많이 힘들었는데, 우리끼리 뭉쳐 있으니까 당연히 그렇게 살아야 하는 줄 알았어요. 언니들처럼 살아야겠다는 생각만 있었지, 다른 건 보이는 게 없었죠. 여자가 되는 게 최우선이었으니까요. 아니면

죽을 것 같고…. 그래서 학교도 그만뒀죠.

성 호르몬 주사를 맞아서 몸이 준비가 되어야 성전환 수술을 받게 되잖아요. 그 과정을 결심하는 데 어려움은 없었나요? 겁을 내는 분도 많던데요.

많이 겁나죠. 하다가 잘못되는 분들도 있고요. 성전환 이후의 미래에 대한 생각을 많이 해야죠. 또 성을 바꾸는 건데 몸에 좋은 것도 아니잖아요.

몸에 큰 부담이 가는 일이죠.

또 되돌릴 수도 없고요. 그런데 전 이미 이게 아니면 정말 죽을 것 같은 거예요. 당시엔 그것밖에 안 보였어요.

트랜지션을 마치고 성전환 수술까지 한 뒤에도 호르몬 주사는 계속 맞아야 하는 거죠?

저는 안 맞고 있어요. 이게 너무 애매해요. 연구를 해서 나오는 매뉴얼도 없고요. 언니들 얘기를 들으면서 호르몬 주사를 맞아야 하나, 말아야 하나 고민을 하기도 해요.

호르몬 주사라는 게 자의적으로 맞았다, 안 맞았다 하면 몸에 큰 부담이 갈 수 있기 때문에, 이 부분에 대해서 정확하게 데이터를 축적해놓은 공신력 있는 병원과 의사가 있으면 좋지 않을까 싶네요. 또 돈이 많이 드는 일이잖아요. 트랜스젠더분들이 사회에서 환대를 받지 못하는 분위기이다 보니 돈을 벌 수 있는 곳이 그렇게 많지도 않고, 수술비 마련이 무척 어렵죠. 일수도 찍으셨다고 하셨는데, 어떻게 해서 목돈을 마련했나요?

클럽에서 일하는 언니들이 소개해줬어요. 계속 그 돈을 갚는데 그게 쉽게 갚아지는 돈이 아니잖아요. 이자가 붙어서 또 다시 일수를 쓰고, 그걸 몇 년을 했어요. 지금 어린 친구들도 많이 그러고 있어서 너무 속상해요.

정확히 얼마 정도의 금액이 있어야 수술이나 호르몬 같은 처치를 받을 수 있고, 또 생활이 영위가 되나요?

호르몬 치료는 그렇게 비싼 돈이 들진 않아요. 폐경기 여성이 맞는 주사랑 같은 거예요. 여성 호르몬제를 맞는 거라서 병원에서 의료보험도 다 가능해요. 몇 천 원에서 만 원 정도면 다 맞을 수 있는데, 학생들 입장에는 이게 비쌀 수 있겠죠. 수술비는 많이 들어요. 공장에서 몇 년을 일해서 수술을 하는 언니도 있어요. 그런데 문제는 그거예요. 그 몇 년을 일하면서 몸은 나이를 먹으니까 점점 남성화가 되는 거죠. 미래를 위해서 또 자신을 위해서 어렸을 때 수술을 받는 게 좋은데 어릴 때 그 큰돈을 마련하기가 힘든 겁니다.

1990년대에는 3000만 원이 든 분도 있다고 들었어요.

성전환만 하는 게 아니잖아요. 여성의 상징인 가슴 볼륨감도 넣어줘야 하고, 얼굴의 남성적인 흔적도 없애기 위해 성형을 해야 하니까 가격이 정말 천차만별이 되는 거죠.

성기를 변형하는 수술도 외성기 부분 모양 위주로 갈 것인지, 아니면 기능 위주로 갈 것인지에 따라서 제각각이죠. 이런 정보에 대해서 잘 알고 있는 상태에서 선택을 해야 하는데, 어린 나이에 그걸 알기가 좀 어렵죠. 정보가 공개되어 있지 않으니까요. 또 헷갈리는 게 많은 분이 태국에 가서 수술을 받고 오는데, 국내와 해외를 비교했을 때 어디에서 수술을 받는 게 나은지도 판단이 쉽지 않죠.

전 부산 동아대에서 수술을 받았어요. 수술이라는 게 성형만 봐도 그렇잖아요. 같은 병원에서 해도 똑같은 결과가 나올 수 없죠. 정말 하겠다고 마음을 먹었으면 잘 알아봐야 해요.

트랜스젠더 공동체 안에서 성전환 수술을 받은 분들과 안 받은 분들의 분위기가 좀 갈립니다. 성전환 수술까지 마친 분들은 수술을 하지 않은 분들을 자신과 조금 다른 사람으로 보기도 하죠.

그렇죠. 아무래도 그런 분위기가 있습니다.

수술도 안 받고 호르몬 주사도 안 맞기로 결정한 분들이 있잖아요. 정신은 여자지만 몸은 남자로 감당하고 살겠다고 하시는 분들이요. 예를 들면 뉴욕에 아주 유명한 트랜스젠더 인권 운동가가 있어요. 한국에서 입양된 폴린 박 씨는 트랜스젠더로 커밍아웃하고 인권 운동을 해서 차별금지법을 만들었죠. 블룸버그 시장한테 법안을 통과시키고 같이 기념 촬영도 한 위대한 인물인데, 트랜지션을 안 받았어요. 호르몬 주사도 안 맞고. 다른 트랜스젠더분들이 이런 분을 가짜라고 생각하기도 하더라고요. 한국 트랜스젠더 공동체 안에도 서열이 있죠?

요즘엔 그런 분위기가 좀 없어지고 있는데, 제가 클럽에서 일할 때만 해도 그런 게 있었어요. 처음 수술을 하고 클럽에 나오는 것도 '데뷔'라고 해요. 연예인 데뷔하듯이 "너 데뷔가 언제냐" 이런 얘기를 많이 하는데, 열 살 정도 어린 언니가 나이 많은 언니한테 반말도 하고요. 누가 먼저 나왔냐는 문제인 거죠. 어떤 언니가 열일곱 살에 나왔으면 그 언니가 최고인 거예요. 군대랑 다를 게 없어요.

차세빈 씨는 대학교 1학년 때 데뷔했으니까 지금 나이에 비해 훨씬 서열이 높은 거죠?

네, 그리고 지금 제가 운영하는 곳에는 트랜스젠더가 저밖에 없어서 제가 짱이죠.

트랜스젠더 공동체 안에도 위계, 종류, 분위기 등이 나뉘는 게 있죠. 성기 부분을 수술하지 않고 가슴 수술을 하고 겉으로만 여성성을 표출하고 활동하는 분들을 '쉬메일(Shemale)'이라고 부르는데, 엄격히 말하면 쉬메일은 트랜스젠더는 아닌 거죠?

전 그 구분이 애매한 것 같아요. 어떻게 생각하세요?

미국에서는 쉬메일을 트랜스젠더라고 하진 않는 것 같아요. 쉬메일을 아예 제3의 성으로 생각하는 분들이 있죠. "난 쉬메일이야"라고 하면 여성화된 육체를 즐기지 만 수술 생각은 전혀 없는 분들도 있거든요.

저는 생각이 조금 달라요. "수술을 했으니까 넌 이제 여자, 넌 안 했으니까 아직 남자", 이런 구분보다는 마음가짐이나 어떤 정체성을 가지고 있느냐가 중요한 것 같아요. 저 사람은 트랜스 '젠더'구나, 하는 생각이요.

제가 예전에 알고 지냈던 트랜스젠더 여자 동생 한 분은 수술 마치고 나서 제일 먼저 간 곳이 대중목욕탕이었어요. 여탕에 들어가서 목욕을 하고, 여자로서 완전히 받아들여졌다는 걸 느끼고 정말 기뻤다고 해요. 그 친구는 외성기 구축술이 너무 잘 돼서 완벽하더라고요. 얘기를 들어보니까 산부인과 의사도 겉모양으로는 절대 알 수 없대요. 차세빈 씨도 여탕 가십니까?

여탕은 가죠. 그런데 같이 일하는 친구들이 다 남자에요. 얘들이 온천을 좋아해서 다 같이 가면 저 혼자 너무 외로운 거예요. 자기들은 재미있게 남탕에서 지지고 볶는데. 그래서 전 이런 것에서 행복은 못 느꼈던 것 같아요. 오히려 공허함이랄까요? 뭔가를 성취했을 때 느끼는 그런 거요. 한때 제 인생의 목표가 여자가 되는 거였어요. 수술만 하면 여자가 될 수 있을 거라고 생각했죠. 그런데 수술을 한다고 여자가 되진 않아요. 이게 현실이죠. 여자가 될 줄 알고 수술을 했는데 트랜스젠더가 되어 있더라고요. 수술을 했다고, 또 사람들이 봤을 때 정말 티가 안 난다고 해서 '완벽한 여자'는 아니잖아요. 어린 친구들이 저한테 많이 물어봐요. "언니처럼 되고 싶어요", "언니 어디서 수술하셨어요?", "저도 수술하려고 돈 모으고 있어요." 저는 정말 힘든 길이란 말을 하고, 그 친구들한테 물어봐요. "넌 꿈이 뭐니?" 그렇게 물어보면 그 친구들은 "언니처럼 되는 거요", "여자가 되고 싶어요" 하더라고요. 그런데 여자가 되는 게 꿈이 돼서는 안 돼요. 여자로서 어떻게 살아야 할지 그게 정말 중요한 건데, 그런 걸 많이 놓치는 게 속상하더라고요.

차세빈 씨가 수술을 마치고 어머니한테 연락해서 다시 만난 이야기를 좀 해주세요.

제가 엄마를 많이 닮았는데, 진짜 여장부세요. 성격도 화통하시고. 엄마를 밀폐된 공간에서 만나기가 너무 무서운 거예요. 맞을 것 같아서요, 난 지금 예쁜데. 그래서 인천의 한 백화점 앞에서 사람이 엄청 많은 시간에 약속을 잡았어요. 엄마도 그런 걸 신경 쓰는 분이라서요. 약속 장소에 나갔는데 엄마가 눈앞에서 계속 나를 찾는 거예요. 통화를 하면서도, “엄마 나 여기 건물 앞에 있잖아”, “어디 있다는 거야, 자꾸”, “엄마 건너편”, “혹시 짧은 치마 입은 애가 너니?”, “어, 엄마, 그거 나야.” 전 엄마가 속상해하거나 화를 낼 줄 알았는데, 빵 터지신 거예요. 실제로 보니까 웃겼던 거죠, 엄마도. 신호가 파란불로 바뀌고 횡단보도 가운데서 만났어요. 엄마가 귀에다 대고 이러더라고요. “사람들이 뭐라고 안 해?” 엄마 눈에는 내 옛날 모습이 보이니까 너무 티가 나는 거죠. 자꾸 웃으셨어요. 저는 울 준비를 다 하고 나갔거든요. 엄마가 헤어질 때 예쁜 가방 사서 들고 다니라며 10만 원인가를 줬어요. 그걸 준비해서 오신 게 정말 고마워서 엄청 울었어요.

호르몬 테라피를 시작하고, 수술받고, 완전히 완쾌되기까지 총 어느 정도 시간이 걸려요?

저는 가슴을 먼저 수술하고 수술비를 갚으면서 일수를 찍었어요. 쉬메일 생활을 좀 하면서 돈을 갚고 다시 돈을 땡겨서 성전환을 한 거죠. 한 2주 정도 쉬고 일하러 나갔어요, 술도 먹고. 그게 저뿐만이 아닐 거예요. 트랜스젠더분들이 대부분 풍족하지 않기 때문에 악순환이 반복돼요. 가게에 나가서 일수를 빨리 갚으려면 예뻐야 하니까 또 돈을 땡겨서 성형을 하는 거죠.

호르몬 주사 맞는 걸 예전엔 은어로 '대포'라고 불렀잖아요. 이걸 소위 '야매'로 맞다 보니까 용량 조절도 안 되고, 또 돈이 생기면 맞고 없으면 안 맞다 보니까 몸에 정말 부담이 가서 건강을 해치는 분들도 많이 봤어요.

'미로 대포'라고 하죠. 제가 수술할 때 피가 안 멈춰서 엄청 고생했어요. 수술하기 전에 한 달 정도는 호르몬을 안 맞고 건강한 상태를 유지해야 하는데, 그걸 많이 맞고 수술을 했거든요.

지금은 빚을 다 청산한 건가요?

그럼요. 얼마나 잘 사는데요.

2012년에 차세빈 씨가 KBS Joy의 「XY 그녀」라는 방송에 나오셨던 적이 있습니다. 그런데 이 방송이 딱 한 번 방송되고 폐지가 됐어요.

정규 방송으로 4회분까지 촬영을 했었는데 학부모 단체에서 청소년이 많이 본다고 들고 일어나서 정지를 먹었죠. 아니, 왜 19세 방송을 청소년이 보게 하는지…. 또 트랜스젠더가 방송에 나오면 저걸 보고 다 트랜스젠더들이 된다고 반대를 했어요.

너무 안타깝네요. 2012년이면, 불과 얼마 전인데요. 아직도 한국 사회가 사회적 타자에 대해서 이렇게 너그럽지 못한 걸 생각하면 좀 어이가 없습니다.

저도 너무 속상했어요. 이때 방송 활동을 조금씩 하고 있을 때였어요. 함께 출연한 언니들은 업소에서 일하고 있었는데, 언니들이랑 업소가 아닌 다른 곳에서 낮에 같이 활동을 하는 게 정말 좋았죠. 언니들도 매우 희망차 하고. 그런데 프로그램이 딱 폐지가 되자마자 "그럴 줄 알았어. 우리가 뭘 하겠어" 이런 반응이 너무 많았어요.

이게 KBS가 아니고 종편에서 방송했으면, 한국 트랜스젠더 여러분의 「미녀들의 수다」가 됐겠죠. 잘 터졌으면 말씀 잘하고 예쁜 분들은 곳곳에 방송 패널로 나가면서 더 큰 터닝 포인트가 됐을 텐데, 아쉬운 점이 많습니다.

시청률에 혈안이 되어 있는 방송국이 많으니까 이런 프로그램은 조만간 나오지 않을까 싶네요.

방송에서 첫사랑 이야기를 했어요.

딱 수술하는 시기에 만났는데, 저한테 결혼해서 같이 살자고 프러포즈를 해서 헤어졌어요.

결혼하자고 하는데 왜 헤어져요?

이분 어머니가 절 정말 좋아하는 거예요. 제가 왜 그런 생각을 했는지 모르겠는데, 어머니가 자꾸 눈에 밟혔어요. 무슨 죄를 지으셨기에 트랜스젠더 며느리를 들여야 했을까, 이런 생각이 한번 든 다음부터는 그냥 너무 싫은 거예요. 제가 현실을 부정했던 것 같아요. 지금은 결혼해서 애 낳고 잘 살더라고요. 예전에 엄마랑 같이 방송을 한 적이 있는데, 거기 PD님이 엄마를 인터뷰했어요. "하리수 씨는 미키정 씨를 만나서 결혼해 예쁘게 살고 있는데, 세빈 씨도 좋은 남자 만나서 결혼해야죠?" 엄마의 답변이 너무 웃겼어요. "세빈이가 결혼을 한다고요? 또 어떤 애 인생을 망치려고 재가 결혼을 해? 그냥 너 혼자 예쁘게 살고, 돈이나 많이 벌어, 이년아!" 요즘엔 애가 있어도 이혼을 하는 판국에 뭘 믿고 그렇게 오래 살 거냐며, 그런 것에 연연하지 말고 연애나 하면서 할 일 잘하고, 하고 싶은 거 다하며 살라고 하시더라고요.

하리수 씨는 2006년 11월에 남편 미키정 씨와 결혼해서 사회적 역할 모델로서 이룰 걸 다 이루었죠. 미국에서도 트랜스젠더 연예인이 메이저 시장에서 이렇게 크게 성공한 케이스를 찾아보기 힘들어요. 루폴이라는 드래그퀸만 있죠. 하리수 씨는 연예인으로서도 정점을 찍었다고 볼 수 있습니다. 차세빈 씨는 인생에 결혼 계획이 있는지 궁금해요.

어릴 땐 저도 인생의 목표가 결혼이었던 적이 있어요. 그런데 지금은 하고 싶고, 또 해야 할 일도 너무 많아서 결혼 생각은 안 하고 있어요.

이상형은 어떻게 되나요?

저는 많이 안 봐요. 이해심이 좀 많은 남자였으면 좋겠어요.

이해심이란 게 키가 크고 가슴이 넓은 거죠?

정말 잘 아신다. 제가 트랜스젠더로 활동을 하고 있잖아요. 그런데 제 주변의 언니와 형부들을 보면 그런 걸 너무 싫어하더라고요. 형부 친구들의 눈으로 봤을 때 "네 여자 친구 트랜스젠더였어?" 이런 식으로 알려지니까요. 그리고 제가 TV에 나오는 것 자체를 싫어하는 분들이 우리 쪽에 너무 많아요.

공동 대표로 클럽 르퀸을 운영하고 계십니다. 소개를 좀 해주세요.

르퀸은 이태원에 있는 쇼라운지 클럽이에요. 드래그 퀸 쇼도 같이 볼 수 있고요. 금요일과 토요일 새벽 1시와 3시에 다양한 공연을 하고 있어요. 많이 놀러 와주세요.

르퀸은 입장료가 얼마인가요?

금요일과 토요일, 남녀 모두 1만 원씩 받고 있어요. 르퀸은 다 같이 모여서 뭔가를 할 수 있는 공간이 있었으면 좋겠다는 생각으로 만든 클럽입니다. 게이 문화가 트렌드를 앞서가거나 재미있는 게 많잖아요. 저희는 이 공간에서는 게이건 레즈비언이건 일반이건 모두 평등했으면 좋겠다는 생각을 많이 했어요. 지금도 그 취지에 맞게 잘 운영하고 있고요. 요즘 정말 흥미로운 현상 중 하나가 게이분들이 르퀸에서 커밍아웃을 많이 한다는 겁니다. 일반 친구를 데려와서 공연을 보여주고 "사실 나도 게이야" 이러는 거죠.

정말 멋있네요.

저도 이게 무척 감동이었어요. 그래서 저희는 최대한 이쪽의 밝은 문화를 보여주려고 많이 노력하고 있어요. 어떤 게이 손님은 게이 티 나는 애들을 싫어했는데, 르퀸에 와서 그런 생각이 깨져서 너무 감사하다며 절 잡고 울더라고요. 르퀸에서 게이포비아가 깨졌다는 얘길 해서 정말 고맙더라고요. 보람을 느꼈어요. 그런데 아직도 트랜스젠더에 대해서 모르는 사람들이 너무 많아요.

본 적이 없으니까요. 의외로 게이들도 트랜스젠더 친구가 없어요.

얼마 전에 어린 끼순이 친구들 두 명이 저한테 오더라고요. "언니 너무 좋아요" 그래서 "감사합니다" 이러고 있었는데, 저한테 "근데 언니는 성향이 뭐에요?" 이러더라고요. 너무 어이가 없어서 뭐라고 답해야 하나 싶었어요. 예전엔 '대물 바텀'이었다고 장난으로 얘기했죠. 전 그걸 당연히 다들 알 줄 알았어요. 어떤 친구들은 제가 게이 친구들이랑 사귈 수 있을 거라고도 생각을 하더라고요. 저랑 만난다고 하면 "재 게이야?" 이러는데, 제가 게이를 왜 만나요?

드래그 퀸 쇼를 하는 앤초비 오일 씨에게 드래그 퀸과 트랜스젠더의 무대가 어떻게 다르냐고 질문했더니 간단하게 별반 다른 것 같지 않다고 답했어요. 차세빈 씨 생각은 어떠세요?

드래그 퀸은 과장된 몸짓과 분장으로 디바를 흉내 내는 거잖아요. 제가 봤을 땐 요즘 드래그 퀸 쇼가 트랜스젠더 쇼같이 돼가는 것 같아요. 외국 정통 드래그 퀸 쇼를 보면 아직도 상당히 과장되고, 재미 위주이고, 또 풍자가 섞여 있어서 그 과감함에 재미를 느끼는데, 요즘엔 다 걸그룹처럼 예뻐져서 별반 다르지 않게 됐습니다.

차세빈 씨는 몸매가 비욘세 같고 육덕도 있죠. 예전의 드래그 퀸분들은 등빨로 승부했는데 앤초비 오일 씨가 뜰 수 있었던 이유도 걸그룹 때문이 아닐까 싶어요. 트렌드가 바뀐 걸 알 수 있어요.

앤초비 오일 씨는 부담도 적고, 말 걸기도 편한 스타일이고, 친근감이 있잖아요. 보통 드래그 퀸이 디바의 팝송 위주인데 그 친구는 가요만 하겠다는 철학이 있더라고요. 그 친구만의 색깔도 있고 좋은 것 같아요.

르퀸은 대표가 세 분이라고 들었습니다. 역할 분담은 어떻게 되는 거예요?

민 대표와 임 대표가 있죠. 저는 공연을, 임 대표는 홍보를, 민 대표는 정신적 지주를 맡고 있는데, 역할이 딱 나눠진 건 아니고 그냥 다 같이 잘 만들어 나가자는 분위기에요. 셋이 잘 만난 것 같아요.

앞서 과거의 클럽과는 다른 르퀸의 운영 목표에 대해서 말씀해 주셨는데, 이제는 시장에서 확실하게 자리를 굳히고 안착했잖아요. 여기서 한 단계 더 나아가는 목표가 있다면 어떤 건가요?

일본엔 '아게아 파티(Ageha Party)', 태국엔 '송크란 축제(Songkran Festival)' 같은 게이 파티가 있잖아요. 특히 송크란은 게이가 주가 되지만 일반인도 함께 즐길 수 있는 파티입니다. 저희도 한국에 그런 파티를 만들고 싶어요. 어떻게 보면 야망이 큰 거죠.

뮤지컬 배우, 래퍼, 르퀸의 대표 등 다방면에서 활약 중입니다. 하지만 일반적으로 트랜스젠더분들은 사회 활동에 여전히 제약이 많아요. 가장 큰 어려움이 뭔가요?

처음 시작이 잘못돼 있어요. 수술을 하려면 큰돈이 필요하고, 그 돈을 쉽게 벌 수 있는 곳이 업소죠. 또 어린 나이에 할 수 있는 게 많이 없잖아요. 어린 친구들이 일단 여자가 되고 싶은 것만 너무 좇다 보니까, 막상 여자가 되면 할 수 있는 게 별로 없어요. 아까 말씀드린 「XY 그녀」 있잖아요, 그때 프로그램 폐지를 주장한 분들이 이렇게 말했어요. "업소에서 일하는 아가씨들 데려다놓고 뭐하는 거냐!" 저희가 다른 일을 하려면 그렇게 반대를 해놓고는 말이죠. 업소에 나온 언니들을 보면 학벌도 좋고, 서양화를 전공했거나 기술이 있는 언니도 많아요. 그런데 다른 일을 하기가 너무 힘든 거예요. 사회의 반대와 편견도 심하고요. 업소에만 갇히는 현실에서 스스로 다른 꿈을 못 꾸는 것 같아요.

사회의 다양한 직업 영역에서 트랜스젠더분들이 활약을 할 수 있도록 한국 사회가 열린 자세를 갖도록 노력하는 게 필요합니다. 요즘에 트랜스젠더로 커밍아웃하고 활동하는 분 가운데 미국에 앤디 마라라는 한국 분이 있습니다. 문화재단에서 홍보와 의사소통 등 커뮤니케이션을 담당하고 계세요. 워낙 성격이 좋아서요. 앤디 마라 씨는 남자 친구와 성호르몬 테라피를 시작했고, 그 과정을 『허핑턴포스트』 블로그에 공개해서 사회적으로도 지지를 받고 있습니다. 트랜스젠더가 문화재단의 커뮤니케이션 담당으로 대외적인 얼굴 역할을 하니까 좋더라고요. 한국에서도 의사소통이나 사람들과의 자리에서 분위기 띄우는 재능이 있는 트랜스젠더 여성분들이 이런 쪽에 진출해도 좋을 것 같아요.

빨리 그런 날이 왔으면 좋겠네요.

한국에서 트랜스젠더 청소년, 청년 여러분이 자신의 몸에 대한 자결권과 정보를 얻으려면 어디로 가야 하나요?

요즘엔 인권 단체가 많이 생겼잖아요. 그쪽의 문을 두드리거나, 제가 수술한 부산에 있는 동아대 병원에 유명한 교수님도 있으니까, 이런 곳들을 찾아가보면 좋을 것 같아요. 지인에게 알음알음 물어보는 것보다는 전문 기관에 가서 정보를 얻는 방법을 추천합니다.

트랜스젠더의 사회적 지위 향상에 크게 기여한 분들이 있지만, 그 가운데 가장 큰 족적을 남긴 분이 1952년에 성전환 수술을 받고 국제적으로 커밍아웃해서 명사로 군림했던 크리스틴 요르겐슨 여사입니다. 전쟁이 끝나고 얼마 안 됐을 1952년에 빵 터졌습니다. 이때까지는 사실 성전환 수술이 발전하지 않았었기 때문에 성공사례가 많지 않았는데 이분이 처음으로 성공을 한 거죠. 게다가 또 이분이 말씀을 잘했어요. 한국에서도 생각보다 아주 일찍, 「성전환제일호조양」이라고 조 모 씨가 성전환 수술을 하고 여성으로 살게 되었다는 기사가 1955년 8월 29일 자 『동아일보』에 나옵니다. 이 당시 자료를 보면 1955년도에 이미 한국에서도 적십자병원과 경성전문병원에서 성전환 수술이 이뤄졌다는 기록이 있어요. 크리스틴 요르겐슨 씨의 영향이 머나먼 한반도까지 미쳤던 거죠. 또 한국에서는 트랜스젠더 하면 하리수 씨 얘기를 뺄 수 없죠. 하리수 씨의 공헌이 어마어마하다고 할 수 있습니다. 하리수 씨가 1975년 2월 9일생이니까 이제 사회에서는 중견의 위치에 올라갔어요. 2001년에 하리수 씨가 화장품 '빨간통' 광고에 나왔죠. 차세빈 씨는 그걸 처음 봤을 때 어떤 기분이었는지 궁금해요.

제 별명이 '차리수'이긴 했지만 그땐 스스로 게이라고 생각했기 때문에 '저 언니 뭐지? 너무 신기하다' 정도였다가 나중에 큰 영향을 받았죠. 제가 팟캐스트 '여섯 빛깔 무지개'에서 섭외를 받으면서 리수 언니한테 연락을 했어요. 이런 걸 나가게 됐는데 방송을 듣는 청소년들이나 우리처럼 트랜스젠더를 준비하는 친구들에게 전해주고 싶은 말씀이 있냐고 물어봤죠. "성향 자체는 중요하지 않다. 자기 인생에서 남자나 사랑이 중요한 것도 아니다. 정말 자신이 하고 싶은 게 무엇인지 그걸 꼭 찾았으면 좋겠다. 사회 구성원으로서 어떻게 하나의 완성된 인간이 되어야 할지를 먼저 고민하고 인생의 목표를 세워라." 이 얘기를 꼭 전해달라고 하시더라고요.

차세빈 씨는 뮤지컬 「드래그 퀸」에 나오면서 '포스트 하리수'로 불린 적이 있잖아요. 뮤지컬 「드래그 퀸」에 등장한 계기는 무엇인가요?

어릴 때부터 제 꿈이 뮤지컬 배우였어요. 뮤지컬을 하기 전엔 제가 하리수 언니 11주년 기념 앨범에 있는 「쇼핑 걸(Shopping Girl)」이란 노래의 피처링으로 랩을 맡았었어요. 저도 리수 언니를 만나지 않았으면, 다른 트랜스젠더처럼 계속 업소에서 일하고 무료하게 살았을 것 같아요. 어느 날 리수 언니가 정말 뜬금없게 "너는 꿈이 뭐니?"라고 물어보는 거예요. 그런 질문을 받은 게 정말 얼마 만이었는지 모르겠어요. "저 사실 어려서부터 가수나 뮤지컬 배우가 되는 게 꿈이었어요" 이렇게 쭈뼛쭈뼛 얘기하니까 언니가 "그럼 해, 안 늦었어. 나도 너 나이 때 데뷔했어" 이러면서 저를 계속 데리고 다녔어요. 전 언니 중국 활동 때 백댄서부터 시작했어요. 언니가 얼굴만 예쁜 게 아니에요.

그러게요. "넌 꿈이 뭐니?"라는 질문을 던진 사람이라는 게 정말 멋있네요. 선배 세대가 아래 세대에게 질문을 던져주는 건 매우 중요한 것 같아요. 하리수 씨를 처음 만나게 된 건 어떤 계기였나요?

좋은 자리는 아니었어요. 트랜스젠더 언니들 중에 자살을 하시는 분이 많아요. 둘이 상갓집에서 울면서 만났죠. 그게 첫 만남이었어요.

저는 엔터테이너로서 차세빈 씨께 기대하는 게 하나 있어요. 페미니스트 연극 가운데 「버자이너 모놀로그(The Vagina Monologues)」라는 게 있습니다. 번역하면 '보지 독백'이죠. 자신의 섹슈얼리티를 어떻게 직시하게 되었는가, 여자이지만 왜 나의 보지를 보지 못하는가, 왜 한 번도 보라고 교육받은 적이 없는가, 이렇게 몸과 관련된 것을 드라마타이즈해서 일인극으로 꾸민 거죠. 이제 우리에겐 트랜스젠더 여성의 「버자이너 모놀로그」가 필요합니다. 이건 미국에도 없거든요. 솔직히 페미니스트 버전의 모놀로그는 좀 우중충해요.

르퀸에서도 충분히 기획해서 할 수 있는 거 아닌가요?

할 수 있을 것 같아요. 이 연극이 한국에서도 장기 흥행을 했거든요. 대본이 좋으니까, 이걸 트랜스젠더 버전으로 번안을 해서 공연하면 국제적으로도 주목을 받을 수 있는 아이템이라고 생각합니다.

꼭 찾아보도록 하겠습니다.

차세빈 씨의 야심이나 꿈은 뭔가요?

르퀸에 머물지 않고 다른 사업을 구상 중이에요. LGBT 분들 가운데 예술적 재능을 소유했거나 생각이 깨어 있는 분들이 많잖아요. 이런 분들과 함께 문화 사업을 해볼까 고민하고 있어요. 갤러리도 오픈하려고 준비하고 있습니다. 오픈하면 여러분을 다 초대하고 싶네요.

끝으로 트랜스젠더로 태어나서, 즉 남자의 몸이지만 여자의 정신을 갖고 사는 청소년, 청년 여러분에게 아름다운 메시지 부탁드리겠습니다.

그 친구들이 저와 같은 실수를 안 했으면 좋겠어요. '여자가 되겠다'는 꿈만 가지고 시작하는 거요. 여자가 되고 나면 무척 막막하거든요. 그 이후의 삶도 어떻게 살지 계획해야 합니다. 여자로서 자기 인생을 어떻게 멋지게 살아갈지 고민을 많이 해야죠. 그리고 꿈을 잃지 않을 것! 그게 정말 중요해요. 자기가 무엇을 할 수 있는지 고민하고 능력을 계발해서 사회 구성원으로서 한자리를 차지한 다음에도 충분히 예뻐질 수 있어요. 하고 싶은 일을 꼭 찾길 바랍니다.

남자의 영혼에 응답하는 삶

진호

FTM 트랜스젠더로 '트랜스젠더 삶의 조각보 만들기 — 트랜스젠더 인권지지기반 구축 프로젝트'에서 활동하고 있다. 중국에서 고교 졸업 후 중의학대학에서 동양의학을 전공했고, 현재는 새로운 진로를 모색 중이다.

'나는 남자인데 왜 여자의 몸으로 태어났을까?'라는 의문을 처음 갖게 된 때가 언제인가요?

아주 어렸을 땐 딱히 큰 위화감이나 불편함이 없었어요. 그저 '왜 있어야 될 게 없을까?', '로봇이나 총을 갖고 놀고 싶은데 왜 인형 같은 선물만 줄까?' 이런 생각을 많이 했어요. 그런데 초등학교 입학하고 줄을 설 때 남녀를 확실하게 구분하는 순간부터 '내가 남들과 좀 다르구나'라는 걸 느꼈습니다.

'나는 반드시 남자로 살겠다' 이렇게 자기 확신을 갖게 된 때는 언제인가요?

어렸을 때부터 계속 확신했지만, 아직 어렸기 때문에 성인이 된 후 그때 다시 고민하자고 생각했어요.

성인으로 넘어가는 어떤 순간에 각오가 있어야 되잖아요. '나는 내가 타고난 생물학적 성별에 위배되는 나의 정신적인 성별, 젠더에 맞춰서 내 삶을 개척하겠다'고 결심하는 게 꽤 용기를 내야 하는 일인데, 보통 결심하는 나이가 개개인마다 좀 차이가 있습니다. 늦게 각오하시는 분들도 있고요. 진호 씨는 몇 살 때 각오했나요?

원래는 스무 살까지만 참아보자 했던 거였는데, 스물다섯 살로 미루게 됐습니다. 스무 살이 되니까 현실적인 것들이 다가오더라고요. 미래를 같이 생각해야 하는 것인가, 아니면 지금 어떻게 해야 좋을까, 이런 고민을 많이 했었는데, 아무래도 미래를 더 잘 살기 위해서는 내가 하고자 하는 걸 먼저 해야겠다 싶어서 스물다섯까지로 시기를 미룬 거죠.

진호 씨가 88년생 용띠, 스물일곱이니까, 원하는 바대로 삶을 살기 시작한 지 3년 차네요. 스물다섯 살에 커밍아웃을 한 건가요?

그건 아니고, 스스로 정신과에 갔죠. 진단을 받고 졸업을 할 때까지 기다렸다가 졸업과 동시에 부모님께 커밍아웃을 했어요.

정신과에 가서 증빙 자료를 준비하고 난 다음에 커밍아웃을 하는 트랜스젠더분들이 꽤 있나요?

네, 그렇게 많이들 하신다고 알고 있습니다. 아무래도 말씀만 드리는 것보다는 어떤 증빙 자료가 있으면 설명하기가 좀 쉬우니까요.

그렇군요. 커밍아웃 과정이 좀 궁금해요. 부모님께 처음 말씀을 드리고 나면, 한국 부모님들은 "그래, 아빠는 다 알고 있었어" 이러시는 분들이 많지 않잖아요.

어머니가 "많이 힘들었겠구나" 하면서 우셨어요. 아버지는 듣고 말씀이 없으셨고, 나중에 다시 얘기해보자고 하시고는 넘어갔어요. 그런데 그 후에도 별로 말하고 싶어 하지 않으시더라고요.

트랜스젠더도 MTF 트랜스젠더분들은, 여성이니까 말씀도 많고, 가족 간에 문제가 있어도 어떻게든 잘 풀어나가는데, FTM 트랜스젠더분들은 남자라서 말이 많지 않아요. 가족하고 일이 꼬이면 그냥 말을 안 하고 지내는 분들도 꽤 있더라고요. 커밍아웃한 이후에도 허들을 몇 개 넘어야 안정적인 단계로 가는데, 좀 어려운 부분이 있더라고요. 진호 씨는 어땠어요?

아직까지도 허들을 넘고 있는 중입니다.

형제는 어떻게 되나요?

세 살 차이 나는 남동생이 하나 있는데, 어렸을 때 좀 많이 괴롭히는 편이었어요.

어쩐지 그랬을 것 같아요. 동생도 이제 누나가 아니라 형인 걸 아는 거죠?

네, "그럴 줄 알았다. 언제 누나 역할을 한 적이 있느냐" 이런 식으로 나오더라고요.

게이 레즈비언 어린이들은 4~5세 시절 사진이 무척 귀엽고 사랑스러워요. 성격은 어렸을 때 정해지는데, 남의 시선에 자신이 어떻게 보이는지는 잘 모르니까 게이 남자 어린이는 끼가 폭발하고, 레즈비언 어린이들은 굉장히 레즈비언다워서 사진만 봐도 빵빵 터집니다.

솔직히 말씀드리면 그때가 잘 기억은 안 나요. 저는 그냥 노는 걸 좋아하는 평범한 아이였던 것 같아요.

어렸을 때 친구하고 놀다가 말을 안 들으면 패는 일이 있었나요?

패진 않았고, 손찌검은 좀 했죠.

어린이 시절엔 성 소수자로 사는 게 그렇게까지 난이도가 높지는 않아요. 너무 예민한 분들은 좀 어렵기도 하지만, 그렇지 않다면 대부분 잘 삽니다. 난이도가 좀 높은 건 청소년기죠. 적지 않은 LGBT 청소년 여러분이 자살을 시도하기도 해요.

청소년기는 다들 힘드니까요. 저한테 제일 많이 다가왔던 건 '정신적으로는 내가 아무리 남자라고 해도 내 몸은 아니구나'였어요. 이걸 받아들이기 정말 힘들었죠. 더 어렸을 때는 남자애들이랑 거의 동등하니까 그런 느낌이 별로 없었는데, 커가면서 신체적인 발육에서 차이가 나니까 남자 친구들하고 어울리기가 껄끄러워지기 시작하더라고요. 신체에 대한 혐오감도 늘어나고요. 거기다 다른 사람에게 말을 하기도 쉽지가 않으니까, 방황을 많이 했습니다.

어렸을 때 특별히 좋아하던 운동은 없었나요?

초등학교 때는 육상부였어요. 그런데 몸이 달라지기 시작하면서 남자애들하고 겨루기도 힘들어지니까, 점차 운동이 하기 싫어지더라고요.

사춘기 시기의 운동은 어떤 상황에서는 도움이 되기도 하고, 또 스트레스가 되기도 하는 면모가 있습니다. 앞서 미래를 계획하는 데 있어서 나의 정체성이 별개의 것이 될 수가 없으니까 시간을 정해놓고 문제를 해결하고,

또 도전하고자 노력했다고 말씀해주셨죠. 성 소수자 여러분, 특히 트랜스젠더분들은 고교를 졸업하고 대학 진학을 구상하는 10대 말에서 20대 초반, 대학교를 다니고 성인기를 맞이하기 위해 미래를 계획하는 시기가 인생에서 가장 중요합니다. 이성애자들보다 고민을 더 많이 하죠. MTF 트랜스젠더 여러분은 사회에서 취직이 어려우니까 업소에서 일수를 찍고 성전환 수술비를 마련하는 경우도 있습니다. 그런 현실을 보면 속이 많이 상하는데, FTM 트랜스젠더, 즉 성전환 남성 여러분은 이 시기가 어떠한지, 또 사회에서 직업이나 일자리를 구하는 데 있어 어떠한 난관이 존재하는지 궁금합니다.

제가 아는 한에서 말씀드리면, 우선 학교생활을 버티기 힘들어하는 분이 많아서 자퇴를 하거나 검정고시를 많이 봐요. 그래서 취직할 때 학력이 걸림돌이 되고요. 치료를 시작한 분들은 이제 목소리도 굵어지고 수염도 나는 상황에서 이력서와 신분증에는 여자로 되어 있으면, 아무래도 고용주 입장에서는 망설여지겠죠. 그런 것이 문제가 되는 것 같습니다.

성 소수자 여러분이 운영하는 사회적 기업 같은 게 많이 생기면 어떨까 싶습니다. 장기적인 직장은 아니더라도, 중간에 트랜지션을 받고 변하는 과정을 조력해줄 만한 사회적 기업이요. 트랜스젠더 여러분은 다른 성 소수자의 상황과는 좀 달라요. 꽤 많은 게이 레즈비언은 본인 입으로 얘길 안 하고 가만히 있으면 정체성이 완전히 눈에 드러나지는 않죠. 그런데 여자에서 남자로, 또 남자에서 여자로 성을 전환한 분들은 트랜지션을 받으면 정체성을 가리기가 거의 불가능합니다. 그래서 게이와 레즈비언의 커밍아웃 과정과 개념이 다른 면모가 있고요. 앞서 정신과에 가서 증빙 자료를 먼저 마련하고 커밍아웃을 한다고 말씀한 것도 게이와 레즈비언 입장에서는

'그렇구나' 하고 새롭게 받아들일 만한 부분이거든요. 커밍아웃 과정은 보통 어떻게 진행되나요?

다른 분들과 과정이나 개념이 크게 다르지 않습니다. 물론 내용이야 많이 다르겠지만. 보통은 주변에서 먼저 많이 눈치를 채죠. 얘기를 했을 때 "그럴 줄 알았다"라고 하시는 분도 많고요. 모든 커밍아웃이 어렵고 내용만 다른 것 같아요.

커밍아웃을 하셨던 이야기를 부탁합니다.

전 스물다섯에 당시 여자 친구에게 처음으로 커밍아웃을 했어요. 그 친구도 어느 정도 알고는 있었지만, 제가 직접적으로 얘기한 적은 없었거든요. 듣고서는 알고 있었다는 식으로 얘기했어요. "굳이 말하지 않아도 알아."

MTF 트랜스젠더는 그나마 한국 사회에서 가시성이 있지만 FTM 트랜스젠더는 하리수 씨처럼 아직 스타라고 할 만한 문화적인 아이콘이 없죠. 그래서 사람들의 이해도가 좀 낮은 편입니다. 한국 트랜스젠더 남성 사회에서 "이분이 우리를 대변하는 문화적 아이콘이다" 이렇게 지목하는 분이 있을까요?

한국에서는 인권 운동가로 활동하셨던 한무지 씨가 계시고요, 외국은 운동선수였던 발리안 부시바움 씨가 유명하죠.

발리안 부시바움 씨는 육상선수 출신으로 현재는 모델 활동을 하고 계신 트랜스젠더 남성인데, 정말 잘생겼습니다. 한국에도 모델로 활동하는 미남 트랜스젠더 남성이 한 분 있으면 좋겠네요. 그런데 사회적 이해도가 낮을 수밖에 없는 게, 인구 통계로 봐도 트랜스젠더 여성이 트랜스젠더 남성보다 수가 많아요. LGBT 사회에서 가장 수가 적은 분들이 트랜스젠더 남성입니다. 그만큼 사회적 역할 모델이 없어서 어린 꿈나무 트랜스젠더 남성이 청소년기를 조금 더 외롭고 힘들게 보내죠. 진호 씨는 어렸을 때 '아 저 사람, 나랑 똑같은 트랜스젠더 남자야'라고 발견하고 힘을 얻은 사람이 혹시 있나요?

없었어요. 스물다섯까지 누가 있는지도 모르고 살았어요. 지금도 딱히 있는 건 아니에요.

진호 씨는 연분홍치마에서 2008년에 제작한 다큐멘터리 영화 「3xFTM」을 보셨나요?

네, 봤습니다.

이 영화 소개 글을 보면 트랜스젠더 남성 여러분들이 겪는 삶의 어려움이 잘 나타납니다. 주인공 가운데 종우라는 분은 오토바이 일을 하는데, 가슴이 튀어나오면 안 되니까 가슴 부분을 압박붕대로 조이고 일을 해서 여름이면 얼음 조끼를 입고 일을 하죠. 이게 다른 사람은 상상할 수 없는 어마어마한 난관입니다. 무지라는 분은 오랫동안 준비한 가슴 절제 수술을 마치고 이제 드디어 남자로서 웃통을 벗을 수 있다는 자유를 만끽합니다. 이러한 영화를 통해 성 소수자 사회 안에서도 마이너리티인 트랜스젠더 남성 여러분이 사회적 존재로 가시화되죠. 또 우리가 인권 향상을 위해 어떤 부분을 노력해야 하는가, 사회의 어떤 부분이 바뀌어야 되는가, 이런 의식을 고취시키는 부분도 있고요. 나중에 들었습니다만, 가장 적극적이셨던 주인공 한 분이 세상을 떠났다고 해서 많이 슬펐습니다. 다른 성 소수자도 사회에서 인정받기 힘들긴 마찬가지지만 이성애자 남자들은 트랜스젠더 남성한테 유달리 너그럽지 않아요. '남자로 너를 인정하지 못하겠다' 이런 태도를 왕왕 보입니다. 이건 왜 그럴까요?

저희 아버지도 그런 말씀을 했거든요. "네가 아무리 그래봤자 진짜 남자가 될 수 있겠냐", "가짜 남자로 그렇게 살 거냐?" 왜 그러는지 저도 잘 이해를 못 하겠어요.

억울하긴 하지만, 많은 트랜스젠더 남성이 넘어야 할 벽입니다. 어떻게 극복하면 좋을까요?

극복이라기보단, 자신감이 중요합니다. 본인이 당당하면 누가 뭐라고 하든 개의치 않으면 되는 거니까요.

트랜스젠더 남성 여러분 중에는 신체적 차이에 의해서 삶의 난이도가 어려운 분이 있고, 덜 어려운 분이 있어요. 제가 1995년에 LGBT 인권 운동을 시작하던 시절 부산 경북 지역에서 LGBT 통신 모임을 처음 만든 분이 트랜스젠더 남성이었어요. 꽃미남이라서 서울의 한 게이 바에서 속이고 바텐더로 일했던 분인데, 유도선수 출신이라 가슴이 원래부터 '갑바'밖에 없었습니다. 압박붕대 같은 허들을 넘을 필요가 없었죠. 반면 신체가 여성으로 발육이 잘 돼서 괴로운 분도 꽤 있습니다. 가슴이 발달해서 결국 트랜지션만으로는 안 되고 유방 절제술이나 유두 축소술을 받아야 하는 거죠. 트랜스젠더 남성 청소년분들께 도움이 되는 부분이라서 여쭤보고 싶은 게 트랜지션에 관한 것입니다. 진호 씨는 성전이 호르몬 테라피, 즉 트랜지션을 받으셨나요?

네, 작년 중순쯤 시작해서 지금도 하고 있습니다. 트랜지션을 받으려면 먼저 정신과로 가서 진단서를 받아야 해요. 진단서를 가지고 호르몬 처방이 되는 병원에 가서 상담을 받아야 치료를 시작할 수 있어요. 병원에 관한 자세한 정보는 본인이 좀 더 알아봐야 합니다. 요즘은 커뮤니티도 많고, 정보가 많이 공개돼 있어서 조금만 노력하면 찾을 수 있습니다.

성호르몬 주사로 성전이 치료를 받는 것 외에도, 트랜스젠더 남성의 삶의 질 향상에 큰 기여를 한 게 '안드로겔(AndroGel)'이 출시된 거죠. 안드로겔이라는 건 바르는 테스토스테론입니다. 트랜스젠더분들한테 물어보면 턱선과 수염 쪽의 디테일한 부분을 만지는 데 도움이 된다고 하더라고요. 한국엔 2008년부터 프랑스의 베셍 사에서 제작하는 '테스토겔'이란 상품으로 나와 있는 걸로 알고 있어요. 혹시 안드로겔을 사용해 보셨나요?

제품은 알고 있지만, 사용해본 적은 없습니다.

트랜스젠더 여성분은 성전환 수술을 결심하는 경우가 많지만, 듣기로 트랜스젠더 남성 여러분은 외성기 구축에 중심이 맞춰진 성전환 수술을 결심하는 분들이 그렇게 많지 않은 것으로 알고 있어요. 어떤가요?

다들 성기 수술에 대한 욕구는 큰 편인데 결정하기가 어려워요. 위험 부담도 크고, 부작용도 걱정되고, 아직 수술 기술이 많이 발전한 상태가 아니라서요. 제일 큰 이유는 수술비가 비싸서 그런 것 같습니다. 이게 한 번으로 끝나지 않고 1차, 2차, 3차 이렇게 가거든요.

큰 수술이군요. 트랜지션 과정을 겪으면 목소리도 변하고, 수염도 나죠. 요즘은 이렇게 의료 기술의 도움을 받아서 본인이 원하는 성별의 삶을 살 수가 있습니다만, 왕년에 이런 의료 혜택을 받을 수 없었던 전후 세대 트랜스젠더 남성 여러분은 목소리를 남자처럼 바꾸려고 수은 증기를 들이마시기도 했다는 이야기를 듣고 깜짝 놀랐던 적이 있습니다. 목소리는 남성 호르몬 주사를 맞으면 꽤 굵어지는 편인가요?

사람마다 개인차가 큰 편이에요.

트랜스젠더 여성분은 이미 굵어진 목소리가 얇아지는 데에 많은 어려움이 있어서 힘들어들 하잖아요. 트랜스젠더 남성분은 성공적으로 목소리가 변하는 사례가 어느 정도 있나요?

많긴 하지만, 이게 본인 만족에 달린 문제이다 보니 만족을 못 하는 분이 훨씬 많죠.

남들이 들었을 땐 완전히 남자 목소리인데 본인이 만족하지 못할 수도 있겠네요. 지금 트랜지션을 받은 지 어느 정도 된 거죠?

1년 하고 몇 달 정도 됐어요. 아직 '만족'까진 아니지만 만족하려고 노력하는 편입니다.

어렸을 때 도움이 될 만한 정보를 빨리빨리 얻는 게 중요하죠. 아름다운재단의 후원을 받아 2013년에 '트랜스젠더 삶의 조각보 만들기 — 트랜스젠더 인권 지지기반 구축 프로젝트'가 만들어졌습니다. 이 모임을 좀 소개해 주세요.

'조각보'라는 트랜스젠더 인권 향상을 위한 단체입니다. 2년째 많은 활동을 하고 있어요. [조각보는 2015년 11월 11일 트랜스젠더 인권 단체로 발족식을 열었다.]

조각보는 트랜스젠더 남성분과 트랜스젠더 여성분이 함께 모여 있는 공간인가요?

그런 분도 있고 아닌 분도 있어요. 같이 인권 향상을 위해 노력하는 분들이죠.

트랜스젠더 남성의 인적 구성은 어떤가요? 나이가 많은 분부터 젊은 분까지 다 함께 모여 있는 모임인가요?

단체가 그리 크지 않아서 당사자는 저 포함 두 명이 있습니다. 둘 다 나이는 어리고요.

상담을 위주로 활동하는 건가요?

단체에서는 행사 위주로 많이 하고 있어요. 퀴어 퍼레이드도 참여하고, 단체 자체에서도 당사자끼리 모여서 하는 프로그램을 기획 및 연출하는 일을 합니다.

조각보는 퀴어 퍼레이드에 참여할 때 어떤 키워드나 콘셉트가 있나요?

딱히 콘셉트는 없었던 것 같아요. 그때 제가 참여하질 못해서 확실하게는 잘 모르겠네요.

어렸을 때 몸이 완전히 여자 몸으로 굳어지기 전에 트랜지션을 받으면 신체가 보다 빨리 본인의 젠더, 즉 사회적 성에 부합하게 됩니다. 그런데 미성년자 시절엔 부모에게 일찌감치 트랜스젠더로 커밍아웃하고 인정을 받아도 불확정성 때문에 많은 의사가 트랜지션을 받지 못하게 하죠. 미국에서도 미성년자의 트랜지션에 대해서 사회적으로 찬반 논쟁이 여러 차례 있었고요. 이 부분에 대해 진호 씨는 어떻게 생각해요? 10대 말의 미성년자가 트랜스젠더로 커밍아웃하고 부모한테 인정을 받아서 트랜지션을 결심했다면, 그걸 하는 게 옳다고 보십니까, 아니면 성인이 되길 기다렸다 하는 게 맞는 건가요?

성인이 되기까지 얼마 안 남은 미성년자는 괜찮다고 생각하는데, 더 어린 상태는 조금 어렵지 않나 싶어요.

게이 레즈비언 공동체는 어느 정도 규모도 있고 술집이나 클럽 시장이 있기 때문에 그나마 소외감이 덜한 편이죠. 반면에 트랜스젠더 남성 여러분은 한자리에 함께 모일 기회가 많지 않을 것 같아요. 또 남자라 속내를 털어놓고 고충을 말하는 게 잘 안 되죠. 다른 분은 어떻게 삶의 고충을 함께 나누며 살고 계신지 궁금합니다.

트랜스젠더 남성들도 커뮤니티가 있습니다. 정모를 하기도 하고, 개인적으로 알음알음 소개를 받아서 알게 되기도 하죠. 만났을 때 고충을 말하지 못하는 타입은 아니에요. 오히려 서로 더 편하기 때문에 많은 얘기를 나눕니다.

트랜스젠더 남성 여러분이 정모를 하면 몇 분 모이세요?

미성년자부터 40대까지, 다양한 연령대의 분들이 적게는 10명 안팎에서 많게는 20명 이상 모입니다.

제가 예전에 만난 트랜스젠더 여성 한 분은 성전환 수술을 마치고 여탕에 갔을 때가 가장 행복했다고 하더라고요. 그래서 '아, 여태까지 수영장 가는 일, 체육 시간, 사우나, 이 모든 게 다 스트레스였겠구나' 하고 깨달았던 적이 있어요. 트랜스젠더분들한테 기존의 사회적 성별 시스템이라는 게 딱 맞지 않기 때문에, 삶의 중간 단계에서 고충을 겪는 거잖아요. 미국 고등학교에서는 화장실 문제로 사회적 논란이 일기도 했어요. 트랜스젠더 여성 학생이 여자 화장실을 사용할 수 있게 해달라고 해서 허락이 나자 이성애자 여학생들이 항의를 했던 거죠. 해결책으로 등장했던 것 중 하나가 뉴트럴 화장실, 즉 남녀 공용 화장실이었습니다. 남자용, 남녀 공용, 여자용 이렇게 세 화장실이 따로 있는 거죠. 이런 의견 충돌 문제는 어떻게 해결하는 게 현명한 방법일까요?

제일 좋은 건 의식 개선이 아닐까요? 서로가 서로를 이해해 주면 편한데 이 문제가 쉽게 서로를 이해할 수 있는 문제가 아니니까요.

진호 씨는 몇 살 때부터 공공 화장실에서 남자 쪽으로 가셨나요?

솔직히 말씀드리면 전에는 편하게 다녔어요. 제가 편한 게 좋아서요.

지금 애인이 있으세요?

네, 아는 형 소개로 만났다가 세 달 정도 사귀는 중입니다.

세 달이라니 정말 낭만적인 숫자입니다. 이상형은 어떻게 되나요?

엄청 예쁜 사람은 좋아하지 않아요. 다양한 매력을 갖고 계신 분들 있잖아요, 귀엽기도 하고, 또 섹시하기도 하고, 그런 분을 좋아합니다.

여자 연예인으로 꼽으면요?

일반적으로 많이들 좋아하는 수지나 아이유, 씨스타의 보라 같은 분이 좋아요.

한국 사회가 트랜스젠더 남성에게 우호적으로 바뀌려면 어떤 부분이 개선되면 좋을까요?

'남자는 이래야 하고 여자는 이래야 한다'는 인식부터 개선되어야 합니다. 그게 제일 기초가 아닐까 싶네요.

주민등록상의 성별 정정 절차가 개선되는 건 사회생활을 하는 데 당장 도움이 안 되나요?

취직을 할 땐 도움이 되지만, 전체적으로 봤을 때 호적의 문제로만 해결되지 않는 게 더 많습니다.

한국 법률상으로는 자궁을 적출하고 난소, 난관 절제 수술을 받아서 생식능력을 상실해야 가족 관계 등록부상에서 성별란에 여자라고 적힌 것을 남자로 정정할 수 있는 거죠?

네, 현재는 그렇습니다.

울산지법의 최상열 판사가 성전환 수술을 받지 않았어도 생식능력 상실과 사실혼 관계 등을 근거로 성별 정정 신청을 받아들여야 한다고 판결한 케이스가 있습니다. 이런 걸 보면 한국 사회도 조금씩이나마 개선되는 모습을 볼 수 있긴 해요.

판례가 어느 정도 나와 있는 상황이지만 전부 이렇게 통과되진 않아요.

트랜스젠더 남성분들은 '만렙'을 딱 찍고 나면, 사회에서 남성으로 사는 데 큰 어려움이 없게 되니까 오히려 앞에 잘 안 나서게 되는 것 같아요. 어쩔 수 없는 사람의 심리이기도 하고요. 아직까지는 사회에서의 의식 재고가 쉽지 않습니다. 지금 트랜스젠더 남성들의 인권 운동을 위해서 가장 시급하게 달성해야 할 목표 지점이 있다면 그건 뭘까요?

다른 성 소수자분들에 비해 서로 정보 공개를 꺼리는 편이에요. 폐쇄적인 면이 많습니다. 말씀하신 것처럼 이런 정보들이 계속 모이고 많이 보도되어야 하는데, 아무래도 밝혀지는 걸 꺼려하니까 선뜻 나서는 분이 적죠.

진호 씨는 전공이 동양의학, 중의학이에요. 한의사로 활동하는 게 어렸을 적부터 꿈이었나요?

그렇진 않았어요. 어렸을 때는 과학자가 꿈이었어요. 현실을 알고부터 과학자가 쉬운 게 아니라는 생각이 들어서 다른 걸 찾았어요. 부검의가 매력적으로 느껴졌는데, 꿈을 바꿨죠.

고등학교를 중국에서 나왔잖아요. 중국으로 유학가게 된 계기가 있나요?

아버지 사업 때문에 가족이 전부 중국으로 넘어가게 된 상황이었습니다. 거기서 쭉 살았고, 고등학교와 대학교까지 나오게 됐죠. 제가 의학 쪽에 관심이 있다는 걸 느끼고 중의대를 들어갔어요.

한국의 한의학하고 중국에서 교육하는 동양의학, 중의학하고 어떤 차이가 있나요?

큰 차이는 없고, 배우는 범위의 폭이 좀 다릅니다. 중국에서는 한의학이 중국에서 파생됐다는 얘기도 있고, 또 한의학 쪽에서는 아니란 말도 있어서 어떤 게 정답인지는 모르겠지만요.

중국에서 중의대에 진학해서 공부하는 한국인 유학생들이 좀 있나요?

네, 많습니다. 그런데 중의대를 나온 사람들은 한국에서 활동하지 못해요. 한국에서 한의사로 활동하려면 한의대를 다시 들어가야 해요. 너무 어렵죠.

지금 꿈꾸고 계획하는 미래상은 중의학을 바탕으로 한의사 활동이 아니고 다른 걸로 알고 있습니다.

의사 고시를 보려고 준비를 계속했었는데 여러모로 장벽이 있더라고요. 그걸 넘지 못하고 이제 진로를 바꾸기로 결정했습니다. 지금 이것저것 해보고 있는 중이고요. 아직은 취준생인 셈이죠.

한의학을 전공하셨다고 하니 떠오르는 건 하나밖에 없어요. 작업할 때 좋겠다, 진맥을 잡아준다면서 손을 잡는다거나….

손을 잡을 빌미를 만들 수 있죠.

여자 친구가 됐으면 좋겠다고 생각하는 사람의 진맥을 잡으면 '얘가 나한테 마음이 있구나'를 느낄 수 있나요?

그렇게까지는 못 느끼죠.

심장이 좀 빨리 뛴다거나.

아, 그럴 수는 있겠네요.

궁금하네요. 진맥을 잡아보고 '오늘의 작업은 성공하겠구나' 이런 걸 알 수 있는지. 상하이에서 고등학교도 졸업하고 대학교도 나왔는데, 중국에서 같은 처지에 있는 트랜스젠더 남성분을 만나고자 노력한 적은 있으세요?

저도 그걸 알고 싶어서 많이 찾아봤어요. 글도 올려보고 연락도 했었는데 실제로 만난 적은 한 번도 없습니다. 한번은 만나기로 했는데 안 나왔고, 두 번째는 연락만 하다가 만날 의사가 없다고 밝혀서 만나질 못했죠.

중국에 커뮤니티는 형성되어 있지 않은 건가요?

제가 못 찾았던 것 같기도 하고요. 그분들한테 물어봤을 때 있다는 얘기는 들었는데, 존재 여부는 저도 잘 모르겠어요.

아무래도 중국이 아시아의 대국이니까 성 소수자 인권 운동에서도 앞으로 많은 변수가 중국에 달려 있다고도 볼 수 있거든요. 트랜스젠더 남성의 인권 향상에서도 중국의 향후 모습이 궁금한 지점이 있어요. 아직은 그렇게 많은 부분들이 진전된 건 아닌가 보네요.

그런 것 같아요.

중국에서 한국으로 와서 나와 같은 처지의 트랜스젠더 남성을 처음 만난 건 언제였나요?

스물다섯 살 때 정신과에서 진단서를 받고 커뮤니티랑 정보를 알아보기 위해 인터넷을 열심히 찾아봤죠. 거기서 알게 된 커뮤니티에서 정모를 한다기에 그때 처음 나가서 많은 분을 만나봤습니다.

그 정도면 인생에 임팩트가 좀 있을 것 같습니다. 25세 이전의 삶과 이후의 삶이 드라마틱하게 다르겠네요?

네, 많이 다릅니다. 그 전에는 자존감이나 자신감이 많이 떨어진 상태였어요. 지금은 많이 변해서 불안감도 없어졌고, 자존감도 많이 높아졌습니다. 무슨 일을 하나 하더라도 사소한 게 즐거워지는 상태가 된 것 같아요.

트랜스젠더 남성으로서 인생을 살다 특별히 겪는 어려움에는 어떤 게 있을까요?

남자의 세계에 들어가서 자연스럽게 섞이는 게 가장 어렵다고들 하더라고요. 군대 얘기가 나왔을 때 할 얘기가 없다거나, 남자끼리 하는 스킨십이 익숙하지 않다거나.

성별 정정이 받아지고 나면 군대에 가야 할 나이에 군대 문제는 어떻게 처리됩니까?

정정이 되면 면제를 받을 수 있는데, 군대는 안 가지만 민방위에는 참여하게 되어 있습니다.

민방위는 가야 한다니 약간 억울한 느낌이 있네요.

군대를 가고 싶어 하는 분도 많은데, 국가에서 허가를 안 해주죠.

최근 방영하는 군대 리얼리티 쇼에 트랜스젠더 남성 가운데 준연예인 같은 분이 출연해서 남성으로서 군대 생활 하시는 모습을 보여주면 사회적 편견이 줄어들지 않을까 하는 상상을 혼자 해봤습니다. 어서 빨리 한국에서도 TV에 나오는 인기 트랜스젠더 남성 연예인 한 분이 생겼으면 하는 바람도 생기고요.

진짜 그런 분이 계셨으면 좋겠네요.

아이돌이 한 분 계셔도 좋을 것 같아요. 진호 씨는 외모가 박재범 씨와 비슷합니다. 목소리도 그렇고요.

그런 말씀을 하시면…, 큰일 났네요.

연애 얘기가 궁금합니다.

첫 연애는 중학교 때였고, 가장 심각하게 한 연애는 대학교 때 3년 넘게 사귄 친구가 있습니다.

보통 2년 정도 지나면 미래에 대한 생각을 해보잖아요.

원래는 독신주의자였어요. 그런데 만나다 보니까 이 친구랑은 같이 살아도 되겠다는 생각이 들어서 그때 처음으로 결혼을 생각해봤습니다.

결혼 이야기를 여자 친구하고도 나눠보셨나요?

구체적으로는 아니지만, 둘이 그런 식으로 얘기를 했던 적이 있어요.

인생의 가능성 중 하나로 결혼을 생각하고 계신 거군요.

네, 생각이 바뀌었습니다. 대학생 때 그 친구가 기점이지 않을까 싶네요.

연애는 사람을 바꿔놓기도 해요. 지금 사귀는 분은 세 달 됐으니까 아직 결혼 얘기를 할 만한 진도는 아니겠지만, 그래도 머릿속으로 생각은 해보셨나요?

세 달 됐는데 결혼 얘기를 물어보시네요. 그래도 결혼하고 싶다는 생각이 들더라고요.

트랜스젠더 남성분이 결혼하고 사는 것도 똑같죠. 결혼식 하고, 신혼살림 차리고. 모임을 가질 때 부부 동반 모임을 가지는 경우는 별로 없나요?

저는 본 적이 없어요.

아직은 가야 할 단계가 남아 있는 거라고 볼 수가 있겠군요. 그럼 트랜스젠더 남성분들은 가끔 정모할 때 다 여자 친구 없이 혼자 나오는 건가요?

다 혼자 나오죠. 보통 숨기고 만나는 분이 많이 있기 때문에 그 모임에 데리고 올 수가 없어요.

여자 친구분은 진호 씨가 트랜스젠더 남성이라는 사실을 알고 있죠?

서로 알고 만났어요.

모임에 나가서 행복한 결혼과 가정생활을 하고 있는 형님을 많이 보셨나요?

많이 보진 못했고, 몇 분 계세요.

행복한 결혼 생활의 비결은 무엇으로 보이던가요?

사랑? 그런 얘기는 많이 안 해주는 것 같던데….

꿈나무 청소년, 청년 트랜스젠더 남성 여러분도 가장 신경 쓰이는 부분 가운데 하나가 연애 아닐까요? 결혼 부분도 그렇고. 마지막으로 '형님'으로서 그들에게 한 말씀 부탁드립니다.

많은 청소년 트랜스젠더가 자기를 찾는 데 너무 급급해서 미래를 생각하지 못하는 게 너무 안타깝더라고요. 자신을 찾는 일도 중요하지만 미래를 같이 생각해야 합니다. 커밍아웃을 할 때 자기가 생각하는 미래의 모습을 부모님한테 잘 전달하는 것도 중요하거든요. 제가 커밍아웃을 했을 때도 부모님께서는 "네가 미래에 대해 확신이 있다면 응원해줄 수 있지만 그렇지 않은 상황에서 진행한다고 하면 이해해줄 수가 없다"라고 말씀하셨어요. 그리고 차세빈 씨가 말했던 것처럼, 성별 정정과 나를 찾는 것에만 목표를 두면 나중에 허무해져요. 그걸 달성하고 나면 미래가 없는 것처럼 느껴지거나, 그게 꿈꾸던 미래가 아닐 수도 있는 거죠. 미래를 같이 생각하는 걸 중점에 두셨으면 좋겠습니다.

4

한국 레즈비언과 팬픽이반, 그리고 후쬬시의 세계

투명인간의 삶을 거부한다
예조 AKA 마아

바이섹슈얼 레즈비언 페미니스트. 1990년대 중반 한국에서 처음으로 LGBT 운동이 시작됐을 때 이에 영향을 받으며 성장한 첫 세대다. 온라인에서 마아, 예조, 숨소리가 등의 이름으로 활동하고 있다.

마아, 예조, 숨소리가 등 활동 명에 대한 설명을 부탁드립니다.

'마아'는 사람 같은 허수아비를 얘기하는데, 보통 검수 수련 때 베는 지푸라기 인형을 말해요. '예조'는 『테르미도로』라는 만화책에 나오는 "열월에의 예조로 폐를 앓는다"라는 대사에서 따왔고요, 조짐이나 직물을 얘기하는 단어입니다. '숨소리가'라는 활동 명은 아마 2014년 4월경에 썼던 것 같은데요. 한 달 정도 쓰던 아이디에요.

정체성과 관련해 아주 기초적인 질문부터 여쭤볼게요. 전통적으로는 레즈비언 공동체에서 비교적 남성스러운 분을 부치, 상대적으로 여성스러우신 분을 펨, 이렇게 분류합니다. 예조 씨는 부치인가요? 펨인가요?

저를 부치나 펨으로 나누지 않고, 그냥 레즈비언이라고 생각하는데, 아무래도 대부분 그렇게 구분하죠. 레즈비언 웹사이트를 보면 "몇 살 부치인데 펨을 찾습니다" 이런 식으로 얘기를 하니까요.

예조 씨는 현재 본인을 양성애자 레즈비언으로 규정하고 계신가요?

네, 저는 양성애자 레즈비언입니다.

'아, 내가 남과 다르네' 하고 처음 자각한 건 언제인가요?

저는 케이스가 좀 다른데요. 내가 남들과 다르다는 것으로 레즈비언임을 각성한 게 아니라 레즈비언들을 보고 '아, 나는 그쪽이구나' 하고 쉽게, 부드럽게 다가간 편이에요. 여자애들이랑 항상 만남을 가졌거든요, 초등학교 때부터. 근데 그게 사귀는 건지 몰랐어요. 그런데도 우정 반지라는 이름의 커플링을 끼고, 교환 일기라는 이름의 연애편지를 매일, 매시간 주고받았어요. 중학교에 올라갔는데 어머 세상에, 사귀는 언니들이 있는 거예요. 그것도 너무나 많은 언니들이. 그걸 중학교 1학년 3~4월경에 보고, 너무나 기뻤어요. '아, 내가 저거구나', '어머 세상에, 저거였구나'를 느껴서 아주 편하게 레즈비언인 걸 자각하고 인정했습니다.

미취학 아동기에 어떤 어린이였나요?

유치원에 들어가기 전 시점은 수련이 언니라는 미녀를 정말 스토킹하듯이 따라다녔어요. 그때는 제가 어린앤데 수련이 언니가 참 좋아서 그러는구나 하고 패싱이 되잖아요. 그런데 커서 보니까 정말 사귀자고 쫓아다닌 거랑 똑같은 거예요. 언니가 저보다 한 열 살이 많았는데 매일 색종이를 접어서 언니에게 줬어요. 유치원에 들어갈 때에는 남자애들이랑 말을 잘 안 섞었어요. 제가 키가 제일 컸거든요. 대장놀이를 하기 위해서 남자아이들이 저를 따라다녔는데, 저는 걔네들이랑 노는 게 싫었어요. 그래서 싸우기도 했죠. 여자아이들 업어주고, 얼러주고, 머리 빗어주느라 너무 바빴어요.

어렸을 때 사진을 보니까 완전 귀여운 아저씨 소녀더라고요. 귀여운 소녀지만 웃을 때 보면 얼굴에서 아저씨가 나오는 말괄량이 귀염둥이 부치 소녀 느낌?

티가 많이 나더라고요. 저도 자각을 못 했는데 다른 레즈비언 사진들이랑 보니까 '아, 이래서 빼레즈 빼레즈 하는구나' 싶더라고요.

레즈비언 어린이들이 어렸을 때 강요되는 성 역할이 본인 마음에 안 들기 때문에 가위를 들고 손수 머리를 자른 경험들이 많죠. 변신의 욕구를 표출한다고 볼 수 있는데, 예조 씨는 머리 모양 변천사가 어떻게 되나요?

어머니가 저를 예쁜 어린이 선발대회 같은 데 내보내고 싶어 했고, 슬프게도 진짜 나갔어요. 어머니가 머리를 매일 30분에서 거의 1시간 정도 만져줬거든요. 정말 너무나도 힘든 과정을 겪고 초등학교 4~5학년 때부터 커트 머리를 하기 시작했죠. 그러면서 저의 레즈비언성을 자각하고, 우정 반지를 끼고…, 그렇게 바뀌었습니다. 20대 초반 이전까진 늘 커트 머리였던 것 같아요. 레즈비언성을 가시화하는 데는 커트 머리가 최고죠.

게이 어린이는 엄마와의 관계가 각별한 경우가 많아요. 감정적으로도 밀접하게 연결되어 있고요. 레즈비언들은 어떤가요?

일반화하기는 어렵겠지만, 레즈비언 청소년은 모친과 사이좋기가 힘들어요. 특히 어머니가 가부장적인 역할을 성실히 수행하는 타입의 여성이라면 더더욱 마찰이 크죠. 그런데 어릴 때는 트러블이 많지만, 오히려 나이가 들면 들수록 일반 헤테로 여성들보다 레즈비언 여성들이 어머니와 관계가 돈독해져요. 어머니를 지키겠다는 아들의 마음으로 임하기 때문에 모녀 사이가 20대 중반 이후부터 달라집니다.

아주 개인차가 심한 게 아버지와 레즈비언의 관계에요. 좋으면 정말 좋고, 안 좋으면 또 너무 안 좋죠. 특히 아버지가 장녀에게 아들 대신 기대를 투사하면 사이가 아주 좋더라고요.

그렇죠. 저희 아버지는 그렇게 다정하고 훌륭한 가장은 아니었지만 레즈비언성을 독려해 주셨거든요. 머리를 아주 짧고 이상하게 자르고 와도, 피어싱을 열 몇 개씩 하고 펑크 룩을 입고 다녀도 아버지는 "내 딸 멋있다"라고 해줬어요. 그런 아버지의 인정 때문에 좋게 지냈어요.

레즈비언 여러분은 아동기, 청소년기에 예쁜 걸로 칭찬받는 것보다는 보통 성취한 것으로 많이 칭찬받기 때문에 개인적 정신적 성장 과정에서 이성애자 여성보다도 플러스 요인이 되는 것 같아요.

확실히 개척자 정신이 강하고, 경쟁을 좋아하죠.

그걸 독려해줄수록 그 아이는 더 큰 성장을 하는 거라고 생각해요. 레즈비언은 성취 욕구가 매우 강하거든요.

내가 뭔가를 이뤘다, 쟁취했다, 이런 사냥꾼 기질이 정말 강해요. 그거에 대한 칭찬을 받으면 엄청 좋아하죠.

자매형제가 어떻게 되나요?

여섯 살 차이 나는 남동생이 있습니다. 동생이 어렵게 얻은 귀한 장손이거든요.

성장 과정에서 롤 모델이 누구였나요?

딱히 없었어요. 대신 만화책을 많이 봤었는데, 중학교 때 『비상소집』이라는 만화책에 나오는 '정강이'라는 캐릭터가 티 나는 부치였거든요. 힘도 세고 뜻을 굽히지도 않고 남자아이들도 다 때리고 다니고…, 고등학생인데 아주 강한 캐릭터였어요. 그런 '티부(티 나는 부치, 쇼트 머리 같은 헤어스타일을 하고 남성성을 드러낸 레즈비언)' 소녀를 보고 '나도 저렇게 되고 싶다'고 생각했고, 지금도 정강이처럼 살고 싶어요.

확실히 레즈비언 청소년을 위한 역할 모델을 사회에서 찾기가 어렵습니다. 비주류 캐릭터들이 곧잘 등장하는 만화는 그들에게 좋은 역할을 하기도 하죠. 레즈비언 어린이들의 공통점이라면 성장 과정에서 동년배 남자아이들을 두들겨 팬다는 겁니다. 거의 취미 생활이죠.

많이 패죠. 저는 키가 동년배보다 머리 하나가 커서 애들이 쉽게 덤비지를 못했어요. 한두 살 많은 애들하고 거의 키가 똑같았으니까요. 먼저 때리는 일은 거의 없었고, 대신 예쁜 여자아이를 괴롭히는 남자아이는 저한테 많이 맞았죠.

게이 꿈나무들한테 물어보면, 잘 말을 안 하려고 하지만, 레즈비언 꿈나무들에게 맞아본 경험이 참 많아요.

그렇죠. 그런데 저는 딱히 게이들을 때리지 않았는데, 떠올려보면 초등학교 1~2학년 때 걔네가 제 신발가방을 들어준다든지, 매일 11시 쉬는 시간이 되면 네스퀵처럼 우유에 타 먹는 걸 저한테 항상 가져다줬어요.

걔네들은 성격이 사랑스러우니까요, 다정다감하고.

제 주변의 게이 어린이들은 참 안전하게 지냈던 것 같아요.

레즈비언 어린이들이 신체적 우월함을 바탕으로 남자 아이들을 두들겨 패면서 스트레스를 풀 수밖에 없는 게, 아무래도 일상에서 스트레스를 많이 받잖아요. 교육 과정에 있는 여성 차별이 성 역할을 강요하죠. 이성애자 여자들은 대충 거기 맞춰서 잘 살지만, 레즈비언 어린이들은 그게 정말 성미에 안 맞아서 엄청 스트레스를 받습니다. 매일 등짝을 두들겨 맞고, 머리카락을 가위로 잘랐다가 혼나고. 학교에서는 한번 선머슴아 같은 계집애라고 찍히면 선생님들이 또 여자 취급을 안 해요.

저희 때 여자애들은 손바닥을 맞고 남자애들은 엉덩이를 맞았는데, 전 항상 엉덩이를 맞았어요.

남자애들도 귀동(貴童) 아기들은 귀하게 대접을 받는데 레즈비언 어린이들은 그 취급을 못 받는 거죠.

게이 어린이들은 귀한 취급을 받기도 하잖아요. 생각해보면 저는 초등학교 때부터 무거운 걸 많이 들었어요. 초등학교 때 난로를 때기 위해 나무를 옮기는 게 너무 힘들었는데, 항상 제가 했거든요. 정말 남자 취급을 받은 거죠.

신기하게도 사람들이 '쟤는 레즈비언이야'라는 생각을 의식의 표면으로 끌어올리지는 못해도 행동으로는 자기도 모르게 레즈비언 취급을 하고 있어요. 저 사람들이 애가 레즈비언인 걸 아나 싶을 정도로요. 학교와 가정 가리지 않습니다. 레즈비언 아동들이 그러한 사회에서 느끼는 불만을 주로 남학생들을 패는 걸로 해소하는데, 2차 성징이 오고 사춘기가 지나면 남자애들이 급격히 튼튼해지죠. 키가 확 커지고, 힘이 세집니다. 호르몬의 힘이 참 무서워서 여아들은 2차 성징이 오면 왠지 주먹에 힘이 좀 덜 들어가고, 또 생리를 시작하면 그 기간에 싸우기가 어려워지거든요.

거의 무방비 상태죠.

전투력이 줄어드니까 왕년에는 상대도 안 됐던 놈을 갑자기 제압할 수 없게 되면 멘탈과 자존심에 금이 가게 됩니다. 그래서 눈치가 빨라 철이 일찍 든 레즈비언들은 자제력을 익혀서 빨리 이 폭력 취미로부터 벗어나죠. 남자애들이 참다가 어떤 순간에 빵 터져서 두들겨 패면 반대로 큰 문제가 됩니다. 특히 친구들 다 보는 데서 얻어터지면, 그다음부터는 학교에서 완전히 아웃사이더로 후드 티를 뒤집어쓰고 '남성 혐오(man-hater)' 레즈비언으로 성장해서 남자라면 이를 바득바득 가는 경우가 있습니다.

초등학교 때 그렇게 자라고 중학교 때 남녀공학을 가면, 그 남녀공학에서 싸움을 했을 때 정말 심각하거든요.

증오심은 건강에 별로 안 좋으니까 기왕이면 주변에서 누가 조력을 해줄 수 있으면 적당한 시기에 관심을 남자 패기에서 스포츠로 옮겨가면 좋죠. 예조 씨는 언제 남자 패는 취미를 접으셨나요?

저는 초등학교 4학년 때쯤부터 눈치를 챈 거죠. 저보다 항상 작았던 친구들이 점점 크기 시작하는 걸 보면서 '아, 이 길이 아니로구나' 깨닫고 본격적으로 여자아이들과 연애를 했죠.

어린이들도 LGBT 정보가 필요합니다.

요즘은 빠르니까 유치원이나 초등학교 때 많이들 사귀는데, 레즈비언 어린이는 배제가 돼요. 그렇게 벽장 속에서 사는 레즈비언으로 성장을 하는 거죠.

갈림의 길이 있죠. 10대 말의 시기에 어둠의 길로 가면 정서적으로 너무 힘든 시기를 보냅니다. 주변의 중고등학교 선배 LGBT, 레즈비언 언니들이 도움을 줄 수 있으면 좋을 거예요.

학교는 청소년 레즈비언에 대한 인식이 안 좋은 편이잖아요. 동급생들 사이에서 왕따를 많이 당하고요. 레즈비언이라는 이유 하나만으로 모든 애들이 쉬는 시간마다 몰려와서 그 아이를 몇 분 동안 쳐다보고 가는 거예요. 중학교 시절이 끝나면 고등학교 때에도 똑같은 현상이 벌어지고. 그렇게 자란 아이들이 많으니까 자신의 정체성을 드러낸다거나 정체성에 대해서 부정적인 거예요. 레즈비언이 레즈비언인 게 너무 싫은 레즈비언이 되는 거죠. 슬픈 일입니다.

초등학교에서 중학교로 진학하는 과정에서 자신의 정체성을 받아들이는 방식이나, 학교나 집단 내에서 활동하는 법을 배우는 것이 매우 중요해요. 남자 패는 레즈비언들의 취미는 예조 씨처럼 초등학교 4학년 즈음에 접는 게 제일 적당한 거 같아요.

맞습니다. 그 이상 가면 육체적으로도 정신적으로도 너무 힘들어요. 스포츠로 풀어야죠.

육체적으로 조건이 되는 레즈비언들이 초등학교 6학년 때까지 남자애들을 패다가, 그때가 되면 이미 남녀 보합세에요, 레즈비언이 이길 수가 없죠. 그러다가 남중 여중으로 진학하면서 몸과 마음의 평화를 얻죠.

레즈비언들한테는 여중이 최고죠. 여러분, 여중 가세요.

같은 동네에서 남녀공학을 가면 결국은 남녀 보합세를 겨루던 남학생들과 '중2병 시대'를 함께 보내야 하기 때문에, 그게 지옥이더라고요.

레즈비언들은 학습하지 않아도, 강간에 대한 공포가 있어요. 남자에 대한 피해의식을 부정하지만 사실은 존재하죠. 만약 남녀 공학을 가더라도 좋은 레즈비언 롤 모델이 잘 이끌어준다면 모를까, 또래 남성들과 육체적으로 비등하다가 밀려난 건데, 그걸 자각하면서 같이 있는 것 자체가 스트레스죠.

학교마다 집단 괴롭힘이 있거나 없는데, 만약 누군가 레즈비언으로 딱 찍혀서 집단 괴롭힘을 당하게 되면 성인기에도 그 트라우마를 극복하는 게 쉬운 일이 아니죠.

반면에 중학교 시절에 레즈비언 여러 명이 모여서 분위기를 이끌면 전혀 왕따를 안 당하고 학교에서 특수 계급이 될 수 있죠.

완전 감투죠. 제가 간 중학교는 이미 학생회부터 전부 레즈비언이었어요. 학생회, 댄스 동아리, 농구부, 육상부마저 전부. 학교에서 힘 있는 애들은 다 레즈비언이었거든요. 이미 선배들이 그렇게 터를 닦아놨고 제가 다닐 땐 레즈비언들이 학교 내에 너무나 많아졌어요. 오히려 절대 다수가 되어버리는 상황이 온 거예요. 만약 누가 혐오성 발언을 하더라도 싸움이 나면 선배들이 와서 중재를 해줬어요. 때리는 건 아니었고, "이러이러한 부분들이 문제인데, 우리가 여자를 좋아하는 것이 왜 잘못됐느냐?"라고 말해주는 선배들이 있는 거예요. 그 부분이 참 중요한 것 같아요.

선후배 관계로 네트워크가 이뤄진 경우에 레즈비언 청소년들이 중학교 시절에 '파티 플레이(Party Play)' 하듯이 집단을 형성해서 사회적 차별을 잘 이겨낸 분들이 많아요. 과거엔 이런 게 없었죠. 1990년대 중반에 인권 운동이 시작된 뒤에 일부 중고등학교에 이런 문화가 생기면서, 또 이 세대가 사회에 나와 레즈비언 공동체에 들어오면서, 과거에는 볼 수 없었던 아주 밝은 캐릭터의 레즈비언 문화가 만들어져서 무척 반갑더라고요.

맞아요. 저희에게 가장 중요한 부분이 '팬픽이반'이었거든요. 그 아이들이 가장 큰 역할을 했어요. 자신의 레즈비언성을 전혀 감추지 않는 아이들이 갑자기 대거 등장했고, 가시화됐죠. 자신이 레즈비언이라고 공공연하게 말을 하고 다니는 아이들이요. 그런 애들이 있었기 때문에 저희는 좀 더 편한 학교생활을 하지 않았나 싶어요.

자연스럽게 팬픽이반 얘기가 나왔는데요. 먼저 이 말에 대해 설명해주셔야 할 것 같아요.

팬픽이반은 아이돌 팬들을 중심으로 생겨난 또래 문화라고 많이들 알고 계신데요. 분명히 그런 부분도 있었지만, 저는 청소년 레즈비언 문화를 통칭하는 말이라고 봅니다. '팬픽을 보고 동성애 문화에 빠졌다'는 건 지어낸 말이거든요. 그런데 그걸 성 소수자 공동체에서도 그렇게 믿어버리는 거예요. 그건 외부에서 만든 선입관이죠. 동성애 팬픽이란 게 '문희준 씨랑 강타 씨랑 그렇고 그런 사이다' 이런 건데, 그런 것 때문에 '나는 여성이지만 따라 하고 싶다'라는 생각 자체가 웃기잖아요.

여타 레즈비언 여러분의 제보로 예조 씨의 아름다운 흑역사를 알게 됐습니다. 그분들의 주장에 따르면, 신촌공원 '희주니'였던 시절이 있다고 하던데요?

지금은 홍대가 기준이지만, 예전엔 신촌이 레즈비언 공동체의 중심지였어요. 신촌공원은 신촌 현대백화점 뒤에 창천공원을 얘기합니다. 레스보스나 산타페, 몽이 있었는데, 그 삼각지의 중간 지점이 신촌공원이었어요. 학생들이니까 돈이 없잖아요. 그 부분이 가장 중요합니다. 레스보스에 가면 언니들이 저희를 싫어해서 산타페밖에 갈 곳이 없었어요. 신촌공원이 바로 그 앞이었거든요. 신촌공원에서 놀다가 친구들이 오면 산타페로 들어가 놀았죠. 팬픽이반들은 '칼머리'라는 헤어스타일을 했는데, 문희준 씨가 H.O.T. 시절에 했던 머리에요. 그걸 보고 문희준 같다고 해서 '희주니'라고 많이들 불렀어요. 팬픽이반이 가시화된 게 1998년도인데, 그때부터 지금까지 "팬픽이반은 아이돌 팬들이 'R.P.S' 팬픽을 보고 따라 한 문화다"라고 다들 생각을 하더라고요.

'R.P.S'라는 건 '리얼 퍼슨 슬래시(Real Person Slash)'라는 겁니다. 아이돌 그룹을 좋아하는 팬들이 남자와 남자를 서로 연결해서 슬래시 픽션(Slash Fiction)이라는 남자끼리 가상 연애를 시키는 야오이 문화죠. 후죠시는 여자 오타쿠나 'BL(Boys Love)'물에 빠진 부녀자를 말합니다. 후죠시 문화가 원래는 슬래시 픽션인데, R.P.S 팬픽에 맞춰서 BL 야오이 문화의 영향을 받은 거죠. 그래서 H.O.T. 팬이라면 문희준 씨처럼 옷을 입고 행동을 하고, R.P.S의 한 역할을 본인이 연기하는 거죠.

그런데 그 연기 부분이 보통 세이클럽이나 채팅 방에서 역할 놀이로 이뤄졌거든요. 그 역할 놀이는 코스프레로 발전이 됐는데, 그 부분 외의 동성애 문화를 팬픽이반으로 이야기하는 건 다소 맞지 않는 부분이 있어요. 역할 놀이는 채팅방에서 아이디를 바꿔서 문희준, 강타라고 아이디를 만들고 내가 그 사람이 돼서 얘기를 하고 R.P.S를 만드는 거였어요. 코스프레 같은 경우도 있었고요. 그런데 더 나아가 팬픽이반이 그 외의 동성애 문화까지 통칭하는 용어가 된 건 좀 아니라고 생각해요.

팬픽이반이라고 하면 특정한 연령대에 가능한 거죠? 10대나 20대 초반 연령의 문화인데, 그 안에 이성애자와 레즈비언이 섞여 있어요. 그리고 R.P.S를 할 때에도 부치/펨처럼 '공'과 '수'가 있기 때문에 아무래도 주도적인 핵심 역할이나 펌프질을 해주는 기둥 역할은 레즈비언이 맡고, 거기에서 함께 놀며 미모를 담당하는 분은 이성애자 소녀가 되는 거겠죠.

그렇죠, 정말 고마운 존재였어요.

팬픽이반을 특정한 시기의 레즈비언 연속체 개념으로 볼 때 레즈비언의 확장된 문화 형태, 그리고 본격적인 레즈비언 문화로 연결되는 하나의 관문으로 볼 수 있을 텐데도, 순도 99퍼센트의 레즈비언들은 가끔 팬픽이반을 안 좋게 보는 경우가 많아요.

에이, 가끔이라뇨…. 언제나, 늘 그랬죠. 순도 99퍼센트 레즈비언이 아니라 모든 성 소수자 공동체의 공통된 사안이었고,

게이분들도 저희를 너무 싫어했고, 활동가분들도 그런 발언을 많이 했죠.

그건 왜 그럴까요?

"레즈비언은 어떻게 행동해야 한다", "성 소수자는 어떻게 행동해야 한다"라는 스탠더드 모형을 우리에게 강요한 건데, 사실 우리는 시민운동 이후의 세대잖아요. 이미 1990년대 초중반에 활동한 분들이 저희의 바닥을 깔아주셨어요. 저희는 그게 두려운 게 아니에요. 1996년에 '끼리끼리' 활동가 세 분이 사회적 커밍아웃을 했잖아요. 초등학교 시절에 그걸 보고, 중학교 때 레즈비언성을 자각하고, 팬픽이반이라는 공동체를 만든 거죠. 그런 공동체를 만들었기 때문에 저희는 딱히 '감춰야 한다', '어떻게 살아야 한다'라는 개념이 아예 없었던 세대거든요. 팬픽이반이 1998년부터 가시화됐고, 2000년 초중반부터 거의 창궐했다고 말을 해요. 이 '창궐'도 모 게이 활동가분이 한 말씀인데, "너희들은 균처럼 창궐했다" 그렇게 말을 할 정도입니다.

연구 논문이 나와야 할 만큼 거대한 문화 현상이었죠. H.O.T.의 팬덤과, 1996년 중반에 시작한 레즈비언 운동과, 또 그때 등장했던 레즈비언 운동가들의 사회적 커밍아웃 그리고 이로 인한 가시성 확보가 아주 특별한 레즈비언 10대 하위문화를 만들었습니다.

아직까지 그걸 인정하는 사람이 없어요.

참 특이한 현상입니다. 어떻게 보면 가시성을 확보하면서 튀어나온 레즈비언 청소년들을 기존 레즈비언 사회가 어떻게 받아들여야 할지 몰랐던 게 아닐까 싶어요.

저희한테 조언을 하는 분들도 분명 있었지만, 거의 포비아보다도 가혹한 분들이 많았어요. 트랜스젠더 공동체에서도 저희를 "너네는 이렇다 저렇다", "너네는 진짜가 아니다"라고 얘기를 하고, 게이나 레즈비언 활동가 언니들, 페미니스트,

그리고 여성 단체 분들, 너무나 많은 분이 저희를 거의 본드나 신나 부는 애들로 봤었죠.

그게 팬픽이반 문화가 '젠더 플레이(Gender Play)'라는 걸 하고 있기 때문에 기성세대 레즈비언들이 이걸 이해하는 데에 어려움이 있었던 것 같아요.

아무래도 그렇죠. 역할 놀이 같은 것들이 강했어요. 그리고 부치/펨이라고 자칭하는 것도 팬픽이반이 가시화되면서 도드라지게 나타났거든요. 그 전엔 사실 "전 펨이에요", "전 부치에요", 이렇게 밝히는 경우도 있긴 했지만 많이 드러나지는 않았다고 언니들이 얘기하더라고요. 팬픽이반들이 부치랑 펨이라고 얘기를 하고 다녀서 레즈비언들이 어쩌고저쩌고…. 그런 얘기가 많았어요. "너네는 레즈비언인데 부치랑 펨을 나누기 때문에 가짜 레즈비언이다" 이렇게 말하는 언니들도 많았고요.

1990년대 중반에 인권 운동이 본격적으로 시작되고, 레즈비언 공동체에 나와 보면 '내가 부치야? 펨이야?' 이것 때문에 갈등하는 분들이 생각보다 정말 많았어요.

한 가지 재미있는 게, 경상도 지방처럼 보수적인 문화권에 부치가 정말 많아요. 그런데 그 부치들이 유학을 가면 "나는 펨이야" 하고 돌아오는 일이 많거든요. 예전에 레즈비언들은 남성성을 강조하는 부분이 있었어요. 그게 레즈비언이라고 생각한 분들도 있었고요. 그런 것보다 한발 나가서 "나는 부치야"라고 하고 다니는 어린애들이 생기니까 언니들은 정체성 혼란이 왔던 것 같아요.

팬픽이반 사회 안에서 "나는 부치야"라고 튀어나오는 꼬마 애들의 외양이 문희준이었으니까….

아이돌 팬들만이 아니라 비주얼 룩을 좋아하는 애들도 다 신촌공원으로 모였거든요. 제이피아를 비롯해서 일본의 문화상품을 파는 곳들이 신촌에 여럿 있었어요. 모든 레즈비언들이 자연스럽게 신촌으로 모인 거예요.

일본의 록 그룹이나 아이돌에 빠진 분들이 역할 놀이를 하거나, H.O.T. 팬 여러분이 희주니를 하면서 특별한 공동체가 만들어졌던 게 문화인류학적으로 봐도 상당히 흥미로운 케이스입니다. 칼머리와 같은 H.O.T. 문희준 씨의 캐릭터와 스타일이 레즈비언 청소년들에게 일종의 자기 표현을 위한 템플릿이 됐던 거잖아요? 이게 정말 재미있는 현상이죠. 예전에는 이런 게 없었잖아요.

따라 하는 문화 자체가 없었죠. 코스프레가 들어오고 코믹월드 같은 만화 행사가 이뤄지면서 역할 놀이 같은 부분이 가시화됐잖아요. 그러면서 나타난 문화 같아요. 코스프레 같은 게 인식화되니까 "나도 저렇게 되고 싶다" 하면서 자신을 꾸미게 되는 거죠.

미국도 이런 현상이 비슷하게 있습니다. 얼마 전까지 저스틴 비버가 레즈비언 청소년들을 위한 템플릿이었죠. 옷 입고 말하는 거, 목걸이부터 머리카락을 앞으로 쓸어서 돌리는 머리까지. 저스틴 비버도 레즈비언들이 하도 따라 하니까 특정한 순간에 머리 모양을 바꿨지만, 레즈비언의 사회적 가시성이 증진되는 데에 크게 기여한 연예인이죠. H.O.T.의 문희준 씨 말고 그 이후에 레즈비언 청소년들에게 차용된 템플릿 연예인이 또 있습니까?

저는 없다고 생각해요. 그 이후는 팬픽이반이 너무나도 가시화되고 난 다음의 세대잖아요. 저희가 빠져나온 이후에는 '일틱(일반인 냄새가 나는, 남들은 알 수 없는 레즈비언이나 게이를 일컬음)'이라고 해서 눈에 띄지 않는 게 매너가 됐고, 아이돌을 따라 하는 부분이 없어졌죠. 그 전에는 H.O.T.나 젝스키스, 신화, god 등을 따라 하는 몇 백 개의 코스프레 팀이 있었거든요. 그 팀들이 따로 행사를 하고 가시성을 확보했는데, 이런 아이돌 문화가 사라졌죠. 이제 역할 모델들도 없고, 역할을 하고 싶어 하지도 않고, 자기를 드러내는 걸 꺼려하죠. 그런데 1990년대 하면 또 생각나는 게, 티부 언니들이 방송에 많이 나왔어요. 쎄쎄쎄라는 3인조 여성 그룹에는 진짜 티가 나는 숏컷 언니도 있었고, 미스미스터의 박경서 언니는, 정말 최고였죠. 그리고 UP의 이정희 씨, 또 영턱스클럽의 한현남 씨까지, 이렇게 많은 분들이 1990년대 후반에 가시화되니까 문희준 씨뿐만 아니라 한현남 씨를 따라 하는 분들도 많았어요. 한현남 씨가 힙합 바지에 탱크 탑을 입고, 머리를 짧게 자르고 나왔으니까 그걸 따라 한 거죠.

그것도 전형적인 레즈비언 룩이죠.

아주 많았어요. 그리고 박경서 언니가 큰 역할을 했습니다. 공로상을 드려야 하는데….

미스미스터는 지금 봐도 정말 '어우, 이렇게 대놓고 레즈비언 느낌을!' 싶습니다.

정말 고마웠어요. 1990년대에는 미디어에 너무나도 많은 티부 언니들이 있었고, 지금은 에프엑스의 엠버 한 명이잖아요. 그 중간에 카사 앤 노바라고 혹시 아실지 모르겠는데요. 엔티카에서 신화 코스프레를 하던 언니들 두 명을 여성 사장님이 가수로 데뷔를 시켰어요. 코스프레를 하는 유명한 언니들로 2집까지 열심히 티부 콘셉트로 활동을 했어요. 그런 가시성이 사라진 시대에 과연 레즈비언들이 어떤 걸 따라 하고, 어떻게 행동해야 하고, 어떻게 되고 싶은가에 대해서는 찾기가 어려운 것 같아요.

티부라는 말에는 약간 자긍심이 들어 있죠? "나는 부치고, 그것이 자랑스럽나"라고 해야 티부죠.

네, 그런데 자기가 쓸 때는 "나는 티부야" 이렇게 되는데, 보통 레즈비언 공동체에서는 티부를 터부시하거든요. '왜 티부를 싫어할까'라는 생각을 많이 하는데, 결국은 비가시화되길 원하는 클로짓 레즈비언들의 안전성 문제인 것 같아요.

그렇죠. 티부가 옆에 있으면 "재가 나를 커밍아웃시킨다" 싶은 거죠.

'걸아', 걸어 다니는 아웃팅. 재미있는 단어들이 정말 많아요.

남의 나라에는 없는 개념들이 한국에 특별하게 발전이 되어 있는 게 가끔 마음이 아플 때가 있습니다. 예조 씨는 H.O.T.의 팬이었나요?

아뇨, 저는 말리스 미제르라는 일본 비주얼 록을 좋아했고요. H.O.T.는 강타나 문희준 씨 그림을 그려서 팬시를 팔았어요. 등 따시고 배부른 어린 날을 보냈기 때문에 그분들한테는 정말 고맙죠.

어떤 분이 증언하길 "H.O.T.의 문희준 씨를 예조 씨 앞에서 깠다가 혼났다" 이렇게 말씀하시는 분이 있던데….

문희준 씨가 저를 먹여 살렸으니까요. 그 의리입니다.

문희준 씨도 신촌 희주니 문화를 알겠죠?

알죠. 희주니들이 너무나 많았고, 또 방송에서도 많이 비춰졌으니까요. 걔들은 팬덤 문화를 감추질 않았어요. 그리고 "오빠, 저 이 여자애랑 사귀어요"라고 말하는 애들도 있었어요. 보통 사생 팬이라고 하죠? 집까지 쫓아다니고 거의 24시간 붙어 다니는 팬들 중에 팬픽이반이 많았기 때문에 모를 수가 없죠.

문희준 씨는 한국에서 아주 특별한 위치를 차지하는 연예인입니다.

공로상 드려야 해요.

한때 한국 남성 사회에서 아주 희롱의 대상이었죠. 이게 연구 논문감이에요. H.O.T. 전체 팬덤 안에서 희주니들, 즉 레즈비언은 어떤 위상을 차지하고 있었나요?

그분들을 싫어하는 소수의 사람도 있었지만, 팬클럽 문화에서 다수를 차지하고 가시화되기를 두려워하지 않으니까, 뭐라고 해야 할지 모르겠는데…, 거의 우상이었어요, 대리 만족이 되는. '내가 문희준이랑 사귀고 있다'는 착각이 들게 해준 사람들이었거든요.

오빠 느낌이 나기 때문인 거죠?

네, 문희준 오빠 느낌이 나기 때문에 예쁜 이성애자 여자들이 갑자기 '어, 나도 레즈비언인가 봐' 하고 운 경우가 많죠.

잠시 착각한 거죠. 이성애자 소녀들이 H.O.T. 팬덤 안에서 레즈비언 희주니 오빠들한테 눈이 넘어가는 경우가 있었기 때문에, 이 당시에 팬픽이반을 단속하는 교사들의 움직임도 함께 시작됩니다. 또 마음 아픈 건 이 단속에 열심히 나섰던 교사들 중 상당수가 전교조 선생님들이어서….

정말 한마디 하고 싶은 게 있어요. 2000년 제1회 퀴어 페스티벌 문화제 때 전교조 몸짓패가 나가서 공연을 했어요. 그때 전교조 내부 그룹이 퀴어들과 지지 연대를 하면서, 그 외의 조직 내 사람들이 단속을 하기 시작한 거죠. 전 그 정보가 공유됐다고 생각하거든요. 성 소수자들이 밖으로 드러낸다, 그게 문제라는 게 공유가 됐기 때문에 2000년대부터 팬픽이반 단속을 하기 시작했다고 봅니다. 가정통신문이 돌았죠.

그 가정통신문 내용 중에 마치 간첩 잡듯이 팬픽이반 애들을 골라내기 위한 특징들을 적어놓은 것이 기억납니다. 정확히 기억은 안 나지만 머리 모양, 그다음에 특정한 인터넷 서비스에 가입해 있는지의 여부…. 그게 세이클럽인 거죠?

네, 2002년 이후 세대들은 세이클럽보다 엔티카를 많이 이용했는데요. 저희는 가정통신문 밑에 절취선이 있었어요. 그 절취선 아래에 부모님 사인을 받아서 잘라 오는 것도 있었고, 내가 생각하는 팬픽이반 아이들을 적어내라는 가정통신문도 있었죠.

그건 심하네요.

저희 학교가 유독 많았기 때문에….

그 학교는 왜 그렇게 레즈비언이 많았대요?

그중 상당수가 팬픽이반이라기보다는 아이돌을 좋아하지 않는 또 다른 청소년 이반층이었거든요. 그래서 내부적으로 단속이 심했죠. 또 저희 학교만이 아니라 방과 후에 세이클럽에 모여서 다 같이 채팅을 하는데 인천 어떤 학교가 그랬다더라, 춘천 어떤 학교가 그랬다더라, 그런 정보가 공유되잖아요? 그 시점이 보통 2001년인데, 저희 학교는 2000년에 시작을 했습니다.

많은 분께서 질문을 주신 게 "지금은 왜 신촌공원에 레즈비언들이 모이지 않느냐?"입니다. 요즘의 레즈비언 청소년들은 어디 다른 데서 모여 노나요?

아니요, 저희 세대 이후 2008년도까지는 가시화가 됐었는데, 다음 세대들은 다 인터넷으로 숨었죠. 대구는 국채보상운동공원, 서울은 신촌공원에 모였는데 이런 세대들이 아예 다 사라진 거죠.

이제는 인터넷에서도 세이클럽, 엔티카처럼 레즈비언들이 결집하는 곳이 없나요?

현재는 전부 레즈비언 사이트로만 활동을 하죠.

확실히 2008년을 기점으로 청소년 레즈비언 문화는 크게 변화했다고 볼 수가 있겠군요. 그 점이 어떻게 보면 이상하다고 느껴지기도 합니다. 어쩌다 이렇게 활발한 청소년 하위문화가 갑자기 사라지게 되었는가…. 이 점이 좀 마음 아프기도 하고, 갑갑하게 느껴지기도 합니다. 그럼 예조 씨는 '나는 레즈비언이구나'라고 정체성에 대해서 자기 확신을 갖게 된 후에 내적 갈등 같은 건 전혀 없었나요?

저는 자기 자신을 의심해본 적 없이 정말 자연스럽게 레즈비언이라는 걸 인지했어요. 오히려 스무 살 때, 내가 양성애자인 점을 인정한 후에 고민이 많았죠. 레즈비언인 걸 자각했을 때엔 전혀 아무런 문제가 없었거든요.

레즈비언 클럽이나 술집에 처음 간 건 언제에요?

중학교 1학년 시점에 산타페라는 곳에서 다른 레즈비언들이랑 모이고, 또 레스보스는 중학교 2~3학년 즈음에 가봤고요. 지금은 없어졌죠.

요즘은 어디가 가장 잘나가나요?

가장 잘나가는 곳이 어디인지는 저도 잘 모르는데, 보통 라리나 핑크 얘기를 많이 하더라고요.

언젠가 라리가 더 낫다고 하신 적이 있던데, 그건 왜죠?

다른 이유는 없었고요. 예전에 라리 디제잉을 하던 분 중에 춘자 언니가 왔었거든요. 금요일마다 오셨는데, 그걸 보러 갔었던….

애인이 있다고 들었습니다. 아주 미인이시라고요.

네, 얼굴만 봅니다.

비결이?

먼저 꼬시더라고요.

레즈비언 여러분은 연애 상대를 주로 어디에서 물색하나요?

레즈비언 웹사이트에서 찾습니다. 모든 공동체의 역할을 그쪽에서 다 담당해요. 앱을 쓰는 분들도 있긴 한데, 아무래도 아직까지는 다 비공개 레즈비언 사이트에서 이뤄지고 있습니다.

그럼 가장 오래 사귄 기간은 얼마나 되세요?

3년 정도 사귄 친구가 가장 오래된 친구입니다.

동성혼에 대한 계획이 있나요?

전혀 없습니다.

전혀 없으세요? 동성혼에 대한 입장 표명은요?

저는 개인적으로 결혼으로 결속하는 걸 바라진 않아요. 하지만 공동체를 위한 운동의 목적으로는 당연히 이뤄지고 성취해야 하는 거라고 생각합니다.

동성혼 법제화는 정치적으로 반드시 성취돼야 할 목표이지만, 나는 결혼 제도에 나 자신을 묶어둘 생각이 없다는 건가요?

네, 전혀 없습니다.

혹시 입양은요?

입양 생각도요.

커밍아웃은 언제 어떻게 어느 정도까지 하신 건가요?

그냥 저를 감춘 적이 없기 때문에…. 그러다가 학교에서 이반 단속을 하면서 저희 어머니한테 연락이 갔어요.

단속을 당한 거네요?

티가 나잖아요. 그리고 선생님이 일차적으로 "여자가 좋냐?"고 물어봤는데 저는 부정하지 않았거든요. 결국은 어머니한테 연락이 갔는데, 어머니한테도 그냥 "나 여자랑 만나고 있다"라고 얘기를 해서 그렇게 시작이 됐죠. 중학교 2학년 무렵이었습니다.

부모님의 반응은 어땠나요?

어머니는 울고, 학교를 며칠 못 나가게 하고, 기도원에 들어갔죠. 어머니의 반응은 굉장히 강렬했어요. 열일곱까지는 "그래도 네가 바뀔 것이다"라고 얘기를 했는데, 점점 레즈비언성이 강해지잖아요? 연애도 많이 하고. 열일곱을 기점으로 극심한 호모포비아 성향을 보였어요.

이제는 극복하신 상태이신가요?

제가 스무 살 때 양성애자인 걸 자각하면서 어머니의 환상이 시작됐어요. "조금만 더 기다리면 재가 남자를 만날 것이다." 예전처럼 "호모년"이나 "죽어라" 이런 얘기는 안 해요. 그전엔 호모포비아 운동 단체에서 서명지를 돌리셨던 분인데, 지금은 그런 활동을 안 하고, 조금씩 바뀌는 것 같아요.

레즈비언 여러분이 아웃팅에 대한 공포가 큰 편이죠. '누군가 나의 성 정체성을 까발려서 내 삶을 파괴하지는 않을까?' 하는 두려움이 큰 편이고, 그 때문인지 커밍아웃을 하겠다고 하면 말리는 사람도 참 많습니다.

커밍아웃을 운동 단체에서도 말리니까요. 예전에 어떤 단체에서 커밍아웃/아웃팅의 정치학에 대해서 글을 썼는데, 활동가가 뭐라고 했냐면 "자기들은 상담을 이렇게 한다. 호모포비아들 앞에서 커밍아웃하기보다는, 호모포비아인 척을 해서라도 자신의 정체성을 감춰라"라는 얘기들을 했거든요.

슬픈 얘기죠.

그런 상담은 문제가 있는데, 그걸 다년간 했으니까 아쉽죠.

오픈리 레즈비언으로 사는 일은 행복한가요?

전 제가 레즈비언인 걸 한 번도 후회해본 적이 없어요. 의심한 적도 없고. 너무나 당연하고 자연스러운 거였기 때문이죠. 오픈리 레즈비언으로 사는 게 행복하다 혹은 불행하다, 이렇게 논할 부분은 아닌 것 같아요. 그냥 사니까 사는 거고, 레즈비언성은 제 삶의 일부분이니까 별 다를 게 없고, 레즈비언이라서 행복한 게 아니라 나를 감추지 않아서 행복해요. 저는 저를 숨기지 않아도 되고, 나를 믿고 지지해주는 친구들이 있는 게 행복합니다. 레즈비언이라서가 아니라 주변인들 덕분에 행복한 거죠.

전에 트위터에서 딱 한 번 남자하고 연애한 이야기를 쓴 적이 있어요. 앵그리 레즈비언과 사귀느라고 엄청 스트레스를 받았을 텐데 무던히 잘 견뎌줬다며 그 남자분을 칭찬했죠. 이분과 연애할 때 다른 레즈비언 친구들한테 지탄의 대상이 된 적은 없으신가요?

엄청났죠. 팬픽이반 출신인 데다가 남자까지 만나니까 "결국은 쟤가 저렇게 될 줄 알았다"까지 얘기가 진행됐고, 완전히 버림을 받는 거죠, 양쪽 모두에서. 배신자였어요, 완전.

게이 레즈비언 공동체에서 풀기 어려운 숙제 가운데 하나죠, 바이섹슈얼 레즈비언/게이의 위치가. 그리고 많은 바이섹슈얼 레즈비언/게이가 사실은 또 바이섹슈얼이 아닌 경우가 많기 때문에 진짜 바이섹슈얼 레즈비언/게이는 자신의 양성애 성향을 많이 숨기잖아요.

숨길 수밖에 없어요. 공동체에 속하기 위해서는.

그런데 안 숨긴 이유는 뭐에요?

레즈비언인 걸 안 숨겼듯이 전 똑같다고 생각했어요. 그 남자애랑 비밀 연애를 할 만한 것도 아니었고요. 그 애가 좋았기 때문에 그 애랑 사귀는 거니까. 저는 공개 연애를 해야 한다고 생각을 해서 다 알리게 됐죠.

바이섹슈얼 레즈비언으로서 남자에게 끌릴 때랑 여자에게 끌릴 때랑, 다른 점이 있나요?

다른 점을 느끼진 않아요. 남자를 좋아하기는 하는데 여자를 훨씬 더 좋아하기 때문에…. 남자를 한 10년에 한 번 꼴로 좋아하기 때문에 저는 딱히 세분화하지는 못할 것 같아요.

트위터에서 페미니즘에 대한 질문이 나오면 해박한 지식과 함께 또 그에 합당한 경험담을 섞어서 쉽게 답변을 해주곤 합니다. 페미니즘에 대한 관심은 언제 어떻게 시작된 거죠?

팬픽이반으로서 공동체에서 배제되면서 더 공부해야 된다는 의식들이 있었어요. 그렇게 관심을 갖기 시작했습니다.

10대 시절부터 운동권이었던 건가요?

거의 그렇다고 봐야죠.

1985년생이니까 왕년의 올드 스쿨 운동권하고는 좀 다른 궤적을 걸어오셨을 것 같아요. 저는 사실 1980년대 초중반생 운동권의 멘탈리티, 이 세계를 잘 모릅니다. 그런데 예조 씨는 민중가요도 좋아하잖아요. '이게 어떻게 된 거지, 세대가 안 맞는데?' 이럴 때가 있거든요.

저희가 잘못한 선택일 수도 있는데, "우리를 안 끼워주는 너희를 버리고 우리가 스스로 찾겠다!" 한 거죠. 성 소수자 공동체에 들어가지 못했기 때문에 따로 민중가요도 듣고, 페미니즘을 비롯해 레즈비언 역사나 레즈비언 페미니즘도 공부했죠.

대학을 여러 군데 다녔는데, 다 자퇴한 이유가 뭔가요?

원래 대학을 갈 생각이 없었어요. 저는 중졸로 남고 싶었거든요. 그런데 운동권 아저씨들이 자꾸 대학을 가지 않는 것에 대해 터치를 하는 거예요.

본인들이 불안하니까요.

저는 제 선택으로 탈학교를 했다고 생각하는데, "이 아이는 홈스쿨링을 받고, 너무나 좋은 부모님 아래서 자라는 아이다"라고 자꾸 설명을 하는 거예요. 그런 게 꼴 보기가 싫어서 '대학을 가야겠다. 학생증만 있으면 되니까' 싶었죠. 처음에 갔던 대학에서는 한 3주 정도 있었던 것 같아요. 정말 '증'이 필요했어요.

전공은요?

우선 인문 쪽으로 두 번 갔고, 한 번은 시각 디자인을 했었고요. 디자인으로 생계를 근근이 이었습니다.

페미니즘이라고 하면 1990년대 중반 이야기가 안 나올 수가 없어요. 한국의 길고 긴 여성운동의 역사에서 식민기 계몽주의 여성운동 이래 제2의 부흥기가 1990년대 중반입니다. 레즈비어니즘(Lesbianism)도 다양한 각도에서 분출했었죠. 스터디 모임도 많았고, 또 변리나 씨처럼 '감투 레즈비언론' 같은 걸 주장하는 경우도 있었어요. 진짜 레즈비언은 아니지만 감투로 쓰고 나온다는 말도 되지만, 또 하나는 레즈비언이 페미니즘 운동 전선에서 벼슬이 되는 거죠. 흐름의 정점에 있는 게 김지혜 씨의 1997년도 석사 논문 「레즈비언/페미니스트 관점에서 본 서구 레즈비언 이론의 발전 과정과 역사적 의의에 대한 연구」입니다. 이분이 1998년 7월에 일인극을 열죠. 「보지다방」이라고.

저희도 구전으로만 들었던….

전설의 퍼포먼스죠. 이러한 흐름이 다음 세대에게 영향을 주기는 했지만 이어지진 않았어요.

저희가 딱 다음 세대였잖아요. 이다음 세대를 인정하지 않아서 벌어진 간극이거든요. 저희는 굉장히 열의가 있었던 아이들이었는데, 저희를 적극적으로 배제를 했기 때문에…. 저희는 1990년대 전투적인 페미니즘을 펼친 그 언니들을 보고 자랐는데, 갑자기 "너희의 운동은 맞지 않다"라고 하니까 방향을 잃었던 것 같아요.

1990년대 중반에 게이 운동 초창기 시절에 여성민우회 분들이 많이 도와주셨어요. 오갈 데 없는 천덕꾸러기 시절에 사무실도 빌려주고. 결국 높은 부르주아 어르신들이 "너희 나가" 그래서 쫓겨나긴 했지만요. 상당수 민우회에서 일하던 여성운동가와 간사님들이 또 레즈비언으로서의 정체성을 자각하기도 했죠. 1990년대 중반은 여러 가지 흥미로운 변화가 참 많았던 시절인데, 요즘은 페미니즘 운동과 레즈비언 운동이 결합해서 화학반응을 일으키는 모습을 볼 수가 없어요.

레즈비언 운동권에서 여성운동 진영이 우리를 이해하지 못한다고 선을 그었던 일들이 몇 번 있었어요. "너희는 우리를 이해하지 못한다"고 포지셔닝을 해버리니까 발전 가능성이 없었던 거죠. 특히 2005년이죠, 아웃팅 방지 운동 토론회에서도 이미 페미니즘 운동권들한테 "너희는 우리를 이해하지 못한다"는 발언을 했습니다. 그런데 반박에 대한 근거가 "너희는 우리를 이해하지 못한다"밖에 없었어요. 그러다 보니까 같이 가지 못했던 거죠.

레즈비언 문화권 안에서 아웃팅을 두려워하는 문화가 생긴 게 2000년 넘어가면서였잖아요. 이 문제가 레즈비언 공동체 안에서도 뜨거운 이슈가 되어서 방금 말씀하신 2005년도에 토론회가 열려서 논쟁이 크게 붙었었죠. 아래 세대 레즈비언 운동가들은 초기 활동가들이 TV에 나와서 커밍아웃하고 불행하게 산다고….

전해성 씨가 정말 분노해야 하는 부분이고, 실제로 분노도 했고…. 그때 참석한 저도 너무나 화가 났거든요. 그분께서 만에 하나 불행하게 사셨다고 해도 운동의 목적으로서는 그 발언을 내뱉으면 안 되잖아요. 전해성 씨는 레즈비언 인권 단체 '끼리끼리'를 만든 분이고, 운동을 위해서 사회적 커밍아웃을 하셨죠. 그런데 같은 단체의 활동가분이 그런 발언을 한 거예요. 절대 하면 안 되는 얘기였습니다.

사실 행복하게 사시는데….

그럼요, 등 따시고 배부르게 잘 사세요. 도대체 뭐가 문제인지 저는 이해를 할 수가 없는데…. 그렇잖아요, 사회적으로 커밍아웃한 1990년대 분들 다 잘 사시잖아요.

그럼요, 다들 잘 살고 계십니다.

그때도 잘 살았고, 지금도 잘 사는데 도대체 이 아웃팅 공포가 어디서 나왔는지 저는 이해를 못 하겠어요.

레즈비언으로 사는 데 페미니즘과 레즈비언 운동의 역사를 아는 건 얼마나 도움이 되나요?

세부적으로 페미니즘 운동의 역사나 페미니즘의 의의, 그런 걸 다 알지 않아도 돼요. 너무 어려워요, 사실. 그럼에도 공부해야 하는 이유는 지금 만연한 가상의 공포로부터 빠져나와서 피해자로 자신을 설정하지 않기 위해서죠. 레즈비언 공동체는 자신을 피해자로 설정해서 비련의 여주인공 연기를 하고 있습니다. 또 한 가지 중요한 점은 남성 혐오를 당연하고 자연스럽다고 합리화하면 안 되잖아요. 남성 혐오를 드러내고 그 차별을 얘기하는 순간 이게 성차별이라는 걸 인식을 잘 못 하는 부분이 있어요. 여성들이 남성을 차별하는 그 상황을 인지를 못 해요. 왜냐하면 자신을 피해자로만 생각하니까. 그 부분을 정확히 인지하기 위해서는 페미니즘도 당연히 알아야 하고, 레즈비언 운동의 역사도 알아야 하며, 레즈비언 운동사만이 아니라 성 소수자 운동에 대한 역사도 알아야 합니다. 1969년에 있었던 스톤월 항쟁(Stonewall Riots)을 모르는 성 소수자들도 너무 많잖아요. 전 사실 전해성 씨를 모르는 세대가 나올 거라는 생각을 못 했거든요.

그게 약간 충격입니다.

제가 전해성 씨 얘기를 하면 대부분이 모르는 거예요. 전해성 씨를 모르는 레즈비언이 어떻게 나올 수 있는지 저는 좀 의문이 들어요.

역사라고 하는 건 자꾸 가시화하고, 기념하고, 반복을 해야 그게 역사이기 때문에 레즈비언 공동체 안에서도 초창기 레즈비언 운동에 기여한 선구자를 재조명하는 흐름이 필요하지 않을까 합니다.

재조명하는 인물을 그런 쪽으로 잡아야 하는데, 육우당에 잡혀 있잖아요. 저는 이 부분부터 털고 가야 한다고 생각해요. 그분을 기억하는 건 좋지만, 그분이 아이콘은 아니거든요. 그게 오늘의 패착 중 하나라고 봐요.

레즈비언 꿈나무 여러분에게 책을 추천해주세요.

저는 청소년 여러분뿐만 아니라 모든 레즈비언과 여성분들에게 대니얼 버그너가 쓴 『욕망하는 여자(What do women want?)』(2013)라는 책을 추천합니다. 여성의 성욕에 대한 책으로 새로운 정보도 많이 담겨 있어요. 제일 답답한 게 레즈비언들이 자신의 성욕을 부정하는 거거든요. 여성들도 그렇지만 레즈비언 공동체에서 성욕이나 플러팅 문화를 너무 싫어해요. 그래서 여성의 성욕을 이해하는 차원에서 이 책을 골라봤어요. 또 버지니아 울프의 『자기만의 방(A room of one's own)』(1929)은 모든 레즈비언들이 읽어봐야 하는 책이고, 『제2의 성(Le Deuxième Sexe)』(1949)을 비롯한 시몬 보부아르의 책도 그렇습니다. 고전이 안 잊히는 이유가 있잖아요.

끝으로 레즈비언 청소년을 위해 한 말씀 부탁합니다.

현재 레즈비언 공동체가 사로잡혀 있는 아웃팅 공포는, 실체가 없는 공포라는 걸 모두가 알았으면 좋겠고요. 오픈리 레즈비언으로 사는 건 정말 행복할 수 있어요. 많은 분이 벽장 안에서 나와서 행복한 삶을 사셨으면 합니다.

레즈비언 커플이 사랑하는 법
고기와 복숭아

고기는 초등학생 시절부터 레즈비언 사이트를 돌면서 일찍 자각한 레즈비언 영재이며, 겉모습도 티 나는 부치인 베테랑 레즈비언이다. 복숭아는 대구 국채보상운동공원의 팬픽이반 공동체에서 10대를 보냈으며, 트위터나 오프라인에서도 게이 레즈비언 지인이 많은 인기인이다.

두 분 별명은 왜 고기고, 복숭아에요?

고기: 저는 친구들과 트위터를 하려고 계정을 파서 시작하게 됐는데 트위터에서 계속 LGBT 이야기가 도는 걸 보니 진짜 신기하더라고요. 인터넷이건 어디건 이런 얘기를 하는 공간이 없었는데, 그렇게 많은 사람이 게이와 레즈비언 얘기를 하니까 저도 같이 하고 싶었어요. 어떡하지, 이러고 있었죠. 저희를 소개해준 게이 동생의 계정도 제가 트위터에서 찾았거든요. "나도 이런 얘기를 하고 싶다. 그런데 지금 내 팔로워들이 친구들이라서 곤란하다"고 했더니 '게위터' 계정을 새로 파면 된다고 하더라고요. 그때 밤에 고기를 먹고 있어서 그냥 '고기'라고 닉네임을 지었어요. 제가 고기를 좋아하기도 하고요.

복숭아: 저는 트위터 닉네임이 피치스톡이에요. 제가 화장품 모으는 걸 좋아해요. 닉네임을 뭘로 지을까 하다가 립스틱 품번 중에 피치스톡의 색깔을 좋아해서 그 이름을 쓰게 됐어요. 복숭아는 별로 안 좋아해요. 과일을 즐겨 먹진 않습니다.

두 분은 몇 년생이고, 무슨 띠이며, 또 별자리가 어떻게 되나요?

고기: 1991년생 양띠, 처녀자리에요.

복숭아: 1987년생에 토끼띠입니다. 생일이 5월 21일이라서 별자리는 쌍둥이자리랑 황소자리가 겹치는 날이에요. 그래서 어느 쪽인지 잘 모르겠는데, 편의상 쌍둥이자리로 하겠습니다.

두 분은 궁합 같은 건 본 적이 있으신가요?

고기, 복숭아: 아니요.

언제 처음 만나셨어요?

복숭아: 2014년 2월에 처음 만났어요. 저랑 고기랑 같이 아는 게이 동생이 저희 둘을 소개시켜 줬어요.

소개팅할 때 첫인상 좀 말씀해주세요.

고기: 처음에 카카오톡 사진을 받았어요. 소개를 주선한 게이 동생은 제가 짧은 머리이고, 부치란 걸 알고 있는데, 짧은 포마드 머리를 한 언니 사진을 보내 주더라고요. 이런 스타일은 안 만나는 거 알 텐데, 왜 이 친구가 이런 외모를 가진 분을 나한테 소개시켜 줬을까 궁금했어요. 그런데 외모와 달리 실제로 만나면 여성스럽다는 얘기에 한번 만나봤죠.

그렇군요. 혹시나 하는 마음에…. 대시는 누가 먼저 하신 거예요?

고기: 제가 먼저 했어요. 처음 만났을 때 저희가 닭발을 먹으러 갔었거든요.

두 분 진짜 레즈비언 같으시네요.

고기: 카톡으로 얘기를 하다가 좋아하는 음식을 물어봤는데, 닭발 얘기가 나와서 제가 "내일 시간되면 닭발 먹으러 가자"고 했어요. 처음 만남에서는 얘기도 잘 하고 많이 웃고 헤어졌는데, 나중에 연락이 안 되더라고요. 제가 까인 거죠.

카톡을 해도 답이 없는 거예요?

고기: 네.

복숭아: 죄송합니다.

고기: 흔히 말하는 '읽씹(읽고 씹기)'이라고, '1'은 사라지는데 답장은 안 오는 그런 상태였죠.

그 기간이 얼마 정도 됐나요?

고기: 한 일주일 정도요. 저도 그래서 그냥 '아, 안 된 거구나' 하고 연락을 말았다가, 나중에 트위터에서 계정을 찾았어요. 제 트위터에 다른 트친분께서 RT한 글을 보고 '트위터를 많이 하시는구나' 하면서 봤죠. 그때 계정을 팔로우하진 않았어요. 몇 번 타임라인에 뜬 걸 보다가, 제가 왜 까였는지 궁금한 것도 있고, 다시 한 번 연락해보고 싶은 마음도 있어서 팔로우를 하고 카톡으로 "안녕하세요, 피치스톡 님" 이렇게 보냈어요.

복숭아: 너무 무서웠어요.

고기: 처음 만났을 때 트위터 얘기를 많이 했지만 트위터 계정을 서로 공개하지 않기로 무언의 합의를 했었는데, 계정을 찾아서 팔로우까지 하고 멘션을 날린 거죠. 그러다가 일요일에서 월요일로 넘어가는 새벽이었어요. 월요일 아침에 출근하기 싫어서 많이들 트위터를 하는 그때, 복숭아가 해시태그 놀이로 "멘션 보내드리는 분께 손글씨 써드린다"고 올린 거예요. 저도 받아보려고 딱 보냈는데 다른 분들한텐 누구 씨, 누구 씨, 이렇게 다 닉네임만 써줬어요. 그런데 저한테는 "고기" 쓰고, 끝에 조그맣게 "고기 먹고 싶다…" 이렇게 쓴 거예요. 제가 그걸 보고, 고기 좋아하냐고 물어봤죠.

되게 음란한데요?

고기: 보통 월요일에 약속은 잘 안 잡는데, 그날 저녁에 같이 고기 먹으러 가자고 제가 먼저 연락을 했죠.

제가 1990년대에 채식 레즈비언들을 주로 봐왔기 때문에 편견이 좀 있어요. 레즈비언=풀. 그런데 두 분 다 고기 체질이시네요. 주로 외국물을 드신 분들이 채식을 하고, 토종 레즈비언분들은 맨날 닭발이나 돼지 껍데기를 먹으러 가거나 하더라고요. 돼지 껍데기의 맛을 처음 저한테 가르쳐준 사람들은 다 불다이크 형님들입니다.

고기: 네, 저희는 풀을 싫어하고 닭발이나 삼겹살, 돼지 껍데기, 이런 걸 좋아해요.

두 분 첫 키스는 언제 어떻게 하신 건가요?

복숭아: 아까 고기가 얘기했던 그날 저녁에 만나서 고기와 술을 먹고, 얼큰하게 취한 상태에서 사귀기도 전에 저질러버렸네요.

고기: 고기 먹으러 가자고 제가 얘기를 했으니까….

남자 게이들이나 일반 이성애자분들은 레즈비언 여러분이 어떻게 성생활을 하는지 잘 몰라요. 레즈비언 여러분은 첫 데이트에서 남자 게이들처럼 잠자리로 숙 직행하는 케이스가 드물다고 알려져 있습니다. 그리고 레즈비언 오빠들을 만나면 연애할 때 진도 나가기가 어렵다고, "나도 여자지만 여자들이 짜증난다"고 말하기도 하거든요. 중간에 넘어야 할 의례 단계가 많다고요. 두 분 다 오래 걸리는 타입이 아닌 거죠?

복숭아: 네.

고기: 이건 진짜 케이스 바이 케이스인 것 같아요. 제 주변에는 진도 나가는 걸 힘들어하는 분들은 없거든요. 드러나지 않아서 그렇지, 저희도 사람들을 만나서 얘기하다 보면 원나잇을 하는 분들도 있고, 우정박을 타는 분들도 있더라고요. 다만 한국 사회에서 여자가 성에 대해 말하는 게 터부시되는 일이다 보니 얘기가 잘 안 나오는 것 같아요.

레즈비언 데이팅 앱은 효율이 잘 나오나요?

고기: 사람들은 꽤 있는데, 그 안에서도 일반 스타일을 많이 찾아요. 티 나는 분들을 꺼려하는 분들도 많고, 또 얘기를 주고받다가 자기랑 안 맞는다 싶으면 "어? 너 남자지?" 이렇게 매도하는 분들도 있고요. 우선 서로에 대한 불신이 너무 많아요, 남자들이 어플에 있긴 있지만. 데이팅 앱을 켰을 때 자기 얼굴을 걸어놓은 한국인은 별로 없고, 대부분 외국인이 얼굴을 걸어놓아요.

남자 게이들도 남의 사진을 올려놓거나, 게이 티가 나는 사람을 안 좋아한다는 분들이 많아요.

고기: 은둔 좋아하죠.

그렇죠. 은둔 좋아한다면서 "이쪽 생활 열심히 하시는 분 싫어요"라고 하고, 자기는 엄청 끼스러우면서 "저 끼 없어요, 끼 있는 사람 싫어요" 이런 건 약간 똑같은 증세인 것 같아요.

복숭아: 네.

남자 게이는 탑/바텀으로 침대에서 역할이 나뉘잖아요? 물론 안 그런 분들이나 그걸 거부하는 분들도 있습니다만. 레즈비언 사회에서 부치와 펨은 어떤가요? 부치/펨 구분이 정확하게 있는 편인가요? 그건 다 옛날 얘기라면서 "부치와 펨을 부정한다"는 분들도 있거든요.

고기: 네, 요즘도 성향을 나누지 않는 분들이 많긴 하지만, 저는 부치고요.

복숭아: 저는 펨입니다.

부치와 펨에 관해 설명을 부탁드립니다.

복숭아: 게이는 탑과 바텀으로 나뉘잖아요. 그런데 레즈비언의 부치와 펨은 성적 포지션과는 무관하게 외모로 결정짓는 부분이 많아요. 고기는 전형적인 스탠더드 부치죠. 머리도 짧고, 톰보이처럼 옷을 입고. 그리고 저는 화장을 하고, 침대에서는 약간 수동적인? 수동적이라니까 좀 웃긴다.

고기: 원래 잠자리에서 주도권을 잡는 분들을 부치라고 말하고, 약간 수동적인 역할을 하는 분을 펨이라고 말하긴 하죠. 최근엔 부치랑 펨 말고 '기브/테이크(give/take)'라는 단어가 따로 있어요. 겉부속펨이라든지, 겉펨속부라고 말하는 분들도 많고요. 옛날에는 옷을 안 벗는 부치 언니들도 많았다고 하는데 이제는 그래도 옷은 다들 벗고요. 테이크를 받는 부치도 많고, 기브를 하려는 펨도 많아서 이 경계는 아주 모호해요. 그래서 성향을 따지지 않는다는 무성향인 분도 많고, 아니면 스위치가 되는 전천인 분도 있고요. 제 친구 중에 한국에서 잘 나가던 부치가 있는데, 정말 등빨 좋은 레즈비언 동네에 갔더니 어쩔 수 없이 자기가 펨이 됐다면서 사진을 찍어서 보냈더라고요. '온텍부'라고, '온리 테이크(only take)'만 하는 부치라는 단어도 생긴 게, 외모는 저처럼 머리가 짧고 톰보이 스타일이지만 또 테이크만 하는 분이 있어요. '온깁펨'이라고 기브만 하는 펨인 분들도 많고요.

이 동네에서 더 인기가 있는 캐릭터나 조합은 어떤 타입 인가요?

고기: 그래도 티부가 항상 잘 팔리죠.

복숭아: 레즈비언 사이트나 어디를 가도 다들 말로는 티나는 사람 싫다고 얘기하는데, 막상 번개를 나가보면 잘생긴 부치가 제일 잘 팔려요.

고기: 정확히는 '잘생쁜', 잘생기고 예쁜 부치요. 선도 뚜렷하고 약간은 여성스러운 면이 있으면서도 잘생긴 느낌이 드는 사람이죠.

연예인을 예로 들면 누구의 외모가 거기에 해당할까요?

고기: 에프엑스의 엠버요.

편견으로는 소녀 같은 느낌에 머리가 긴, 여성성을 강조한 펨이 더 인기가 있을 것 같은데 그렇지가 않군요.

복숭아: 생각보다 그렇게 인기가 있진 않아요.

고기: 펨 자체가 적기도 하고요.

복숭아: 수요가 너무 적어서요.

한국엔 아직도 립스틱 레즈비언은 별로 없나요? 립스틱 레즈비언이라고 하면, 사회에서 발전시켜온 여성성의 외피인 화장이나 드레스코드 혹은 머리 모양 등을 무기처럼 장착한 레즈비언이잖아요. 그런데 한국에 그게 없는 건, 사회 진출을 하고, 공격적으로 문화재단 같은 데서 수장 자리에 올라가는 레즈비언이 적기 때문에 그런 건 아닐까 하는 생각을 가끔 해요.

복숭아: 아무래도 그렇죠.

왜 그럴까요? 전 그게 좀 궁금해요.

고기: 모르겠어요. 제 애인처럼 화장에 대해 많이 알고 관심 있는 레즈를 제가 못 봐서 그런 건지 모르겠는데, 잘 안 보이더라고요.

레즈비언 사회도 나이가 더 들고, 사회 진출을 해서 활동하는 분들이 많아지면 어쩔 수 없이 립스틱 레즈비언이 좀 많아지지 않을까 싶기도 해요. 립스틱은 인기가 어떤가요?

고기: 별로 보이질 않아서…. 그런데 있으면 인기는 좋아요. 생각해보니까 제 친구 중에 립스틱 레즈비언이 한 명 있는데, 걔는 어디에 나가도 잘 팔려요. 어플에서도 잘 팔리고, 일대일 만남도 강하고요. 그 친구는 그냥 주변에서도 일반 여성 친구를 만났는데 "너는 뭔가 다른 매력이 있는 것 같다", "너랑 나랑 사귀는 것 같다" 이런 식으로 먼저 대시를 받는 마성의 매력을 가진 친구죠.

데이트할 때 주요 코스는 어떻게 되나요?

고기: 고깃집에 가요. 둘 다 고기와 술을 좋아해서 반주를 할 수 있는 곳에 많이 가거든요. 포차와 술집에 많이 갑니다.

그게 코스군요. 기승전결, 이런 건 없나요?

복숭아: 기승전결이라기보다는, 밥을 먹고 저녁에는 종로에 가서 이쪽 업소를 가요.

종로에서는 어떤 업소를 가세요?

복숭아: 종로에는 레즈 업소가 없어서, 게이 친구들이랑 같이 게이 업소를 가죠.

남자 게이들은 유흥 문화가 천편일률적으로 패턴이 정해져 있잖아요. 종로 포차를 뛰는 분들은 그냥 포차를 뛰고, 가라오케를 뛰면 가라오케고, 이태원에 가서 클럽을 뛰는 분들은 클럽을 뛰고, 아니면 그런 데 안 나가고 그냥 붕가씬을 가시고. 그런데 레즈비언 여러분도 패턴이 제각각이더라고요. 게이 클럽 가서 게이들하고 같이 어울려서 춤추는 걸 좋아하는 분들도 있고, 종로에 와서 안주빨을 막 세우면서 열심히 친구들과 소주 마시는 분들도 있고. 두 분 다 종로에 자주 가시는 편이에요?

고기: 거의 주말마다 가는데, 이쪽 업소를 많이 다니려 한다

기보다는 맛집을 많이 찾아다녀요. 맛있는 술과 안주를 먹으러 다닙니다.

단골 맛집은 어디인가요?

고기: 요즘은 육미?

복숭아: 네, 육미를 많이 갑니다. 저희가 수원에 사는데, 서울로 바로 오는 버스 중에 을지로 입구를 지나가는 게 있어요. 버스에서 내려서 30미터만 더 가면 육미가 있어서 일차로 먹고 마시고, 종각이나 종로로 넘어가기도 하고요.

트위터 때문인지 육미에 약간 힙한 게이와 레즈비언분들이 참 많이 가는 것 같아요.

복숭아: 네, 맞아요.

고기: 거기서 생일파티도 하고.

두 분은 이벤트 같은 거 하나요? 500일, 800일, 1000일 뭐 이런 거요.

고기: 저는 아닌데, 복숭아가 기념일을 챙겨요.

복숭아: 제가 좀 신경을 많이 쓰는 편이에요.

어플에 다 등록해놓고, 알람 받고, 그런 건가요?

복숭아: 네, 그렇죠.

고기: 진짜 그랬어?

복숭아: 응.

고기: 저는 그냥 햇수만 챙기면 되는 거 아닌가….

저도 그렇습니다. 주로 이벤트를 몇 단위로 끊으세요?

복숭아: 저는 100일 단위로 끊어요. 그런데 저도 1년 지나면 그냥 안 챙겨주려고요.

고기: 왜?

복숭아: 챙김 받고 싶어? 알았어.

100일 때 뭐하셨어요?

고기: 제가 묵 밥을 해줬어요. 그때가 여름이라 뜨겁지 않은 요리를 해주고 싶어서요. 집에 선물받은 보드카 미니어처 세

트가 있어서 거기에 토닉 워터를 타서 카나페랑 먹으면서 놀았어요.

두 분은 레즈비언 클럽에도 갈 때가 있는 거죠?

고기: 아직 저희 둘이 같이 간 적은 한 번도 없고, 그 전에 솔로 시절일 때 많이 갔었죠.

트위터에 레즈비언 클럽과 파티에 대한 불평불만이 자주 올라오더라고요. 남자 게이들은 협찬까지 받으면서 놀고 있는데, 왜 우리 레즈들은 이렇게 후진 인테리어의 클럽에서 엉터리 디제이 음악에 맞춰서 흥을 내야 되냐고요. 한국의 레즈비언 클럽 씬은 어떻게 되어 있나요?

고기: 홍대에 라리, 핑크, 매드라는 세 클럽이 있는데, 라리가 리모델링한 지 얼마 안 돼서 그쪽으로 사람들이 몰리고 있어요. 아무래도 인원이 한정적이다 보니 한 클럽에만 모이는 것 같아요. 핑크에서는 가격 할인 같은 서비스를 잘 안 했는데 요즘은 무료 입장과 바틀 할인을 하고, 새로 생긴 매드도 사람을 불러 모으려고 할인이나 여러 가지 이벤트를 많이 하더라고요. 그런데 이벤트 내용이 "긴 머리 네 분이 오면 바틀 50퍼센트 할인" 이런 겁니다. 분명 긴 머리의 펨 언니들이 많이 왔으면 하는 바람에서 이벤트를 한 것 같은데, 그런 경우는 펨보다는 긴 머리 부치 언니들이 많이 가거든요.

복숭아: 김경호 언니들이 가지.

고기: 이태원에서 펨투펨 파티도 열린 적이 있어요. 핑크 플라밍고에서 주최한 펨투펨 파티가 아주 성행했다는 말을 들었습니다. 저희는 그런 파티를 갈 수 없으니까…. 외모에서 여성스런 사람을 가려낸다는 것도 웃기고요.

현재 스코어로 가장 물이 좋은 건 라리인가요?

고기: '금라토핑'이라는 말도 있으니까요. 금요일엔 라리, 토요일엔 핑크가 물이 좋다는 뜻이죠. 라리는 이벤트를 하는 날에 가면 줄 서서 입장한다고 들었어요. 라리가 건물 8층에

있어서 엘리베이터를 타고 가야 하거든요. 1층 엘리베이터부터 줄을 서서 들어가는 거죠.

작업하기 좋을 것 같은데요?

고기: 어린 사람이 좀 많아요.

이런 정보가 인터넷에 있으면 좋은데 의외로 검색을 하면 잘 안 잡히더라고요.

고기: 검색으로는 안 나오고, 대부분 커뮤니티 업소 홍보방에서 볼 수 있어요. 여기에 가입한 사람들만 홍보물을 볼 수 있기 때문에 제한적이죠.

1990년대 중후반 넘어갈 쯤 한때는 라브리스에서 레즈비언 언니들이 웃통 까고 떼춤을 춘 적도 있었는데, 요즘은 그런 분위기가 없다면서요?

고기: 네, 요즘은 없어요.

레즈비언 클럽이 귀찮다면서 이태원 게이 클럽에 와서 춤추고 노는 분들도 꽤 있어요. 이태원 게이 업소 중에 여자 요금을 비싸게 바가지 씌우는 곳도 있는데 그냥 남자 요금을 내고 들어가는 레즈비언 오빠들이 있더라고요. 두 분은 이태원 게이 클럽 중에 어디를 잘 가나요?

복숭아: 여자 요금을 따로 받는 곳은 잘 안 가봤어요. 주로 '게이힐'에 있는 소호나 퀸 같은 데서 놀죠.

고기: 둘이서만 놀기보다는 저희랑 같이 어울리는 다른 일행들이 있잖아요. 게이 친구들도 같이 놀아야 하니까 소호나 퀸, 트랜스가 있는 게이힐에서 많이 놀아요. 그리고 게이힐 끝에도 미라클이라는 레즈 바가 있어요. 미라클에 가려면 게이힐을 지나서 가야 하는 거죠. 미라클에서 술을 마시고 밑으로 내려와서 노는 경우도 많습니다.

저는 거기 레즈비언 바가 있는지 몰랐습니다. 시대가 완전히 바뀌었군요. 그래도 레즈비언의 메카라고 하면 서울에서는 홍대와 신촌을 꼽을 수 있습니다. 길거리에서 반드시 레즈비언 커플을 봅니다. '도대체 얼마나 많은 레즈비언들이 이 근처에 사는 걸까' 하고 궁금할 때도 있어요. 예전과는 달리 커뮤니티가 커졌습니다. 재미있는 건, 이성애자 여러분은 방금 지나간 커플이 레즈비언이었다는 걸 전혀 인지하지 못하는 거예요. 완전 껴안고 다니는데도 전혀 몰라요. 그건 왜 그럴까요?

고기: 한국에서는 여자들끼리 팔짱을 끼고 다니는 문화가 있어서 별로 인식을 안 하는 것 같아요. 저도 지하철이나 길에서 커플 룩으로 입고 다니는 레즈비언을 많이 보는데, 이성애자 남자들은 머리 짧은 부치 언니를 남자로 보더라고요. 저도 여자 화장실을 가면 "여기 여자 화장실이에요"라는 이야기를 많이 들어요. 옷 스타일이나 머리만 짧으면 다 남자라고 생각하는 것 같아요.

두 분은 길거리 걸어다닐 때 애정 행각을 합니까?

고기: 손도 잡고, 뽀뽀도 하고, 포옹도 하죠. 신경을 안 쓰고 많이 하는 편입니다.

좋군요. 길거리보다 난이도가 높은 게 지하철이잖아요. 지하철에선 어떠세요?

복숭아: 지하철에서도 마찬가지죠. 손잡고, 뽀뽀하고.

고기: 장소는 딱히 안 가려요. 사람들이 생각보다 저희들에게 관심이 없거든요.

전혀 관심 없죠. 저도 인권 운동을 시작하고 길거리나 지하철에서 맨날 뽀뽀하고 다녔는데, 아무도 시비를 안 걸더라고요. 딱 한 번 어떤 술 취한 아저씨가 "어, 저 새끼들 봐!" 이랬거든요? 그때 다들 "어, 호모다, 호모!" 이러고 그냥 지나간 적이 있어요. 그렇다고 시비를 건 것도 아니고요. 그냥 한국 사람 특유의 호기심 표현이었던 거죠. 두 분은 어때요? 누가 시비를 건 적이 있나요?

복숭아: 전혀 없었어요.

보통 남자 게이들이 연애를 하면 6개월에 벌써 한계 지점이 오죠. 그런데 레즈비언 연애는 장기 지속하는 경우가 많습니다. 이건 왜 그럴까요?

고기: 그 사람과 깨진 다음에 누구를 만나기 힘들어서 관계를 지속하는 분들도 있지 않을까 싶어요.

복숭아: 마지못해….

게이들이 연애가 쉬워서 잘 깨지는 건 아니잖아요.

고기: 레즈비언은 만나는 과정 자체가 힘들거든요. 사람 만나기가 어려운 상황에서 겨우 만난 거니까, 이 사람과 조금 트러블이 있다고 깨지는 게 아니라, 깨지고 난 후를 너무 많이 두려워하는 거죠. 이쪽 사람이라고 하면 아는 사람은 애인이 전부이거나, 애인 때문에 이쪽 생활을 하는 분들도 있고요.

레즈비언 연애의 장단점은 뭔가요? 먼저 장점부터요.

고기: 장점은 길거리에서 사람들이 손을 잡고 다녀도 커플인지 잘 모르니까 게이들보다는 애정 표현하기가 좋아요. 한국에선 여자들이 팔짱 끼고 다닌다고 해서 커플로 보기보다는 친한 단짝 친구라고 인지하는 일이 많으니까요.

레즈비언 커플 여러분한테 가장 큰 어려움이 뭐냐고 물으면 많이들 경제 문제를 말씀하시더라고요. 트위터에서 인용을 좀 해보면 "오, 한국은 남성 임금 대비 여성 임금이 62퍼센트니까 이성애자 커플 수입은 162가 되고 게이 커플은 200이 되고 레즈 커플은 124가 되네. X발 X같네"라는 트윗이 있었습니다.

고기: 네, 레즈비언 커플이 수입이 적기 때문에 동거를 많이 합니다.

복숭아: 실제로 제 지인은 모텔비를 아끼기 위해서 동거를 시작한 케이스도 있거든요.

남녀의 취업 장벽 차이 같은 걸 따지면 실제 격차는 더 커질 것 같아요. 게다가 레즈비언 커플 여러분은 이성애자 남자 친구가 별로 없잖아요. 사회의 주요 인맥이나 일거리가 남자를 통해서 들어오는데, 그게 끊기면 정말 장사 말고는 할 게 없어지기도 하고요. 실질적으로는 남성 혐오 레즈비언이라고 하면 124보다 더 아래로 내려가는 거죠. 진짜 말도 안 되는 사회적 경제적 차별에 봉착하게 됩니다. 레즈비언 인권 운동이라는 게 단지 성소수자의 문제가 아니라, 여성 인권 전반의 문제와 연동되어 있다는 걸 알 수 있어요.

고기: 그래서 레즈비언 업소가 장사가 잘 안 되는 것 같아요.

복숭아: 돈이 안 도니까.

미국에는 주요 문화기관의 수장들 가운데 레즈비언이 엄청 많아요. 한국의 레즈비언 여러분도 어서 빨리 지자체마다 마련된 문화 단체에 진출해서 조직을 장악하고, 남자를 내쫓는 단계에 갔으면 합니다. 한국에 아직은 공개적인 역할 모델 레즈비언 부부 커플이 없어요. 김조광수-김승환 게이 부부처럼 레즈비언 부부가 좀 나타났으면 하는 바람이 있는데, 언제쯤 나올까요?

고기: 시기상조인 게, 커플이 되면 밖으로 안 나오고 숨는 경우가 너무 많습니다.

복숭아: 파트너를 사냥하면 끝인 거죠.

그건 레즈비언의 본성이잖아요. 사냥꾼 본성, 토끼를 잡으면 굴로 들어간다.

고기: 안정적으로 기반을 잡은 분 중에는 같이 업소를 운영하는 분들도 있더라고요. 본인들이 업소를 해서 안 나오려는 건진 몰라도 많이 보이진 않아요.

아무튼 빨리 간이 크고 주목받는 걸 좋아하는 분이 한 분 나타났으면 하는 바람이 있습니다. 한국 사회에서 레즈비언 사회의 가시성이 남자 게이 사회보다 좀 낮아요.

가시화 담론이 전략적으로 필요하다고도 볼 수 있는데요. 한때 북미에서는 드래그 킹 쇼를 하는 게 유행하기도 했었어요. 하지만 그게 지금은 또 한 꺼풀 꺾였죠. 어떤 방법이 있을까요? 만화를 열심히 그려야 할까요?

복숭아: 웹툰 자체는 한계가 있죠. 안정적인 수입으로 생활 기반을 잡으신 분들이 많이 나와서 "우리도 여기 있다"는 걸 보여줘야 할 텐데, 저만 해도 30대 이후의 레즈비언들이 어떻게 사는지 잘 몰라요. 제가 20대 후반인대도요. 선례가 잘 없으니까요.

세대 단절이 심하죠. 저는 레즈비언 단체에서 매해 연말에 백서 같은 걸 만들어서 쫙 돌렸으면 싶어요. '레즈비언이 뽑은 올해의 한국 여자 연예인 TOP 10' 이런 걸 발표하는 거죠. 보도 자료를 돌리면 뉴스엔 꼭 나올 것 같아요. 재미있거든요. 이성애자 남자와 레즈비언 여러분이 보는 가치 기준이 좀 다르잖아요. 예를 들면 소녀시대 멤버 가운데 레즈비언 여러분이 보기에 누가 가장 아름답고, 섹시하고, 어필하느냐 물으면, 이성애자 남자들하고는 완전히 다른 답이 나오죠. 탈퇴한 제시카 씨가 레즈비언에게 가장 인기가 많죠?

복숭아: 서늘한 인상 때문에 그런 것 같아요.

고기: 정 자매가 인기가 많죠. 이제는 없어졌지만 미유넷의 자유게시판에서 가끔 '레즈비언이 뽑은 올해의 연예인' 같은 자료를 만든 적이 있어요. 그런데 웹이니까 자료를 퍼가기 쉽잖아요. DC나 다른 커뮤니티에 한번 퍼졌다가 "우리가 만든 걸 우리 커뮤니티에서만 보지 않고, 왜 다른 곳으로 유출했냐? 어떤 언니가 이렇게 했냐?" 이러면서 사그라진 경향도 있어요.

레즈비언 여러분께 광범위하게 어필하는 여자 연예인은 또 누가 있나요?

고기: 아이유?

복숭아: 아이유가 은근히 많이 먹혀요.

고기: 요즘은 아이유랑 현아가 있어요.

복숭아: 오래된 계보로는 한고은이 있죠.

고기: 한고은 씨가 드라마 「클럽 빌리티스의 딸들」에 나오면서 주가가 많이 올라갔죠. 배우 강소라 씨도 영화 「써니」나 드라마 「미생」의 캐릭터 때문에 인기가 많은 편이죠.

이성애자 남자들은 조금 쉬운 여자 타입을 좋아하는데, 레즈비언 여성들은 좀 거리감이 느껴지거나, 태도가 딱 있는 분을 좋아하네요.

고기: 커리어 우먼 같은 느낌.

복숭아: 김혜수 씨도 꾸준히 사랑받는 연예인이고요.

그렇죠. 자기만의 분명한 세계가 있고, 그걸 개인적 성향으로 확립한 분들이 레즈비언 여러분한테는 인기가 있죠. 예전에 어떤 레즈비언분이 트위터에서 물어봐달라고 한 질문이 있었습니다. "레즈가 가슴 작고 박복한 디바를 좋아한다는 건 편견인가요?"

고기: 네, 편견입니다. 최근 커뮤니티에서 많이 얘기가 나오는 여자 연예인을 보면 몸매가 좋은 분들이 많거든요. 씨스타의 소유, 소녀시대의 써니, 유리 좋아하는 분들도 있고요.

레즈비언분들한테 여자를 처음 봤을 때 어디에 눈길이 가냐고 물어보면, 얼굴 다음엔 무조건 다리더라고요, 각선미. 남자들하고는 좀 다르죠. 남자들은 얼굴을 빼면 가슴하고 엉덩이에 집착하지 다리 각선미는 그렇게까지 집착하는 부분이 아닌데, 레즈비언 여러분은 다리를 엄청 중시하더라고요.

고기: 이것도 사람마다 다른 것 같아요.

복숭아: 전 다리 좋아해요.

고기: 저도 엉덩이에서 허벅지로 내려오는 라인이나, 등에서

허리로 잘록하게 빠지는 라인, 귀에서 턱 선으로 내려오는 라인, 아니면 종아리에서 발목 아킬레스건으로 날렵하게 빠지는 라인을 좋아해요.

복숭아: 저도 그거 좋아해요.

맞아요. 레즈비언분들의 특징이 또 떨어지는 라인, 여성적인 굴곡의 느낌을 엄청 좋아하더라고요.

복숭아: 네, 선을 많이 좋아합니다.

이성애자 남자들하고는 분명히 다른 기준입니다. 이런 얘기를 언젠가 자세히, 전체 레즈비언 여러분을 모아 놓고 다 같이 얘기해봤으면 좋겠어요. 사실 우리가 오늘 수위 때문에 할 수 없는 얘기 가운데 하나가 그거죠. 이성애자 남자들은 여자의 성기 모양에 특별하게 애착이 없는데, 레즈비언 여러분은 분명하게 호불호가 있죠. "나는 이렇게 생긴 게 좋다"라는 게 있잖아요.

고기: 모양에 상관없이 다 좋긴 해요.

복숭아: 저도 그렇습니다.

레즈비언 친구들하고 조개구이를 먹으러 가면 조개가 입을 벌릴 때마다 "이 조개도 좋다", "저 조개도 좋다" 이러는데, 정말 민망해서….

고기: 조개는 맛있죠.

복숭아: 다 맛있죠.

레즈비언의 스테레오타입 라이프스타일이 있어요. 집에 러그가 깔려 있고, 벽에는 흑백사진이 걸렸고, 잎이 큰 관엽식물과 고양이를 기르고, 채식을 하고, DIY 가구를 만들고…. 두 분의 라이프스타일은 어떤가요?

고기: 저희랑은 정반대인 것 같아요.

복숭아: 저는 DIY라는 단어를 싫어해요.

고기: 저는 좋아해요. 애인 선물도 직접 만들어주는 걸 좋아하는 편이에요.

복숭아: 저는 삽니다. 돈이 최고에요.

고기 씨는 언제 '아, 나는 레즈비언이구나!'라고 처음 각성했나요?

고기: 초등학교 4학년 때요. 엄마랑 매주 목욕탕을 갔어요. 어느 날 같은 반 반장이 목욕탕에 온 거예요. 탕 속에서 놀고 있었는데, 그 친구를 딱 보고 뭔가 신체적인 반응이 있었어요. 그 친구의 몸을 보고 부끄러움을 느꼈어요. 한동안 그 몸이 계속 생각나기도 했고요. 평소에 여자애들이 오면 탕 속에서 같이 놀자고 하는데, 그땐 부끄러워서 탕 속에서 나가지도 못하고, 그 친구 몸만 계속 눈으로 훑으면서 봤습니다. 그때부터 '나는 왜 그 몸에 끌렸던 거지?' 그렇게 생각하게 됐어요. 그해 겨울방학 숙제로 '친구네 집에서 파자마 파티하기' 이런 게 있었어요. 파자마 파티를 하면서 친한 친구네서 잠을 잤는데, 잠은 안 자고 친구와 여러 가지 불장난 놀이를 했죠. 그게 기억에 많이 남았어요. 그 이후 5학년이 돼서 반에 짝사랑하는 여자애가 생겼어요. 다른 친구들은 반에서 어떤 남자애가 멋있다, 좋아한다, 이런 얘길 하는데, 저는 그 친구 얘기를 하고 싶어도 뭔가 얘기 주제가 아닌 것 같아서 끙끙거렸죠. 레즈비언이란 단어는 몰랐기 때문에 그냥 인터넷에서 '동성애'를 찾다가 커뮤니티에 가입하게 됐고, 그러다가 초등학교 5학년 말에서 6학년 초에 '청이카(청소년이반카페)'를 가입하고, 눈팅을 하게 됐어요. 제가 초등학생이라서 어떻게 뭘 할 수 있었던 건 아니었어요. 그냥 거기 올라오는 사람들의 글이나 사진을 보고 '나와 같은 사람들이 있긴 있구나' 자각한 정도였습니다. 대신 커뮤니티를 보면서 구리여중 언니들이 많이 보여서 중학교를 꼭 구리여중으로 진학하겠다고 마음먹었어요. 그때 제가 구리시에 살았거든요, 거길 가면 연애도 하고 제 정체성에 대해서 탐구해볼 수 있을 것 같았죠. 그런데 구리여중은 집에서 버스를 타고 가야 하

고, 집 바로 앞에는 교문중이 있었어요. 교문중은 원피스를 입어서 가기 싫었어요. 전 바지 교복을 입고 싶었죠. 그런데 엄마가 버스비를 안 대줘서 가까운 학교를 갔죠. 제가 그때 여중을 갔으면 저의 정체성을 더 빨리 긍정하고, 연애도 많이 하지 않았을까 생각합니다.

집 앞에 있던 데는 남녀공학이었던 거죠?

고기: 네, 남녀공학이었어요. 청이카에 저희 학교만 글이 안 올라오더라고요. 구리여중도 올라오고, 주변 학교도 많이 올라왔는데…. 여자는 대부분 구리여중이었고, 또 다른 중학교는 게이가 많았어요. 구리에 게이가 진짜 많았습니다.

구리 파워는 남자 게이들하고 얘기를 해봐도 상당하더라고요. 구리에 뭐가 있나요?

고기: 모르겠어요. 제가 고등학교는 중랑구 쪽으로 다녔는데, 중랑구에서 애들 얘기를 들어보면 구리여중 애들이 그렇게 기가 셌다고 하더라고요. 구리여중, 구리여고 축제가 아주 유명했어요. 예쁜 여자가 많다고요. 그런데 한 번도 못 가봤네요.

생각보다 성 소수자 여러분이 강세인 지역이 인천, 구리, 부천인 것 같아요. 약간 특이합니다.

고기: 네, 수도권 주변.

복숭아 씨는 언제 레즈비언으로 각성하셨어요?

복숭아: 저는 초등학교 때만 해도 별로 자각하질 못했어요. 그러다가 여중에 입학을 했는데, 고등학교랑 같은 재단이라서 한 건물에 반은 중학교, 반은 고등학교, 이런 식으로 있었어요. 고등학교에 팬픽이반 언니들이 많았고, 희주니들이 칼머리를 하고 돌아다녔죠. 중학교에는 별로 없었는데 고등학생 언니들이 그러고 다니니까 정말 멋있는 거예요. '저 언니들은 뭔데 저렇게 몰려다니면서 놀까' 싶어서 저도 칼머리로 잘랐는데, 어느 날 그 언니들이 저한테 먼저 접근을 하더

라고요. "너 혹시 만화 좋아하니? 코스프레 해볼 생각 없어?" 이러면서요. 그렇게 팬픽이반 세계를 접하게 되면서 자연스럽게 자각을 한 것 같아요. 그런데 청이카는 몰랐고, 제가 학교를 다니던 시절에는 세이클럽이 강세였어요. 세이클럽에 '청건변(청소년건전변태클럽)'이라고 커뮤니티가 하나 있었는데, 저는 거기서 활동했어요.

고기: 당죽('당신을 죽여도 되겠습니까'라는 이름의 엔티카 카페)도 있지 않아?

복숭아: 경상도 쪽은 세이클럽이 강세라서 엔티카의 당죽은 중학교 3학년 때나 고등학교 때 가입했어요.

레즈비언 여러분의 청소년기는 성장과 사회화 패턴이 제각각인 면모가 있더라고요. 고기 씨는 초등학교 시절 남학생을 좀 때리면서 잘 지내다가….

고기: 어떻게 아셨어요?

뻔한 패턴이죠. 힘이 더 세니까요. 그리고 남녀공학 중학교에 가서 조금 좌절하다가, 고등학교 시절엔 보통 은둔을 하고, 성인이 되면서 해방. 보통 레즈비언분들이 이런 패턴인데, 고기 씨는 고등학교 시절에 어떠셨어요?

고기: 저는 고등학교 때 해방된 것 같아요. 드디어 여고를 가게 돼서 커뮤니티에서 계속 눈팅만 하다가 학교를 입학하고는 '여기에도 언니들이 있지 않을까?' 하고 찾아봤죠. 커뮤니티 커플방에서 저희 학교 언니들을 본 거예요. 그전까지는 이쪽 언니들을 한 번도 본 적이 없었고, 또 학교니까 연락을 해도 되나 싶어 일주일을 고민하다가 쪽지를 보냈어요. 번호랑 이런저런 얘기를 보냈고, 결국 그 언니들이랑 학교에서 만나서 친해져서 같이 놀았죠.

복숭아 씨께는 서울이나 수도권과는 또 다른, 지방에 사는 레즈비언 꿈나무의 성장 패턴에 대해 여쭤보고 싶어요. 서울하고 어떻게 다른가요? 경상도 출신 레즈 분들이 강세잖아요, 경상도에 뭐가 있는지. 복숭아 씨는 특히 팬픽이반 문화를 거쳐서 사회화했는데, 대구에 아주 특별한 성지가 있다고 들었습니다. 대구 국채보상운동공원 얘기를 좀 해주세요.

복숭아: 언니들이 매우 세죠. 거긴 '국채'라고 불렀었는데, 서울의 신촌공원이 팬픽이반 언니들의 성지였다면, 그 문화가 대구에서는 자연스럽게 국채로 이어졌고, 언니들이 거기서 활동을 많이 했어요. 아마 시기는 비슷했던 것 같아요. 신촌에서 언니들이 모이면서 대구에서도 자연스럽게 모이게 됐는데, 국채보상공원 건너편이 '대구 시내'라고 불리는 동성로거든요. 대구의 모든 동네 사람이 놀러 나가는 곳이 거기다 보니 언니들도 자연스럽게 그 공원에서 놀았던 것 같아요. 그 주변의 일반 카페에 레즈비언들이 드나들면서 "저기가 이반 카페다"라는 소문이 돌기 시작했고, 공원에서 놀던 언니들이 자연스럽게 카페에서도 문화를 형성했던 거죠.

고기: 그런데 자기 세대는 신화 아니었어?

복숭아: 나는 신화였지.

희주니가 아니라 신화의 누구를 하고 다닌 거예요?

복숭아: 저는 신혜성 씨로부터 영감을 받아서 칼머리를 하고 다녔습니다.

그러고 보니 느낌이 있습니다. 대구 국채보상공원의 팬픽이반분들은 서울의 신촌공원과 신촌 산타페에 모였던 팬픽이반하고 어떻게 같고, 또 어떻게 달랐나요?

복숭아: 차이점은 별로 없었어요. 신촌공원에 언니들이 몰리고 또 산타페라는 카페에 사람들이 몰렸던 것처럼 대구에도 국채보상공원이 있고, 그 주변에 앤디라는 카페가 있었어요.

신화의 앤디인가요?

복숭아: 아뇨, 뜻은 모르겠어요. 남자 사장님이 운영하는 일반 카페였는데, 거기가 또 레즈비언들이 좋아하는 아주 딥

다크한 분위기였어요. 지하에 있고, 복층이고, 어둡고, 조명이 잘 안 들어오는 암굴 느낌이었죠. 거기서 담배도 피우고, 레즈비언들이 썸도 많이 타고.

레즈비언 사회에서도 팬픽이반 공동체에 대해서는 '진짜 레즈비언이 아니다'라는 약간의 편견이 있어요.

복숭아: 가짜 레즈비언이라고 칭하는 사람도 많았고, 세이클럽에 있는 커뮤니티 내에서도 "아직까지도 그러고 노냐?"며 철 좀 들라고 매도하는 사람도 있었지만, 팬픽이반이 확실히 레즈비언의 가시화에 앞장섰던 건 맞습니다. 저는 유년기에 팬픽이반 시기를 거치면서 정체화를 했었고, 그 시기가 좋았어요.

그래도 팬픽이반 공동체가 보통의 레즈비언 공동체보다 외연이 넓긴 하죠. 레즈비언 연속체라고 볼 수 있습니다. 레즈비언이라고도 볼 수 있고 이성애자일 수도 있는 이런 분들의 중간 지대가 넓게 포용되는 게 바로 팬픽이반 공동체죠. 전 이게 굉장히 장점이라고 생각해요. 지금은 이 문화가 사라졌죠.

복숭아: 거의 사라졌죠.

고기: 완전히 사라지진 않았고, 음지에서 활동을 많이 해요. 저도 아예 사라졌다고 생각했는데, 최근에 핑크에 놀러 가면서 알게 된 언니가 하나 있어요. 그 언니를 카톡에 추가해서 봤는데, 카카오스토리에 여전히 '팬 코스(팬 코스프레의 준말로, 인기 연예인의 의상과 헤어스타일을 따라서 연출하는 행위)'를 하는 무대 사진이 있더라고요. 저는 중학교 때 팬 코스가 아니라 양재나 학여울 쪽에서 애니 코스를 했었거든요. 그때 알게 된 친구랑 오랜만에 연락이 됐는데, 요즘은 '멤버 놀이'라는 걸 많이들 하면서 만난다고 들었습니다. 드러나진 않지만 아직 하는 분들이 있긴 해요.

이게 언젠가 또 한 번 발현할 가능성도 있을까요?

고기: 별로 없는 것 같아요.
복숭아: 티가 나는 걸 매너 없다고 말하는 사람이 너무 많습니다.
고기: 저희 때 팬 코스보다 일일 찻집이라고, '일차' 얘기를 많이 들었어요. 신촌에서 카페를 하나 빌려서 일일 찻집을 여는 건데, 홍보물도 뿌리고, 매니저와 웨이터도 있었어요. 또 웨이터는 남웨(남자 웨이터), 여웨(여자 웨이터)라고 따로 있었어요. 부치 언니들은 주로 웨이터 복을 갖춰 입고 서빙 위주로 자신의 잘생김을 뽐내면서 남웨를 하고, 펨 언니들은 치마에 홀복 같은 걸 입고 여웨를 했죠.

아주 변태적이네요.

고기: 저는 팬 코스 문화보다는 커뮤니티에서 눈팅을 많이 해서 그런지, 일차 글이 올라오는 걸 더 많이 봤었거든요. "어디 일차 뜨는 걸 가자", "어디 팀 공연 보러 가자" 이런 얘기가 많이 나왔었는데, 또 그런 문화를 안 좋아하는 사람들은 "일차는 안 가요", "신공은 안 가요" 이런 식이었어요. 이렇게 혼합됐던 게 제가 커뮤니티 눈팅을 했던 시절이었어요.

제가 듣기에도 신촌공원보다 일차가 더 많이 흥했고, 더 많이 음란하네요.

복숭아: 전국적으로 흥했어요. 서울에만 국한된 게 아니라 지방에서도 일차 행사가 있으면 청건변에 홍보 글이 자주 올라오곤 했거든요.

옛날에 성신여고 학생들이 일일 찻집을 해서 동네 깡패 오빠들을 다 불러 모으고, 티켓 팔아서 사회문제로 불거진 적이 있어요. 뿌리의 전통이 깊네요.

고기: 저는 어렸을 때 눈팅만 하다가 가보지도 못하고 일차가 아예 사라진 줄 알았어요. 그런데 스물한 살 때였나, 신촌에서 놀다 밤을 새고 토요일에서 일요일로 넘어갈 때 집에 들어가려고 어느 골목으로 들어간 적이 있는데, 머리 짧

은 애들이 엄청 많은 거예요. 무슨 일인가 하고 갔더니 골목 끝 어떤 가게에 줄을 길게 서 있더라고요. 저는 처음 봤으니까 친구한테 "저게 일차야?" 이러고 물어봤죠. 딱 봐도 짧은 머리에 염색하고, 또 피어싱까지 한 어린 친구들이 여럿 모여 있더라고요. 그래서 일차가 아직도 있구나 싶었죠. 지금은 어떤지 모르겠네요.

고기 씨는 어렸을 때부터 레즈비언 사이트를 돌면서 활동한 영재이기 때문에 비공개 레즈비언 사이트에 대해서 잘 안다고 들었어요. 비공개 레즈비언 사이트는 레즈비언이 아니면 절대 모르는 세계잖아요. 어떻게 운영되고 있나요? 여긴 문화가 확실히 다르다면서요. 일코가 일단 예의이고.

고기: 네, '일반 스타일'을 많이 선호해요.

복숭아: 벽장을 선호하죠.

고기: 커뮤니티의 이름을 자음으로만 얘기하기도 하고요. 운영이 너무 폐쇄적이에요.

티부, 걸커는 어떻게 살라고 그러는 거죠?

고기: 커뮤니티가 답답해서 밖으로 나오는 분들도 많아요. 레즈비언 커뮤니티라고 해서 어렵게 가입을 하고 좀 놀아볼까 했는데 놀기가 어려운 거죠. 요즘은 SNS가 발전하면서 게이가 게이스북을 하듯 레즈비언은 인스타그램을 많이 해요. 예전에는 '내얼방'이라고 자기 사진이나 커플 사진을 올리면서 자랑을 했었어요. 그런데 커뮤니티의 누군가가 그 게시판에 있는 사진을 몽땅 정리해서 네이버 블로그에 터뜨린 사건이 있고부터는 사람들이 사진 올리는 걸 꺼려하게 됐죠. 그래도 자랑하고 싶으니까 '수다방'이라는 게시판에 '1공'이라는 1분 공개 문화가 생겼어요. 자기 사진을 세컨드로 쓰는 메신저인 틱톡에 걸어놓고, 틱톡 아이디를 1분 동안만 공개하는 거죠. 틱톡을 쓰는 사람들끼리 그 사진을 보고, 얼굴에

대한 평가를 내려주는 문화입니다. 최근엔 인스타그램을 많이 쓰는데, 인스타그램에서 '럽스타'라고 커플 계정을 둘이서 운영하기도 해요. 대부분 프로텍트로 사진을 올리죠.

프로텍트가 걸려 있어도 신청을 하면 가끔 받아주시는 레즈비언분들이 있더라고요. 그런데 들어가면 별거 없던데….

복숭아: 맞아요. 정말 별거 없어요. 먹을 거, 고양이 사진….

고기: 커플 사진을 올려도 얼굴은 절대로 안 올리고, 또 이쪽 표시가 없는 사람들은 안 받아주기도 하고요. 아니면 공개 계정을 안 받아주거나. 저도 최근에 이쪽 언니들이 어떻게 살고 있나 궁금해서 이쪽 계정으로 인스타그램을 한번 만들어 봤거든요. 정말 별거 없더라고요. 저는 트위터가 더 괜찮았어요.

예전에 인기 레즈비언 만화가 완자 씨가 만화 『모두에게 완자가』에서 레즈비언 사이트를 언급했다가 클로짓 레즈비언분들한테 어마어마하게 비난을 들었잖아요. 그때 전 정말 충격 받았어요.

복숭아: 네, 아직도 그러고 있어요. 완자 씨를 지지하고 부럽다고 얘기하는 사람들도 있는 반면, "사이트의 인증 절차를 공개했으니 완자는 욕먹어도 싸다"는 입장도 있죠.

은둔 레즈비언뿐 아니라 후죠시와 덕후 여러분까지 함께 욕을 하기에, 이건 대체 뭔가 싶었습니다.

고기: 여초 사이트에서 욕을 많이 하죠.

이게 근 미래에 바뀔 가능성은 없을까요?

고기: 바뀔 가능성은 없을 것 같아요. 그런 커뮤니티를 답답해하는 분들이 새로 커뮤니티를 차리는 게 빠르지 않을까 싶어요. 아니면 동성애자인권연대 여성 모임이나 한국 레즈비언상담소 같은 곳에서 커뮤니티 기능을 더 도입하고 사람들을 모으면 많이들 나오지 않을까 하는 생각도 있고요.

보다 새로운 대안적 네트워크가 만들어졌으면 합니다. 고기 씨와 복숭아 씨는 레즈비언 문화의 폐쇄성에서 어떻게 벗어났어요?

복숭아: 중고등학교 때 팬픽이반 사회에서 언니들이나 친구들과 놀면서 즐겁게 지내다가 대학에 입학했는데, 이제 주변에 소수자 친구들이 없더라고요. 미유넷과 티지넷에 가입했지만, 사람을 만날 기회가 너무 적더라고요. 가끔 사이트 내부에 팬픽이반에 대한 얘기가 나오면 부정적이었어요. 저 자신이 부정당한 느낌이 들어서 너무 힘들었죠. 이 사이트에 계속 안주하느냐 마느냐를 계속 고민하다가 결국 트위터를 시작했어요. 새로운 돌파구였죠.

고기: 저는 고등학교를 정말 잘 보낸 게, 고등학교 때 쪽지를 보내서 언니들이랑 놀게 됐고, 친구들도 생겼고, 또 후배들도 있었어요. 몇몇 친한 친구들은 아직도 연락을 하고 지내요. 저는 사이트보다는 오프라인에서 좀 더 많이 놀았어요.

그렇군요. 세대가 바뀐 분들은 왕년과는 다르게 중고등학교에 레즈비언 네트워크가 만들어져서, 게이들이 중고등학교 때 고통받는 거에 비해 비교적 일찍 해방기를 맞는 분들이 가끔 있더라고요. 특히 레즈비언 여러분이 학교에서 일진 비스무리한 위치에 올라가기도 해서 행복한 시절을 보내는 분들이 왕왕 있는 것 같습니다.

고기: 제가 고등학교 때 친했던 친구가 머리도 커트였고 바지 교복을 입고 다녔는데, 압도적인 표 차이로 전교 회장이 되었어요. 그 친구가 밴드부를 만들었는데, 밴드부로 온 친구들이 나중에 알고 보니까 다 이쪽 애들인 거예요. 다들 뭐에 이끌려서 그렇게 왔는지는 잘 모르겠는데…. 졸업하고 클럽에서 만난 후배들도 있고요.

좋은 학교를 나와야 합니다. 게이 레즈비언들의 어린 시절은 어느 정도 운빨도 따라줘야 하더라고요. 레즈비언 여러분이 세대별로 경험이 정말 많이 다른데, 팬픽이반 세대의 레즈비언은 이제는 거의 사라진 이 특수한 경험이 앞으로 새로운 자산 같은 게 될 가능성은 없을까요?

복숭아: 가능성에 대해선 모르겠어요. 아직까지도 팬픽이반 얘기를 하면 같은 레즈비언들 사이에서도 너무 인식이 안 좋고, 저랑 같은 세대를 보냈던 친구들마저도 그 시기를 부정하려는 애들이 많거든요.

저는 사회에서 어느 정도 자리 잡은 직장인 희주니 여러분이 한꺼번에 모여서 기념행사라도 한번 열어주면 어떨까 하는 바람이 있어요. 진짜 문희준 씨를 모셔놓고 말이죠. 문희준 씨는 나올 것 같거든요. 본인도 문화를 잘 이해하고 있고, 또 하위문화에서 자기를 아이콘으로 이용했다는데 싫어하겠습니까? 다 같이 행사를 하면 한국 문화사에 길이 남을 아름다운 순간이 될 것 같습니다.

고기: 그런데 팬픽이반 세대를 보낸 분들은 그때 아웃팅도 당하고 욕을 하도 많이 먹어서, 팬픽이반 과거에 대해서 부정적인 인식을 지니고 꽁꽁 싸매시는 분들이 더 많아요.

복숭아: 맞아요, 중학교 때 이반 검열이라는 게 있었거든요.

이반 검열 공지문은 제가 아직도 보관하고 있습니다. 보자마자 '이게 뭔가, 학교 선생님들이 왜 이러시는가' 싶어서 너무 충격을 받았거든요. 이제는 일선의 학교 교사들 사이에서 이반 검열이 사라진 상태인가요?

고기: 네, 거의 사라졌다고 보면 될 것 같아요.

두 분은 부분적으로 커밍아웃한 상태라고 들었어요.

복숭아: 저는 동생한데는 커밍아웃을 했지만 아직 부모님께는 말을 못 했어요.

고기: 저도 아직 가족한테는 아무한테도 말을 못 했어요. 고등학교 때 같이 논 친구들 말고는 한 번도 커밍아웃을 한 적이 없었어요. 근데 애인을 만나고 나서부터는…, 제 애인이

자신의 정체성을 매우 긍정하는 편이거든요. 또 동생분한테도 커밍아웃을 하고, 사촌언니한테도 커밍아웃을 하고, 이렇게 주변에 커밍아웃하는 모습을 많이 봤습니다. 저도 올해에 처음으로 초등학교 때부터 친했던 친구들한테 커밍아웃을 하고, 고등학교 때 제가 이쪽인 걸 모르는 친구들한테도, 아르바이트하는 곳 매니저한테도 커밍아웃을 했어요. 제가 연애를 못 한 기간이 길었는데, 그전까지는 레즈비언이 맞나 안 맞나를 가지고 고민을 했었거든요. 이런 말을 지금 하니까 웃긴데, 레즈비언 사회에서는 '레즈'라는 단어를 너무 부정적으로 봐요. 제가 커뮤니티에서 눈팅만 했을 땐 "머리가 길고, 여성스러운 사람이 여성을 좋아하는 게 레즈비언"이라고 알았는데, 저는 그게 아니잖아요. 머리가 짧고, 남성스럽고, 이런 성향을 가졌지만 여자라는 걸 부정하는 건 아니고. 저 같은 사람들을 잠정적인 FTM으로 보거나 '양말 부치(바지 속에 양말과 호두를 넣어서 남성의 성기 모양과 비슷하게 만드는 레즈비언을 일컬으며, 호두 부치라고도 부름)' 언니들 쪽으로 생각을 하시는데, 저는 레즈비언 쪽에 가까운 게 아니라 FTM 쪽에 가까운 거죠. 그래서 저도 자신을 그렇게 인식하면서 부정을 했었어요. 그런데 저는 이런 스타일을 좋아하는 거지 FTM이 되고 싶은 건 아니고, 여자로서 여자를 좋아하는 거죠. 그리고 레즈에 대한 부정적인 인식이 많아서 실제로 커뮤니티에서도 레즈라는 단어보다는 이쪽, 여성이반, 퀴어 이런 식의 단어를 많이 써요. 저도 예전에는 레즈라는 단어에 대한 거부감이 많아서 "나는 레즈비언입니다"를 한 마디도 못 했었거든요.

두 분 다 커밍아웃이 순조로우셨던 편인가요?

복숭아: 대부분 순조로웠는데, 최근에 제가 8년째 알아오던 헤테로 남자 친구한테 커밍아웃을 했었어요. 그 친구가 포비아여서 제가 계속 망설였거든요. 제 앞에서 얘기를 들을 때

는 생각보다 반응이 괜찮은 거예요. 그래서 '얘한테 얘기를 해도 괜찮은 거구나' 하고 안심을 했는데, 제가 없는 자리에서 다른 친구한테 "쟤가 나한테 커밍아웃을 했는데 8년 동안 나를 속여서 너무 분하다" 이런 식으로 얘기를 하더라고요, 뭐가 분하다는 건진 모르겠지만. 아무튼 왜 자기를 속였냐고 하더라고요. 용기를 내서 얘기를 한 건데, 갑자기 저한테 차인 사람처럼 뒤에 가서 제 욕을 하고 그러네요. 그 친구랑은 관계가 많이 소원해졌고요.

두 분이 2014년 12월 7일 오전 11시에 시작된 성소수자 차별반대 무지개행동 및 무지개농성단의 시청 로비 점거 투쟁에 참여하셨죠?

고기: 원래는 토요일에 종로에서 '레드 파티(Red Party)'가 열린다고 들어서 그걸 갈 생각이었어요. 그런데 시청에서 농성을 하는데 도움이 필요하다는 걸 들었죠. 저희 집에 핫팩이 좀 있었거든요. 토요일에 그 핫팩을 챙겨서 갔었고, 월요일과 목요일에 문화제가 있다고 해서 그때도 갔었어요.

과거의 LGBT 운동이 발휘하지 못했던 응집력을 발휘한 아주 새로운 기회였어요. LGBT가 인권헌장을 지키기 위해서 점거 농성에 들어간 것도 놀라운데, 이걸 중심으로 한국의 시민운동 사회가 완전히 결집했죠. 진보정당도 결집을 하고, 노동계도 지원을 하고. 이게 시민운동의 대안을 제시한 게 아닌가 싶을 정도로요. 또 레즈비언 반, 게이 반, 그리고 여태까지 잘 안 나오던 분들도 함께 연대 행사에 참여했고요. 게이분들 가운데 이런 행사에 잘 안 나오는 뚱베어분들이 왕창 나왔어요. 그래서 인권 운동이 이번 기회를 통해서 확실히 한 단계 훌쩍 성장했다는 느낌을 받았습니다. 현장에서 느낀 감동은 어떤 거였나요?

복숭아: 말씀하셨던 것처럼 게이와 레즈비언이 그렇게 비슷

한 비율로 모여 있었던 행사는 처음 봤어요. 많은 사람이 한 뜻으로 모였다는 점에 큰 감동을 받았고, 행사가 단기성으로 끝난 게 아니라 6일 동안 이뤄졌다는 점도 놀라웠어요.

고기: 저는 문화제에 감명을 많이 받았어요. 농성을 하면서 계속 시위만 할 줄 알았는데 G-보이스나 Q-캔디같이 LGBT 공연 팀들이 와서 문화제 공연을 많이 해줬고, 또 질서 있게 농성을 하고, 피켓도 재치 있는 문구가 많았고요.

두 분은 이러한 사회 변화, 새로운 레즈비언 공동체의 여론 변화 같은 걸 좀 실감하신 게 있나요?

고기: 그 전엔 커뮤니티에 퀴어 퍼레이드 관련 글들이 올라오면 그곳에서 노출을 하는 것에 대해 반감을 가진 분들이 되게 많았어요. 농성 때는 현장을 가보니 실제로 레즈비언분들이 많았고, 커뮤니티에서도 퀴어 퍼레이드 때보다는 관심을 좀 더 가졌던 것 같아요. 얌전하게 놀아서 그런 건지는 모르겠지만. 레즈비언분들은 AIDS에 별로 관심이 없었는데, 인권헌장 농성을 하면서 관심을 가져 주시더라고요. 후원하자고 글을 올리면 "현장은 못 가지만 후원은 하겠다" 이런 댓글도 달렸어요. 제가 시청에 농성 간다는 글을 썼을 때 같이 가자는 분들도 있었고, 글을 보고 시청 농성에 후원하고, 물품을 지원해준 언니들도 있었습니다.

레즈비언 공동체의 폐쇄적인 분위기도 이번에 많이 변화했다는 느낌이 왔어요. 부치 여러분이 퍼레이드 같은 데는 관심이 없지만 정의를 위해 불끈 하고 일어서야 될 때에는 다 함께 나와서 도와주더라고요. 그래서 '싸움엔 부치다' 이걸 다시 한 번 느끼기도 했고요. 우리가 앞으로 이 성과를 바탕으로 어떻게 하면 좋을까요? 두 분은 어떤 걸 느끼세요?

복숭아: 신촌공원에서 레즈비언들이 많이 놀았다고는 하지만, 신촌에서 퀴어 퍼레이드를 했을 때는 레즈비언분들이 생

각처럼 많지는 않았거든요. 대구 퀴어 퍼레이드에도 레즈비언들이 생각보다 없고 대부분 게이 위주였어요. 그런데 현장의 기획단 분들이나 거기 참가했던 분들을 보면 대부분 레즈비언이 많았어요. 이런 식의 행사를 하면 사람들이 좀 더 나온다는 걸 알게 됐어요. 아니면 시대 인식이 바뀌어서인지도 모르겠고요. 자기의 인권에 관한 거니까요. 업소가 아닌 이런 곳에 사람이 많이 모이니까 기분이 묘하더라고요.

레즈비언 공동체가 움직이려면 정치적인 당위성, 이런 게 더 중요한 게 아닌가 싶어요.

고기: 그렇죠. 명분이 필요했던 게 아닌가 하는 생각도 들었어요.

게이들은 빤스 입고 나갈 기회가 있으면 좋다고 나오기도 하지만….

고기: 레즈들은 예쁜 여자가 있다고 하면 나옵니다. 이번에 시청 농성이 사람들에게 관심을 받았으면 싶어서 했던 말들 중 하나가 "시청 물이 좋다"였어요. 시청에 예쁜 언니가 많다고 하니까 관심을 가져 주시더라고요.

퀴어 퍼레이드도 레즈비언에 특화된 아이템이나 프로그램이 더 많이 준비되어야 해요.

고기: 네, 대부분 게이 무대고, 레즈비언 무대도 있긴 있지만 너무 적어요.

레즈비언 섹션이 생기면 좋을 것 같아요. 물도 좋고.

고기: 예쁜 언니들이 많이 와야 하는데….

레즈비언분들은 어떤 데이팅 앱을 많이 사용해요?

고기: 사람들이 제일 많이 쓰는 건random 브렌다(Brenda)가 언급이 많이 되죠. 최근에 레즈파크(LesPark)라는 어플이 떠오르고 있어요. 레즈파크는 브렌다와 달리 결제를 안 해도 누가 나를 봤는지를 볼 수 있고, 그 사람에게 하트 같은 것도 보낼 수 있고, 무엇보다 어플의 만듦새가 좋아요. 그리고 티

지넷에서 나오는 언니톡이라는 어플이 있는데, 이건 한국 커뮤니티이기 때문에 외국인보다는 한국인이 많아요. 그래서 만남으로 이어질 가능성도 많고요. 아이폰에만 사용할 수 있는 더엘(TheL)이라는 어플에는 중국인 언니들이 진짜 많아요. 돈 많은 중국 부치 언니들, 명품관에서 현금으로 결제할 것 같은 한국에 사는 돈 많은 레즈 언니들이 많더라고요.

고기 씨가 주로 많이 사용하는 건 어떤 건가요?

고기: 요새 레즈파크에 많이 들어가요. 많이 활성화되어 있는 편이라 쪽지도 많이 주고받게 되고, 위치가 잘 떠서 그런지 바로바로 만나자고 하는 사람도 많고요. 또 다른 어플처럼 자기가 이 어플에서 하고 싶은 걸 선택하는 부분이 있어요. 채팅이나 우정, 데이팅, 이런 것들이 있는데, 레즈파크에는 419라는 것도 있어요. 저도 이번에 어플을 깔면서 알게 됐는데, 419가 영어로 'for one night(four one nine)'이더라고요. 다른 목적이 있는 언니분들은 이 어플을 깔면 되지 않을까 싶네요. 여기 미군 언니들이 많습니다.

화려한 우리 미군 언니들. 한국의 게이 레즈비언 인권 운동은 레즈비언 미군이 시작했죠. 남자 게이들은 앱을 켰을 때 특정 지역에 가면 0킬로미터로 뜰 때가 있어요.

고기: 정말 부러워요. 브렌다는 새벽에 켜면 도쿄까지 뜬 적도 있어요. 수원에서 천 킬로미터가 넘는 도쿄가 뜨더라고요. 레즈파크도 거리 한정 없이 매칭 서비스가 있는데 제가 성향을 부치로 해놔서 켜면 펨 언니들이 나와요. 그런데 3000, 4000킬로미터, 이런 식으로 너무 멀어요. 이런 거에 비하면 언니톡은 아무래도 한국인이 많이 쓰니까 만남이 성사되기가 좋죠. 제가 이번에 언니톡의 위력을 느낀 게, 대구 퀴어 퍼레이드에 갔을 때 언니톡을 딱 켰더니 목록을 아무리 내려도 0킬로미터만 계속 뜨더라고요. 대구 퀴어 퍼레이드가 열렸던 그날 업소에서 솔로 파티가 있었거든요.

퀴어 퍼레이드에 나온 게 아니고요?

고기: 네, 퀴어 퍼레이드엔 다들 관심이 없고 예쁜 여자를 찾으러 갔죠. 언니톡 어플이 좋은 게, 번개 게시판이 따로 있어서 번개를 수시로 모집하고, 그걸 보고 찾아갈 수가 있어요. 지방에서 서울에 있는 번개에 참석하려고 번개방을 열고 원정 오는 언니들도 있고요. 바로바로 만나는 건 언니톡이 제일 활발해요. 많이 가입해주세요. 어플에서 만나요.

게이 커플은 사귀기 시작한 순간부터 서로 상대의 핸드폰에서 앱을 지우라고 많이들 요구합니다. 그런데 복숭아 씨는 고기 씨한테 앱 지우라고 안 하나 보죠?

복숭아: 별로 신경 안 써요. 자신감이죠.

마지막으로 레즈비언 꿈나무 여러분께 한 말씀씩 부탁드리겠습니다.

복숭아: 앞서도 말씀드렸지만, 저는 30~40대 이후 레즈비언들의 삶을 잘 몰라요. 제가 앞으로 어떻게 살아가야 할지도 모르겠고요. 감은 안 잡히지만 최대한 열심히 저 자신을 드러내며 살고자 합니다. 다른 사람이 저를 보고 "저렇게 밖에 나와서 잘 사는 소시민도 있구나" 하면서 용기를 가졌으면 좋겠어요.

고기: 자신의 사랑은 이성애자의 사랑과는 다르고 특별하다고 생각하는 분들이 많아요. 솔직히 레즈비언이나 게이나 헤테로나 사랑이 시작이 있으면 다 끝이 있거든요. 거기 갇혀서 안 좋은 생각을 하는 분도 많아요. 이 여자 아니면 안 된다고 목숨을 거는 분도 있고요. 하지만 세상은 넓고 여자는 많아요. 커뮤니티에만 있는 게 아니고 그 바깥세상에도 많으니까 나와서 함께 놀았으면 좋겠어요.

와따시와, 마음만은 훌륭한 게이

진챙총

후죠시의 세계에서 '오피니언 리더' 격에 해당하는 문제적 여성으로, 현재 미술 창작 활동과 '연성'을 병행하고 있다. 『에이코믹스』에 「진챙총의 801호 부녀회」라는 칼럼을 연재했다. 시카고 미술대학교에서 서양화를 전공했으며, 영등포에 있는 커먼센터에서 미술가로서 첫 개인전 「후죠시 매니페스토」(2015)를 개최했다.

후조시(腐女子)라는 표현은 일본의 커뮤니티 사이트 '2ch'에서 비칭(卑稱)으로 시작한 거잖아요. 일본말로는 '후조시', 우리말로 읽으면 '부녀자'인데요. 후조시란 무엇이고, 또 BL과 '여성향'은 무엇인가요?

후조시란 여성향 중에서도 특별히 BL을 소비하는 분들을 가리킵니다. 원래는 비하하는 표현으로 썩을 '부(腐)'자를 써서 부녀자라고 불렀지만, 지금은 BL을 소비하는 후죠 부녀자들 사이에서 자신을 그렇게 부르고 있어요. 여성향이란 오타쿠 하위문화 중에서 여자분들이 주로 소비하는 매체를 포괄하는 개념으로 그중에 BL이 속해 있어요. BL은 'Boys Love'라고 해서 남성 게이물을 말합니다.

'취향이 썩은 여자'를 의미하던 후조시가 여성 오타쿠 여러분에게 받아들여지면서 거꾸로 자긍심의 표현이 됐죠. 후조시라는 명칭이 널리 통용되기 전에는 '야오녀', '동인녀'라고 하는 표현도 널리 사용되긴 했지만, 어느 틈엔가 후조시가 대세가 된 것 같아요. 대충 몇 년도부터 후조시라는 표현이 널리 사용되기 시작했나요?

제가 기억하는 바로는 2003~2004년 정도에요. 아마 조금 더 빠를 수도 있겠지만, 그 언저리에 2ch의 '남덕(남성 오타쿠)'들이 "너희는 머리가 썩었으니까 부녀자야" 이런 식으로 비하하다가 교정이 된 것 같습니다.

흥미롭게도 한중일 모두에서 정상적인 부녀자(婦女子)의 발음과 썩을 '부'자를 쓴 부녀자(腐女子)가 '부녀'의 발음이 같다고 하더라고요. 참 신비한 일입니다. 대만만 유일하게 '택녀(宅女)'라는 표현으로 오타쿠 여자를 지칭한다고 하니 이것도 좀 신비하고요. 후조시에 단순한 여성향을 다 포함하는 게 맞나요? 아니면 여성향이라고 하는 더 넓은 범주가 있고, 그 안에 정통으로 BL물을 추구하고 소비하는 후조시 계층이 있다고 봐야 하는 건가요?

후자가 더 맞는 것 같아요. 동인녀 중에도 BL을 안 좋아하는 사람들이 있어서 후죠시를 세분화해서 보는 게 더 정확할 것 같습니다.

'비엘러'라고 하는 표현, 그러니까 'BL'에다 '~하는 사람'이라는 'er'을 붙여서 칭하는 표현도 널리 사용된다고 들었어요. 비엘러라는 표현이 비칭이 아니라서 더 듣기 나은 편인가요?

전 닉네임부터가 '진챙총'이기 때문에 일부러 좀 더 비칭적인 표현을 추구하는 편이에요. 후죠시가 더 와 닿습니다.

진챙총 씨는 여성향이나 BL의 세계에 눈을 뜬 특별한 계기가 있었나요? 언제 처음 BL을 보고 '오, 이런 세계가, 이건 나를 위한 것이야'라고 감지하셨나요?

제가 처음 BL물을 접한 건 초등학교 4학년 때였어요. 만화방에 갔는데 그 만화방 아주머니께서 "너 요새 만화 많이 보니까 이것도 좋아할 거야" 하면서 추천해준 만화가 있어요. 스기우리 시호의 『얼음 요괴 이야기』라고. 그런데 전 처음에 그게 게이물, BL물인 줄 몰랐어요. 제 기억엔 남자주인공 중 '수' 쪽의 성별을 딱히 언급을 안 했던 것 같거든요. 외관이 그냥 머리 짧은 여자 같아서 보통의 평범한 순정 만화라고 생각해서, 왜 위화감이 드는지는 그때 깨닫지 못했죠. 그러다가 나중에 그 주인공이 남자였구나, 이런 만화도 있구나, 이렇게 알기만 알고 당시엔 그렇게 많이 소비하지 않았습니다. 5~6학년쯤 제가 뉴질랜드에 갔다가 부산으로 돌아왔을 때, 같은 반 친구들 중에 만화를 좋아하는 애들이 있었는데, 걔들한테 "난 『얼음요괴 이야기』 캐릭터가 좋다"라고 얘기를 하니까 자기들이 부산코믹월드에 가서 사온 거라며 뭔가 동인지 같은 걸 보여주더라고요. 그래서 이런 세계가 있다는 걸 처음 알게 됐고, 걔들이 소개해준 커뮤니티도 찾아보게 됐습니다.

'입(入)덕'의 계기는 5~6학년 때 친구들이 보여준 부산코믹월드에서 구한 동인지네요. 처음으로 직접 두 발로 걸어서 코믹월드 행사에 가본 건 언제인가요?

제가 부산에 있었을 때는 결국 못 갔어요. 계속 시간도 안 맞았고, 저희 외가가 다 서울에 있었기 때문에 방학 때는 전부 서울로 올라가서 기회가 없었거든요. 6학년 때 서울로 전학을 가게 됐는데, 같은 반에 또 만화를 좋아하는 애가 있었어요. 걔가 반에서 유일하게 공통적인 취미를 가진 아이라서 얘기를 하다가 여의도에 서울코믹월드가 열리는데 같이 가보겠냐고 해서 처음으로 지하철을 타고 목동에서 여의도로 짧은 여행을 떠났죠. 네, 그 후로 돌아오지 못했습니다.

'부코(부산코믹월드)'와 '서코(서울코믹월드)'에 참여하는 여성분들의 문화적인 차이가 있나요?

문화적인 차이라기보다는 거기서 판매하는 것들이 조금 달라요. 부코는 동인지보다는 팬시 위주라고 들었어요. 키홀더나 안경닦이 같은 게 불티나게 팔린다고 하더라고요.

서코는 비교적 연성 능력이 되는 분들이 많이 참여하는 행사인가요?

서코에서 잘나가는 소위 '오오테(大手)' 분들이 부코로 원정을 가세요. 두 달에 한 번씩 가거나, 정기적으로 부코에 참가하는 분들도 있습니다. 원래 부코도 제가 어렸을 때에는 동인지가 많았다가 갑자기 사라지면서 그냥 팬시만 주로 팔게 됐어요. 요새는 서코도 부코와 마찬가지로 유입되는 연령층이 낮아지면서 팬시 위주로 가게 되고, 동인지는 따로 '온리전(온리 이벤트)'이라는 성인 위주의 이벤트에서 소비가 된다고 합니다.

온리전에는 나이 제한이 있는 걸로 알고 있어요. 이 세계에도 나름 윤리의 선이라는 게 존재하는 거죠.

알고 보면 윤리적 잣대가 제일 높다고 할 수 있죠. 온리전은 대부분이 중학교 2학년, 15세 이상인 걸로 알고 있어요.

오오테, 즉 이 세계의 오피니언 리더 역할을 하는 큰손으로 꼽히는 분들의 하위문화 내 사회적 지위, 이건 한 번 인정을 받으면 꽤 오래 지속되는 편인가요?

네, 아무래도 처음 유입된 애들은 '저 사람 부스 줄 엄청 길던데 나도 한번 서볼까?' 하고 첫발을 딛게 돼요. 벽에 붙어 있는 벽-부스들이 주로 오오테 분들이 하시는 부스인데 줄이 똬리처럼…. 오오테 분들이 그림을 엄청 잘 그리고 편집 능력도 뛰어나요. 소비자의 마음을 특출하게 잘 아는 분들이라고 해야겠죠.

중학교 때 만화 학원을 다녔는데, 그럼 본격적인 연성 경력도 중학교 때 시작한 것인가요?

아니요, 연성은 초등학교 때 만화부 아이들이랑 처음 시작했어요. 제가 애니메이션 고등학교에 진학할 생각을 잠깐 해서 만화 학원에 다녔는데 결국 좌절돼서 다시 뉴질랜드로 가는 바람에 전혀 소용이 없었던 짓으로….

만화 학원은 부모님의 허락을 받고 다닌 건가요?

네, 뉴질랜드에 가서도 방학 때 한국에 들어오면 잠깐 정신적 휴식의 시간을 보내라는 의미에서 갔다 오곤 했었습니다.

부모님께서 오타쿠의 세계는 잘 몰랐던 모양이에요.

'만화를 정말 좋아하는구나' 정도로 생각하셨고, 제가 코믹월드에 출전하는 것도 딱히 개의치 않으셨어요. 경제활동을 굉장히 중요하게 여기는 분들이라서 어릴 때 사고파는 좌절을 빨리 경험해볼수록 좋다고 생각하셨던 것 같아요. 재고도 끌어안아보고 .

또 그렇게 해석이 되는군요, 이게 일종의 자영업인지라. 저는 비덕이라 또 궁금한 것 하나가 1차 창작의 욕구와 2차 창작의 욕구는 어떻게 다른지 잘 모르겠어요.

저는 1차 창작의 욕구는 전혀 없고 2차 창작의 욕구만 있는 케이스에요. 애니메이션 고등학교를 가려다가 안 간 것도 제가 1차 창작에는 전혀 관심이 없고, 2차 창작에만 관심이 있다는 걸 그때 깨달았기 때문이기도 하고요. 스토리를 창작해보고 싶다거나 2차 창작만 좋다는 분들도 있는데, 대개 둘 다 하죠.

1차 창작의 욕구가 있으려면 서사의 욕구가 있어야 하는 건가요?

'비툴(Btool) 커뮤니티'라고 있어요. 운영자가 세계관을 만들면, 여러 명이 지원을 해서 스토리를 짜는 곳이죠.

어렸을 때부터 접하고 소비하기 시작한 BL물은 2차 창작물이었나요? 아니면 1차와 2차를 골고루 소비했나요?

처음에는 1차와 2차 BL을 가리지 않고 소비했습니다. 1차 BL의 수위가 점차 18금으로 높아지는데도 제가 보기엔 '안 18금'인 거예요. 한 12금 정도? 그런 점에 실망을 많이 했죠. 동인지들도 원래 수위가 그렇게 높은 편은 아니었는데 나중엔 점점 성기까지 다 표현하게 되면서 '이제 2차 창작 동인지만 사야지' 하고 마음을 먹게 됐습니다.

2차 창작의 세계에 대해 분명한 자각이 생기면서 '아, 나는 후죠시구나'라는 정체성 의식 같은 게 생겼던 건가요? 어떻게 후죠시라고 자각했는지 궁금해요.

중학교 1학년 때였어요. 그땐 서로 오타쿠가 아닌 야오녀라고 하고 다녔는데 왜 그러고 다녔는지 모르겠어요. 지금 생각하면 정말 창피한데, 친구들 사이에서 "너도 야오이 좋아하니까, 야오녀야" 이런 식으로….

처음부터 내가 후죠시란 걸 남들에게 숨겨야겠다는 생각은 없었던 거네요?

네, 전혀요. 엄마한테만 안 들키면 된다 싶었어요. 엄마는 분명 싫어하실 테니까. 학교에서도 딱히 숨기고 다닌 적은 없었어요. 스무 살이 넘어가면서 가끔 '내가 이런 걸 왜 하고 있지?'라는 생각은 들었지만, '이걸 하면 안 되는데'라고는 한 번도 생각한 적이 없어요.

많은 후죠시 여러분이 본인이 자신을 창피하게 여기는 경향이 없지 않아 있고, 일코를 대단히 목숨처럼 아끼는 분들도 있잖아요. 게이가 게이 아닌 척하면서 평소에 클로짓으로 사는 것하고 후죠시의 일코가 비슷한 면모가 있죠. 진챙총 씨는 지금까지 살면서 한 번도 일코로 버텨본 적이 없는 건가요?

대학생 때 일반인으로 회귀하려고 헛된 시도를 한 적이 있었어요. 그런데 그때 '내가 왜 스트레스를 받으면서 이렇게 살아야 하나' 이러면서 되돌아왔죠.

후죠시 여러분은 일반인을 비덕이나 '머글(muggle)'이라고 부르기도 하죠. 친구를 사귈 때 후죠시와 비덕 친구들하고 골고루 교류하는 데에 어려움은 없나요?

어려움은 없는데요, 확실히 일반인 친구들과 영화를 같이 보러 가진 않습니다. 할 말이 없어요. 저는 주인공의 이름을 말하면서 "그 사람 되게 '모에'하게 생기지 않았냐"라고 하면 "그게 누구지?"라고 반응하는 식이에요. 이름으로 기억하지 않고 나쁜 놈 혹은 착한 놈, 이렇게 기억하더라고요.

모에는 '싹트다(萌え)', 혹은 '타오르다(燃え)'라는 일본어에서 파생된 말이죠. 만화나 애니메이션에 나오는 캐릭터에 대한 사랑이나 호감을 뜻했는데, 요즘은 더 광범위하게 사용되고 있습니다. 근데 후죠시로 각성하는 여성과 그 외의 여성은 어떤 차이가 있을까요? 후죠시 중에는 이렇게 과감하게 주장하는 분도 있더라고요. "세상에는 미각성한 후죠와 각성한 후죠 여성이 있을 뿐이다!"

중학교 때 접한 사람도 진짜 많아요. 여자아이들이 BL 같은 걸 많이 돌려보는데, 거부감을 가진 사람은 아직 한 번도 못 본 것 같아요.

그렇군요. 하지만 일본에는 누가 봐도 후조시임에도 자기들 만화에 나오는 주인공들이 게이는 아니라고 주장하는 분들도 있잖아요. 국내에선 그런 후조시분을 본 적이 없어요. 그래서 한국과 일본도 약간의 차이가 있는 것 같습니다.

그렇죠. 보통은 다들 "너는 게이야", "얘는 게이야" 이렇게 하는 걸 좋아하니까요.

후조시로서 머글들하고 비교했을 때 어린 시절에 차이가 있었습니까?

상황극을 남들보다 좀 좋아했던 것 같아요.

후조시분들의 어린 시절 사진을 보면 카메라를 잘 응시하지 않더라고요. 딴 데를 보고 있거나, 몸은 거기 있지만 정신은 이미 딴 세계에 가 있거나. 자기만의 판타지 세계에 빠지는 게 어느 정도 타고나는 능력이 아닌가 싶기도 해요. 진챙총 씨는 어렸을 때를 생각해보면 어떻습니까?

저도 항상 딴생각을 하다가 많이 혼났죠. 동인지를 만드는 가장 큰 원동력이 딴생각이었어요. 딴생각을 많이 해야 여러 가지를 그릴 수 있기 때문입니다.

후조시의 시대가 열리면서 왕년에 일본에서 널리 통용되던 오코게라는 단어의 사용 빈도가 확 줄었다는 점이 재미있어요. 오코게는 패그 해그의 일본 버전인 셈입니다. 예전 같으면 오코게가 됐을 분들인데 상당수는 2D 세계의 남자에게 반한 나머지 후조시가 됐고, 3D 게이 친구는 사라진 게 아닌가 싶습니다. 결국 오코게라는 말이 사라진 걸 보면요.

그렇기도 하고, 한국에서는 중고등학교 때부터 커밍아웃한 게이 친구가 없고, 있다고 해도 걔네들과 성인이 될 때까지 친구로 지내는 경우가 드물잖아요. 저는 중학교 때부터 그런 애들이 커밍아웃을 하면 어떻게 친해지기는 했어요. 커밍아웃과 동시에 패그 해그가 되어버리는 경우도 있었지만…. 아무튼 한국의 사정이 달랐으면 또 모를 일이겠네요.

결과적으로는 한국에서는 후죠시와 패그 해그가 구별이 잘 되는 편인 거죠. 진챙총 씨는 게이 클럽에 잘 놀러 다니잖아요. 패그 해그인 동시에 후죠시인 건데, 게이 클럽이 이성애자 클럽보다 재미난 점이 있나요?

제가 친구가 게이밖에 없어서…. 게이 클럽에는 여자가 거의 없어요. 그래서 눈이 엄청 '화~'해지는 기분? 물론 물이 중요하긴 하지만요.

제가 한국에서 처음으로 'K-후죠시' 파워를 실감한 때가 이송희일 감독의 「후회하지 않아」가 개봉한 2006년이었어요. 이 영화가 제작 의도와는 달리 게이의 지지를 받은 게 아니라 동인녀 여러분의 모에 심금을 울리면서 전폭적인 지지를 받았죠. 영화를 열 번씩이나 보는 분도 있었고요. 2003~2004년경에 한국에 후죠시 파워가 이미 쌓이고 있었지만, 그렇게 사회적 현상으로 빵 드러난 건 그때였던 것 같아요. 이 영화를 보았나요?

아니요. 2006년이면 제가 대학 다니고 있을 때라서 한국에 없었기도 하고요.

그리고 또 2007년에 심형래 감독의 「디워(D-War)」가 나왔죠. 모든 사람들이 이걸 갖고 망작이니 뭐니 하며 싸우는데, 후죠시 여러분은 2차 창작도 하고…. 전 그때 깜작 놀랐어요. 용가리와 이무기가 싸우는 장면을 어떻게 러브신으로 승화시킬 수 있을까? 모든 것에서 본인이 원하는 걸 끌어내는 능력, 어떻게 해서든지 모에를 찾아내는 눈에 감동했었습니다.

영국 정치인으로 모에를 하는 분들도 계시니까요.

한국의 후죠시분들은 이글루스에서 세력화를 일궜습니

다. 2000년대 대중문화가 제공하는 문화 콘텐츠를 본인들이 보고 싶은 방향대로 해석했죠. 남자 주인공끼리 짝을 맺어서 러브러브 관계로 커플링하는 일을 당연시하는 암묵적 네트워크가 형성됐죠. 또한 2009년 연말에 아이폰이 한국에 상륙하고 2010년부터 트위터에 모에 애니메이션 캐릭터 프로필 사진, 즉 모에 애니캐 프사 계정의 시대가 열리면서 패러다임이 바뀌었습니다. 한국 후죠시 문화의 진원지는 어디였을까요?

1990년대에 'ACA(Amateur Comics Association)'라는 행사가 있었어요. 지금은 망해서 없어졌는데 코믹월드랑 비슷했고, 순정 만화 작가들도 동아리 활동을 많이 했죠.

이제는 누군가가 한국에서 가장 오래된 후죠시 동인지는 언제 나왔는지 인류학적으로 추적해야 하는 게 아닌가 싶어요. 역사 정리를 해야죠. 진챙총 씨는 14년 차 후죠시잖아요? 나름 베테랑인데, 본인의 덕력 계발, 오타쿠로서의 능력 계발의 역사를 회고해보면 시기가 나뉠 것 같습니다. 그 시기를 1기, 2기, 3기 이렇게 구별해본다면 어떨까요?

저는 이게 '빠순이'들의 1기, 2기, 3기랑 비슷하다고 생각해봅니다. 1기는 자신이 좋아하는 캐릭터를 누군가가 까는 걸 절대 눈 뜨고 못 보는 거예요. 그러다가 2기부터는 약간 거리두기를 시작하면서 3기부터는 "이 병신 새끼" 이러면서 구박 같은 걸 하는 거죠. '바카'가 되는 겁니다. 처음에는 계속 열성적으로 행사에 참가를 하다가 3기부터는 통판만 하거나, 1년에 한두 번만 행사에 참여하거나, 점점 '소비러(소비자)'가 되는 식이에요.

인터넷에서 엔하위키 같은 곳을 통해 보니 성장 과정을 이름으로 나누어놓기도 하더군요. '부(腐)녀자'로 시작해서 '귀부(腐)인', '나비부(腐)인' 이렇게 나뉘는 게 있던데,

한국에서는 이런 명칭이 널리 사용되고 있나요? 일본처럼 뿌리가 깊은 건 아니니까 집안 어르신에게 동인지를 물려받는 일 같은 건 없을 것 같은데.

그런 일은 아직 본 적이 없습니다. 한국에서는 부녀자밖에는 못 봤던 것 같아요. 귀부인, 나비부인 단계로 갈 때까지 나이가 많은 분들이 안 계시기 때문이죠.

'양덕'들, 즉 서양의 후죠시 여러분에게도 이런 등급이 존재하나요?

아마 있을 것 같긴 한데요. 제가 양덕 사이트에서 항상 관음만 하고 깊숙이 관여하지를 못해서 그렇게 자세한 건 모르겠어요.

해외에 거주했음에도 양덕의 세계엔 별로 관심이 없었던 이유는 문화 차이 때문일 것 같은데, 서양의 후죠시 문화는 어떻게 다른가요?

제가 한번 학을 뗐던 게, 어떤 존잘님이 있었는데 유색인종이 아닌 백인 캐릭터들만 연성을 했어요. 그랬더니 그분한테 "너 인종차별주의자냐, 왜 아프리카계 미국인 흑인 캐릭터의 팬아트는 그리지 않느냐" 대판 난리가 난 적이 있습니다. 이 일도 그렇지만, 아무튼 그 세계는 발을 담그고 싶지 않다는 생각이 들더라고요.

제가 처음 이글루스에서 후죠시 여러분을 눈여겨보게 된 게 2005~2006년경이었어요. 2003년에 썼던 「련애박사의 고난이도 동성련애 108법칙」이라는 글을 어떤 출판사에서 책으로 내자고 제안해서 거기에 실릴 삽화를 후죠시 '존잘'한테 맡기려고 했죠. 한 세 분 정도 발견을 해서 출판사에 그림을 보여줬는데, 그중 한 분이 진챙총 씨였고, 다른 분이 황보혜림 씨였습니다. 한 분은 기억이 안 나네요. 그 당시의 그림풍은 요즘과는 상당히 달랐는데, 그때가 몇 살이었던 거죠?

2003년에 중학교 3학년이었고, 고등학교 3학년 과정을 안 하고 바로 대학을 갔으니까 2005년이면 고등학교 2학년이네요.

대학교에 들어가고 아트스쿨 페인팅 드로잉을 배우면서 그림체가 변한 것이군요. '시카고 화풍'이 그림체에 확실히 영향을 미친 것 같아요. 하드코어 후죠시 여러분 가운데에는 2차 창작물만 보는 게 아니라, 아예 게이 포르노 감상을 취미로 삼는 강한 분들도 있어요. 여자는 포르노를 좋아하지 않는다는 속설에 반대되는 케이스들이죠. 후죠시 동네 안에서 게이 포르노 애호가의 위치와 위상은 어느 정도인가요?

포르노 배우인 브렌트 코리건이 2005년에 굉장히 인기가 있었어요. 그때는 그걸 보는 분들을 엄청 많이 봤었는데, 요새는 또 게이 포르노를 본다고 말하는 분을 딱히 만나본 적이 없네요.

브렌트 코리건은 후죠시 팬들에게 어필할 수 있는 독특한 외모를 가지고 있었기 때문에 견인차 역할을 했던 것 같아요. 그런데 제가 며칠 전에 브렌트 코리건의 어른이 된 모습을 트위터에 올렸더니 후죠시 여러분이 "어떻게 이렇게 변할 수가 있느냐? 재는 세월을 정통으로 처맞았나?" 이렇게 비칭을 해서 깜짝 놀랐습니다. 외모가 변하면 애정이 완전히 식는구나 싶었습니다. 회사를 팔콘(Falcon)으로 옮겼거든요. 완전히 애정을 접는 모습을 보며 후죠시의 애정은 껍데기에 있단 걸 다시 한 번 느꼈습니다.

보편적으로 후죠시 분들은 근육질 남자들이 등장하는 팔콘 계열의 포르노보다는 벨아미(Bel Ami) 계열의 미소년 게이 포르노 배우들을 좋아하잖아요. 브렌트 님은 이제 벨아미가 아니죠. 리그가 달라졌기 때문에….

후죠 시장을 노린 1차 창작물과 2창 창작 동인지의 시장 구분은 아주 명확한 것인가요?

1차 창작은 대부분이 상업지로 나오고, 2차 창작은 다 코믹월드나 온리전처럼 비공식적으로 나오는 거라서요. 1차 BL은 거의 ISBN이 있죠. 온리전에 내는 분들도 있긴 하지만요.

일본에서 처음 후죠시물로 폭발적인 반응을 불러일으켰던 고전 작품이 나올 때 후죠 시장도 마찬가지로 규모가 매우 컸다고 들었는데, 그때도 1차 2차의 시장 규모나 메커니즘 같은 건 확실히 구분됐던 건가요?

네, 동인지 시장은 스핀오프나 앤솔로지 같은 걸 내는 경우도 있긴 한데, 대부분은 세금을 안 내는 쪽으로….

세금 낼 만큼 돈을 버는 분들이 없잖아요.

네 명으로 구성된 일본 여성 만화가 집단 '클램프(CLAMP)'는 1980년에 동인지가 16만 부나 팔렸어요. 일본은 시장이 정말 크기 때문에 페라리를 끌고 다닐 수도 있고요.

한국의 동인지가 일본말로 번역되어서 일본 시장에서 크게 히트를 친 적은 아직 없나요?

일본 시장만을 위해 동인지를 만들고 번역도 다 해서 '코미케(코믹마켓)'나 온리전 같은 곳에서 판 다음에 나중에 한국에 와서 좌우를 바꾼 다음 한국말로 내는 분들이 있기는 해요. 선후가 좀 애매하긴 한데 한국에서 낸 걸 일본에 가져가서 팔거나 하는 것도 있고, 둘 다 많이 합니다.

아직 후죠계의 한류는 미완의 과제로 남아 있는 거군요.

요새는 일본의 일러스트레이션 커뮤니티인 '픽시브(Pixiv)'에서 많은 분이 활동하고 있어요. 그런데 딱히 한류라고 할 만한 건 없다고 봐야죠.

후죠물도 수위가 제각각인데, 하드한 '레어 아이템'을 사 모으려면 결국은 온리전을 뛰는 수밖에 없는 건가요?

아무래도 그렇죠. 코믹월드처럼 성기를 거의 흔적기관처럼 표현할 수밖에 없는 경우와 달리 제가 참가했던 온리전은 모자이크 없이 19금 딱지만 붙이면 판매할 수 있는 정도에요. 대체적으로 하드한 아이템을 사 모으려면 온리전에 줄을 서서 가야죠.

온리전에 비덕 여러분이 가도 동인지를 구입할 수 있는 건가요?

네, 구분을 할 수가 없으니까요. 물론 구별이 되긴 하겠죠. 약간 어색하게 다니시니까. 그런데 신분증만 제시하면 괜찮아요. 남자한테 판매를 안 하는 분들도 있다고 들었는데, 대게 성인이면 괜찮아요.

후조물을 가르는 장르별 분류 기준 같은 게 있습니까?

딱히 세분화되진 않았어요. 2차 창작 BL은 다 후조물이라고 묶는 것 같네요.

누군가 연구자가 한 분 나서서 2차 창작물도 그림체, 서사와 스킨의 관계 등의 기준을 마련해서 분류를 해야 하는 게 아닌가 생각을 해봤어요. 다들 본인이 파는 분야에만 관심이 있고 바로 옆 동네에 관심이 없기 때문에 전체 후죠 시장의 그림을 머릿속에 포착하고 계신 분이 거의 없더라고요.

만화별로 자기가 어떤 만화를 좋아하고, 그 만화의 특정 캐릭터 둘이 '떡 치는' 걸 보러 가는 거라서요. 종이 딜도를 사러 가는 거랑 똑같습니다.

후죠물과 게이물 망가의 구별법으로 털의 유무를 지적한 짤도 고전으로 돌아다닙니다. 그건 사실인가요? 털이 있으면 게이물이고, 털이 없는 게이 만화면 후죠물인 건가요?

딱히 그렇지도 않아요. 2차 BL도 그렇지만 1차 쪽이 옛날엔 거의 전신 제모를 한 것처럼 아예 없는 걸 좋아했는데, 요새는 없으면 조금 이상한 것처럼 많이들 그려요.

이건 이제 잘못된 도시 설화가 됐군요. 후죠시의 입장에서 봤을 때, 게이 망상물로서의 망가와 후죠 망상물로서의 망가의 근본적인 차이가 있다고 느끼세요? 어떤 면에선 게이 만화가 더 재미없어요.

너무 사실적이죠. 대체적으로 후죠 망상물로서의 망가는 판타지라는 게 확 와 닿는데, 게이 망상물은 사실에 근거하고 그 사실에서 파생한 느낌을 받아요. 그린 분들이 게이니까요. 그런데 후죠 망상물은 저희가 게이가 아니니까 모든 걸 상상해서 하는 거죠.

우선 공간의 배리에이션이 너무 적어요. 진짜 사람 사는 공간이 계속 나오니까 가끔 갑갑할 때가 있습니다. 후죠시의 입장에서 타가메 겐고로의 게이 에로 만화나 톰 오브 핀란드의 에로티카 같은 고전을 볼 때는 어때요?

타가메 겐고로는 스토리텔링을 정말 잘하기 때문에 이야기만 봐요. 근데 그걸로 '꼴린다'는 느낌은 한 번도 받은 적이 없어요. 톰 오브 핀란드는 정말 잘 그린다고 생각합니다. 저는 그림체와 씬 부분에서 이 사람이 물을 얼마나 많이 그렸냐 적게 그렸냐를 봐요. 예를 들면 땀이나 체액이 끈적끈적하게 잘 표현되었나 하는 것들이죠. 아예 그런 걸 안 그리는 분들도 있어요. 그런 건 제가 잘 안 보는 편이고, 좀 물이 많은 걸 좋아해요. 과장되게 많다기보다는 그걸 적정 수준으로 유지하는 게 너무 힘들어요. 그걸 찾아다니죠.

저도 타가메 겐고로의 게이 에로 만화는 그냥 순정 만화 보듯이 무미건조하게 보거든요. 톰 오브 핀란드도 마찬가지입니다. '아, 남의 나라구나…' 하는 식이죠. 그런데 후죠시 여러분도 비슷하군요. 게이와 후죠의 욕망을 비교하는 것도 재미있지만, 남덕 여러분하고 비교하는 게 흥미롭습니다. 진챙총 씨는 남덕과 여덕 아트의 차이가 심대하다고 생각합니까?

초중학교를 다닐 때는 남덕분들이 도덕적으로 더 벗어나는 경우가 많다고 생각했는데요, 요새는 두 세계관의 차이가 별로 없다고 봅니다. 남덕분들이 좋아하는 모에 요소를 여덕분들이 가져와서 BL에 사용하기도 하고, 수위도 차이가 없다고 봐야죠.

인구는 어떤가요? 남덕 여덕 인구는 어느 쪽이 훨씬 큰가요?

한국에선 서코도 온리전도 한 회장에 남자가 통틀어서 한두 명 있으면 많은 거예요. 그래도 코믹월드는 요새 들어 남덕분들이 많이 와요. 그렇게 봤을 땐 2차 창작 시장에서는 확실히 한국은 남덕분들이 훨씬 적어요. 그게 남덕들은 좋은 걸 보면 공유하는 성향이 강해서 그런 것 같습니다. 동인지를 파일 공유로 다 돌려본다든가 하는 식으로요. 그런데 여덕들은 상도덕이나 저작권의 개념이 엄청 빡세기 때문에 돈을 주고 사봐야 한다는 의식이 강하죠. 하지만 남덕분들은 토렌트로 받거나….

여덕과 남덕은 차이가 있기는 합니다. BL물에선 대부분 공격적 역할과 수동적 역할을 맡는 캐릭터가 나뉩니다. 그걸 '공수'라고 부르는데요, 공과 수 캐릭터 가운데에서 진챙총 씨는 '공'에 감정이입을 하잖아요? 그런데 대다수의 후죠시는 '수'에 감정이입하지 않나요?

요새는 공에 감정이입을 하는 분들도 많아요. 최애캐를 수에 놓는 경우가 많습니다. "최애캐 따먹는다" 이런 걸 많이 붙이는데 반대쪽은 별로 못 봤어요.

2차 창작에서도 대다수의 후죠 여러분은 전지적 후죠시 시점을 전제해놓고, 그 상황 안에서 남자 캐릭터 간의 위력 관계에 주목을 합니다. A와 B의 힘의 차이라는 게 있습니다. 하다못해 덩치나 나이 차이가 있죠. 확실히 갭(gap) 모에 요소, 이 낙차를 중시하는 경향이 있는데,

진챙총 씨는 그림을 그릴 때에도 공의 시점에 자신을 이입해서 그림을 그리는 경우가 있죠. 그림에 공이 아예 안 나오죠. 정작 중요한 건 화면에 안 나오는 그게 좀 아이러니한 면이 있더라고요.

제가 최애캐를 대부분 공에 놓기 때문에 고통스러워요. 동인지에는 공이 나오는 경우는 별로 없고 수의 표정을 클로즈업하는 식으로 그리죠. 제가 감정이입하는 최애캐가 공인데 얘가 화면 안에 들어오면 약간 민망해지더라고요.

남덕은 시각성이 우선하죠. 미소녀를 그리면 그 시각성이 도드라지기 마련입니다. 그런데 여덕은 관계가 우선이고, 시각성은 후차적인 스킨에 불과해서 이 점이 좀 달라요. 그래서 남덕은 쉽게 메타 아트를 할 수 있는데, 여덕은 메타하기가 어려워지는 것 같아요. 애초에 작업에 메타 차원이 있기 때문이죠.

네, 외관이 잘 생겨서 "이 캐릭터 누구지?" 하고 설정을 찾아보다가 저랑 안 맞고 모에가 아닌 게 나오면 이동하게 되는 것 같아요.

굳이 끝까지 공수를 나누는 이유가 뭘까요?

이걸 매우 확실히 해야 해요. 만약에 제가 좋아하는 캐릭터가 공이면 다른 누군가한테 깔리는 꼴은 절대 볼 수 없다는 느낌이에요. 둘 다 보는 분들도 있는데, 대체적으로는 저 사람이 공을 민다 혹은 수를 민다, 이런 게 확실치 않으면 싸움으로 번지기 때문입니다. 제가 '2.5D'라고, 한창 영화나 드라마를 2차 창작으로 소비할 때 양덕 사이트에 가입을 해서 봤었어요. 그쪽에서 소설이 많이 나와서요. 그런데 공수 표기가 확실치 않아서 너무 애를 먹었던 기억이 있어요.

남남 커플링의 법칙이나 패턴 같은 게 있나요?

개개인마다 달라요. 만약에 제가 선후배의 위계질서를 좋아한다면 선배인 캐릭터를 공으로 놓는 식이죠. 직장 선배와 후배, 아니면 하극상도 있고요.

아이돌 그룹을 2.5D로 소화하는 분들이 커플링을 할 때 그게 잘 이해가 안 가요. 위계가 잘 확보가 되나요?

아마 예능 프로 같은 걸 다 챙겨보고 애들의 행동으로 그걸 정하는 것 같아요. 얘는 좀 소극적이고 쟤는 좀 적극적이다 싶으면 공수가 나뉠 수 있는 거죠. 저도 아이돌 팬덤에 그렇게 깊게 관여해본 적이 없어서….

아이돌 팬픽에는 한 번도 빠져본 적이 없으신 거죠?

2PM이 한창 인기 있었을 때 Mnet에서 「와일드 버니(Wild Bunny)」라는 프로그램을 보고 딱 한 번 빠진 적이 있지만, '그래도 2D가 최고야' 이러고 다시 돌아간 경험이 있습니다.

살아 있는 캐릭터는 배신을 하죠. 실존 인물의 동성애를 다루는 여성향 판타지 로맨스인 R.P.S와 BL의 가장 큰 차이가 뭘까요?

이 사람들이 주체적으로 인터넷을 하면서 창작물을 봤을 경우에 법적 문제가 일어날 수도 있어요. 진짜 사람이기 때문에 좀 더 주저하는 게 있는 것 같아요.

본인을 주인공으로 한 2차 창작에 너그러운 연예인은 누가 있었나요?

요즘 「어벤져스」나 「엑스맨」 시리즈에 나오는 유명 배우를 인터뷰할 때 양덕들의 텀블러 팬아트 같은 것을 보여줄 때가 있어요. 이건 딱히 R.P.S가 아니긴 하지만 창작물을 보고 분노를 표출하거나, 얼굴을 붉히면서 싫어하는 경우는 한 번도 못 봤어요. 한국에서는 어떤 아이돌이 자기 팬픽을 봤다더라, 그런데 더 그려달라고 했다더라는 이야기가 도시 전설처럼 들려요.

후죠시 여러분은 오타쿠니까 물건을 모은다는 것이 특징이라고 볼 수 있는데, 진챙총 씨는 소장선이 어떻게 구성되어 있습니까?

처음에 팬시 같은 걸 한 1년 정도 많이 모으다가, 그다음엔 아예 동인지로 빠져서 동인지만 모았어요. 제가 좋아하는 만화가 아니더라도 그림을 잘 그리거나 저랑 모에 코드가 비슷하면 장르 구분 없이 그냥 사는 편이었어요. 피규어를 가끔 사긴 하는데, 딱히 굿즈나 공식 프로덕트를 사 모은 적은 별로 없어요. 제가 정리를 끔찍하게 못해서요.

언젠가 후죠 박물관이 만들어져서 아카이브가 쫙 쌓여 있는 모습을 보고 싶습니다. 현대미술은 현대미술 오타쿠들의 세계에서 책자를 많이 모아서 유명한 변태 게이 아저씨 AA 브론슨이 있지 않습니까? 아직은 후죠시, 여덕 동네엔 그런 분이 없는 거죠?

한번은 홍대에 BL 도서관을 세우고 싶다면서 동인지나 BL 책을 기증할 사람을 컨택해달라고 한 글을 본 적이 있어요. 익명 게시판에서 딱 한 번 봤는데 엄청 뭇매를 맞고 사라지더라고요. 후죠시분들이 그걸 공식적으로 하는 걸 좋아하지 않죠.

'언리미티드 에디션(Unlimited Edition)' 같은 독립 출판 이벤트에 남덕 여덕분들이 함께할 가능성은 없는 건가요?

있기도 하겠죠. 언리미티드 에디션에 참가하고 싶다는 분들도 가끔 있어요. 그런데 온리전은 거기서 다른 존잘님들이나 자기가 좋아하는 팬아트를 그리는 사람과 교류하는 데 존재 의의가 있죠. 언리미티드 에디션은 일반인들이 주축이 되는 거여서요.

대사회적인 가시성이란 건 후죠 사회에서는 중요하지 않은 거군요.

아예 그걸 원치 않는 거죠.

부모님이 딸이 후죠시라는 걸 모르세요?

알고 계세요. 아마 동인지 모은 걸 보셨을 수도 있을 것 같아요. 그런데 진짜 하드한 건 잘 숨겨놓기 때문에 그냥 '게이를 좋아하는구나' 이렇게 생각하실 겁니다.

연성을 작은 걸 할 땐 큰 문제가 없지만 큰 걸 할 땐 집에서 어떻게 작업합니까?

문을 다 잠그고, 커튼을 쳐요. 안방에서 하고 있는데 안방 문을 열어놓으면 베란다를 통해서 다 보이잖아요. 그래서 항상 커튼을 치고 작업을 합니다.

디나이얼 게이가 있듯이, 디나이얼 후죠시도 있을까요?

디나이얼 후죠시는 없을 것 같아요. 자기가 후죠시라고 자각을 하는 순간, 온리전을 갈 수밖에 없는 운명이거든요. 기도의 힘으로 치유를 했다며 전도를 하는 분을 보긴 봤어요. 그런데 아마 그분은 지금도 후죠시겠죠.

최근에 '탈(脫)덕'의 의지를 잠깐 비춘 바 있는데요. 본인의 탈덕 가능성을 어떻게 점치고 계십니까? 게이 동네에서는 '탈반'이라고 하면 게이인 것을 그만둔다는 뜻으로 '탈 이반'을 이렇게 줄여서 부릅니다. 탈덕은 '탈 오타쿠'인 거죠. 게이 동네에선 탈반한다고 하면 다들 비웃어요. 후죠시 여러분도 "한번 후죠시는 영원한 후죠시", "휴(休)덕은 있어도 탈덕은 없다" 이런 강력한 이야기가 쏟아지더라고요. 어떻게 생각하세요?

저는 한번 관심이 없어지면 영원히 없어지는 편입니다. 최근에 그런 기미가 조금 있었어요. 옛날처럼 이걸 보고서 좋아하지 않는 것 같고, 사그라지는 걸 느끼고, 관심이 점점 없어지는 것 같아요. 글쎄요, 나중에 또 좋아하는 작품이 있으면 모르겠지만, 이렇게 점점 관심이 없어져서 아예 제로가 되면 예전처럼 한 작품을 6년 동안 좋아하는 일은 없을 것 같아요. 시기가 1년, 6개월, 1개월 이렇게 짧아지고 있거든요.

6년 동안 좋아한 작품은 뭔가요?

히라노 코우타의 『헬싱(Hellsing)』입니다. 유명한 '중2병' 작품이에요. 초등학교 때 보긴 했는데, 중학교 2학년 때부터 제대로 파기 시작했어요.

후죠시 여러분은 2D에 뇌가 반응을 해야 유지되는 세계인데, 뇌의 호르몬 밸런스가 바뀌면 탬플릿이 확 바뀌어서 탈덕도 가능하지 않을까 싶기도 해요.

제가 대학교 때 탈덕하려다 실패했을 때도 순간 확 관심이 없어졌을 때였거든요. '내가 왜 이 짓을 하고 있는지 모르겠다. 나도 애들이랑 놀러 다녀야지' 이런 생각을 했었어요. 지금은 의지와는 상관없이 관심이 없어지는 단계라서, '이대로 가다간 이제 정말 끝이로구나' 싶어요.

위기로군요, 정체성의 위기. 좀 큰 질문을 하나 준비해 봤어요. 일본 하위문화에서 가장 유명한 후죠시는 누구인가요? 혹은 지구에서 가장 위대한 후죠시는요?

위대한 분들이 정말 많으셔서 너무 어려운 질문이네요. 부수 면에서는 오자키 미나미 작가도 코믹마켓에서 엄청 많이 파셨다고 들었어요. 클램프가 아까 말씀드린 대로 16만 부를 판매한 것도 있으니까요. 16만 부면 대체 얼마를 벌었다는 건지….

『에이코믹스』에 「진챙총의 801호 부녀회」라는 칼럼을 연재하고 있어요. 제목의 뜻부터 궁금합니다.

일본어로 야오이를 숫자로 표현하면 '801'이라고도 할 수 있거든요. 말하자면 '801호의 부녀회', '801호의 부녀자' 이런 뜻입니다.

칼럼의 주제는 어떻게 설정이 되어 있나요?

제가 매달 쓰고 싶은 것에 따라 달라지는데요. 초반에는 예전에 봤던 상업 BL 작품을 위주로 연재했어요. 동인지는 리뷰를 싣고 싶어도 그분들이 원하지 않는 경우도 있어서 까다로워요. 함께 실리는 도판은 감사하게도 편집자가 아주 적절하게 해주셔요. 제가 원하는 것들로만 딱 해주더라고요.

진챙총 씨는 꿈나무 후죠시들에게 탈탈 털린 적도 있고 안티 팬이 많기로 유명합니다. 그 안티 팬 여러분은 『에이코믹스』엔 안 오나 봐요?

글쎄요. 악플이 달린 적은 한 번도 없는 것 같아요. 제가 예전에 이메일 주소를 올리면서 여기로 항의 메일을 보내라고 해도 딱히 안 왔어요.

진챙총 씨가 사랑했던 최애캐들의 체급, 체형, 캐릭터의 공통된 특성은 무엇인가요?

'인간쓰레기'라는 점입니다. 다들 생활 능력이 떨어지거나 불법적인 일을 한다거나 그래요. 인간이 아니라거나. 주인공 캐릭터는 별로 안 좋아하는 편이고요. 체격은 다들 컸어요.

야리야리한 캐릭터를 좋아하는 걸 본 적이 없는 것 같아요. 여태까지 팠던 캐릭터들을 기억해보면 순정 만화풍 캐릭터는 없었어요. 다들 턱선도 분명하고. 나이 들면서 변화하는 단계들이 있는 건가요?

저도 기억해보면 어렸을 때는 얄상한 애들을 아주 좋아했었는데 점점 현실에 근접한 걸 찾게 되더라고요.

가장 아끼는 최애캐는 누구입니까?

요즘엔 『다이아몬드 에이스』라는 야구 만화에서 주인공 학교의 미유키 카즈야라는 포수를 좋아하고 있습니다. 예전엔 야구를 안 좋아해서 몰랐는데 포수와 투수는 마누라와 서방 같은 관계가 있더라고요.

새 시대의 꿈나무 후죠시 여러분, 그리고 게이 클럽에 말도 안 되는 바가지요금을 내고 들어가는 꿈나무 패그해그 여러분에게 한 말씀 해주세요.

아무리 그래도 이태원 게이 클럽에 10만 원씩 주고 가는 건 좀 아닌 것 같아요. 그 돈으로 동인지를 사보는 게 더 남는 장사입니다. 현실의 게이란 절대 2D에 근접할 수 없답니다.

5
언제나 게이하게

영미 게이 문학의 안내자
조동섭

『이매진』 수석 기자, 『야후! 스타일』 편집장을 역임했으며, 현재 자유 기고가와 번역가로 활동하고 있다. 『브로크백 마운틴』, 『퀴어』와 『정키』, 『싱글맨』, 『독거미』 등 국내 사정상 번역되기 쉽지 않은 LGBT 관련 서적을 번역했다. 서울대학교 언론정보학과를 졸업하고 한양대학교 영화학과 대학원 과정을 수료했다.

커밍아웃은 언제 하셨어요?

1988년 대학교 4학년 때부터 친구들과 주위에 얘기하기 시작했어요. 그다음 해엔 친동생에게도 얘기했죠.

성 정체성을 깨달은 시기는 언제인가요? 미취학 아동기에 깨닫는 사람도 있지만, 성인이 된 이후에야 '아 내가 게이구나' 하는 사람도 있잖아요.

중학교 1~2학년 사춘기 때 애들이 학교에 서양 포르노 잡지를 가져와서 돌려 보고 낄낄거렸어요. 저는 여성의 육체를 보고는 아무 느낌이 없었고 거기 나온 남자한테 흥분이 됐어요. 충격이었죠, 누구한테 말도 못 하고…. '내가 남들과 다르구나' 이런 생각이 무척 두려웠어요. 이후에 앙드레 지드의 「전원교향곡(La Symphonie Pastorale)」(1919)이나 「배덕자(L'Immoraliste)」(1902) 같은 걸 읽으면서, 이게 다른 이야기라는 걸 자연스럽게 느꼈어요. 그래서 중고등학교 때는 소설을 찾아 읽으면서 내 나름대로의 길을 찾아가려고 애를 썼습니다. 고등학교에 들어가서는 같은 반 친구를 좋아했어요. 대학교 1~2학년 때까지도 그 친구한테 정신이 완전히 팔렸었죠. 사춘기 때 그 친구도 저를 강렬하게 좋아했어요. 당연히 육체관계도 있었고요. 마음 한쪽으로는 그 친구가 이성애자라는 걸 제가 알아채고 있었기 때문에 언젠가는 이게 끝날 거라는 두려움도 있었죠. 16~17세의 사랑이라는 게 이성적으로 제어할 수 있는 게 아니니까 몇 년 동안 그 친구를 사랑하는 나 자신을 정당화하기 위해 노력하면서 보냈습니다.

거의 에드먼트 화이트의 소설 같은 청소년기를 보내셨군요. 어렸을 때, 자신이 남들과 다르다는 걸 깨달은 게이와 레즈비언 가운데 독서로 정체성을 깨달아나가고 그걸 재확인하는 분들이 있죠. 그게 아주 큰 차이가 있어요. 보통의 해맑은 분들은 그러한 감수성이 높은 시기를 겪지 않고 간단명료하게 넘어가잖아요. 그런데 문학

소녀/소년들은 소위 '게이 감수성'이란 게 있어서 안 가르쳐줘도 쏙쏙 '아, 이거는 게이 냄새가, 이거는 레즈비언 냄새가 나네', 이렇게 작품을 골라 읽으면서 자기만의 독특한 감식안과 취향의 세계를 발전시킵니다. 제가 볼 땐 성인이 된 이후에도 청소년기에 게이 감수성을 스스로 발굴해낸 사람과 그렇지 않은 사람은 확연히 다르거든요.

누구에게나 똑같은 걸 요구할 수는 없잖아요. 책을 읽는 문제뿐만 아니라 애정 문제에서도 사랑을 느끼는 깊이가 사람마다 다르고요. 그건 그냥 그 사람의 몫인 거지, 거기에 우리가 가치판단을 하기는 힘들죠. 누구를 좋아하면 희로애락의 변화가 심한 사람이 있는가 하면 아주 덤덤한 사람도 있어요. 그렇게 생각하는 게 낫지 않을까 싶어요. 청소년 때나 그 이후에 감성을 발달시키고 독서를 해서 길을 찾거나, 다른 창작 활동으로 자신을 더 표현할 수 있겠죠. 그런데 또 모든 사람이 다 이럴 수 있다면 예술가가 존재할 필요는 없겠죠.

데뷔가 언제였나요?

참, 이런 얘기 오랜만에 하는데요. 1986년 대학교 2학년 때에 했습니다.

와! 아시안 게임이 열리던 해네요.

네, 올림픽과 아시안 게임을 왔다 갔다 하네요. 과에서 선배와 동기들과 세미나 모임을 하고 학교 앞에서 술을 마신 다음에 커피숍에서 얘기를 하고 있었을 거예요. 자유롭게 얘기하는 시간이라 저는 커피숍에 있는 여성지를 뒤적이면서 이것저것을 보고 있었는데, "나는 게이다"라는 제목으로 여장 남자 이야기가 실려 있었어요. 그때 그런 걸 그냥 게이라고 이름 붙였잖아요. 기사를 읽어보는데 '종로의 P 극장'이 나오는 거예요. 눈이 번쩍 뜨이면서, '그게 그런 거였구나' 이런 생각이 착 들었어요.

아, 순간 퍼즐이 맞으면서….

그렇죠. 그날 술이 취한 상태로 택시를 타고 종로로 갔어요. 파고다 극장 앞에서 불 켜진 가게를 바라봤어요. 지금은 다 없어진 데니까 업소명을 얘기해도 괜찮겠죠? 사랑방, 핑크 베어…. 거길 딱 바라보는 순간 '아, 저기다!' 했어요. 그런데 대학교 2학년생 어린애가 용기가 안 나서 거길 못 들어가고 그 앞을 빙글빙글 돌다가 새벽에 지쳐서 길거리에서 잠이 들어버렸어요. 누가 툭툭 치면서, "여기서 자면 안 된다. 새벽에 추우니까 큰일 난다. 우린 집에 가서 컵라면을 먹을 건데 같이 가겠느냐" 그러는 거예요. 또 '이거구나!' 하고 따라갔어요. 알고 봤더니 거기가 사랑방이라는 업소에서 일하는 분들이 함께 사는 공간이었던 거죠. 라면을 얻어먹고, 그 형들이 "다음에 가게에 한번 놀러 와라", 그래서 그다음에 용기를 내 문을 열고 가게로 들어갔죠.

사랑방이란 곳이 데뷔의 첫 관문이었던 거군요. 사랑방은 종목이 어떻게 되던 공간이었나요? 요즘도 그렇지만, 예전에는 게이 바가 연령대별로, 좋아하는 스타일별로, 아주 세심하게 나뉘어져 있었잖아요.

거기는 20~30대들이 많이 오는 작은 가게였어요.

그때부턴 열심히 종로에서 술을 마시고 놀았던 건가요?

아직은 아니었고요. 정말 많이 놀러 다녔을 때는 대학원에 다니던 시절이었죠.

종로 게이 바 문화는 인권 운동 이후로 분위기가 엄청 달라졌어요. 예전의 분위기에 관해 설명을 해주세요.

우선 가게가 많지 않았어요. 그다음에 '크루징(cruising)'이 아주 많았죠, 흔히 '길녀'라고 부르는. 파고다 공원을 중심으로 사람들이 그냥 길거리에서 눈을 많이 맞췄어요. 제가 처음 나갔던 1980년대 후반까지만 해도 종로와 신당동에 있는 업소가 중심이었죠.

저도 인권 운동을 준비하던 1994년 겨울에 종로보다 많이 갔던 곳이 신당동이었습니다. 지금은 다 없어졌지만 신당동에 꽤 인기 있던 게이 바가 있었죠. 요즘과는 달리 장소성이 중요했던 시대라 사람끼리의 유대감도 더 높았어요. 공기가 확연히 달랐는데, 인권 운동과 함께 급격하게 그 분위기가 깨져나갔죠.

의식을 가지고 운동을 하는 것과 달리 또 다른 의미에서 가족적인 분위기가 있었죠. 어떤 가게의 단골이라는 이유만으로 서로 친밀하게 지내면서 위해주는 분위기랄까요. 가게 단골끼리 패밀리 개념이 있었습니다.

인터넷이 없던 시기엔 한 게이 바에 손님으로 자주 놀러 다녀도 다른 게이 바가 어디 있는지 잘 몰랐죠. 그래서 패밀리 개념도 있었던 것 같고요. 사랑방 이외에 잘 가던 게이 바가 어디어디였나요?

없어요. 이상하게 고양이처럼 그 가게에만 몇 년 동안 계속 다녔어요. 말씀하신 대로 다른 데를 잘 모르기도 했고요. 물론 사랑방이 당시에는 중심가에 있었기 때문에 그 아래위층으로 가게가 많이 생겼죠. 사랑방에서 있다 나간 사람이 다른 가게에서 일을 하면 한두 번 가보는 정도였어요.

예전에 가장 힙했던 공간인 아프리카가 생각나네요. 인권 운동 이전이라 편한 마음으로 연예계에서 일하는 명사도 그곳에 잘 나와서 놀았던 기억이 있어요.

아프리카에는 잘 안 갔었고, 신당동의 큰 술집에서 사람들을 많이 봤어요.

최초의 게이 디스코였던 파슈에도 잘 가셨었나요?

예전에 사랑방에서 일하던 친구가 파슈에서 고고보이 춤을 췄기 때문에 몇 번 갔었죠.

파슈가 처음엔 이성애자 클럽이었다가 아마 1994년에 게이 디스코로 바뀌었을 거예요. 원래 파슈가 '파슈 1'이고, 게이들이 놀러가던 곳은 '파슈 2'입니다. 이름이 달라요. 사람들이 귀찮으니까 다 파슈라고만 불렀던 거고요. 파슈 시절만 하더라도 게이 디스코가 요즘하고는 달라서 중간에 디스코 추다가 블루스 타임도 있어서 서로 껴안고, 맘에 드는 사람과 춤도 췄죠. 아직도 파슈하면 기억나는 게 블루스 타임과 드래그 쇼 같은 걸 하면 많은 사람이 미친 듯이 울면서 수표를 꺼내서 꽂아주던 모습입니다.

아, 저런. 좋은 기회를 놓쳤네요.

게이 사우나나 찜질방 같은 곳도 다녀보신 적이 있나요?

네, 있습니다. 충무로에 있는 라이온스 사우나가 유명했죠.

음란한 공간이기도 하지만, 사람들이 응접실에 앉아 차 마시면서 얘기하던 게 기억에 선명히 남아 있어요. 동네 사랑방 같은 희한한 분위기였죠. 저는 거기에 콘돔 들고 가서 뿌리다가 왕따당하고 그랬어요.

사우나를 다니는 사람들 사이에서도 서로 의견이 달랐잖아요. 부끄러워할 일이 아니라는 사람이 있는가 하면, 문란하다는 사람도 있었죠.

초기에 동성애자 인권 운동 단체였던 친구사이에서도 업소를 출입하는 회원을 제명한다는 얘기가 나왔을 정도니까요. 그렇게 회원들에게 높은 도덕성을 요구하던 묘한 시절이 있기도 합니다. 게이 공동체의 성장 과정에서 사우나와 찜질방은 한국뿐만 아니라 전 세계적으로 매우 중요한 기능을 해왔기 때문에, 그 역사나 과정을 기록으로 남길 필요가 있습니다. 제가 원래 전공이 디자인이었기 때문에 출력소가 있는 충무로에 자주 나갔는데, 대낮에도 게이 바에서 만났던 언니들을 길거리에서 보는 거죠. 언니들이 '너는 맨날 오니?' 이런 표정으로 배시시 웃으면서 쳐다보던 기억이 납니다.

저도 충무로 자주 나가면 그런 일이 있었어요. 한땐 종로에 사무실이 있었는데, 지나갈 때마다 포장마차 주인들이 '너는 맨날 오니?' 이런 표정으로 보곤 했어요.

서울대학교에서 언론정보학을 전공했습니다. 졸업한 게 몇 년인 거죠?

1985년에 입학을 했으니까 1989년 2월에 졸업을 했네요. 곧장 한양대학교에 영화 전공으로 대학원을 갔고요.

어떤 계기로 영화과에 가신 거예요?

그때는 시나리오를 쓰고 싶었어요. 제가 정말로 좋아했던 작가는 마르그리트 뒤라스였고, 알랭 로브그리예처럼 영화를 만들고 싶었습니다.

학위 논문은 안 쓴 건가요?

네. 어떻게 하다 보니 연극과 사람들하고 더 어울렸고, 연극을 하면서 영화과는 이수만 했어요. 그다음에 그냥 연극계에서 연극 활동을 하게 됐어요.

희곡 대본을 쓴 게 있나요?

아니요, 배우를 했어요. 마침 한양대학교 30주년을 기념해 베르톨트 브레히트의 「사천의 선인(Der gute Mensch von Sezuan)」(1943)을 문예관 대극장에서 공연했는데, 제가 거기 출연했습니다. 연우 소극장에서 연장 공연을 꽤 길게 했고요. 그렇게 대학원 2학기 이후부터는 연극과에서 학부 연기 수업을 받으면서 공부를 했어요. 그걸로 시간을 거의 다 보냈죠.

당시에 새로운 종류의 영화가 만들어질 때니까, 연극배우를 하다가 영화계로 들어가서 영화배우를 할 수 있었을 텐데, 왜 배우를 그만뒀나요?

배우를 계속할 생각이었는데, 텔레비전 드라마를 하면서 많이 지치고 저하고 안 맞는다는 생각이 들어서 그만뒀습니다.

배우를 그만둔 게 좀 아쉽진 않나요?

기본적으로 제 성격하고 안 맞는 것 같아서 그만둔 건 잘한 것 같아요. 그래도 여전히 저를 배우라고 생각합니다.

배우를 그만두고 첫 번째로 한 일은 무엇인가요?

대학원을 다니다가 1991년도에 안그라픽스라는 회사에 들어가서 2년 동안 직장 생활을 했어요. 거기에서 사외보와 기내지 등을 만들었어요.

갑자기 잡지쟁이로 일한 계기는 뭔가요?

집에서 너무 괴롭혀서요. 저도 어린 상태였고, 어머니 성화에 못 이겨서…, '에라 모르겠다' 그런 마음으로 취직을 했어요. 그런데 안그라픽스가 정말 재미있는 회사였어요. 그렇게 오래 다닐 생각이 없었는데, 정말 만 2년을 꼬박 다녔습니다. 그때 좋은 친구를 많이 만났고요. 클라이언트가 있는 글을 써야 한다는 게, 처음 글을 쓰기 시작할 때 많이 도움이 됐어요. 같은 이야기를 하더라도 클라이언트마다 문장을 어떻게 쓸 것인가가 상당히 달라지거든요. 그걸 훈련하는 아주 좋은 경험이었어요.

당시 안그라픽스는 사외보 시장을 거의 독식하다시피 했는데요. 어떤 작업이 가장 인상 깊었나요?

제가 책임지고 주도했던 『멋을 아는 생활』이라는 제일모직 사외보가 있었어요. 그게 제일 기억에 남아요. 구본창 선생이 사진을 찍었는데, 사외보지만 정말 즐겁게 작업했죠.

1990년대에는 기업의 예산이 풍부했기 때문에 사외보 질이 지금보다 좋았죠. 인쇄도 다양한 실험을 해가면서 할 수 있었고요. A급 작가인 구본창 선생과 화보를 만드는 건, 지금 생각해도 재밌었을 것 같습니다. 사외보 말고 정식으로 출간해서 대중에 유통한 잡지는 언제 처음 만들었나요?

회사를 그만두고 다시 연극을 했어요. 그러다가 SBS에서 방영한 박철, 옥소리 주연의 「영웅일기」라는 드라마를 찍고 곧장 『이매진』을 시작했습니다. '이제 과연 무엇을 또 해야 할까' 하던 차에 『이매진』 리노베이션 팀에 들어갔어요. 원래 『이매진』은 1996년 7월 창간했다가, 1997년 1월호부터 리노베이션돼서 나왔습니다. 그때 제가 일을 시작했고, 1년을 딱 채우고 IMF가 터졌죠.

『이매진』은 1990년대를 대표하는 잡지로 지금도 인구에 회자되고 있어요. 수석기자로서 기획한 지면 가운데 '이건 내가 만들었지만 정말 잘 만들었다' 싶은 지면은 어떤 건가요?

다 재밌었어요. 현재 상황에서 의미 있는 기사를 꼽자면, 대학로와 압구정동을 다룬 적이 있습니다. 지리적 시점에서 보여줄 수 있는 풍경, 서울의 딱 저곳의 풍경…. 이걸 기획하고 진행하면서 '한 10~20년 뒤에 보면 1990년대에 관한 자료가 되겠구나' 싶었는데, 잡지를 다시 보니까 괜찮더라고요.

1997년 12월, 금융 위기 전까지는 한국 문화계 상황이 좋았습니다. 한국에서도 알바를 해서 그 수익으로 먹고살고, 나머지 시간을 투자해서 문화예술계에서 예술가로 살아남을 수 있다고 착각한 시대가 바로 1996년, 1997년이었죠. 수많은 문화 청년이 무가지 광고 수입으로 먹고살 수 있던 시기기도 했고요. 요즘하고는 상황이 아주 달랐죠. 당시 '조동섭 수석기자'의 주말 여가는 어떤 모습이었는지 알고 싶네요.

그때 애인하고 3년 동안 동거하며 살았어요. 구로구청 쪽에 살았는데, 둘 다 직장인이었으니까 주말이면 밀린 집안일을 하고, 애경백화점에서 장을 보고, 돌아오는 길에 밥을 사먹거나 집에 와서 해먹었습니다.

IMF 이후에도 잡지 시장이 죽은 건 아니었습니다. IT 붐도 일어났고, 통신사 경쟁이 치열해지면서 대형 통신사에서 출간하는 잡지도 있었어요. 홍디자인에서 제작한 『TTL』 같은 건 꽤 괜찮았죠. 당시만 해도 이런 대형 디자인 회사에서 기획을 맡아서 양질의 잡지를 출간하는 게 가능하던 때였습니다. 조동섭 선생도 2000년 11월 종합 문화 월간지 『야후! 스타일』을 창간하게 되는데요. 창간 편집장으로서 기억하는 『야후! 스타일』은 어떤 잡지였나요?

안그라픽스에서 야후 코리아에 로열티를 주고 '야후'의 상호를 빌려서 책을 만들기로 한 거죠. 미국에 컴퓨터 잡지처럼 실용서로 『야후! 인터넷 라이프(Yahoo! Internet Life)』라는 게 있었고 거기 콘텐츠를 계약해서 돈을 주고 사오기도 했지만, 완전 별개의 잡지였어요. 잡지는 1년 반에서 2년 정도 발행했고, 저는 1년 정도 편집장을 하고 그만두었죠.

가장 기억에 남는 기획 기사는 무엇인가요?

임 선생께서 잘 해주신 창간 특집이었습니다.

성 소수자 특집을 만들었죠. 다시 보니까 어설프더라고요. 그때만 해도 큰 파격이었을 텐데, 기획하고 지면화하는 과정에서 어려움은 없었나요?

저는 사장이 뭐라고 해도 말을 잘 안 듣는 사람이어서…. 이렇게 저렇게 창간 준비를 6개월 동안 했는데, 저도 그 6개월 동안 잡지의 방향에 대해 왔다 갔다 했었어요. 그러다가 정말 막판에 '이런 걸 보여줘야겠다'라고 생각을 하게 됐죠. 여유를 가지고 오래 진행하면 좋겠다 싶었는데, 사실 게릴라처럼 확 해버려야 경영 쪽에서 건드릴 수도 없고 빼도 박도 못하죠. 책은 나와야 하니까.

이 잡지가 오래 살아남지 못하고 단명한 건 광고 수익이 유지되지 않아서였나요?

여러 가지 문제가 있었어요. 잡지 시장이라는 게 그때부터 굉장히 커져 있는 데다가 덩치가 큰 회사를 이길 수 없었죠. 독립 잡지 나름의 개성을 살려서 아예 적은 돈으로 적게 만드는 전략을 취해야 하는데, 『야후! 스타일』은 좀 어중간한 성격이었던 거죠.

잡지 편집장은 여러 가지를 결정할 권한이 있잖아요. 표지 모델을 고를 때에도 사심이 작동했는지 궁금합니다.

사심은 없었어요. 김민준 씨를 매달 써서 사장이 저한테 사심이 있냐고 물어보긴 했었죠.

바로 그 질문이었습니다.

잘 어울린다고 생각을 해서 그랬을 뿐입니다. 적재적소에 그 모델이 들어가야 될 때가 있었어요. 『야후! 스타일』의 모델을 했던 분들이 다 유명해져서 정말 기뻤어요.

게이의 눈썰미로 딱 골라서 '얘는 될 거 같다' 싶으면 1~2년 뒤에는 빵 터져 있죠. 잡지 일을 그만두고, 언제부터 '나는 번역가로 일해야겠다' 마음을 굳히게 된 건가요?

마지막으로 회사를 그만둘 때 '더는 취직은 안 하겠다'고 생각했어요. 창작을 하겠다는 생각은 계속 갖고 있었는데, 밥벌이는 해야 하니까, 우선 번역을 겸해야겠다 싶었죠. 그래서 여기저기 출판사에 번역을 하고 싶다고 메일을 보냈습니다. 이미 늦은 나이였고, 제가 영문학을 전공한 것도 아니기 때문에 뭘 하겠다고 하면 잘될까 하는 걱정도 있었지만요. 다행히 출발이 좀 순조로웠어요. 『필름 2.0』을 발행하던 미디어 2.0에서 저한테 처음 일을 준 다음, 출판사 황금가지에서도 일이 들어왔거든요.

영문학을 전공 안 했는데, 영어도 잘하고, 문학도 잘 알게 된 이유나 배경은 무엇인가요?

중고등학교 때부터 책을 많이 읽긴 했지만, 영문 소설책을 많이 읽은 건 대학교 때부터입니다. 제가 별로 계획적이고 체계적인 사람이 아니어서, 그냥 읽고 싶은 대로 읽었어요. 영화를 하고 싶어 하면서 대학교 3~4학년 때 비디오를 정말 많이 봤는데, 귀가 확 열리더라고요.

'번역가 조동섭', 이렇게 인쇄된 첫 번째 단행본이 무엇인가요?

미디어 2.0에서 나온 피터 게더스의 『노튼 삼부작(The Norton Trilogy)』(2005)입니다. 한국에서는 『파리에 간 고양이』, 『마지막 여행을 떠난 고양이』, 『프로방스에 간 고양이』, 이렇게 세 권으로 나왔어요. 노튼이라는 스코티시 폴드 고양이의 이야기인데, 일반 독자뿐 아니라 여러 편집자가 좋아했어요. 작가도 편집자였고요. 출판계에 있는 분들이 이 책을 좋아해서 그 덕을 많이 봤죠.

그 뒤에 아주 두꺼운 책을 한 권 번역하셨죠?

의뢰를 받아서 글렌 데이비드 골드의 『마술사 카터, 악마를 이기다(Carter Beats the Devil)』(2001)라는 소설을 작업했어요.

요즘은 오픈리 게이로서 LGBT 관련 서적을 번역하는 일에 애를 쓰고 있잖아요. 이런 원동력은 공동체에 기여하겠다는 책임감 같은 건가요?

그것도 적지 않죠. 처음에는 제가 좋아하는 책이니까 많이 알리고 싶었어요. 근데 이걸 가장 잘할 수 있는 사람은 나밖에 없다고 생각했어요. LGBT 관련 책을 소개하고 널리 읽히고 싶다는 마음 자체에 책임감이 있기는 하죠. 함께 생각해볼 수 있고, 뭔가 위안도 줄 수 있고, 눈을 넓힐 수 있는 그런 책이니까요.

첫 번째로 번역한 LGBT 관련 서적은 어떤 건가요?

2006년에 출간한 애니 프루의 『브로크백 마운틴(Close Range: Wyoming Stories)』(1999)이 가장 먼저였습니다.

많은 이들이 작품을 영화로 기억하고 있을 거예요. 번역가가 기억하는 『브로크백 마운틴』은 어떤 책인지 궁금합니다.

애니 프루의 글은 산문보다는 운문에 가까워서 축약이 많죠.

그래서 단편소설 하나가 두 시간에 가까운 영화로 그대로 옮겨진 거예요. 이안 감독이 만든 영화를 보면서 그 시점을 참 잘 살렸다고 생각했어요. 영화와 소설의 차이점이라면 소설에서는 두 주인공이 굉장히 무식하고 못생긴 남자였어요. 주인공의 인물 생김새를 묘사하거나, 말투나 편지를 썼을 때 문법이 다 틀리는 걸 우리말로 살리고 싶었는데, 그게 너무 까다로워서 힘이 들었어요.

어떤 계기로 번역을 맡게 되신 건가요?

제가 먼저 하자고 했던 거예요. 구스 반 산트가 소설로 영화를 만들겠다고 하는 뉴스가 나와서 구입해 읽었는데, 그 자리에서 하루 종일 아무것도 못 하고 울었어요. 이후에 감독이 바뀌어서 영화가 만들어진다고 해서 출판사에 하자고 얘기했는데, 처음에는 잘 모르겠다고 하다가, 영화가 상을 받으니까 "빨리 내자!" 이렇게 된 거였어요. 영화 때문에 소개가 될 수 있었던 건 크리스토퍼 이셔우드의 『싱글맨(A Single Man)』(1964)도 마찬가지였죠. 『싱글맨』도 출판사들에서 한 번도 좋은 답을 못 받고 있다가, 톰 포드가 영화를 만든다고 했을 때 이걸 좋아할 만한 출판사에 얘기를 하자마자 곧장 나올 수 있었죠.

영화가 큰 성공을 거둬서 판권비도 비쌌을 것 같은데 경쟁은 별로 없었나요?

『브로크백 마운틴』이 나오기 전까지만 해도 영화 소설이 이렇게 붐을 일으키기 전이었거든요. 출판사에서는 아마 『브로크백 마운틴』이 큰 기폭제가 되지 않았나 얘기하더라고요. 요즘은 원작 소설을 출간하는 것이 작은 영화도 유행하고 있으니까요.

2009년도에 윌리엄 S. 버로스의 『퀴어(Queer)』와 『정키(Junky)』, 『싱글맨』 이렇게 게이 관련 서적 세 권이 한꺼번에 출간됩니다. 어떤 의지가 작용한 결과인가요?

번역 일을 본격적으로 시작하면서 출판계 사람들과 편집자들에게 버로스 얘기를 아주 많이 했어요. "비트 문학을 해야 한다!" 그때만 해도 비트 문학이 전혀 소개가 안 됐거든요. 그런데 별다른 호응이 없었습니다. 그렇게 얘기를 할 때는 안 듣더니 한 몇 년 뒤에 버로스 책이 저한테 의뢰가 왔어요. 정말 기뻤죠. 그때 『퀴어』와 『정키』 계약을 한꺼번에 다 했어요.

윌리엄 S. 버로스는 20세기의 '대마약쟁이'이자 '대호모' 아니겠습니까? 스카우터가 거의 깨질 정도로 이무기 지수가 높은, 어마어마한 언니 중의 언니, 왕언니이십니다. 어떤 인물인지 좀 간략하게 소개해주세요.

이 어려운 걸 저한테…. 제가 따박따박 말을 할 수가 없으니까, 『정키』의 책날개에 있는 소개를 일부 읽어볼게요. "1950년대 초까지는 작가로서 두각을 나타내지 못했으나, 1953년에 『정키: 회복되지 못한 마약 중독자의 고백』으로 그의 이름이 세간에 알려졌다. 『정키』는 마약 중독의 초기를 자전적으로 그린 작품으로 이후에 등장하는 혁신적인 소설 기법과 주제를 가늠하는 시초로 평가된다. 『정키』와 같은 시기에 쓰였으나 1985년이 되어서야 처음 출간된 『퀴어』는 버로스의 문학 세계를 이해하는 데에 커다란 역할을 하는데, 동성애자의 비극적 상황을 그리고 있으며, 그 서문에 자신의 부인 조엔을 실수로 총살하고, 그것이 동기가 되어 작가로서의 삶을 시작했다는 그의 고백이 담겨 있다. 1959년 파리에서 먼저 출간되어 논쟁을 일으킨 후, 1962년 미국에서 출간된 『벌거벗은 점심』으로 작가로서의 정점에 이르렀다. 당시 실험적인 소설가 노먼 메일러 등으로부터 천재적인 작품이란 극찬을 받았고, 데이비드 크로넨버그 감독에 의해 영화로 제작되기도 하였다." 네, 이 정도로 하겠습니다.

윌리엄 S. 버로스는 소설적 리얼리티 안에서 리얼리티

를 새롭게 받아들이는 실험을 벌인 트루먼 카포티, 노먼 메일러와 같은 다음 세대에 많은 영향을 줬습니다. 반자전적 소설을 썼기 때문에 작품에 전통적 리얼리즘 소설의 흐름과는 다른 다큐멘터리적 시간의 흐름이 있었죠. 이후의 문학계가 방법론적으로 진화하는 데 큰 역할을 했습니다. 마약 중독자, 일명 '뽕쟁이'를 의미하는 『정키』는 대단한 괴작이죠. 은어가 너무 많이 나와서 번역이 어려웠을 것 같아요. 문장이 전개되는 감각도 속도감이 있고요. 이 작품의 어떤 점에 매료됐나요?

버로스 소설을 읽고 있으면, 제가 그 사람이 된 기분을 느낄 수 있어요. 내러티브가 모호하고, 시점은 계속 바뀌고, 시간도 왔다 갔다 하는데, '나'라는 사람이 보는 시선은 항상 일정하게 유지가 되거든요. 그것을 느끼는 순간 롤러코스터를 따라갈 수가 있어요. 먼저 쓴 『정키』는 다큐멘터리적이고 문장과 시점도 일정한데, 『퀴어』는 너무 왔다 갔다 해요. 『퀴어』는 이후에 발표한 『벌거벗은 점심(Naked Lunch)』(1959)과 『노바 익스프레스(Nova Express)』(1964) 3부작과 더 맞닿아 있죠. 『퀴어』를 하면서 정말 괴로웠어요. 하루에 몇 장을 못 하고 이입을 하는 바람에 똑같이 술을 먹고 돌아다니고, 그렇게 하질 않으면 도저히 이걸 제가 밖으로 끄집어낼 수가 없었어요. 문장만 놓고 보면 어렵지 않은데, 번역하는 과정은 너무 힘들었습니다. 『퀴어』를 읽고 내용이 어렵다고 할 수 있는데, 작품 속 상황과 문장 자체에만 집중하면 아주 재밌게 읽을 수 있을 거예요.

요즘은 퀴어란 말을 많이 쓰지만 원래의 뉘앙스나 뜻은 달랐죠. 게이나 레즈비언, LGBT라는 말과 퀴어는 어떻게 뉘앙스가 다른지 설명을 부탁드립니다.

퀴어는 욕으로 낮추는 말이잖아요. 기본적으로는 '기이한'…. 뉘앙스로 따지자면 '아주 변태적인', 이런 뜻이 있죠. 사전을 찾아보면 퀴어가 아주 곱게 번역이 돼 있는데, 예전엔 심한 욕이었죠. 지금도 람다 리걸과 같은 전통적 게이 레즈비언 단체의 변호사 앞에서 퀴어라는 말을 하면 주먹이 날아올 수도 있어요. 아주 기분 나빠하면서요.

패것이나 퀴어나, 다 무시하는 말이었죠.

한국말로 옮기자면 '호모년', '호모 변태년' 정도와 뉘앙스가 비슷합니다.

네, 예전에 욕할 때 쓰던 '호모'.

독자 여러분께는 『퀴어』나 『정키』 중에서 어떤 작품을 먼저 보라고 권하세요?

『퀴어』가 훨씬 낫죠. 『정키』는 정말 약물 중독자로서의 삶을 이야기하는 작품이라서요.

미국에서도 『퀴어』는 1985년에야 출간됐어요. 어떤 내용이기에 미국에서도 오랫동안 출간되지 못한 건가요?

동성애를 다뤘다는 거 자체만으로도 그동안 출간이 못 된 거죠. 지금 보면 수위는 높진 않아요.

수위가 높은 걸로 치면 에드먼드 화이트의 작품이죠. '위대한 대호모'였던 트루먼 카포티보다는 이성애자 마초였던 노먼 메일러가 윌리엄 S. 버로스를 더 찬양했다는 게 좀 얄궂어요. 트루먼 카포티의 『인 콜드 블러드(In Cold Blood)』(1966) 같은 소설의 작법에 영감을 준 부분이 있어 보이거든요. 그건 어떤 역학이 있었기에 그랬을까요? 게이들은 선배 게이를 잘 인정 안 하는 걸까요?

글쎄요. 글의 성향이 너무 달라서 그런 게 아닐까요? 계파를 얘기할 수도 없는 거고….

지금까지 번역한 여타 LGBT 관련 서적들, 『가위 들고 달리기(Running With Scissors: A Memoir)』(2003), 『싱글맨』, 『아이 러브 유, 필립 모리스(I Love You Phillip Morris』(2003), 『독거미(Mygale)』(1984), 『그들

각자의 낙원(Land's End: A Walk in Provincetown)』(2002) 등을 간단히 소개하고 좋은 글귀를 낭독해주면 좋을 것 같아요.

언급한 작품 이외에, 희곡 『히스토리 보이스(The History Boys)』를 쓴 게이 작가 엘런 베넷의 『일반적이지 않은 독자(The Uncommon Reader)』(2007)도 있습니다. 책에 관한 짧은 소설로, 엘리자베스 여왕이 점차 독서에 빠져드는 내용이에요. 여왕에게 독서를 권한 생강색 머리를 한 젊은이 '노먼'이 게이 캐릭터입니다. 소설에 언급되는 책을 참고로 읽으면 좋을 것 같아요. 요즘은 데이비드 세다리스의 새로 나온 책을 작업하고 있어요. 미국에선 베스트셀러 작가입니다. 제가 두 권이나 번역했어요. 『나도 말 잘하는 남자가 되고 싶었다(Me Talk Pretty One Day)』(2000)와 『너한테 꽃은 나 하나로 족하지 않아?(When You Are Engulfed in Flames』(2008).

"너한테 꽃은 나 하나로 족하지 않아?" 참 불편한 말이네요, 하나로는 족하지 않죠.

하나로 족해야죠. 세다리스는 에세이에서 자기 애인 얘기를 진짜 많이 하는데요. '휴'라는 애인과 아주 오랫동안 같이 살고 있어요. 둘은 절대로 바람을 안 피운다고 합니다.

저는 꽃은 많을수록 좋다고 생각합니다. 꽃도, 작은 건 싫어요. 향기가 진동하는 거대한 꽃, 꿀이 질질 흐르는 그런 큰 꽃을 좋아합니다. 한 송이도 싫어요. 여러 송이가 있어야 합니다.

네…. 세다리스는 나오는 책마다 『뉴욕타임즈』 베스트셀러가 되는 작가인데, 유머러스하고 무척 재밌습니다.

멋쟁이 게이들은 『싱글맨』에 제일 관심이 많고, 많이들 봤을 것 같아요. 크리스토퍼 이셔우드의 문장은 어떤 특징이 있을까요?

영화를 생각하고 책을 집으면 큰 차이를 느낄 거예요. 책장이 빨리 넘어가는 책은 아닙니다. 크리스토퍼 이셔우드는 여전히 미국 문학에서 중요한 작가예요. 소설에서 사실적이고 객관적으로 묘사하는 '카메라 기법'을 이 사람이 처음 만들었다고 얘기하죠. 『베를린이여 안녕(Goodbye to Berlin)』(1939)이 『타임』지 선정 '100대 영문 소설'로 꼽힐 정도고요.

그래서 영상 세대가 읽기에는 가장 적당한 입문 소설가가 크리스토퍼 이셔우드라고 할 수 있겠죠.

네, 맞습니다.

번역 작업이 골반도 머리도 힘든 작업인데, 보통 책 한 권을 번역하기 시작하면 마무리하기까지 얼마 정도 걸리나요?

책의 성격에 따라서 너무 달라져요. 분량이 많아도 빨리 진행되기도 하고요. 분량이 적어도 오래 걸리는 책이 있죠. 기본적으로는 진짜 앉아 있는 게 너무 힘이 들어요.

여태까지 번역한 작품 중에서 가장 고통스러웠던 책은 누구의 작품입니까?

앞서 말씀드렸듯이 윌리엄 S. 버로스의 『퀴어』가 가장 힘들었습니다. 그 이후에 버로스의 책 중에 『더 캣 인사이드(The Cat Inside)』(1986)를 『여행 가방 속의 고양이』라는 한국어 제목으로 번역했어요. 전 이런 제목이 좋지 않지만…, 짧은 소설인데 버로스의 모든 면을 볼 수 있어요. 그가 구사하는 상징적인 요소들을 번역하기가 너무 까다로웠죠. 그냥 무시하고 제 나름대로 심상을 만들어가면서 번역할 수도 있는데, 번역가가 그걸 모른 체할 순 없잖아요.

작품에서 한 발짝 떨어져서 해석 버전이 되지 않도록 적극적인 의역을 자제해야 하니까 난이도가 상당히 높았겠어요. 앞으로는 주로 어떤 작업을 계획하고 계신지 궁금해요.

고전 중에서도 몇 권쯤 더 생각하고 있고, 세다리스처럼 오픈리 게이인 재밌는 요즘 작가들의 작품을 더 소개할 계획입니다.

제가 조동섭 선생님께 번역한 책 중에서 한국의 청소년 LGBT들을 위해서 소개할 만한 구절을 부탁을 드렸는데요. 이건 마이클 커닝햄의 『그들 각자의 낙원』의 한 구절입니다. 읽어보도록 하겠습니다. "프로빈스타운이 그 가장 좋은 모습을 보일 때면, 더 개선된 세상, 섹슈얼리티가 당연히 늘 중요하기는 하지만 그리 결정적인 요소는 아닌 세상에 있는 느낌이다. 오래 전에 나는 여러 해 동안 수요일 밤마다 크리스 할머니 집에서 포커를 했다. 크리스 할머니는 70대 노인으로 페이즐리 숄과 술 달린 베개, 낡은 동물 박제들로 둘러싸인 방에서 살았다. 그때 나는 스스로 게이임을 깨닫고 있는 중이었지만 가족에게는 그 이야기를 꺼낼 수 없었다. 크리스 할머니에게 내가 게이인 것 같다고 말하자, 할머니의 흐릿한 파란 눈은 깊은 생각에 잠겼다. 그러고는 이렇게 말했다. '글쎄, 얘야, 내가 네 나이였으면 나도 한번 그래 보고 싶구나.' 크리스 할머니는 나를 껴안거나 위로하지 않았다. 내가 바랐던 대로 할머니는 내 이야기를 사소한 일로 여겼을 뿐이다. 나는 크리스 할머니에게 내가 데이트하고 있던 남자 이야기를 했다. 할머니가 말했다. '아주 괜찮은 남자 같구나.' 그런 뒤에 우리는 곧 도착할 다른 포커 플레이어들에게 줄 음식을 식탁에 나르기 시작했다." 이 구절을 고른 이유가 뭔가요? 게이 섹슈얼리티가 별거 아니다, 가볍게 넘어갈 사소한 부분일 수 있다, 이런 이야기를 하고 싶었던 건가요?

아니요. 이해받을 수 있는 사람을 만났으면 좋겠다, 그런 뜻이었어요. 아무에게도 아직 얘기하지 않은 상태였다고, 커닝

햄조차도 그렇게 말했던 시절이니까요. 이해를 받을 수 있는 사람을 만나서 따뜻한 위로를 받는 것이 청소년들에게 꼭 필요한 일이 아닌가 싶어요. 온라인 공동체라도 서로 위로해주고, 따뜻하게 대해줄 수 있는 어른을 만나는 건 정말 중요합니다. 서로서로 기댈 등이 되어줄 수 있는 사람이 되었으면 좋겠습니다.

이제 시대가 바뀌었으니까, 꼭 굳이 주변 사람이 아니어도 트위터나 페이스북에서 아는 형, 누나, 언니, 이렇게 게이와 레즈비언들과 함께 이야기를 나누면서 이해를 받으면 됩니다. 그런 과정을 통해 얼마든지 편안하게 자신의 정체성을 체화하고 표현하면서 삶을 영위할 수 있어요. 그런 면에서 조동섭 선생님은 좋은 롤 모델입니다. 트위터를 한번 팔로우해봐도 좋을 것 같아요. 트위터 주소가 어떻게 되죠?

'@ts_cho'입니다.

어린이, 청소년 게이 여러분을 아주 따뜻하게 맞아주시니까, 꼭 팔로우하세요. 또 궁금한 걸 질문하면 친절하게 답변해 주시리라 믿습니다. 청소년과 젊은 LGBT를 위해 특별히 해주고 싶은 한마디가 있을까요?

열심히, 그리고 재미있게 살면 좋겠어요. 혹시 내가 그렇지 않다고 생각한다면 언제라도 도움의 손길을 내미는 게 중요합니다. 제가 볼 때, 손을 내밀면 따뜻하게 잡아줄 사람은 많아요. 좋은 등과 가슴을 내밀어줄 사람도요. 혼자만 고민하거나 괴로워하지 말고 함께 이야기를 나누는 마음을 항상 잃지 않았으면 해요. 또 누가 손을 내밀면 그걸 잘 잡아주세요. 좋은 친구, 형, 누나, 언니가 되려면 본인 스스로 그런 마음의 자세를 가져야 합니다.

19 – 96

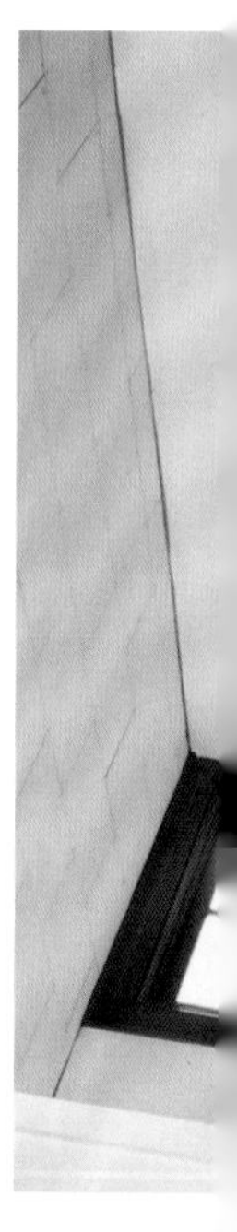

99 – 128

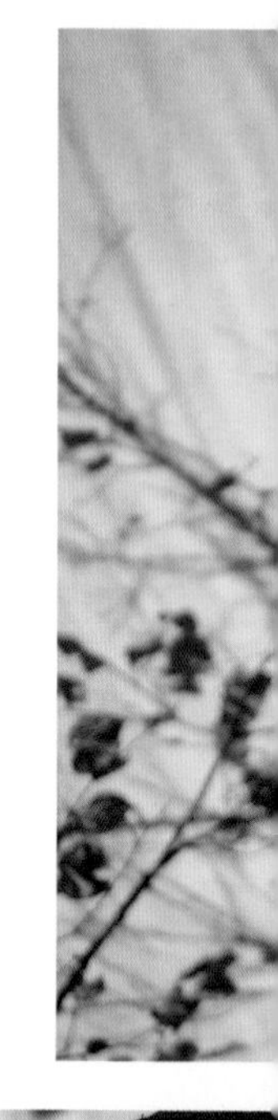

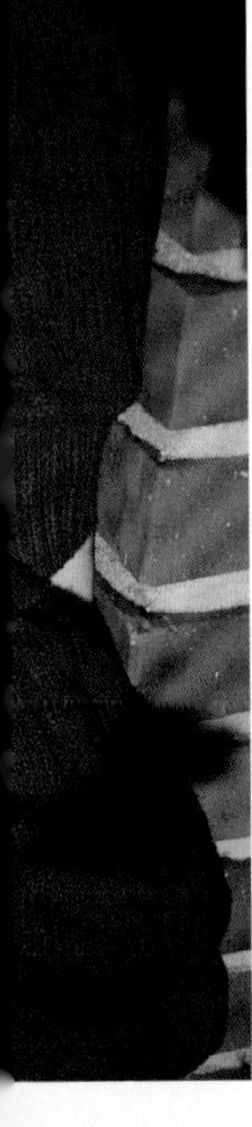

BIG ISSUE
테일러 스위프트
LETTER
함께걸음
밥심으로
공부하자!

BIG ISSUE

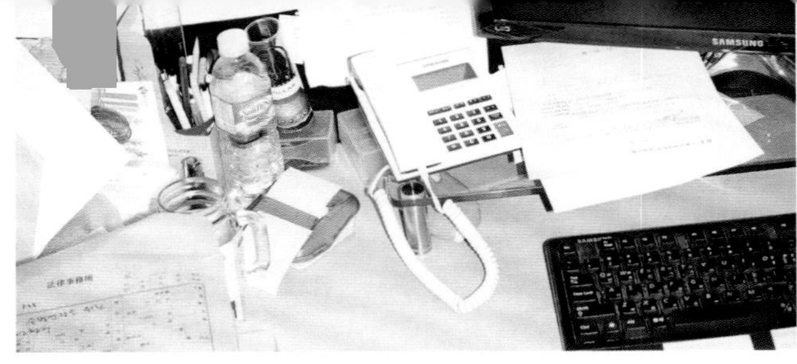

223 – 241

291 – 323

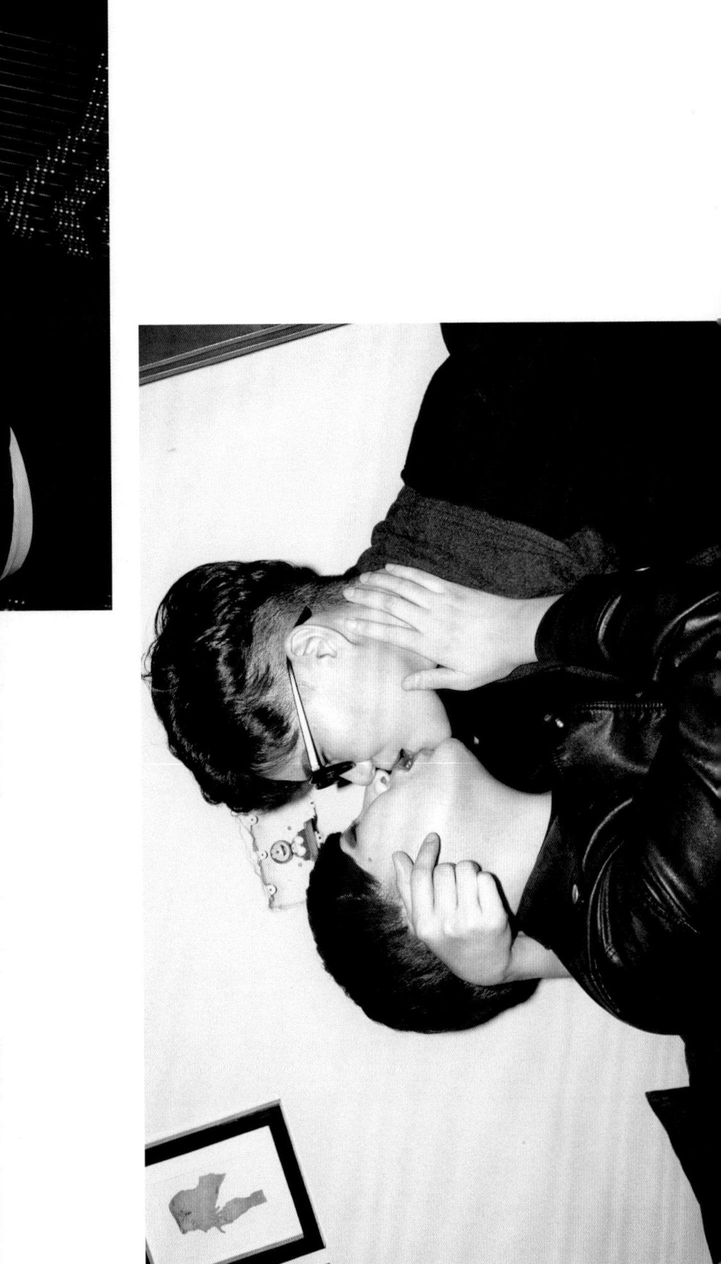

325 – 346

진입금지
일요일
10:00~22:00

349 – 368

369–396

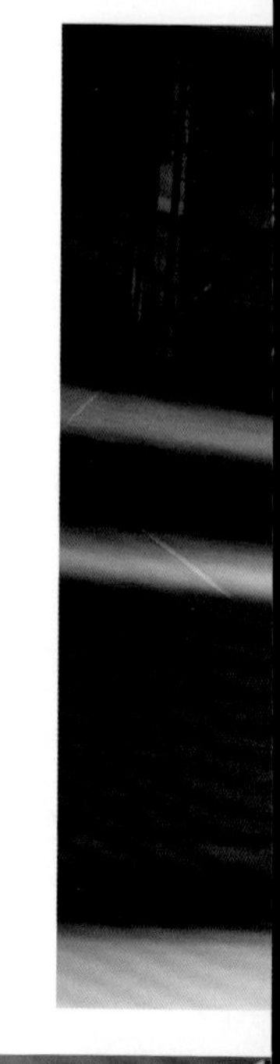

397 – 416

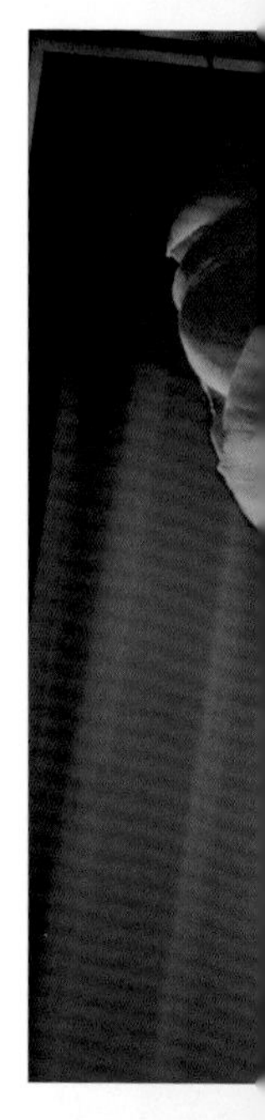

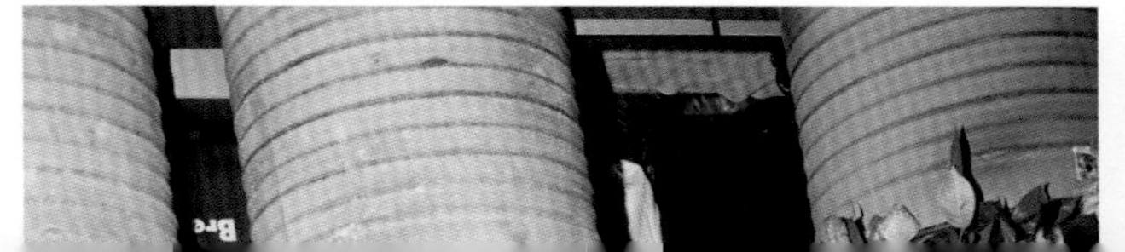

417 – 445

WOULD
CUDDLE
YOU SO
HARD
MAXIM
JAGUAR

MAXIM

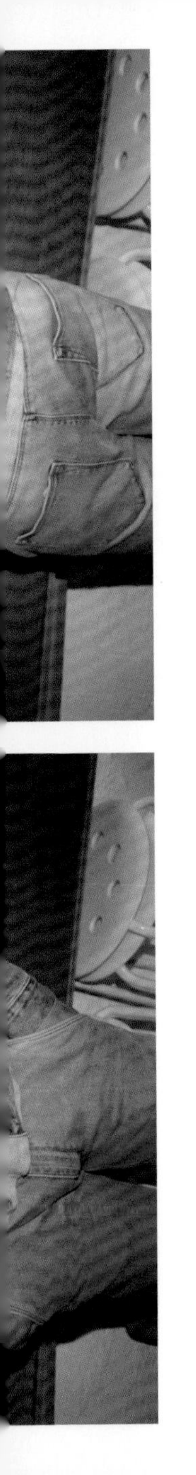

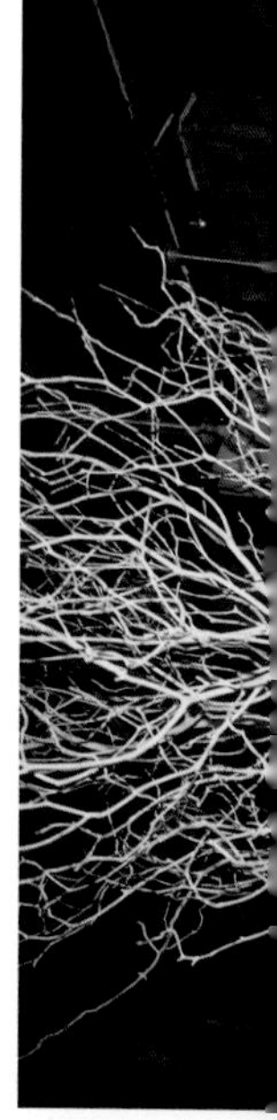

509 – 525

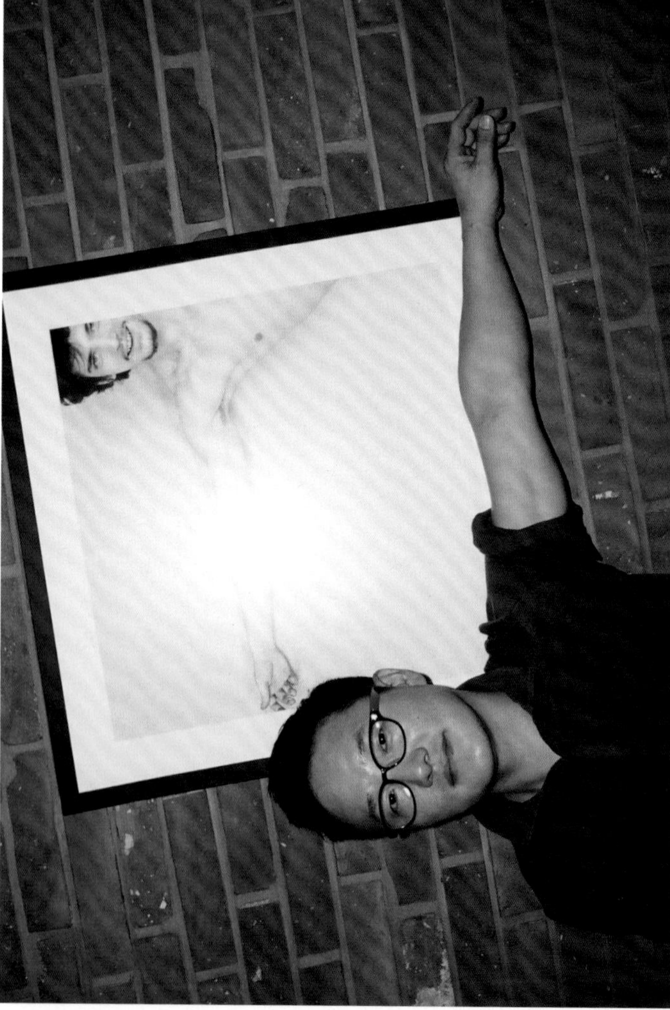

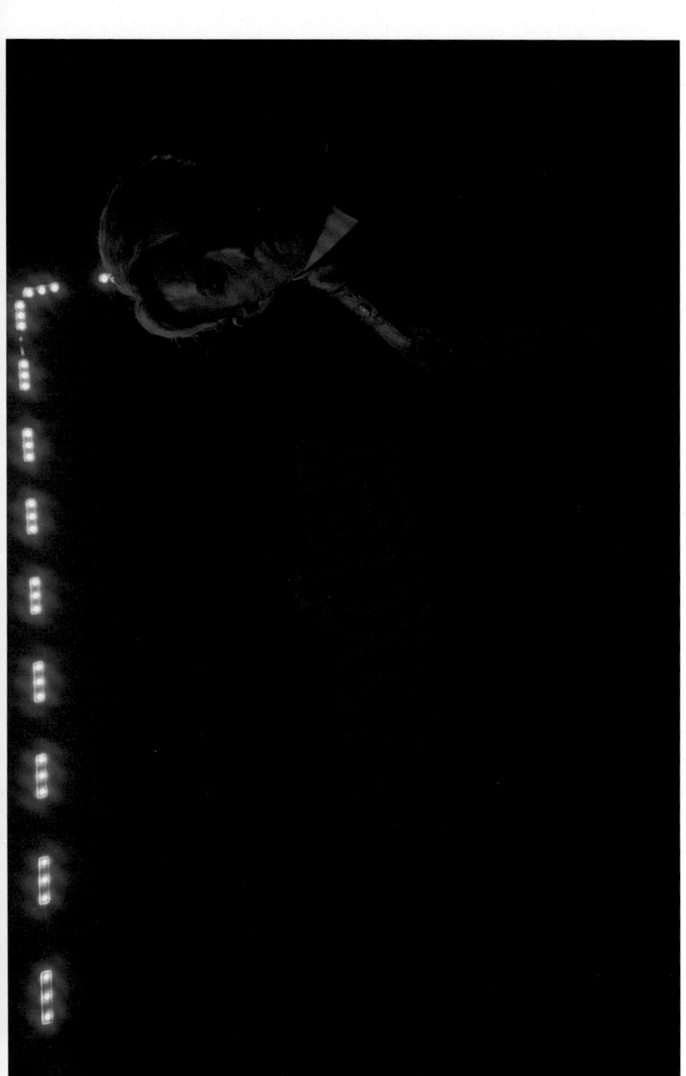

527 – 549

551 – 581

'허핑턴포스트'식으로 본 대중문화 속 LGBT
김도훈

『허핑턴포스트코리아』 공동 편집장이다. 『씨네21』 기자를 거쳐, 프리랜서 작가로서 여러 매체에 음악, 사진, 패션, 대중문화 전반에 관해 기고했으며, 남성 잡지 『GEEK』을 창간하는 데 참여했다. 고양이 '솔로'의 동거남이자 이글루스 블로그 '그루비 프릭'의 운영자로도 잘 알려져 있다.

커밍아웃은 언제 하셨나요?

대학교 2학년 때였어요. 지금 『씨네21』의 주성철 편집장이 저의 가장 친한 친구였어요. 과도 동아리도 같았습니다. 그 친구랑 다른 친구 두 명이랑 유치한 모임을 하나 만들었죠. '문전박대'라고. '문화를 전복하고 박살내고 대안을 제시한다'는 유치찬란한 이름이었어요. 모여서 한 건 아무것도 없고, 그냥 술만 마셨습니다. 그때 퀴어 다큐멘터리를 만들어보자는 이야기가 나와서 제가 서동진 씨한테 하이텔로 메일을 보내기도 했어요. 술자리에서 그 다큐멘터리 이야기를 하다가 충동적으로 "나 게이야" 했죠. 그게 첫 번째 커밍아웃이었어요. 이후 가족들에겐 자연스럽게 했습니다. 어머니께 말씀드린 지는 꽤 됐고, 동생은 이미 알고 있고, 아버지께는 명확하게 말씀 안 드렸지만 잘 알고 계세요.

제가 김도훈 편집장의 존재를 처음 알게 된 건 이글루스 블로그입니다. 블로그 열풍이 일기 직전에 여셨죠? 2003년이었나요?

그럴 거예요. 영국에서 돌아온 2003년에 할 일이 없어서 블로그를 열었어요. 원래 제가 새로운 매체가 생기면 뭐든 해보는 타입이에요. 트위터가 생기면 트위터도 해봐야 하고, 페이스북이 생기면 페이스북도 해봐야 하고. 블로그란 매체가 생겼기에 잡글이나 써보자 싶어서 개설했어요.

'그루비 프릭(Groove Freak)'이라는 제목의 블로그 초기 시절은 아직도 제 기억에 잘 남아 있습니다. 영국에 체류한 시절의 연애 이야기를 올린 적도 있었고, 한국 게이는 별로 관심이 없는 분야에 관한 글도 썼죠. 네덜란드에서 나온 게이 힙스터 포르노 잡지인 『버트(BUTT)』 이야기를 하는 한국 사람은 처음이었어요. 블로그를 통해서 여러 게이를 만나거나 친구를 사귀는 등 교우 관계도 좀 만들었나요?

딱히 그런 건 만들지 않았어요. 블로그를 조금 운영하다가 2004년 초에 『씨네21』 입사 시험을 치고 들어가서, 그 이후로는 연애도 잘 안 하고 일만 했거든요. 블로그를 개설하고 10년 뒤에 제가 기자로 활동하고 있을 때, 우연히 마주친 사람들 중에 제 블로그를 봤다는 사람은 많았어요.

2004년에 『씨네21』에 입사해서 언제까지 일한 거예요?

2012년까지, 8년 조금 넘게 일했어요.

생각보다 오래 계셨네요. 김도훈 씨의 캐릭터는 기존 『씨네21』 기자분들과 좀 달랐습니다. 뭔가 힙한 게이라서 다른 것도 있었겠지만, 『씨네21』 기자라고 하면 운동권 출신의 '씨네필'이라는 게 기본 포맷인데 그런 느낌이 아니었어요. 또 글이 문투부터 달랐죠. 문장 구성이나 논지 전개 방식도 당위에서 벗어나 있었고, 약간의 번역 어투가 있었습니다. 그게 나쁘다기보다 도입 부분이나 논지 전개 방식이 『가디언(The Guardian)』지 기자들이 쓴 글 같았어요. 그리고 농담이 섞여 있고요. 왜 한국인은 기사 쓸 때 농담, 아이러니, 이런 걸 싫어하잖아요. 『씨네21』에서 처음으로 보는 관점이자 문투였기 때문에 확실히 튀었습니다.

입사하고 1년 정도는 욕을 정말 많이 들었어요. "왜 이런 말도 안 되는 표현을 쓰느냐", "글의 논지가 왜 이렇게 튀냐", 그런데 1년 정도 지나도 제가 그걸 못 버리겠더라고요. 결국 다들 포기한 것 같아요. 제가 들어갈 때 『씨네21』 편집장이 바뀌었어요. 나중에 얘기를 하더라고요. 기존에 있던 『씨네21』 기자들이랑 정말 정반대인 애를 한번 뽑아보자고. 아마 제가 『씨네21』에 들어간 첫 번째 지방대 출신일 거예요.

실험 케이스였군요.

제가 그렇게 8년이나 붙어 있을 거라곤, 아무도 상상하지 못했을 거예요.

실례지만, 참 독한 년이셨네요.

그렇죠. 진짜 독했죠.

영화 주간지에서 일하게 된 특별한 계기가 있나요?

대학교 때 영화 동아리에 있었어요. 1990년대 영화 동아리는 거의 운동권이었잖아요. '노동자 뉴스' 이런 식으로 큰 캠코더를 들고 시위를 따라다니면서 찍는 거죠. 학교에 영화 동아리가 두 개 있었는데, 하나가 '새벽별', 나머지 하나는 '프레임'이란 곳이었어요. 새벽별은 이름만 들어도 노동자 뉴스 타입이잖아요. 프레임은 놀고먹자는 곳이었는데, 저는 프레임을 들어갔죠. 제가 어릴 때부터 워낙 영화를 좋아해서 공부도 한 데다, 영화를 좋아하는 친구들과 모여 있다 보니 영화에 관한 일을 해보고 싶단 생각을 하게 됐죠. 주성철 씨가 예전에 『키노』에서 일했던 모습도 워낙 재미있어 보여서, 그럼 나도 영화에 대한 글을 써보자 했죠. 영국에서 돌아와서 『씨네21』 입사 공고를 봤는데, 다음 날이 입사원서 내는 마지막 날이더라고요. 블로그에 썼던 「사랑도 통역이 되나요?(Lost In Translation)」(2003)에 관한 글을 보냈고, 그렇게 일을 시작했습니다.

예전에 블로그에 영화에 대한 남다른 애정을 품게 된 계기로, 1995년 여름에 미켈란젤로 안토니오니의 「일식(L'Eclisse)」(1962)을 세 번 본 것이라고 쓴 글을 본 적이 있어요.

장르 영화에 대한 글을 많이 써왔지만, 좋아하는 감독을 꼽으라면 항상 안토니오니를 말합니다. 「일식」을 보면서 모더니즘 영화에 대한 감흥 같은 걸 머리가 아니라 가슴으로 처음 느꼈죠.

세기의 전환기쯤에 『딴지일보』에 연재를 하셨죠?

『딴지일보』에 아는 선배가 한 분 있었는데, 글을 써보지 않겠냐고 제안을 해서 국제 지역 분쟁에 대해 쓰고 싶다고 했어요. 보스니아나 북아일랜드 사태 등에 관해 6~7회 정도 연재를 했습니다. 영화 기자가 되겠다고 마음먹기 전에도 꿈이 많았어요. 어릴 땐 외교 쪽 일을 정말 하고 싶었죠. 큰 외항 무역선 선장이셨던 아버지의 영향을 받은 것 같아요. 중학교 때까지 아버지를 1년에 한두 달 정도밖에 못 봤지만, 케이프타운 사진이나, 전 세계의 물건을 집에 남기고 가셨죠. 그래서 유아 시절부터 바깥 세상에 관심이 아주 많았습니다.

집안 어른 가운데 정기적으로 해외에 나가는 분이 있으면 확실히 세계를 보는 눈이 달라지죠.

맞아요. 어릴 때부터 세계관이 확장된 것 같아요. 국제 지역 분쟁 같은 이슈도 고등학교 때부터 혼자 공부했어요. 사회과 부도에 있는 모든 나라의 수도 이름을 다 외울 정도로 관심이 많았어요.

CNN의 메인 앵커 앤더슨 쿠퍼가 될 뻔하셨군요.

부끄럽지만, 앤더슨 쿠퍼는 제가 굉장히 존경하는 분 중 하나입니다.

『씨네21』 입사 초기에는 공식적으로 명확하게 커밍아웃을 했던 건 아닌 걸로 알고 있습니다. 그런데 지금은 온 국민이 다 알 수 있는 광역 오픈형 게이잖아요. 어떻게 이런 변화가 이뤄진 건가요?

『씨네21』에 있을 때에도 전 굉장히 드러냈다고 생각했는데, 의외로 이성애자 남자들이 티를 내도 못 주워 먹었어요. 반면에 여자들은 대부분 빨리 캐치를 하더라고요. "저 게이에요"라는 말을 직장에서 한 적은 없지만, 오래 일을 하다 보니 어느 순간 대부분이 자연스럽게 받아들이게 됐죠.

안 그래도 『씨네21』의 다른 기자분을 만나서 김도훈 기자와 관련한 질문을 던지면 약간 당황해하더라고요. '게이라는 것을 까고 말해야 되나? 안 까고 말해야 되나?' 이런 식으로요.

만약에 제가 정확하게 커밍아웃했어도 모든 스트레이트는 바깥에다 이걸 말해야 하나, 말아야 하나 고민했을 거예요.

한국 사회에서는 '게이의 섹슈얼리티에 관해 이성애자가 어떠한 태도를 취해야 하는가?'에 대해 아직 사회적 합의나 프로토콜이 멀리 번지지 않아서 많이들 힘들어하는구나 싶어요.

없죠, 프로토콜 자체가 아예 없는 거나 마찬가지고요. 요즘 저는 상대가 불편해하면, 그걸 그냥 즐기게 됐어요.

'아, 나는 게이구나'라고 자각한 건 언제인가요?

자각은 아주 일찍, 그리고 서서히 시작했어요. 가장 명확하게 느꼈던 순간은 초등학교 6학년 때였습니다. 『여성중앙』 같은 엄마 잡지를 보는데 남자 내복 광고가 너무 좋더라고요. BYC의 광고였던 것 같은데, 그 광고를 보고 깨달았던 것 같아요.

첫 동성연애는 언제 했나요?

고등학교 1학년 때입니다. 제가 키가 작고 피부도 새까맣고 예뻤어요. 학교에서 농구를 제일 잘하는 친구가 우리 반에 있었는데, 그 친구가 저를 그렇게 놀리더라고요. 하지 말라고 항상 말렸죠. 어느 날 계단을 내려가다가 그 친구가 저를 놀려서 도망을 쳤어요. 쫓아오더니 저를 갑자기 벽에 딱 붙여놓고 키스를 하는 거예요. 혀가 쑥 들어오더라고요. 그날부터 바로 사귀기 시작했죠.

농구 게이, 희귀하고 그 귀하다던….

네, 그래서 제 고등학교 1학년은 거의 순정 만화 같았어요. 그 친구가 웃통을 벗고 농구를 하고 있으면 저는 멀리 스탠드에서 밥을 먹고, 책을 펼치고, 앉아 있다가 눈이 마주치면 손을 흔들어주는 그런 연애?

미야자키 하야오의 「바람이 분다(風立ちぬ)」(2013)를 보는 것 같네요.

「해변의 신밧드(渚のシンドバッド)」(1995).

게이라는 정체성이 자신의 취향이나 감식안의 발달 과정에 영향을 끼쳤다고 생각하세요?

고등학생과 대학생 때 제가 찾아본 책이나 음악 등이 감식안 발달 과정에 중요한 영향을 끼치지 않았나 싶네요. 어떤 방식이었는지는 알 수 없지만요.

대중문화의 레퍼런스를 하나하나 따져가면서 보게 된 게 대충 몇 살 때부터인가요? 보통은 음악을 들으면 '음, 좋아', 이렇게 넘어가지만, 오타쿠처럼 레퍼런스에 관심이 있는 분들이나 문화적 감수성이 예민한 게이분들은 세션이 누구인가, 몇 년도에 나왔나, 차트에서 몇 등이었나, 이런 데이터베이스를 구축하면서 즐기잖아요.

초등학교 고학년 때부터 대중문화에 관심이 생기면서 레퍼런스를 적극적으로 찾았던 것 같아요. 이선희 노래를 특히 좋아했어요.

김도훈 편집장은 제가 본 뉴-타입의 게이였어요. 같은 나이 또래 한국 게이가 동남아 여행을 떠날 때, 백인 세계로 해외여행을 가고. 구식 카메라를 모으고 또 사용하며, 빈티지 옷가지를 사서 입다가 때가 되면 왕창 팔아넘기고. 또 시대를 앞서서 고양이를 주워서 기르고. 멋은 있지만 돈이 없는 청년들과 어울려 놀았죠. 그 가운데 허지웅 씨는 지금 인기 스타로 떠버렸습니다. 라이프스타일 자체가 이전 세대의 게이와는 많이 달라서 새로운 시대가 왔다는 걸 말해주는 느낌이었어요.

제가 무척 근사했던 사람처럼 느껴지네요, 아닌데…. 저는 누굴 의식하지 않고 제가 좋아하는 대로 했어요. 서 같은 사람이 많을 거라고 생각하면서요.

맨 처음 블로그를 열던 시절에는 확실히 튀는 면모가 있었습니다. 마산에서 태어나신 걸로 알고 있어요. 마산에서 게이 소년이 성장한다는 건 어떤 느낌인지 상상이 잘 안 돼요.

1989년 중학교 1학년 때 부산으로 가기 전까지 마산에서 자랐는데, 제가 살던 동네가 저한테는 아주 좋은 환경이었어요. 일본인이 적산가옥을 짓고 살던 신(新)마산이라는 동네였죠. 마산에 거의 처음 생긴 신식 아파트였는데, 항구 바로 옆이었어요. 게이들이 원래 항구를 좋아하잖아요. 로맨스의 주인공이 된 것 같은 비감 어린 느낌이 있어서 어릴 때 혼자서 항구 근처를 많이 산책했어요. 저는 군산 같은 데를 가면 적산가옥을 사진으로 집요하게 촬영하는데 가끔 '내가 왜 이렇게 적산가옥 사진을 집요하게 찍는 거지?' 하는 생각을 해요. 왜일까요?

게이들이 빈티지 취향이 있는 거죠. 그리고 역사적 레퍼런스를 읽는 눈이 발달했기 때문에 과거의 궤적이 중첩한 것에 감정이입도 잘하고, 이 물건이 어떻게 만들어졌고 누가 소유했는지 등을 읽어내는 감수성이 뛰어나죠. 적산가옥 페티시는 한국 게이의 지표 같네요.

저는 나이가 들면 군산이나 마산에 다시 내려가서 적산가옥을 개조하고, 거기에서 남자와 함께 차를 마시면서 살고 싶어요. 벚나무를 심어야 할 것 같아요.

벚꽃은 정말 아름답죠. 벚나무가 사람이랑 비슷한 면이 있어서 20~30년이 되면 절정, 60년이 지나면 맛이 가기 시작하거든요. 젊었을 때 일찍 가정을 꾸리면 벚나무나 왕벚나무를 하나 심어놓으면 참 좋죠. 여행에 대한 꿈과 환상은 아주 어렸을 때부터 시작된 건가요?

항구도시에서 바닷가를 끼고 자란 사람은 바다로 나가고 싶어 하는 욕망이 기본적으로 있잖아요. 아버지 덕분에 집에 여행지 사진이 워낙 많았고, 어릴 때 『김찬삼의 세계 여행』 같은 책을 열심히 읽었어요.

2006년에 블로그에 「김찬삼의 세계 여행기」라는 글을 올린 적이 있어요. 김도훈 씨가 좋아하는 문정희 시인의 「꿈」이라는 시로 글을 시작합니다. 저는 『김찬삼의 세계 여행』은 구경해본 적도 없어서 신기했어요.

저는 1970~80년대 모든 중산층 가정의 기본 양서라고 들었어요. 김찬삼이란 분은 정말 대단한 분입니다. 이분이 1950년대부터 세계 여행을 했어요. 오페라 하우스가 없는 시드니 앞에서 찍은 사진도 있고, 또 아프리카에서 실제로 슈바이처 박사를 만난 사진이 있어요.

예전에는 여행을 하면 다채로운 능력자를 많이 마주칠 수 있었죠. 한국에서도 1970년대 말까진 해외에서 온 인류학자를 마주치는 일이 당연했었어요.

이 시절에 여행을 할 수 있는 나이였다면 얼마나 행복했을까 싶어요. 지금은 세계 어디를 돌아다녀도 감흥이 없어요. 모든 도시의 풍광 자체가 다 똑같아져 버렸잖아요.

이제는 정말 자기만의 시각으로 여행을 하는 진짜 여행가가 서로 만나서 네트워크를 만들 수 있는 기회 자체가 없어졌죠. 그 중간에 끼어 있는 수많은 레디메이드 여행객 때문에요. 2000년대 초반만 해도 여행객이 잘 가지 않는 유럽의 도시에서는 여전히 옛날 방식대로 여행을 할 수 있었는데, 지금은 스마트폰 때문에 불가능해요. 여행이 여행이 아닌 거죠. 스마트폰이 장소성이나 여행이라는 것 자체를 파괴한 느낌입니다.

스마트폰이 나오기 전까지만 해도, 제가 파리나 베를린에 놀러 가면 클럽에서 춤도 추다가 친해지면 손도 잡고 했는데, 요즘은 세계 어느 도시를 가도 스마트폰으로 섹드부터 겨기든요. 그리고 구글맵으로 여행하는 게 얼마나 재미없어요.

적잖은 수의 게이들이 여행을 엄청 좋아합니다. 이성애자 여러분보다 여행에 훨씬 능한 면모가 있죠. 역마살이 끼어서 그런지는 몰라도, 여행하는 타입도 좀 다르고요. 여행하면서 친구도 정말 잘 사귀죠. 처음으로 해외여행을 떠난 건 언제, 어디였나요?

대학교 들어와서 1996년에 캐나다로 어학연수를 간 게 첫 해외여행이었어요. 거기서 1년 있었고, 대학을 졸업하고 영국 브리스톨에 갔어요.

브리스톨은 왜 간 거예요? 블로그에 브리스톨을 '제2의 고향'이라고 표현하기도 했어요.

영국은 이런 게 있어요. 애들이 마약중독이거나 정신이 올바르지 않다든지 하면 학교에서 쫓겨나죠. 그럼 정부가 각 지역에 있는 사설학교에다가 지원을 해주면서 그 친구들을 교육하도록 하죠. 밤에는 가드가 붙어서 생활 관리까지 하는 시스템입니다. 브리스톨의 한 학교에서 자원봉사로 보조 교사를 했어요. 대학을 졸업하고 정말로 하고 싶은 게 아무것도 없었거든요. '뭘 하고 살까'를 고민하다가 보조 교사나 몇 개월 해보고 들어오자는 마음으로 브리스톨에 간 거죠. 1년 후에 회사 대표가 같이 일을 하자고 취업을 제안해서 1년을 더 일했습니다.

영국 노동자계급 문화에 대한 특별한 애정 같은 게 있더라고요.

브리스톨에 있을 때 노동자 동네에서 살았어요. 하우스메이트랑 빅토리아 양식의 2층집을 같이 계약해서 지냈는데, 그 주변에 있던 애들의 절반이 이민자와 노동자였죠. 보조 교사를 하며 가르치는 애들도 노동계급의 아이들이었고요. 그 아이들이 사는 걸 보면서 노동계급의 삶에 호기심을 느꼈습니다. 한국은 노동자계급이라고 할 만한 계급이 없잖아요. 그들은 그 계급을 벗어나서 출세를 하겠다는 마음이 전혀 없고, 자식 대대로 물려 내려가면서 '우리는 노동자로 살겠다'는 문화가 있어요. 저한테는 매우 생소한 세계였죠. 애초에 저는 그들과 친해질 수 없는 사람이잖아요. 아시아인인 데다 게이니까요. 그럼에도 제가 어떻게 거기를 비집고 들어가서 알게 된 친구들이 있어요. 그들과 지내면서 노동자계급 문화에 큰 매력을 느꼈습니다.

한때 가장 좋아하는 퀴어 영화로 「뷰티풀 싱(Beautiful Thing)」(1996)을 꼽았습니다. 이 영화를 이렇게 묘사했어요. "영국 노동계급 동네 아이들의 고통스럽고도 짜릿한 첫사랑."

1990년대에 나온 퀴어 영화를 보고 있으면, 한국의 상황이랑 맞지 않는 부분이 많았어요. 이미 그쪽은 1960년대 이후에 인권 운동이 어느 정도 자리를 잡았고, 영화로 커밍아웃 이야기를 만들더라도 한국에서 보기엔 지나치게 앞서나간 것이었죠. 그런데 영국 노동자계급은 게이로서 커밍아웃을 하기가 한국만큼이나 절대적으로 불가능한 상황이에요. 「뷰티풀 싱」은 그런 상황에서 벌어지는 커밍아웃 이야기라서, 제가 다른 영화보다 감정이입을 깊게 할 수 있었습니다.

영국에서 레이브(Rave) 문화를 좋아했더라고요.

제가 게이가 일반적으로 좋아하는 살랑살랑한 하우스 뮤직 같은 걸 못 참아요. 트랜스 장르 중에서도 가장 히피스럽고, 가장 빠른 '싸이 트랜스(PSY Trance)', 인도 고어 지방에서 나온 '고어 트랜스(Gore Trance)'를 좋아해요. 이게 히피 문화랑 아주 깊게 연관돼 있죠. 게이가 즐기는 문화는 아니에요. 그래서 게이 클럽보다는 제가 아는 일반 영국 디제이 크루가 움막 같은 데서 벌이는 레이브 파티를 열심히 따라다녔습니다. 한국도 1990년대에 잠깐 생겼다가 없어졌어요.

그야말로 정말 백인 하층민 문화!

그럼요, 화이트 트래시(White Trash)였죠. 밤 12시에 클럽에 들어가면 아침 8시까지 춤만 추다 나왔어요. 그래서 제가 이태원이 재미가 없나 봐요. 이태원에 있는 게이 클럽인 그

레이 같은 곳을 가도 소녀시대 노래가 나오면 그냥 나와요. 안무를 잘 따라 하는 편도 아니고요. 저는 외국 출장을 가거나 여행을 가면 클럽만 찾아다닙니다.

개인적으로 넙대대한 백인 남성을 좋아하는 거죠? 참고로 게이 동네에서 아시아인이 백인을 선호하면 '포테이토 퀸(potato queen)', 아시아인만 좋아하는 아시아인을 '스틱키 라이스(sticky rice)', 달라붙는 밥알, 아시아인만 좋아하는 백인을 '라이스 퀸(rice queen)', 쌀 여왕이라 부릅니다.

백인을 좋아했었죠. 그런데 한국에 오래 살다 보니까 어느 순간 눈이 한국 남자에 적응을 하더라고요. 요즘은 한국 남자가 좋습니다. 그래도 여전히 백인 베어 타입을 좋아합니다. 라이스 퀸은 이태원에 정말 많죠.

게이 포르노 잡지인 『버트』 매거진에서도 주로 넙대대한 '럼버잭(lumberjack)' 타입이 등장하죠. 벌목꾼 타입의 '백돼지' 게이. 이런 타입을 어려서부터 선호했나요? 선호하는 타입의 템플릿이 변화하지 않는다고 말하는 게이도 있고, 계속해서 변화한다고 말하는 게이도 있잖아요.

어렸을 때부터 좋아한 배우를 떠올려보면 어느 정도는 다 이런 타입이었어요. 인종은 변화하는데 신체 타입, '뚱뚱함'의 정도는 변하지 않았어요.

하한선이 몇 킬로그램인가요?

80킬로그램 이하는 사귈 수 없을 것 같아요. 사실은 고통스럽습니다. 1990년대나 2000년대 초반까지만 해도 한국에 베어 커뮤니티라는 게 별로 없었어요. '베어는 베어 타입만 사귄다'는 문화가 없었는데, 이 역병 같은 문화가 일본에서 수입돼 한국에 들어오기 시작하면서 요즘은 베어 타입은 베어 타입만 사귀잖아요. 제 시장이 없어졌습니다.

일본 얘기를 해주셨는데 일본은 베어 문화의 원형이 소위 『바라조크(薔薇族)』, '장미족'이라는 잡지였죠. 『바라조크』 타입이 그 원형이고, 더 구체적으로 이 동네에서 왕인 만화가가 타가메 겐고로죠. 타가메 겐고로가 그리는 넙대대한 베어 게이들의 프로토타입, 이게 딱 김도훈 편집장이 마음에 들어 하는 탬플릿인 건가요?

맞습니다. 그런데 거기서 근육이 지나치게 강하면 싫어요. 가꾼 건 좋지만 지나치게 가꾼 건 아닌 거죠. 제가 이렇게 까다로워서 안 되는 겁니다.

본인은 경량급인데 좋아하는 프로토타입이 베어라 연애와 성생활의 난이도가 남들보다 확 높겠네요.

성생활은 원활한 편인데, 연애가 그렇지 않죠. 이유를 생각해봤더니, 제가 오래 동거를 해보거나 누구 한 명을 10개월 이상 사귀어본 경험이 없더라고요.

영미권 게이 하위문화에는 한국이나 일본에는 없는 '마른 베어' 카테고리가 있죠. '오터(otter)'라고.

제가 제일 되고 싶은 타입이 이거예요. 수염 기르는 걸 정말 좋아하는데 수염이 안 납니다. 발모제를 사서 6개월간 발라본 적도 있어요.

'오터'가 해달이죠. 오터는 가죽 베어 동네에서 특수 계급이라 잘만 하면 엄청 인기가 있습니다. 가끔 베어 동네에서 주역 베어를 거느리는 역할을 하기도 하고요. 아주 특별한 캐릭터인데 한국에는 널리 번지지 않았어요. 어서 유입되어야 하지 않을까 합니다. 게이 데이팅 앱도 잭느, 그리인더 말고 베어용 데이팅 앱이 따로 있죠?

그럼요. 스크러프(Scruff)랑 나인몬스터스(9monsters). 저는 게이 데이팅 앱만 아홉 개 깔려 있을 걸요. 너무 재미있어서 푸시 알람을 다 켜놨어요. 일하다 메시지가 오면 잠깐 쉬러 나가는 거죠.

이제 슬슬 LGBT 문화가 어떻게 주류 대중문화로 올라오게 되었는가 이야기해볼까 해요. 요즘 서구 대중문화에서는 레즈비언, 게이, 바이섹슈얼, 트랜스젠더의 모습을 쉽게 찾아볼 수 있지만, 1990년대 중반 이전만 해도 미국에서도 유리 천장은 매우 공고했습니다. 디바 여가수가 부른 게이 송가는 그런 시절에 위로와 희망이었죠. 유달리 게이가 사랑하고 좋아한 디바 여가수와 그들의 노래가 있습니다. 대표적 케이스를 좀 나열해주세요.

주디 갈랜드, 그녀의 딸인 라이자 미넬리, 바브라 스트라이샌드, 베트 미들러, 다이아나 로스, 도나 섬머, 셰어, 마돈나, 카일리 미노그, 최근에는 레이디 가가까지. 이들의 공통점은 모두 못생기고 박복하죠.

주디 갈랜드는 좀 예쁘지 않나요?

에이, 주디 갈랜드가 뭐가 예뻐요. 전통적인 미녀라고 할 수 없고, 그녀의 딸인 라이자 미넬리는 아빠의 눈을 쏙 빼닮아서 너무 못났죠.

양미간이 벌어진 걸 안 좋아하시나 봐요.

네, 바브라 스트라이샌드, 베트 미들러도 다 못났고요. 제가 캐나다에 어학연수를 갔을 때 하필 게이 커플이 하는 홈스테이에서 지냈어요. 50대 게이들이었는데 이탈리아계와 헝가리계였습니다. 그 두 사람이 큰 집에 거의 동양인 남자애들만 채워놓고 홈스테이를 했어요. 정말 착한 사람들이었는데, 동양인 애들한테 자기들이 게이라는 사실이 밝혀지면 안 되니까 "우리는 먼 친구고 비즈니스 관계다"라고 얘기를 했죠. 그 집에 있는 CD를 확인해봤더니 바브라 스트라이샌드나 YMCA 노래가 끊임없이 나오는 거예요. 그때 눈치를 챘죠. 그들이 열심히 들었던 노래가 바브라 스트라이샌드였어요. 나중에 제가 게이임을 알리고 넌지시 물어봤죠. 게이들이 그녀를 좋아하는 이유가 뭐라 생각하느냐고. 그랬더니 분장하기 쉬워서 그런 거 아니겠냐 그러더군요. 일리가 있어요.

게이들이 드래그 분장을 할 때 디바들을 레퍼런스로 따라 할 수 있는 이유는 디바 여가수가 자기만의 캐릭터를 과잉된 스타일로 양식화해 놓았기 때문이죠. 예쁜데 좀 과하다, 아니면 어딘가 핀트가 나갔다는 느낌이 듭니다. 공통점으로 지적해주신 것처럼 디바들은 박복하죠. 유명하고 돈이 많아도, 개인사가 불우해요. 남자 복도 지지리 없는 데다, 노래는 또 괴이하게 드라마틱하죠.

어떤 상처에 대해 과도할 정도로 절절하게 표현하죠.

게이들에게 숭앙받는 디바 가운데서도 주디 갈랜드는 독보적인 존재입니다. 그 어마어마한 위상은 어떻게 해서 만들어진 건가요?

가장 큰 영향을 미친 건 영화 「오즈의 마법사(The Wizard of Oz)」(1939) 때문이죠. 미국에서 「오즈의 마법사」는 모든 사람이 어린 시절에 보고 자라는 영화잖아요. 주디 갈랜드가 맡은, 어떤 말도 안 되는 세계에 혼자 뚝 떨어진 비참한 소녀인 도로시라는 캐릭터, 그 주변을 둘러싼 캐릭터가 모두 동성애자를 프로토타입한 모습 같죠. 어린 시절 그 영화에 무의식적으로 감정이입을 하지 않았을까 싶어요. 주디 갈랜드가 그 이후에 뮤지컬 영화에 많이 출연했잖아요. 뮤지컬이라는 게 기본적으로 게이가 좋아할 수밖에 없는 장르죠. 그리고 그녀의 인생사가 정말로 불행했어요.

어떻게 남자를 만나면 다 게이일 수가 있을까요?

제일 슬펐던 이야기는 주디 갈랜드의 남편과 라이자 미넬리의 남편이 바람을 피운 거예요. 이건 영화로 만들어도 거짓말이라고 할 수밖에 없는 스토리입니다. 요즘 트위터로 한국 여자들이 게이다를 길러야 한다는 얘기를 합니다. 주디 갈랜드와 라이자 미넬리의 불행한 인생사를 보고 있으면, 남자 하나 잘못 만나면 인생이 정말 지는 거예요.

맨 처음에 스톤월 항쟁을 일으킨 주역이 덩치 좋고 등빨 있는 근육 게이가 아니라 주디 갈랜드를 연기하는 드래그 퀸들이었죠. 1969년에 주디 갈랜드가 죽고 게이 동네가 추모 분위기에 빠져 있을 때, 경찰이 단속을 하니까 열 받아서….

저는 이 이야기를 처음엔 믿지 않았어요. 누군가는 그 장면을 지금 다시 영화로 만들어야 합니다. 주디 갈랜드가 동성애자 인권에 정말 막대한 기여를 한 셈이죠. 주디 갈랜드가 이런 말을 한 적이 있어요. 만약에 자신이 죽으면 모든 게이들이 자기 분장을 하고 무덤에 모여, LGBT 커뮤니티를 상징하는 '레인보우 깃발'을 흔들면서 「오버 더 레인보우(Over the Rainbow)」를 부를 거라고.

주디 갈랜드만큼 희한한 게이 아이콘도 없습니다. 그다음으로 게이들이 숭배한 위대한 여가수가 '인간 기차 화통' 바브라 스트라이샌드였습니다. 초창기에 주디 갈랜드를 많이 벤치마킹했죠. 바브라 스트라이샌드와 게이 사회와의 밀접한 관계는 어떻게 시작된 건가요?

바브라 스트라이샌드는 유명해지기 전에 뉴욕의 게이 클럽을 돌면서 퍼포먼스를 했습니다. 일찌감치 게이 팬덤을 등에 업고 스타가 된 인물이죠.

주디 갈랜드의 게이 노래하면 「오버 더 레인보우」가 딱 나오잖아요. 바브라 스트라이샌드 여사는 어떤 노래가 있나요?

오스카상을 받은 영화 「화니걸(Funny Girl)」(1968)에 나온 「돈 레인 온 마이 퍼레이드(Don't Rain on My Parade)」가 가장 먼저 떠오르네요. 이 노래를 좋아하는 게이를 실제로 많이 봤어요. 「화니걸」에서 그녀가 사람들을 뿌리치고 뉴욕으로 가는 시퀀스에서 이 노래를 계속 부르죠. 당시엔 엄청난 스펙터클이거든요. 그 장면과 바브라 스트라이샌드의 매력, 이 노래가 합쳐진 순간은 정말로 게이 송가의 기능을 해내는 것 같아요.

시골 게이들이 지긋지긋한 고향을 탈출해서 대도시에서 '내 세상이야!' 하는 그 느낌.

개인적으로 제일 좋아하는 노래는 영화 「추억(The Way We Were)」(1973)의 주제가인 「더 웨이 위 워(The Way We Were)」입니다. 이성애자 여자들도 좋아하는 바브라 스트라이샌드의 노래죠.

바브라 스트라이샌드보다 더 심한 게이 동네 출신 가수가 있죠. 베트 미들러.

게이 사우나였던 '콘티넨털 베스(Continental Baths)' 출신이죠. 그녀는 게이 아이콘으로 시작했다고 해도 과언이 아니에요. 저는 항상 의아한 점이 북미에 가면 베트 미들러가 바브라 스트라이샌드와 거의 동급 취급을 받아요. 왜 그녀가 게이 아이콘으로서 그 정도로 위상을 가질 수 있느냐는 거죠. 제가 보기엔 재능이 너무 부족해요.

콘티넨털 베스는 초대형 게이 사우나였습니다. 여기가 스톤월 항쟁 이전에는 게이 문화의 핵심이었고, 심지어 이성애자들이 관광을 오는 곳이었죠. 큰 극장도 있고요. 베트 미들러가 이곳에서 공연을 하는데 제스처나 무대 매너를 다 드래그 퀸들이 때려가면서 가르쳤고요. 노래를 만들어준 건 콘티넨털 베스에서 빤스만 입고 피아노 반주를 한 베리 매닐로우였죠. 정말 대단한 분들이에요. 사우나 출신이 대스타의 반열에 오른다는 게….

이 정도면 인간 승리죠. 베리 매닐로우는 미국 여자들이 빤스까지 집어던질 정도로 좋아했던 1980년대 팝의 상징이잖아요. 저희 어머니만 해도 베리 매닐로우를 그렇게 좋아하셨어요.

그 당시만 해도 미국 여성들도 게이다가 없었어요.

브와지오 발렌티노 리버라치 같은 사람이랑 결혼하고 싶은 여자들이 그렇게 많았다잖아요.

게이 아이콘 가운데 결이 확 다른 게 셰어에요. 셰어는 왜 게이들에게 그렇게까지 사랑받았을까요? 노래도 못 하는데.

노래, 못하죠. 그런데 이것도 여러 가지 맥락이 중첩되어 있어요. 먼저, 소니 보노한테 개 맞듯이 맞았죠. 오랫동안 폭행을 당한 다음에 이혼을 했어요. 이런 불행한 인생사와 동시에 그녀야말로 남자처럼 기골이 장대하잖아요. 그냥 드래그 퀸을 그대로 불러놨다고 보면 되죠. 불우한 가정사와 그녀의 외모적인 게 드래그 퀸과 밀접한 관계를 가지기 때문에 게이 아이콘으로 성장을 했다고 생각해요. 가장 유명한 노래인 「빌리브(Believe)」가 히트를 하면서 전 세계적인 게이 아이콘으로 본격적으로 뻗어나갔습니다.

저는 솔직히 그 노래를 단 한 번도 좋아해본 적이 없어요. 어떻게 해서 그 노래가 그렇게 히트를 칠 수 있었는지, 가끔 의문이 들어요.

전 좋아해요. 이 노래는 게이들이 히트시켰다고 봅니다. 게이 디제이들이 미친 듯이 틀었거든요, 클럽에서.

요즘은 셰어보다 딸이었다가 성전환 수술을 하고 아들이 된 채즈 보노가 더 자주 뉴스에 등장하고 있어요.

어머니의 영향을 지대하게 받았기 때문이 아닐까 싶어요.

약간 위험한 발언인데요, 엄마 때문에 성 정체성 갈등이 생겼다면….

라이자 미넬리도 아버지들이 끊임없이 게이였고, 본인도 게이 남자 친구를 사귀었어요. 스타들의 자식이 일반인과는 정신 상태가 다를 수밖에 없다고 봐요. 가정사가 불우하게 빠지는 것도 항상 스타들의 자식이고요.

요즘 한국도 스타의 자녀가 TV에 나와서 성장하는 모

습을 보고 있는데, 그 가운데에도 LGBT가 있겠죠. 얘네가 성인이 되면서 시련에 부딪히고 도전하는 과정이 결국 한국인의 시각을 교정하게 될 거라 기대합니다.

그 친구들이 그렇게 나오게 될까요?

채즈 보노도 트랜스젠더로 커밍아웃하고, 트랜지션까지 받고, 수술을 받아서 가슴을 없애고, 멋지고 잘생긴 남자로 나타났잖아요. 여태까지는 심리적으로 불안정한 모습이 있었는데 남자로 자리매김한 뒤에는 아주 멋있는 오빠가 됐어요.

그래서 제가 요즘 관심 있는 사람이 감독인 라나 워쇼스키에요. 앤디와 라나는 형제에서 남매가 됐는데, 그녀의 트랜지션도 무척 흥미진진한 과정입니다. 배우나 엔터테이너 중에 그런 사람이 꽤 있긴 해요. 그런데 이 사람은 할리우드의 거대 자본을 등에 업고 수천만 달러를 들여 영화를 만드는 블록버스터 감독이잖아요. 권위가 있어야 합니다. 그런 사람이 순식간에 여자로 성 정체성을 바꿨을 때, 사람들이 그걸 납득하고 재빨리 받아들였거든요.

저는 구닥다리 게이라서 뇌가 주디 갈랜드와 바브라 스트라이샌드까지는 반응이 조금 있어요. 셰어한테는 아무 느낌이 없는데, 채즈 보노에게는 감정적 연대감을 느끼고, 응원을 하게 되고, 멋있다, 잘됐으면 좋겠다고 하는 마음이 자꾸 듭니다. 편집장님은 어떠세요?

제가 가장 좋아하는 디바는 마돈나와 카일리 미노그입니다. 주디 갈랜드나 바브라 스트라이샌드는 제가 게이 정체성을 깨닫고, 뒤늦게 공부하면서 좋아하게 된 게이 디바죠.

카일리 미노그 파와 마돈나 파가 항상 싸우죠.

마돈나는 1986년 『투르 블루(True Blue)』 앨범부터, 카일리 미노그는 데뷔 앨범부터 사서 듣기 시작했어요. 제 안의 정체성이 약간 발현되기 시작하던 때에 가장 자주 즐겨들었던 여성 디바들이기 때문에, 두 사람이 공히 저에게 큰 영향을 끼친 것 같아요.

요즘 청년 여러분은 아델이나 라나 델 레이, 아니면 에이미 와인하우스를 게이 아이콘처럼 얘기하더라고요. 서양에서도 게이 아이콘 디바가 안 나와요. 앞으로 못 나올까요?

『허핑턴포스트코리아』에도 썼지만, 북미는 가장 보수적이어서 마지막까지 동성혼이 되지 않을 거라고 생각했던 대륙입니다. 그런데 미국이 동성 결혼이 가능해졌고, 교황까지 동성애를 적극적으로 포용해야 한다고 했죠. 결혼 제도가 가능하고, 어떠한 장벽도 없고, 어린 시절 정체성 때문에 불우함을 겪지 않는 세대에게, 과연 게이 디바가 필요할까요? 저는 이제 필요 없는 시대가 올지도 모르겠다는 생각이 들어요.

게이 디바는 역사적인 존재로 남을 가능성이 높아졌어요. 한국에선 게이 아이콘이라고 하면, "이 사람이 게이 아이콘이야"라고 말할 수 있는 분은 사실상 딱 한 명이에요.

네, 엄정화 씨죠.

그렇습니다. 엄정화 붐은 굉장했습니다만, 그렇다고 게이들 덕분에 엄정화 씨가 크게 덕 본 건 별로 없습니다. 돈을 못 벌었잖아요.

음반을 사질 않았구나…. 이건 한국 게이들의 문제가 아닌 것 같고, 한국 음반 시장 전체로 확장시킬 수밖에 없지 않을까 싶네요.

미국은 한번 게이 아이콘이 되면 시장에서 퇴출된 이후에도, 극장식 쇼를 하면 무조건 티켓을 사주죠. 굶어 죽으려고 해도 그럴 수가 없는데, 한국은 게이들이 그런 충성도가 없어요.

저는 엄정화 씨가 조금 더 과감하게 게이 팬들을 끌어들이는 몸짓으로 밀어붙인 다음, 스스로 그걸 더 자랑스러워했다면 어땠을까 싶어요. 엄정화 씨가 YG랑 만들었던 음반에는 게이 디바 느낌이 싹 사라진 느낌입니다. 그래서 게이들이 다른 뮤지션으로 살짝살짝 옮겨간 게 사실이거든요. 만약 다음 앨범을 준비하시면 조금 더 예전의 디바 모습, 주영훈 씨와 만들었던, 뽕끼 있는 디바 송가가 될 수 있는 노래를 다시 들고 나와주셨으면 좋겠어요. 「배반의 장미」 같은 노래.

배병수 밑에 있을 때의 그 고생, 그게 우리 게이들의 마음의 버튼을 빡 눌렀는데, 그 이후에 불우한 드라마가 없죠. 자기 관리를 너무 잘하고 계신 것이 거꾸로 인기를 좀 깎아먹는 것 같아요. 연예인들은 도덕적으로 깨끗하고 아름답게 가는 것보다는, 삶의 우환과 경사를 대중과 함께하는 게 좋지 않을까 싶습니다.

공개 연애를 많이 했어야 해요. 남자한테 버림받기도 하고, 우리 가슴속에 있는 비련의 여자 같은 것을 소환했어야 합니다. 한국이 참 재미없는 세상이에요. 사생활에 조그마한 잘못이 있어도 인터넷의 여론 때문에 퇴출이 되어버리는 상황이니까, 연예인들이 그런 식의 활동을 하는 게 좀 불가능할 거예요.

한국 게이 대중은 디바에 대한 충성도가 유달리 좀 낮아요. 아마 대표적인 현상이 레이디 가가였을 겁니다. 내한 공연까지는 가가 현상이 뜨거웠습니다만, 공연이 딱 끝나자 게이스북에서 가가 이야기가 확 사라졌어요. 공연 보고 와서도 지금은 가가와 결별한 백댄서 마크 카네무라의 엉덩이 이야기만 하더라고요. 이렇게 보면 한국 게이들 너무해요.

이건 레이디 가가 탓입니다. 저는 「본 디스 웨이(Born This Way)」(2011)가 나왔을 때, '가가는 게이 아이콘으로서 이제 할 걸 다했구나' 싶었죠. 그건 20년 뒤에나 해야 했어요. 노래 가사가 동성애 인권 운동가(歌)로 쓰여도 좋을 만큼 정치적으로 너무 올발랐어요. 딱, 한국에서 1980년대에 나온 음반의 마지막에 들어 있던 건전 가요 느낌이었습니다.

어떻게 보면 좋은 일 하고 자살골 넣은 케이스입니다.

그렇죠. 그런데 레이디 가가가 처음에 등장했을 때부터, 노래들이 마돈나라든지, 이전에 있던 여러 뮤지션을 적극적으로 카피를 했어요. 그러다 보니 결국 오리지널리티는 떨어졌던 편이고, 자신이 게이 아이콘이 되는 것도 좀 글로 배운 느낌이에요.

2013년도 11월에 56세의 나미 여사님께서 누가 봐도 개척자 레즈비언처럼 생긴 매니저와 함께, 노골적으로 게이 어필하는 「보여」라는 노래를 발표했습니다만, 한국 게이 사회는 무반응이었습니다. 노래도 잘 나왔어요, 비교적. 56세의 여가수라고 생각할 수 없을 정도로요. 왜 실패로 끝났을까요?

활동을 거의 하지 않으셨죠. 나이가 드셨더라도 늙은 '비치'의 모습을 적극적으로 보여줬어야 하는데 뮤직비디오로만 활동을 했어요. 요즘 한국에서 게이 아이콘은 몇몇 아이돌들이 아닐까 싶어요. 소녀들처럼 아이돌을 신성시하고, 아이돌을 따라가려는 몸짓이 있어요. 한국이 나이 든 사람이나 이전 문화에 대한 단절이 지나치게 심해요. 이미 1980년대 디바는 1990년대 중반을 넘어서면서 세대로부터 완벽하게 단절됐습니다.

그래도 2012년에 김완선 씨를 게이 클럽 서킷에 모셔다 특별 공연을 했던 건 나름대로 성공적이었잖아요. 아름다운 순간이었어요. 김완선 씨가 여전히 아름다운 외모와 춤 솜씨로 라이브를 했다는 게 더욱 놀라웠어요. A급 스타가 이런 데 와서 노래할 땐 대개 립싱크를 하잖아요.

김완선 씨가 원래 라이브를 잘해요. 이런 일들이 좀 많았으면 좋겠어요. 예를 들어 카일리 미노그는 신보를 내면 게이 클럽인 G-A-Y에서 공연을 올리거든요. 그건 디바와 게이 팬층이 상호 협력하에 서로의 관계를 공고히 하는 거죠.

　한국도 르퀸 같은 기획력을 갖춘 클럽이 있으니까 앞날을 좀 기대해보게 됩니다.

저는 이효리 씨가 한번 나왔으면 좋겠어요.

　'무조건 효리'라며 이효리 씨를 숭상하는 게이들이 있더라고요. 그 세대의 이효리에 대한 충성도는 어떻게 건드릴 수가 없어요.

그럼요. 핑클 시절부터 따라왔던 그 팬들인데요.

　반면에 레즈비언들이 숭앙하는 디바 가수는 딱히 없어요. 그냥 레즈비언 가수가 있는 거죠.

케이디 랭, 멜리사 에더리지. 그런데 그들도 잠깐 전성기를 보낸 이후에 사라졌죠.

　이분들이 또 금방 꼰대가 되요.

네, K-저씨랑 비슷한 아저씨가 됩니다.

　넙대대해지셔서 몸매 관리도 안 하고, 술도 너무 많이 마시고….

공대생들이 입는 체크 셔츠 입고 다니잖아요.

　한국 레즈비언분들도 그렇죠. 나이 들면 개량 한복 입고.

시골 살고요.

　그게 멋이에요, 레즈비언의 멋.

저도 사랑합니다.

　그러고 보면 요즘에는 케이디 랭 같은 호남형 레즈비언 가수가 없어요. 레즈비언이라고 하면 베스 디토라는 귀여운 뚱땡이 레즈비언 가수가 한 명 있을 뿐인데, 빵 인 터졌어요. 옛날 같으면 그랬을 텐데.

레즈비언 가수는 레즈비언 팬층이 별로 없잖아요. 게이 디바를 향했던 남자 동성애자들의 충성도에 비해선 좀 낮은 편이죠. 무엇보다 어떤 뮤지션도 전성기가 그렇게 길지 않습니다. 5년 정도면 음악적 재능이 떨어지기 마련이고, 그 뒤에는 팬심으로 그냥 쭉 가는 거잖아요.

그냥 참고 봐야 하는 건데….

레즈비언 가수는 그게 안 되는 거죠. 멜리사 에더리지, 아니 디프랑코, 케이디 랭 등 다들 록이나 포크 록을 하는데, 이런 음악은 전성기가 특히 짧죠.

이것도 마찬가지로 호르몬 비즈니스와 엮여 있죠. 엘튼 존, 조지 마이클, 애덤 램버트까지…, 오픈리 게이 라인이 있습니다. 이 라인은 그래도 생명력이 좀 길잖아요.

'뽕필'이죠. 이들의 노래는 스트레이트 남자 가수가 도저히 흉내 낼 수 없는, 세월을 초월하는 어떤 진득진득한 뽕필이 있습니다. 노래 자체가 생명력이 엄청 강해요.

커밍아웃을 안 한 분들도 있죠. '걸커' 라인이긴 한데.

베리 매닐로우도 아직 하지 않았고, 프레디 머큐리도 사실 죽는 날까지 커밍아웃을 하지 않았어요. 모리세이는 여전히 자신이 무성애자라는 말도 안 되는 주장을 펼치고 계신데….

무성애자라고 주장하는 분들은 1980년대의 AIDS 쇼크가 너무 컸나 봐요.

그것 때문일 수도 있겠네요.

LGBT의 가시성이 하나의 억압 기제와 맞물려서 자산이 될 수 있었던 시대가 특별했던 시기였던 거죠. 물론 그 이전에도 있었지만 1970년대에 본격화됐고, 1980년대 AIDS 대위기의 시대에 이게 굉장히 중요한 하나의 동아줄이었고, 1990년대에 주류 문화로 올라오기 시작해서 2000년대에 유리 천장이 와장창 무너지고 오늘에 이르게 됐는데, 한국은 어떻게 될까요? 이걸 반복할 수가 있을까요?

한국의 가장 큰 문제는 서구처럼 유리 천장을 완전히 무너뜨리는 데까지 가지도 못했는데도, 그 논쟁이 계속 이어질 수 있는 동력 자체를 잃어버렸다는 겁니다. 얼마 전에 이송희일 감독이 이제 퀴어 영화는 할 수 있는 일은 다한 것 같다는 얘기를 했어요. 관객들도 퀴어 영화를 보러 안 갑니다. 이송희일 감독이 최초의 퀴어 영화를 만들기 시작했을 때는 거의 다 후죠시, 여성 관객들이었어요. 거기에 한두 명 정도 커밍아웃하지 않은 게이들이 끼어 있었죠. 왜냐하면 보러 가는 것 자체가 일종의 커밍아웃이라며 공포스러워 했으니까요. 요즘은 퀴어 영화를 상영하면 절반이 게이, 절반이 후죠시 누님들이라고 합니다. 퀴어 영화를 소비하는 주류층의 관객 수가 점점 줄어들고 있어요. 저는 최근 만들어진 최고의 퀴어 영화는 박훈정 감독의 「신세계」(2013)라고 생각해요. '부녀자'들도 한국의 상업 영화에서 그런 코드를 읽어내고, 자기들끼리 노는 문화로 좁혀져버린 거죠.

한국의 주류 문화 기획자들이나 대본을 쓰는 작가 여러 분도 이러한 장난을 치는 방법을 깨우쳤죠. 주류 방송 프로듀서와 방송 작가도 게이 코드를 깔아서 이성애자 관객은 알 수 없지만 게이 시청자는 버튼이 딱 눌리도록 장치를 교묘하게 잘 깔죠. 그래서 퀴어 영화는 점점 설 자리가 좁아지고 있어요.

북미와 유럽에서는 '퀴어 영화'라는 단어 자체의 효용성이 없어진 지가 오래죠. 최근 가장 아름다운 퀴어 힙스터 영화를 만드는 감독은 자비에 돌란이죠. 그의 작품은 힙스터 문화와 게이 팬층의 완벽한 결합입니다. 한 인터뷰에서 자기 영화에 게이가 많이 나온다고 게이 영화라고 할 수 있냐, 퀴어 영화가 과연 존재하기는 하냐, 이런 얘기를 했더라고요.

퀴어라고 하는 게 기본적으로 포스트모던 아이디어라서 모더니즘을 전제로 하죠. 미국은 이미 스톤월 항쟁이 있고 곧바로 1970년에 「밴드의 소년(The Boys in the

Band)」 같은 게이 영화가 나오고, 그에 화답하면서 1971년에 게이 예술 포르노로 「소년과 모래(Boys and the Sand)」가 나오죠. 레퍼런스가 등장하고 그 레퍼런스를 뒤틀면서 퀴어가 가능했던 건데, 한국의 퀴어 영화라고 하는 건 레퍼런스가 우리 것이 아니죠. 어떻게 생각하면 지금 현재 한국의 영상 문화에서 전복성을 띠는 건 퀴어 영화처럼 타자성을 내세운 게 아니라, 노골적인 게이 포르노 영화가 아닌가 합니다.

게이 포르노 영화를 누가 만들려고 할까요? 텀블러에 들어가서 게이들이 자체 제작한 포르노를 보고 있으면, 안 되겠구나 싶어요.

텀블러의 아마추어 포르노 영상을 보고 있으면 한국, 중국, 일본이 결이 달라요. 일본은 관례화된 포르노 문법을 따라 하는 경향이 있어요.

워낙 오래 그 전통이 유지되어 왔으니까요.

중국의 게이 청소년 여러분은 아마추어 포르노를 찍을 때 겁이 없고 레퍼런스도 없어요. 겁이 없다는 게 또 자신감은 아니에요. 그런데 한국 게이 청소년 여러분의 아마추어 포르노를 보면 뭔가 감정적 차원의 근거 없는 희한한 자신감이라는 게 있어요. 그게 아주 자연스럽죠. 카메라가 객관화돼서 나를 보고 있다는 게 중국 영상에는 보이는데, 한국 영상엔 없어요.

한국은 제삼자의 시선으로 보지 않나요?

네, 내가 나를 찍었다는 거예요. 그리고 멀리 놓고 찍었을 때에도 그냥 탁 놓고 내가 하는 걸 찍었다는 거지, 이걸 영화의 시선으로 전유해서 나의 것을 찍었다는 게 없어요. 편집도 거의 없고요. 기술이 없어서 그런 것도 있겠지만, 그런 욕망 자체가 없는 거죠. 한국 남자의 남성미에 빠진 한류 팬들, 케이팝 팬들은 계속해서 요청합니다. "한국도 포르노 좀 만들었으면 좋겠다", "왜 한국 포르노는 없느냐", 이게 마지막으로 남은 판도라의 상자라고 볼 수가 있어요.

저는 한 30년 뒤에 한국식 게이 핑크 영화 프로덕션을 차려서 무언가를 해보고 싶은 마음도 있어요.

김도훈 씨가 꼽는 최고의 퀴어 영화는 무엇인가요?

최고의 퀴어 영화라기보다는, 제가 개인적으로 좋아한 퀴어 영화가 몇 개 있어요. 「모리스(Maurice)」(1987)는 좋아하지 않을 수가 없고요, 「나의 아름다운 세탁소(My Beautiful Laundrette)」(1985)는 제가 퀴어 영화를 인식하면서 보기 시작한 초창기의 영화에요. 그리고 「살로 소돔의 120일(Salo, Or The 120 Days Of Sodom)」(1975)이 매우 근사한 퀴어 영화라고 생각해요. 또 「이유 없는 반항(Romper Stomper)」(1955)을 어릴 때 정말 좋아했었는데, 살 미네오랑 제임스 딘을 머릿속에서 커플로 묶어서 봤던 것 같아요.

후죠시네요.

그래서 「이유 없는 반항」을 항상 이 카테고리에 뽑고요. 1990년대, 2000년대 이후에는 퀴어 영화 진영이 아니라 할리우드 상업 영화 진영에서 나온 영화를 좋아해요. 「내 남자친구의 결혼식」는 좋은 퀴어 영화에요. 왜냐하면 판타지잖아요. 모든 여자와 남자들이 가장 좋아하고 싶은 내 친구로서의 게이 친구를 잘 드러냈다는 생각이 들더라고요.

『허핑턴포스트코리아』에 소개하는 게이 관련 뉴스는 다 직접 선정하는 거죠?

선정은 다 함께 하지만, 제가 많이 하는 편이긴 해요. 가벼운 것부터 약간 무거운 기사까지 지속적으로 올리고 있어요. 한국판을 창간할 때 미국 본사에 '게이 보이스(Gay Voice)' 코너를 하겠다고 하니까 깜짝 놀라더라고요. 미국 이외의 다른 나라에서 처음부터 이 코너를 한 곳은 없었다는 거죠. 한국의 다른 매체가 전혀 눈여겨보지 않는 주제에 대한 기사를 계속해서 내고 싶은 욕심이 있었어요.

여태까지 한국 언론은 서양에서 나오는 주요 LGBT 뉴스를 무시해왔기 때문에 한국말로 국제적인 게이 뉴스를 전하는 매체가 『크리스찬 투데이』였어요. 그분들이 게이 단체보다 더 열심히 기사를 올리죠. 그런데 드디어 경쟁자 『허핑턴포스트코리아』가 세상에 나온 겁니다.

『크리스천 투데이』는 정말 강력하죠, 또 열정적이에요. 요즘 슬슬 댓글이 붙기 시작했어요. 편집장이 호모라 '호모핑턴포스트코리아'라는 말도 있더라고요. 그렇게 기사를 많이 쓰지도 않아요. 일주일에 하나 정도, 어쩔 땐 2주일에 하나 정도죠. 한국 매체가 워낙 다루지 않다 보니까 한 달에 두세 개만 실려도 "게이 콘텐츠만 다루냐"는 항의가 들어옵니다. 그래서 저는 좋은 소식을 더 집중적으로 계속 다루고 싶어요.

대중문화 분야의 언론인이 되길 꿈꾸는 LGBT 청년 여러분에게 조언을 좀 해줄 수 있을까요?

기본적으로 '쌍년'이 되어야 해요. 기자가 되는 것도 거대한 조직에서 오래오래 꾹꾹 참고 지낼 수 있는 인내심이 매우 중요합니다. 모든 청년 여러분들에게 조언을 하라면 다른 이야기를 하겠지만, LGBT 청년들에게는 어쨌든 조직 생활에 적응을 하고, 그 안에서 내 자리를 지키라고 말하고 싶어요. LGBT 친구들이 그런 부분을 잘 못하고 겉돌아요. 마음을 독하게 먹고 버텨야 합니다. 제가 일했던 문화 잡지는 좀 더 수월하지만, 일간지에 들어가서 일을 하면 아마 제가 겪은 것보다 수십 배는 더 큰 장벽의 존재를 느끼실 거예요.

이 구역의 막장 여왕은 나야
앤초비 오일

지난 몇 년간 이태원의 게이 클럽 씬을 평정해온 한국의 대표 드래그 퀸이다. K-팝 레퍼런스를 활용한 새로운 콘셉트의 드래그 퍼포먼스를 펼쳐왔다. 해외 공연뿐만 아니라 2011년 퀴어문화축제부터 퍼레이드 차량에 올라 '여왕'의 면모를 과시하는 등 한국 게이 하위문화의 대표적인 아이콘으로 자리 잡았다.

'드래그 퀸'은 과장된 형태의 여장으로 특정한 캐릭터를 구현하고 공연함으로써 가소성이 있는 여성성을 과시하고, 또 기념하는 공연 연희 형식이라고 볼 수가 있는데요. 그래서 드래그 퀸 여러분마다 각각 자기 캐릭터가 있고, 본명 외에 활동명이 있죠. 앤초비 오일 씨의 드래그 네임은 무슨 뜻이고, 언제부터 사용하기 시작했나요?

별다른 뜻은 없고, 제가 예전부터 이태리 요리를 했었는데, 이탈리아 요리 재료 중 '앤초비'가 멸치잖아요. 멸치라는 단어가 저한테 와 닿더라고요. 마르고 비릿한 느낌인데, 얘가 또 오일 파스타 같은 데 들어가면 맛있잖아요. 굳이 설명하자면 '비릿하지만 맛있다', '겉보기엔 좀 혐오스럽지만 먹으면 맛있다', 이런 겁니다.

예전에 활동하던 한국의 드래그 퀸 여러분하고 벌써 드래그 네임부터 센스가 달라서, 처음 들었을 때 '이분은 새로운 세대구나' 하는 느낌이 있었어요. 언제부터 여장에 관심을 가졌나요? 그 시절이 자세히 기억나세요?

딱히 여장에 관심을 가졌다기보다 TV에 나오는 스타들을 따라 하는 걸 좋아했어요. 또 유독 마음을 흔들었던 분들이 여자 스타들이었고요.

그렇게 마음에 딱 꽂혔던 여자 가수는 누구였나요?

박지윤 씨의 「성인식」을 좋아하고 많이 따라 했어요.

저는 그걸 어른일 때 봤기 때문에 어린이의 마음으로 「성인식」을 본다는 게 어떤 건지 잘 모르겠습니다. 딱 보자마자 안무가 저절로 외워지고, 따라 할 수 있었나요?

아니요, 보자마자 따라 할 수 있었던 건 아니고, 어렸을 때부터 춤추고 노래하는 걸 좋아했거든요. 예전에 오락실에 가면 기계 위에서 발판을 밟고 춤추는 펌프(Pump)라는 게임이 있었잖아요. 펌프 댄스 동호회 같은 걸 했었어요. 거기서 자연스럽게 형님, 누나들한테 배웠죠.

게이 어린이들은 어렸을 때 자체적으로 알아서 드래그를 하고 사진을 찍기도 하죠. 화장하는 것에 관심도 많고요. 저도 아주 어렸을 때 엄마가 화장하는 모습을 보려고 화장대 옆에 쓰레기통을 눕혀놓고 올라가서 구경하는 사진이 있거든요. 처음으로 여장이라고 할 만한 걸 시도했던 건 언제였어요?

그냥 엄마 옷을 한 번씩 입어본다거나, 립스틱을 발라보는 건 초등학생 때 많이 해봤고, 제대로 한 건 중고등학교 때였어요. 학교에서 '미스 XX 중학교, 고등학교', 이런 걸 뽑잖아요. 그럴 때 반 친구들이 항상 저를 추천해줬어요. 저는 또 싫은 척하면서 몰래 열심히 준비를 하곤 했죠.

페이스북에 올린 사진을 보니까 2000년 5월 3일에 세일러문 넵튠으로 여장한 사진이 있더라고요. 이건 고등학교 수학여행 때 여장을 했던 건가요?

네, 그때 수학여행에서 '미스 XX 고등학교 선발대회'를 했는데 제가 거기서 진을 했어요.

탁월한 재능이 있는 분들은 어렸을 때부터 이런 대회에서 무조건 1등이더라고요. 사진을 보니까 가발은 없지만 의상의 퀄리티가 높던데, 어떻게 준비하신 거였나요?

제가 하나를 준비할 때 굉장히 집착하는 편이에요. 아르바이트를 해서 코스프레하는 분이 입었던 걸 중고로 구입했어요.

그 시장이 벌써 있었군요.

인터넷 같은 게 막 들어오던 때였죠. 열심히 찾아서 직거래로 거래를 했는데 그분이 의아해했죠. '어, 남자애가 이걸 왜 사가지?'

왜 세일러문 가운데 넵튠이었나요? 저는 어렸을 때부터 우라노스가 가장 좋았거든요.

제일 끼스러웠다고 해야 할까요? 뭔가 아름다운 느낌이었어요. 게이들은 약간 센, '기갈'스러운 캐릭터를 좋아하잖아요.

세대가 다르면, 성장기에 어떤 미디어 환경에 있었느냐에 따라 게이로 사회화하는 과정이 많이 다릅니다. 특히 한국 사회는 변화 속도가 빨랐기 때문에, 세대별로 정체화 과정이 너무 달라서 깜짝깜짝 놀라곤 해요. 1985년생인 앤초비 오일 씨는 언제 어떻게 다른 게이를 만나서 교류하게 됐는지, 10대 시절이 궁금합니다.

여성스럽다는 얘기는 많이 들었는데, 10대 때는 친구들도 별로 신경을 안 썼어요. 여성스러워도 조용조용하게 지내는 타입이 아니라, 어딜 가면 나서서 누굴 웃기는 걸 좋아했거든요. 그렇게 잘 지내다 보니 고민도 안 하고 있다가 좀 늦게 눈을 떴어요. 군대 전역하고 이쪽 사람을 처음 만났습니다.

보통 10대 시절에 인터넷이나 카페 활동을 시작하는데 꽤 늦은 편이네요. 군대를 갔다 온 게 몇 년도쯤인가요?

2005년에 가서 2007년에 전역해서 종로와 이태원을 처음 나갔죠.

"늦바람이 무섭다" 이런 말이 나올 만한 케이스네요. 앤초비 오일 씨는 '게이스북' 스타잖아요. 페이스북 계정을 만든 건 몇 년이에요?

2012년에 만들었어요. SNS를 안 했는데, 친구들이 하도 많이 하니까 대화가 좀 안 되더라고요. 하다 보니까 재밌어서 열심히 하고 있습니다.

요즘은 예전과 달라서 페이스북에 주말 클럽의 영상도 올라오고, 클럽 홍보 티저 영상도 고퀄로 돌아다니기 때문에 게이 문화가 가시성을 확보하는 데 있어서 SNS, 특히 페이스북이 큰 공헌을 하고 있기도 합니다. 어렸을 때 여장에, 또 자생적인 드래그 퀸에 재능을 보이는 게이 어린이나 청소년을 보면 '나는 혹시 트랜스젠더가 아닐까?' 혹은 넓게 봐도 '젠더 퀴어가 아닐까?' 이렇게 많이 생각해요. 그래서 정체성과 관련해서 잠시 헷갈려하는 경우가 있는데, 그런 시기가 아예 없었겠네요?

네, 저는 여성성이 있긴 했지만, 여자가 되고 싶다는 생각은 안 했어요. 혹시 더 일찍 알았다면 어땠을지 모르겠네요. '어떻게 하면 누굴 재밌게 할까? 좀 웃겨볼까?', 이런 생각은 많이 했어요.

아주 어려서 여장을 시작한 분들은 2차 성징이 오면 멘붕하더라고요. 2차 성징이 오기 전에는 정말로 예쁘기가 쉬우니까 아예 여자로 패싱을 할 수가 있거든요. 인터넷에서도 여장하고 '넷카마(인터넷과 오카마를 합성한 단어로 웹에서 여성 정체성을 구축하여 활동하는 남성)' 활동을 하는 분들이 있잖아요. 그런데 2차 성징이 오면 완전 여자로 분장을 하는 게 난이도가 점점 높아지기 때문에 심리적으로 힘든 시기를 보냅니다. 미국에도 드래그 퀸 가운데 멀쩡히 남자로 잘 활동을 하다가 성전환 수술을 받는 분들도 가끔 있습니다. 그런데 앤초비 오일 씨는 공연과 캐릭터를 어떻게 구현할 것인가를 고민한 케이스네요.

네, 그렇습니다.

초등학교 시절에 게이 친화적인 여자 어린이들의 '살아 있는 마론 인형' 역할을 한 적이 있나요?

마론 인형은 아니고요. 같이 다니는 친구 중에 여자 친구가 워낙 많았어요. 고무줄이나 공기 같은 거 같이 하고요. 여자 애들이 저를 좀 남자다운 여자친구 느낌으로 좋아했던 것 같아요.

'아, 저게 드래그 퀸이고, 드래그 퀸은 저렇게 공연을 하는 거구나' 하고 처음 본 사례는 어떤 건가요?

어렸을 때는 명절에 TV에서 가끔 개그맨들이 여장을 하고 나와서 하는 꽁트 같은 걸 봤죠. 전문적으로 하는 분들은 이태원 나와서 처음 봤습니다.

아주 늦게 봤네요. 드래그의 역사는 어원을 따지면 유서가 깊습니다. 셰익스피어 연극에서 중간에 무대를 바꿀 때 꼬마 배우가 여장을 하고 나와서 희화화된 여성성을 과시하는 걸 드래그의 출발점으로 얘기하기도 합니다. 은어로 '드레스드 에즈 걸(dressed as girl)', 이걸 줄이면 'drag'가 되니까요. 어원에 관한 논란은 있지만, 영미권에서 인쇄물에 드래그란 말이 처음 등장한 건 1870년이니까, 그렇게 역사가 막 깊은 건 또 아닙니다. 오늘날의 게이 하위문화 코드로서 '드래그 퀸'이 등장한 건 1941년이라고 합니다. 아직 100년이 안 된 거죠. 드래그 퀸이라는 단어를 처음 접했던 건 언제였나요?

드래그 퀸이라는 단어를 접할 기회가 많이 없었던 것 같아요. 제가 지금도 드래그 쇼를 하고 있지만 드래그 퀸이라는 단어가 일상생활에서는 듣기 힘든 단어잖아요.

한국 게이 문화에선 일본 영향 때문에 드래그를 '카마'라고 부르기도 하죠? 이게 '오카마'의 준말인데, 또 '오카마'와 '카마'는 느낌이 조금 달라요. '오카마'와 '드래그 퀸'도 조금 다르잖아요? 뉘앙스가 어떻게 다른 건가요?

글쎄요, 뭔가 더 상스럽다고 해야 하나? "너 여장 예쁘다"라고 말하는 것보다 "너 카마가 아주…"라고 말하면 뒤에 쓴 용어가 좀 더 어둠의 느낌이 나죠.

관련 은어 가운데 여장이나 화장하는 걸 '더덕'이라고 하죠? 화장이 더덕더덕, 덕지덕지하다는 뉘앙스입니다. 드래그 퀸 여러분이 두껍게 화장을 하기 마련이니까요. 맨 처음 게이 클럽에서 드래그한 건 언제인가요?

2013년 이태원에 있는 쯔나미라는 바의 13주년을 기념해서 한 공연이 처음입니다. 드래그를 하기 전에는 이태원 클럽을 많이 다녔는데, 제가 스테이지에 올라가서 춤을 췄으니까 자연스럽게 많은 사람 눈에 띄었죠. 친구가 아는 분이 바를 하는데 13주년 공연을 부탁받았다고 해서, 처음으로 제대로 여장을 하고 무대에 오르게 됐죠.

아주 예전부터 봤던 것처럼 느꼈는데, 공연 커리어가 그렇게 긴 건 아니네요.

생각해보니 하나 더 있네요. 2008년에 서울대학교 성 소수자 모임인 큐이즈(QIS, Queer In SNU)에 어떻게 하다 초청을 받아서 공연을 한 적이 있어요. 그땐 엄정화의 「디스코」를 했어요.

그럼 쯔나미 13주년 공연에서 한 레퍼토리는 뭐였나요?

전 항상 뭘 준비를 할 때 파티 콘셉트에 맞춰서 하려고 노력하거든요. 13주년을 기념해 13년 전 노래를 했어요. 찾아보니까 이정현 씨가 한창 「미쳐」라는 노래로 활동을 했더라고요. 그 곡으로로 시작해서 2013년에 발표한 이효리 씨 노래로 끝나는 레퍼토리였습니다.

공연을 준비할 때 아이디어는 주로 어떻게 얻나요? 노래가 내 몸과 캐릭터하고 잘 맞아야 하고, 동시에 사람들이 잘 아는 레퍼런스여야 하잖아요.

우선 대중적인 걸 찾는 편입니다. 한국의 유명 여자 가수의 최신곡 위주로 하려고 노력해요. 제가 영어 울렁증이 있어서 팝송은 피하는 편이고요.

서양의 대중문화에는 일찌감치 드래그 퀸 코드가 나왔기 때문에, 미국의 드래그 퀸 여러분과 얘기를 해보면 전부 어렸을 때 보고 감명을 받았던 영화가 있어요. 컬트 영화 「글렌 혹은 글렌다(Glen or Glenda)」(1953)입니다. 왕년에 고생 많이 한 드래그 퀸들은 이 영화를 거의 숭배한다고 할까요? 영화나 대중문화 코드에서 특별하게 영감을 받은 건 없나요?

저는 여자 아이돌이나 여자 디바분들의 춤을 따라 추는 걸 드래그하기 전부터 즐겼어요. 어디서 감동을 받고 영감을 얻지는 않아요. 그리고 드래그 퀸이 주업이 아니기 때문에 즐기려고 노력하는 편입니다.

제가 어렸을 때 강렬한 인상을 받은 드래그 퀸은 디바인입니다. 아주 괴상망측한 컬트 영화인 「핑크 플라밍고(Pink Flamingos)」(1972)의 주인공이었죠. 1980년대에는 가수로 활동도 하고 아주 유명했어요. 이분은 '아, 내가 어른이 되면 쟤한테 질 수는 없다', '게이로 태어났으면 저 정도는 해야지', 이런 생각의 기준점이었습니다. 앤초비 오일 씨는 기준점이 되는 경쟁자나 존경하는 인물은 없나요?

딱히 존경하는 인물은 없고 '쟤는 쟤 나름대로의 매력이 있고, 나는 내 나름대로의 매력이 있다'고 생각해요. 예를 들어 제가 이효리 씨 노래를 하면 '이효리 춤은 내가 쟤보다 잘 춰'가 아니라, '난 이효리야'라고 생각하면서 공연을 합니다.

각자 잘 해석하는 가수가 있죠. '이건 내가 제일 잘해'라고 생각하는 게 이효리 씨와 또 누가 있나요?

저는 여자 아이돌 그룹은 피하는 편이에요. 솔로 여가수분들이 좋아요. 아마 제가 선미 씨보다 「24시간이 모자라」를 더 많이 췄을 것 같아요.

선미 씨의 「24시간이 모자라」 공연을 한 건 정말 빵 터졌더라고요. 페이스북 곳곳에서 사진을 많이 볼 수 있었고, 관객 반응도 엄청 뜨거웠습니다. 이성애자 남자들이 좋아하는 여자 아이돌 코드하고, 또 이성애자 여자들과 게이들이 좋아하는 여자 아이돌 코드가 각각 다르고, 또 그걸 드래그 퀸이 재해석했을 때 폭발적으로 반응하는 느낌이 달라요. 선미 씨는 「24시간이 모자라」로 그렇게 성공하진 않았잖아요? 좀 어색하고 우습달지, 박복한 느낌이 강한데, 그걸 앤초비 오일 씨가 하니까 즐거운 느낌으로 변화하면서 전혀 다른 게 됐어요.

춤마다 포인트 같은 게 있는데, 전 그걸 제 식으로 해석해서 과장을 많이 하는 편이에요. 춤을 잘 추는 분들은 워낙 많지만, 쇼는 재미가 있어야 하잖아요.

드래그 공연을 처음 했을 때 관객 반응은 어땠어요?

좋았죠. 서울대학교 파티도, 쯔나미 파티도 돈을 받고 한 공연은 아니거든요. 그런 공연이 훨씬 성공적이었어요. 이게 일이라고 했을 때 느껴지는 부담감 같은 게 있죠. 즐기면서 했을 때 무대가 잘 나와요. 첫 정식 공연이긴 했지만 스스로 생각해도 정말 잘했고, 관객의 환호도 뜨거웠어요. 어떻게 보면 제 공연도 이제 식상하잖아요. 맨날 이태원에 나오는 애들이 그년에 그년인데, 그분들이 얼마나 자주 봤겠어요.

드래그 퀸도 맨 처음에 등장해서 새로운 캐릭터로 빵 터질 때까지는 좀 쉬운데, 나이가 들면서 캐릭터를 발전시키고 계속해서 위상을 유지하는 게 생각보다 쉬운 일이 아니더라고요. 요즘 새로이 등장하는 애기 드래그 퀸들도 있습니까?

진짜 많이들 하더라고요. 저의 영향인지는 모르겠지만…, 페이스북으로 친구 추가하는 분들도 보면, 할로윈도 아닌데 평소에 이태원에 여장을 하고 춤추러 가요. 어린 친구들이 저 보고 "언니 너무 멋있어요" 이럴 때마다 "아니야, 네가 더 멋있어"라고 말합니다.

공연이 클럽에서 하는 것, 대낮에 하는 것, 또 무대에서 하는 것 등 다들 성격 차이가 있잖아요. 혹시 게이 클럽 말고 다른 데서 해본 적은 없나요?

드래그 퀸 공연을 게이 클럽 말고 다른 곳에서 해본 적은 아직 없어요. 어렸을 때 동대문 쇼핑몰 건물 앞에 설치된 조그만 무대에서 박지윤 씨의 「성인식」을 한 적은 있어요. 가발을 쓰진 않았고요.

몇 년 전에 본 아주 멋지고 신선한 드래그 쇼가 생각나네요. 드래그 퀸 한 분이 이제 귀찮다고 의상이나 분장 없이 드래그 쇼를 한 거예요. 드래그 하는 분들은 노래가 나오면 자세가 바뀌고 눈을 깜박거리니까, 누구나 상상을 할 수 있잖아요. '저분이 지금 메이크업을 했구나', '옷은 드레스구나' 하고요. 그렇게 맨몸으로 한 공연인데 아주 감동적이었습니다. 드래그라는 게 꼭 옷을 입어야만 하는 게 아니고 일종의 '태도'라고 볼 수가 있죠. 드래그 퀸 동네에도 어느 정도 역사가 있기 때문에 세대에 걸쳐 유전되는 형식이 있어요. 한국은 1990년대 중반부터 드래그 퀸들이 활동을 했습니다. 스타로 떠오른 분들 중에 욱이 언니가 기억이 납니다. 욱이 언니는 태국의 '알카자 쇼(Alcazar Show)'까지 진출을 했던 분이에요. 그리고 욱이 언니가 키운, 키가 장대했던 드래그 퀸인 아가리나 씨가 있어요. 아가리나 씨는 입이 커서 아가리나였는데, 공연 중에 맥주 댓 병을 입에 집어넣는 게 십팔번이었습니다. 이분은 아주 유명한 메이크업 아티스트이기도 했어요. 이 두 분 이후엔 오랫동안 대스타급 드래그 퀸이 안 나왔습니다. 그러다 최근 한국의 게이 하위문화에서 스타 드래그 퀸으로 시장을 평정한 분이 앤초비 오일 씨입니다. 앞서 말씀드린 두 분은 외모부터 무대용이에요. 멀리서도 잘 보여야 하니까 드래그 퀸은 키와 눈코입이 큽니다. 특히 입이 커야 립싱크 효과가 드라마틱하게 나타나죠. 목젖 떨기 같은 기술도 되고요. 그런데 앤초비 오일 씨는 그런 전통에서 좀 벗어나 있어요. 키도 입도 작고요. 키가 어떻게 되세요?

171.5센티미터? 조금이라도 올리고 싶네요. 172센티미터요.

보통의 드래그 퀸들하고는 신장 차이가 있어요. 전 세계적으로 유명한 드래그 퀸인 루폴 여사는 키가 193센티미터인데, 하이힐을 신고 벌집 머리 가발을 올리면 2미터 30~40센티미터까지 커진대요. 높이 면에서도 드라마틱하게 길기 때문에 눈에 확 띄죠. 아무리 힐을 신고 무대를 뛰어다녀도 키가 작은 게 약간의 약점일 수 있어요. 공연할 때 주목도를 높이기 위한 나만의 방법이 있나요?

키는 그렇게 문제가 안 되는 것 같아요. 저는 부족한 걸 끼로 커버하죠. 연습이 잘 안 될 때도, '에이, 넘어가. 그냥 끼로 해' 이런 마음으로 공연을 해요. 그런데 이게 아주 중요해요. 앞에 있는 사람들의 반응을 살피며 관객하고 즐기면서 하는 거죠.

드래그 퀸 공연이란 게 클럽에서 주로 하니까 매번 분위기가 조금씩 다르죠. 그래서 즉흥적인 적응력이 뛰어난 분들이 드래그 퀸으로 롱런합니다. 어떤 분은 연습과 준비를 많이 하는데도 정말 재미가 없어요. 그런데 앤초비 오일 씨는 나올 때마다 뜨거운 반응을 일으키며 빵빵 터집니다. 그 비결이 뭘까요?

제가 어디 업소에 소속된 것도 아니고, 드래그가 주업도 아니잖아요. 게이들의 마음속에 응어리진 끼를 대신 풀어준달까요? 어떤 분이 그러더라고요. "보는 것만으로도 일주일 동안 묵었던 끼가 풀리는 것 같다"고. 그 말을 듣고 기분이 정말 좋았어요. 그런 점에서 저를 좋아해주시는 것 같아요.

게이들이 감정이입하기 좋은 캐릭터라는 게 강점 가운데 하나가 되겠네요. 아까 언급했듯이 앤초비 오일 씨는 케이팝으로 드래그 쇼를 계속해왔다는 게 앞선 세대하고 가장 다른 점인 것 같아요. 여태까지 한국의 드래그 퀸 여러분도 십팔번은 대개 유명한 외국 게이 디바들의 팝송을 하는 거였습니다. 여태까지 공연한 한국 여자 가수 노래 가운데서 레퍼토리 십팔번은 무슨 노래인가요?

제가 소속된 공연 팀 '스파이크'에는 고고보이 두 명과 드래그 퀸도 저를 포함해서 두 명이 있는데, 다들 한국 게이의 정서에 맞는 한국적인 쇼를 보여주고 싶어 하는 욕망이 있어요. 그래서 유명한 여자 가수인 엄정화, 이효리 씨를 많이 따라 하는 편입니다. 퀴어 퍼레이드 시즌에 이효리 씨의 「미스코리아」 의상을 갖춰 입고 클럽에 가서 공연을 했는데, 그날은 정말 잊을 수가 없어요.

이때 앤초비 오일 씨의 사진이 모든 인기 있는 게이들의 페이스북에 올라왔던 것 같아요.

네, 그 무대가 제일 정이 가네요.

'이건 정말 명작이야', 이런 공연은 어떤 건가요?

다 걸작 같아요. 스파이크 1주년을 위해 준비한 공연도 진짜 걸작인 것 같고요. 컨셉이 '막장'입니다. 같이 고고보이 하는 형님이 나이도 좀 있고, 저도 개인 사업을 시작하다 보니까 마지막 장이 될 것만 같아서 그렇게 정했는데, 마지막이 안 됐으면 좋겠어요.

스파이크에는 어떻게 합류하게 됐나요?

같이 일하는 고고보이 중에 색날두라는 친구가 있는데, 그 친구가 제가 이태원 클럽에서 춤추는 걸 눈여겨봤나 봐요. 어느 날 갑자기 비밀리에 러브콜이 왔어요.

한국도 스파이크처럼 전문적인 팀이 활성화될 만한 여건이 갖춰지는 상황인가요?

여건은 여전히 좀 열악한 편이에요. 공연을 하고 싶지만 무대가 제한적이에요. 또 공연으로 돈을 많이 버는 것도 아니고요. 다들 즐기는 데 의미를 두고 있죠.

예전에 엄정화 씨가 어떤 시상식에 게이 고고보이 팀하고 같이 나와서 화제가 됐던 적이 있는데 스파이크 말고도 활동 중인 팀이 또 있나요?

그분들은 아마 '코코보이즈'라는 팀일 거예요. 게이 팀인지는 잘 모르겠네요. 업소에서 공연하는 분들은 있어도, 공연하는 게이 팀은 저희가 가장 유력한 것 같아요.

스파이크 1주년 홍보 영상을 보니까 TV 드라마 「왔다 장보리」의 연민정 역할로 분장하고 상대의 뺨을 때리는 장면이 있어요. 특별히 연민정을 고른 이유가 있습니까?

사람들이 막장 드라마를 보면서 스트레스를 풀고 열광하잖아요. 이게 저희가 생각하는 공연이랑 비슷해요. 게이들의 끼를 대신 풀어주는 거죠.

예전에 서울대학교 게이 모임에서 만들어 유행했던 동영상 「천상마짜의 드레스」가 생각났어요.

저희도 그런 코드랑 약간 비슷합니다.

해외 공연도 했던데, 언제 어디로 갔나요?

일본에서 처음 했어요. 일본에 제가 아는 형님이 가라오케를 차려서 'K-팝 드래그 퀸'으로 축하 공연을 갔었죠. 일본 니초메 거리에 제 포스터가 붙어 있더라고요. 너무 민망했는데, 조그만 가라오케에서 재미있게 했어요.

국가별로 게이 문화의 결이 조금씩 다르잖아요. 일본 게이분들은 낯가리는 문화도 좀 있고, 게이 바마다 마담이라고 하나요? 그분들의 장악력도 매우 높은 편이고요. 공연했을 때 반응은 어땠나요?

처음엔 너무 민망했어요. 왜냐하면 일본의 드래그 퀸 여러분은 화장과 의상을 엄청 오버해서 화려하잖아요.

의상으로 승부하죠, 그분들은.

그런데 제가 듣도 보도 못한 선미 옷을 입고 가서 바닥을 막 기니까 '지금 얘네는 뭐하는 건가' 싶은 표정으로 보더라고요. 점점 끼가 차오르자 나중에는 많이 좋아해줬어요.

일본의 드래그 퀸 여러분은 약간 홍백가합전 느낌이랄까요? 깃털이 좀 많고 화려한 의상으로 승부하는데, 한국의 드래그 퀸은 근성으로 승부합니다. 일본 다음엔 어디로 갔어요?

중국의 데스티네이션이라는 클럽에 갔어요.

중국의 '목적지'라고 하죠. 여기가 엄청 큰 게이 클럽이 잖아요. 여기선 어떻게 공연하게 된 거에요?

스파이크에서 고고보이 하는 친구가 초청을 받았는데 저희가 팀이니까 함께 초대해달라고 얘길 한 거죠. 저희 영상을 보고 재미있겠다 싶었는지 초대를 했고, 정말 성공적으로 공연을 마쳤어요. 최근에 또 한 번 갔다 왔어요.

아시아 게이 씬 중에서 제일 특이한 게 베이징의 데스티네이션이죠. 이건 뭔가 싶을 정도로 규모가 커요. 예전에는 사람이 너무 많아서 바에 가서 술을 살 수가 없으니까, 직원들이 왔다 갔다 하면서 대신 술을 사서 갖다 주기도 했어요.

정말 엄청 크더라고요. 깜짝 놀랐어요.

생각보다 무대 시설도 좋아서 우퍼도 잘 깔려 있고요. 진동 무대라서 훨씬 춤추기가 좋습니다. 중국 게이 여러분은 한국이나 일본 분들보다 훨씬 더 적극적이잖아요. 겁도 없고 완전히 들이대는 타입인데, 관객 반응에서 각기 다른 민족성이 확실히 느껴지나요?

네, 느껴져요. 일본 분들은 조용히 있다가 "카와이" 이러면서 팁을 꽂아주는 스타일인데, 중국 분들은 엄청 열광적이에요. 한국말로 "언니 예뻐요" 이러면서 막 만지고.

공연은 정말 좋아하지 않고는 할 수 없는 일입니다. 콘셉트를 정하고, 의상을 준비하고, 연습해서 무대에 올라가는 게 쉬운 일이 아니잖아요. 하나의 공연을 올리는 데 준비 기간은 얼마나 걸리나요?

그때그때 다른 편입니다. 발등에 불이 떨어져서 하루 만에 할 때도 있고 천천히 준비할 때도 있는데, 저는 의상을 먼저 끝내놓고 안무를 나중에 하는 타입이에요. 모든 준비가 끝나야 연습을 시작하죠.

의상을 직접 만들어요?

만드는 분한테 부탁을 하거나, 기성품을 사서 무대에 올라가요. 공연을 많이 하다 보니까 이제는 어디에서 뭘 파는지 잘 알아요.

의상은 다 갖고 있나요?

네, 이게 언젠간 다 쓸 일이 있더라고요.

미국은 루폴 같은 스타가 1990년대에 모델로 활동하다가 가수로 성공하고, 히트곡도 내고, 화장품 광고에 등장하는 등 1차 전성기를 누렸고, 2000년대에 와서는 잠시 고전하다가, 최근에는 리얼리티 쇼 「루폴의 드래그 레이스」를 통해 제2의 전성기를 누리고 있습니다. 앤초비 오일 씨는 게이 클럽 씬을 벗어나서 방송 연예계에 나가서 준연예인이 되고 싶은 야망 같은 건 없나요?

그럴 생각은 없어요. 악플 같은 거에 상처받을 것 같아요. 그리고 유명해지고 싶단 생각보다는 그냥 즐거운 게 좋아요. 전 정말 어쩌다 보니 드래그 쇼를 하게 됐거든요.

다들 처음에는 아마추어 드래그 퀸으로 시작했죠. 루폴도 아마추어였는데, 워낙 잘하다 보니 연예인이 된 거고요. 이 과정에서 다른 점이 아마추어 드래그 퀸 여러분은 맨 처음엔 자기만의 캐릭터가 미약하다가 점진적으로 캐릭터가 강화되는 게 특징이에요. 앤초비 오일 씨의 드래그 캐릭터의 발전 과정을 보면 그래도 뭔가 변화가 있었을 것 같은데요?

처음엔 분장 같은 것도 신경 안 쓰고, 뭣도 모르고 했는데, 요즘엔 의상 쪽에 신경을 많이 쓰는 편이에요.

미국에서 드래그 퀸들이 하위문화를 벗어나서 메이저 문화로 넘어서는 티핑 포인트가 있었습니다. 1945년생 디바인은 캠프 컬트 영화로 성공해서 디스코 히트곡을 내고, 주류 문화에 나와서 쌍욕을 하는 막말 캐릭터로 토크쇼에서 큰 인기를 끌었죠. 그다음에 나온 두 번째 세대가 립싱카라는 분이 있었습니다. 이분은 이스트 빌리지에서 새로운 문화가 등장할 때, 자기가 좋아하는 여배우의 웃긴 장면 대사를 잘라 붙여서 가짜로 새로운 극을 꾸민 다음에, 그걸 처음부터 끝까지 립싱크로 다 외워서 공연을 했어요. 아방가르드 연극을 만든 거죠. 이분은 지금도 연극계에서 존경받습니다. 자기를 드래그 퀸이라고 부르면 약간 화를 내요. '드래그 아티스트'라는 거죠. 그다음으로 등장한 인물이 1960년생인 루폴입니다. 이분은 진짜 대단한 게 루폴이 드래그 네임도 아니고 아예 본명이죠. 루폴 안드레 찰스에요. 엄마가 좀 이상했던 겁니다. 비정상적인 이름을 붙여서 오프라 윈프리처럼 희한한 본명으로 성공한 캐릭터라 볼 수 있어요. 한국은 트랜스젠더로는 하리수 씨가 스타의 반열에 올랐지만, 드래그 퀸으로는 아직 한국이나 아시아에서 대스타가 없었습니다. 그나마 일본에서 소설가 중에 여장을 하고 다니는 드래그 소설가가 있는 정도죠. 중국 게이 여러분이 한국을 좋아하잖아요. 곧 요우커 게이들이 서울에 왕창 몰려오는 시대가 열릴 텐데요. 이런 것과 맞물려서 스파이크도 생존이 가능하지 않을까요?

좋아해주면 좋겠지만, 아직 그런 욕심은 없습니다.

일반인 여러분은 '드래그 퀸의 공연과 트랜스젠더의 공연을 어떻게 달리 받아들여야 할 것인가?' 이 점에 대해서 헷갈려해요. 페미니스트 여러분 중에는 남자가 여성성을 희화화해서 공연한다고 불편하게 생각하는 분들도 있어요. 여성성을 희화화한다는 비판에 대해서는 어떻게 생각하세요?

그냥 공연으로 봐줬으면 좋겠어요. 어떻게 보면 여성성이 아니라 자기 자신을 희화화하는 거잖아요. '재가 저렇게 망가지면서까지 웃음을 주는구나', 이렇게 보면 되는데….

반대의 코드도 있죠. 레즈비언 여러분이 마초 분장을 하고 공연을 하는 드래그 킹이라는 게 있죠. 한국에도 잠깐 등장했다가 사라졌는데, 드래그 킹 공연을 본 적이 있나요?

공연을 본 적은 없고 레즈비언분들이 남장한 걸 보긴 봤었어요. 그런데 제가 게이라서 그런지 제 코드는 아니더라고요. 어쩜 저보다 더 남자답더라고요.

한국 대중문화에서도 드래그 퀸이 하나의 문화 코드로 등장을 했기 때문에, 일반인 여러분도 어느 정도는 알죠. 뮤지컬 「헤드윅(Hedwig)」이 장기 흥행에 성공했고, 조권 씨가 드래그 퀸 역할을 맡아서 활약했던 게이 가라오케 뮤지컬 「프리실라(Priscilla)」가 롱런했고, CJ E&M이 공동 프로듀싱한 「킨키 부츠(Kinky Boots)」라는 뮤지컬이 국내에서 막을 올렸죠. 이런 공연 중에 본 게 있나요?

「프리실라」를 봤어요. 정말 좋았어요.

조권 씨 버전으로 봤습니까?

아니요, 다른 분이 하신 걸 봤는데 무대로 뛰어 올라갈 뻔했어요. 진짜 재미있더라고요.

「프리실라」는 한국에서 게이 코드가 주류 문화로 받아들여지는 데 있어서 티핑 포인트가 된 요소가 있어요. 「헤드윅」만 해도 주연을 대부분 이성애자가 했기 때문에 남성성 과시 코드로 활용을 했는데, 「프리실라」는 아예 그런 게 없고 완전 게이 코드죠. 왜 조권 씨가 하는 걸 안 봤어요?

친구가 아는 분을 통해 표를 싸게 구입해서 그거라도 감사한 마음으로 봤어요.

저는 조권 씨 공연을 봤는데 팬이 많아서 그런지 일본에서 많이들 왔더라고요. 특히 비싼 자리에 일본 레즈비언 커플들이 함께 와서 쫙 앉아 있는데, 한국하고 코드가 다르다 싶었습니다. 한국에선 레즈비언분들이 남자 게이 문화에 별 관심이 없죠. 그런데 「프리실라」나 「헤드윅」만 해도 이성애자 배우가 소화할 수 있는데, 「킨키 부츠」에 등장하는 드래그 퀸인 롤라는 이성애자가 소화하기엔 난이도가 매우 높은 캐릭터죠. 등빨도 필요하고, 또 목소리는 허스키 보이스의 흑인 성량을 요구하기 때문에 연기하기가 어려운 캐릭터입니다. 한국 배우 가운데 누가 잘할 수 있을까요?

글쎄요, 제가 「킨키 부츠」 원작을 모르기 때문에…. 그렇지만 좀 뜬금없는 분이 잘해줬으면 좋겠어요.

드래그 퀸 중의 드래그 퀸인 루폴은 아주 유명한 명언으로, 자신만의 철학을 던진 바 있습니다. "넌 벌거숭이로 태어났고, 나머진 다 드래그야(You're born naked and the rest is drag)." 드래그 퀸뿐만이 아니라 이성애자건 게이건, 오늘날 당신을 꾸미는 코드란 게 있는 거고, 당신이 거기 맞춰서 당신이 된 거지, 태어날 때부터 당신이었던 건 아니라는 말이죠. 많은 드래그 퀸에게 꿈과 희망을 주는 명언 중의 명언입니다. 앤초비 오일 씨도 드래그 퀸을 즐기는 게이로서 자기만의 철학이 있을 것 같은데요.

저만의 철학은 뭘 하든 즐겨야 한다는 겁니다. 이게 일이 되니까 처음엔 엄청 괴로웠어요, 슬럼프도 있었고요. 이제 일로도 즐기기 시작한 시점을 조금 지났습니다. 뭐든지 즐겨야 하는 것 같아요. 공연을 할 때도 하기 싫은데 억지로 하면 잘 안 되고요.

예전엔 게이 클럽 가운데서 트랜스가 드래그 쇼로 유명했었습니다만, 지금은 르퀸의 시대라고 들었어요. 공연 환경이 조금씩 개선되는 건가요?

그렇죠. 전 좋은 것 같아요. 한국에서도 선택의 폭이 넓어진 거잖아요. 클럽을 가더라도 전에는 한 군데밖에 없었죠. 게이 문화가 점점 발전해가는 것 같습니다. 르퀸 공연도 재미있게 봤어요. 지금도 열심히 다니고 있고.

르퀸 1주년 기념 공연은 과거 한국에서는 볼 수 없었던 퀄리티라서, 전 구경꾼임에도 감개무량하단 느낌을 받았어요.

전 눈물까지 흘렸어요. 감격에 겨워서.

하지만 드래그 퀸만 해서 먹고사는 건 불가능하죠?

네, 그런 것 같아요.

앤초비 오일 씨는 현재 음식점을 하고 계신 걸로 알고 있어요.

제가 요리를 7년 정도 했거든요.

공연과 사업을 병행하기 힘들진 않으세요?

힘들죠. 식당을 밤 늦게야 마쳐요. 공연을 앞두면 의상도 제가 직접 준비해야 하고, 연습까지 하면 밤새 잠도 못 잡니다. 그렇지만 끼로 하는 거죠, 즐기면서 하고 있어요.

그나저나 얼마 전에 올라온 사진을 보니까 가슴 노출 공연 씬이 있던데, 그건 아이템이 뭐였나요?

그것도 좀 오래 전 모습이에요. 써킷이라는 클럽에서 공연을 했는데, 가슴 노출이 된 건 공연은 아니고 앙코르 같은 거였어요. 제가 그때 아이비 노래를 했거든요.

아이비가 컴백했을 때의 노래죠?

네, 아이비의 「아이 댄스(I Dance)」가 나왔을 때였어요. 그 공연이 끝나서 무대를 내려가는데 디제이가 「터치 미(Touch Me)」를 틀어 주더라고요. 춤도 잘 모르는데 무대에 다시 올라가서 그냥 했습니다. 그날 공연이 잘 됐어요. 보디가드가 일반분이었는데, 그분도 저한테 감동했다고 말씀하시더라고요. 써킷에서 일을 오래 했는데 그런 건 처음 봤다고요.

끝으로 새나라의 새 카마, 새 드래그 여러분에게 격려의 한 말씀 부탁합니다.

저는 평소에 여장하는 걸 즐기는 타입은 아니에요. 공연하면서 그저 열심히 하는 거죠. 이왕 여장을 할 거면 괜히 남의 눈치 보거나 신경 쓰지 말고, 즐기면서 열심히 했으면 좋겠어요. 시선이 곱진 않겠지만, 용기를 잃지 마세요.

작은 기적을 좇는 특별한 시선
이혁상

성적소수문화인권연대 연분홍치마에서 「마마상」(2005), 「3xFTM」(2008), 「레즈비언 정치 도전기」(2009) 등을 제작했고, 「종로의 기적」(2010)을 연출하며 감독으로 데뷔했다. 이 작품은 부산국제영화제에서 와이드앵글 부문에서 'PIFF 메세나상'을 수상했다. 중앙대학교 첨단영상대학원에서 영화 이론을 전공했다.

몇 년생에 띠는 뭐고, 학번은 어떻게 되나요?

1974년생에 호랑이띠입니다. 학번은 93학번이고요. 오래 됐네요.

게이 동네엔 언제 데뷔했나요?

단계가 있었어요. 처음으로 '게이'라는 사람을 직접 본 건 1995년 즈음으로 기억해요. 제일 먼저 찾아간 곳이 연남동에 사무실이 있던 친구사이였어요. 영화 동아리에서 세미나를 준비한다는 핑계로 세미나 자료를 구하러 찾아갔었어요. 그 당시에 동성애 담론이 굉장히 흥하고 있었죠. 서동진 씨가 연세대학교의 성 소수자 모임 '컴투게더'로 커밍아웃하는 걸 보면서, 내가 게이라서 좀 달랐던 것 아닐까 생각했고요. 계속 고민을 하다 뭔가를 해야겠다 싶었죠. 마침 동아리에서 매주 세미나를 했었는데, 그럼 동성애와 성 정치로 한번 해보자, 이렇게 해서 무작정 친구사이에 찾아갔었죠.

그때는 약간 사랑방 형태였기 때문에 조금 민망한 느낌이 있는 사무실이었죠. 친밀감이 좀 과도한 공간이었다고 할까요?

노란 장판이 깔려져 있었고, 신발을 벗고 들어가서 서로 무릎을 맞대고 앉아서 이야기를 나누던 기억이 있어요. 그때 소식지 같은 걸 받아 와서 동아리에서 세미나를 했어요.

왜 계속 안 나왔나요?

그다음부터는 고민하던 시기였어요. 동성애자로서 자신을 긍정하기보다는 약간 거리를 두고, 학문으로서 바라보려고 했던 시기였죠. 그 단계 다음에는 이런저런 책을 읽고 '나는 뭘까?'를 고민했고요. 통신 3사에서 동성애자, 성 소수자 모임들이 출범했을 때, 천리안에 있는 '퀴어넷'에 남몰래 가입해서 눈팅을 시작했죠. 나름 온라인에서 대화도 나눠보고, 영화 소모임에 참석하기도 했습니다.

천리안은 비교적 오프라인 모임이 활발했던 곳인데, 오

프라인 파티 같은 데는 안 나온 건가요?

이태원에 있던 지퍼에서 큰 모임을 해서 가봤어요. 그때는 스스로를 게이라고 인정하는 게 두려웠어요. 사람이 조금만 나올 만한 영화 소모임이나, 아예 내가 숨을 수 있는 큰 모임에만 두세 번 정도 참여했습니다.

그럼 이 단계를 지나고 게이 친구가 많아지고 자연스럽게 나의 게이다움을 발산하면서 살게 된 건 언제인가요?

방황이 길었죠. 게이라고 얘기할 자신감은 없고, 그렇다고 이성애자라고 말하기엔 켕기는 게 있고요. '나는 어떤 정체성으로 날 규정하지 않고 물 흐르듯 살 거야. 정체성이란 과정이니까', '난 다중적인 존재일 거야', '남자를 좋아하는 마음도 있지만, 한쪽에는 여자를 좋아할 수 있는 마음도 있어' 이러면서 허송세월했죠. 이후에 사회생활을 하다가 2003년에 영화를 제대로 공부하려고 대학원에 진학했어요. 그때 뭔가 혼란스럽고 결정되지 않은 나의 미분류적인 상태를 벗어나야겠다고 결심해서 본격적으로 종로 커뮤니티를 찾았습니다. 서른 살에 남자와 처음으로 연애를 해봤죠. 방황이 너무 길어서 아까워요.

아주 어렸을 때에 확신은 없다고 해도 '내가 남들하고는 다르구나'라는 걸 자각하는 시기가 있잖아요. 빠른 애들은 미취학 아동기에 이미 깨닫기도 하죠. 사춘기에 정체성 문제로 고민한 적은 없었나요?

많은 게이가 청소년기에 놀림을 받을 거예요. "계집애 같다", "여성스럽다", "넌 왜 이렇게 남자답지 못하니" 이렇게 핀잔을 듣기도 하고, 놀림을 받거나, 때로는 왕따를 당하기도 하죠. 당시만 해도 한국은 동성애자라는 개념 자체가 모호했어요. 모두 '호모'라는 단어로 설명하던 때였고, 그조차도 명확하지 않았던 시절이었죠. 그래서 저는 남자답지 못한 게 성격의 일부라고 생각하면서 쭉 커왔습니다. 그런데 스스로를 게이라고 정체화하면서 회상해보니까, 모든 퍼즐이 맞춰지더라고요. 기억 속에 너무나도 명확한 몇몇 순간이 있는데, 네 살 정도까지 거슬러 올라가요.

네, 게이나 레즈비언의 4~5세 때 사진을 보면 게이다움, 레즈비언다움이 빵빵 터져 나와요.

저도 그 즈음 찍은 사진을 보면 포즈를 잡을 때의 엉덩이와 골반의 각도가 지금보다 더 유연해서…. 어느 날 삼촌이 친구들과 저희 집에 놀러 왔어요. 그중 한 분이 저를 안아서 무릎 위에 앉혀놓고 귀엽다며 성기를 만져줬던 기억이 나요. 그때는 어른들이 귀엽다며 아이들 성기를 만지는 장난을 많이 했잖아요. 그걸 계속 만지면 정말 이상한 건데, 잠깐 만지다 마니까 제가 손을 끌고 와서 계속 만져달라고….

영재 게이 소년이었네요.

'그때부터 뭔가가 있었던 건가?' 생각하며 퍼즐을 맞춰갔죠. 중학교 때 같은 반 친구한테 고마움을 표현해야겠단 마음에 저도 모르게 볼에다 뽀뽀를 했고요. 고등학교 때는 짝꿍과 한 학기에 걸쳐서 연애와 다를 바 없는 로맨스가 있었어요. 그땐 진한 우정이라고 생각했지만요.

이혁상 감독님은 '과체중계의 원빈', '뚱계의 미녀'로 호칭되고 있습니다. 게이 사회는 각각의 성적 선호에 따라서 커뮤니티가 잘게 쪼개져 있습니다. 취미나 연령별로 쪼개지기도 하죠. 그중 가장 특징적인 소그룹이 뚱과 베어죠. 서양도 마찬가지고요. 뚱은 '처비(Chubby)', 곰은 '베어(Bear)'. 한국에서도 '뚱계', '곰계', '베어계'라 부릅니다. 아시아계 사람들은 서양인처럼 덩치가 크지 않으니까 뚱하고 베어가 구별되진 않아요. 그래서 '뚱베어'처럼 합쳐서 부르는 경우가 많습니다.

진지하게 뚱과 베어를 구분하니까 재밌네요. 「종로의 기적」을 친구사이와 연분홍치마가 공동 제작해서 회의가 많았어요. 친구사이에 예쁜이 언니라고 있는데, 어느 날 그분이 앙칼진 목소리로 "야! 네가 뚱계의 원빈이라며?"라고 어이가 없다는 듯이 말씀하시더라고요. 저도 그때 처음 들었어요. '뚱계의 원빈'이라는 게 감사한 평가지만, 저에게는 과분하죠. 이제 나이도 들어서 왕관을 내려놔야죠.

키가 178센티미터에 몸무게가 90킬로그램이라고 돼 있던데, 현재는 체중이 어떻게 되나요? 뚱베어 동네에서는 이 정도면 어느 정도인가요?

지금은 나잇살이 쪄서 5킬로 정도 늘어났습니다. 키와 몸무게 비례에 따라서 달라지긴 하는데, 요즘은 게이들이 근육을 많이 키우잖아요. '예쁜 뚱'이라고 하면 보통 100킬로는 넘더라고요. 저는 비교도 안 될 만큼 덩치 큰 분이 많아서 뒷방퇴물이 된 기분입니다.

뚱베어인 분들은 뚱이나 베어를 좋아하기 때문에, 원래 타고난 뚱이나 베어가 아닌 분들 중에는 열심히 노력해서 뚱베어로 거듭나기도 합니다. 그런 분들은 스트레스를 받으면 살이 쭉쭉 빠지니까 고민이 많더라고요.

저는 오히려 체중이 많이 나가서 고민입니다. 30대 초반까지는 괜찮다가 마흔 줄이 딱 넘고 나니까 무릎이 아파오기 시작하더라고요, 관절이. 게다가 제가 촬영이나 작업을 하다 보면 카메라나 장비를 직접 들고 다녀야 하는데 촬영 한번 나갔다 오면 온몸이 쑤셔요. 안 그래도 체력을 기르고 근력을 키워보려고 다이어트를 잠깐 했다가, 너무 잘 돼서 잠깐 제 뚱 정체성을 잃어버렸던 적이 있었어요. 잠시 방만해졌다가 현재 몸무게가 됐습니다. 운동은 계속하고 있어요.

무슨 운동을 하나요?

관절에 무리가 덜 가는 수영을 하고 있어요. 무게가 정리되면 근력을 키우는 운동을 해볼까 해요.

뚱베어 여러분은 게이 동네에서 결속력이 가장 높은 동

네죠. 해외는 가죽 베어 여러분이 그런데, 한국은 뚱베어 씬이 가장 친밀감이 높아요. 맛있는 것 먹으러 잘 다니고, 버스를 대절해서 놀러 가기도 하고. 해외 원정도 뛰기 때문에 뚱베어끼리는 한중일이 서로 잘 알고요. 뚱베어 씬을 보면서 이런 생각을 해봤어요. '뚱베어 여러분은 몸매가 중요하지 얼굴을 안 보는 게 아닐까?', '뚱베어 동네는 나이를 덜 타는 게 아닌가?' 어째서 그렇게 뚱베어들은 사이좋게 몰려다니면서 놀 수 있는 걸까요?

하위문화를 비평하는 관점에서 이 집단을 분석해보고 싶은 마음이 들기도 해요. 내부에서 자체적으로 모든 것을 해결할 수 있는 분위기가 있어요. 외형적으로 듬직한 사람들끼리 연애를 하니까 자연스럽게 어울리게 되고 패밀리가 되는 분위기도 좀 있고요. 제가 읽은 책에 동서양을 막론하고 뚱계들은 서로의 살과 살이 만나는 촉각에 큰 즐거움을 느낀다, 이런 이야기가 있더라고요. 어떻게 보면 한국 사회 전반이 뚱뚱한 사람을 소외시키는 분위기잖아요. 그런데 반대로 종로에서는 뚱뚱한 게 장점이 되니까 유대감이 형성되는 거죠.

뚱베어 게이들이 트렌드에 민감하잖아요. 서울에서도 새로 뜨는 힙스터 동네에 제일 먼저 나타나는 트렌드 세터가 뚱베어 연인들이에요. 저는 몇 년 전부터 뚱베어 여러분을 지표 생물로 삼습니다. 저분들이 나타났다 싶으면 그 동네가 뜨는 거예요. 최근에는 몇 년 전부터 연희동에 뚱베어 여러분이 나타난 걸 보고 마지막으로 개발 여력을 가진 힙스터 동네가 연희동이 아닐까 하는 근거 없는 확신을 가지고 있습니다. 뚱베어 여러분이 유대감과 결속감은 높은데, LGBT 퍼레이드에 가보면 의외로 많지 않아요. 그건 왜 그럴까요?

제가 성 소수자 인권 활동을 쭉 해오면서 느꼈던 부분인데, 뚱베어 게이는 일상 속에서 손쉽게 커버가 됩니다. 일반인들은 뚱뚱하고, 우락부락하고, 수염 난 사람이 게이일 거라고 상상을 안 하죠. 외모가 소위 말하는 남성스러운 분들은 성 소수자로 살아가면서 일상에서 모순이나 차별 같은 것을 상대적으로 덜 느낍니다. 누가 봐도 게이인 분들은 시선의 차별과 여러 가지 언어폭력 등을 한 번 이상은 경험하지만, 뚱베어는 그런 일이 별로 없어요. 그런 차이가 성 소수자 이슈에 뚱베어가 둔감하도록 만드는 것 아닌가 싶습니다. 그래서 인권 운동 판에는 '말라(마른)' 언니들밖에 없고, 뚱베어 활동가는 찾기 힘든 상황이에요.

LGBT 퍼레이드가 끝나고 트위터에서 이런 의견이 나왔어요. 예쁜 뚱베어 여러분을 섭외해서 안전 요원으로 완장을 채우고, 기독교 보수 단체가 길을 틀어막고 누우면 그분들이 나가서 "야! 뭐하는 거야!" 하면서 들어내는 역할을 하면 어떨까…. 기운은 좋으니까요.

좋은 아이디어입니다. 한번 조직해보는 것도 나쁘지 않을 것 같아요. 가죽 언니들처럼 모자 쓰고, 엑스 모양 옷 입고 해봐도 괜찮고요. 그런데 말을 안 해야 돼요. 입을 안 열고 인상만 써야지.

뚱베어 동네는 연애도 보통 게이들보단 조금 오래가고 수월합니다. 보통 20대 게이는 마의 계곡이 6개월이죠.

물론 사람마다 다르겠죠. 저도 어리고 젊었을 땐 연애가 오래가지 못했는데, 나이가 드니까 정착하고 싶은 마음이 생기더라고요. 지금 애인과는 2년째 사귀고 있습니다. 중간에 반년 정도는 헤어졌었고요. 작년 여름에 다시 만나서 1년 정도 됐습니다.

북미는 게이 해방운동이 시작된 게 1969년도이기 때문에 1970년대가 되면 '성 해방'이라며 상상 초월의 세월을 보내고, 1980년대에 AIDS 대위기를 맞았죠. 이렇게 보면 문화가 한국이나 일본하고는 다른 면모가 있죠. 한국 게이는 성적으로 전혀 문란하지 못한 분이 많습니다. 이혁상 감독님은 어떤가요?

문란의 기준을 어디에 둬야 할까요? 저는 마음만 먹으면 문란해질 수 있어요. 나쁜 의미로 '문란'이라는 단어를 쓰면요. 성적인 자유로움이나 즐거움을 만끽하는 태도라고도 얘기할 수 있겠죠. 젊었을 때 좀 더 문란하게 놀지 못했던 게 아쉽긴 해요. 자신의 건강을 지킬 수 있는 여러 가지 준비가 충분히 전제된다면 그런 자유로움과 에너지는 젊었을 때 하는 게 좋죠. 당연히 늙어서도 만끽하고 즐기고요.

연애할 때 상대에게 '모노거미(Monogamy)', 상호 독점적인 관계를 요구합니까? 예를 들면 "바람피우면 끝장이다!" 같은 자세요.

저는 모노거미에 대한 확신, 또는 '이건 우리 인류가 지켜야 할 가치야' 이런 생각은 없어요. 그걸 상대에게 강요하고 싶지도 않고요. 어떤 상대를 만나느냐에 따라 달라지긴 하겠죠. 만약 상대방이 모노거미를 존중받고 싶다면 저도 당연히 존중을 해야죠. 저는 상대에 맞추는 스타일입니다. 그런데 여태껏 만난 사람 중 자유로운 연애를 함께 해보자는 사람은 없었어요.

그럼 오픈 릴레이션십을 해본 적 없나요?

네, 그런 적은 없어요. 지금 애인이 탑밖에 못하는 탑이에요. 얼마 전에 애인이 "도저히 바텀을 해줄 순 없으니 밖에 가서 탑을 하고 오는 건 내가 존중하고 이해하겠다", 이런 얘길 한 적이 있어요. 전격적인 오픈 릴레이션십은 아니지만 나름의 조절된 관계이긴 해요. 그렇다고 제가 밖에서 조용히 해결하고 올 수 있을진 모르겠네요. 그냥 이렇게 살겠죠.

한국 사회는 게이도 유교 문화의 영향이 있어서 오픈 릴레이션십을 하는 사람이 거의 없어요. 다들 일부일처제를 추구하는 아주 착한 삶을 살고 있더라고요.

제 주변의 뚱베어 게이 중에는 은근히 있어요. 보통 오픈 릴레이션십을 한다고 하면 그 관계를 존중하기보다 "왜 그래?" 하는 분위기가 강합니다. 그런데 사람이 만나면 다양한 관계가 가능하잖아요. 우리라면 그 나름대로의 관계를 존중해줘야 한다고 생각합니다.

이상형이 어떻게 되나요?

저는 우선 80킬로가 넘어야 해요. 그 정도는 넘어야 '내가 눌리는구나' 이런 느낌이 들죠. 그런 기준 말고는 특별히 외형적으로 엄격하지 않지만, 생각하는 가치나 지향하는 것들이 맞아야죠. 정치적인 입장이 너무 다르면 힘들어요.

새누리당을 지지하는 정말 잘생기고 멋진 왕 베어라면?

연애 관계는 못 하고, 가볍게 원나잇 같은 건 가능하겠죠. 그런 경험이 있는데, 다시는 만나면 안 되겠다 싶었어요. 처음에는 몰랐다가, 연애 과정에서 서서히 드러난 케이스였어요. 다른 면에서는 잘 맞고 귀엽기까지 한 친구였는데, 일상에서 정치적인 지향이 안 부딪힐 수 없는 상황이 되더라고요.

동거나 동성혼, 입양, 이런 계획이 있습니까?

지금 애인과 거의 동거하다시피 지내고 있습니다. 애인이 외국에 살다가 저랑 만나게 되면서 외국 생활을 청산하고 들어온 상황입니다. 딱히 다른 데에 집을 구하는 것보다 저와 같이 지내는 게 낫겠다 싶어서 제가 사는 공간에서 함께 지내고 있어요. 입양은 막연하게 남자애면 좋겠단 생각은 했었습니다. 아무래도 익숙한 성별이니까요. 솔직히 저는 비혼주의에 가까운 입장입니다. 동성혼도 결혼이라는 큰 시스템과 가족주의라는 점에서 굳이 선택할 필요가 있을까 싶어요. 이것에 관해 건강한 비판이 가능해야죠. 하지만 그것과 별개로 동성혼은 인권과 평등권으로서 당연히 이루어져야죠. 동성혼이 가능해질 때까지 함께 투쟁할 거고, 이게 가능해진 다음부터는 가족주의에 대한 비판자로서 제 포지션을 이동하지 않을까 합니다. 그런데 제 애인은 결혼하고 싶어 해요.

진보적인 정치적 입장을 갖고 있는 LGBT 여러분이 주로 동성혼 법제화에 대해서는 강력한 의견을 피력한다고 해도 본인 스스로는 동성혼에 대한 의지가 없는 케이스가 태반이더라고요. 어떤 면에서 나이가 들수록 삶이 안정되려면 혼인 관계 비스무리한 것이 필요한 건 사실이죠. 시빌 유니온 같은 형태가 있는 것도 좋겠고요.

내가 사랑해서 만나는 이 사람이 결혼을 그렇게 원한다면 '한번 해볼 수도 있지 않을까?' 싶어요. 오히려 이렇게 가볍게 결혼을 할 수도 있다는 생각이, 이 제도를 대하는 저만의 또 다른 방식이 될 수도 있지 않을까….

인간이 나이가 들면서 보수적으로 변하는 건 경험치 축적 때문인 것 같아요. 한국의 게이와 레즈비언 여러분이 연애할 때 공공장소에서 손을 잡거나, 거리낌 없이 키스하는 경우가 그렇게 많지 않아요. 특히 게이들이 공공장소에서 연인에 대한 호감을 표출하는 데 심리적 장벽을 많이 느끼죠. 두 분은 어떻습니까? 명동이나 이런 데 나가시면 손잡고 다니나요?

손은 제대로 잡아본 기억이 없어요. 그런데 걸어 다니면서 슬금슬금 서로 만지죠. 남의 눈에 안 띄는 정도로요. 저는 사회적으로 커밍아웃을 한 상황이어서 괜찮은데, 같이 다니는 상대의 의사를 존중해야 하니까 그게 쉽진 않아요. 처음으로 단 둘이 일본으로 여행을 간 적이 있어요. 거기선 보는 사람도 없어서 제가 "손 내밀어" 이러면서 손을 확 잡고 걸었는데, 좀 걷다가 부끄러운지 빼더라고요.

가족에게 애인 소개는 했나요?

동생 내외에겐 했습니다. 저희 아버님께서 가끔 이렇게 말씀하세요. "너는 왜 결혼은 안 하니?", "너 요즘 여자는 안 사귀니?", "왜 여자는 안 데려와?" 그때마다 왜 어르신들은 커밍아웃을 해도 부정하거나 까먹어서 이러시나 싶죠. 제가 발끈해서 "아버지, 제가 몇 번이나 게이라고 커밍아웃을 했는데 못 알아들으세요!"라고 했더니, 아버지께서 "너 남자 좋아하면 남자랑 결혼해라" 이런 의미였다고 하시더라고요. 사람이 혼자 지내는 것보단 짝을 이뤄서 지내는 게 낫지 않겠느냐고요. 그래서 만나는 사람이 있다고는 말씀드렸더니, 사위를 데려오라는 것처럼 "그럼 봐야지?" 이러시더라고요. 애인이 마음의 준비가 되면 한복을 입고 인사드리러 갈까 해요. 그런데 엄마한테 혼날 것 같아요. 같이 지내보니까 애인의 표정이나 행동이 저희 아버지랑 똑같은 거예요. 결국 딸들은 아버지상을 찾는 건가…? 어머니가 "너는 어디서 남자라고, 자기 아빠랑 똑같은 사람을 데리고 왔냐!" 이러면서 엄청나게 면박을 주시지 않을까 싶어요. 부모님께서 어떻게 반응하실까 정말 기대돼요. 꼭 카메라를 들고 가서 촬영을 해봐야겠어요.

학부 전공이 영화가 아니었죠?

무역학을 전공했습니다. 연극영화과를 가고 싶었는데, 집과 학교에서 엄청 반대를 했어요. 당시만 해도 영화를 한다는 것에 대해서 부모님 세대 분들은 편견이 많았던 것 같아요. 반대를 엄청나게 해서 제 나름대로는 타협을 한 거죠. 대학교 합격자 발표하자마자 영화 동아리를 찾아갔어요. 동아리 활동을 전공보다 열심히 했었죠.

학교에 LGBT 모임은 없었나요?

제가 입학한 게 1993년도였는데, 1999년까지도 생기지 않았어요. 졸업하고 사회생활을 좀 하다가 대학원 공부를 위해 다시 학교로 돌아왔을 때 '레인보우피쉬'라는 성 소수자 인권 동아리가 생겼더라고요. 나이는 좀 있었지만 젊은 친구들과 벅차게 놀았죠.

대학원에서 전공한 영화 이론이 영화감독이 되는 데 도

움이 좀 됐나요? 언제부터 영화감독을 꿈꾸셨나요?

제가 영화감독이 되겠다고 결심을 했던 건 중학교 1학년 때였어요. 학교 강당에 영사기사가 와서 단체 관람을 하는 시대였어요. 그 전까진 영화라는 매체에 아무런 생각이 없었죠. 그런데 스티븐 스필버그가 감독하고 해리슨 포드가 주연한 '인디아나 존스' 시리즈의 첫 번째 편인 「레이더스(Raiders Of The Lost Ark)」(1981)를 보고 '영화란 것이 이런 거구나' 느꼈어요. 그날부터 스필버그 같은 감독이 되자고 결심했죠. 지금 와서 생각해보면 영화라는 미디어뿐 아니라 해리슨 포드에게도 매혹됐던 것 같아요. 영화감독이 되겠다고 영화도 많이 보고, 영화와 관련된 책도 많이 읽었죠. 연극영화과를 못 가고 무역학과 공부를 하면서 이러면 안 되겠다 싶더군요. '영화를 제대로 공부해 봐야겠다'는 생각에 대학원을 가게 된 거죠. 그런데 제작 전공은 연출 포트폴리오가 있어야 했어요. 그나마 영화를 공부할 수 있는 이론부터 해보자는 단순한 이유 때문에 이론과에 응시했던 거죠. 사실 비평이나 평론은 관심이 없었고, 영화를 많이 보고 영화에 대해 사람들과 이야기하고 분석하는 데 재미를 더 느꼈어요.

연분홍치마에서는 언제부터 활동하게 된 건가요?

석사 도중에 하기 시작했어요. 저는 대학원에서 커밍아웃을 했었기 때문에 퀴어 이론이나 섹슈얼리티와 관련한 공부를 좀 더 해보고 싶단 생각을 초반에 가지고 있었어요. 그래서 세미나를 꾸리게 됐는데 그 세미나 팀이 지금의 연분홍치마가 됐죠. 멤버가 열 명 정도 있었는데 현재는 다섯 명 정도입니다. 지금 같이 활동하는 김일란 감독이 주축이 돼서 만들었죠. 김일란 감독은 저와 1993년도 신입생 시절부터 서울지역 대학영화패연합이라는 모임에서 알게 된 사이여서, 저의 과거나 정체성에 대해서도 이미 잘 알고 있었습니다. "한번 같이 공부해보자"며 저를 끌고 들어갔던 거죠.

연분홍치마, 낭만적인 이름이에요.

정확히 어떤 맥락에서 연분홍치마가 나왔는지 기억은 잘 안 나요. 모든 단체 이름은 항상 사후에 의미가 들러붙잖아요. 누군가 연분홍치마를 얘기했을 때 괜찮다 싶었어요. 거기에 의미를 담아본 거죠. 치마 모양이 삼각형에 가까운 모양이고, 핑크색인 것은 '핑크 트라이앵글(과거 홀로코스트의 동성애자에게 의무적으로 장착된 삼각형 배지로, 현재 여섯 빛깔 무지개와 함께 게이 프라이드의 상징으로 사용됨)'과 연관을 맺을 수도 있는 데다, 연분홍치마에 여성주의나 다양한 섹슈얼리티에 대한 존중을 의미화해보자고 생각했어요. 그렇게 연분홍치마라고 이름을 정하고 활동을 시작한 때가 2004년입니다.

제작자 단체 연합으로 전환된 건 언제부터에요?

이론도 중요하지만 현장에서 이야기를 풀어보고 싶다는 움직임이 내부에서 있었어요. 여성주의와 성 소수자 인권을 기반으로 현장에 들어가보자고 해서 처음 한 작업이 기지촌 성매매 여성과 관련된 실태 조사였어요. 보통 실태 조사를 하다 보면 논문이나 자료집으로 결과 보고서가 나오는데, 저희는 이런 텍스트가 아니라 더 효과적으로 사람들에게 메시지를 전달할 수 있는 영상 작업을 만들어보자고 한 거죠. 무작정 카메라를 들고 시작한 작품이 2005년도에 나온 「마마상」입니다.

두 번째가 트랜스젠더의 삶을 다룬 「3xFTM」이죠. 여자에서 남자로 성전환한 분을 섭외해서 다큐멘터리를 찍는 게 쉽지는 않았을 것 같아요. 이 영화의 내용은 어떻게 구성됐고, 개봉 후에 반응은 어땠나요?

트랜스젠더 세 명의 일상과 고민, 수술 과정 등을 담은 다큐멘터리였습니다. 섭외는 힘들었지만, 여성영화제에서 제작을 지원하는 '다큐멘터리 옥랑상'을 받아서 제작비를 충당할 수 있었죠. 사전 제작 지원으로 1000만 원을 지원받았거든요. 개봉하고 영진위 공식 집계로 1500명 정도의 관객이 영화를 본 것으로 기억해요. 당시 독립 다큐는 개봉을 하면 그 정도의 성적밖에 얻지 못했어요. 보통 한국에서 트랜스젠더라고 하면 하리수 씨를 생각하잖아요? 남성에서 여성으로 성전환한 분들의 이미지가 강하죠. 「3xFTM」을 통해서 여성에서 남성으로 성전환한 분들의 모습이 가시화된 점이 의미가 있었어요. 그들이 굉장히 복잡한 주체들이잖아요. 한국 같은 남성 중심적 사회에서 여성에서 남성이 된다는 게 어떤 의미를 갖느냐, 어떻게 보면 여성주의 쪽에서는 다른 시각으로 볼 수도 있는 문제고요. 김일란 감독이 이런 다양한 갈등을 담아보려고 노력했던 것 같아요. 저는 열심히 촬영하고 편집했습니다.

그다음 영화가 한영희, 홍지유 감독의 2009년 작 「레즈비언 정치 도전기」입니다. 레즈비언으로 커밍아웃하고 국회의원 선거에 나섰던 최현숙 씨를 다루고 있어요. 리뷰는 많이 나왔는데 실제 관객 호응은 어땠나요?

이 작품은 개봉을 못 해서 아쉬움이 남습니다. 「3xFTM」을 개봉하면서 여러 가지 배우기도 하고 한계도 느꼈어요. 「레즈비언 정치 도전기」는 전국 개봉보다는 우리의 상황을 좀 더 이해하고 공감할 수 있는 공동체를 중심으로 하는 배급이 좀 더 효과적이지 않을까 싶어서 공동체 배급을 결정했습니다. 더 많은 관객에게 다가가지 못한 아쉬움은 있지만, 이 영화에 대한 이해는 더 깊게 만들었던 것 같아요. 「레즈비언 정치 도전기」를 상영할 때는 분위기가 항상 좋았습니다.

연분홍치마가 네 번째로 제작한 작품이 이혁상 감독이 단독으로 진행한 「종로의 기적」이고요. 다섯 번째 작품이 용산참사, 즉 용산4구역의 남일당 건물에서 발생한 화재 사건을 다룬 홍지유, 김일란 감독의 2012년 작 「두 개의 문」입니다. 이 영화는 관객이 좀 들었던 모양이더라고요?

7만 5000명 정도요. 「종로의 기적」이 7500명 정도였는데, 딱 열 배죠. 용산참사가 많은 사람에게 죄책감 같은 것을 안겼던 것 같아요. "내가 무언가 하지 못한 참사" 이런 마음이요. 또 정권에 대한 변화의 움직임도 많았고요. 그래서 많은 관객이 재미를 얻겠다거나 스트레스를 풀기 위해 영화관에 간 것이 아니라, 용산을 잊지 않게 하는 데 조금이라도 도움이 되겠다는 마음으로 영화를 많이 봤을 거라 생각합니다.

시대의 흐름을 타는 것은 중요합니다. 「종로의 기적」을 찍기 시작한 건 2008년으로 알고 있어요. "내 작업이다" 하고 감독으로 정식 데뷔한 게 상당히 늦은 케이스입니다. 이 점이 많이 아쉽지 않나요?

좀 늦은 감이 있었지만 만일 더 어린 나이에 영화 연출을 맡았다면 더 많은 실수와 아쉬움을 남기지 않았을까, 선머슴이 치기 어린 에너지로 만든 영화가 나오지 않았을까 싶어요. 「종로의 기적」 전에 연분홍치마에서 세 작품의 촬영과 편집 등 다양한 역할을 하면서 다큐를 제작하는 나름의 훈련을 했고, 그러한 것들이 「종로의 기적」을 제작할 때 도움이 많이 됐죠.

「종로의 기적」은 30대 게이 네 명이 주인공입니다. 섭외는 어떻게 하게 된 건지 궁금해요.

연분홍치마와 친구사이가 공동으로 진행했던 작업이었는데요. 친구사이가 홈페이지를 통해서 「커밍아웃 인터뷰」를 진행했습니다. 인터뷰를 통해 한 명씩 소개하는 건데, 텍스트로 된 인터뷰를 영상으로 만들어보자는 제안을 해주셨고, 그런 과정에서 자연스럽게 그 인터뷰에 나왔던 분들에게 먼저 연락했습니다. 그러면서 소준문 감독과 당시에 「커밍아웃 인터뷰」에 참여한 최영수 씨가 후보에 올랐고요. 나머지 사람을 찾는 과정은 좀 어려웠어요. 이 작업이 사회적으로 커밍아웃을 해야 하는 거잖아요. 친구사이 홈페이지나 텍스트를 통해서 커밍아웃을 하는 것과는 또 다른 차원인 거죠. 캐스팅 문의를 했던 분들이 어려움을 표했어요. 저는 평범하게 게이의 삶을 사는 사람을 찾고 싶었는데, 그런 분들이 자신의 평범한 삶을 뒤흔들 출연을 하고 싶어 하진 않았겠죠. 주인공 섭외에 난항을 겪다가 결국에는 활동가들에게 얘기를 건네봤습니다. 어쨌든 이 작업이 성 소수자 인권 운동 프로젝트의 일환이었고, 그런 어려움을 공감해줄 수 있는 사람들이 활동가가 아닐까 싶은 생각에 동성애자인권연대에서 활동했던 장병권 씨와 정욜 씨에게 출연 제의를 했었죠. 그래서 총 네 분이 됐고요. 출연자 중에 친구사이에 언니 한 분이 더 있었는데 복합적인 이유로 중도 하차하게 됐어요. 근데 저는 참 다행이라고 생각합니다. 네 분도 벅차서 너무 힘들었거든요. 보통 옴니버스 영화 보면 세 편씩 묶잖아요? 그 이유를 알겠더라고요. 세 편이 가장 적당한 길이와 무게감이 있는 것 같아요.

서사의 양이 4인분이면 상당한 분량이긴 하죠. 이 영화는 부산국제영화제에서 상도 타고 영화진흥위원회에서 개봉 지원작으로 선정돼서 지원금도 받은 것으로 알고 있어요. 반응이 괜찮았던 것 같은데요. 감독의 입장에서 직접 피부로 느끼는 관객의 반응은 어땠습니까?

다들 “게이들이 참 열심히 살고, 예쁘고, 착하고, 말도 잘하고, 똑똑한 사람들이다”, “우리와 다르지 않다”와 같은 좋은 반응들이었어요. 이전의 선입견과 편견이 많이 사라졌다고 얘기하는 분이 많았고요. 그래서 저는 보람을 느꼈는데, 제가 이 이야기를 꺼내면서 저어했던 부분은, 게이의 모습을 너무 착하게만 그려서 순진한 다큐가 되어버린 건 아닐까 하는 반성이 요즘도 들어요. 게이라는 삶의 특수함이나 엣지 같은 것들이 「종로의 기적」에 더 담겼더라면 하는 아쉬움이요. 조금 불편한 감정이 있더라도 관객에게 새로운 자극이나 게이만의 특수한 상황에서 오는 쟁점을 던져줬어야 하지 않았나 하는 게 저의 반성 중 하나입니다.

한국에 퀴어 영화가 많지 않으니까 영화감독 입장에서 편집할 때 국내 관객을 의식하다 보면, 인권 운동의 입장에서 "동성애자가 너희 이성애자들과 크게 다르지 않다"는 보편성을 강조하게 됩니다. 반면 해외 영화제에서 영화를 틀고, 상도 타려면 한국 동성애자 사회의 특징이나 엣지가 살아나야 되잖아요. 이게 약간은 양날의 검이죠. 이런 부분들이 강조되면 이성애자 관객들은 동성애자 문화에 익숙하지 않아서 정서적 거리감을 확 느껴버릴 수도 있으니까요. 영화 제작자 입장에서 상업 영화로 국내에서 흥행을 해야 하는 경우가 아니라면 마음 한구석엔 '해외에서 상이라도 타야지' 이런 마음이 있을 것 같은데, 이 영화는 그 부분을 포기한 느낌입니다.

포기했다기보다는, 애초에 기획과 제작 단계에서 해외에서 이 영화가 어떻게 받아들여질지 고민하지 않았어요. 한국에서의 상황이 더 중요하다는 판단이 앞섰죠.

제작 기간이 꽤 길었어요. 2008년에 시작해서 2011년에 개봉했으니까요. 이렇게까지 시간이 오래 걸린 이유가 있습니까?

네 명의 주인공을 따라다니는 일이 생각보다 만만치 않았어요. 저 혼자서 촬영과 연출, 편집 같은 것을 다 해야 하는 상황이었기 때문에, 네 명의 일상을 담는 과정이 시간이 많이 걸렸어요. 그리고 좀 부끄러운 얘기지만 제가 처음 데뷔하는 감독의 입장에서 방황을 엄청 많이 했어요. 잠수도 타고, 한두 달 편집을 놓기도 했고요. 주인공들뿐만 아니라 주변의 같이 일하는 연분홍치마 활동가분들에게도 염려를 많이 끼쳤죠. 그리고 영화를 본 분들은 알겠지만, 주인공들에게 큰 일이 몇 개 있었죠.

가장 마음 아픈 일은 주인공 가운데 한 분인 최영수 씨의 죽음이었습니다. 뇌수막염과 폐렴으로 생을 마감한 최영수 씨의 죽음을 영화에서 어떻게 다루느냐 하는 부분이 감독의 입장에서 큰 고민이었겠죠. 마음고생도 많이 했을 것 같고요. 관객의 입장에서 저는 최영수 씨가 친구사이의 합창단 G-보이스 멤버로 활동하면서 대구에 가서 공연을 하게 되는데, 그때 고등학생 시절에 짝사랑한 이성애자 친구를 부르죠. 그런데 친구가 혼자 오는 게 아니라 아이와 부인까지, 정말 화목한 가정의 모습으로 나타났고, 공연 내내 박수를 치며 응원을 하잖아요. 공연을 마친 뒤에 그 가족이 멀리 떠나가는 걸 최영수 씨가 건물 창문에 매달려서 바라보는 장면은 정말…. 그 뒷모습이 잊히지가 않아요.

네, 애처롭게 바라보고 있죠. 저도 좋아하는 장면인데, 동병상련 같은 감정도 있었어요. 제 학창시절의 하이틴 로맨스 상대였던 그 친구를 다시 만나면 아마 나도 저런 느낌이 들지 않을까…. 많은 게이가 다 그런 경험 한번쯤은 있잖아요.

최영수 씨는 죽기 전에 가족에게 커밍아웃한 부분이나 폐렴과 뇌수막염으로 세상을 뜨고 게이 친구들이 장례식을 치러주는 모습 등이 상당히 간략하게 편집되어 있습니다. 편집자가 느낀 심리적인 부담감이 확 느껴지더라고요. 다큐멘터리 영화감독은 좀 '나쁜 놈'이어야 합니다. 굉장히 냉정한 놈이어야 문제작이 나오는데, 굉장히 '안 나쁜 놈'의 입장을 취해서 약간 놀랐어요. 영화감독이 이래도 되나? 그런데 등장하는 인물들 간에도 차이가 있습니다. 맨 앞에 등장하는 소준문 감독을 다룬 부분은 약간 냉정해요. 영화감독으로서 게이라서 심리적인 압박감을 느끼고, 현장을 장악하지 못하고, 멘붕을 겪는 모습이 냉정하게 잘 그려지죠. 그런데 정욜 씨나 장병권 씨는 주인공이 심리적으로 흔들리는 위치까지 카메라가 다가가질 않아요. 특히 각각 애인 분들이 등장하는 화면에서는 조심하는 게 역력히 느껴지죠. 과장하자면 '실례하면 안 된다', '게이 동네에서 손가락질 받지 말아야지', 그런 느낌이랄까요? 등장인물마다 카메라의 시선과 태도가 결이 살짝 다른 게 느껴집니다. 가장 다른 게 최영수 씨에요. 최영수 씨는 본인이 부끄럼이 많은 인물이기 때문에 감독하고 처음엔 케미스트리가 잘 안 맞았고 중간에 약간 황당한 부분도 있죠. 제삼자 인터뷰어가 등장하는 거죠. 그거 좀 설명해주세요. 분명히 이 다큐멘터리는 감독의 나레이션으로 일기처럼 시작했는데, '어, 뭐야? 왜 바통 터치를?' 이런 느낌인 거죠.

이 다큐가 너무 착한 다큐가 되어버리는 한계나 원인 중의 하나인 것 같아요. 영수 씨를 인터뷰할 때 저를 대신해서 친구사이의 코러스 보이 언니가 인터뷰를 해요. 그 인터뷰 자리가 나중에 친구사이 홈페이지에 뜬 「커밍아웃 인터뷰」였는데, 그때는 테스트 촬영이었어요. 거의 초반이었기 때문에 '일단 영수 씨가 어떤 캐릭터인지 찍어놓기나 하자, 혹시 나중에 도움이 될 수도 있으니까….' 딱 그 마음으로 간 거라 저는 조용히 카메라맨으로만 앉아 있었던 상황이었습니다. 그때 이야기를 바탕으로 '영수 씨는 이런 식으로 잡아가면 되겠지' 하면서 촬영과 편집을 하고 있었어요. 제가 작업을 할 때는 총 과정을 담은 전체 인터뷰를 편집 말미에 한 번 하거든요. 그런데 그 상황에서 영수 씨가 없는 거죠. 내부적으로도 어떻게 해야 되나 고민을 많이 하다가, 그래도 영수 씨의 인터뷰가 유일하게 담긴 영상이니까 쓰게 됐죠. 영수 씨는 전혀 모르던 친구였기 때문에 관계 맺기가 쉽진 않았어요. 결국엔 찍고, 찍히고, 술 마시고, 놀다 보니까 자연스럽게 풀어지더라고요. 소준문 감독은 영화를 찍기 전에 2004년도인가? 친구사이에서 회의하다가 처음 만났었거든요. 그때 소준문 감독이 저를 좀 좋아했더라고요. 별로 관심이 안 갔는데, 요즘 말로 '어장 관리'를 했던 거였어요. '쟤가 나 좋아한다니까 한번 두고 볼까?' 진짜 나쁜 마음이죠. 저도 연애 관계에 노하우가 없어서 계속 그렇게 애매모호한 상태로 소준문 감독한테 상처를 좀 많이 줬어요. 그 후로 몇 년 동안 아무런 연락이 없다가 대뜸 연락해서는 "다큐에 좀 출연해 주세요"라고….

못됐다!

그러니까요. 소준문 감독과는 초반에 약간의 냉랭함이 있었죠. 그런데 주인공들과 촬영부터 개봉까지 함께하면서 나중에는 정말 자매 같은 관계가 됐습니다. 혹시 이 커밍아웃 과정에서 네 명의 주인공이 불이익을 당하면 그 곁을 지키면서 「종로의 기적 Ⅱ」를 만들겠다는 생각도 있었거든요. 이런 신뢰와 믿음이 있었기 때문에, 찍고 나서 이전과는 한 차원 다른 관계로 서로를 대하게 된 것 같아요.

영화 후반부 작업에서 네 명을 어떤 순서로 보여줄 건가, 이걸 결정하는 데 어려움이 있었을 것 같아요. 극적으로 보이게 하려면 세상을 뜬 최영수 씨가 마지막에 오는 게 가장 합리적인 선택일 수 있는데, 그렇지가 않죠. 어째서 소준문, 장병권, 최영수, 정욜, 이렇게 순서를 정했나요?

관객과의 대화를 할 때 항상 나오는 질문이었어요. 오랜만에 들으니 '내가 어떻게 대답했었지?' 하는 생각이 드네요. 일단 영수 씨 에피소드가 마지막에 가는 건 피하고 싶었어요. 영수 씨 죽음과 관련해서 제가 개입할 수 있는 부분이 적기도 했고, 한국의 관혼상제는 가족 중심으로 이뤄지니까 친구들이 개입하기 애매한 상황도 있었어요. 카메라를 들이대는 게 실례가 될 수도 있고요…. 이걸 드라마타이즈하는 데 죄책감이 들었어요. 그래서 영수 씨의 에피소드 배치도 마지막이 되면 안 되겠다 생각했습니다. 정욜 씨의 에피소드는 대기업을 다니는 콘셉트였어요. 대기업에 다니는 게이들이 어떻게 그 조직 속에서 자기의 정체성을 숨기고 살아가는지 추적하는 에피소드였는데, 어느 순간 정욜 씨와 애인의 관계에 관심이 갔어요. 정욜 씨는 당시에 HIV 양성, 요즘에는 보통 PL 혹은 PLHA(People Living with HIV/AIDS)라고 얘기를 하죠. PL인 친구와 함께 동거했던 상황이었죠. 대단하다 싶은 마음이 있어서, 이 관계를 좀 이야기하고 싶었어요. 더불어 HIV/AIDS 문제를 이슈화하자고 생각했습니다. 관객이 이 이슈에 대해서 강한 여운을 느끼고 극장을 나갔으면 했어요. 그래서 정욜 씨가 제일 뒤로 간 겁니다.

이 영화는 개봉작임에도 인터넷 스트리밍 서비스나 DVD 발매가 이뤄지지 않았어요. 영화를 만든 사람 입장에서는 마음이 좀 아팠을 것 같은데, 이유는 주인공들의 커밍아웃 범위가 각각 달라서 그런 건가요?

주인공들은 모두 포스터에도 나오고 홍보 활동에도 적극적으로 참여해 합의는 있었는데, 많은 게이가 조연으로 등장하잖아요. 모자이크 처리를 했지만 그렇다고 해서 음성변조까진 안 했는데, 만일 이게 극장이 아니라 DVD나 IPTV 다운로드 서비스를 하게 되면 안방으로 들어갈 가능성이 있지 않겠느냐는 문제 제기가 있었습니다. 모자이크를 해도 친한 사람은 다 알아보잖아요. 안타깝지만 극장 상영까지만 합의를 했죠. 그게 벌써 4년 전의 일이고, 지금 주인공들과 출연진에게 다시 물어보면 다른 이야기를 들을 수 있을 것 같기도 해요. 왜냐하면 사람들이 「종로의 기적」을 거치면서 커밍아웃에 대한 인식 자체가 많이 달라졌더라고요. 한번 얘기를 해볼까 싶은 마음도 있는데, 그것보단 다음 작품을 잘 만드는 게 낫겠다 싶습니다.

이 영화를 제작하는 도중에 게이 사회에 아주 큰 변화가 있었죠. 2009년 연말에 아이폰이 국내에 출시됐죠. 지역 기반 게이 데이팅 앱인 잭드, 그라인더가 보급되면서 게이들의 일상 삶에도 큰 변화가 일어났고, 앱만 켜면 "우리 동네에 이렇게 많은 게이들이 살고 있구나"라는 걸 느낄 수 있으니까, 과거처럼 종로나 이태원 같은 게이 공동체에 딱히 나오지 않아도, 나와 같은 게이를 만날 수 있는 채널이 만들어진 거죠. 종로와 이태원의 게이 공동체에도 상당한 변화가 있었고, 상업적으로 타격이 컸습니다. 그런데 영화에 그런 부분은 나오지 않아요. 주변 게이의 삶에도 아주 큰 변화가 있었을 텐데도요.

없었어요. 2009년부터는 거의 편집 작업이 중점적으로 이뤄져서요. 그리고 그 네 명의 친구들이 어플에 별로 관심이 없었던 것 같아요. 유일하게 관심 있었던 사람은 소준문 감독 정도였던 것 같은데…. 준문 씨의 연애 이야기를 넣고 싶긴 했어요. 소개팅하는 장면도 멀리서 찍기도 하고 그랬는데….

「종로의 기적」에 게이의 연애, 섹스, 또는 더 벅차게 노는 무언가가 나왔으면 좋았을 걸 하는 생각이 들긴 하죠.

그러게요. 야한 장면이 한 개도 없는데, 어떡하다 이 영화가 15세 관람가를 받았나요?

'이게 바로 검열의 힘이구나' 이런 생각이 드는데요. 영상물등급위원회에 「종로의 기적」 등급 심사를 넘기고 나서 예고편도 같이 심사를 하는데, 예고편은 반려가 됐어요. 예고편에 체위라는 단어가 등장을 하거든요. 인터뷰 중에 "배우들의 체위를 어떻게 할까 고민이 됐어요"라고 말하는 장면이 등장하는데, 이 단어 때문에 전체 관람을 할 수 있는 등급이 반려가 된 거예요. 딱 성 소수자 이슈를 바라보는 한국 주류 사회의 시선이었던 것 같아요. 저는 「종로의 기적」을 모든 관객들이 차별 없이 봤으면 좋겠다는 생각이 있었는데, 결국은 15세 정도로 정해졌죠. 아쉬운 부분으로 남아 있지만, 영화로서만 그 상황을 타개할 수는 없는 것 같아요. 다양한 활동을 통해서 표현의 자유와 성 소수자 이슈에 관한 인식을 변화시키는 데에 같이 힘을 쏟아야 합니다. 그건 영화뿐만이 아니라 관객이나 인권 운동 단체가 될 수도 있죠. 많은 사람이 함께 뜻을 모아야 가능한 일입니다.

넣고 싶었지만 그러지 못한, 너무 아까운 장면은 어떤 게 있나요?

잠깐 말씀드렸던 준문 씨의 소개팅 장면이요. 그 소개팅은 안 좋게 끝났지만, 그 장면을 통해서 준문 씨의 벅찬 연애 실상을 이야기하고 싶었거든요. 그리고 콘셉트가 바뀌면서 정욜 씨가 대기업 사원으로서 겪은 이야기가 삭제됐어요. 몰래 욜 씨의 회사 행사에 들어가서 찍기도 했는데 말이죠.

게다가 도넛 회사라 약간 '모에'한 요소가 있죠.

그런 부분이 안타까움으로 남아요.

영화 홍보물을 봤을 때에는 굉장히 밝게 윤색된 프로파간다 다큐멘터리를 기대했어요. 제목도 포스터도 그렇습니다. 「종로의 기적」이라고 하면 왠지 밝고, 맑고, 꿈과 사랑이 넘치는 뽀샤시한 느낌이 나잖아요. 종로는 꾸질꾸질한 동네지만 게이들만은 샤방샤방하게 사는, 무슨 페드로 알모도바르 감독 영화 같은 느낌이 나려나 싶었어요. 그런데 내용은 완전 있는 그대로의 리얼리즘을 보여주더라고요. 제목은 어떻게 정한 거예요?

친구사이의 G-보이스 노래 중에 「종로의 기적」에서 가져왔어요. 우리가 종로에 나와서 스스로를 긍정하고, 친구를 만나고, 공동체를 찾게 되는 그 과정이 어떻게 보면 작은 기적이겠다 싶어요. 가사도 좋습니다.

포스터를 보면 트렌디한 뚱게이 스타일로 옷과 나비넥타이까지 맞춰 입었어요. 이런 아주 전형적인 게이 코드를 연출한 건 누구 아이디어인가요?

'빛나는'이라는 디자인 회사의 실장인 박시영 씨의 아이디어입니다. 좀 민망하지만 이게 「섹스 앤 더 시티」 콘셉트거든요. 네 명의 주인공이 트렌디한 패션과 스타일로 종로 거리를 활보하는, 마치 뉴욕의 맨해튼 거리를 활보하는 네 명의 언니들처럼…. 그래서 포스터만 보고 들어온 분들이 욕을 하면서 나가기도 했었습니다.

이 영화를 개봉하면서 감독님의 삶에도 큰 변화가 있었습니다. 영화를 개봉하고 남동생을 데려왔고, 부모님께도 순차적으로 커밍아웃했다고 들었어요. 남동생은 먼저 알고 있었다면서요.

제가 들킨 거죠. 2004년도쯤이었던 것 같은데 제 방에 무지개 깃발을 걸어놨었어요. LGBT를 상징하는 무지개 깃발은 여섯 가지 색인데, 제가 걸어놓은 건 진짜 일곱 가지 무지개색의 깃발이었죠.

나름대로의 일코인가요?

이라크 침공으로 전 세계적으로 평화 시위, 반전시위가 일어났는데, 일곱 빛깔 무지개 중간에 'PEACE'라고 쓰여서 평화 깃발로 많이 활용하던 거였어요. 그걸 누가 해외여행을 하면서 저에게 선물을 해줬는데 '난 평화주의자니까'라고 생각하면서 걸어놨죠. 그런데 미국에서 살다 온 동생 친구가 동생과 제 방에 놀러 왔다가 갑자기 "어? 형, 저거 호모들 상징하는 깃발인데?"라는 거예요. 제가 그때 그냥 "어, 그래? 그런 게 있었어?"라고 했어야 하는데, 또 호모라고 하니까 "아니야! LGBT를 상징하는 깃발은 여섯 가지 색깔이라고!" 이렇게 발끈해버린 거죠. 그 순간 동생은 뭔가를 느꼈고요. 결정적으로는 동생이 제 디지털 카메라를 빌려가면서 사단이 났어요. 거기에 당시 만나던 친구와 모텔을 나오면서 찍은 셀카가 있었거든요. 동생은 그때서야 확신을 가졌대요. 그때부터 인터넷을 찾으면서 '동성애자 어떻게 대해야 하나?' 이런 것을 나름대로 공부하고, 나중에 저한테 은근슬쩍 물어보더라고요.

세 살 터울의 남동생이 한 명 있는 거죠? 그럼 남동생도 뚱인가요? 뚱베어?

다행이라고 해야 하나? 남동생은 그냥 건장한 스타일이에요. 약간 통? 듬직? 이런 스타일인데, 이상하게 주변 사람들이 제 남동생을 너무 좋아해서 간수하기가 힘들었어요. 심지어 예전에 사귀던 애인도 동생을 어떻게 만나볼 수 없냐고 말할 정도로. 아무튼 동생도 영화 개봉할 때나 부산영화제에 출품했을 때 와서, 친구사이 언니들하고 잘 어울려서 놀더라고요. 그걸 보면서 '쟤도 많이 노력하는구나' 싶었고, 많이 고마웠어요.

동생이 형이 부산영화제에서 상을 타자 부모님께 말씀드렸다고요.

그때는 개봉한 상태가 아니었기 때문에 부모님께서는 제가 만든 영화가 어떤 내용인지 아직 모르는 상황이었죠. "드디어 우리 아들이 원하던 영화감독이 됐구나, 장하다." 이런 분위기였어요.

개봉했을 땐 아버지 먼저였나요? 어머니 먼저였나요?

어머니가 먼저였어요. 개봉을 앞두고 말씀드리려고 적당한 시점을 찾고 있었는데, 개봉 준비를 하다 보니 너무 바빠서 타이밍을 살짝 놓쳤어요. 개봉을 진행하고 나서 적당한 때에 말씀드려야겠다 생각했죠. 저는 부모님께는 개봉한단 얘기를 안 드렸거든요. 왠지 와서 보실 수도 있을 것 같고, 아니면 인터넷이라도 찾아보실 것 같아서. 그런데 어머니가 영화가 어떤 내용인지도 모르고 그냥 아들이 만든 영화가 개봉한

다니까 단짝 친구 네 분하고 신사동 인디플러스라는 극장을 간 거예요. 영화 도입부에서 제가 커밍아웃을 하잖아요. 어머니뿐만 아니라 어머니 친구분들에게도 정체가 탄로 난 거죠. 바로 저한테 전화를 하셨더라고요. 어머니 첫 말이 "야, 나 네 영화 봤다"였어요.

어머니께서 굉장히 쿨하시더라고요.

정말 깜짝 놀랐어요. 왜 우리가 막연하게 부모님께 커밍아웃하는 걸 두려워하잖아요. 저희 부모님도 보수적인 분들이거든요. 제가 부모님을 그냥 단순하게만 바라봤던 것 같아요. 부모님들도 조금씩 변화를 하고 계신 분들인데, 그걸 모르고 닫아버리고 살았던 게 아닌가…. 의외로 어머니는 제가 게이라는 것을 쉽게 받아들이면서 저를 나무랐어요. "너는 대체 엄마를 어떻게 봤기에, 이렇게 현대적인 여성을 보수적인 사람으로 만드니?", 이런 식의 반응을 보여줬어요. 사실 그런 분이 아니셨을 텐데 저와 함께한 시간 동안 변화하셨던 것 같아요. 더 놀라운 거는 어머니가 먼저 퍼즐을 맞춰나가기 시작하셨죠. "네가 어렸을 때 옆집 형을 그렇게 졸졸 쫓아다녔던 게 그래서였니?", "너 윗집에 살던 그 친구하고는 사랑이었니? 우정이었니?" 막 이러면서요. 아버님도 나중에 전화를 하셔서 "너, 왜 엄마만 보여주고 나는 안 보여줘" 이렇게 말씀을 하셨어요. 결국 저는 영화를 통해서 커밍아웃을 하게 됐습니다.

영화가 게이의 삶에 대해서 아주 자세하게 내러티브를 제시하기 때문에, 부모님 입장에서는 당혹스러운 면이 있었겠지만, 게이의 삶을 이해하기엔 영화가 최상의 방도가 아니었을까 싶어요. 영화가 내려오고 난 뒤에 심리적으로 어려운 시점이 분명히 있었을 것 같아요. 예술가들이 대부분 무대에서 내려오면 힘들잖아요. 마지막으로 이혁상 감독님을 봤던 게 영화 제작 중반이었거든요.

G-보이스 공연 날이었는데, 그때만 해도 뚱계의 원빈, 빛이 나는 얼굴이었습니다. 그런데 인터뷰 검색을 해보면, 영화 개봉하고 그 시즌 얼굴은 안색이 안 좋더라고요. 심리적으로 힘드셨구나 싶었어요.

처음 개봉을 한 상황이 정말 굉장한 트레이닝이었어요. 이벤트나 행사에 참여하고 뒤풀이를 하면 매일 술을 마셔야 하는 상황이 거의 한 달 반 정도 계속되니까 체력적으로 한계가 오더라고요.

영화감독이 데뷔작으로 이름을 얻고, 심리적인 멘붕의 단계를 거친 다음에 에고의 사이즈가 커지면서 다음 단계로 갈 기회를 얻게 됩니다. 소위 '입봉'이죠. 영화감독이라면 누구나 극영화에 대한 로망이 있으니까요. 그런데 운동권 출신 감독들은 유명해질 기회 앞에서 주저하는 경우가 왕왕 있어요. 그게 동고동락해왔던 동료들에 대한 배신처럼 느껴지기도 하고. 그래서 세속적인 성공에 대한 두려움 같은 게 있습니다. 이송희일 감독도 한때 그런 힘든 시기가 있었죠. 이혁상 감독은 어떻습니까? 영화감독으로서 야망은 뭐죠?

저는 유명해지고 싶어요. 훌륭한 감독으로서 유명해지면 내 이야기, 우리들의 이야기를 할 때 좀 더 힘을 실을 수 있지 않을까 하는 기대가 있기 때문입니다. 농담처럼 얘기하는데, 지금보다 좀 더 유명해졌을 때 커밍아웃할 걸, 그런 생각을 가끔 해요. 「종로의 기적」으로 커밍아웃했더니 영화 본 사람 7500명밖에 모르고, 어딜 가나 계속해서 커밍아웃해야 하는 상황이 생기잖아요. 더 유명했을 때 해버리는 게 파급효과가 크지 않을까, 성 소수자 이슈를 널리 알릴 수 있지 않을까 하는 기대를 해요. 그런 면에서 꼭 유명해지고 싶어요.

한국 게이들에게 필요한 것은 부끄러움 없는 야망, 파워 게이로서 성공하겠다는 죄책감 없는 야망입니다. 영화감독으로서 준비 중인 다음 프로젝트가 궁금해요.

현재 김일란 감독과 「두 개의 문」 후속 작업을 공동 연출로 준비하고 있어요. 경찰의 시선에서 「두개의 문」을 만들었던 거라면, 이제 철거민, 유가족분들의 시선에서 만드는 작품을 해볼까 하고요. 한편으론 LGBT 이슈도 계속 고민을 해야죠. 「종로의 기적」 끝나고부터 우리 언니 세대 이야기들, 지금은 할아버지가 됐을 그 언니들의 역사를 담는 작업을 위해 취재를 준비하고 있습니다. 그리고 「종로의 기적」에서 다 하지 못했던 이야기 중에 하나가 HIV/AIDS라고 생각해요. 그래서 HIV/AIDS와 관련한 작업들도 해야 하지 않을까 싶습니다. 다큐뿐 아니라 극영화에도 관심이 있어요. 다큐는 시간도 너무 오래 걸리고, 리얼한 상황을 기반으로 하기 때문에 저에게 요구되는 부담과 책임감이 상대적으로 크잖아요. 때로는 이런 부담감에서 벗어나서 내가 완전히 창조해낸 하나의 세계를 보고 싶어요. 극영화도 조금씩 준비하고 있습니다.

장르만 대충 힌트를 주세요.

독립영화 느낌의 휴먼 코미디, 이 정도의 아이디어만 있습니다. 심각하고 무거운 영화는 잘 못 만들 것 같아요. 어떤 영화가 될지는 저도 잘 모르겠는데 함께 기대해주세요.

HIV 검진은 자주 받으십니까?

특별히 위험하거나 안전하지 않은 상황이었다는 생각이 들면 검사받고요. 제가 무좀약을 먹고 있는데, 무좀약이 간에 독성이 세잖아요. 정기적으로 간 검사도 하는데 그때 "같이 해주세요" 합니다.

HIV 음성이십니까?

저는 HIV '이퀄(equal)'입니다. 이 질문을 해주셔서 감사해요. 언젠가 이 말을 꼭 해보고 싶었거든요. 제 주변에도 HIV에 감염된 친구가 있고, 또 활동하는 분도 많잖아요. 보통

'양성(positive)' 혹은 '음성(negative)' 이렇게 말하는데 얼마 전에 미국에서 있었던 캠페인을 보니, 양성(+)도 음성(-)도 아닌 등호(=)를 뜻하는 '이퀄'이라는 말이 괜찮은 것 같더라고요. 저는 우리 모두가 어떻게 보면 HIV에 안전하다거나 안 걸렸다기보다는 유예된 상황이 아닐까란 생각을 하거든요. 그런 인식이어야 HIV/AIDS와 관련한 여러 모순을 해결할 수 있을 것 같습니다.

성 소수자 청소년 여러분께 한 말씀 해주세요.

저는 게이로서 20대에 열성적으로 놀지 못한 게 한스러워요. 많은 사람이 청소년기에는 나이 많은 성인의 보호와 관리를 받아야 하고, 커밍아웃이나 커뮤니티와의 만남은 조금 더 미뤄둬야 한다고 말합니다. 하지만 저는 자신을 빨리 긍정할수록, 그리고 내 친구, 내 애인, 내 공동체를 찾는 것이 빠르면 빠를수록 좋다고 생각합니다. 실패를 두려워하지 않고, 어떠한 난관이 있더라도 그걸 몸소 부딪히면서 해결하는 과정 속에서 진정으로 멋진 게이가 되지 않을까 합니다. 어려운 일이 있을 수도 있어요. 그럴 때는 임근준 선생님과 저도 있고, 친구사이도 있고, 동성애자인권연대도 있고, 한국성적소수자 문화인권센터도 있습니다. 여러분이 힘들 때 문을 두드리면 도와줄 친구와 단체가 많이 있으니까, 벅차게, 끼스럽게, 열심히 놀면서 살면 좋겠습니다.

호모로맨스가 여기 있구나

이우인

만화가로 2014년부터 레진코믹스에 『로맨스는 없다』를, 『허핑턴포스트 코리아』에 4컷 만화 『네쪽의 관점』을 연재하고 있다. 단편집 『아름답고 싶어서』(2011)를 출간했다.

게이 동네 데뷔 년도는 어떻게 되나요?

아마 2007년도에 군대를 전역하고 이태원에 처음 나갔던 것 같아요. 속으로 '나는 게이가 아닐 거야' 이렇게 생각하며 지내다 보니, 뭔가 행복하지 않은 기분이 들더라고요.

그럼 커밍아웃은 언제 시작했고, 반응은 어땠나요?

그땐 여자 친구가 있었어요. 그 친구한테 먼저 커밍아웃을 하고 줄줄이 계속 빵빵 터뜨렸어요, 연쇄적으로. 주변 친구부터 시작해서 친척 여동생들까지요. 아직 부모님께는 말씀을 못 드렸습니다. 친구들은 다들 잘 받아들여 줬어요. 심지어 굉장히 마초스러운 고등학교 친구들도 잘 받아줬어요. 그런데 여자 친구는 너무 힘들어했어요.

그 여자 친구분은 아직도 연락하나요?

지금은 제 베스트 프렌드에요.

종목이 베어 아닌가요?

저는 뚱뚱한 타입입니다. 원래는 되게 날씬했었는데 영국에 갔다 온 이후로 1년 동안 살이 팍 쪘어요. 의도적인 건 아니고, 막 먹다 보니까 살이 팍팍 찌더라고요. 지금은 내버려두고 있어요.

이혁상 감독과도 얘기했지만, 아무래도 게이 사회 안에서도 뚱베어 여러분은 별도의 리그가 있잖아요. 이우인 씨도 뚱베어 사회의 분위기에 속한 게이인가요? 아니면 안 가리고 개말라 친구부터 모든 게이들과 다 어울리는 타입인 건가요?

체형을 한정해서 사람을 만나진 않아요. 사실 친한 사람도 별로 없어요. 그냥 몇몇 사람하고만 교류해요. 여러 명과 하하호호 지내는 성격이 못 돼서요.

영국에 갔다 온 건 언제에요?

2012년 10월에 가서 2013년 10~11월쯤에 다시 왔어요. 1년 정도 있었어요.

왜 가신 거예요?

그때가 한국이랑 영국이 워킹 홀리데이 비자를 협정한 첫해였어요. 한번 해볼까 싶어서 서류를 넣었는데 됐기에 갔다 왔죠. 초반에는 한국에서 하던 일을 가지고 갔어요. 가서 일러스트레이션 일이랑 패션 매거진 쪽 일을 하다가, 그림 그리는 게 너무 힘들고 만화 그리는 것도 고민이 돼서 당분간 만화나 그림 일을 하지 말자 마음을 먹었어요. 그렇게 그냥 좀 쉬면서 이것저것 여러 가지 일을 많이 했습니다. 접시도 닦고, 박스도 나르고.

어떤 심경의 변화가 있어서 돌아온 건가요?

그때 지금 『네쪽의 관점』에 등장하는 친구랑 헤어지고 갔었거든요. 개인적으로는 더 있다가 오려고 했는데, 걔가 너무 힘들다고, 제발 돌아와달라며 전화를 해서….

아름다운 사랑의 스토리네요.

'내가 여기서 뭘 하겠어' 이러고 돌아왔죠.

성 정체성을 자각한 건 언제입니까?

아주 어렸을 때부터 스스로 생각하고 있었던 것 같아요. 유치원 때부터 '난 저 남자애가 왜 이렇게 좋지?' 이랬고, 초등학교 때는 2년 주기로 계속 '왜 쟤가 좋지' 그랬어요. 제가 다니던 초등학교가 2년에 한 번씩 반이 바뀌었거든요. 뉴 페이스에 약합니다.

어렸을 때 그러면 평생 가더라고요.

그런 것 같아요. 우리가 이런 걸 터부시하는 교육을 받았잖아요. 스스로 속앓이가 심했는데, 겉으로는 그냥 '괜찮아', '난 아니야' 이렇게 생각했어요. 그러다가 군대 제대 후에 빵 터진 거죠.

형제분은 어떻게 되세요?

큰형님, 작은형, 그다음이 저에요.

형님들은 지금 알고 계신 건가요?

큰형은 알고 있는 것 같고, 작은형은 관심도 없어요.

만화는 언제부터 그리기 시작했나요?

어렸을 때는 연습장에 일러스트레이션 같은 걸 그려서 친구들한테 보여줬었죠. 만화 원고는 스무 살 때 처음 본격적으로 그려봤어요. 스크린 톤 같은 것도 그때 처음 써봤고요. 그렇게 두 달 정도 작업한 단편이 있어서 공모전에 냈는데, 운 좋게 당선됐어요. 그렇게 만화를 그리게 됐죠.

보통 만화를 그리는 분들이 일본 애니메이션이나 망가의 영향을 많이 받기 때문에 덕의 세계에 속한 분들이 많잖아요. 어렸을 때 만화 외에 피겨를 모으거나 프라모델을 만들거나, 이런 취미도 있었나요?

저는 한국 순정 만화를 좋아했어요. 『르네상스』, 『댕기』, 『윙크』, 『칼라』, 『화이트』, 『나인』, 이런 걸 좋아했기 때문에 일본 애니메이션이나 프라모델 취미는 없었습니다.

국내 레퍼런스의 영향을 받은 특이한 세대군요.

1980년대 후반부터 1990년대까지 국내 순정 만화 시장이 꽤 컸거든요. 그걸 보고 자랐기 때문에 프라모델보다는 영플레이모빌 같은 걸 좋아했죠.

학부에선 뭘 전공했나요?

고등학교를 졸업하고 홍익대 건축공학과를 들어갔다가 적성에 안 맞아서 때려치웠어요. 저는 학교를 안 가려고 했었는데 집에서 계속 "그래도 대학은 가야 된다" 이러셔서 일단은 다녔죠. 스무 살 때 공모전에 당선이 되고 학교를 그만뒀다가, 나중에 1년 뒤에 한국예술종합학교 영상원 애니메이션과에 다시 입학했어요.

학교에 LGBT 모임 같은 게 있진 않았나요?

있었던 것 같아요. 저는 나가려고 했는데 그 LGBT 모임 자체가 폐쇄적이더라고요. 제가 그런 걸 좀 싫어하거든요.

그럼 전업 만화가가 되겠다고 결심할 때 공모전이 가장

큰 영향을 미친 건가요?

그렇죠, 어렸을 때부터 선망하던 세계였거든요. 서울문화사 『윙크』 공모전이 커다란 관문 같았는데, 그게 덜컥 되버린 거죠. 너무 준비 없이 시작한 느낌이 있긴 했어요. 고민을 하다가 본격적으로 만화를 업으로 해야겠다고 생각한 건, 한 3년 정도 됐습니다.

이때 공모전에 냈던 만화도 순정 만화인가요?

네. 그런데 그때 작업한 것들이 군대에 있을 때 집에 불이 크게 나서 다 없어졌어요. 아마 출판사에는 있을 텐데, 혹시 갖고 계신 분이 있으면 저한테 연락 좀 주세요.

만화가로서 시작할 때 '난 저 사람처럼 되고 싶다'라고 생각했던 역할 모델이 있었나요?

딱히 없었어요. 동경의 대상이 다 여성 작가들이었는데, 어쩌다 선생님들을 직접 뵌 날은 '이 선생님들을 감히 따라갈 수가 없겠구나' 이런 생각을 많이 했어요. 그래서 딱히 어떤 모델을 정하고 가기보다는 제가 그냥 할 수 있는 것들을 해나가자고 생각하면서 살고 있습니다.

가장 많이 본 만화가가 누군가요?

아주 어렸을 땐 『드래곤볼』 작가인 토리야마 아키라 작가를 좋아했어요. 초등학교 1~2학년 때는 이은혜 작가의 『점프트리 A+』를 보고 완전 반해버렸어요. 그 만화에 빠져 지내다가 황미나, 신일숙, 이강주, 김은희, 박희정, 나예리 선생님 등을 좋아하게 됐죠.

잡식성이군요.

다 그 시대를 풍미했던 작가들이세요. 박은아, 서문다미, 이빈, 이시영 작가는 1980년대부터 90년대까지 재밌는 만화를 많이 보여주신 선생님들이거든요. 그렇게 좋아하다가 천계영 선생님이 또 빵 터져서 나왔고요. 마음으로는 박희정 선생님을 가장 좋아하긴 하지만, 한 분만 꼽지는 못하겠어요.

한국 순정 만화 전시가 크게 한번 열렸으면 좋겠어요.

매해 열렸으면 좋겠어요. 지금은 한국 순정 만화라는 장르가 흐릿해지고 있고, 보는 사람도 많이 없어지고 있죠.

그러게요. 한국도 갤러리에서 원화 전시가 열리고, 수집하는 붐도 생기고, 시장도 형성되면 참 좋을 것 같습니다. 어차피 현대미술계가 요즘 망해가고 있으니까 아트딜러 여러분께서 역사적인 만화의 원화를 수집하고 또 유통하는 시장을 만들어주시면 좋지 않을까 합니다. 이게 장기적으로 시장이 죽지 않을 성격이 있다고 생각하거든요.

진짜 좋은 생각이에요.

페이스북을 봤더니 아버님께서 그림을 엄청 잘 그리시더라고요. 깜짝 놀랐습니다.

아버지가 큰 배의 선장님이세요. 세계 곳곳을 다니는데, 어린 시절에 그림 공부를 하지 못한 것에 대한 한이 있어요. 어디 항구에 도착할 때마다, 혹은 긴 항해를 할 때마다 선장실에서 그림을 그려요. 어느 날 그림을 봤더니 너무 좋더라고요. 깜짝 놀라서 "아빠, 이 그림들은 다 뭐에요?" 물어봤는데, 아버지께서 꿈이 크시더라고요. 데이비드 호크니를 무찌르겠단 생각을 하는 것 같아요.

데이비드 호크니의 초기 화풍과 약간 비슷합니다. 관점에 대한 재해석 감각이 있더라고요. 보통 아마추어 여러분이 그림을 그리면 평면적이거든요. 그런데 원근법에 대한 감각도 살아 있어요. 시각은 기본적으로 마초인데, 그래도 뭔가 디테일이 살아 있더군요.

엄청난 마초세요. 실제로 보고 그린 여성 나체화를 막 보여줘요.

원래 고향이 어디에요?

부산에서 태어나 자라다가, 스무 살 때 서울로 올라왔죠.

부산 게이 여러분이 특별한 면이 있습니다. 부산은 나머지 한국 영토하고는 확실히 좀 다른 지역인 것 같아요. 김도훈 편집장과 이야길 나누면서도 그런 걸 확연히 느낄 수가 있었습니다.

도훈이 형은 조금 더 특이한 것 같아요. 진짜 '난년' 스타일이죠. 부산의 난년!

단행본 『아름답고 싶어서』는 단편을 모은 거죠? 검색을 해보니까 『윙크』 만화 잡지의 트위터 담당자가 이렇게 소개했더라고요. "쓸쓸하고 달콤하고 유머러스하면서 로맨틱합니다. 커피처럼, 조금 쓴맛이 오히려 더 깊은 느낌을 주는 책이네요. 강추합니다."

출판 만화 쪽에서 데뷔를 하면 단편으로 호흡을 먼저 정리하고 연재에 들어가는 시스템으로 많이 했었거든요. 제가 초기엔 단편을, 중간엔 연재를 한 번 했는데, 그 후에 작업한 단편 몇 개를 모아서 책으로 낸 거예요.

시장의 반응은 어땠나요?

출판 시장이 지금도 그렇지만, 그때도 가라앉는 배와 같은 시기였어요. 정확히 몇 부를 찍었는지는 모르겠는데 어쨌든 아직도 팔고 있습니다. 많이 사주세요.

이제 종이책은 수집하는 데 의의가 있는 시대입니다.

그런 것들이 저랑 잘 안 맞았어요. 저는 값싼 페이퍼백을 좋아하거든요. 일명 똥 종이. 그래서 출판 시장이 고급화 전략으로 나가는 게 싫었어요. 똥 종이가 좋은데….

만화책은 아직 전자책이 정착돼지 않은 상황이죠?

정착시켜 나가는 과정인 것 같습니다.

그래도 웹툰 시장이 안정화 단계로 접어들고 있으니 여기에 희망을 걸게 됩니다. 화제작 『로맨스는 없다』의 시발점이 『아름답고 싶어서』에 실린 단편 「밀크 앤드 허니」라고 들었어요. 이건 어떤 내용의 작품인가요?

연하의 남자와 원나잇을 한 직장인 이야기입니다. 알고 봤더니 그 연하남이 전 애인과 바람난 상대였다는, 뻔한 애기였어요. 그때는 연애의 온도차를 그려야겠단 생각이었어요. "밀크 앤드 허니"가 젖과 꿀이잖아요. 연애가 싹트는 단계에서는 "우리 함께 젖과 꿀이 흐르는 땅을 향해 가자"라면서 시작하지만, 경험이 축적되면 "이것 또한 지나가리라" 같은 초연함을 가지게 되잖아요. 젊은 혈기가 내뿜는 연애 시작 단계의 애정을 그리고 싶었어요.

2004년 즈음에 작업한 단편의 제목이 '로맨스는 없다'입니다. 이건 어떤 내용인가요?

그게 학교 과제였던 것 같은데, 한 권짜리 무지 노트에 콘티를 140쪽 정도 그렸었어요. 화로는 8화 정도였고, 내용은 정체성을 고민하는 대학 신입생의 얘기였는데, 그것도 집에 불이 나서 다 없어졌어요.

본격적으로 성인 게이 만화를 그려보겠다고 작심한 계기가 있나요?

단편집을 내고 런던으로 떠날 땐 '내가 만화 작업을 계속할 수 있을까?' 이런 고민을 짐과 함께 바리바리 싸서 갔어요. 그런데 런던에서 만난 친구들이랑 놀고 지내다 보니까 제가 교육받았던 것, 알게 모르게 주입받았던 것, 움츠러들었던 내 모습, 그런 것이 많이 깨지더라고요. 처음으로 게이로 살아서 엄청 행복하단 걸 느꼈고, '괜찮아, 나는 게이라서 멋있어'라고 생각했어요. 접시 닦고, 박스 나르고, 노가다 일을 계속하면서 만화 작업을 한참 안 하고 있었는데, 보니까 제가 머릿속으로 이야기를 만들고 있더라고요. 마음은 만화 작업을 계속 할 수 있을지 고민하고 있는데, 머리는 이걸 버리지 못하고 계속 새로운 스토리를 만들고 있었던 거예요. 다음에 뭘 할까를 고민하다가, 런던에서 깨진 것들이 떠오르면서, '한국 가서는 게이 만화를 그려야겠다', '진짜 재밌고, 진짜 센세이셔널한 걸 해야겠다', 이렇게 결심한 거죠.

영국에서 게이 문화를 열심히 탐방했나요?

네, 여기저기 돌아다니고, 이 사람 저 사람 만나고, 친구들이랑 거의 매주 클럽에 나갔어요.

영국이 미국 게이 문화하고는 또 다르잖아요. 워낙 계급사회니까 노동자계급 출신 다르고, 중산층 다르고, 또 귀족 계급이 다르더라고요.

제가 영국은 어느 정도 깔짝거리다 와서 알지만, 미국 쪽은 잘 몰라요. 여러 나라를 가보지는 못했지만, 확실히 한국과는 다른 것 같아요. 좋은 것을 많이 느끼고 돌아왔습니다.

외국 물을 먹고 힙한 게이 동네에서 놀다 오면, 생각하는 방향이 그래픽 노블 쪽으로 풀릴 수 있을 것 같은데, 그쪽은 생각 안 해봤어요?

제가 지향하는 목표가 '나 자신을 잘 알자'거든요. 그래픽 노블은 좋아하고, 멋있고, 또 하고 싶기도 하지만, 제가 할 수 있는 건 다른 곳에 있다고 생각했어요.

레진코믹스에서 『로맨스는 없다』를 소개할 때 작품을 "하드코어한 BL물"이라고 소개하고 있더라고요. 그런데 제 눈에는 이게 여전히 순정 만화로 보여요. 게이와 후죠시 여러분이 함께 볼 수 있는 게이 순정 만화. 이 만화에 소개처럼 붙어 있는 부제 "본격 퀴어 멜로 웹툰"은 이송희일 감독이 영화 「후회하지 않아」를 홍보할 때 만든 말이잖아요. 이걸 훔쳐온 건 누구의 아이디어인가요?

일단 이송희일 감독님, 정말 팬입니다. 감사하고 사랑합니다. 그 문구는 편집부에서 정했어요. 만화에 타이틀이 있으면 그 타이틀을 꾸며주는 문구를 넣는데, 저는 그냥 '게이 섹스 라이프' 정도를 생각하고 있었거든요. 그런데 그 글귀를 정할 때는 시장의 흐름을 더 잘 읽는 편집부의 의견을 그냥 따랐어요.

잘 정한 것 같습니다.

"이걸로 하면 어떨까요?" 하고 물어봐서, 바로 "네, 괜찮습니다"라고 말했어요.

이송희일 감독의 「후회하지 않아」는 의도치 않게 컬트 영화가 됐잖아요. 후죠시 시장의 힘이 빵 터진 첫 번째 문화사적 기회였죠. "본격 퀴어 멜로"라는 말은 정말 잘 정한 것 같아요.

「후회하지 않아」 정말 재밌었어요. 여러 번 봤습니다.

이번에 레진코믹스 앱을 깔고 『로맨스는 없다』를 처음부터 끝까지 다 봤습니다. 저는 예전에 레진 아저씨가 운영하던 웹페이지에는 잘 갔었는데, 레진코믹스가 이렇게 성공할 줄은 몰랐어요. 여기에 게이 만화가가 연재를 해서 게이와 후죠시가 다함께 즐기는 새로운 시대가 왔더군요. 레진코믹스에 연재한 계기가 궁금합니다.

영국에서 돌아와서 친구 가게의 잡일을 도우면서 빌빌거리고 있었어요. 그때 학교 선배 한 명이 레진코믹스에서 연재를 하고 있었는데, 그렇게 빌빌거리지 말라면서 원고를 보내보라고 하더라고요. 그 전까지 레진은 생각도 안 하고 있었는데, 그 말을 듣고 사이트를 보게 됐죠. 아시다시피 웹툰은 네이버랑 다음이 대세잖아요. 저는 성인용 게이물을 그리려고 했기 때문에 네이버나 다음에 가기에는 무리가 있겠다 싶긴 했어요. 작업을 해서 레진으로 메일을 보냈는데 사장님이 한번 보자고 하는 거예요. 안 되면 그냥 거절하면 될 걸, 뭘 또 보자고 하나 싶어서 갔더니, 제 작품이 재미있다고 말씀해 주더라고요. 이건 인물이 남남일 뿐, 남자와 여자로 대입해봐도 충분히 좋다고요. 그렇게 원고를 시작하게 됐어요.

연재 주기나 결제 가격은 어떻게 결정하는 건가요?

결제 가격은 편집부에서 정해요.

어떤 만화는 한 회를 결제하는 데 2코인이 들고, 어떤 건

3코인이 들더라고요. 야한 건 비싼 건가 싶었습니다. 아무튼 한 회가 세 번에 나뉘어서 나오니까 한 회를 다 보려면 9코인이 드는 거죠?

그렇죠. 돈으로 따지면 900원 정도인 걸로 알고 있어요.

열심히 일하고 사느라 까먹고 있다가 오랜만에 들어가 보면 하나가 떠 있더라고요. 맨 처음에 한꺼번에 몰아서 볼 땐 신났는데 한 회씩 기다려서 보기 시작하니까 조금 갑갑하긴 합니다.

죄송합니다. 많이들 주간 연재 스케줄로 하는데 저는 주간 연재를 소화하지 못하겠더라고요. 그래서 10일 간격으로 연재하고 있습니다. 900원이 아깝지 않게 최대한 노력하겠습니다.

다른 인터뷰에서 한 회의 가격인 900원이 에로 비디오 같은 거라고 말했던데, 이게 무슨 뜻이에요?

어린 시절에 비디오 가게에 가면 빨간 띠 테이프가 있었잖아요. 대여료가 1500원 정도였던 걸로 기억하는데, 제 머릿속에서는 그런 이미지였어요. 한 에피소드당 3화로 나뉘어져 있으니 900원 정도의 성인용 게이 콘텐츠라면 괜찮겠다 싶었던 거죠. 그런데 유료 만화 시장이 너무 척박하고 무료 만화 시장이 대세잖아요. 한편으론 너무 비싸단 생각도 들더라고요. 어찌됐든 그건 제 손을 벗어난 거라서 봐주시는 분들에게 항상 감사하고 있습니다.

레진코믹스에서 내용에 대한 간섭은 없나요?

내용에 대한 터치가 일절 없어서 아주 자유롭게 창작하고 있습니다. 제가 맞춤법이나 띄어쓰기 같은 걸 자주 틀리거든요. 그런 것도 편집을 해주더라고요. 편집부에 정말 감사드립니다.

아무튼 레진코믹스가 흥해서 해외 진출도 잘 이뤄지고, 더욱더 번창해서 한국의 만화가 여러분의 경제적 지위 향상에 크게 기여했으면 합니다.

네, 그랬으면 좋겠네요.

이우인 씨 이외에 게이 만화가로 변천 씨가 있고, 또 공개적인 활동은 아니지만 한국의 뚱베어 게이 여러분이 야망가 동인지를 만들어서 발표하는 것들이 있었습니다만, 본격적인 게이 만화 연재는 처음 보는 일입니다. 국내의 뚱베어 여러분이 내는 야망가 동인지 모임 분들도 본 적이 있나요?

개인적으로 본 적은 없고, 예전에 친구 집에 놀러 갔는데 걔가 동인지를 가지고 있더라고요. 친구가 보라고 줬는데 재미있게 봤어요. 여러분, 한번 만나주세요.

이우인 만화가님을 초청하면 아름다운 만남이 되지 않을까 싶네요. 아마추어분들이다 보니 그림체가 일본 잡지 『바라조크』의 아류라서 볼 때마다 아쉽더라고요. 이른바 '떡신'이라고 하죠, 그게 너무 현실적인 느낌이에요. 만화는 약간 골 때리거나 환상적인 면이 좀 있어야 훨씬 끌리는데 말이죠. 게이 여러분이 그린 붕가 씬은 하숙방, 모텔, 이런 식으로 변화가 별로 없어요. 이건 너무 리얼리즘이 아닌가 싶어서 갑갑해요. 공간 변주가 아쉽습니다. 게이 동네의 소위 야망가 존잘러들 가운데 유달리 뚱베어가 많은 게 특징이에요. 왜 그럴까요?

제 생각에는 앉아 있는 시간이 생각보다 꽤 되기 때문인 것 같아요. 만화 작업이나 그림 작업을 하다 보면 몰두하게 되니까 밥 시간대를 놓치게 될 때도 많고요. 그렇게 지내다 보면 확 먹어서 그런가…. 잘 모르겠네요.

엉덩이가 무거워야 작업을 할 수가 있는데, 빨빨거리고 놀러 다니는 게이 캐릭터는 만화를 그리기가 좀 어렵죠.

그래서 제가 만화를 그리는 게 너무 힘들어요. 저는 빨빨거리고 돌아다니는 걸 좋아하거든요.

『로맨스는 없다』는 국내 실정상 성기 노출은 안 하고 있습니다. 성기를 그린 버전은 하드디스크에서 잠자고 있는 건가요?

그릴 땐 그냥 다 그리고 레진코믹스에 보낼 땐 그걸 광선 검처럼 하얗게 날려버리죠. 마음은 다 그리고 싶은데, 아직 한국 시장에서 돈을 받고 팔기에는 힘든 점이 많아요.

레진코믹스가 일본에서 서비스를 하고 있잖아요. 일본에서 서비스할 땐 성기 노출 버전이 나가도 되는 것 아닌가요?

레진코믹스에 있는 작품이 모두 일본에서 볼 수 있는 건 아니고 몇몇 작품만 간다고 들었어요. 아직 『로맨스는 없다』는 포함되지 않은 것 같고, 만약에 가게 되면 다 그린 버전에 김 붙인 거 있잖아요, 까만 띠만 하면 되지 않을까 생각하고 있어요.

일본 진출이 기대됩니다.

됐으면 좋겠습니다.

저는 『로맨스는 없다』가 기존에 일본에 있는 게이 야망가와는 사뭇 분위기가 달라서, 일본 독자나 일본 만화가가 어떻게 평가를 내리고 또 반응할지 기대가 되요.

제 그림이 일본 쪽의 게이 망가물보다 후달리기 때문에 데생부터 시작해서 여러모로 만화적으로 발달한 게이 망가 시장의 팬분들이 제 작품을 보고 어떻게 욕을 할까 궁금해요.

한국 사람이 그리는 만화하고 일본 사람이 그리는 만화의 가장 큰 차이는 정서인 것 같아요.

그런 거 있어요. 제가 1990년대 순정 만화를 좋아했던 이유가, 일본 망가와는 좀 다른 국내 순정의 정서가 있었거든요. 그런 것들을 많이 좋아했죠.

『로맨스는 없다』는 게이만 노린 게 아니고 후죠시 시장을 한꺼번에 포괄하고 있기 때문에, 이러저러한 설정은 후죠시 BL물 같지만, 여자 만화가가 그린 것과는 다른 측면이 있습니다. 이우인 씨가 그린 만화에서는 탑처럼 생긴 애들은 게이의 성욕에 봉사하는 성기 대응형 캐릭터입니다. 오타쿠 만화로 치자면 미소녀에 해당하는 존재죠.

그런 것 같네요. "미안해 애들아, 내가 너희들이 몸을 팔게 했구나." 갑자기 캐릭터들한테 미안하네요.

새로 에피소드가 바뀔 때마다 포스터처럼 제작한 채색 장면을 특별히 그리잖아요. 그 장면에서 미청년들이 제시되면, 애들은 대놓고 핀업걸이에요. 독자를 후리는 자세를 취하고 있죠. 독자의 성욕에 봉사하는 자세를 노골적으로 취하고 있습니다. 여기에 반응하는 후죠시와 게이가 어떻게 다른지 궁금해요. 게이들은 만화도 좋아하지만 이 채색 장면을 좋아하더라고요.

전 성인 게이들이 소비할 수 있는 콘텐츠를 만들고 싶었어요. 다 큰 게이들이 술도 마시고, 쇼핑도 하고, 여행도 가고, 다 하고 있는데 다른 나라에 비해서 성인 콘텐츠가 너무 없습니다. 그게 아쉬운 마음이었죠. 그래서 우리도 성인물을 소비할 권리가 있다, 부끄러운 게 아니다, 이런 생각이 들어서 그렇게 시작을 했죠. 전 사실 후죠시분들의 시장 자체를 몰랐어요. 그래도 여성 독자에 대한 배려가 아예 없이 들어가기보다는 제가 그려왔던 그림체랑 하드코어 게이물의 중간 지점을 찾아가고 싶었어요.

좀 특별한 그림체인 것 같아요. 남의 나라에서는 중간을 설정해서 들어간 콘텐츠가 없죠. 아예 규제가 없는 나라들은, 게이용은 아주 하드코어한 포르노물로 가고, 후죠물은 그냥 후죠물이죠. 그 중간 지대의 콘텐츠가 없는데, 그런 면이 『로맨스는 없다』를 더 특별하게 만듭니다.

처음에는 포르노물을 그리고 싶었어요.

게이 독자는 불만이 좀 있죠. 『로맨스는 없다』가 순정 만화풍이기 때문에요.

그렇죠. 앞서 말씀드렸듯이 저는 '지금 할 수 있는 것부터 하자'는 생각으로 작업을 하고 있어요. 마음엔 하드코어 포르노가 자리 잡고 있지만, 아직은 메이저 시장에서 그걸 팔 수도 없고, 동인지로 팔고 싶지도 않고요. 아무튼 이런 시도부터 해보자 생각하고 있습니다.

원래부터 순정 만화를 좋아했고 또 그걸 그렸기 때문인지, 만화의 기본적인 색채가 그렇게 하드코어에 딱 맞춰져 있진 않아요. 오타쿠나 후죠시 여러분이 잘 쓰는 단어 가운데 '딸감'이란 말이 있는데, 딸감으로서의 성격은 부족하죠.

제 친구들도 항상 재미없다고 해요.

만화의 기본적인 정서에 질감이 있는데, 좀 뽀송뽀송하죠. 저는 그게 강점인 것 같습니다.

포르노를 글로 배워서요. 네, 공부하고 있습니다. 그리고 말씀드리고 싶은 게 있어요. 후죠시 동인분들의 그림이 너무 멋있어서 그 부분을 무척 부러워하고 있습니다.

어떤 분 말씀하시는 건가요?

제가 개인적으로 기억은 못 하지만, 그냥 그림을 보면 매우 잘 그리더라고요.

제가 볼 때 한국의 동인녀 가운데 정말 특별한 그림이라고 하면 황보혜림 씨를 꼽을 수가 있습니다. 트위터도 하는데요. 후죠시분들이 순정 만화풍으로 마른 캐릭터들을 잘 그린다면, 황보혜림 씨는 떡대 마초 미중년을 그리는 대단한 능력이 있어요. 또 이게 일본 만화풍하고는 완전히 다른 확고한 조선 스타일입니다. 이분을 볼 때마다 마음이 아프죠. 이분이야말로 연재를 해서 수많은 게이들과 후죠시를 낚아야 하는데….

꼭 찾아보겠습니다. 찾으면 따라 그릴까봐 못 보겠지만….

그림 풍이 이우인 씨와는 완전 달라요.

그래요? 제가 영향을 많이 받거든요.

『로맨스는 없다』에서 탑처럼 생긴 애들이 노골적으로 시선에 봉사하는 존재들이라면, 감정이입을 유도하는 캐릭터는 주로 바텀처럼 생긴 애들이에요. 떡대 있는 애들이 그렇게 설정된다고 해도 아무튼 캐릭터는 근육 소녀입니다. 그런데 동인녀 동네에서는 공과 수가 있으면 수에 감정이입하는 건 초짜라고 하더라고요. 동인녀분들 가운데 좀 센 분들, 공력이 있는 분들은 대개 공에 감정이입을 합니다. 진챙총 씨도 공에 감정이입을 하는 부녀자였죠. 만화를 그리고 이야기를 설정할 때 매번 소녀적인 사람이 이야기를 끌어가고 주도권을 쥐게 설정하시는 이유가 있나요?

제 친구들을 비롯해서 한국 게이 친구를 만날 때마다 느끼는 건 '다들 소녀다'에요. 탑/바텀을 불문하고 게이들은 다 소녀 같은 면이 있더라고요. 그래서 화자의 여성성이 부각되는 게 아닐까 싶네요. 그런데 딱히 '얘는 바텀, 얘는 탑' 이렇게 하진 않고, 제가 느꼈던 감정을 기본으로 공감대를 형성할 수 있을 법한 쪽으로 작업을 하고 있어요. 저는 공수 개념을 나누는 게 재미없거든요. 게이는 공일 수도 있고, 수일 수도 있고, 탑일 수도 있고, 또 바텀일 수도 있는 거잖아요. 딱 무 자르듯이 공과 수를 나누는 것 자체가 저한테는 감정이입이 안 돼요. 그래서 말하고 싶었던 순간을 풀어낼 때 적합하다고 여겨지는 쪽으로 화자를 정하는 편입니다.

대부분의 후죠물에서 드라마와 로맨스를 발생시키는 위계의 기본은 관계에요. 조금 더 우월하고 힘이 있는 존재와 약한 존재가 있죠. 그게 꼭 공수로 나뉘는 건 아니지만 그 낙차에서 로맨스가 발생하는데, 『로맨스는 없다』에서도 대개 그런 상황으로 낙차를 만듭니다. 군대, 1970년대 후반의 파고다 극장, MT, 잘못 찾아간 섬, 고고보이의 게이 클럽, 호스트바 등. 이렇게 상황이 발생시키는 위계와 압력이 로맨스의 기본 동력 장치에요. 매번 이렇게 특별한 장치를 고안하는 건 계획된 건가요? 아니면 하다 보면 이렇게 되는 건가요?

매 에피소드를 그릴 때마다 제일 먼저 슬픈 감정, 후련한 마음 등 그런 심상을 떠올려요. 그리고 그걸 풀어내기에 적합한 캐릭터를 불러 모으고, 그다음에 배경을 설정하는 편이죠. 예를 들자면 그 후련한 마음에 어울리는 장소를 생각하다가 배경이 군대가 되기도, 섬이 되기도 하죠. 또 매 시즌 계절이 바뀌잖아요. 그 계절에 맞는 배경을 찾고요. 지금은 그런 호흡으로 작업하고 있어요.

감정선이나 정서같이 추상적인 걸 목표점으로 제시하고, 또 그걸 유지시켜가기 때문에 만화가 순정 만화 같은 결이 있는 것 같아요. 게이 포르노 같은 만화임에도 그 바탕에 멜로가 계속 유지되는 게, 그런 특성이 있기 때문이 아닐까 싶네요.

네, 제가 하고 싶었던 것들이 포르노그래피이기도 하지만, 결국은 또 이게 사는 이야기니까요. 제가 느끼고, 생각했던 감정을 전달하자는 목표도 있어요.

한국의 만화나 소설이 계절의 아름다움이나 순간의 정서, 이걸 묘사하는 데 취약한 특징이 있죠. 그런데 『로맨스는 없다』에서는 계절미가 왕왕 잘 등장하더라고요. 순간의 정서나 공기 같은 것도요.

전 항상 그걸 잘 표현하고 싶습니다.

일제강점기에 교육받은 식민 세대들의 문학 작품이나 회화에는 그게 있었어요. 그런데 요즘엔 완전히 사라져서 회화 동네에서도 설경을 그리거나 겨울철의 특별한 정적을 묘사한 그림을 찾기가 대단히 어렵죠. 그래서 『로맨스는 없다』에서 그런 부분이 등장할 때마다 반가워요. 혹시 회화 작업을 병행할 생각은 없나요?

회화 작업은 틈틈이 하고 있긴 해요. 딱히 목적을 갖고 있지는 않고, 아직 계획도 없습니다. 그냥 계속할 거니까요.

만화가 여러분의 회화 작업이라는 게 아직 국내에서는 그렇게 개척되어 있는 상태는 아니잖아요. 그런데 관찰자의 시선에 봉사하는 남성 누드화 작업을 계속하면 미술사적으로 큰 성취가 있을 수 있지 않을까 하는 상상을 해봤습니다.

개인적으로는 데이비드 쉬리글리 스타일의 게이 작업을 하고 싶어요. 아니면 극과 극으로 동양화풍의 작업도 계속 연습하고 있어요.

기대가 큽니다. 앞으로 한국 게이도 나이가 들 거고, 저축을 하고 돈이 쌓일 텐데, 그래도 쓸 데는 별로 없기 때문에 이런 그림도 잘 팔리지 않을까 기대해봅니다.

시장에 나오면 많이 사주세요. 자본가 여러분, 잘 부탁드립니다.

「지배와 복종의 감정」 편이 BDSM이었잖아요. 주인공이 처음으로 BDSM에 눈을 뜨게 되면서 '내가 왜 이러지?' 이러지만, 자꾸 점점 더 큰 망상의 세계에 빠지는 에피소드였어요. 도시에서 코너를 돌았더니 본인이 거대한 거인으로 등장해서 너무나 즐거운 표정으로 BDSM의 고통을 즐기고 있고, 이걸 다른 사람들이 구경하는 민망한 장면이 재밌었어요. 어떻게 보면 우디 앨런 영화에서 유대인 엄마가 하늘에 등장해서 계속 떠드는 장면 같아요. 그런데 다른 인터뷰에서 "표현하는 데 실패했다고 생각한다" 이렇게 말했더라고요. 왜 그렇게 생각해요?

이가 썩어서 치과 진료를 받을 때 간접적으로나마 굴복할 수밖에 없는 고통을 느꼈어요. 전혀 매력적이지 않은 할아버지 선생님이 제 입을 막 열고 헤집는데 '어, 선생님, 어떡해, 살려주세요' 이런 기분이 들더라고요. 근데 뭔지 모르게 신경이 짜릿한 거예요. 자신을 내려놓고 내 모든 것을 맡기는 느낌이 정확하게 뭔지 모르지만, BDSM이 이렇게 느껴질 수도 있겠구나 싶었어요. 그런데 페티시 부분에서 너무 수박 겉핥기식으로 지나간 것 같아서 그렇게 말했어요. 좀 더 농밀하고 은밀하게 풀어야 하는 소재였는데, 너무 깔짝거리고 지나간 것 같아서 아쉬움이 큰 에피소드였죠. 나중에 그걸 전문으로 이야기하고 싶어요.

예전에 게이 채팅 사이트 같은 데서 얘기를 해보면, 한국 게이분들하고 대화가 참 힘들었던 부분이 '시추에이션 퍽(situation fuck)'에 대한 개념이 없는 거였어요. 요즘 젊은 게이 여러분은 이제 페티시는 알아요. 구세대 게이들은 페티시도 모르고, 또 페티시가 있다고 하면 욕으로 알고 자기는 그런 거 없다며 팔짝 뛰던 시절이 있었죠. 그 시절이 참 궁금하네요. 『로맨스는 없다』는 종로와 이태원에 돌아다니는 게이들의 설화를 모아놓은 동화책 같은 느낌도 듭니다. 이야기 소재는 주로 어떻게 구하나요?

이태원 설화 같은 느낌이라고 말씀해주셔서 감사해요. 그게 제가 바라는 점이기도 했거든요. 제가 사는 1990~2000년대 한국 게이의 모습을 그리고 싶었어요. 우리가 비관에 빠져 있을 것 같고, 드라마에 빠져 있을 것 같지만 실제로는 깔깔거리면서 잘 살고 있잖아요. 제가 그려낼 수 있는 게 그런 거라고 생각했어요. 우리는 그렇게 슬퍼하지 않아, 꿋꿋하게 잘 살고 있어, 쓰레기 같은 애들을 만나기도 하지만 어쨌든 잘 살고 있어…. 이런 얘기를 하고 싶었어요. 친구들이랑 만나면 "얘가 어떻다", "쟤가 어떻다" 이런 얘기를 하잖아요, 소재는 거기에서 얻고 있습니다.

연재 순서를 바둑처럼 생각할 거 아니에요, 뭐 먼저 뭐 나중, 이런 건 어떻게 결정하세요?

어떤 감정을 표현하기 위해서 스토리를 구상하다 보니 에피소드별로 짧게 끊어지는 구성이 괜찮다고 생각했어요. 『로맨스는 없다』의 커다란 줄기는 정해져 있고, 자잘한 감정을 에피소드로 하나하나 뿌리고 있는 상태라고 생각하면 됩니다. 지금은 연애 초창기의 감정선을 이야기하고 있어요. 원나잇도 많이 하고 있고요. 이제 한 아이의 섹스, 진짜 오래된 커플의 섹스로 관계를 서서히 옮겨가는 에피소드들이 차근차근 나올 예정이고요. 지금까지 나왔던 에피소드의 조연들이 주연으로 등장하는 이야기도 준비되어 있습니다. 그런 이야기들을 하고 끝낼 것 같습니다. 변동은 있겠지만 엔딩 시나리오는 정해져 있고, 언제 끝날지는 아직 잘 모르겠어요.

조연들이 등장하는 에피소드가 기대되네요.

다 얽히고설키죠.

제목은 "로맨스는 없다"라고 붙어 있지만, 내용은 로맨스가 있잖아요. 실제 연애를 할 때에도 로맨스를 추구하나요?

로맨스를 추구하지 않는 스타일이에요. 그냥 사는 거죠, 뭐.

기념일 같은 건 안 챙겨요?

네, "기념일이네? 밥이나 한 그릇 먹자" 이런 느낌이에요.

이벤트도 없고요?

그런 걸 하는 타입은 아니에요. '로맨스는 없다'라는 제목은 그런 감정을 표현하기에 잘 어울렸던 것 같아요. 함축적인 것도 같고.

『로맨스는 없다』를 본 게이 독자의 반응이 만화의 결에 영향을 미치는 모습이 보이기도 합니다. 우선 등장인물의 몸매가 넙대대하게 바뀌고 있어요. 떡대가 되어가고 있죠. 이건 어떻게 설정하고 계십니까? 몸매를 설정할 때에도 기준점이 있을 것 같은데요.

원래 그려왔던 순정체보다는 굵고 러프하게 그려보고 싶었어요. 저는 첫 화를 그릴 때에도 많이 바뀌었다고 생각했는데, 아직 물이 안 빠지고 있더라고요. 그렇게 러프하고 굵직굵직한 걸 그리고 싶던 와중에, 친구들도 계속 "아직도 미소년 좋아하냐?"고 물어보더라고요. 친구들의 영향을 좀 많이 받아서 우락부락한 캐릭터를 그리고 있습니다.

타가메 겐고로의 만화에 비하면 그리는 캐릭터가 털이 많은 편은 아니에요.

저는 타가메 겐고로 작가님과는 비교할 수 없어요. 그 디테일과 그 육감적인 몸. 제가 자학하는 타입이니까, 타가메 겐고로 작가님과는 비교하지 말아주세요.

몸매를 그릴 때 페티시 설정이 아주 분명한 편이라고 저는 느껴요. 골반의 각, 골반에서 아래 허벅지로 떨어지는 라인과 엉덩이 라인 같은 걸 되게 신경 써서 그리는 게 티가 납니다. 어디에 주안점을 두고 그리십니까?

얼굴이랑 엉덩이를 그릴 때 신경을 많이 쓰는 편이에요.

특히 베어 게이처럼 넙대대한 애가 양복을 입고 뛰어가는 장면은 정말 공들여 그린 티가 나더라고요.

그건 그렇게 많이 걸리지 않았어요. 저는 예쁜 사람을 좋아하는데, 딱히 뭘 노리고 했다기보다는 별 생각이 없이 그냥 그렸어요.

본인의 작풍이나 그림체에 영향을 미친 레퍼런스가 있는지 궁금해요.

순정 만화를 그릴 땐 이강주 작가의 영향을 받았단 말을 많이 들었어요. 저도 정말 좋아하기도 했고요. 『로맨스는 없다』를 그릴 때는 바스티앙 비베스라는 프랑스 작가의 그림을 따라잡겠다는 생각으로 시작했어요. 그런데 그래픽 노블처럼은 안 되더라고요. 그림의 레퍼런스는 별로 없고, 그저 소심하게 그리는 것 같습니다.

남남이 서로 성적 긴장감을 갖고 응시하는 장면에서 얼굴에 표정이 없이 눈을 똑바로 뜨고 있는 장면이 있었어요. 이런 데서 기존의 만화에서 흔히 볼 수 없었던 새로운 시대의 쿨시크가 표현되는 것 같아요. 그런 건 또 그래픽 노블에서나 볼 것 같은 양인적인 요소죠. 그런데 이 에피소드는 남자가, 저 에피소드는 여자가 더 많이 본다, 이런 걸 작가가 확인할 수 있나요?

그건 확인 못 하고 그냥 트위터나 페이스북의 '로맨스는 없다' 페이지에 올라오는 피드백을 봐요. 페이스북 페이지는 게이 독자들용으로 만든 거라, 게이 측 반응은 즉각적으로 오는 편입니다. 다른 부분은 잘 모르고 있어요.

「빨간 남자」 에피소드에 나오는, 체중 감량으로 거듭난 몸짱 게이의 이야기는 실제 게이 동네에 흔히 있는 이야기잖아요. 이건 보다 게이 친화적인 에피소드처럼 느껴졌어요. 「출장」 에피소드는 연상연하 직장 로맨스 이야기이고, 위계의 파워트립이 분명하게 드러나기 때문에 또 전형적인 후죠물, BL물처럼 느껴지기도 합니다. 그래서 에피소드마다 남자와 여자의 반응이 확실히 다를 것 같은데, 만화가 입장에서 확인할 수 있는 채널이 레진코믹스에는 없나 봐요?

레진코믹스는 댓글 창이 없어요.

트위터도 애널리틱스(Analytics)가 있어서 남자나 여자가 얼마나 있는지 확인할 수 있잖아요.

그런 걸 볼 수 있나요? 트위터는 제가 거의 리트윗용으로만 사용하고 있어서요.

그렇군요. 레진코믹스에도 분명히 있을 것 같은데요?

한번 물어봐야겠어요. 저도 궁금하네요.

저는 게이지만 뇌에 후죠시 가상 모드가 깔려 있기 때문에 게이 만화보다 후죠시 만화를 더 재밌게 볼 때가 있거든요. 그래서인지 「출장」이 굉장히 재밌더라고요. 에피소드 설정도 좀 말도 안 되고.

너무 말이 안 되죠. 데이비드 베다리스가 막 나오고.

네, 이름도 웃기고요.

다소 무리를 한 감이 없지 않아 있습니다.

다시 말씀드리지만, 만화는 무리가 있어야 재밌습니다. 저는 그런 주의에요. 작가 입장에서는 1979년도의 파고다 극장을 배경으로 한 「P 살롱에서 만나요」 에피소드를 제일 재밌게 작업했을 것 같아요.

그 에피소드 그릴 때 재밌었어요. 파고다 극장 이야기는 제가 유일하게 겪어보지 못했던 시대여서 그 모든 걸 글귀로 남은 몇몇 자료와 사진 몇 장으로 작업했거든요. 그래서 상상의 나래를 마음껏 펼쳤던 작업이었어요. 작업할 때 즐거웠습니다. 마지막 장면은 울면서 그렸어요.

황당하게 5 · 18과 연결되니까 정말 재미있더라고요. 사람들이 한국의 큰 정치적 사건에 게이가 연루되어 있을 거라고 상상을 안 하는데, 거기에 과감하게 끼워 넣으니까 참 독특했어요.

그것도 무리이긴 했죠. 진지한 사건을 이용하는 느낌이 들까봐 걱정을 많이 했어요. 전 그 사건은 어떤 방식에서건 계속 이야기해야 한다고 생각해요.

역사의 퀴어화였습니다.

좋게 봐주셔서 감사합니다.

뭐, 제가 게이니까요. 아무튼 광주 민주화투쟁을 게이의 시각에서 볼 수 있는 건 새로운 접근이기 때문에, 이성애자 독자분들도 보면 새로울 겁니다. 꼭 결제해서 한번 보시기 바랍니다. 「P 살롱에서 만나요」, 재미있습니다.

네, 재미있습니다.

1960~1970년대의 한국 게이 문화를 다뤄보고 싶다고 의욕을 내비친 적이 있는데, 특별히 역사화되지 않은 과거에 관심을 기울이는 이유는 뭔가요?

이상하게 항상 흥미로워요. 1960~1970년대 게이 씬이 한국에선 어땠을까 궁금해서, 형들을 만나면 물어봐요. "재미있는 사건 없었어요?" 그랬더니 상상하지 못했던 당시 게이 씬 이야기를 들려주더라고요. 그걸 저만 알고 있기가 아까워요.

인권 운동이 시작되기 전의 게이 하위문화는 사람을 만날 때의 기준이 오로지 미모이기 때문에 정말 희한한 커플이 많았습니다. 최근에도 치과 의사분과 전직 조폭의 아름다운 사랑을 본 적이 있긴 합니다만….

전혀 희한하지 않은데요? 멋있을 것 같아요.

그분은 정말 특별합니다. 조폭이라 덩치가 산만 하고 한국에서 최대 나이트클럽이 그분의 나와바리에요. 무서운 분인 거죠. 그분은 조직에 커밍아웃도 하고, 부인에게 위자료 주고 정식 이혼도 했어요. 저의 개인적인 바람이 있다면, 『로맨스는 없다』에서 일제강점기를 배경으로 호모 치정 살인사건을 좀 다뤄줬으면 해요. 그때 신문을 검색해보면 동성애 치정 살인사건이 많아요. 한국인과 일본인이 엮여서 삼각관계였던 거죠.

그 자료는 어디서 볼 수 있나요?

옛날 신문에 있습니다. 제가 스크랩해놓은 걸 드릴게요. 별의별 게 다 있습니다. "20년간 남자로 살아왔던 여자, 들켜", 이런 것도 있고요. 잘 알려졌다시피 각종 자살 사건도 많고요. 그리고 또 하나의 바람이라면 1980년대를 배경으로 AIDS 문제도 한번 다뤄주셨으면 해요. 영화 「노멀 하트(The Normal Heart)」(2014)처럼요.

「노멀 하트」 정말 재미있게 봤어요.

그리고 한국전쟁을 배경으로 미군과 한국인의 러브라인도 하나 그려주셨으면….

사실 『로맨스는 없다』 다음 작품으로 일제강점기를 배경으로 한 대서사시를 하나 구상하고 있던 게 있어요. 자세한 내용은 말씀드릴 수 없지만요. 지금 말씀해주셨던 AIDS 문제, 한국전쟁을 배경으로 한 미군-한국인의 러브라인, 이런 것도 정말 좋은 소재인 것 같아요. 써도 되나요?

그럼요. 작업할 때 아날로그로 드로잉을 제작하고 디지털로 옮기나요? 아니면 바로 태블릿으로 그리기 시작하시는지 궁금합니다. 원화가 있는지, 아니면 원본은 그냥 디지털 파일인지 알려주세요.

『로맨스는 없다』는 모든 작업을 디지털로 하고 있어요. 원안은 따로 없고 다 가상의 파일들이죠. 말씀드렸듯이 집에 불이 나서 소중하게 아끼고 모으던 모든 것이 다 사라진 적이 있다 보니, 그 이후로는 물건도 잘 안 사고, 뭔가를 남기는 것에 대해 회의적이 됐어요.

큰 사건을 겪고 나면 라이프스타일에 영향이 오래가더라고요.

그런 것 같습니다.

그래서 요새 일본에서는 사람들이 그림을 안 삽니다.

무척 슬픈 얘기네요.

원본 작업 파일은 인쇄가 가능한 대형 포맷인가요?

인쇄는 가능한 포맷인데, 출판에 대한 욕망이 있진 않아요. 책으로 내겠다는 생각은 별로 없고, 시장이 어떻게 돌아가는지도 잘 모르셨어요. 그래도 굳이 출판을 해주신다면 할 수야 있겠죠.

나중에 에디션 작업으로 판매할 수도 있으니까요. 이제 슬슬 『네쪽의 관점』 이야기를 해보도록 하겠습니다. 『허핑턴포스트코리아』에 본인의 일상을 소재로 짧은 네 칸 짜리 만화를 연재하고 있는데요. 이건 『허핑턴포스트코리아』 쪽에서 먼저 요청이 있었던 건가요?

조동섭 선생님이랑 도훈이 형이랑 같이 술을 먹다가, 도훈이 형이 일상 툰을 해보자고 말해서 별 생각 없이 "네, 그러죠 뭐" 해서 시작하게 됐어요.

김도훈 편집장이 트위터에 이렇게 썼더라고요. "내가 요새 한 일 중에 가장 잘한 일이 일상툰 하라고 찌른 거다"라고.

도훈이 형을 안 지는 얼마 안 됐는데, 정말 좋은 분입니다.

아주 뿌듯해하더라고요. 독자 반응들 가운데 확실히 새로운 반응이 있습니다. 게이의 일상을 다룬 만화를 처음 보니까요. 일상적인 게이의 삶을 소재로 삼았다는 면에서 레즈비언 만화인 『모두에게 완자가』와 비교되기도 합니다. 피부로 느끼기에 독자 반응은 어떤가요?

『모두에게 완자가』와 비교해주는 것 자체가 영광이에요. 『네쪽의 관점』은 커플 얘기라기보다는 제 일상을 풀어내려고 하는 거거든요. 그래서 제 연인을 비롯해서 이미 제가 게이인 걸 아는 친구들과 제 가족이 계속 등장할 거예요. 그리고 뭉게뭉게 피어 있는 생각 말풍선은 최대한 안 쓰려고 해요. 제목에서 '관점'이란 건, 당신의 입장이 궁금하단 거죠. "저도 제 연인도 게이지만, 당신들이 보기엔 어떻습니까?", "별로 다를 것 없지 않습니까?", "다들 재미없게 살고 있습니다" 이런 뉘앙스로 작업을 해나갈 것 같아요.

일상을 아주 덤덤하게 그렸기 때문인지, 제 애인은 이걸 엄청 부러워하더라고요.

『네쪽의 관점』은 최대한 극적이지 않게 꾸밈없이 하고 싶어요. 그래서 평소에 하는 대화를 그대로 갖다 쓰는 편이에요.

실제로 애인과 동거 중인 거죠?

네, 4년 정도 됐습니다.

애인은 언제 어떻게 만났어요?

예전에 싸이월드에 동갑내기 커뮤니티가 있었어요. 거기서 처음 알고 친구처럼 밥도 먹고 그랬죠. 제가 옛날에 쯔나미라는 바에서 주말 아르바이트를 했었는데, 어느 날 그 친구가 오더라고요. 그래서 친해졌죠.

그럼 누가 먼저 들이댄 건가요?

그때는 걔가 애인이 있어서 제가 들이대지 않았어요. 그냥 귀엽다고 생각하고 있다가 1년인가 1년 반 뒤에 걔가 애인이랑 헤어졌어요. '어떻게 해야 되겠다' 싶어서, '나 너 좋아하는 것 같아, 괜찮겠어?' 이런 느낌으로 마음을 전달했어요.

초반에 데이트 코스는 어떻게 구성했나요?

초반의 데이트는 그냥 집? 집에서 좋은 시간을 보냈죠.

기승전결이 별로 없는 타입이군요.

그렇죠. 그냥 그때부터 잘 지냈어요.

롱런하는 커플은 대개 그렇더라고요. 처음부터 무덤덤하게 가족처럼 지내요. 열심히 밀당하고, 데이트 코스 다 정하고, 이벤트하는 분들은 생각보다 빨리 지치더라고요.

아니에요. 우리도 되게 활활 타올랐었어요. 지금은 좀 오래됐지만.

활활 탔다는 건 성생활을 말씀하시는 건가요?

성생활도 그렇고, 여러모로 좋았죠.

영화관이나 카페 같은 곳엔 안 가나요?

카페는 둘 다 별로 안 좋아하고, 영화나 그림을 보러 가거나 둘이 노닥거리는 걸 좋아하는 편이에요.

공공장소에서 애정 행각을 하는 편입니까? 아니면 자제하시는 편입니까?

자제하는 편이긴 한데, 그래도 잡을 데는 다 잡고 지내죠.

동거를 처음 시작할 때 많은 사람이 두려워하는 게 있잖아요. 두 분은 어떻게 동거를 결정했어요?

동거도 만남처럼 아주 자연스러웠어요. 그전에 친구로 지내던 기간이 있어서 얘가 어떤 애라는 걸 알고 있었거든요. 그러다가 저도 이사를 하게 되고, 걔도 이사할 시즌이 돼서 같이 살자고 했죠. 동갑이거든요.

돼지띠 커플인 건가요?

네, 돼지띠 커플입니다. 그런데 걔는 뚱이 아니에요. 저만 갑자기 살이 쪄서….

『네쪽의 관점』에서는 약간 넙대대하게 나와서 베어인가 싶었습니다.

베어 아니에요.

한국에서 동성혼이 법제화되면 결혼할 생각이 있나요?

결혼을 딱히 꿈꾸진 않지만, 만약 가능하게 된다면 얘랑 하고 싶다는 생각은 해본 적이 있어요. 그리고 지내다 보면 그런 날도 있잖아요. 위기 상황이거나, 아프거나, 그럴 땐 친구이기보다는 가족이 되고 싶다는 생각이 들죠. 네, 법제화를 추진해봅시다!

게이는 연애를 길게 못 하는 사람이 참 많아요. 특히 20~30대 초반 게이 여러분은 왜 자신은 6개월을 못 넘기는지, 자신의 박복함을 한탄하더라고요. 장기 연애를 성공한 입장에서 조언할 만한 팁이 있을까요?

그런 건 없는 것 같아요. 장기 연애라는 것도 언제든지 깨질 수 있는 거고, 영원한 것은 없다는 전제가 저는 깔려 있거든요. 싫으면 헤어질 수 있죠. 그래서 장기 연애를 하는 방법은 저도 잘 모르겠습니다. 알아서들 하세요.

만화에 두 분의 직업이 상이한 걸로 등장하더라고요. 애인은 직장 생활을 하니까 정확한 시간표에 따라서 움직일 거고, 이우인 씨는 프리랜서니까 아무래도 작업이 밀리면 몰아서 밤을 샐 때도 있을 거고요. 주기가 달라서 서로 맞춰 살기 어려운 점은 없나요?

딱히 어렵다기보다는, 다 무난하게 지나가는 것 같아요.

애인도 성격이 둥글둥글한 편인가요?

네, 무던한 타입이에요. 저도 그렇게 예민하진 않아서 둘이 있으면 조용해요.

게이들이 이런 성격이 좀 드물지 않습니까?

그런가요? 잘 모르겠네요. 수천 명은 있을 것 같아요.

수백만 명 중에서 찾으면 물론 다 있죠. 이우인 씨는 소위 식성이라는 게 어떻게 설정되어 있습니까?

저는 외모를 두 번째로 봐요. 사람의 눈빛과 말할 때의 표정, 생각하는 것들, 그런 게 마음에 들면 외모는 커버가 돼요. 그 사람이 뚱뚱하고 마르고 이런 것보다 다른 데서 매력이 발동하면 제가 알아서 착착 "얘는 이런 면이 참 괜찮구나" 이렇게 되는 거죠.

외모에 대한 건 영점 조절이 가능한 뇌군요. 게이 동네에 이런 뇌가 별로 많지 않던데요.

제가 워낙 못나서 남의 외모를 따지자니 좀 그래요.

그건 본인의 외모하고는 상관없지 않나요?

전 상대방도 그렇게 못 보겠더라고요.

특정한 캐릭터, 성격, 어떤 감정선, 이런 걸 먼저 보고 그 다음에 외모를 보는 남자 게이분이 생각보다 많지가 않아요. 그래서 유명 연예인 게이들도 사귀었던 애인을 일렬로 배치해놓으면 탬플릿이 딱 보이죠, 하나의 패턴. 저는 그런 분을 '템플릿 퍽커(Template Fucker)'라고 부르거든요.

좋은 작명인 것 같아요.

상대를 좋아하는 게 아니라 자기 머릿속에 있는 탬플릿을 좋아하는 거죠. 일종의 자기애랄까요? 특히 유명하고 성공한, 고생을 많이 한 게이 여러분이 자기 젊었을 때 하고 닮은 미청년을 사귀는 경우가 많죠. 자기의 이상화된 버전.

나쁘진 않잖아요.

나쁘진 않은데 보기에 조금 슬프죠.

전 안 슬퍼요. 괜찮다고 생각합니다.

다 자기 자유지만, 저는 그래도 전 애인을 늘어놨을 때 그 애인들이 다종다양한 사람일 때가 더 행복한 거라고 생각해요. 왜냐하면 반복적으로 똑같은 탬플릿을 만나다 보면 퀄리티가 계속 좋아지는 게 아니거든요. 게이 '육시장'에서의 가치는 나이가 들면서 떨어져가는 경향이 있기 때문이죠. 그러다 보면 전 애인들의 퀄리티도 한 종목인데 100점짜리였으면 90점, 80점, 이렇게 점점 떨어지는 경향이 좀 슬퍼요. 게이 청년 여러분도 그런 걸 벗어나는 모습을 고민하면서 연애하는 게 어떨까 생각할 때가 있는데, 뭐 젊었을 때야 그런 걸 생각할 겨를이 없죠.

전 자기가 좋아하는 걸 따라갔으면 좋겠어요. 그게 외모가 됐건, 성격이 됐건, 다 자기 삶이니까요.

2014년은 이우인 씨한테 아주 특별한 해였을 것 같아요.

아주 특별했어요. 『로맨스는 없다』가 생각보다 반응이 좋아서 감사드리고, 앞으로 언제 끝날지 모르지만 생각날 때 한 번 챙겨봐주세요.

청소년 LGBT 여러분께 한 말씀 부탁드립니다.

써온 걸 읽어 보겠습니다. "이 상황이 쉽지는 않겠지만 그 시기를 지내온 한 사람으로서 너희들에게 힘이 되어주지 못해 항상 미안하게 생각해. 너희가 주눅 들지 않도록, 마음껏 고백하고 차이고 지낼 수 있는 사회를 만들어놓지 못해서 선배로서 미안하다. 너희들은 죄인이 아니고, 괴물도 아니고, 그냥 사람이 맞으니까 움츠러든 그 몸과 마음을 당장은 힘들더라도 당당하게 펴고, 우리 함께 같이 싸워나가자. 비뚤어진 사람들이 너희를 비뚤어지게 하는 걸 내버려두지 말아. 어떻게든 좋은 성품으로 자라서 나중에 우리 같이 만날 수 있는 날이 오면 소주 한잔 했으면 좋겠다."

멋진 말씀 감사합니다.

여러분, 『로맨스는 없다』는 수능 치고 성인이 돼서 봐주세요. 애기 때는 보면 안 돼요.

그렇게 야하지 않아요. 제 생각에는 초등학생이 봐도 괜찮습니다.

HIV/AIDS 감염인 게이 문화의 세계

제이슨 박

박사님은 HIV 양성입니까, 음성입니까?

음성입니다.

HIV 검진은 자주 받으세요?

지금은 4개월에 한 번씩 받고 있어요.

비교적 자주 받는 편이군요. 성병 검진은요?

AIDS 검진 때 패키지로 매독, 임질 같은 것을 함께 받고 있습니다.

미국에서는 검사가 무료로 진행되나요?

의료보험을 적용받으면 큰 부담이 안 되고요. 의료보험이 없는 경우 HIV 검사는 무료로 해주는 곳이 여러 군데 있는데, 성병 검진까지 무료로 해주는 곳은 별로 없는 걸로 알고 있어요.

'세이프 섹스(safe sex)'는 실천하고 계신가요?

경우에 따라 다릅니다. 무엇을 세이프 섹스로 부르고 정의할 것인가의 문제죠.

뉴욕의 게이 감염인 공동체에 예전부터 아주 관심이 많았습니다. 왜죠?

왜일까요? 저도 그 부분에 대해 생각을 해봤는데, 아무래도 제가 1980년대 AIDS 대위기를 겪어본 세대라서 그 부분이 어떻게 변화하고, 현재 양성인 분들이 어떤 생활을 하고 계신지에 대해 항상 관심이 많았어요. 꼭 뉴욕뿐이 아니고, 시카고에서도 감염인 공동체와 계속 연락을 하고 있습니다.

예전에 쓴 글을 보면 거기에 대해 'HIV 페티시'라는 표현을 썼는데요. HIV 페티시란 건 뭔가요?

HIV가 사람을 죽였던 그 시대를 살아온 사람들은 여러 가지 반응을 보였습니다. 어떤 사람은 거기서 트라우마를 받아서 아예 그쪽은 쳐다보지도 않으려 했고, 또 어떤 사람은 그것에 대해 더 많이 알고 통제하고 싶다는 식으로 접근하기도 했어요. 저는 뭐든지 지식화(intellectualization)하고, 내가 이해하는 것으로 상황을 통제하는 편이라 아마 관심을 더 많이 가졌던 것 같아요.

> 한때 미국에서 소위 '버그체이싱(bugchasing) 문화'라는 게 문제가 됐었죠. 그런 사회 현상은 어떻게, 왜 등장했던 걸까요? 버그체이싱이 무엇인지부터 설명해주세요.

말 그대로 '버그(bug)', 벌레죠. 그 벌레를 쫓는다는 의미로 본인이 스스로 HIV에 감염되고자 하는 사람들을 뜻합니다. 내가 벌레를 쫓아가는 거죠. 그리고 그걸 주는 사람들은 '기프트 기버(gift giver)'라고 불렀거든요, 선물을 주시는 분들. 사람이 불안을 다루는 방법이 여러 가지가 있는데, 그중 하나는 아예 자신의 통제하에 본인을 스스로 그 불안의 원인에 노출시키는 거죠. 그렇게 해버리면 더는 불안해할 필요가 없잖아요. 그래도 사람이 다른 사람에게 나쁜 걸 준다는 게 그렇게 즐거운 일이 아니기 때문에 알려진 것처럼 주류적이었던 건 아니었어요.

> AIDS 공포와 함께 게이 동네에서는 포르노에서조차 반드시 콘돔을 써야 하는 것이 규준으로 제시됐던 적이 있죠. 콘돔을 사용하지 않고 삽입 성교를 하는 '베어백(bareback)' 문화도 한때 금기시됐잖아요. 이게 언제 어떻게 다시 돌아오게 됐죠?

사람들이 그런 걸 보고 싶지 않아 했던 이유는, 그 장면 자체가 HIV 감염을 의미했기 때문입니다. 보는 것 자체가 불쾌했던 거죠. 그런데 1990년대 중반 이후, AIDS 관련 약이 좋아지면서 그분들이 건강하게 살 수 있게 된 거예요. 양성인 분들 입장에서는 콘돔을 사용하는 의미가 그렇게 크지 않은 거죠, 이미 걸린 거니까. 그래서 그분들이 공동체를 형성하면서 만들어낸 포르노가 나오기 시작했어요. 1990년대 후반부터 시작해서 2000년대 이후로 베어백 문화가 범위를 점차 넓혀갔죠.

미국은 대도시마다 감염인 게이의 수가 적지 않게 형성되어 있기 때문에 이른바 '파즈(Poz, HIV 감염인) 공동체'가 성장하게 되고, 감염인인 것을 숨기지 않고 자랑스러워하는 '파즈 앤 프라우드(Poz & Proud)' 문화가 형성이 됐습니다. 아예 자신이 감염인이라는 사실을 문신으로 표시하는 문화가 널리 번지기도 했었죠. 2000년대에 접어들어서 하드코어 파즈 게이들이 일반적인 게이 문화와 별도의 문화를 형성하면서, 프라이빗 파티를 열어서 콘돔 없이 그룹 섹스를 하는 문화를 만들었는데, 그 이전에는 찾아볼 수 없는 새로운 씬이 되기도 했습니다. 요즘은 어떤가요?

당시에는 감염인을 보면 알아볼 수 있었어요. 얼굴의 관상도 변화하고 약의 부작용이 있었기 때문에 빰이 홀쭉해진다든가, 어떤 부분에 지방이 붙는다든가 하는 표식이 있었죠.

옛날에는 'AIDS 티'를 먹으면 그 약 때문에 오히려 근육이 붙었죠? 특정한 부위에 지방이 끼는 게, 목덜미 뒤죠?

네, '버펄로 험프(buffalo hump)'라고 해서 목에 지방이 붙는 경우가 있죠. 약 때문에 근육이 붙었는지는 모르겠어요. 다들 자기 관리를 열심히 해야 하니까요. 사람들한테 '말랐다'는 것이 나쁜 정보를 주니까 운동을 더 열심히 하고요. 또 체중이 감소하면 의사가 스테로이드 같은 걸 처방하기도 해서 근육이 더 잘 붙는 분들이 있었어요. 그래서 몸이 좋죠.

그리고 눈이 조금 퀭하죠.

살이 빠지니까요. 한국에서는 빰이나 눈 주변에 지방을 넣는 보톡스가 미국에서는 주로 양성인 분들을 대상으로 행해지고 있어요.

2000년대에 '정치적 올바름'을 추구할 때에는 파즈 분들을 외양으로 알아볼 수 없다고 했지만, 실질적으로 게이들끼리는 건강하고, 근육이 있고, 엣지가 있어 보이는데 하고 싶은 건 다하며 눈이 좀 퀭하신 분, 이런 식으로 식별할 수 있었죠.

네, 보는 관점에 따라 그런 게 나름대로의 아름다움일 수도 있는 거죠.

약간 뱀파이어처럼 보이기도 하고요.

사람들이 항상 예쁘고, 어린 것만 좋아하는 게 아니죠. 우리의 뇌는 어떤 시점에 약간 병적인 것을 또 좋은 것으로 받아들이기도 합니다. 그래서 그런 미학이 있었고, 그런 분들이 모였고요. 아까 프라이빗 파티도 얘기했는데, 그건 1990년대 말부터 2000년대까지 했는데, 최근에는 경계가 무너졌죠. 꼭 HIV 양성인 분들만 모이는 게 아니라, 양성과 음성이 서로 합의하에, 요샌 '파즈 프렌들리(Poz friendly)'라고 하죠? 그런 분들이 합의하에 모여서 프라이빗 파티를 하는 경우가 많이 있는 걸로 압니다.

게이들이 디스코 클럽에 모여서 떼로 놀던 것이 엣지를 잃어버린 이유 중 하나가, 2000년대에 이러한 프라이빗 파티 씬이 만들어진 게 좀 컸습니다. 초청을 받아야 들어갈 수 있으니까요. 그런데 요즘은 이 프라이빗 파티도 파즈가 아닌 분들이 들어가니까 다시 또 엣지가 사라지는 상황이죠. 지금은 그냥 "아, 파티구나" 이거지, 문제적인 무언가가 아닙니다.

그렇죠, 더는 옛날처럼 위태위태한 느낌 같은 게 없습니다.

이상하고 특별한 리그에 내가 꼈다는 자부심을 느끼기도 어렵고요. 레이디 가가의 히트곡 가운데 파즈 게이들이 유달리 사랑했던 찬가가 있죠? 좀 설명해주세요.

2009년에 나온 「배드 로맨스(Bad Romance)」라는 노래죠. 그 가사를 보면 너무 이상해요. "난 너의 추함을 원해(I want your ugly), 난 너의 질병을 원해(I want your disease)." 대놓고 얘기하는 거죠. "난 너의 모든 것을 원해(I want your everything), 난 너의 드라마를 원해(I want your drama).” 버그체이싱하는 사람의 내레이션을 거의 숨김없이 읊어요. 그런데 이상하게도 사람들이 크게 알아채진 못하더라고요. 아는 사람만 아는 거죠.

뮤직비디오도 노골적이었는데….

바이러스가 막 튀어나와서 춤을 추잖아요. 그게 2009년이었으니까 사실 약간은 뒷북이죠.

AIDS에 관한 기초 상식과 함께 다시 역사를 더듬어보는 게 좋을 것 같습니다. ‘AIDS’란 무엇이고, ‘HIV’란 무엇인가요?

제가 의사가 아니니까 간단하게 말씀드릴게요. HIV는 ‘인간 면역 결핍 바이러스(Human Immunodeficiency Virus)’죠. 이건 우리에게 감염이 될 수 있는 바이러스, 손으로 만질 수 있는 그런 존재를 의미하는 거고요. 이 바이러스에 감염되면 여러 증상이 나타나는데, 그중 하나가 면역과 관련된 세포를 줄이는 ‘CD4 양성’이에요. 그래서 그 수치가 일정 단위 이하로 넘어가면 면역력이 너무 약해져서, 평소라면 우리가 쉽게 넘어갈 수 있는 병들도 목숨을 위협하는 상황이 되죠. 그것을 AIDS, 즉 ‘후천성 면역 결핍 증후군(Acquired Immune Deficiency Syndrome)’이라고 합니다. 증후군이란 건 결국 모른다는 얘기거든요. 불분명한 무엇인데 덩어리로 우리에게 영향을 준다, 이렇게 어떤 ‘상황(status)’을 말하는 겁니다. 바이러스 때문에 나타날 수 있는 상황이고요. HIV에 걸렸다고 꼭 AIDS 상태로 진행되는 것은 아닙니다.

한국은 인구 대비 HIV 감염자나 AIDS 환자의 숫자가 여전히 타국에 비해 낮습니다. 이건 왜 그럴까요?

참 신기하죠. 이게 아직 밝혀진 게 없는데, 미국에서도 심지어 아시안 게이들은 감염률이 낮아요. 왜 그럴까요? 저도 딱 잘라서 말할 수 있는 건 없습니다. 일단 이게 좀 험하게 놀아야죠. 눈에 보이든 안 보이든 출혈이 있어야 걸리는 병이니까요. 그리고 또 하나는 한국 사람들은 이상하게 포경을 많이 하죠. 확실하게 밝혀진 기제는 없는데 포경이 HIV 감염율을 낮추는 데 도움이 된다는 얘기도 많이 있어요. 아마 그것도 영향이 있지 않을까 생각합니다.

1980년대 초반 미국에서 AIDS가 처음 등장했을 때 사람들이 이 질병을 '게이 암(Gay Cancer)'이라고 불렀습니다. 공포가 쫙 번지면서 겁을 먹은 사람들이 이 역병이 남성 동성애자들에게 내려진 '신의 형벌'이라고 생각했죠. 요즘 청년들은 이 시대의 분위기를 모르죠. 이 청년들이 초기의 AIDS 대위기, 이 어마어마했던 시기를 이해하려면 영화를 보는 게 좋더라고요. 2014년 HBO에서 제작해서 널리 인기를 끌었던 「노멀 하트」나 매튜 모딘이 주인공을 맡아 1993년에 나왔던 「앤 더 밴드 플레이드 온(And the Band Played On)」 등이 있죠. 이런 영화를 보기도 하고요. 그런 걸 보고 "이랬던 시절을 살아왔구나, 늙은 게이들은. 그래서 그렇게 심통 맞구나" 하죠.

늙은 게이랑 연애해보면 아는데…. 그분들이 말해주잖아요.

1980년대 한국에서의 AIDS 공포는 그냥 암묵적인 공포였죠. 또 이성애자는 미제 역병이 한국에 들어와서 우리 조국 삼천리를 망치면 어떡하나, 이런 공포였기 때문에 실질적으로 피부로 느끼는 공포는 아니었죠.

그래도 해외 토픽에 자주 나왔어요. 그때는 게이에 대한 정보 자체가 부족했기 때문에 제 경험이 섞여서, 내가 게이라는 공포와 AIDS에 대한 공포가 뒤섞여서 깊은 흔적을 남긴 것 같아요.

머리에 각인된 AIDS 공포는 뭐가 있습니까?

눈으로 본 건 별로 없죠. 뉴스 같은 데 크게 나오지 않았으니까요. 그런 게 있다고만 알고 있었죠. 사람이 죽는다는 것 정도로요. 한국에서도 징벌이란 표현을 많이 썼고 또 저는 개신교 집안이었기 때문에 여러 가지 죄책감을 많이 경험했죠.

1980년대 AIDS 대위기의 시대에 게이들은 나름대로 자구책을 마련해야 했기 때문에 'GMHC(Gay Men's Health Crisis)'라는 단체를 만들었죠. 지금은 돈이 엄청 많은 단체입니다. 그리고 또 다른 단체로 아주 과격한 운동 방식을 취했던 '액트업(ACT UP, AIDS Coalition to Unleash Power)'이 있었죠.

아웃팅 전략으로 유명한 미켈란젤로 시뇨릴레 씨도 이 계열에 연결돼 있었죠.

영화 「노멀 하트」를 보면 GMHC를 결성해서 초기 활동이 어떻게 전개됐는지 잘 나타나 있는데요. 재미있는 점은, 액트업은 1990년대 중반 AIDS 칵테일 치료법이 나와서 사람들이 하나둘 팍팍 죽어나가는 시대가 끝나자 바로 와해됐죠. 그런데 GMHC는 지금도 제 몫을 잘 해내고 있습니다. 어떤 차이가 있었을까요?

액트업은 명칭 뒤에 느낌표도 찍고 그랬죠. 그런 분노, 혹은 강한 저항 의식에 기반을 뒀기 때문에 HIV가 해결되고 나니까 할 말이 없어진 거죠. GMHC처럼 조금 더 온건한 방식을 취한 분들은 여러 사람한테 지원도 받고, 또 계속 남들에게 도움을 주면서 명맥을 유지하는 것 같아요.

이 단체들이 초기에 AIDS 위기에 저항하기 위해서 게이들을 상대로 '세이프 섹스' 혹은 '세이퍼 섹스(safer sex)'라는 개념을 제시했죠. 이게 그때는 어떤 의미가 있었나요?

AIDS가 발견되기 전에 게이들은 당연히 콘돔을 사용하지 않았습니다. '임신하는 것도 아닌데 왜 콘돔을 사용하나', 그렇게 생각하고 있었는데, 갑자기 세상이 바뀌면서 사람들이 죽어나가기 시작했고, 그런 절망감에 빠져 있을 때 유일한 예방법이 콘돔이었던 거죠. 그래서 모든 운동과 사람이 목소리를 맞춰 그 부분에 대해서만 얘기하는 상황이 됐었죠.

1980년대에 액트업에서는 세이퍼 섹스를 하라고 아무리 말을 해도 사람들이 안 들으니까 포르노 형식으로 세이퍼 섹스 홍보 비디오를 만들어서 배포하기도 했었죠. 한국에서도 인권 단체에서 그걸 구해서 틀어줬는데 분위기가 너무나도 야릇해서….

저는 그걸 못 봤는데, '교빙포'라고 불렀다고 하더라고요, 교육을 빙자한 포르노.

이러한 AIDS 대위기의 시대 분위기에 반전을 일으킨 게 결국 AIDS 칵테일 요법이었습니다. 이 치료법을 좀 구체적으로 설명해주세요.

그 전에도 약들이 몇 가지 있었는데 그땐 환자의 상황을 보면서, 그러니까 CD4 양성 수치가 떨어지거나, 혈중 HIV 바이러스 농도를 의미하는 '바이럴 로드(viral road)'가 올라가는 걸 보면서 상황에 맞춰 약을 써보고, 그 약이 효과가 없으면 또 다음 약을 쓰고, 이런 식으로 접근했어요. 그런데 이 바이러스가 계속 자가 복제를 하면서 돌연변이를 일으키는 게 특징이거든요. 약에 대한 저항성이 계속 나타나면 또 다음 약으로 넘어가는 식이었어요. 그런데 항바이러스제와 역전사 억제 효소 등을 섞어서 사용하면 아예 복제 자체를 막으면서 저항성이 생기지 않는 상태를 유지할 수 있다는 걸 발견한 거죠. 칵테일 요법을 처음 시작한 분들은 20년이 지났는데도 그때 먹던 약을 그대로 바꾸지 않고 사용하는 경우가 있어요. AIDS로 진행이 안 되는 거죠.

약을 여러 가지 섞어서 먹었기 때문에 칵테일에 비유해서 AIDS 칵테일 요법이라고 불렀는데, 이게 처음 등장한 게 1995년이죠?

그리고 1997년에 효과를 인정받았죠.

칵테일 요법은 1996~97년이 넘어가면서 널리 보급되기 시작했고, 더욱 섬세하게 기술이 발전했습니다. 정식 명칭은 'HAART'라고 부르죠?

네, '고효능 항레트로 바이러스 치료요법(Highly Active Antiretroviral Therapy)'을 줄여서 'HAART'라고 부르고 있습니다.

이 AIDS 칵테일 요법이 나오고 나서 운동의 방향도 바뀌었지만, 가장 중요한 건 AIDS 환자의 이미지가 바뀌었다는 겁니다. 가장 기억에 남는 인물로 매직 존슨이 있습니다. 이게 어떤 의미가 있었죠?

운동선수이기 때문에 건강한 사람이었고, 또 때맞춰서 좋은 치료를 받았고, 아까 얘기했던 관상의 변화 같은 게 일어나지 않는다는 걸 세상에 보여줬죠. 지금도 건강하게 잘 살고요. 꼭 매직 존슨뿐만 아니라 그 이후로는 AIDS 때문에 죽는 사람들이 거의 안 나타났죠. 그래서 뉴스에도 보도가 되지 않는 쪽으로 상황이 확 전환됐죠.

게이 잡지 같은 곳에 AIDS 치료 약제들도 광고를 실었는데, 그 광고 이미지에 건강한 환자 이미지가 등장하면서 AIDS 환자가 건강을 유지하며 오래 살 수 있다는 메시지가 미국 사회에 널리 번지게 됩니다. 1995년에 AIDS 칵테일 요법이 세상에 처음 나왔을 때 곧바로 여기에 화답한 영화가 하나 나왔죠?

네, 연극을 영화화한 「제프리(Jeffrey)」(1995)입니다. 제일 첫 부분에 주인공 제프리가 AIDS를 너무 무서워해서 앞으로 섹스를 안 하고 살겠다는 결심을 해요. 그런데 딱 결심을 한 순간에 옆을 보니까 정말 멋진 남자가 서 있는 거예요. 그래서 그 남자와 얘기를 하다 보니 AIDS 환자인 거예요, 심지어. 영화 한 편을 진행하면서 '과연 어떤 선택을 해야 하나'

에 대한 가능성을 보여주는 것이죠. 마지막엔 "우린 그것 말고도 할 게 많다", 이런 식으로 얘기하고 두 사람이 사귀기로 하면서 영화가 끝납니다. 그때만 해도 아직은 칵테일 요법이 흔한 건 아니었기 때문에 "조심하며 살자"는 메시지로 끝을 맺어요.

이게 코미디죠? 분위기가 밝은 영화잖아요. AIDS를 밝게 다룬 것도 당시로서는 혁신적인 거였죠.

맞아요. "죽음에 대한 이야기를 하면서 어떻게 이렇게 밝을 수 있냐" 이런 논란도 있었죠. 주인공 패트릭 스튜어트가 혼신을 바친, 스트레이트 남자가 연기할 수 있는 가장 즐거운 게이의 모습을 보여줘서 큰 도움이 됐습니다.

그나저나 HIV는 전염성이 상당히 낮은 바이러스죠?

이성애자들이 질로 삽입 성교를 해서 감염될 가능성이 대략 0.01~0.4퍼센트에요. 이것도 보호구 없이 했을 때의 수치고요. 구강성교로 감염될 가능성은, 아마 보고되면 과학자들 사이에서 뉴스거리가 될 정도로 낮아요. 남성 동성애자가 항문 삽입 성교를 해도 걸릴 가능성은 3퍼센트 정도로 봅니다. 여러 번 누적되면 위험해질 수도 있지만, 딱 한 번 했을 때 그 정도라고 하는 거죠.

성병이나 기타 질병에 비해 HIV는 의외로 전염력이 낮습니다. 게다가 감염됐다고 하더라도 점차 치료 기술이 진보했고요. 처음엔 AIDS 칵테일 요법도 여러 약을 한꺼번에 먹으려면 약 주기가 제각각이어서, 환자분들 집에 알람시계가 여러 개 있었어요. 시계마다 약 이름을 적어놨었죠. 건강 상태가 안 좋으면 '내가 약을 먹었나?' 헷갈릴 수 있기 때문에 GMHC에서 자원봉사자들이 삐삐 메시지도 보내고, 전화도 했었어요. 혹시 이 아저씨가 약 안 먹고 계속 자고 있을까봐 말이죠. 그래서 처음엔 AIDS 칵테일 요법이 귀찮았는데, 여러 성분을 하나로 합쳐놓은 복합제제들이 등장하고, 또 약효가 점차 개선되면서 기대 수명이 크게 늘었죠. 현재 기대 수명은 어떻습니까?

몇 년에 한 번씩 발표 자료가 나오는데 그때마다 확확 늘어요. 왜냐하면 돌아가시는 분들이 없으니까요. 가장 최신 보고는 만약 20세 전후로 걸렸을 경우 치료를 받으면 그때부터 52년 정도 더 살 수 있다고 얘기를 하거든요. 미국 남성의 평균수명이 아마 74~76세일 거예요.

얼마 전에 AIDS에 걸려 수명이 주는 게 2~3년이라고 나왔다고….

그것보다는 조금 더?

한 4~5년? 담배 피워서 일찍 죽는 것과 별 차이가 없는 것처럼 기사가 나와서 약간 웃음이 나기도 했어요.

전략적인 부분이 있는 거죠. 이게 아무렇지도 않다는 걸 강조하는 겁니다. 그래도 여전히 무서운 병이긴 합니다. 어떤 의사는 "나라면 당뇨에 걸리느니 HIV에 걸리는 편이 낫다"는 말을 해서 큰 논쟁을 불러온 적도 있었죠.

또 한 가지 주의해야 될 건 HIV 양성인 분은 담배를 피우시면 기대 수명이 크게 줄어드는 걸로 연구 결과가 나와 있기 때문에 담배는 반드시 끊으셔야 되더라고요. 어쨌든 기대 수명이 확확 늘면서 왕년에 몹쓸 농담으로 돌아다녔던 "AIDS=이제 다 살았다"는 사실이 아닌 것으로 바뀌게 되었습니다. 또 하나 중차대한 변화가, 항바이러스 복합제제로 치료 중인 감염인이나 건강한 환자는 바이럴 로드가 엄청 낮으니까 실질적으로 타인에게 감염시킬 가능성이 제로에 가깝다고 합니다.

이 연구가 2008년에 처음 나왔는데, 대규모의 감염자와 감염이 안 된 배우자를 추적한 거였죠. 조사를 해보니까 둘이서 보호구 없이 성관계를 가져도 한쪽이 감염인데 약을 먹고 있는 경우, 그리고 그 바이럴 로드가 검진 키트로 안 잡힐 정도로 낮은 경우에는 전염이 안 일어나는 것이 밝혀졌습니다. 그 이후에도 비슷한 연구가 몇 개 더 나왔어요.

앞서 잠깐 얘기했던 버그체이싱 문화에서도 감염을 원하는 버그체이서들이 그렇게 노력을 했는데도 불구하고, 계속해서 음성인 상황을 유지하는 일이 있었다고 합니다. 다들 치료를 잘 받고 계신 분들과 상대했기 때문에 감염이 안 되는 약간 희극적인 상황이랄까요? 그래서 이게 게이 공동체 안에서 감염인과 환자 여러분의 위상을 크게 바꿔놓았죠.

네, 전염이 안 되니까요. 병이라는 게 크게 두 가지 측면이 있잖아요. 내 몸이 나빠지는 것과 남에게 전염시키는 것. HIV 감염인은 둘 다 위협적이지 않으니까요.

치료만 잘 받으면 HIV는 과거에 역병으로서 맹위를 떨쳤던 그 두려움을 크게 상실한 거죠.

그렇습니다.

또 한 가지 중요한 건, 감염 사실을 조기에 발견한 분이 바로 복합 항바이러스 치료를 받으면 아예 발병하지 않거나, 훗날 발병하더라도 병세가 아주 미약하다는 것이 연구로 입증됐죠. 조기에 아주 공격적으로 복합 항바이러스 치료를 받으면 심지어 '기능적 완치(functional cure)'라는 단계에 도달하기도 합니다. 이걸 좀 소개해 주세요.

예전에는 HIV에 감염돼도 치료를 바로 하지 않았어요. 약의 부작용을 걱정해서 CD4 양성 수치가 내려가기를 기다렸죠. 아직 당신은 건강하니까 문제가 생길 때까지 기다려보자, 이런 태도를 취했습니다. 그런데 이 칵테일 요법이 나오고 나서 발견된 것 중 하나는 상태가 어떻든 간에 우선 감염이 된 상태에서 최대한 빨리 약을 먹으면 나중에 예후가 좋다는 거죠. 그래서 아까 '발병을 안 한다'는 건 표현에 차이가 좀 있어요. 약을 처음에 어느 정도 먹고 끊었을 때 여전히 변화가 없다, 나중에 더 약을 먹을 필요가 없다, 이건 운이 아주 좋은 분들이에요. 한 15퍼센트 정도가 그렇게 반응이 나왔다고 합니다. 앞으로도 그런 상태를 유지할지 아직 확신할 수 없기 때문에 몇 년 단위로 계속 검사를 해봐야 합니다.

그렇죠. 기능적으로 완치가 된 분이 다시 발병한 경우가 보고되기도 합니다.

네, 완치됐다고 발표한 분이 있었는데 얼마 전 다시 발병한 경우도 있고요.

신체 어딘가 있던 바이러스가 다시 활성화된 거죠.

아직 그렇게 최악의 상태는 아닙니다. 어쨌든 결론은, 확진을 받으면 약을 먹자.

조기에 과감하게 항바이러스 복합제제 치료를 받는 게 좋다는 거죠. 질병관리본부 국립보건연구원 면역병리센터 에이즈 · 종양바이러스과에서 작성한 「HIV 감염 초기 cART 치료를 통한 기능적 완치의 소개」라는 글을 인터넷에서 볼 수 있습니다.

검색해보시면 좋겠네요.

'cART'는 뭔가요? HAART하고는 어떻게 달라요?

HAART는 '고효능(Highly Active)'이고요, cART는 '병합(Combination)', 칵테일이란 측면을 강조한 것인데, 둘이 비슷한 개념이에요.

중요한 사실은 HIV/AIDS 환자라도 치료제를 복용하고 적절하게, 병원을 다니면서 관리를 받으면 콘돔을 사용하지 않아도 타인을 감염시키지 않을 수 있다는 거죠. 이게 혁신적인 변화입니다. 그리고 보건 당국 차원에서 중요한 문제가 있죠. 제한된 게이 공동체, 그러니까 너무 큰 공동체는 안 되고 통제 가능한 인구 내에서 감염인들과 환자에게 적극적인 복합 항바이러스 치료를 실시한 경우 해당 지역의 신규 감염자 수가 뚝 떨어진다는 것이 인구통계학 차원에서 입증된 거죠.

환자들이 약을 먹으면 마치 백신처럼 기능하는 겁니다. 백신을 상대가 먹어주는 거죠. 내가 먹는 게 아니라, 상대가 그 치료를 받으면서 사회적으로 볼 때는 백신화가 된 것처럼 결과가 나오는 겁니다.

한국에 이러한 정책을 적용하면 실질적으로 아주 큰 효과를 볼 수 있으리라고 예상할 수 있죠.

지금도 한국에서는 감염자들에게 약은 잘 주잖아요, 상대적으로.

하지만 조기에 항바이러스 복합 치료를 적극적으로 실시하는 건 아직은 일반적이지 않아요. 달라고 하면 주는데, 의사 여러분이 옛날 치료 방식으로 환자가 아직 건강하고, 바이럴 로드가 낮으면 지켜보는 일이 많죠. 이건 반드시 우리가 홍보를 통해서 새로운 지식을 널리 전파해야 할 부분입니다.

네, 그리고 감염이 되면 병원에 가서 강력하게 약을 먹겠다는 의사 표시를 해야 해요.

이 과정에서 또 하나 새로운 전환점이 되는 트루바다라는 약이 나왔죠.

트루바다는 2004년에 FDA 승인을 받은 AIDS 치료제인데, 두 가지 성분이 있어요. 하나는 항바이러스제고, 하나는 'RNA-DNA' 역전사를 막는 효소가 들어 있습니다. 이 두 가지 약을 섞어서 쓰면 큰 부작용 없이 감염인들이 복용할 수 있다는 의미에서 홍보가 됐고요. 또 색깔이 하늘색이라 '블루 필(Blue Pill)'이라는 별명도 얻었습니다.

그렇죠. 비아그라가 색깔이 하늘색이기 때문에 연관성이 있는 것처럼 느껴지죠.

비슷하게 생겼어요.

트루바다가 처음엔 '펩(PEP)', 그러니까 노출 후 예방법으로 널리 이용됐죠? '노출 후 예방법'은 뭡니까?

특히 의료계에 계신 분들 중에 환자를 대하다가 부득이하게 체액에 노출되는 경우가 생기겠죠. 피가 튄다거나, 주사기에 찔려서 다른 체 분비물이 자기 몸에 들어가는 상황이요.

의사나 간호사분들이 가장 무서워하는 게 주사기 바늘에 찔리는 거더라고요.

그렇죠, 조심은 하겠지만. 그리고 치과 치료를 하다가 문제가 생겼다든가 하는 경우가 있는데, 의료상 재해잖아요. 이런 분들은 바로 보고하고 의료기관의 지원을 받아서 트루바다나 다른 약을 먹으면 역전사도 막고 감염을 예방할 수 있습니다. 빠르면 빠를수록 좋아요. 72시간 안에 응급실에 뛰어와서 처방전을 받고, 약을 28일 동안 먹어야 해요. 그러면 감염율이 70~80퍼센트 이상 낮아진다고 알려져 있습니다.

한국도 응급실에 가면 대형 종합병원이나 대학 병원의 응급실에서 노출 후 예방법을 받을 수 있다고 합니다.

네, 감염 상태를 알 수 없는 상대와 성행위를 했다든가, 내가 너무 술에 취해 있었다든가, 아니면 콘돔이 터졌다든가, 이런 경우에는 응급실로 가야죠. 또 평일이면 그냥 병원을 가도 처방전을 줘요. 응급실은 좀 드라마틱하죠.

한국은 아직 트루바다에 대한 보험 개념이 정착되어 있지 않기 때문에 응급실로 가야 보험이 확실하게 적용될 수 있다는 말을 들었습니다.

노출 전 처방인지 노출 후 처방인지에 따라 다를 수도 있겠네요.

네, 일각에서 이 약을 예방약으로 규정하기 시작했죠. 그걸 '프렙(PrEP)', 노출 전 예방법이라고 부릅니다. 이건 어떤 개념인가요?

원리는 같아요. 신체에 항바이러스 수치를 높여서 HIV가 감염이 안 되는 상태를 유지하는 것이죠. 예전에는 약에 부작용이 있어서 부담스러워 했었는데, 트루바다는 크게 문제가 없다는 게 밝혀졌어요. 특히 배우자나 파트너가 양성인 분들은 확실한 뭔가가 필요하니까 그분들을 대상으로 시험해보고 효과가 있다는 게 입증이 돼서 일반 대중들도 사용할 수 있도록 2012년에 FDA가 승인을 했습니다.

이 약은 남성 동성애자 집단에게 아주 큰 의미를 갖게 됐습니다. 프렙이 사회적으로 하나의 방법으로 공인되면서 아주 큰 변화가 왔는데요. 왜 그런지에 대해서 설명해주세요.

여성운동에 있어서 피임약의 역할을 생각해보세요. 여성들이 자기 몸의 보호를 스스로 선택할 수 있었던 것과 마찬가지로 프렙도 더 능동적으로 HIV에 감염될 가능성을 통제할 수 있다는 점에서 중요한 터닝 포인트가 되고 있습니다.

그러다가 새로 등장한 단어가 '트루바다 호어(Truvada Whore)'입니다.

이게 앞서 얘기한 '블루 필'과 연결이 되는데요. 비아그라가 처음엔 문제가 있는 분들이 먹는 약이었다가, 큰 문제가 없어도 이걸 먹으면 좀 더 쉽게 할 수 있으니까….

그렇죠. 가슴이 뛰니까 사춘기 소년이 된 느낌?

별 문제가 없어도 여러 가지 해본 분들이 많을 거예요. 트루바다도 "꼭 위험한 상황이 아닌데 먹는 이유가 뭐냐? 결국은 막 놀겠다는 게 아니냐?" 피임약을 먹는 여자를 보면 많은 사람이 "재는 노는 애인가 봐" 이런 눈길을 보내듯이 트루바다에 대해서도 그런 반응을 보이는 사람이 있죠. 다만 '트루바다 호어'는 그걸 먹는 사람이 만들어낸 말이라는 점에서 차이가 있죠. 스스로 "그래, 나 트루바다 호어야" 이러면서 티셔츠도 만들고요.

트루바다 호어 여러분은 아주 폐쇄적이었던 파즈 공동체의 주요 플레이어들한테 동족으로 인정받게 됐다고 들었어요. 이러한 심경 변화의 이유는 뭐죠?

파즈라고 해도 남에게 병을 주는 게 그렇게 즐거운 일은 아니잖아요. 인간의 양심이라는 것도 있고. 그분들이 다 버그 체이싱을 한 것도 아니고. 그런데 트루바다 호어급이 되면 다들 서로 벽 없이 하고 싶은 걸 다 할 수 있는 그런 세상이 된 거죠. 보통 해시태그(#)를 붙이거든요. 해시태그로 '트루바다 호어'라는 걸 붙이는데(#TruvadaWhore), 어떤 분들은 보면 앞에 'I'가 쓰여 있어요. "I pound Truvada Whore" 이렇게 돼서, "트루바다 호어라면 너랑 해주겠다"라는 파즈의 자존감을 보여주는 경우도 있습니다.

박사님은 트루바다 복용자시죠?

네, 먹고 있습니다.

트루바다 호어입니까?

그런 것 같네요.

그렇군요. 그럼 북미에서 전통적인 의미의 세이퍼 섹스 전략은 파기된 건가요?

최근에는 콘돔을 쓰라는 캠페인은 거의 없는 것 같아요.

그렇죠. 격세지감을 느낀달까요? 왕년의 콘돔은 AIDS 대위기의 시대를 버텨온 보호막 같은 거였는데, 이게 사라지니까 '이건 뭔가?' 싶기도 하더라고요.

도대체 무슨 일이 일어나고 있는 건가 하고 당황해하는 분들도 많아요. "검사를 자주 받아라"라는 캠페인은 아직도 자주, 또 많이 하고요. "약을 먹어라" 이런 캠페인도 많이 하는데, 콘돔을 강요하는 캠페인은…. 왜냐하면 '콘돔 나치'라고 부르거든요. "어떤 상황에서건 콘돔을 사용해라"라고 말을 하는데, 그게 그렇게 효과적인 캠페인이 아니었어요.

사람들이 잘 안 쓰니까요.

제 경우에도 안 쓰니까. 설문을 돌려보면 사용률이 그렇게 높지는 않죠.

인간의 이성을 믿는다는 게, 사회운동 차원에서 그렇게 효과적인 전략은 아니었던 거죠.

어차피 안 쓸 거면 차라리 약을 먹이는 게 낫지 않나, 큰 정책을 결정하는 분들의 입장에서 보면….

네, 보건 당국에서 인구통계학적으로 보면 트루바다 쪽에 투자하는 게 콘돔에 투자하는 것보다 훨씬 효과가 있는 거죠.

또 하나는 아까 말씀드린 것처럼 환자들이 전염시키는 가능성도 떨어졌기 때문에 이 상태는 지금 그 두 가지가 맞물린 거예요.

하지만 저는 트루바다 복용자 여러분께 콘돔 사용도 괜찮다고 말씀드리고 싶어요. 왜냐하면 HIV만 무서운 게 아니잖아요. 각종 성병이 있죠. 저는 콘돔 사용이 개인의 건강 차원에서 권장할 만한 일이 아닌가 생각합니다.

제일 확실한 건 프렙도 하면서 콘돔도 쓰는 거죠.

성병 가운데 콘돔으로 해결되지 않는 애들도 있죠. 각종 성기 사마귀 등을 위해서 저는 예방할 수 있는 백신을 추천합니다. HPV는 2가짜리 말고 4가짜리 가다실 접종을 적극 권하고 있습니다. 의사들은 성 경험이 없는 분들에게만 권장하지만, 다양한 종류의 바이러스에 다 감염된 분들이 별로 없잖아요.

되도록 맞으면 좋겠다는 거죠.

왕성하게 성관계를 맺는 젊은이 여러분에게 강조하는 건 A형 간염 백신을 꼭 맞으라는 것입니다.

B형 간염도요.

한국에서 B형은 다 맞으니까요. 그런데 A형 간염은 안 맞는 경우가 많아요. 게이 사회가 상당히 취약한 게 A형

간염이죠. 그래서 전 강권합니다. 나이 들면 폐렴 주사도 맞고요.

백신은 뭐든지 맞는 게 좋죠. 위험군, 이런 얘기를 하는데 대부분의 게이는 다 위험군이라고 보셔야 되고요. 모든 질환이 위험군일 가능성이 크니까 맞을 수 있는 분들은 맞아요. 보험 적용도 잘 되니까요.

트루바다의 시대가 도래하면서 베어백 섹스가 금기시됐던, 또 그와 함께 베어백 섹스를 낭만화하던 분위기가 확 사라졌죠? 이걸 느낄 수 있는 게 게이 포르노 산업에서 어느 틈엔가 콘돔이 사라지기 시작했습니다. 이게 언제죠?

제가 그 변화를 느꼈던 건 2008년에 뉴욕에 살 때 다운타운의 섹스숍을 갔는데 거기에 차트가 있었어요. '이 주의 탑10' 이런 게 있었는데, 10개 중에 한 8개 정도가 다 베어백 포르노인 거예요. 그 당시에는 좀 세게 나가는 스튜디오가 많이 있었죠. 그런 상황이니까 나머지 분들이 경쟁이 안 되는 거예요. 그때는 아직도 관련 연구나 프렙이 나오기 전이었기 때문에 여전히 엣지 있는 그런 영역이었던 거죠. 베어백을 싫어하는 분들이 있었는데 이분들이 그때 한 번 성공적으로 억제했던 적이 있었어요. 어떻게 했냐면, 많은 올드 스쿨 포르노 감독님들이 "나는 얘들이랑 같은 시상식에 갈 수 없다" 이렇게 보이콧을 하거나, "네가 그런 작업을 했으면 난 다시는 너를 고용하지 않겠다" 이런 식의 전략을 사용해서 효과적으로 통제를 했어요. 그런데 앞서 말씀드린 연구나 약품 개발 등의 변화가 언론을 타고 난 다음부터 달라지기 시작했어요. 이게 어떻게 생각하면 또 차별이잖아요. 같은 게이 공동체 안에서 차별로 읽힐 수도 있다고 사람들이 인식하기 시작하면서 2012년부터 큰 회사들이 자기들은 모델을 검사한다는 메시지를 앞에 놓고 베어백을 하기 시작했어요. 그게 가능했던 건 이런 회사들은 모델을 전속으로 쓰기 때문에 자기들이 통제를 하는 거죠.

왕년에는 콘돔을 사용하지 않는 게이 포르노는 마이너였는데, 요즘은 확연히 분위기가 달라졌습니다.

그렇습니다. 마이클 루카스 감독님이 참 많은 이슈를 생산한 분입니다. 게이 포르노에 비싼 패션을 도입해 고급화 전략을 택하면서 게이 포르노 산업계의 메이저가 됐는데, 2000년대에 윤리적인 판단을 했어요. "콘돔을 사용하지 않는 건 옳지 않다", 이런 말을 공식적으로 많이 했어요. 그런데 최근에 갑자기 자기 스튜디오에서도 콘돔을 사용하지 않는 서브 브랜드를 만들었어요. 뭐가 바뀌었나 보니까 본인이 최근에 HIV 양성인 분과 데이트를 시작했더라고요. 여러 가지 심경의 변화가 있지 않았나 싶습니다.

트루바다가 아주 큰 변화인데, 한국에서는 아직 이 프렙을 보험 적용을 받을 수 없죠. 미국은 어떤가요?

적용됩니다. 보험을 받지 않을 경우에는 비용이 한 달에 1300달러 정도 들어요. 보통 사람들에겐 큰돈이죠. 걸릴지 안 걸릴지도 모르는 병을 위해서 먹기에는 너무 큰 비용인데, 의료보험이 있으면 보통 50달러 전후, 30달러부터 시작해서 100달러까진 안 되는 것 같아요. 그런데 그것뿐만 아니라 제약 회사에서 얼마 전부터 그것마저 도와주겠다고 나섰어요. 제가 만약 의료보험이 지원돼서 30달러를 내야 한다면 그 부분을 빼줘요. 저에게 30달러를 깎아줌으로써 그걸 계속 복용하면 자기들은 의료보험 회사에서 더 많은 돈을 받을 수 있으니까요. 현재는 그런 프로모션을 하면서 많은 사람에게 사용을 권하는 상태입니다.

보험 적용을 받고 제약 회사의 지원을 받으면 공짜인 거죠. 완전히 새로운 세계가 열렸다고 볼 수가 있습니다. 한국은 감염인 숫자가 적으니까 프렙을 보건 당국에서

도입하는 것이 가능하지 않을까 하는 생각도 듭니다.

의료보험에 기록이 남는 걸 싫어하는 분들도 있겠죠. 그리고 또 감염인 수가 아주 적으면 프렙은 그렇게 좋은 접근 방법이 아니에요. 감염인 수가 적은 경우에는 환자들을 빨리 발견해서 치료하는 쪽이 더욱 효과적인 방법일 수도 있겠죠.

그렇겠죠. HAART를 빨리 실시하는 것이 더 효과적인 방법이기는 합니다. 그런데 한국도 근년에 10대 감염인의 수가 비교적 크게 늘었습니다. 이런 문제는 어떻게 대응해야 좋을까요?

이건 한국만의 문제는 아닌 것 같은데, 젊은 분들은 AIDS 대위기를 경험해보지 않아서 이게 자기가 걸릴 수 있는 병이고, 이걸로 사람이 죽는다는 감각이 없는 것 같아요. 우선 이걸 가르쳐야 하고요. 여전히 바이러스가 돌아다니고 있다는 것을 알려줘야 합니다. 또 콘돔 캠페인도 계속 해야죠. 그걸 안 할 수는 없어요. 이와 동시에 빨리 검사해서, 걸린 경우 너무 우울하게 만들면 안 되고, 감염됐다고 해서 인생이 끝나는 건 아니라는 것을 충분히 알려야 합니다.

여전히 한국에서는 감염인 여러분의 사망률 1등이 자살이죠. 이건 정말 우리가 반드시 극복해야 될 문제입니다. HIV 양성인 경우에 우리가 적절한 치료를 받으면 얼마든지 건강하게 나의 삶을 영위하면서, 나의 이상과 꿈, 직장 생활도 다 할 수 있습니다. 남의 눈을 의식해서 자살을 선택하는 건 정말 슬픈 일이죠.

슬픈 일이고 어리석은 일입니다.

아까 분위기 반전의 지표로 포르노 산업을 얘기했는데, 이성애자 사회에서 포르노가 갖고 있는 위상보다 게이 문화 안에서 게이 포르노 산업이 갖고 있는 위상과 영향력은 훨씬 커요. 왜 그런가요?

게이 문화 자체가 하위문화라 그렇죠. 또 게이들이 모여 살잖아요. 뉴욕, 첼시 이런 곳에 모여 살다 보면 옆에 게이 포르노 배우들이 지나다니고 그래요. 저는 마이클 루카스 씨도 몇 번 봤어요. 보면 그냥 코 큰 아저씨구나…. 또 두 번째는 우리가 가시성이라는 게 있죠. 미국사람들도 언제나 게이들이 커밍아웃하고, 얼굴을 다 드러낸 게 아니었는데, 1960~70년대 말 시점에 얼굴을 드러내고 "나는 게이야"라고 보여줬던 분들이 다 포르노 배우들이죠. 우리가 젊었을 때 볼 수 있는 게이의 이미지가 그것밖에 없으니까, 그런 시각적인 아이콘으로서 게이의 육체 역할을 담당했던 존재들이죠. 꼭 섹스 파티가 아닌 프라이빗 파티나 디너파티 자리에서 20명 정도가 모였을 때 에스코트하는 애로 '섹스 워커(sex worker)'가 와도 다들 움찔하지 않고 그냥 즐겁게 시간을 보내요.

한국은 포르노 산업의 발전이 아직 없는 걸로 알아요.

진짜 포르노는 아예 없죠.

텀블러 같은 SNS에서 한국 아마추어 포르노 영상들이 레어템으로 돌아다니면, 일부 한류 팬들이 환호를 하면서 한국도 빨리 포르노 산업을 발전시키면 좋겠다고 하더라고요.

저는 가끔 구글에 "Naked Korean Man"이라고 쳐보거든요. 관련 이미지를 보면 코리안은 하나도 없어요. 정말로 안 벗나 봐요. 모르겠어요, 어디 숨어서 자기들끼리 돌려 보는지….

텀블러에 보면 많습니다.

그렇군요.

텀블러에는 철없는 청소년 여러분이 잭드나 그라인더에서 얻은 사진을, 얼굴과 개인적으로 주고받은 야한 사진을 조합해서 데이터베이스를 만들어놓았죠.

아, 제가 텀블러를 안 해서….

텀블러가 악마의 소굴입니다.

그런데 또 가시성이라는 면에서 꼭 게이가 아니라 이성애자 남성의 육체를 보여주는 건 나쁜 일이 아닌데 말이죠.

HIV/AIDS 문제가 변화하면서 잭드나 그라인더 같은 데이팅 앱에 HIV 감염 상태를 표시하는 사람이 있죠. 이걸 파즈로 밝히는 것은 쿨한 거고, 네그(Neg)로 밝히는 건 쿨하지 않은 건가요?

그게 또 재밌는 갈등이 있는데 네그로 밝히는 사람은 영어로 '잘난 척 한다(condescending)'고 할까요? "그래, 너 네그야" 이렇게 받아들이는 분들도 있는데, 이건 좀 지나치게 삐딱한 것 같고, 서로가 정직하게 밝힐 수 있는 상황이면 그게 제일 좋은 거 아닐까요? 최근에 제가 본 분들은 적어도 물으면 대답해주는 그런 분위기인 것 같아요.

한국에서는 아직 데이팅 앱에 "나 파즈야"라고 밝히는 분들을 보기가 어렵죠. 하지만 물으면 또 대답을 합니다. 그렇기 때문에 묻는 게 중요한데, 박사님은 처음 만난 상대에게 어떻게 HIV 상태를 묻습니까? 만나자마자 "너 파즈야? 네그야?" 이렇게 물어볼 순 없잖아요?

그렇게 하진 않죠. 데이트라면 밥은 먹을 정도의 수준이 지난 다음에 슬슬 분위기를 보면서 "내 친구 누가 있는데…" 이런 식으로 얘기를 할 수도 있죠. 아니면 정말로 놀기 위해 만났으면 바로 물어봐야죠.

어렸을 때 인권 운동가로 나서겠다고 열심히 공부하고 있을 때 뉴욕의 베테랑 게이 활동가를 한 분 만났는데, 그분이 아주 무미건조하게 저한테 물었어요. "너는 네그야? 파즈야?" 그런데 제가 그땐 경험이 없고 어렸기 때문에 "물론 아니지(of course not)"라고 대답을 했는데, 그게 정말 오답이었죠.

그렇네요. 최근에는 많이 나온 게 "너 깨끗하니?(Are you clean?)"라고 물어보는 건데, 이건 뜻이 중의적이라서 "나 방금 씻고 나왔는데", 이렇게 대답할 수도 있는 거고요. 또 애매한 질문 중 하나가 "너 검사 언제 받았니?(When did you get tested?)" 이렇게 물어보는 경우도 있어요. 감염자 분들은 항상 검사를 받기 때문에 "3개월 전에 받았어" 이렇게 말할 수 있죠. 그런데 그러지 말고, 이 부분에 대해선 직설적으로 "넌 파즈니, 네그니?" 이렇게 물어봐야 한다고 생각해요.

그렇습니다. 만약 그 질문에 상대방이 발끈한다면?

그런 분은 만나면 안 되죠.

자주 검사를 받는 건 좋은 신호입니다. 그래서 제가 어렸을 때 실수를 하고 그다음부터는 누가 영어로 물으면 그 답이 바뀌었습니다. "지금까진 운이 좋았어(so far, so lucky)."

그것도 잘난 척의 일종이라고 볼 수 있어요. 저라면 그런 데서는 농담을 안 하고 직설적으로 얘기하겠습니다. 그리고 또 이 부분이 중요한 이유는 아까 얘기한 것처럼 양성이신 분들이 '감지할 수 없는(undetectable)' 상태인 경우에는 그분들이 더 안전해요. 그런 분이랑 잤을 때는 감염될 확률이 제로로 수렴합니다.

그렇죠. 위험한 건 자기 상태를 모르는 놈이죠.

자신이 음성이라고 생각하는 사람. 상대방이 "나 어제 검사 받았는데 음성이야"라고 얘기를 해도, 그게 어제까지 음성이었다는 의미가 아니거든요. '윈도 피리어드(window period)'라는 게 있어서 엄밀히 말해 검사 3개월 전에 내가 음성이었다는 의미가 되는 거라서 그 3개월 사이에 무슨 일이 일어났는지는 누구도 모르는 거예요. 그리고 양성인 사람을 만났을 때 당황하지 말고, 내가 무슨 말을 할지 항상 조금은 생각을 해두세요. 그러지 않으면 그분들이 거짓말을 하니까요.

자, 게이 하드코어 공동체 하위문화를 유지해왔던 2000년대 특유의 작은 그룹들, 여기가 베어백이라는 금기의 엣지를 상실했을 때에도 붕괴하지 않고 계속 유지될 수 있을까요?

전 이미 미국에서 그 경계는 붕괴했다고 봐요. 콘돔을 쓰는 사람이 분명히 있지만 쓰는 사람과 안 쓰는 사람의 구분이 그렇게 명확하지 않고, 딱 잘라 말을 할 수가 없는 게, 상황에 따라 다른 거니까요. 만약 제가 누구랑 잤는데 그 상대도 프렙을 하는 경우, 또 상대가 양성인데 '감지할 수 없는' 상태로 20년을 살아온 경우에는 콘돔의 강요가 별로 의미가 없는 거잖아요. 아니면 제가 누군지 모르는 사람이랑 처음으로 자는 거라면 콘돔을 사용해야 하는 거고요. 그 자체가 어떤 의미를 가진다기보다 상황에 따라 다양한 선택지가 있는, 그런 세계가 펼쳐지는 게 아닌가 생각합니다.

한국은 아직도 감염인의 수가 적고, 투쟁이나 운동의 동역학을 찾기가 좀 어려운 상태입니다. 한국의 HIV/AIDS 이슈는 이렇게 계속 제자리걸음을 반복할까요?

참 안타까운 일인데요. 어느 정도는 가시화가 필요하죠. 자기의 얼굴을 드러내고 "나는 이렇게 건강하게 살고 있다"라고 말하는 사람이 있어야 하거든요. 아까 말씀드린 매직 존슨이 큰 역할을 했던 것처럼 한국 사람한테도 "어, 재가 파즈야? 그런데도 잘 사네" 이런 메시지를 주는 인물이 중요합니다. 그렇다고 이걸 옆 사람이 강요할 수는 없죠. 위험이 따르니까요.

한국에서 HIV 양성으로 검진 결과가 나온 분들 가운데 가방끈이 좀 긴 분이나 집안 경제 사정이 괜찮은 분은 한국을 떠나서 미국에서 치료를 받고, 또 미국에서 사는 분도 많이 봤습니다. 미국은 GMHC 같은 단체가 있어서 대도시에 살면 많은 혜택까지 받을 수가 있죠. 밥도 주고, 마사지도 받고.

요새는 장애인으로 인정해주는 데도 있어서 장애인 주차장에 주차도 할 수 있다고 하더라고요. 그래도 안 걸리는 게 좋죠. 미국은 아직 공적으로 HIV 양성임을 얘기하는 사람은 없어도, 사적인 영역에서는 슬슬 커밍아웃을 하는 분들이 많아지고 있어요. HIV 양성도 일상에서 큰 문제가 없이 사는 세상이 오고 있습니다. 제 친구 중에도 많이 있고요.

> 내가 새로운 진보의 길을 놓는다고 생각하고 정말 행복하게 사는 게 중요합니다.

그게 제일 중요합니다, 내가 행복한 것. 내가 행복하면 주위 사람이 느끼는 바가 생기겠죠. 어찌 됐든 안 걸리는 게 최선의 선택이고요. 만약에 걸렸다면 최대한 빨리 검사를 받고, 도움을 받는 게 좋다는 말씀을 드리고 싶습니다. 그리고 세상은 또 변한다는 것, 프렙 다음에 또 뭐가 나올지 모르는 거니까요. 한국에서는 아직 못 따라잡고 있다고 해도 또 어느 시점에 어떻게 될지 모르는 거니까 항상 공부를 하세요. 알아야 합니다. 무서워하면 안 되고요. 게이라면 HIV/AIDS에 대해서 교양 수준의 의료 지식을 가지고 있어야 하고, 또 차별을 하면 안 됩니다.

6

It Gets Better, 더 나은 삶을 위하여

게이로 사는 평범한 길을 놓는 건설가
천정남

1998년 남성 동성애자 인권 단체 친구사이의 회장으로 취임해 제2의 전성기를 일군 장본인으로, 현재 종로에서 게이 바 프렌즈를 운영하며 친구사이 고문직을 맡고 있다. 인권 운동에서 한발 물러났지만, '게이 타운'을 건설하고자 애쓰고 있다. 친구사이에서 마린보이, 챠밍스쿨, G-보이스 등의 소모임을 만들어 게이로 사는 새롭고 더 나은 길을 놓고자 노력해왔다.

LGBT 여러분한테 어릴 적 이야기를 물어보면 4~5세 미취학 아동기에 '내가 남들과 다르구나' 하고 확실히 느끼는 경험이 있더라고요. 천정남 씨는 어땠나요?

어릴 때도 달랐지만, 제 스스로 느끼지는 못했어요. 남들과 다르다는 건 중학교 때부터 느꼈죠.

청소년기에 이선희 씨 광팬이었던 걸로 알고 있어요.

지금도 팬이죠. 아직도 가수는 무조건 이선희입니다.

저는 가수 이선희 씨가 한국의 올드 스쿨 게이들에게 게이 아이콘으로 숭앙받고 있다는 걸 나이가 한참 들어서야 알았거든요. 이선희 씨의 어떠한 면이 게이들에게 어필한다고 생각하세요?

제 고등학교 시절이 이선희 씨가 가장 활동을 많이 할 때였거든요. 그때 브로마이드 다 사 모으고, 책받침도 이선희 씨 사진으로 된 걸 사용하고 그랬죠. 제가 안동에서 고등학교를 다녔는데, 서울까지 공연을 보러 오기도 했어요. 이선희 씨는 지금도 대형 가수지만, 그 당시는 정말 굉장했어요. 예쁘고 세련된 외모는 아니지만 노래나 목소리가 엄청 어필했죠. 저도 그런 부분에 매료됐습니다. 그런데 그땐 게이인 저뿐만 아니라 제 또래 친구들이 다 이선희 씨를 많이 좋아했어요. 이선희 씨 노래 중에 연애의 감정을 담거나 사랑을 호소하는 노래가 많았잖아요. 제가 마음이 가는 대상이 남자라 상대방에게 표현도 못 하는 상황에서, 이선희 씨 노래를 들으며 감정을 실었던 것 같아요. 예를 들면 「알고 싶어」라는 노래에 이런 가사가 나와요. "달 밝은 밤에 그대는 누구를 생각하세요." 보통 남자애들은 여자를 생각할 때 저는 남자를 생각하는 거죠, 신세 한탄하면서.

게이로 커밍아웃한 건 스물한 살, 1990년으로 아주 이른 때인데 이렇게 빨리 커밍아웃한 특별한 계기가 있나요?

게이라는 걸 자각하고 대학을 들어갔어요. 그런데 혼자서 감당하기 너무 힘들었던 거죠. 누군가에게 털어놓고 조언을 듣고 싶었지만, 친구들한테는 괜히 말했다가 안 만나줄 것 같았어요. 가장 안전하다고 생각했던 게 가족이었던 거죠. 그땐 제가 순진했어요. 지푸라기 잡는 심정으로 도와달라고 가족에게 얘기했는데, 제 기대와는 다르게 반응이 아주 싸늘했어요. 거의 호적을 파라고 그러셨죠. 커밍아웃을 한 날 밤에는 많이 후회했어요.

가족이 또 대가족이잖아요.

완전 많죠. 아들 넷, 딸 넷. 그중 막내에요.

가족에게 커밍아웃하고 뭐했어요?

학교에서 친한 사람들한테도 커밍아웃을 했죠. 게이들이 극장이나 사우나 같은 데서 만나기도 한다는 걸 들어서 알고 있었는데, 거기까지 나가기엔 겁이 많았어요.

동성애자로서의 첫 경험은 언제였나요?

정서적으로는 초등학교 들어가기 전부터 그랬던 것 같아요. '내가 정말 누구를 좋아한다', 이런 건 중학교 때고요. 서로 합의하에 사귀는 개념은 고등학교 때였어요. 고등학교 다닐 때는 사귀는 친구가 지속적으로 있었어요. 그런데 그 친구가 정말 게이인지는 저도 모르죠.

남자랑 사귀었으면 게이죠.

그런가요? 전 너무 자연스러운 거니까 대시를 했죠. 그때는 연애편지도 쓰고 그랬잖아요? 그 친구도 나를 좋아하니까 서로 만나고, 같이 잠도 자고. 그 친구랑은 꽤 오랫동안 그렇게 만났어요. 그 친구는 대학 들어가서는 여자를 사귀었고, 저는 대학을 들어가면서 다른 남자를 좋아했어요. 그런데 연애는 안 했어요. 대학교 때는 학교 선배를 짝사랑만 정말 열심히 했죠. 그 선배는 아직도 연락을 해요.

대학교에서 무엇을 공부했나요? 운동권이었다고 들었어요. 노래패 활동도 하셨고요.

전공은 경영학과였는데, 그렇게 열심히 공부하진 않았어요. 제가 고등학교 때부터 지역에 있는 문화 운동 하는 데에서 노래패 활동을 해서, 대학 들어가서도 노래패에 들어갔어요. 그렇게 자연스럽게 학생회 활동도 했습니다. 쉽게 말하면 운동권 활동이었죠.

서울로 와서 게이 생활은 어떻게 시작됐나요?

처음 나간 게 친구사이였어요. 친구사이가 생긴 게 1994년도잖아요. 생기고 나서 얼마 안 돼서 나온 것 같아요. 당연히 인권 활동을 해야겠다는 생각이 있어서 나갔죠. 그게 지금까지 이어졌어요.

친구사이에 나온 지 얼마 안 됐을 때부터 정말 열심히 활동하면서 중추적인 역할을 맡았어요. 목장갑까지 끼고 궂은일을 도맡아 하고, 거의 머슴 하나 들어온 듯한 느낌이었죠.

제가 생긴 거하고는 다르게 좀 그래요, 사람들이 놀라죠.

1998년에 친구사이 회장까지 오르게 됐어요. 터닝 포인트는 1997년도 6월 28일 탑골공원에서 열린 동성애자 차별 교과서 개정 촉구를 위한 집회였던 것 같아요. 제 개인적으로도, 친구사이 단체도 그렇고요. 어떤 장면이 기억에 남나요?

그날 저도 많이 긴장했어요. 주변 사람에겐 커밍아웃을 했지만 그 많은 카메라 앞에서 사회적으로 나서게 된 건 처음이었잖아요? 그날 행사를 준비했던 사람들과 그곳에 모인 수백 명의 게이 레즈비언도 긴장을 했죠. 나중에 사진을 보니까 제가 20대인데도 옷을 거의 아저씨처럼 입었더라고요. 주변 사람들도요. 거의 공무원 패션이었어요. 방송에서 최대한 거부감 없이 보이기 위해서 정말로 신경을 썼어요. 어떻게 보면 한국 최초로 동성애자가 대규모로 거리에서 시위를 한 거니까요. 아주 많은 사람이 나왔어요. 탑골공원을 돌면서 촛불 시위를 했는데, 당시엔 최초였죠.

어떻게 보면 촛불 시위의 전통을 게이들이 종로에서 시작한 셈이죠. 1998년 1월부터 12월까지 1년 동안 회장으로 일한 거죠?

그땐 굉장히 기쁜 마음으로 일했어요. 제가 대표를 하던 시기에 나왔던 많은 사람이 함께 열심히 활동을 해줬고, 지금까지 남아 있는 사람도 많아요. 아주 감사하게 생각합니다.

1998년 친구사이에 나온 분들이 친구사이의 터줏대감으로 지금도 활동을 하고 있고, 또 친구사이의 정체성을 바꾼 세대 교체의 주역이기도 해요. 어떻게 해서 그런 변화가 가능했을까요?

그 당시 친구사이에서 활동하는 사람 중에 운동권 출신이 많았어요. 흔히 말하는 PD와 NL 계열 중에서 저를 중심으로 한 NL 계열들이 잘 뭉쳤죠. NL의 특징 중 하나가 '사람 중심'이다 보니까, 이 사람이 잘생겼든 못생겼든, 돈이 많건 적건, 이런 걸 다 떠나서 "사람이 곧 재산이다"라면서 정말 많이도 챙겼죠. 그게 지금까지도 내려오는 거죠. PD 계열은 한 명도 안 남아 있네요.

한국 게이 인권 운동의 특징은 활동의 주축이 다들 운동권 출신이라는 겁니다. 그런데 보통 친구사이를 거쳐 간 PD들은 한 시대를 풍미하긴 해도, 결국은 모임에서 떨어져 나가는 경향이 있죠.

지금도 친구사이는 운동권 출신이 많아요. 제가 회장 경선에 나갔을 때 후보 중 한 명은 PD 쪽이었던 영화감독 이송희일 씨였어요. 그다음 해에 이송희일 씨가 회장을 맡았죠.

딱 1년 만에 인권 단체 회장직을 그만뒀어요. 연임할 수 있었는데도요.

사람들은 더 해주길 원했는데, 제가 힘들었어요. 친구사이 대표는 명예직도 아니고 무슨 수당이 있는 것도 아니죠. 본인의 시간과 돈을 다 투입해야 합니다. 더군다나 얼굴도 알려지고요. 그러다 보니 더는 하고 싶지가 않더라고요. 몇 년 뒤에도 제안이 몇 번 있었지만 저는 한 번으로 족하다고 생각했습니다.

친구사이 대표에서 내려온 뒤에 참여연대에서 일해보려고 시험을 봤던 걸로 기억해요.

1차 서류, 2차 논술에 붙어서 면접이 남았는데 고사했어요. 지원을 할 때에는 직업 운동가로 사는 일도 좋겠다 싶었는데, 막상 이게 실질적으로 다가오니까 겁이 났어요. 운동을 좋아하지만 이게 직업이 돼버리는 건 좀 두려웠어요.

시민운동가로 살면서 내 발언권의 자유를 포기해야 한다는 심리적 부담이 있었던 건가요?

그건 아니었고요, 참여연대는 성 소수자 운동이 아니라 더 포괄적인 시민운동을 하는 곳이잖아요. 처음에는 막연히 '저기서 일하고 싶다'는 생각이었는데 좀 더 현실적이 된 거죠. 물론 그곳에서 의미 있는 시민운동을 할 수 있었겠지만요.

친구사이에서 활동한 시절도 인상적이지만, '자연인' 게이로 사는 대안적 삶의 길과 방식을 건설하고 있습니다. 인권 운동이 아닌데 알고 보면 정말 인권 운동을 하는 것, 이게 천정남 씨만의 강점이자 매력입니다. 가장 대표적인 사건 가운데 하나가 경북 영덕에서 열렸던 어머님 칠순 잔치에 친구사이 부녀회랑 우르르 내려가서 다 함께 어울려 놀면서 어머님의 칠순을 축하했던 일입니다. 그런데 친구사이 부녀회 회원들이 겉으로는 동네 아줌마 같지만 의외로 강한 분들이잖아요. 게이로서 끼 떠는 걸 숨기지 않고, 뽕짝 오페라 가수처럼 마이크 잡으면 끼가 빵빵 터지는…. 자기만의 사운드트랙을 본인 목소리로 부르고 다니잖아요. 그걸 어머니 칠순 잔치에서 보여주는 건 엄청난 도전이었을 텐데요?

가족 입장에서는 제가 아닌 다른 게이들, 더군다나 당신 자식과 친하게 지내고 함께 삶을 공유하는 사람을 보고 싶어 하죠. 그래서 그때 친구들을 데려오라고 하셨고요. 저도 좋은 기회라고 생각해서 친구들과 함께 내려갔죠. 그런데 사실 제가 조심스러웠어요, 시골이라서요. 시골 사람들에겐 그런 친구들의 모습이 완전히 충격이죠. 평범한 남자애가 그런 간드러진 목소리로 주현미 노래를 부르는데 얼마나 충격이었겠어요?

제겐 아직도 당시 기억이 초현실주의적으로 연출한 영화나 드라마의 한 장면으로 남아 있어요. 모든 가족 멤버가 천정남 씨처럼 캐릭터가 강해요. 강렬한 개성을 소유한 분들인데, 끼를 감추지 않는 부녀회 게이들과 서로 지지 않고 에너지를 표출하면서 함께 노래를 부르고 춤을 추었습니다. 단 한순간도 멈춤이 없었어요.

그날 공식적인 파티가 끝나고 저희 집으로 갔잖아요. 당시에 테크노가 유행할 때라서 막내 누나가 테크노를 학원에서 배우고 그랬거든요. 이 아줌마가, 한참 테크노를 배울 때니까 얼마나 신났겠어요.

술도 잘 마시더라고요. 큰형님이 막내가 게이 친구들을 데려왔다고 애정 표현을 영덕 대게로 하신 건 또 하나의 문화 충격이었어요. 영덕 대게 50만 원어치를 다 함께 배 터지게 먹었던 기억이 있습니다.

다들 대게를 먹고 싶다고 하니까 큰형님이 크게 한 번 쏜 거죠. 저도 기억나는 게 그날 먹다가 지쳐서 다 못 먹고 바깥에 내놨는데, 다음 날 아침에 눈을 떠보니까 몇 명은 앉아서 또 그걸 뜯어먹고 있더라고요.

영상으로 기록했던 걸로 알고 있는데 디지털화해서 친구사이 신규 회원들에게 보여주면 큰 영감의 원천이 되지 않을까 합니다. 일반적으로 자식이 커밍아웃하면 도회적 삶을 사는 부모가 시골에 사는 부모보다 잘 받아들일 것이라 생각하지만 천정남 씨는 그렇지 않다는 걸 입증했어요. 자기의 삶으로 사례를 만든 거죠. 이 단계까지 가는 게 쉽지 않았을 텐데, 중간에 어떤 고비가 있었나요?

처음 커밍아웃을 하고 나서는 가족도 심하게 거부했어요. 이해하기까지 시간이 많이 필요했죠. 심지어 "그래, 네가 게이인 건 받아들이겠다. 하지만 그래도 결혼은 해야 되지 않느냐"라는 반응도 있었고요. 조금 극복되니까 "네가 게이로 사는 건 괜찮지만 대외적으로 막 떠들진 말아달라" 이런 반응을 보인 적도 있었죠. 제가 1997년부터 방송 출연을 했잖아요. 가족들은 매형이나 형수 친척들에게까지 공개적으로 다 알려지는 게 부담스러웠겠죠.

마음의 준비 없이 가족들이랑 TV 앞에서 과일 깎아먹다가 커밍아웃한 동생이 방송에 나오면 약간 당황할 수밖에 없죠.

그렇죠. 영덕에서도 동네 사람들이 엄마한테 한마디씩 하는 거죠. "그 집 아들 어제 TV에 나왔더라." 저희 어머니는 고맙게도 잘 대처를 하시더라고요. "아니, 우리 아들이 어때서" 하는 식으로. 그런데 형제들은 또 달랐어요. 그런 부분이 극복되는 데엔 시간이 걸렸죠.

엄마한테 처음 애인을 소개할 때 약간 떨렸을 텐데요.

지금 애인을 만나기 전에 2년 정도 같이 살았던 친구가 있었어요. 엄마한테 사진 먼저 보여줬죠. 다행히도 외모가 반반했어요. 둘이 찍은 사진을 보여줬는데 엄마가 사진을 놓고 가라고 하시더라고요. 집에 사진을 보관했어요. 그러고 나서 그 친구와 헤어졌는데 엄마한텐 말을 못 했죠. 엄마가 너무 좋아하는데 헤어졌다고 하면 막내아들이 이혼한 것처럼 생각할 것 같아서요. 지금 애인을 사귀고 나서 말씀을 드렸죠. 지금 애인이 연애 초반에 제가 과거에 사귀던 사람을 집에 소개시켜 줬다는 소리를 어디서 듣고 와서는 "왜 나는 소개 안 시켜주냐?" 그러더라고요. 그래서 사귄 지 6개월 만에 집에 데리고 갔어요. 지금도 웃기는 게 애인이 잘 보이고 싶었는지 엄마한테 옥장판을 택배로 미리 보냈더라고요.

언제 어디서 처음 만났습니까?

2001년 종로에 있는 가라오케에서요. 친구사이 부녀회 회원들이랑 여름에 동네에서 수영하고 슬리퍼 신고, 반바지 입고 가라오케에 갔는데 눈에 확 띄었죠. 같이 갔던 다른 회원이 저한테 저기 괜찮은 사람 있다고 해서 봤더니 정말 좀 괜찮은 거예요. 부녀회 회원들이 일하는 분을 통해서 말을 걸어보라고 했는데 제가 좀 뻔뻔한 년이라, "아니, 뭐하러 그러느냐, 내가 직접 가서 말하면 되지" 그랬어요. 앞에서 노래를 부르고 있기에 제가 먹던 맥주 한 병이랑 잔을 들고 갔어요. 그 사람이 노래를 부르고 딱 앉는 거예요. 저보고 누가 마음에 들어서 왔냐고 물어보기에 제가 그냥 "당신이요", 이랬죠. 그렇게 해서 지금까지 살고 있어요.

지금 애인분과 동거를 시작한 건 언제부터였죠?

사귄 지 한 1년 정도부터요. 둘 다 고향이 지방이고 서울에 따로 살고 있었으니까 합친 거죠.

그 전에는 성북동에 볕이 잘 드는 연립주택에서 친구사이 부녀회 회원과 함께 살았죠. 주말이면 동네 게이를 다 불러서 음식을 나눠 먹고요. 사실은 거기가 부녀회의 원산지였다고 볼 수 있죠. 당시부터 '게이 동네', '게이 이웃 네트워크'를 건설하는 일에 관심이 무척 많았어요. 이런 게이 타운 건설에 대한 꿈은 여전한가요?

그렇죠. 느슨하게 말하기로는 쉰 살 전에는 꼭 하자, 이러고 있고요. 실질적으로는 '퀴어 타운 프로젝트'라고 해서 친구사이에서 지속해서 진행하고 있어요. 동네를 물색하러 함께 돌아보고 있습니다. 지금 우리가 이야기를 나누는 연남동도 후보 중의 하나예요.

연남동이 게이 타운으로서 가진 장점은 뭔가요?

장소를 선정할 때 교통이 외지면 힘들잖아요. 또 너무 엄숙한 동네나 아파트가 밀집한 잠실 같은 데는 곤란하고요. 마포구는 많은 시민사회 단체가 둥지를 틀고 있고, 성미산 마을 운동도 있어요. 이미 레즈비언 커뮤니티도 형성되어 있고요. 그래서 이 동네가 후보로 올랐죠.

2000년경 성북동에서 부녀회를 일구고 거기에서 친구사이 수영 모임인 '마린보이'가 탄생했어요. 마린보이가 자리를 잡고 여러 가지 삶의 네트워크를 확장하는 기본 플랫폼이 됐다가, 그걸 바탕으로 친구사이 내에서 여러 프로그램이 만들어졌습니다. 2003년도엔 교양 강좌 '챠밍스쿨'도 있었고요. 가장 특징적인 게 2003년 11월에 시작한 게이 합창단 'G-보이스'입니다. 시작할 때는 게이 버전의 노찾사(노래를 찾는 사람들) 같았는데, 지금은 굉장히 유명한 친구사이의 대표 단체로 성장했습니다. G-보이스는 어떤 계기로 만들게 된 거예요?

아무래도 친구사이가 인권 운동 단체다 보니까 많은 게이분들이 가벼운 마음으로 찾아오시는 게 쉽지만은 않아요. 그분들을 위한 미끼로 만든 게 소모임이거든요. 수영이 좋아서 왔는데 막 꼬드겨서 친구사이 회원으로 끌어들이면서 수영 모임이 어느 정도 자리를 잡았어요. 그래서 또 하나 만든 게 G-보이스인데, 친구사이는 대학 때 노래패 활동을 한 사람이 꽤 있어요. 자연스럽게 합창 모임을 만들게 된 거죠.

G-보이스는 현재 회원이 몇 명 정도 되나요? 엄격한 선발 기준이 있는 건 아니죠?

G-보이스는 보통 1년에 한 번 정도 정기 공연을 하는데, 공연을 하면 40명 정도 활동하죠. 외국 대도시에서 잘 운영되

는 게이 코러스는 진짜 오디션을 본다고 하더라고요. 저희도 오디션을 보긴 하는데, 이게 노래 실력을 보는 게 아니라 그냥 이 친구가 목소리 톤이 어떤지, 어느 파트에 넣을 것인지, 어느 정도 가능성이 있는지, 이 정도만 보는 거죠.

삶의 새로운 차원을 자연인 게이로서 개척하는 가운데, 천정남 씨 인생에서 큰 도전 가운데 하나가 게이 바인 프렌즈를 연 거예요 처음 문을 연 건 지금 위치가 아니죠? 조그만 가게지만 자리가 없어서 못 들어갈 정도로 장사가 잘됐어요. 자리가 몇 개 없긴 했지만 그땐 소주도 팔고, 오뎅탕이 맛있었던 아주 훈훈한 게이 바였습니다. 이전엔 볼 수 없었던 종류의 게이 바였죠.

2003년 8월 15일, 처음에 문을 연 곳은 지금 위치에서 약간 떨어져 있었죠. 조그맣게 시작했지만, 완전 핫 이슈였죠.

지금까지 존재하지 않던 콘셉트의 게이 바가 등장한 거니까요. 지금 자리로 옮겨서 문을 연 건 언제쯤이었죠?

1년쯤 지나서, 2004년이요.

프렌즈는 종로 게이 바 문화가 바뀌는 데에 기여한 업소이기도 해요. 인권 이슈에 늘 함께하고, 이벤트를 열고, 또 손님들한테 친구사이 후원을 강요하기도 하고. 무엇보다 예전의 올드 스쿨 게이 바들은 겉으로 봐선 절대 게이 바인지 알 수 없는 게 특색이었는데, 이런 비가시성을 거부했어요. 프렌즈는 대놓고 "나 게이 바야"라고 말하는 콘셉트입니다. 바깥에 여섯 빛깔 무지개 깃발도 달고, 지금은 아예 인테리어를 유리로 바꿨죠. 길거리에서 보이는 1층에 유리로 파사드를 꾸민 게이 바는, 예전 같으면 망하는 콘셉트죠. 그런데 확실히 시대가 바뀌었고, 그 변화를 프렌즈가 이끌었다고 볼 수 있습니다. 지금은 점차 가시성을 추구하는 게이 바가 하나둘 생겨나는 단계죠. 프렌즈가 처음 이렇게 가시성을 표방했을 때 주변 이웃 게이 바들이 거부감이 있었을 것 같아요.

거부감보다는 수군거림이 많았죠. 분위기도 영업 방식도 다르니까요. 프렌즈를 시작할 때 종로에는 거의 대부분 노래하는 가라오케 바밖에 없었어요. 종로에서 칵테일을 파는, 흔히 말하는 원샷 바를 하겠다고 말하면 열에 아홉은, 이태원이면 모를까 종로는 안 된다고 그랬죠. 저는 그냥 했는데 운좋게도 잘 됐고, 프렌즈 이후에 종로에도 이런 가게가 많이 생기면서 손님층이 바뀌었어요. 예전에는 젊고 세련되고 좀 논다는 애들은 다 이태원, 나이 많은 사람은 종로였는데, 요샌 완전히 바뀌었죠.

프렌즈는 지금도 여타 게이 업소와는 분위기가 다른 면모가 있습니다. 아무래도 사장님이 커밍아웃한 인권 운동 단체 출신이라 그런 점도 있겠지만요. 온 사람이 누구건 간에 홀대하지 않는다는 희한한 분위기가 있죠. 그런 점이 프렌즈의 가장 큰 매력입니다. 다른 게이 바에서는 느낄 수 없는 편안한 느낌이랄까요?

저희 가게나 저에 대해서 신뢰하는 게 있는 것 같아요. 여기는 믿을 만하다, 안전하다, 그런 게 있죠. 한편으로는 제가 이런 활동을 하니까 본인들이 나서지 못하면 여기라도 많이 와주는 게 일조한다고 생각하는 것 같고요. 그런데 블랙리스트가 있어서 출입 금지된 사람도 꽤 많아요. 흔히 말하는 진상 손님이요. 자기가 게이이면서도 인권 감각이 전혀 없는 사람들이 있잖아요? 인권 운동을 하고 커밍아웃하는 것에 대해서 욕하는 사람이 있어요. 그런 사람은 저는 못 오게 하죠. 무조건 웰컴은 아니고, 나름의 기준이 있습니다.

직원도 대우가 다르죠. 4대 보험이 적용되고, 다른 술집과 비교해서 급여 수준도 차이가 나는 걸로 알고 있어요.

제가 가게를 준비할 때부터 몇몇 주변 가게는 그랬어요. "프렌즈는 임금을 너무 많이 주는 거 아니냐." 다른 가게에서 직원을 뽑을 때 급여를 말하면 프렌즈는 이렇게 주는데 여긴 왜 그러냐고 하는 일이 생기니까요. 그런데 그건 정해져 있는 게 아니잖아요. 일반 회사도 오너의 마인드에 따라서 달라지는 거니까…. 저는 직원을 적절하게 대우해야만 그분들도 책임감을 갖고 일한다고 생각했어요.

종로에 게이 공동체가 자리 잡은 동네 이름이 낙원동, 파라다이스라고 하는 게 일종의 아름다운 필연 내지 숙명처럼 느껴져서 재미있습니다. 종로는 게이 공동체로 성장하는 데 장점이 있기 때문에 업소 90~100군데가 몰리게 됐지만, 단점도 있잖아요.

커뮤니티가 형성되려면 거주하는 사람이 있어야 하는데, 낙원동은 오래된 동네라 주거 공간이 거의 없죠. 사람들이 낮에는 올 수가 없고, 주로 밤에만 왔다가 빠져버리니까, 이 타운이 커지기에 한계가 있는 것 같아요. 또 건물도 오래되고, 골목도 좁고, 게이들이 술을 먹으러 놀러는 나와도 살려고 하지는 않죠.

예전에는 게이 업소들이 뭉쳐서 게이 주간 때 뭘 하고자 해도 동네 지주분들이 협조를 안 하곤 했는데, 요즘은 좀 어떤가요?

낙원동엔 게이 바들도 많지만, 사장이 게이인 일반 식당이나 업소도 많죠. 거의 절반은 될 것 같아요. 과거에는 낙원동에서 장사하는 분들이 편견이 있다 보니까 게이들이 오는 걸 반기지 않고 그랬었는데, 지금은 무척 반기죠. 최대의 소비자니까요. 게이들이 이 동네를 거의 먹여 살리는 수준이라 모든 가게가 '웰컴웰컴' 하고 있어요. 친구사이 20주년 기념행사도 낙원동 메인 거리에서 했습니다.

게이 인권 운동과 함께 새로운 게이 공동체에 나왔던 세대가 1990년대 후반에는 돈이 없었죠. 나이가 20대 후반이니까. 그런데 이제는 다들 돈이 좀 있기 때문에 '게이 머니'의 힘을 발휘할 수 있다는 게 예전과는 다른 든든한 자산이 아닐까 합니다. 그런데 옛날에 한창 가슴이 뜨거울 때처럼 재미있지 않다는 걸 느낄 때도 있을 것 같아요. 솔직히 저는 그렇거든요. 인권 운동에 신이 나서 할 수 있는 시기가 인생에서 좀 정해져 있어요. 성 정체성 발달 모델마다 단계를 다르게 나누지만, 가장 뜨겁게 활동할 수 있을 때가 '정체성 자긍심 단계'에요. 자신이 정체화한 동성애를 바탕으로 동성애자 차별적인 사회에 각을 세우면서, 내 정체성을 드러내며 투쟁하고 긍지를 느끼는 단계, 이때가 인권 운동을 하기에 가장 좋은 단계죠. 그다음 단계가 '정체성 통합 단계'입니다. 자신의 게이 정체성을 다른 차원에 통합하면서 세상을 더는 이성애와 동성애로 이분화해서 보지 않는 거죠. 나의 정체성을 창안하는 단계에 가는 건데, 천정남 씨는 일찌감치 이 6단계인 정체성 통합 단계에 갔단 말이에요. 많은 게이 인권 운동가의 인맥을 보면, 나이가 들수록 점점 친구들이 게이나 레즈비언으로 좁아지는 경우가 있는데, 천정남 씨는 안 그래요. 이성애자 친구와 동성애자 친구를 막 섞어놓잖아요. 비결이 있나요?

비결이라기보다, 제가 그냥 구분을 안 해요. 주변 사람을 보면 게이 커뮤니티에 나오고부터는 게이들하고 어울리는 게 편하지, 이성애자들과 어울리는 게 불편하다고 하더라고요. 그런데 저는 처음에 그 반대였어요. 이성애자 친구들하고 어울리는 게 편하더라고요. 왜냐하면 그들하고는 대화의 주제가 매우 다양한데, 게이들하고 만나면 딱 두 가지…, 뭔지 아시죠? 신세 한탄하고 연애 얘기. 그걸로 한정되니까 재미가 없는 거예요. 이성애자들하고 놀다가 또 자연스럽게 연애 얘기도 하게 되고, 연애 얘기를 하다 보면 당연히 애인도 소개시키고, 이렇게 하면서 지금까지 자연스럽게 지내왔습니다.

이성애자 친구들한테 나의 동성애자로서의 삶을 제시하고, 그들의 사회에 나의 동성애자로서의 삶을 끼워 넣는데 전혀 주저함이 없는 모습이잖아요. 그건 천성으로 봐야 할까요?

타고난 성격도 있지만, 제가 의도한 부분도 있어요. 커밍아웃도 그렇잖아요. 내가 조심하고 겁을 먹으면 한없이 두렵지만, 아무렇지 않게 해버리면 또 별거 아니거든요. 요즘은 나이가 있으니까 결혼했냐는 질문을 받기도 하는데, 그때 보통 머뭇거릴 수도 있거든요. 그런데 저는 "아니요", 이렇게 대답을 해요. 상대방이 왜 안 했냐고 물어보면 그냥 말해버려요. "게이에요." 저는 아무렇지 않은데 상대방은 크게 놀라죠. 그 역할이 바뀌는 거예요. 이게 재미있기도 해요.

특히 남자 게이분들이 많이 주눅이 드는 부분이 HIV/AIDS 문제에요. 나는 동성애자고 애인이 있다고 말하면, 가족이나 친구들이 걱정해 준답시고 "야, 너 AIDS 걸리면 어떻게 하려고 그러니?" 이렇게 말하면 많은 사람이 주눅이 들더라고요.

저한테는 그렇게 물어본 사람이 한 명도 없었어요. 왜 그랬을까? 진짜 한 명도 없었네요.

신기하네요. HIV 검진은 얼마나 자주 받으세요?

과거에는 2년에 한 번씩은 했어요. 그런데 지금은 한 파트너와 오랫동안 관계를 유지하며 살고 있잖아요. AIDS라는 것이 자연 발생하는 건 아니니까, 안전하지 않은 관계가 있어야만 하는데 개인적으로 그럴 일이 없으니까 자주 검사를 안 해요. 최근에는 퀴어문화축제 때 검진 프로그램이 있어서 했었죠.

애인하고 세이프 섹스 같은 건 하나요?

세이프 섹스가 아니라 섹스를 안 하죠. 끊은 것 같은…. 저는 일반 친구들하고 자주 보잖아요. 모이면 서로 "너희는 얼마나 자주 해" 이렇게 물어보는데 저희만 그런 게 아닌 것 같던데요. 심지어 그나마 저희가 가장 많이 해요. 굳이 섹스로만 둘의 관계가 유지되는 게 아니잖아요. 그 이상의 친밀감이 형성돼 있으니까.

두 분은 결혼식을 올리거나, 나중에 동성혼 법제화가 이뤄지면 법적으로 혼인 신고를 할 계획이 있습니까?

결혼식을 올릴 계획은 딱히 없고요. 10주년 때 기념 행사를 할까 했었는데, 흐지부지 넘어가 버렸어요. 만약 한국에서 동성혼이 법제화가 되면 등록은 할 수 있겠죠.

천정남 씨는 게이로서의 삶을 가시화하고 구현하는 데 전혀 거리낌 없는 면모를 보여왔고, 그 덕분에 주변의 게이 사회 네트워크가 단순한 유흥 문화를 넘어선 차원에 이른 건 아닐까 싶습니다. 또한 사회적 투쟁으로서의 인권 운동에서 벗어나 제3의 삶의 영역을 개척했다는 게 가장 큰 특징이라고 볼 수가 있겠는데요. 앞으로 자연인 게이로서 더 하고 싶은 것이 있나요?

글쎄요, '자연인 게이'라는 말 자체가 공감이 안 되긴 해요. 전 제가 게이란 생각을 안 하고 사니까요. 살다가, '아, 맞아. 나 게이였지' 이런 거죠. 굳이 내가 게이라서 이래야 해, 저래야 해, 이러지 말아야 해, 그런 생각을 아예 안 하죠. 앞으로도 그냥 이렇게 살 것 같아요. 그래도 자연인 하니까 하나 말씀드리자면, 제가 집에서 식물 기르고 상추를 키워서 사람들에게 나눠주는 걸 좋아해요.

고추가 거꾸로 자랐다고 기뻐했던 게 기억이 납니다.

네, 지금도 튼실하게 자라고 있어요.

대부분의 한국 사람은 미래에 대한 불안감을 많이 갖고 있죠. 반면에 천정남 씨는 현세적이에요. '바로 지금'에 충실한 삶을 사는 면모가 특징적인데, 이걸 남들에게도 권합니까?

제가 좀 낙천적이긴 해요. 이제 나이도 40대 중반인데 괜히 과거나 너무 먼 미래에 얽매이다 보면 현재가 불행할 수도 있어요. 그래서 현재에 충실하려는 거죠. 노력도 하는 편이에요. 제가 가르침을 받는 분들이 있어요. 법륜 스님이 계시는 불교 쪽 종파인 '정토회'에 나가요. 종교로서의 의미라기보다는 NGO 성향이 강하고, 자기 수양 개념이 있는 데죠. 법륜 스님이 동성애 관련된 연설을 해서 게이 친화적입니다.

게이가 현세적이라면 성적 자유를 구가하는 분들이 더 많죠. 천정남 씨는 그런 스타일은 또 아니에요. 그런 면에선 보수적이거든요. 그런데 여타 게이들의 라이프스타일, 윤리적인 다양성에 대해서 전혀 개의치 않는 면모도 있어요.

그건 당연한 거죠. 사람은 누구나 사는 방식이 있는 거니까 그들이 사는 방식을 제가 평가할 순 없어요. 개개인의 삶을 존중해주는 거고요. 사람마다 가치의 기준을 두는 게 다르겠죠. 어떤 사람은 "연애를 왜 해? 늘 만나고 헤어지고 이것만 할 거야?" 또 어떤 사람은 "연애 그거 별거 아니더라…." 그런 사람도 있는데, 저는 "그래, 그놈이 그놈이야" 이렇게 생각하는 거고요….

베테랑 게이로서 청소년 LGBT 분들한테 아주 명료한 메시지를 부탁할게요.

어떤 청소년은 자신의 성 정체성을 자각하면서 혼란스러워하지만, 어떤 청소년은 스스로를 긍정하기도 합니다. 분명한 건 앞으로 세상은 더 나아질 거고, 여러분의 삶은 더 밝아질 거예요. 현재를 잘 견뎌서 즐겁게 살라고 말하고 싶습니다.

이웃집 남자는 마성의 게이

유상근

중앙대학교에서 심리학을 전공하고 있으며, 동성애자인권연대에서 활동가로 일하고 있다. 유튜브 채널 'OPEN'으로 성 소수자 관련 방송을 제작, 진행하고 있다. 퀴어 퍼레이드에서 동성애자 차별 발언을 하는 보수파 기독교도 아주머니를 안아드리고 볼에 키스를 해서, 인터넷에서 "예수보다 나은 청년"이라는 유명세를 떨치기도 했다.

유튜브 채널 'OPEN'을 운영하고 있습니다. 언제 어떤 계기로 시작하게 됐나요?

한국에 퀴어 관련 오디오 채널은 많은데, 거기에 비해 비디오 채널이 없다는 점에 아쉬움을 느꼈어요. 데이비 웨이비 같은 분들이 진행하는 해외 유튜브 채널을 보면서, 한국은 왜 이런 게 없을까, 이런 재미있는 게 있으면 좋겠다고 생각했습니다. 본격적으로 해봐야겠다는 생각이 든 건 '영국남자 조쉬' 채널을 보면서였어요. '영국남자 조쉬'는 내용도 재밌지만, 잘생긴 외국인이 출연한다는 점에서 큰 인기를 얻고 있죠. 한국말을 잘하는 외국인이 운영하는 유튜브 채널은 데이브라는 분이 운영하는 게 하나 더 있어요. '영국남자 조쉬'가 일주일 사이에 4만 명의 구독자를 모집하는 걸 보고 '아, 일단은 만들어놓는 게 중요하겠구나' 싶어서 유튜브 채널을 시작하게 됐습니다.

첫 번째 에피소드가 올라간 게 언제인가요?

첫 에피소드 자체는 소치 올림픽 때 촬영했는데, 편집이 늦어지는 바람에 4월 말에야 끝났어요. 영상의 내용이 소치 올림픽 당시에 있었던 일이기도 하고, 그 내용에 관심을 가져달라는 거였기 때문에 그걸 올리기에는 시기가 많이 지나서 봉인을 해뒀죠. 처음 게시한 건 퀴어문화축제 때 제 노출과 관련해서 잡음이 많이 생겼고, 그걸 정리하기 위해 급하게 찍은 거었어요. 6월 말 정도였을 거예요. 굳이 해명을 한다기보다 이게 인터넷에서 이슈가 되고 있을 때 널리 퍼지게 해야겠다는 생각이 먼저였어요. 그게 아니었으면 아직까지도 시작하지 못했을 거예요.

비디오적이고 볼거리가 많은 에피소드로 퍼포먼스 팀의 공연이 있는 영상이 있더라고요. 그 팀의 이름이 'REP'이었죠? 어떤 팀인가요?

거기 속해 있는 친구 중 두 명이 제 고등학교 동창이에요.

2~3학년 때 같은 반이었고, 그중 한 친구는 어렸을 때부터 성우 지망생입니다. 퀴어문화축제 이전부터 관심을 비춰왔고, 사람들을 모집해달라고 제게 부탁을 했었어요. 제가 약간의 홍보를 도와서 사람들이 모였고, 퍼포먼스 팀을 기획하게 됐죠. 지금은 열심히 활동하려고 기획 중이고 공연도 하는 걸로 알고 있어요.

그렇군요. 촬영과 편집이 은근히 공이 굉장히 많이 드는 작업인데, OPEN은 혼자 운영하고 있는 건가요?

지금 봉인된 첫 영상은 다른 친구가 도와줬어요. 그런데 제가 의도한 방향대로 만들려면 결과적으론 혼자 찍고 편집하게 되더라고요. 영상 전공이 아닌 사람이 하려다 보니 속도가 느리긴 한데, 결과물의 방향이나 퀄리티 자체는 제가 원하는 대로 나오고 있어서 당분간은 1인 체제로 가지 않을까 싶습니다. 남는 시간을 투자하는 것이다 보니 1인 체제가 유지될 수밖에 없기도 해요. 기술적인 면에서 도움을 받게 되면 사례를 조금이라도 해야 하는데 그게 어렵죠…. OPEN의 가장 큰 문제점은 편집이나 촬영이 아니라 나올 수 있는 사람이 한정되어 있다는 거예요. 사실 다음 회는 굉장히 아름다운 오픈리 레즈비언분과 촬영을 하기로 했었어요. 그런데 그분 부모님께서 아무리 그래도 동영상을 올리는 건 좀 아니라고 말씀하셔서 현재 출연을 보류 중이에요. 쉽지 않은 일입니다.

개인적으로는 사람들이 많이 나오는 초여름의 종로 포장마차 거리 특집을 한번 해주시면 좋을 것 같은데…. 그리고 해밀턴 호텔 야외 수영장 특집도요. 별게 없는데 세이들은 왜 그렇게 좋아할까요?

눈요기의 성지라고 불리죠. 먼저 탐방을 하고서 기획해 보겠습니다.

REP 팀에 고등학교 동창이 두 명이나 있다고 했는데,

그럼 고등학교 때부터 그 친구들끼리 성 소수자라는 걸 알고 있었던 건가요?

네, 서로 알고 있었어요. 저희 반에 저를 포함해서 여섯 명 정도가 게이, 레즈비언, 바이섹슈얼이었어요. 그중 레즈비언 바이섹슈얼 여자 두 명은 커플이었고요. 게이 친구도 한 명 있었습니다.

요즘 청소년 LGBT 여러분은 성장 과정이나 자신이 속한 성 소수자 커뮤니티를 접하는 과정 자체가 구세대들과 상당히 달라요. 유상근 씨는 처음으로 게이 레즈비언 문화를 접하고, 또 인터넷에 접속해서 나와 같은 사람과 대화를 하는 과정이 어떻게 전개됐는지 궁금해요.

저는 제 자신을 부정하던 시기가 무척 길었는데, 그게 첫사랑을 만나면서 한 방에 정리가 됐어요. 본격적으로 제 마음을 긍정하며 다른 사람을 만나야겠다고 생각한 건 고등학교 2학년 때부터죠. 아직도 기억나요, 온라인을 통해 처음 사람을 만난 게. 2006년 2월이었을 겁니다. 남들은 다음 카페 '히즈', '유이카', '오렌지동' 같은 곳에서 활동을 시작했다면 저는 개인 커뮤니티 홈페이지에서 활동을 시작했어요. 지금 있을지는 모르겠는데 '좋아요닷컴'이라는 홈페이지였어요. 처음으로 연애를 한 건 2006년 말에서 2007년 초 사이였어요, 고등학교 3학년 때.

연애와 고3 생활을 병행하는 게 쉽던가요?

어렵죠. 자주 보지 못했어요. 한 달에 한 번 만나면 많이 만나는 거였고, 고3때도 수능이 가까워질수록 못 만났어요. 공부해야 하니까 만나지 말자고 한 것도 있었고요. 그런데 정말로 희한한 건 연애를 하면서 성적이 올랐어요. 주말에 만나려고 주중에 공부를 열심히 한 거예요. 연애할 시간을 만들어내는 것이 목적이었기 때문에 공부량을 늘렸더니 성적이 확 올랐어요. 저희 반에 전교 1등이 있었는데 제가 한 번은 반 2등을 해본 적이 있어요. 제 인생에서 가장 고득점한 성적이 아닌가 싶네요.

왕년의 구세대 게이는 중고등학교 때에 "재 게이인 것 같아" 하며 딱 집어서 괴롭히는 왕따 문화가 없었고, 그래서 비교적 부드럽게 청소년기를 보낸 사람이 많습니다. 하지만 요즘 청소년 혹은 청년 성 소수자 여러분은 경험이 다른 경우가 왕왕 있더라고요. 자신의 성 정체성에 대해 고민하는 계기는 인권 운동 이전 세대나 인권 운동 초기 세대보다 훨씬 더 많죠. 인터넷이 있고 SNS으로 연결되고, 스마트폰이 나온 이후에는 게이 애플리케이션 데이팅 앱이 있기 때문에 훨씬 자신의 성 정체성을 자각하는 순간이 많습니다. 그런데 학교생활은 예전보다 난이도가 높아져버렸죠. 물론 학교마다 다르더라고요. 어떤 학교에서는 '걸커' 게이 학생이 분위기를 확 잡으면 게이나 레즈비언이 벼슬인 것처럼 돼서 아주 즐겁게 학창 시절을 보내기도 하는데, 어떤 학교에서는 지옥 같은 상황이 펼쳐지기도 하더라고요. 유상근 씨는 한 반에 성 소수자가 여섯 명이나 있었으니까 힘든 건 별로 없었겠어요?

그렇죠. 중학교 시절에는 스스로 여성스럽다는 것 때문에 힘들었지만, 엄청 힘든 건 아니었어요. 제가 성격이 소심해서 친구들과 잘 어울리지 못했거든요. 그리고 구기를 안 좋아하면 남성 집단에서 배제되잖아요. 저도 구기를 좋아하지 않아서 배제되기도 했죠. 고등학교 때는 친구들과 친해지려고 의식적으로 노력을 많이 했어요. 저희 반의 모든 여자애들은 제가 게이라는 걸 알고 있었을 거예요. 나중에 듣고 보니 남자애들도 알았다고 하더라고요. 게다가 저는 첫사랑이 저를 학교에다 아웃팅시키는 바람에 저희 학년은 제가 게이라는 걸 전부 알고 있었어요. 그런데 저희 반이 삼분의 이가 여자였어요. 여자애들이 많은 반에 남자애들이 시비를 걸러 오기가 좀 그렇잖아요. 그리고 저는 밖에 잘 나가지 않거나 교무실에만 왔다 갔다 하거나, 또 야간 자율 학습도 11시까지 하기 때문에 해코지당할 일이 없었던 거예요. 그래서 비교적 안정적으로 학교 생활을 했고, 반에도 성 소수자 친구들이 있었기 때문에 제 정체성을 이유로 차별받진 않았어요. 하지만 주변 친구들의 얘기를 들어보면 학교에서 '이반 검열'을 해서 여자 선후배랑 주고받은 편지를 뺏기거나, 칼머리를 하면 교무실로 불러내고, 부모님께 아웃팅을 시켜서 정신병원이나 수도원에 가는 얘기들이 많더라고요. 제가 2008년부터 활동을 시작하면서 주변에서 이런 사례를 많이 보니까, 전 정말로 운이 좋은 케이스였다는 걸 알게 됐습니다.

기성세대인 제가 볼 때에는 여자 선생님들이 게이 남학생한테 가혹한 경우는 별로 없어요. 그런데 남자 선생님들이 레즈비언 학생에게는 조금 막 대하곤 합니다. 일반 여학생은 애교도 떨고, 말도 잘 듣고, 껄렁한 태도가 없는데 레즈비언 여학생은 자기 목소리가 좀 있고, 태도가 씩씩하기 때문에 그걸 개기는 걸로 보는 거죠. 가끔 때리는 것도 같고. 학교에도 성별 역학이 있는 것 같아요. 선생님과 학생 사이에도.

교직 사회가 보수적인 곳이잖아요. 여자는 여자다워야 한다는 관념을 따르다 보니까 그렇지 않은 학생들에게 전반적으로 엄하죠. 그런 면에서 저는 행운이었어요. 고등학교 3학년 때 담임 선생님은 제가 커밍아웃을 하니까 제가 활동하는 동성애자인권연대에 후원도 해줬거든요.

좋은 선생님을 만났네요. 아까 첫사랑이 학교에 아웃팅을 했다고 했는데, 첫사랑이 같은 학교 학생인가요?

네, 제가 고등학교 1학년 때 처음 만났어요. 당시 저는 제 정체성을 부정하려고 여자 친구를 사귀는 중이었어요. 가장 친한 여자애한테 고백을 해서 사귀고 있었는데, 첫사랑을 입학하고 3월에 봤거든요. 딱 보자마자 '아, 이런 게 사랑이구나' 하고 고민 없이 정체성을 바로 받아들이게 됐어요. 그때까지의 고민이 싹 무너지더라고요. 다음 날 여자 친구에게 "실은 나 게이야"라고 고백하고 1년 동안 첫사랑이랑만 붙어 다녔어요. 사실 짝사랑이었죠.

근데 그 짝사랑했던 친구는 어찌하여 아웃팅을 했나요?
제가 짝사랑하던 그 친구가 게이거나 바이거나 트랜스젠더일 거라는 의심이 너무 강하게 들었던 게, 그 친구는 여장을 좋아했어요. 자기 누나 교복을 입고 동네를 다닌다든가, 학교 축제 때 만화 동아리에서 코스프레 카페를 하는데 굳이 로리타 메이드복을 입고 홍보를 하러 다니고, 또 자기는 남자한테 고백을 받아봤다고 말하기도 했고요. 또 남자가 야오이라는 단어를 아는 것 자체가 의심할 만한 소지가 있는 거거든요. 만화 동아리라서 그런 것도 있었겠지만, 아무튼 야오이 자체가 남자들에게 그만큼 알려져 있던 세대가 아니었기 때문에 의심을 많이 했어요. 그런데 여자 친구를 사귀더라고요. 가슴이 아프고 짜증이 나서 홧김에 문자로 장문의 고백을 해버렸어요, 새벽 1시쯤에. 그때 답장으론 자긴 괜찮다며 상관없다고 하더군요. 제가 힘들어서 걔한테 보지 말자고 해놓고, 또 못 이겨서 겨울방학 하는 날에 다시 "나는 마음을 정리했으니 앞으로 잘 지내보자"고 문자를 보냈어요. 그렇게 훈훈하게 껴안고 마무리를 하려고 했는데 안으려고 하니까 그 애가 절 쓱 밀어내더라고요. 눈빛이 달라졌다는 걸 느꼈어요. 그러고 나서는 말없이 헤어졌어요. 그렇게 2학년을 잘 보내다가 2학년 때 저희 반 게이 친구가 저한테 그 애랑 사귀었냐고 물어봤어요. 전 고백은 했는데 사귀진 않았다고 얘길 했고 그땐 별 생각이 안 들었어요. 왜냐하면 걔네 반이 아래층이고 저는 위층이었는데, 층이 다른 남자애 둘이서 매일 붙어 다녔으니 소문 만들기 좋아하는 애들 입장에서는 "게이다", "커플이다" 할 수도 있겠다 싶어서 그냥 넘어간 거죠. 그리고 방학이 지났는데 그 애가 또 물어보는 거예요. "너 걔랑 사귀어?" 하고. 그쯤 되니까 저도 의심이 들더라고요. 이게 반년 넘게 갈 소문이 아닌데 방학이 지나고도 왜 아이들 입에서 여전히 회자가 되나 싶어서 애들에게 캐물었어요. 보니까 이과 반이던 걔가 같은 반 친구들에게 제가 사귀자고 고백했던 얘기를 하고 다녔던 거예요. 그래서 그 반의 게이 친구가 소문을 듣고 전해준 거죠. 2~3학년 애들은 다 알게 됐고, 전 나중에 알았고요.

악의적인 아웃팅이라기보다는 뭘 몰라서 한 실수라고 볼 수 있겠네요.

네, 일종의 실수였는데 나중에 그 친구가 여장을 하고 퀴어문화축제에 나왔다는 제보를 받고 괘씸했어요. 취향일 수 있고 성 정체성과는 별개라는 걸 알지만, 그렇다고 퀴어문화축제에 나오는 건 또 다른 문제라고 생각을 하거든요. 이건 정체성의 긍정에 대한 이야기인데…, 아무튼 그 친구가 무슨 생각으로 그랬을까 하는 생각은 가끔하지만, 지금은 그냥 아련해요.

상근 씨가 1989년생이죠? 계산해보니까 아이폰이 나왔던 2009년에 스물한 살이었어요. 잭드, 그라인더 같은 게이 데이팅 앱과 20대를 함께한 첫 번째 세대라고 할 수가 있죠. 청소년기였던 2000년부터 초고속 인터넷 시대였는데, 이 시기를 청소년으로 보낸 게이의 삶이 어땠는지 궁금하네요. 그 세대 안에서는 당연하다고 여기지만 그 세대에서 조금 아래로 내려가도 모르고, 위로 올라가도 잘 모르거든요. 인터넷과 함께 성장한다는 건 어떤 느낌일까요? 구세대한테는 새로운 옵션이 생겼다는 느낌이지, 그게 사회생활 가운데 내 정체성을 확인해나가는 과정의 첫 번째 단계가 아니었기 때문에 잘 이해하거나 실감하기 어려운 부분들이 있어요. 상근 씨는 사회에서 자신이 정상으로 간주되는 이성애자가 아니라는 것을 처음으로 자각한 게 언제였는지 궁금해요.

제가 남들과 다르다는 건 아주 어렸을 때부터, 남성과 여성이 구분된다는 걸 알게 된 시점부터 알았어요. 왜냐하면 어렸을 때 제가 여자이고 싶어 했던 기억이 있거든요. 긴 머리나 화장, 엄마의 하이힐, 인형놀이를 좋아했어요. 남자애들하고 어울리는 것보단 여자 친구들과 어울렸고요. 또 사람들이 저에게 남성성을 강요할 때 '내가 왜 남자로 태어났을까'를 고민하기도 했어요. 그러다 폭풍 같은 성장기를 거치면서 저를 규정하기 시작한 거죠. 남자로서 남자를 좋아한다고요. 요즘은 비수술 트랜스젠더라는 개념도 있지만, 그땐 트랜스젠더라고 하면 무조건 성기를 수술해야 한다는 걸로 생각했어요. 그 외의 방법도 몰랐기 때문에 엄청난 공포를 느꼈던 거죠. 남자로서 살아가는 것과 남자를 좋아하는 건 별개의 문제잖아요. 그런데 어느 순간 제가 남자를 좋아하고 있더라고요. 딱히 계기는 없었고요. 나는 남자가 좋고, 몸을 바꾸지 않고 남자로 살아갈 거라고 생각하면서 자연스럽게 스스로를 게이라고 생각하게 됐습니다. 그리고 미디어도 정체성 형성에 영향을 많이 끼쳤어요. 인터넷 뉴스에서는 해외 사례나 방송에서 접할 수 없는 걸 많이 접할 수 있잖아요. 게이나 성소수자 인권 활동, 해외의 입양 활동 등의 이야기를 보고 상대적으로 개념도 일찍 잡히고 편견도 적게 생긴 것 같아요. 긍정적인 사례를 많이 봤거든요.

대중문화에서 동질감을 느낀 캐릭터나 배우가 있나요?

저는 동질감을 느끼기가 어려웠어요. 이안 맥켈런이 게이든, 네덜란드의 2006년 국무총리나 경제부 장관이 게이든, 그건 저와 상관없는 먼 나라 얘기고, 한국에서 알 수 있는 사람은 홍석천 씨밖에 없었잖아요. 그때 그걸 자각하기엔 너무 어렸던 것 같아요. 중학생 때였나? 그리고 홍석천 씨는 연예인이었기 때문에 제가 동질감을 느끼긴 어려웠어요. 당시에 홍석천 씨 상황이 좋지 않기도 했고요. 그것도 저에겐 공포감을 느끼게 했죠. 커밍아웃을 하면 안 되겠다는 느낌이요. 아마 최초의 동질감은 하리수 씨였을 거예요. 그때 MTF라는 개념을 알진 못했지만 트랜스젠더라는 개념, 남자가 여자로 살아간다는 것에 대해 알게 됐고, 하리수 씨를 보면서 저렇게 예쁠 수 있구나 싶었어요. 트랜스젠더라는 단어 자체가 익숙하지도 않았고, 사진으로도, 해외에서도 본 적 없던 사람을 한국에서 볼 수 있다는 점이 제 정체성에 긍정적 영향을 끼친 것 같아요. 그렇다고 해서 저를 MTF로 정체화하지는 않았지만, 나만 이런 경험을 한 건 아니라고 처음 느꼈습니다.

하리수 씨는 한국에서 정말 중요한 롤 모델입니다. 해외에서도 트랜스젠더 스타 중에 하리수 씨처럼 완전 메이저로 올라온 경우가 거의 없죠.

맞아요. 게이나 레즈비언 스타는 많이 있어도 트랜스젠더 스타가 누가 있나 생각해보면 딱히 떠오르는 사람은 없습니다.

전에 트위터에서 상근 씨가 어렸을 때 '넷카마'로 활동했던 이야기를 본 적 있습니다. 넷카마는 실제로는 남자인데 인터넷에서 여자인 척하는 것을 일컫습니다. 멸칭이기는 하지만 일본어의 '오카마'에서 유래한 신조어죠. 반대로 여자가 남자로 패싱을 해서 인터넷에서 새로운 페르소나를 표출하는 걸 '넷나베'라고 합니다. '오나베(おなべ, 남장 여자)'의 파생 변형어입니다. 저는 이 세대가 아니라 잘 모르는데, 얘기를 들어보니까 아이돌 그룹 '오렌지캬라멜'의 레이나 씨도 데뷔 전 세이클럽에서 미소년 넷나베로 활동하며 아주 유명했었다고 하더라고요. 구세대한테는 이런 것들이 잘 이해가 안 가요. 일상

생활에서의 나의 정체성과 다른 페르소나를 인터넷상에서 구현할 수 있다는 거요. 트위터나 SNS에서 사람들이 평소와는 다른 인격을 연출하는 경우야 좀 있지만, 아예 다른 성별로 자기의 페르소나를 연출하는 건 구세대로서는 아주 낯선 문화라고 할 수 있는데요. 상근 씨는 어떤 사이트에서 미소녀로 활동했던 건가요?

저는 게임 사이트 두 군데, 판타지 소설 기반의 커뮤니티 하나, 그다음에 지금도 서비스 중인 이글루스의 베타 시절, 이렇게 활동했는데, 그 정체성이 단절되진 않았어요. 그게 업그레이드되고 살이 붙어가면서 저의 정체성으로 각인을 하게 됐죠. 어렸을 때 스스로 트랜스젠더인지 고민하면서, 현실에선 여자가 될 수 없으니까 온라인에서라도 여자가 되보자는 거였죠. 그런 내적인 과정을 겪은 것 같습니다.

그 당시 상근 씨는 자신을 트랜스젠더일 수도 있는 젠더퀴어 정도로 인식했던 건가요?

네. 몸은 남자였는데 저는 그걸 거부하고 싶었고, 예쁜 여성으로 살고 싶어 했죠. 그런데 온라인에서 넷카마 활동을 시작하게 된 건 꼭 정체성만의 문제는 아니었어요. 지금은 그나마 나은데 1990년대 후반에서 2000년대 초반까진 온라인에서 여자가 귀했어요. 여자는 온갖 특별 대우가 다 가능했죠. 그래서 그때는 여자가 남자로 살아가는 것보다 편리하다는 생각이 들었어요. 그런 대우를 받으면서 그걸 이용해야겠다는 직감이 딱 든 거죠. 그렇게 넷카마 활동을 시작했어요. 바늘 도둑이 소도둑 된다고, 한번 시작하니까 이왕 하려면 예쁜 여자가 돼야겠다 싶더라고요. 근데 그때그때마다 거짓말을 할 수는 없으니까 저의 모든 생활이 온라인으로 쭉 들어가게 된 거죠. 단순한 넷카마가 아니라 하나의 정체성이 됐던 것 같아요.

처음으로 여장하고 인증을 한 건 언제인가요?

화장하고 가발 쓰고 인증해본 적은 없어요. 저는 정말 철저하게 텍스트 미녀였죠. 그런데 다들 믿더라고요. 한번은, 그때가 아마 초등학교 정도였던 것 같은데, 여자라고 하니까 안 믿는 거예요. 그래서 저희 집 전화번호를 알려줬어요. 그리고 아주 하이톤으로 여자 목소리 흉내를 냈죠. 남자들도 어렸을 땐 미성이잖아요. 어느 정도의 하이톤이었냐 하면 박지윤의 「성인식」을 똑같이 부를 수 있을 정도였거든요. 거의 그 톤으로 "오빠" 이러니까 그쪽은 넘어간 거예요. 한 번 그렇게 넘어가니까, 저도 겁이 없어졌고요.

넷카마 미소녀에게 매력을 느껴서 사랑하다가 상처를 입은 이성애자 남자의 이야기도 인터넷에 많이 돌아다니더라고요. 고백 같은 걸 받아본 적은 없나요?

있어요. 넷카마 생활을 접게 된 가장 큰 이유 중 하나가 그거 때문이었어요. 온라인 생활을 하면서 제가 은사라고 여긴 분이 계세요. 제가 살아가면서 필요한 큰 지침을 주신 분인데, 남자분이고 저보다 나이가 두세 살 많았어요. 제가 넷카마로서의 정체성을 포기하고 현실 세계로 돌아와서 제대로 살아야겠다는 생각이 들었을 때, 최소한 이 사람에게는 말해야겠다고 생각했어요. 그래서 말을 했는데 MSN으로 저에게 얘기를 하시더라고요. 저를 좋아했었다고. 그때 큰 충격을 받았어요. '사람이 이렇게 살면 안 되는구나….' 저 혼자 울고불고 난리가 났어요. 정체성을 버리는 것 자체도 힘들었는데, 나를 믿어준 사람에게 돌이킬 수 없는 상처를 줬다는 사실에 죄책감을 많이 느꼈고, 다시는 이렇게 살지 말아야겠다고 결심했습니다.

넷카마 활동은 얼마 정도 지속한 건가요?

초등학교 5~6학년부터였을 거예요. 넷카마를 벗어나기 시작한 건 중3에서 고1 사이고요. 온라인 게임에선 여자라고 패싱하는 게 유리하니까 간간이 여자 행세를 하다가 완벽하게 벗어던진 건 고등학교 2학년 정도가 아닐까 싶습니다.

'성 지향성'이라는 큰 방향성은 4~5세 때 결정된다고 볼 수 있지만 사회적 정체성은 몸이 바탕이기 때문에, 몸이 변하는 시기엔 확실히 가소성이 있어요. 성 소수자 청소년 여러분이 이 시기에 많이 헷갈려 해요. 어떤 사람은 부드럽게 넘어가기도 하지만 힘들어하는 사람도 있죠. 이 시기에 스스로 '난 이거야'라고 결정 내리지 않고 마음의 여유를 갖고 '나는 변하고 있는 제품이니까, 몇 년 뒤에 결정을 내려도 괜찮다'는 여유를 갖는 게 중요하지 않나 싶습니다. 혹시 청소년 여러분이 지금 헷갈린다면, 정상이니까 고민 안 했으면 싶어요. 지금도 청소년기에 넷카마를 하는 분들이 있을 거예요. 특히 외모가 되는 분들은 분장을 잘하면 어린 나이의 이성애자 여자보다 훨씬 예쁜 경우가 많죠. 혹시 그 시기에 나름대로 지켜야 할 윤리적 선에 대해 조언해주세요.

저에게 온라인 활동은 단순히 넷카마였던 게 아니라 저의 성 정체성을 받아들이느냐 마느냐 하는 중요한 문제였어요. 그래도 남을 속인다는 거 자체가 어느 쪽으로든 바람직한 게 아니니까 그 생활을 청산할 것을 권장합니다. 극단적으로 아이디 삭제하고 하고 있던 거 다 접어야 됩니다. 그렇지 않으면 돌아가게 돼요. 싹 다 삭제하고 현실로 돌아와야 하는데, 제가 그렇게 여러 번 돌아가서 여러 군데에서 여자 행세를 반복했거든요. 자기 정체성을 받아들이는 일환으로서 넷카마라는 게 그렇게 긍정적이진 않아요. 어쨌거나 사람은 현실에서 살아가야 하는 거고 온라인에만 천착해서 살아갈 순 없잖아요. 현실에서 사람을 만나고 연애를 하든 말든 해야 하는데, 내 정체성을 온라인에서만 보여준다는 건, 이 사회에서 커밍아웃을 하지 않고 계속 거짓말을 하는 과정과 비슷하다고 봅니다. 저는 이 파국을 봤고, 절대적으로 행복할 수 없는 과정이라는 걸 알게 됐죠. 언젠가 돌아가야 하는 사회와 점점 더 멀어지고 결국 스스로 힘들어지게 만들기 때문에…. 텍스트 미녀라 하더라도 누군가가 빠지게 되는 일만큼은 하지 마시기를 바랍니다.

청소년 성 소수자분들은 스트레스를 잘 관리하지 못하면 다른 방향으로 빵 터지는데, 그중 하나가 체중 이슈입니다. LGBT 청소년 여러분 가운데 종종 음식을 너무 안 먹어서 저체중이 되거나, 거꾸로 너무 많이 먹어서 과체중이 되는 경우를 쉽게 볼 수 있어요. 상근 씨는 어렸을 때 체중 문제로 고생한 적이 있나요?

저는 아주 잠깐의 유복했던 유아기를 지나고 나서 집안에 풍파가 많았어요. 집에서 저를 돌봐줄 여력이 없는 시점에 이르니까 먹을 걸로 풀기 시작했죠. 어떤 식이었냐 하면, 밥 한 공기에 참치 한 캔, 물 대신에 탄산음료, 끼니 대신에 과자, 또 해먹어도 인스턴트나 3분 요리 같은 것을 해먹다 보니까 살이 90킬로까지 찐 거예요. 엄청 고생했었죠.

청소년기엔 돈도 없고 나 자신에 대한 이해도가 좀 낮으니까 어떻게 스트레스를 풀어야 편안하고 행복한 상태가 되는가를 잘 모르죠. 탈출구를 찾다가 몸에 뭔가 안 좋은 엉뚱한 방향으로 가는 경우가 많습니다. 상근 씨는 어떻게 그 시기를 벗어나게 됐나요?

취미 생활을 하는 것도 좋겠지만, 자기 정체성을 긍정하는 게 중요합니다. 제 주변의 다른 친구는 '아웃팅을 당해서 집에서 쫓겨나면 어떡하지?' 이런 공포에 짓눌려서 자기 정체성을 긍정하지 못했는데, 전 그런 건 없었어요. 어릴 때에도 저는 편견을 가진 사람이 이상하고 멍청하다고 생각했어요. 제 에고가 강해서 자신을 방어하느라 그랬을 수도 있고요. 다른 청소년 성 소수자가 흔하게 생각하는 것처럼, 경제적인 자립을 이루고, 남들이 무시하지 못할 지위에 오를 때까지 커밍아웃을 하지 말자고 다짐하기도 했어요. 공부를 열심히 하고, 좋은 대학을 가고, 좋은 직장을 얻겠다는 마음이 없었던 건 아니지만, 거기에 짓눌리진 않았어요. 내가 행복하게 살기 위해 언젠가 커밍아웃을 해서 주변 사람에게 알리고, 유명해지고, 착한 일을 많이 해서 이름을 알리자는 생각이 어려서부터 있었거든요.

상근 씨가 널리 알려지게 된 건 퀴어 퍼레이드에서 헐벗은 차림으로 행사 차량에 올라가 찍힌 사진이 인터넷에 돌아다녔기 때문이죠. 처음 퀴어 퍼레이드에서 헐벗은 게 언제인가요?

헐벗은 건 2014년이었어요. 트럭에는 기회가 있을 때마다 계속 올라가긴 했어요. 2013년에는 아는 형이 사다 준 티셔츠와 반짝이 반바지를 입었죠. 티셔츠에는 검은색에 핑크색으로 "아무도 내가 게이란 걸 몰라(NOBODY KNOWS I'M GAY)"라는 문구가 쓰여 있었고, 반바지는 한쪽 방향으로 쓸어내리면 금색 스팽글이고, 반대 방향으로 쓸어내리면 보라색 스팽글로 변하는 거였어요.

2014년에는 상의 탈의를 하고 나비넥타이를 개 목걸이처럼 했죠?

원래는 거기에 칼라를 달았어야 했는데 집에 두고 왔어요.

찬반양론이 있었습니다. 성 소수자 여러분 가운데에도 "왜 굳이 퀴어 퍼레이드에서 이렇게 성적인 드레스코드를 취하느냐? 이러면 더욱더 사회에서 성 소수자에 대해 오해나 나쁜 편견을 갖게 되는 거 아니냐?" 이런 얘기를 하는 분들이 있었어요. 여기에 대해선 어떻게 생각해요?

저는 '좋게 보인다'는 게 무슨 의미가 있는 건지 모르겠어요. 성 정체성을 드러내는 건 선행을 하는 게 아니라 나 자신으로 존재하는 거지, 사람들의 인정과는 다른 겁니다. 전 제 자신으로 중요한 거고, 존재하는 거예요. 타인의 인정으로 제 존재가 정당화되는 건 아니잖아요. 그 존재를 극적으로 드러내는 퍼포먼스의 일환으로 상의 탈의를 한 거죠. 누가 그렇게 벗고 다니겠어요, 여기가 누드 비치도 아니고. 평소엔 평범하게 입고 다니지만, 한편으론 그렇기 때문에 사람들이 자기 곁에 성 소수자가 있다는 걸 모르는 거잖아요. 자기가 드러날까봐 퀴어문화축제에 오는 걸 굉장히 두려워하는 사람들이 있는데, 사람들은 남에 대해 그렇게 신경을 안 쓸뿐더러, 그냥 축제를 즐기러 오거나 지나가는 사람이 대부분이에요. 이렇게 잘 드러나지 않는 상황에서 어떻게 나를 알리고, 드러낼 수 있도록 무언가를 할 것인가 생각했을 때엔 자극적인 수단을 쓸 수밖에 없죠. 그리고 호모포비아가 와서 퍼레이드를 방해할 거란 이야기를 몇 달 전부터 들었어요. 서대문구청과 마찰도 있었죠. 저는 그게 너무 화가 났어요. 그 사람들이 종교의 이름을 악의적으로 사용하면서 타인을 혐오한다는 게 짜증이 났기 때문에, '사랑에는 성별이 중요하지 않다', '당신들이 하고 있는 건 사랑이 아니라 편견과 혐오일 뿐이다'라는 메시지를 전달하기 위해서 노출을 하고, 프리 허그와 프리 키스를 진행했어요.

헐벗고 프리 허그를 한 것이 아주 성공적인 프로파간다가 됐습니다. 언론에 여기저기 사진도 많이 나오고. 준비 기간이 어느 정도 됐나요?

1년 이상 준비했어요. 벗어야겠다는 희망은 계속 갖고 있었고, 그러려면 운동도 계속해야 하니까요. 제가 바랐던 건, 오키나와의 정말 새까만 서퍼들 있잖아요, 그렇게 몸이 검으면 근육이 그나마 멋있어 보일 거라고 생각했어요. 그런데 시간은 정말 없고, 기계 태닝을 하지 않는 이상 그 색깔을 낼 수가 없더라고요. 학교나 집 옥상에 올라가서 엄청 태웠어요. 하루에 한 시간 이상 태우면 안 되는데 두 시간 이상 앞뒤로 태웠죠. 나름대로 만족할 정도로는 나오더라고요. 의상은 여러 가지 선택지 중에서 고심하고, 주변에서 추천도 받았어요. 반짝이 바지를 입을까, 핫팬츠를 입을까, 팬티를 입을까…. 엉덩이가 뚫린 팬티가 있어서, 당일에도 챙겨갔어요. 핫팬츠 안에 그걸 입고 있었죠. 제 지인 중에 티 팬티를 입고 리본을 묶은 정휘아 씨, 저와 같은 팬티를 가진 이재성 씨, 훈도시를 입은 김우주 씨가 있었어요. 휘아 씨는 여자라서 터치하기 힘들었는지 안 걸렸는데, 우주 씨와 재성 씨는 명백하게 속옷이라서 경찰에 제지를 당했어요. 저한테도 뭐라고 했는데 대들었죠. "제가 팬티를 입었냐"고, "이거 내 바지인데 어쩌라는 거냐" 이렇게 반박을 하니까 뭐라고 못 하더라고요. 저는 그 두 분이 제지당하는 걸 보면서 아쉽지만 팬티는 다음을 기약했죠.

훈도시와 끈 팬티는 현행법으로 문제가 되는 건가요?

풍기문란죄가 애매해요. 법정에서 판결을 내릴 때 '국민 정서'라는 말을 써요. 풍기문란에 대해서도 공연할 목적이었냐, 음란하게 보이려는 의도가 있었냐 하는 식으로 목적성을 갖고 행하는 행위를 잡아가던데…. 거기서 말하는 문장 자체를 읽어보면 음란성을 전시한다는 게 바바리 맨 이런 걸 말하는 느낌이거든요.

그러니까요. 제주지검장이었던 아저씨의 성기 노출 같은 게 문제지, 훈도시나 끈 팬티를 입고 퍼레이드에서 고고보이 춤을 추는 게 공연음란죄는 아니잖아요.

그렇죠. 성기를 드러낸 것도 아니고 살을 조금 더 노출한 것뿐인데…. 수영장이나 해변에서도 그 정도 노출은 할 수 있는 거잖아요. 퍼포먼스가 이뤄질 수 있는 축제에서 그렇게 한 건데, 이게 그렇게 문제인가 싶기도 해요. 한국의 정서가 그렇다는 걸 반증하는 거라고밖에 설명이 안 되죠.

어쨌든 굴하지 않고 상근 씨, 휘아 씨, 재성 씨, 우주 씨, 이렇게 네 분은 행복하게 잘 놀다 간 거죠?

그렇죠. 행복하게 잘 놀다 갔죠.

행사를 방해하려고 출동한 보수파 기독교도 호모포브 아주머니 한 분을 안아드리고 볼에 뽀뽀했던 일이 크게 화제가 됐죠. 옆에서 구경하던 아저씨가 예수보다 낫다고 칭찬을 하셨어요. 인터넷에 "빤스 게이"라고 검색을 하면 나옵니다. 호모포브 아주머니는 어쩌다 안고 뽀뽀하게 된 건가요?

인터넷에 "빤스 게이"를 치면 두 개의 사진이 나와요. 하나는 양쪽으로 중지를 세운 사진이고, 다른 하나는 아주머니를 안아드리는 사진입니다. 그분이 가이드나 학원 강사분들이 쓰는 마이크를 어깨에다 메고서 시끄럽게 했어요. 제가 육성으로는 감당이 안 되는 거예요. 보내긴 해야겠고…. 어떻게 할까 하다가 강경하게 나가면 안 되겠다 싶어서 안아드리고, 프리 허그와 프리 키스를 하면 당황하겠지 싶은 생각이 들었어요. 이걸 어떻게 생각을 하게 됐냐면, 교육청 앞에서 보수 기독교 단체가 "서울시 학생인권조례에서 성적 지향을 빼라"고 시위를 한 적이 있었어요. 그분들은 저희가 외치는 구호나 야유에는 끄떡도 안 해요. 그런데 제가 레이디 가가의 「본 디스 웨이」에 맞춰서 춤을 추니까 당황하더라고요. 예상하지 못했던 걸 보여주면 당황하니까, 그분의 입을 다물게 할 수 있는 게 뭐가 있을까 고민하다가 그렇게 했어요. 손가락 욕을 날렸던 건, 그분이 "전 국민이 세월호 추모 중인데 어디서 동성연애질을 하고 빤스 바람으로 이러고 있느냐"라고 말하더라고요. 그 말을 듣고 제가 잠깐 이성을 잃었어요. 그분은 누군가를 혐오하기 위해서 그런 엄청난 사건을 저에게 기준의 잣대로 들이밀고 있는 거잖아요. '어떻게 이런 얘기를 입에 올리나, 그게 사람인가…' 싶어서 분노에 이성을 잃어버렸어요.

그렇죠. 누군가를 차별하고 자신의 편견을 남에게 강요

하기 위해서 세월호 희생자들을 이용하는 건 비윤리적 인 일이죠.

제 불찰이었죠. 카메라가 많았는데…. 트럭에서도 불쾌한 표정으로 저를 찍는 아줌마, 아저씨, 할머니, 할아버지가 많았고, 저는 그분들에게도 거리낌 없이 제 얼굴을 보여줬거든요. 그분들의 언행은 충분히 욕을 먹을 만한 짓이었습니다.

아마 열심히 몸을 만들어서 손바닥만 한 속옷을 입고 행사 차량에 올라가고 싶은 분들이 또 있을 거예요.

저는 좀 독려를 하고 싶어요. 퀴어문화축제에 나와도 아무도 모른다는 걸, 당신은 그냥 지나가는 일개 시민일 뿐이라고요. 아무도 당신이 성 소수자일 거라고 의심하지 않을 거고, 거기서 만난 회사 동료나 학교 친구들이 당신이 성 소수자임을 알아본다면, 아마 그 전부터 알고 있었을 거라고요. 당신은 아니라고 하지만 주변인들은 이미 90퍼센트의 확신을 갖고 있다고 말씀드리고 싶어요. 제가 심리학을 전공해서 그런 것도 있는데, 사람들은 타인에 대해서 그렇게 많이 신경 쓰며 살지 않거든요. 자신이 생각하는 것의 십분의 일 정도만 생각한다고 보면 됩니다. 사랑하는 사람이나 친구들과 '한번 가볼까'라는 생각으로 부담 없이 나왔으면 좋겠어요. 1년에 한 번밖에 없는 우리를 위한 축제잖아요.

퀴어 퍼레이드에는 꼭 LGBT 성 소수자들만 나오는 게 아니고 골드만삭스 같은 다국적 기업이나, 미국과 프랑스 등의 대사관에서도 봉사를 나오죠. 이성애자도 함께 하는 행사이기 때문에 '내가 게이인 것이 들통나면 어떡할까' 하는 두려움은 안 가져도 됩니다. 후죠시 여러분이나 코스프레 전문가 여러분도 환영합니다! 한국의 퀴어 퍼레이드에는 볼거리가 더 필요해요. 그리고 여러분도 사회의 소수자에요. 퍼레이드할 곳이 없잖아요? 그냥 평소에 입던 의상 썩히지 말고 1년에 한 번 퀴어 퍼레이드에 나와서 의상 자랑을 해주면 감사하겠습니다. 꼭 서양과 우리가 같이 가야 되는 건 아니니까 오타쿠, 후죠시 여러분과 함께해도 좋지 않을까 하는 게 제 개인적인 바람입니다. 상근 씨는 동성애자인권연대에서 주로 활동하지만, 중앙대학교 성 소수자 모임인 레인보우피쉬에서 대표로 활동했던 적도 있다고 들었어요.

레인보우피쉬가 2005년까지 존속했다가 그 해에 모임이 망했어요. 명맥이 끊기고 이반시티를 하는 중앙대학교 게이들 몇 명이 '카우이반'이라는 이름으로 다음에 카페를 만들었죠. 그때 동성애자인권연대에 중앙대학교 학생이면서 레인보우피쉬에서 열심히 활동했던 형이 있었어요. 그 얘기를 듣고 제가 중앙대학교에 들어가면 활동을 해야겠다 싶어서 다음 카페에 가입을 했습니다. 레인보우피쉬라는 이름을 이어받아서 친목 모임으로라도 되살려야겠다고 생각했죠. 그래서 2008년에 대표라는 이름만 안 썼을 뿐이지 정모를 열고, 문자 돌리는 일을 했어요. 그러다가 후반에는 대표 이름을 달았고, 2009년에 친구사이에서 활동하는 친구와 함께 공동대표를 맡아서 영화제를 열기도 했습니다.

다시 모임을 만들고 재출발하는 과정에서 학생 여러분은 대체적으로 구성이 어떻게 됐나요? 레즈비언 학생들의 숫자가 좀 되나요?

동성애자인권연대에 레즈비언 친구들이 있었어요. 그래서 가능한 한 모든 정체성을 가진 사람이 활동할 수 있도록 열심히 배려를 했지만, 그게 어렵더라고요. 그 당시에는 레즈비언분들이 별로 없었는데 가면 갈수록 늘었고, 지금은 비율이 향상됐어요. 한쪽 문화만 융성해지다 보면 다른 쪽 문화를 잘 못 받아들이는 분위기가 있잖아요. 꼭 레즈비언의 문제는 아니고 이런 걸 싫어하는 게이도 있고, 저런 걸 싫어하는 레즈비언도 있는 거니까요. 어느 대학교는 게이 모임과 레즈비언 모임이 따로 있는 경우도 있다고 하더라고요. 아무튼 레인보우피쉬는 그렇지는 않아요.

레인보우피쉬는 학교에 동아리방이 있습니까?

아니요, 아직 정식 동아리는 아니에요. 지금 가동아리라는 걸 준비하고 있어요. 가동아리 승인이 나고 1년 이상 활동을 하면 정식 동아리가 되거든요.

모임은 주기적으로 가지고 있나요?

시험이 있는 주를 빼고 기본적으로 매월 마지막 주 금요일에 정모가 있는 편입니다. 다른 학교와 연합 행사가 있으면 비정기적으로 가는 편이죠.

레인보우피쉬를 운영할 때 가장 큰 난점은 뭐였나요?

학내 구성원으로서 가시성을 확보하는 게 힘들었어요. 예를 들면 가동아리 승인이나 하다못해 서류를 내러 갈 때 얼굴을 드러낼 수 있는 사람이 없는 거예요. 저 말고 서류를 내거나 프레젠테이션을 할 수 있는 사람이 거의 없어요. 부담을 많이 느끼는 편이고, 얼굴 마담이 하나로 고정되니까 불편하죠. 또 학내에서 다른 친구들과 마주쳐도 친구들의 신변을 보호해줘야 하기 때문에 아는 척을 못 해요. 작년에도 가동아리 심사를 했는데 떨어졌어요. 동아리장이 아홉명 이상 출석해야 하고, 과반수 이상의 표를 얻어야 하는데, 정말 아쉽게도 몇 표차로 떨어졌어요. 그 투표가 무기명이라 어디서 반대를 했는지는 알 수가 없지만, 떨어진 이유는 단순해요. 레인보우피쉬의 정식 동아리화가 왜 필요한지를 모르는 거죠. 그게 왜 필요한지를 얘기하려면 사람들 머릿속에 인식되게끔 하는 가시성이 필요한데 "너희는 공연을 하는 것도 아니고, 연극을 하는 것도 아니고, 학술 동아리도 아닌데, 왜 이런 것이 필요하냐?" 등의 이야기가 나오는 거죠.

눈에 보이는 존재감을 확보하는 게 LGBT 인권 향상에 매우 중요한 일입니다. 상근 씨는 오픈리 게이잖아요.

또 본인이 평소 남이 봤을 때에도 게이라는 걸 알아볼 수 있게끔 옷을 입고 다니는 편이죠. 본인이 게이라는 사실을 온몸으로 표출하고자 노력하는 이유가 있나요?

퀴어문화축제에서 노출을 했던 이유처럼 가시성의 확보라고 할 수 있어요. 한국에서는 사람들이 자기 옆에 성 소수자가 있다는 생각을 하지 못해요. 전철을 탄, 학교를 다니는, 옆집에 사는, 직장에서 매일 얼굴을 보는 사람일 거라고 생각을 못 하는 거죠. 공공장소에서 애인과 스킨십을 한다거나, 제가 게이임을 명백히 드러내는 옷을 입고 있다거나, 성 정체성과 관련한 이야기를 별로 숨죽이지 않고 얘기하면 사람들이 '뜨악' 하는 걸 느껴요. 근데 그 '뜨악함'을 느끼는 게 중요합니다. 바로 내 옆에 있는 사람이 특이한 사람이 아니라는 것, 굳이 유명한 사람이 될 필요가 없다는 것, 그렇게 바로 옆에 있다는 것을 느끼게 하는 게 중요해요. 또 이런 걸 보거나 듣고 다른 누군가에게 얘기를 할 거잖아요? 이렇게 하나하나 쌓이는 것들이 나비효과처럼 큰 파장을 갖고 와서 언젠가는 가장 중요한 역할을 하는 징검다리의 밑바닥과 작은 자갈이 된다고 생각해요.

근데 이렇게 살면 단기적으로 봤을 때 연애는 좀 힘든 부분이 있죠.

그렇죠. 저는 오픈리 게이이고 일상에서 제가 게이라는 걸 자각하지 않고 무리 없이 살고 있어요. 그런데 애인이 클로짓이거나 은둔이라 공공장소에서 스킨십을 거부하면 저는 거기에서 스트레스를 받아요. 오픈리 게이를 찾는데 마음에 드는 사람이 없더라고요.

빨리 한국 사회의 게이 여러분도 연애할 때 명동에서 눈치 안 보고 뽀뽀하는 그런 시대가 왔으면 좋겠어요. 앞으로의 활동 계획은 어떤가요?

동성애자인권연대에서 활동하다가 취업도 준비하고 생활

유지를 위해 돈을 벌어야 하는 시점이 와서 단체 활동은 거의 쉬고 있어요. 하고 있는 건 단발성의 '호모포비아 반대 캠페인'이나 퀴어문화축제를 후원하는 바자회 '마켓 Q', 유튜브 채널 OPEN 정도인데, 당분간은 OPEN에만 주력할 것 같아요. 전엔 청소년 관련 이슈에 꽂혀 있었다면 요즘은 대중과 성 소수자 커뮤니티 내부에서 일어나는 일반적인 시선을 어떻게 재미있게 전달하고 알릴 것인지에 관심이 많아요. 이런저런 시도를 해보면서 한국 사회에서 어떻게 가시성을 획득할 수 있을지 고민해야죠. 일단 올해는 취업을 할 수 있도록 열심히 공부하는 걸로….

상근 씨의 꿈이나 야심은 뭔가요?

전 누군가에게 평범한 롤 모델이 되고 싶어요. '연예인이나 영화감독, 디자이너가 아니라 당신 옆에 있는 누군가가 이렇게 살고 있다', '이런 삶의 방식도 있으니까 당신은 자신이 원하는 대로 살면 되고, 그에 따른 책임만 지면 된다', '당신의 방식에 뭐라 하는 사람은 아무도 없다' 이런 이야기를 전달하고 영감을 주는 삶을 살고 싶습니다.

성 소수자 운동판의 젊은 피

호림

익스-헤테로 레즈비언으로 2011년부터 동성애자인권연대 HIV/AIDS 인권팀, HIV/AIDS 인권연대 나누리+, 또 2014년부터 '성소수자 가족구성권 보장을 위한 네트워크'에서 일하고 있다. 2011년부터 2012년까지 서울LGBT영화제에서 코디네이터이자, 한국 퀴어문화축제 기획단 멤버로 활동하기도 했다. 이화여자대학교 법학과 및 서울대학교 사회복지학과 석사 과정을 졸업했다.

1987년생이면 몇 학번인 거예요?

06학번이죠.

'익스-헤테로 레즈비언'이라고 본인을 소개했는데요. 어렸을 때에는 이성애자인줄 알고 살다가 성인이 돼서 레즈비언으로 각성했다는 뜻입니까?

맞아요. 보수 기독교에서 '탈-동성애자'라고들 하는데, 저는 스물세 살에 '탈-이성애'를 했습니다.

이른바 뻬레즈는 아닌 거죠?

그렇습니다.

뻬레즈분들은 익스-헤테로 레즈비언을 가끔 '순도가 떨어진다'고 평가하기도 하죠. 팬픽이반분들을 유사품 취급하는 것과 약간 비슷하달까요? 피부로 느끼는 바는 어떻습니까?

제가 그런 거에 신경을 쓰지도 않고, 또 주변에서 알고 지내는 분들도 별로 개의치 않으세요. 알고 보면 익스-헤테로가 아주 많기 때문에 그런 느낌을 받아본 적은 없어요.

남자 게이 동네와 레즈비언 동네는 상당한 차이가 있는 것 같습니다. 호림 씨는 언제 어떻게 레즈비언으로 각성하게 된 건가요? 사랑의 힘인가요?

그렇죠. 알고 지내던 언니한테 고백을 받은 이후에 각성하게 됐습니다. 제가 정말 좋아하는 언니였거든요. '이 사람은 정말 좋은 사람이다' 이렇게 생각한 오빠가 나한테 고백을 했으면 사귀었을 상황이라는 생각이 들어서 연애를 시작했습니다.

친구사이의 「커밍아웃 인터뷰」에서 애인과 만난 이야기를 읽은 적이 있는데, '밀당'이 조금 이상해요.

그래요? 하긴 그렇죠. 그분은 고백을 하고 "너랑 사귈 생각은 없는데, 내가 이 얘기를 안 하면 후회할 것 같다"라고 말했는데, 제가 발목을 잡은 거예요. "잠깐만, 이리 와봐" 하고.

찌르고 뒤로 확 빠졌는데 호림 씨가 잡은 거죠!

끌어왔죠. "그게 무슨 얘기냐, 너 나랑 얘기를 더 해야겠다", 이렇게요.

그때까지는 레즈비언으로서의 성 경험이 없었던 거죠?

네.

연애를 시작하느냐 마느냐, 이 포인트에서 약간의 심리적 갈등이 있었을 것 같아요.

일주일 상간에 이뤄진 일이라서요. 제가 정리가 좀 빨랐죠.

이 정리라는 게 결국은 자보고 결정한 거죠?

그렇습니다.

'에라 모르겠다, 일단 자보고', 그랬더니 결과가?

지금까지 잘 사귀고 있습니다.

남자보다 여자랑 섹스를 했던 게 훨씬 신세계였던 거죠?

좋으니까 아직까지 한 사람과 살고 있는 게 아닐까요?

남자와의 섹스보다 레즈비언의 섹스가 우월한 점이 무엇인가요?

잘 아는 몸을 상대하는 것이요.

남자 여러분은 여자의 몸에 대해서 아는 바가 전혀 없죠.

여자와의 관계에서는 사기 치기가 어려운 것 같아요.

이성애자 여성이 남자를 속여 넘길 수 있는 것과 달리 여자끼리의 섹스에서는 속일 수가 없군요.

속이기가 훨씬 어렵죠.

애인은 어떤 분이세요?

30대 중반의 평범한 직장인입니다.

두 분은 부치/펨 구분이 있습니까? 아니면 전천인가요?

딱히 구분 없는 전천입니다. 얼마 전에 제 애인이 트위터로 "서방님이 시청에 가서 돌아오지 않는다", 이런 뉘앙스의 얘기를 했어요. 그랬더니 장서연 변호사가 제가 부치인 거냐고 얘길 하더라고요. 저희는 그런 구분은 별로 없어요. 다만 애인의 레즈비언력이 더 높다는 정도의 차이는 있습니다.

두 분은 처음 어떻게 만나게 된 거에요?

어떤 모임에서 알게 됐어요. 사귀기 전까지 8개월 이상을 알고만 지내던 사이였어요.

8개월은 알고 지내던 사이였고, 그 이후로 연애 단계에 돌입해서 5년 반이 됐고, 2년째 함께 살고 있습니다. 거의 사실혼 관계네요?

그렇죠.

대단합니다. 호림 씨는 집에 커밍아웃을 해서 가족과 함께 무지개 가족을 잘 이루고 사는 걸로도 유명합니다. 가족에게 커밍아웃한 과정도 궁금해요. 집안에 커밍아웃한 게 몇 년도의 일인가요?

2009년 12월 31일에서 2010년 1월 1일로 넘어가던 시점이었어요. 애인이랑 사귄 지 7~8개월 정도 됐을 때였죠. 부모님의 특성을 보건대 그냥 얘기해도 무방하겠다 싶었어요. 그런데 제 삶이 많이 변해서 얘기할 때까지 어느 정도 시간이 걸렸죠. 연말이라서 가족끼리 모인 자리에서 연애 얘기가 나와서 "하고 있다, 그런데 여자다" 이렇게 얘기하게 된 거죠.

부모님 반응은 어땠나요?

웃으셨어요. 약간 당황은 하셨는데 "그래, 네 인생인데 네가 알아서 살면 되지 않냐" 이런 반응이었어요. 동생한테는 그 전에 얘기했고요.

동생은 미리 알고 있었군요. 동생은 제삼자의 입장에서 관찰하며 즐기는 입장이었겠네요.

동생은 주변에 게이와 레즈비언이 많은 환경에서 살아왔기 때문에 "누나도?" 이 정도의 반응이었죠.

부모님께서 지역에서 운동을 한다고요?

두 분 다 교사 출신이에요. 그런데 제가 유치원 때 엄마가 부당 전보를 받고 두 분 다 학교를 그만두게 됐어요. 그 후에 엄마는 '참교육학부모회'라는 단체의 지역지회에서 교육 운동을 하게 됐어요. 지역은 운동판이 아주 좁잖아요. 교육 운동을 한다고 해서 그것만 할 수 있는 환경이 아니라서, 지역의 인권 침해 사건 같은 게 생길 때마다 결합해서 활동을 해왔죠.

　부모님께서는 몇 년생이세요?

아버지는 1950년대 후반 생에 1970년대 후반 학번이고, 어머니는 1960년대 초반 생에 1980년대 초반 학번입니다.

　한국 각 세대의 엄마들 가운데 가장 특별한 엄마가 386세대 엄마입니다. 자의식이 세고, 자기만의 책장을 가지고 있죠. 자녀가 엄마의 에고의 세계를 읽어내면서 성장하니까 그 영향을 딸들이 강력하게 받는 지점이 있어요. 일차적으로 여성성의 모델이 엄마니까요. 그래서 한국의 이전 세대와 다른 측면이 있습니다.

저도 집에 책이 많으니까 『씨네21』에 서동진 선생이 쓴 글이나, 김현구 씨가 표지로 나온 월간 『말』지 등을 초중학교 때부터 보면서 성장했거든요. 어려서부터 부모님의 영향을 많이 받긴 했던 것 같아요.

　『말』지를 초등학교 때 봤다고 하니까 갑자기 세대 차이가 확 느껴지네요. 호림 씨가 부모님께 커밍아웃한 이후 얼마 지나지 않아서 어머니 주변의 레즈비언 세 분이 어머니께 커밍아웃을 했다고 들었어요. 이것도 아름다운 스토리죠.

제가 2010년을 정초부터 활짝 연 거죠. 엄마가 오랫동안 알고 지낸 레즈비언 커플이 있었는데, 그 두 분이랑 엄마랑 봄에 벚꽃놀이를 갔어요. 거기에서 얘기를 하다가 "선생님, 사실 저희 둘은 그냥 친구가 아니에요" 이런 얘기가 나온 거죠. 그 언니들은 일주일에 한 번씩 같이 밥을 먹을 정도로 부모님과 정말 가깝게 지내던 분들이거든요. 엄마가 대학에서 시간 강사를 했는데, 수업을 들은 분이 나중에 엄마한테 따로 만나자고 해서 커밍아웃을 하기도 했어요.

정말, 레즈비언 풍년이로군요. 서울시 인권헌장 제정이 박원순 시장에 의해서 부당하게 저지되자, LGBT 공동체가 시청 로비 점거 투쟁에 나서 박원순 시장의 사과까지 받아내는 아름다운 사건이 있었죠. 이 투쟁 현장에 호림 씨의 부모님이 와서 지지 발언을 하셨어요. 이게 큰 화제가 됐습니다. 2014년 12월 7일 일요일이었죠?

네. 첫날 오전에 점거를 하고 정신없이 하루를 보내는 와중에 엄마가 전화를 했어요. "잘 있냐"는 말에 "정신없으니까 나중에 통화하자"고 했죠. 한 새벽 네 시쯤 잠자리에 누워서 생각을 해보니까, 저는 아주 어렸을 때부터 엄마 아빠를 따라서 이런저런 시위 현장이나 점거 농성장을 많이 다녔었거든요. 엄마, 아빠, 동생이 제가 여기에 있는데 안 온다는 건 안 될 일이라는 생각에 문자를 보냈죠. "성 소수자 운동과 내 인생의 중요한 순간이니까 가족들이 여기에 꼭 왔으면 좋겠다." 그래서 다음 날 오셨어요.

지지 발언을 잠깐 읽어보겠습니다. "내 아이가 커밍아웃할 때 그리 놀라지 않았다. 나도 지역에서 활동하고 있는데, 인간의 가장 고귀한 감정은 분노라고 생각한다. 이번 싸움에서 딸아이 문자를 보고 울었다. 박원순 시장이 이런 사람이었구나. 그리고 세상에 이렇게 사랑스러운 여러분이 왜 낯설고 이상한가? 여러분이 특별한 것은 나와 내 남편이 특별하듯 그런 것이다. 남자와 결혼한 나는 정상인가? 딸아이에게 항상 성 정체성에 갇히지 말고 노동권을 위한 투쟁을 해야 한다고 당부한다. 오늘 오면서 여러분을 위한 선물로 허니버터칩 한 박스를 사오려 했는데 못 사왔다. 다음에 꼭 사오겠다." 이게 어머니 말씀이었고요. 아버지는 간단하게 말씀했나 보더라고요. "나는 싸움을 싫어한다. 아내가 맨날 투쟁하더니 딸년까지 그런다. 사랑합니다!"라고요.

이게 한가람 변호사가 요약해서 SNS에 올린 건데요. 두 분의 발언이 이것보다 훨씬 길었어요. 핵심이긴 핵심이네요.

가족이 커밍아웃을 받아들이고 서로를 인정한다고 해도, 이렇게 큰 행사에 와서 지지를 직접 표명한다는 게 상당히 드라마틱한 일입니다.

저의 당연한 권리를 쟁취했다고 생각합니다. 제가 그 순간에 너무 추하게 울기는 했는데요. 그건 엄마가 열심히 싸웠던 순간을 계속 되돌아보게 돼서 그랬던 것 같아요. 제가 딸이지만, 한 인간으로서 그곳에 함께했듯, 엄마도 딸의 문제가 아니라 한 인간으로서 당연히 해야 할 일을 해주셨습니다.

호림 씨는 엄마를 더 닮았나요?

그렇죠. 저는 싸움을 싫어하지 않습니다.

투쟁은 타고나는 재능도 있어야 합니다. 타고나는 둔감력과 배짱도 좀 있어야 하고요. 평화주의자 여러분은 애초부터 갈등 구조 같은 걸 싫어하는 분도 있더라고요.

아빠는 많이 안 싸워보았기 때문에 싸움의 현장에서 과하게 흥분을 하기도 해요. 저는 엄마를 통해서 그런 면에서 어느 정도 훈련을 받았습니다.

이번 부모님의 농성장 방문에서 아버지와 애인의 첫 만남이 성사됐다고 트위터에서 봤어요. 이것도 감개무량했을 것 같습니다. 농성장에서 가족 드라마의 한 챕터가 확 넘어간 거잖아요. 피차 좀 떨리기도 했을 것 같아요. 애인 입장에서 '이거 참, 시아버지를…' 이런 느낌도 들었을 테고.

엄마는 애인을 한두 번 정도 봤는데 아빠는 만난 적이 없었어요. 계속 타이밍이 안 맞더라고요. 애인에게 부모님이 농성장에 왔다고 얘기하니까, 당장 씻고 가겠다며 달려왔죠.

나중에 크게 웃었는데, 바짝 긴장을 해서 부모님을 보고 그 자리에서 90도로 인사를 한 거예요. 부모님은 쟤가 왜 우리한테 저런 조폭 인사를 하나 싶었을 거고요. 그때 정말 좋았어요. 농성장에서 성공회 신부님께서 예배를 드리던 와중이라 부모님이랑 애인이랑 같이 예배를 봤는데, 저한테 그 순간이 아주 오래 기억에 남을 것 같아요.

정말 드라마틱하네요. 종교를 믿거나 안 믿거나 함께 기도한다는 건 참 특별한 의미가 있죠.

네, 같이 노래도 불렀어요.

농성장이 거의 개인 드라마의 미장센이었네요. 영화의 한 장면 같습니다. 원래 법을 전공해서 고시를 준비하다가 진로를 확 수정했어요. 고시 실패 덕분에 새로운 진로를 찾은 겁니까?

그게 맞기는 한데, 준비를 오래하진 않았어요. 1차를 한 번 봤고, 다시 준비를 잠깐 하다가 중간에 그만뒀습니다.

친구사이의 「커밍아웃 인터뷰」에서 원래부터 입법에 관심이 있었고, 그중에서도 사회복지 정책에 특별히 관심이 있었기 때문에 석사 전공을 사회복지학과로 생각했다고 말했더라고요. 관심사가 발전한 과정이 궁금해요.

법대에 간 것도 우연이었어요. 그런 가정환경에서 살다 보니까 인권 이슈에 관심이 많았고, 법을 바꾸는 사람이 되면 좋겠다 싶었던 거죠. 고시를 끝내고 나니까 다시 복학을 하긴 했는데, 좀이 쑤시다고 해야 되나? 우울감과 열패감 같은 것도 당연히 있었고요. 뭔가 재미있는 일이 없을까 하다가 찾은 게 서울LGBT영화제, 그리고 퀴어문화축제 기획단 일이었던 거죠. 학교에 다니면서 그 일을 했었고, 그러다가 HIV/AIDS 인권 이슈에 관심을 두게 되면서 '무엇을 위해서 이 공부를 할 거냐?'를 고민하게 됐어요.

레즈비언이면서 HIV/AIDS 문제에 관심을 기울인다

는 게 드문 일은 아니지만, 보통 사람이 생각할 때에는 '으잉? 이게 뭐지?' 이러기 쉬워요. 어떻게 해서 HIV/AIDS 문제에 확 끌리게 됐나요?

2011년에 영화제 일을 하면서 영화 「우리는 여기에 있었다(We Were Here)」(2011)를 번역했어요. HIV/AIDS가 발견된 지 30년이 되는 해여서 그 역사를 정리하는 다큐멘터리가 여러 편 있었는데 그중 하나였어요. 이 영화를 만나면서 이게 단지 질병 차원의 문제가 아니라 LGBT 커뮤니티의 역사고, 또 공동체가 어떤 식으로 이 문제에 대응을 하면서 결집했는지 알게 됐죠. 그래서 '어, 그런데 한국은?' 이런 생각이 들었던 거죠. 그해 여름에 '아태에이즈국제학술대회(ICAAP, International Congress on AIDS in Asia and the Pacific)'가 부산 벡스코에서 열렸어요. LGBT 커뮤니티에 있는 사람이 여기에 신청을 하면 장학금을 지원한다는 거예요. 여름이고 부산이니까 바다 보러 가자는 마음으로 별 생각 없이 신청을 하고 내려갔어요. 그런데 AIDS는 독특한 질병이기 때문에 컨퍼런스 장에서는 이걸 연구하는 전문가들뿐만이 아니라 당사자 그룹, 그리고 이 질병에 많은 영향을 받는 사람이 모이거든요. 그 안에서 당시 문제가 되던 인도-EU FTA, 한미 FTA 등의 문제에 대한 옥내 집회가 있었어요. 그러다 경찰이 훅 들어와서 몸싸움이 벌어지고 장서연 변호사가 잡혀가는 일이 생긴 거예요. 그 일에 대응하기 위해선 인력이 필요했고, 하다 보니 지금까지 오게 됐네요.

운동가로서 AIDS 문제에 관심을 기울이게 된 과정이 늪에 훅 빠지는, 꼬리에 꼬리를 무는 아름답고 희한한 연쇄반응의 결과물이네요.

그냥 발을 훅 담그게 되는 계기가 생긴 거죠. 제 인생이 약간 그런 것 같아요. 20대 이후에 이렇게 연속해서 발이 빠지고 있습니다.

HIV/AIDS 영화를 추천해 주신다면 뭐가 있을까요?

LGBT 운동가인 래리 크래머의 자전적 희곡으로, 라이온 머피가 만든 「노멀 하트」, 앞서 얘기한 「우리는 여기 있었다」, 2012년에 LGBT 영화제에서 상영한 비토 루소의 일대기를 다룬 제프리 슈와츠의 다큐멘터리 「비토(Vito)」(2011)를 추천합니다.

제가 인권 운동을 하는 데 있어 가장 큰 영향을 미친 인물 가운데 한 명이 비토 루소에요. 성장 배경부터 남달라요. 어렸을 때부터 오픈리 게이로 자란, 한 번도 핍박을 받아본 적이 없는 해맑은 아저씨죠.

정말 멋있는 사람이죠.

진로를 결정하고 석사 과정에 입학한 게 언제죠?

2012년 2학기에 들어갔어요.

동성애자인권연대 'HIV/AIDS 인권팀'과 'HIV/AIDS 인권연대 나누리+'에서는 어떤 일을 하는 거예요?

동성애자인권연대 HIV/AIDS 인권팀에서는 2011년부터 아름다운재단의 후원을 받아서 3개년 사업을 진행해왔어요. 연구 프로젝트와 교육 프로그램을 개발하는 일도 참여했고요. 이런저런 활동을 했는데, 동성애자인권연대에서 주로 관심을 두는 건 게이 커뮤니티 내에서의 HIV/AIDS 이슈를 가시화하는 것이고, 어떻게 하면 '감염인이 커뮤니티 안에서 배제되지 않고 함께 즐겁게 살아갈 수 있을까?'입니다. 그리고 HIV/AIDS 인권연대 나누리+에서는 전반적인 감염인 인권과 법 정책 관련한 이슈에 대응하는 일을 하고 있어요.

한국의 남자 게이들이 그간 HIV 감염인과 AIDS 환우 인권 이슈에 상당히 둔감했습니다. "AIDS는 게이의 질병이 아니다"라는 구호를 통해 이 이슈를 외면하는 분위기도 있었죠. HIV를 커밍아웃한 게이에게, "어떻게 자기 생각만 하고, 가족 생각은 안 할 수가 있느냐"고 힐난

하는 게이를 최근에 보고 엄청 충격을 받고 화가 난 적이 있어요.

저는 그럴 수도 있다고 생각해요. 한국에서는 HIV/AIDS가 처음부터 거대한 전염병으로 나타난 게 아니다 보니, 게이 커뮤니티의 이슈라는 것을 체감하는 데 온도 차가 상당합니다. 결국은 AIDS라는 것을 우리를 공격하는 도구이자 우리 안의 숨겨야 할 것으로 받아들이게 되고, 이게 도드라지지 않았으면 좋겠다는 마음을 갖게 될 수는 있겠죠.

서구의 게이 공동체에 비하면 여전히 HIV 감염인 게이, AIDS 환우 게이의 수가 많은 건 아니지만, 그렇다고 적은 것도 아니에요. 주변에서 쉽게 볼 수 있습니다. 다만 가시화가 되어 있지 않았다 뿐이죠. "AIDS 운동이 한국 LGBT 운동의 한 축으로 자리 잡았으면 좋겠다"는 바람을 피력한 적이 있습니다. 왜 이 운동이 LGBT 운동 전체에서 중요한가를 말씀해주세요.

두 가지입니다. 먼저 아주 간단하게 우리 안에 많다는 것만으로도 충분합니다. 한국에서는 수많은 사람이 AIDS 때문에 죽거나, 그걸 두 눈으로 직접 봐야 하는 상황은 아니었지만, 사실상 많은 수의 감염인이 게이 정체성을 가지고 있거든요. 이분들이 우리 공동체의 일원이기 때문에 LGBT 운동에서 중요한 축이 되어야 해요. 또 하나는, AIDS가 성 소수자 운동을 끊임없이 위축하는 공격의 도구가 되고 있는데, 이에 대한 대응은 AIDS 운동의 과제이자 자연스럽게 LGBT 운동의 과제가 되어야 하는 거죠.

운동을 하다 보면 엄청 화가 나거나 슬픈 일을 겪는 수가 있죠. 예를 들어 안 죽어도 됐을 HIV 감염인 게이가 죽었을 때, 이런 일을 겪고 매해 장례식을 치르고 나면 뇌에 확실히 데미지가 가더라고요. 호림 씨도 이런 일을 많이 겪었을 텐데요.

활동한 지 얼마 안 됐기 때문에 그런 경험을 직접적으로 한 적은 없어요. 전해 듣는 이야기는 있죠. 위기에 처한 사람을 만나는 일은 주로 저보다 오래 일을 한 활동가의 역할이기 때문에 개인적으로 큰 감정의 부담을 느낄 만한 일이 많이 없었습니다.

스트레스 관리는 어떻게 하나요?

그냥 잊어야 할 때는 잊어요. 제가 모든 일을 할 수 있는 것도 아니고, 그래왔었던 것도 아니니까요. 저의 역할이 있고 그 안에서 최선을 다하지만, 이게 제 삶에 혹은 제 감정에 너무 큰 어려움을 준다면 그걸 다 감당할 필요는 없어요. '여기까지는 내 역할이다'라는 선 긋기를 잘하는 편이어서 아주 화나는 일이나 슬픈 일이 있어도, 저를 흔든다는 느낌을 받아본 적은 없어요.

모드 전환이 잘되는 뇌를 갖고 있는 분들이 오래 활동을 하더라고요.

저는 집에 오면 주부가 되어야 합니다.

아이러니컬한 이야기지만, 한국의 HIV/AIDS 운동은 감염인의 수가 너무 적기 때문에 잘 전개되지 않습니다. 일단 운동 조직에 자금이 적고, 또 AIDS 관련 신약 도입도 시장이 작아서 돈이 안 되니까 제약 회사에서 전향적인 결단을 내리지 못하죠. 그래도 수익보다는 권익을 생각하는 제약 회사가 있어 다행인 상황입니다. 미국은 게이와 AIDS 단체에 돈이 엄청 많잖아요. '우리는 이걸 어떻게 돌파해야 되는가?' 이런 생각이 들 때가 있어요. 한국의 HIV/AIDS 운동이 당면한 문제 중 어떤 게 제1의 전선인가요?

S 요양 병원에서 벌어진 문제처럼, '장기적으로 요양이 필요한 AIDS 환자를 어떻게 돌볼 것인가?'입니다. 그것 외에도 과제는 정말 많죠.

제가 피부로 느끼기에 한 가지 갑갑한 지점은 아직도 국내 주요 대학 병원의 많은 감염내과 의사가 감염 조기에 복합 항바이러스 치료를 실시하지 않는다는 겁니다. 서구에서는 방침이 바뀌어서 HIV 감염 사실이 확인되면 지켜보지 않고 조기에 복합 항바이러스 처방을 하고 공격적으로 관리에 들어가죠. 이게 장기적인 건강관리에도 도움이 되지만, 커뮤니티 전체로 봤을 때도 매우 중요한 전략이잖아요. 한국은 감염인 수도 적고 게이 공동체도 큰 편이 아니니까 HIV 정기 검진율을 높여서 스크리닝 효율을 확보하고, 감염인들에게 HAART를 실시하면 신규 감염자 발생률이 뚝 떨어질 게 거의 확실한데, 이게 안 되고 있습니다.

최근엔 가이드라인이 조기 투약을 하는 것으로 바뀌었다고 알고 있어요. CD4 양성 수치가 얼마일 때부터 시작한다는 게 있었는데, 그 기준 수치가 바뀌었어요. 그리고 자발적 검진은 아주 중요하죠.

어떻게 하면 한국 게이들을 자발적 검진으로 끌어낼 수 있을까요? 정기적으로 HIV 검사를 받는 게이의 숫자가 여전히 적습니다.

HIV/AIDS 인권 운동, LGBT 인권 운동의 과제입니다. 그 사실을 직면하는 일이 두려울 수 있잖아요. 그래서 이 질병에 대한 낙인을 줄이는 작업이 많이 필요해요. 요양병원 이슈뿐 아니라 노동권 이슈도 정말 중요합니다. 죽는 병이 아니기 때문에 감염 사실을 확인한 이후에도 계속 일하면서 살아가야 하니까요. 이 질병에 대한 사회적 낙인을 줄이는 활동이 커뮤니티 내에서 더 많이 이뤄져야 하고, 자발적으로 검진할 수 있는 환경을 만들어가는 것이 아주 중요합니다.

'AIDS 검진의 날' 같은 행사 때 미남을 전지 배치하는 것이 좋지 않을까 싶어요. 한국 게이 공동체는 작고 지역도 종로와 이태원으로 국한되어 있으니까 한국 사회의 집단주의 특징을 살리는 거죠. 트위터나 게이스북에서 나시티를 입은 오빠가 가슴에 'AIDS'를 박고 애들한테 "오빠가 손잡고 가줄게" 이렇게 문자 보내는 거죠. 잭드나 그라인더에서도 "애들아 놀러 나와, 오빠가 어깨 주물러줄게" 이렇게 공격적으로 메시지를 보내고요. 이런 식의 노골적인 노력이 필요합니다.

아이샵에서 '콘돔 파티'라는 걸 퀴어문화축제 기간에도 하고 있고 여러 검진 행사를 진행하는데, 저는 이런 행사에 대해서는 솔직히 모르겠어요. 만약에 놀러 나왔다가 확진 판정을 받으면, 검진 후 상담이 제대로 이뤄질 수 있을까 싶은 거죠. 아이샵에서도 노력하고 계시지만, 검진 전과 후에 상담이 잘 이뤄져야 해요. 보건소 같은 곳에서도 검진과 상담이 잘 이루어지는 환경을 만들어야 합니다.

저는 보건소보다는 병원에 가라고 권합니다. 이미 몸에 이상을 느껴서 검진을 가려는 어린 게이 친구를 꽤 많이 봤어요. 그럴 땐 그냥 큰 대학 병원, 공신력 있는 감염내과 선생님을 소개합니다. 거기에 상담 선생님들이 다 있으니까요. 한국의 HIV/AIDS 이슈는 아직도 산 넘어 산이에요.

그래도 요즘은 감염인 공동체가 연합 조직을 만들어 활동하고 있고, 신규 감염인 워크숍이나 편안하게 즐기는 요가 교실을 여는 등 소소하게 노력하고 있다는 점에서 긍정적입니다. 갈 길은 멀지만 아태에이즈국제학술대회 사건 이후에 상황이 조금씩 변하고 있어요.

2012년도에 아름다운재단에서 지원을 받아, 동성애자인권연대 HIV/AIDS 인권팀에서 40~60대 남성 동성애자 HIV/AIDS 감염인 생애사 연구를 진행했습니다.

앞서 말씀드린 프로젝트 중 일부였어요. 뭔가를 발견하자는 의도보다는 이분들의 삶을 아카이빙하자는 목적이 더 컸어요. 감염인들을 만나 살아온 얘기를 듣는 게 아주 즐거웠어요. 이 재미있는 얘기를 다른 사람도 간접적으로라도 들을 수 있었으면 좋겠다는 생각으로 제안해서 진행한 연구에요. 태어났을 때부터 지금까지 어떻게 살아왔는지, 언제 어떻게 자신을 정체화했고, 또 언제 데뷔를 했는지, 감염 이후 삶의 경로는 어땠는지, 그리고 지금 감염인 조직에서 활동하는 분들은 왜 이런 활동까지 하게 됐는지…. 이런 것을 기록하는 작업을 했습니다.

연구를 진행할 때 어려운 점은 없었나요?

큰 어려움은 없었어요. 처음엔 연구 참여자를 섭외하는 일이 어려울 수도 있겠다 싶었는데, 아태에이즈국제학술대회 사건 이후에 감염인들과 HIV/AIDS 운동을 하는 활동가들이 많이 친해졌고, 또 같이 일을 할 수 있는 환경이 조성됐어요. 그래서 주변에 있는 분부터 조사를 하고, 그다음에는 그분들이 소개해주는 분들을 만났죠.

이외에 진행한 연구를 간단하게 소개해 주시겠어요?

2013년에 생긴 서울대학교 인권센터의 지원을 받아 10~20대의 트랜스젠더와 젠더 퀴어 친구들의 생애를 연구했습니다. 인권센터에서 프로젝트를 공모한다는 포스터를 보고 지원금을 활용해보자는 생각에서 출발했죠. 그런데 저는 서울대 학부를 나오지 않았기 때문에 서울대를 나온 동성애자인권연대의 모리, 대학성소수자모임연대(QUV)의 메코라는 친구에게 프로젝트를 제안했고, 이 친구들이 다시 주변에 있는 사람들을 모아 팀을 꾸린 거죠.

어린 트랜스젠더의 인권 문제를 다루다 보면 매번 벽에 부딪히는 이슈가 '트랜지션이 미성년기에 이뤄져야 하는가, 말아야 하는가' 이 부분이죠. 미국에서도 논란이더라고요.

이 주제를 택한 게, 그나마 적은 한국의 성 소수자 연구에서도 이 부분이 없었기 때문이에요. 청소년기가 성 소수자에게 매우 중요하다고 얘기를 하지만, 그동안 청소년 연구가 대부분 동성애자 청소년 위주로 이뤄졌거든요. 연구를 하면서 남성에서 여성으로 성을 전환한 트랜스젠더들이 군대 문제 때문에 너무 급하게 트랜지션 속도를 높인다는 걸 알게 됐어요. 트랜스젠더가 군 면제를 받으려면 정신과 진단이 중요한 게 아니라 고환 결손을 요구해요. "이걸 해와라" 하고 관행적으로 요구하는 거예요. 그래서 군 면제를 받으려고 서둘러 수술을 하게 되는데, 이건 아닙니다. 본인이 할 준비가 되었을 때 차근차근 단계를 밟아서 해야죠. 그런 잘못된 관행 때문에 선택을 하는 게 문제입니다.

한국은 트랜지션이나 성전환에 대해서 의학적인 데이터가 없습니다. '호르몬 테라피가 어떻게 이뤄지는가?', '트랜지션이 어떠한 단계로 이뤄지는 것이 한국인의 몸에 가장 적당한가?' 등에 대한 기본적인 상식선도 없어요. 트랜지션을 받다 안 받다 하는 분도 매우 많고, 아예 성전환 수술을 받고 호르몬 테라피를 안 받는 분도 있고요. 개인의 건강에 큰 충격을 가할 수 있는 문제인데도요.

이런 부분에 대해서는 트랜지션이나 법적 성별 정정 관련 정보를 모은 사이트 '트랜스로드맵'도 있고, 지금 한국 성적소수자 문화인권센터에서도 트랜스젠더 관련 이슈를 3개년 프로젝트로 진행하고 있어요. 언급하신 부분은 의학계에서 해야 할 일이지, 활동가가 할 일은 아니에요. 의학계의 전문가 집단에서 그 필요성을 인식하고 해나가야 할 일입니다.

석사 논문이 「소수자 스트레스가 한국 성 소수자의 정신건강에 미치는 영향: 소수자 스트레스 과정 모형 검증」입니다. 어떤 연구 가설로, 어떤 계량화 방법을 이용해서, 무엇을 발견한 연구인지 이야기해 주세요.

스트레스라는 개념이 아주 일상적이죠. '소수자 스트레스'라는 건 일상생활의 스트레스가 아니라 이 사람이 사회에서 위치하는 사회적 지위 자체가 스트레스 요인이 된다는 이론이에요. 제 연구는 소수자 스트레스가 사회적 낙인의 인식, 혹은 사회적 인식의 내재화, 사회적 낙인으로 인한 반(反)동성애 폭력의 경험, 이런 것들로부터 비롯해 사람의 정신 건강에 부정적인 영향을 줄 수 있는데, 이 부정적인 영향을 어떤 요인이 완화할 수 있을지에 초점을 맞췄어요. 사회적 지지, 자아 존중감, 주변 사람에게 자신의 성적 지향을 이야기했을 때의 반응 등의 요인이 스트레스를 얼마나 완화할 수 있는가를 보려고 했죠. 일반적 스트레스에 관한 많은 연구에서 사회적 지지나 자아 존중감이 정신 건강 조절 효과를 낸다고 밝혀졌는데, 제 연구에선 이 요인이 성 소수자가 느끼는 스트레스와 정신 건강에 미치는 영향을 조절하지 않는다는 재미있는 결론이 나왔어요. '성적 지향을 주변 사람이 어떻게 받아들이느냐'가 내재화한 동성애 혐오가 정신 건강에 미쳤던 부정적인 영향을 완화한다고요. 결국 사람들의 사회적 지지보다 성적 지향을 고려한 정서적 지지가 더 중요하다는 거죠. 성 소수자 연구에는 이런 계량적인 연구가 많이 축적되어 있지 않아서 제 연구 결과를 일반화할 순 없어요. 더 많은 연구가 필요하죠. 그런데 누군가의 정체성을 모르는 상태에서 혹은 고려하지 않은 상태에서 어떤 사회적 지지를 하더라도 이 성적 지향 때문에 생기는 스트레스가 완화되기 어려울 수 있다는 이야기는 할 수 있어요. 중요한 건 주변 사람이 성적 지향과 관련해서 그 사람을 긍정하고 온전히 수용해야 한다는 겁니다.

주변에서 저 사람이 게이고 레즈비언이고 트랜스젠더라는 사실을 긍정적으로 받아들여주는, 직접적인 면대면의 사회적 수용이 가장 중요하다는 말씀이지요? 약간 한국적인 특성일 것 같다는 느낌도 들어요.

그럴 수도 있고, 제가 연구한 그 대상의 특성일 수도 있고요.

서구의 게이 레즈비언들은 추상적 개념의 영향을 많이 받아요. 면대면의 상황에서 받아들여지지 않고 또 내쳐진 경우라고 해도, 자기 정체성의 시각적 재현이나 재구성이 이뤄졌을 경우에 정신적 스트레스에서 벗어나서 행복한 삶의 안정화 단계에 간 경우를 예술 동네에서는 여러 차례 볼 수 있거든요.

제 연구의 변수로 커뮤니티 차원의 지지나 다른 것들은 고려하지 않았어요. 그게 하나의 연구에서 다 고려할 수 있는 건 아니잖아요. 그래서 그런 연구를 해보면 좋을 것 같아요. 성소수자 단체 혹은 모임에 참여하는 빈도가 높을수록 자신을 긍정하는 성향이 더 높은지 아닌지 하는 것이요. 커뮤니티 차원의 자원이라고 해야 할까요? 그런 것과 얼마나 가까운지의 여부가 정신 건강에 어떤 영향을 미칠까…, 연구할 건 무궁무진합니다.

갑자기 새로운 아이디어가 떠오르네요. 자기 정체성을 추상화해서 사고하느냐, 못 하느냐의 가장 큰 지표 가운데 하나가 성적 지향과 성 정체성을 구별해서 정확하게 인지하고 있느냐잖아요. 게이와 레즈비언도 그걸 잘 이해하지 못하는 경우가 많은데, 여기에 따라 자기 정체성 긍정 지표가 유의미한 차이를 보이는지 한번 조사해보고 싶긴 하네요.

해외에는 그런 변수를 쓴 연구도 있습니다. 정체성의 통합 수준이 정신 건강에 어떤 영향을 미치는지에 관한 연구도 있고요.

석사 논문을 마무리하는 단계에서 시청 로비 점거 투쟁이 벌어졌는데 계속 현장에 있었어요. 학업에 지장은 없던가요?

저는 무슨 일이 벌어졌을 때 현장에 없으면 그게 너무 큰 스트레스거든요. 다행히 논문을 마무리하고 심사 일정이 잡히고 나서 한 2주 정도의 시간이 있었어요. 그 시간 동안 벌어진 일이라서 참 다행스러웠습니다.

정말 드라마틱하게 모든 게 탁탁 맞아떨어지는 희한한 인생을 보내고 있군요.

발을 점점 깊게 담그는 일들이 벌어지고 있네요.

심화 학습 단계가 사회로부터 제공되는 삶 같아요. 서울시민 인권헌장을 둘러싸고 대체 어떤 문제가 있었던 건지 자초지종을 설명해주세요.

'서울시민 인권헌장'을 만든다는 건 박원순 시장의 선거 공약이었어요. 2014년 초부터 제정위원회가 꾸려져서 전문위원과 시민위원이 시민 인권헌장을 만들기 위해 일련의 과정을 거쳐왔어요. 제정위원회가 여러 번의 회의를 통해 내용을 구성하고, 위원회가 제정을 하고, 12월 10일 세계인권선언 기념일에 선포할 계획이었죠. 그런데 시민위원회가 꾸려질 때부터 보수 기독교 세력을 중심으로 한 반동성애 세력들이 많이 신청했다는 얘기를 들었어요. 성 소수자 단체들에서도 이걸 커뮤니티에 많이 알리고, 시민위원회에 많은 사람이 참여했으면 좋겠다는 이야기가 나왔고요. 11월에 있었던 내용 확정 단계의 공청회에서 성 소수자 운동에 반대하는 단체분들이 공청회장에 난입해서 공청회를 무산시키는 일이 있었어요. 이런 식으로 성적 지향과 성 정체성에 기반을 둔 차별을 금지하는 조항이 이 헌장에 들어갈 것인가, 말 것인가에 대해서 끊임없이 왔다 갔다 하는 과정이 있었습니다. 최종적으로 11월 28일 금요일에 포괄 조항이 아니라 모든 차별금지 사유가 포함된 인권헌장이 통과가 됐죠. 그런데 주말에 서울시 혁신기획관이 급작스럽게 기자회견을 열어서 "무산이다, 사회적 합의가 덜 됐다"라고 발표를 했습니다.

이게 정말 이해가 가지 않았어요. 시민 합의에 의해 합리적이고 합법적인 과정으로 통과되고 제정이 됐는데, 어떻게 서울시 차원에서 나서서 "이건 사실상 진짜 시민적 합의가 아니다"라고 갑자기 엎을 수가 있는 건지.

공무원들은 성적 지향과 성 정체성이 이 헌장에 들어가는 게 예민한 문제라고 생각하고 있었던 것 같아요.

타 지자체에서는 성적 지향 항목과 성 정체성 항목을 명시한 인권헌장이 통과한 전례가 있잖아요.

맞아요. 충청북도 같은 경우도 있었죠.

왜 서울시 공무원들은 유달리 이 문제에 대해 이렇게 과민하게 반동성애자 단체들의 목소리를 신경 쓰게 된 걸까요?

성 소수자 운동이 서울 중심인 것과 같은 이치입니다.

반동성애자 운동도 서울이 메카다, 이 말인가요?

그렇죠. 저는 그게 이유였던 것 같아요. 박원순 시장이 야권의 중요한 대선주자 가운데 한 명이었기 때문에 정치적인 계산을 너무나도 심하게 한 거죠. 11월 28일에 제정을 위한 마지막 회의에서 결국 헌장을 "모든 시민은 차별을 받지 말아야 한다"로 갈 것인지, 차별 금지 사유를 하나하나 명시할 것인지를 두고 표결하는 상황이 됐었어요. 그 현장에서 공무원들이 그 제정위원회의 의사 결정을 방해하는, 참으로 기막힌 상황이 벌어지기도 했죠.

다들 마음에는 이미 대선이 들어앉아 있었던 거죠.

제정위원회에서 어련히 포괄 조항으로 통과시킬 것이라는 이상한 생각을 하고 있었던 것 같아요.

시민단체에서도 박원순 시장이 대통령이 되길 바랄 테니 알아서 양보하겠지, 이런 식이었던 거군요.

그런 생각을 하지 않았다면 벌어지지 않았을 일들이 생기게 된 거죠.

박원순 시장의 대권을 향한 욕심 때문에 잘못된 판단이 내려졌고, 이 문제에 대해 항의하기 위해 아주 시의적절하게 성소수자차별반대 무지개행동 및 무지개농성단이 조직돼 점거 농성에 나서게 됐습니다. 점거 농성을 결정하기까지 어느 정도의 회의 기간이 있었나요?

주말에 서울시의 기자 브리핑이 있었고, 월요일부터 금요일까지 매일 회의가 있었어요. 공식적인 회의도 매일 있었고, 일부 활동가들끼리 어떻게 대응할 것인가에 대한 회의도 있었고요. 그런데 점거 농성까지 가게 된 이유가 이 헌장 때문만은 아니었어요. 사실 헌장이 법적 구속력이 있는 것도 아니고요. 어쨌든 항의를 할 상황이고 이 항의의 방식을 어떻게 취하면 좋을까, 회의를 끊임없이 하고 있던 차에, 『기독신문』에 박원순 시장이 기독교 단체의 행사에 참여해 자신은 "동성애를 지지하지 않는다, 인권헌장 때문에 벌어진 사태를 사과한다"는 발언을 했다는 보도가 나온 거예요. 그게 수요일이나 목요일 정도였던 것 같아요. 2011년에 학생인권조례를 통과시키기 위해 점거 농성을 했던 경험이 있기 때문에 11월 28일 제정을 위한 회의 전에도 "이게 통과가 안 되면 점거를 하자"는 사람들이 있었거든요. 주말에 서울시의 인권헌장이 무산되었다는 기자 브리핑 이야기가 나왔을 때에도 초반 회의에서는 "점거까지는 아니지 않냐"는 말들이 있었습니다. 그래서 인권헌장 때문에 점거를 한 건 아니라고 봐요. 성 소수자들의 분노를 촉발한 건, 어떻게 지방자치단체장이 한 종교 단체의 행사에 가서 "동성애를 지지하지 않는다"는 발언을 할 수 있느냐는 것이었어요. 심지어 서울시 대변인이 언론과의 인터뷰에서 이런 발언을 한 사실을 확인시켜줬고, 그 과정에서 우리가 이렇게 있으면 안 된다는 생가을 하게 된 거죠. 성 소수자 단체들의 마지막 회의가 금요일 밤 9시에 있었는데, 이날 스물세 명 정도가 모였고, 거의 대부분이 찬성이었어요. 마지막까지 반대 입장을 표명한 단체도 있었지만 거의 대부분 찬성하는 상태에서 점거 농성을 하자는 결정이 난 거죠.

공직자 선거의 입후보자와 당선자는 종교 단체를 예방하는 것을 법으로 금지해야 하는 것이 아닌가 싶어요. 표를 구걸하기 위해 공직자 입후보자가 종교 단체를 예방할 때마다 쓸데없는 말이나 약속을 하니까 한국 사회의 보수화가 점점 더 가속화되는 것이 아닌가 하는 의심을 지울 수가 없거든요.

필요할 것 같아요.

12월 11일에 농성단이 '인권 승리 문화제'로 농성을 마무리하기까지, 정말 하루하루가 감동의 나날이었습니다. 농성단이 시청 로비를 점거하고, 매일같이 여러 가지 강연과 행사를 이어 나가며 응집력을 발휘하는 가운데 한국 시민사회의 여러 가지 힘이 하나로 결집하는 전례 없는 새로운 양상이 펼쳐졌습니다. 그리고 예전의 운동권 게이들만 뭉치는 게 아니라 새로운 게이 대중의 탄생이라 할 수 있을 정도로 많은 레즈비언과 뚱베어 여러분이 농성장에 나타났어요. 심지어 명예 게이인 후죠시 여러분이 본인이 가장 아끼는 캐릭터의 이름으로 후원금을 보내면서, 정말 아름다운 무지개 연합이 이루어졌습니다. 기적 같은 일이죠.

정말 상상도 못 했던 일입니다. 2011년에 학생인권조례 때문에 점거 농성을 해본 경험이 있었기 때문에 우리가 점거 농성을 한다고 해도 고립되는 모습은 아닐 거란 생각은 했어요. 그런데 금방 끌려나올 수 있겠다 싶었어요. 주말은 어떻게든 버티겠는데, 월요일엔 공무원들이 출근을 하니까요.

맞아요, 저도 그때 불안했어요.

다행히 그런 일은 일어나지 않았죠. 연대 활동을 많이 했었던 활동가분들은 시민사회나 다른 인권 진영의 연대에 대해 강한 확신을 갖고 있었어요. 우리가 그동안 많은 곳에서 많은 이슈에 끊임없이 연대하고 지지했던 경험이 있기 때문에.

일종의 결혼식 부조 같은 거죠.

네, 우리가 판을 벌렸을 때 그분들이 분명히 좋은 마음으로 함께해줄 것이란 확신이 있었습니다. 실제로 옆에서 고공농성을 하고 계신 C&M 노동자분들도 저희에게 큰 지지를 보내주셨고, 장애인차별철폐연대에서는 침낭을, 세월호 유가족분들은 담요를 보내주셨어요. 또 쌍용자동차 노동자분들이 현장을 방문해줬고요. 그분들의 현장에 성 소수자 활동가들이 있었기 때문에 가능했었던 일들이 아닐까 싶어요. 그리고 가장 놀라웠던 건 커뮤니티의 엄청난 반응이었어요.

전례 없는 지지와 응원이 있었습니다. 현장에 나오지 못하는 분들도 SNS에서 계속해서 지지 발언을 해줬고, 또 수백 명이 짧은 기간 동안 많은 후원금을 보내주셔서 아주 큰 힘이 됐습니다. 입금자명으로 여러 가지 지지 표명을 해주는 분들도 많았습니다. 박원순으로 일곱 명, 오세훈으로 두 명. 여기엔 논쟁의 포인트가 있습니다. 이게 전 서울시장 오세훈이냐, 아니면 엑소의 오세훈을 의미하냐….

그 오세훈 중 한 명이 제 애인의 직장 동료에요. 다른 한 명은 모르겠지만 이 오세훈 한 명은 전직 시장이 확실합니다. 그분이 본인의 이름이 아니라 전직 시장의 이름으로 보내준 거죠.

그럼 연예인 이름 입금자 1등은 도경수가 맞네요.

그 외에도 정말 재미있는 입금자명이 많았어요.

이번 행사는 항의 농성이라기보다 일종의 축제처럼 벌어졌다는 게 특징이에요. 노동계, 진보 정당계의 지지가 이뤄진 것도 상징적으로 아름다웠지만, 매일 농성장에서 전개되는 다채로운 행사가 인터넷으로 스트리밍 서비스되고, 또 이 사건이 시시각각 영어로 번역돼 해외에 알려지면서 해외 외신과 게이 언론 매체에 소상히 보도가 되었습니다. 맨 마지막에 마무리하고 "이렇게 마무리됐고 여러분이 도와줘서 승리할 수 있었다"라는 감사 편지까지 해외 언론에 실린 걸 보고, 우리가 예전과는 다른 단계에 왔구나 하는 감동을 느낄 수 있었어요.

운동 역량이 정말 성장했단 걸 느꼈어요. 저도 SNS 팀과 국제연대 팀에서 활동을 했지만, SNS에서는 끊임없이 소식을 알리고, 미디어 팀에서는 계속 그 자리에서 영상을 만들고, 국제연대 팀에서는 이 이야기를 어떻게 해외에 잘 전달할 것인가를 끊임없이 고민하는 과정이, 농성 첫날부터 5~6명씩 자발적으로 팀이 꾸려져서 할 수 있었다는 게 놀라웠어요. "이런 팀을 만들자" 이렇게 계획한 게 아니거든요. 성 소수자 운동판에 풀타임으로 일하는 상근자 수가 정말 적잖아요. 그런데 이렇게 많은 사람이 이걸 자발적으로 만들어갔다는 게 같이 하면서도 정말 신기했습니다.

새로운 세대의 운동가 여러분이 과거 세대와는 다른 방식으로 서로 협력하면서 일하고, 이것이 예전에는 볼 수 없는 종류의 시너지 효과를 발휘했습니다. 현장에서 투쟁하면서 느낀 감동이나 밖에서는 볼 수 없었던 특별한 사항은 어떤 게 있었나요?

처음에 농성을 결의한 30~40명 정도의 사람이 시청에 들어갔을 때, 그때 우리는 이런 모습을 전혀 상상할 수 없었어요. 마지막 날 웃으면서 함께 사진을 찍고 걸어 나올 수 있을 거라는 생각을 못 했죠. 하나하나가 너무 신기했어요. 정말 우리가 이렇게나 많이 성장했구나 싶었죠. 개인적으로 정말 다행이었던 건, 2011년에 학생인권조례 때문에 점거 농성을 했을 때도 그 자리에 있었지만, 그때는 제가 한 사람 몫을 할 수 있는 사람은 아니었던 것 같아요. 그런데 시간이 지났고, 지금은 함께 일을 할 수 있는 사람이 됐다는 게 정말 좋았습니다. 그런 새로운 경험이 확장되는 것, 그래서 더 많은 사람이 함께 일을 하면서 우리 운동 전체의 역량이 성장할 수 있을 거라는 점이 정말 기뻐요.

맨 처음에 들어갈 때 얼굴 표정하고 맨 마지막 날 결산 문화제를 열 때 얼굴 표정이 확 달라요.

정말 다르죠.

"당신의 인권이 여기 있다"라는 소형 무지개 배너를 손에 들고 기념 촬영을 하는 모습에서는 얼굴에 자신감이 느껴집니다. 과거 한국 LGBT 운동에서는 볼 수 없던 표정이에요. 정말 감동스러운 순간이었습니다. 제가 이번 농성을 처음부터 끝까지 복기를 했어요. 사진자료도 모으고. 그러면서 깨달은 게 있는데요. 좀 엉뚱한 얘기로 들릴 수 있겠지만, 이 서울시 신청사 로비가 농성을 하기에 너무나 좋은 구조라는 거죠.

바닥도 온돌이에요.

네, 내부에 포켓 공간이 있고, 로비에 들어서서 보면 등 뒤로 파도치는 유리 커튼 월이 있고, 앞으로는 파도처럼 거대한 벽이 있는데, 거기가 그린 월이기 때문에 거인처럼 우뚝 서서 위압감을 주지만 또 완전히 갑갑한 건 아니에요. 사람들이 서울시의 권력을 향해 저항해서 맞서기에 좋은 공간입니다. 이런 공간적인 특징, 포켓 공간이 사람들을 결집시키는 힘이 있는 거죠. 자연광은 충분히 들어오고, 앞쪽에 배너를 걸어서 분위기를 내기도 참 좋고요. 이번 점거 투쟁을 가장 흥미롭게 지켜봤을 또 한 사람이 서울시 신청사를 디자인한 건축가 유걸 선생님일 겁니다. 이분의 특기가, 자기의 건축 공간 안에 거대한 공간을 시민들이 자유롭게 전용하는 유토피아로 제시하는 거예요. 그래서 아마 보통의 건물 로비였다면 이렇게까지 드라마틱한 효과는 나지 않았을 겁니다. 외부를 내부로 끌어들이려는 건축 구조가 새로운 종류의 점거 농성을 가능케 했던 거죠. 이건 건축가 본인도 그렇고 어느 누구도 상상하지 못했을 텐데, 우리 LGBT 여러분이 투쟁의 명소를 발굴해냈다고 볼 수 있습니다.

점거를 어디에서 할까도 큰 이슈였어요. 신청사에서 할 거냐, 구청사 옥상에 가서 고공 농성을 할 거냐, 쇠사슬로 몇 명만 몸을 묶어놓자 등 별별 아이디어가 다 있었죠. 신청사 로비가 너무 거대하기 때문에 여기에 몇몇 사람이 들어가서 점거했을 때 우리가 너무 작아 보이고, 위축될 수도 있겠다는 생각도 했었죠. 그런데 매일매일 사람들이 찾아오고, 피켓을 매달고, 문화제를 할 때는 정말 많은 사람이 모일 수 있는 공간이 된 거잖아요. 우연의 연속이었지만, 이 공간을 선택한 게 너무나 잘한 일이라는 이야기를 했었어요.

에스컬레이터 옆에 공공 미술로 풍선 같은 게 있는데, 그 옆에 '성 소수자에게 인권은 목숨이다!'라고 적힌 무지개 플래카드를 다니까 그 공공 미술도 우리를 기념하는 것처럼 보일 정도였죠. 하필이면 또 거기가 밤이 되면 무지갯빛이 들어옵니다.

첫날 "11시에 네 명이 올라가서 플래카드를 내리자"라고 했는데, 신청사에 가본 분들은 알겠지만 1층 로비는 자유롭게 들어갈 수 있어도 2층에 올라가려면 자동문이 있잖아요. 딱 들어갔을 때 저희는 앞에서 막힐 줄 알았어요. 그런데 아무도 우리가 여기 들어올 것이라 생각을 못 했던 거죠. 플래카드를 걸 네 분은 에스컬레이터를 타고 유유히 2층으로 올라갔어요. 제가 뒷문으로 들어가서 봤을 때 경찰을 비롯해서 아무도 우리를 보지 않더라고요. 그렇게 그 배너가 내려졌고, 미술 작품 같은 길이 남을 한 장면이 만들어졌습니다.

참여자가 일일이 손으로 만든 항의 문구들, 대자보, 이게 무지개처럼 쫙 붙은 모습도 여러 사람에게 영감을 던져줬습니다. 미국에서 유명했던 '에이즈 메모리얼 퀼트(AIDS Memorial Quilt)' 운동도 시작이 비슷했더라고요. 하비 밀크의 후계자 운동가들이 데모를 하려고 다들 피켓을 만들고, 시청사까지 행진을 했대요. 그런데 도착하니까 아무것도 할 게 없잖아요. 그래서 여태까지 들고 온 피켓들을 대자보처럼 벽에 붙인 거예요. 그때 처음 깨달은 게 이게 패치워크 같구나 싶어서 'AIDS 메모리얼 퀼트'를 시작해보자고 생각했대요. 우리가 이번에 비슷한 일을 해낸 거죠.

그렇죠. 그리고 『미디어스』에서 그 피켓들 사진만 모아서 기사로 내줬는데, 지금 그 말씀을 들으니까 그 기사 사진 자체가 'AIDS 메모리얼 퀼트'와 아주 비슷한 모습이네요.

한국의 LGBT 인권 운동도 서구 인권 운동이 스톤월 항쟁 때 통과했던 어떤 지점, 주류 사회에 "우리 불쌍하니까 좀 봐주세요" 이렇게 구걸해야 했던 단계를 확 넘어섰고, 이제부터가 진짜 본격적인 시작이라는 느낌이 확실하게 듭니다. 그런데 이게 진정한 승리가 아니라고 비판하는 분들이 좀 있습니다.

저는 찜찜한 승리가 아닐까라는 생각은 해요.

과제가 남은 승리죠.

처음 농성을 시작할 때는 분노와 절박함이 있었어요. 너무 화났고, 더 이상 밀리면 안 된다는 절박함이 있었는데, 이 투쟁으로 "우리는 할 수 있다"라는 자신감을 얻었어요. 박원순 시장이 사과를 하고, 헌장이 선포되고, 모든 것이 완벽하게 이루어졌다면 자축으로만 끝났을 수 있지만, 이 마음에 남아 있는 찜찜함 때문에, 이걸 풀어야 하기 때문에 더 열심히 뭔가를 할 수 있지 않을까라는 게 저의 생각입니다.

저는 12월 10일이 한국 성 소수자 인권 승리의 첫 걸음을 기념하는 명절이 됐다고 생각합니다. 매해 연말에 뭉쳐서 이 승리를 기념하고, 한 발짝 더 앞으로 나가기 위해서 계속 결집할 수 있는 하나의 기점이 생긴 거죠. 맨 마지막 단계에서 박원순 시장이 사과하고, 밤에 종료한 뒤에 회의에 들어간다고 했을 때 농성 지속파의 의견이 우세하면 어쩌나 하는 걱정도 조금 했었습니다.

그날은 하루 종일 너무나 급박하게 상황이 돌아갔죠. 현장에서 그 사과를 받아들일 수 없다는 의견도 많았고요. 그 순간에 결론을 낼 수 있는 상황이 아니었어요. 기획단에서 이걸 어떻게 할 거냐에 관해서만 새벽 4시까지 회의를 했어요. 저는 항상 긍정적으로 생각하는 버릇이 있어서 그런 건지는 몰라도, 12월 11일 낮에 기자회견을 하고, 밤에 문화제로 마무리를 하는 게 정말 좋은 모습이었다고 생각해요. 단지 그 순간에 박원순 시장의 사과만을 받고 여기에서 결론을 내는 게 아니라, 우리가 이 농성에 대해 우리의 힘으로 논의하고, 그 결과를 다음 날 농성단과 다 같이 나누고, 우리의 발로 나가는 것을 선언하고, 축하하는 자리를 만들 수 있었잖아요. 사실 시간이 없어서 벌어진 일들이었지만, 결론적으로 정말 아름답게 끝날 수 있었습니다.

마치 신이 돕는 것처럼 모든 퍼즐이 맞아떨어지면서 새로운 시대를 기념하는 주춧돌이 놓인 것 같아요. 2015년 제16회 퀴어문화축제의 제목은 "사랑하라, 저항하라, 퀴어 레볼루션!"이더라고요. 벌써 자신감이 확 느껴집니다. 2014년의 지난 시대는 정리하고, 2015년 새 출발을 하는 움직임이 여러 면에서 느껴집니다. 지난 12월 12일 『한국갤럽 데일리 오피니언』 143호에서 공개한 동성애 관련 조사 결과는 여러 가지 사회 변화의 지표를 보여주고 있어요. 갤럽이 2001년에 미국에서 했던 동성애 질문으로 동일 질문 비교 조사를 했고, 이번에 13년 만의 추적 조사에서 한국 사회의 여론이 동성애를 둘러싸고 어떻게 변화했는가를 제시했어요. 재미있는 것들이 몇 가지 있더라고요. 그걸 좀 설명해주세요.

동성애자의 취업 기회가 일반인과 동일해야 한다는 응답이 85퍼센트였습니다. 동성 결혼 법제화를 반대하시는 분들도 77퍼센트가 취업 차별은 반대했지요. 이 결과도 그렇지만, '퓨 리서치 센터(Pew Research Center)'라는 국제 비교 연구 기관에서 작년에 조사한 바에 따르면, 지난 몇 년간 동성애에 대한 인식이 가장 많이 변화한 나라가 한국이라는 거죠. 일반 대중의 인식이 최근 몇 년 사이에 급속도로 변화했다는 걸 그때도 느꼈지만, 이 연구 결과를 통해서도 다시 확인할 수 있었습니다.

이번 연구 결과에서 또 한 가지 흥미로운 점은, 동성애를 선천적으로 보는 사람과 후천적으로 보는 사람, 이 두 그룹으로 나눠봤을 때 동성애자 이슈에 훨씬 더 전향적이고 개방적인 사람들은 선천설을 믿는 분들이라는 겁니다. 이건 사실이 어떻든 간에 게이 레즈비언 인권 운동 입장에서는 계속해서 '이렇게 타고났다(Born this way)'고 노래하고 주장하고 이야기하는 게 유리하다는 거죠. 성적 지향이 선천적이고 교정 불가능하다는 사실을 더 널리 알리면 더 빨리 동성애자 우호적인 사회가 될 수 있다는 걸 암시하는 여론조사 결과이기 때문입니다. 이건 우리가 앞으로 프로파간다 차원에서 기억해야 될 지점입니다.

저는 어쩌죠?

호림 씨처럼 특수한 케이스는 어쩔 수 없습니다. 양보하셔야죠. 여러 가지 일이 한꺼번에 벌어지면서 연말 한국 사회의 LGBT 이슈가 풍성합니다. 희한하게도 진보 언론으로 알려진 『한겨레』가 동성애자 혐오 광고를 지면에 수용하고, 그걸 또 변호한답시고 "동성애자 반대 의견도 정보입니다"라고 했어요. 여기에 대해서 SNS에서 비난 여론이 상당했는데요. 이거에 대해서 어떻게 생각합니까?

이게 성 소수자를 분노하게 만든 박원순 시장의 발언과 정말 똑같은 거잖아요. 다들 그 소식을 듣고 "아니, 나 농성 짐도 다 안 풀었는데, 한겨레신문사가 공덕 어디라고?" 이런 반응이었어요.

저는 한편으론 '이게 뭐지? 『한겨레』의 박원순 시장 지지 발언인가?' 하는 생각이 들더라고요.

저는 이번 농성을 통해 활동가들만 운동을 하는 게 아니라는 점을 깨달았어요. 자발적으로 박원순 시장에게 멘션을 보낸 사람들이 '트잉여' 박원순 시장이 트위터를 못 하게 만들었고요. 또 서울시에서 농성을 할 때 전기를 끊자 항의 전화를 걸어주신 분들도 있었어요. 이 사건도 활동을 하는 사람들은 활동으로 『한겨레』에 분명히 대응할 거지만, 그런 자발적인 항의 전화도 걸어주고, 『한겨레』 트위터에 맨션도 보내주고, 그 농성으로 모였던 자신감으로 이 문제를 해결해야 할 것 같습니다.

이번에 일반 시민과 운동가의 새로운 결합 방식이 제시됐기 때문에 이걸 계속해서 한국 사회의 전통으로 이끌고 나가야 할 필요도 있습니다. 자, 앞으로 한국의 동성애자 인권 운동에 기대가 큽니다. 마지막으로 미래의 꿈나무 LGBT를 위한 말씀 부탁드립니다.

'잇 겟스 베터 프로젝트(It Gets Better Project)'에서 제가 가장 좋아하는 건 마가렛 조 씨가 나와서 한 말입니다. "우리는 당신이 필요하다. 세상은 당신 없이 돌아가지 않는다. 함께 있어달라. 우리는 당신을 사랑한다." 제가 드리고 싶은 말도 마찬가지에요. 단지 청소년뿐만이 아니라 앞으로 나올 새로운 사람을 기다리기 위해서 운동을 하는 것이고, 그 사람들이 정말 당신이 필요해서 운동을 하는 것이며, 그렇기 때문에, 여러분이 필요합니다.

한국에서 LGBT로 산다는 것:
탈식민적 L/G/(B)/T 주체의 발화와 재현의 정치학, 그리고 새로운 시대의 도래를 생각하며

임근준

1994년 처음으로 가족 외의 사람들에게 커밍아웃했을 때를 회상해본다. (나는 초등학교 시절에 내 성 정체성이 이성애자가 아니라는 점을 인식했고, 중학교에 진학하며 모친에게 "나는 양성애 성향을 지녔지만 사춘기의 성 정체성은 유동적이라고 하니 가만히 지켜봐주면 고맙겠다"고 당부한 일이 있다. 지금 생각해보면 퍽 침착했던 것 같다.) 부상으로 군 복무를 마치고 가까스로 건강을 회복해 대학 학부 과정에 복학할 때, 내 머릿속엔 '게이 문화 운동'의 계획안이 있었다. 1993년 말 종합병원에 장기 입원해 패혈증으로 투병하는 동안, 나는 '건강하게 두 발로 걸어서 퇴원하게 된다면 한국 사회가 외면해온 동성애자의 존재를 가시화함으로써 의제화하는 일을 해내리라'고 작심한 터였다. 한데, 나의 면대면 커밍아웃 경험은 조금 코믹했다. 우스꽝스러운 쪽은 내가 아니라, 사람들의 대체적 반응이 그랬다. 기억에 남아 있는 인상적인 반응들을 정리해보면 다음과 같다: '한국에도 동성애자가 있느냐?', '너 말고 없는 것 아니냐?', '미 제국주의 문화에 찌들더니 이제 아예 돌았구나', '게이임을 밝히는 것은 한국에선 시기상조가 아닐까', '네 외모로 여자로 사는 것은 무리가 아니겠느냐, 포기해라', 'AIDS 걸리면 어떻게 하려고?', '호모인 게 자랑은 아닐 텐데?', '네가 어떻게 게이냐, 농담이 심하다', '운동권 몰락했다고 이제 포스트모던하게 게이 운동이냐', '넌 가짜 호모 같다, 겉멋 부리지 마라', '그럼, 여자 역할이야 남자 역할이야?', '너 갑자기 왜 그래, 무섭게', '정신과에서 치료할 수 없나?'

참으로 다채로운 헛소리들을 웃으며 넘겼다. 한국 사회에서 게이가 제 존재를 드러내고 권리를 주장해본 적이 없었으니, 이해가 가지 않는 바도 아니었다. (물론, 당시에도 동성애와 동성애자의 존재를 자연스럽게 받아들이는 현대적인 사람들은 적지 않았다.) 그런데, 더 놀라운 것은 한국인 성 소수자들의 열악한 자의식이었다. 게이 클럽에서 함께 잘 놀다가도 밖에 나가면 결코 아는 척을 하지 않았고, 길 가다가 마주쳤을 때 인사를 하면 화들짝 놀라면서 도망을 쳤으며, 게이 문화 운동을 하겠다고 하면, "호모질도 창피한데 대체 뭐가 자랑이라고 떠들겠다는 게냐"며 화를 했다. 그런 사람 가운데 내 친구도 몇몇 있었다. "그럼 너는 네가 게이인 게 창피해?"라고 묻자, 친구는 주저하지 않고 답했다. "당연하지. 넌 그럼 남자 좆 빠는 게 안 창피해?" 굉장히 슬픈 대답인데, 푸하하 웃지 않을 도리가 없었다. 자기혐오가 디폴트 값이라니, 어이가 없었지만, 그게 현실이었다.

당시 남성 동성애자 사회에선 '게이'가 트랜스젠더를, '호모'가 남성 동성애자를 지칭하는 용어로 잘못 통용되고 있기도 했다. 사회적 정체성으로서의 LGBT, 즉 레즈비언 / 게이 / 양성애자(바이섹슈얼) / 성전환자(트랜스젠더)와 성적 지향으로서의 이성애 / 동성애 / 양성애 / 무성애에 대한 개념을 이해하고 있는 이는 전무하다시피 했다. (이건 요즘이라고 크게 나아진 것 같지도 않다.) 1994년 말 이러저러한 성 소수자들을 만나 인터뷰하면서 개인 작업을 위한 LGBT 비디오 아카이브를 만들다가, 나는 활동 계획을 수정하게 된다: '작금의 한국에 필요한 것은 게이 문화 운동이 아니라 기초적인 동성애자 인권 운동이로구나.' 그래서 결국 우여곡절 끝에, 1995년 봄 모교에 동성애자 인권 운동 모임을 조직하고, 이어 한국동성애자인권운동협의회를 출범하는 일에 참여한다.

(세상에 널리 알려지지 않은 사실이 하나 있다. 1995년 연세대와 서울대에 조직된 LGBT 학생 동아리는, 애초엔 남성 동성애자 인권 단체인 친구사이의 대학 지부로 구상됐던 터였다. 한데, 친구사이의 기존 회원들이 사회의 역풍 가능성을 이유로 친구사이의 이름을 신규 대학 조직에 붙이는 일을 극구 반대했고, 결국 별도의 조직으로 출발하게 됐던 것. 그리고, 고려대의 LGBT 학생 동아리는, 연세대와 서울대의 친구사이 회원들이 새벽에 캠퍼스에 들어가 포스터를 붙이고 소식지를 배포해 조직했다. 참으로 황당했던 일은, 당시 고려대 학생이라서 연락책을 맡았던 친구사이 회원 아무개는, 나중에 알고 보니, 가짜 대학생이었다는 것. 엉망진창인 상태의 폐쇄적 게이 사회를 바탕으로 인권 운동을 벌이는 일은 결코 쉽지 않았다. 기증받은 소중한 물품과 애써 조성한 기금을 도둑맞는 일도 있었고, 말도 안 되는 헛소문도 꼬리에 꼬리를 물었다.)

1995년 6월 26일 연남동에 위치했던 친구사이의 작은 사무실에서 한국동성애자인권운동협의회의 출범을 알리며 기자회견을 열었을 때, 주요 일간지의 사회부 기자들이 빠짐없이 다 오기는 했지만, 정식 기사로 보도한 매체는 한 곳도 없었다. 아직 한국에서 LGBT의 인권은 그럴 가치가 있는 이슈로 인식되지 않았던 것. (대개 단신으로 '휴지통'이나 '팔면봉' 같은 코너에 일종의 꼴불견 뉴스로 다뤄졌다.) 그뿐만 아니라, 어떤 기자는 취재하러 온 신분을 망각하고 호통을 쳤다. "창피한 줄 알아야지, 어떻게 이런 게 인권이야!"

"어떻게 이런 게 인권이야"라는 꾸지람을 듣는 한국동성애자인권운동협의회였지만, 대사회적 인권 운동을 본격화한 이후, 한국의 LGBT 사회는 거의 즉각적으로 새 국면을 맞았다. 대학 사회 내에서 논란을 일으키며 상당한 주목을 받았고, 또 단신으로라도 언론에 보도되면서, 새로운 LGBT

개인들이 기존의 LGBT 사회에 유입되기 시작했다. 특기할 만한 현상은, 운동권 출신 LGBT 청년들이 인권 단체에 들어와 하나둘 자리 잡았던 것, 그리고 퀴어 스터디즈(Queer Studies)를 학습한 LGBT 교포 청년들이 한국의 경제 성장에 힘입어 장기 서울 체류를 시도하며, 특별한 조력자 노릇을 맡았던 것이었다. 1996년 8월 제2회 '동성애자 여름인권학교'를 성공시켰을 때만 해도, 한국 LGBT 인권 운동의 미래는 밝아 뵀다. 하지만, 1997년 12월의 외환 위기와 함께, 성장세엔 제동이 걸리고 만다. 당시엔 인식하지 못했지만, 한국 LGBT 사회의 성장세도 어느 정도는 김영삼 정권의 "세계화"로 대표되는 전 지구화의 흐름에 힘입었던 것. 이후 국가적 경제 위기를 수습하는 과정에서, 한국 LGBT 사회도, 장기 지속하게 되는 어떤 한계 상황에 봉착하게 된다. (흥미롭게도, 인권 운동 단체의 설립기를 이끈 인물들은 운동권 중에서도 PD 계열의 배경을 지니고 있었는데, 그 바통을 이어받아 고난의 정체기를 버텨낸 이들은 NL 계열의 배경을 지닌 이들이었다. 보면, 다 각자의 역할이 있는 모양.)

이리 구구절절이 초기의 활동상을 적어본 것은, 당시에 드러난/형성된 문제가 여전히 오늘의 우리에게 시사하는 바가 있기 때문이다. 거칠게나마 정리해보면 다음과 같다:

1-1. LGBT의 사회적 현존과 그 욕망의 전모를 한국어로 이야기할 수 있도록 발화의 구조와 레퍼런스를 갖추는 일은 하루아침에 될 일이 아니었다. 서구의 LGBT 개념어를 한국어로 번역해 제시하는 과정에서 문화적 차이는 곳곳에서 걸림돌로 기능했다. 자고로 번역된 개념은 역동적으로 한국 사회의 변화와 조응하는 과정에서 어려움을 겪는 법. 자생적 은어를 적극 차용-재정의해 사용할 필요도 있었다. 하지만, 실제로 제 욕망을 발

화하고 가시화하려 애쓰는 현대적 성 소수자 주체들이 턱없이 부족한 상황에서, 소수 인권 운동가의 인위적 노력만으론 역부족이었다. 대사회적 동성애자 인권 운동의 출범 이후 PC 통신 모임들이 만들어지며 게시판과 채팅 등을 통해 LGBT의 현존과 욕구를 이야기하는 새로운 네트워크가 형성되기도 했지만, 폐쇄성 덕분에 대사회적 가시성을 띠진 못했다. 그런 상황에서 상당한 도움이 됐던 것이, 북미를 중심으로 발흥했던 퀴어 영화였다. 국내에 몇몇 퀴어 영화가 자막을 달고 소개되는 과정에서 관객/시청자들은 서구의 동성애/동성애자가 어떻게 사회적 현존으로서 이야기되고 또 재현되는지 학습할 수 있었다. 하지만 (20)00년대가 되자 퀴어 영화 붐도 끝나버려서, 학습의 기회나 채널은 흐트러지는 모습이었다. 인터넷 보급으로 넷상의 LGBT 활동이 더 큰 자유를 누리게 됐지만, 한국에서 동성애자의 사회적 재현은 여전히 크게 제한돼 있었다. 이러한 위기/한계 상황을 벗어날 수 있게 된 것은 스마트폰과 SNS의 출현 이후의 일. 그라인더, 잭드 등 위치 기반 게이 데이팅 앱이 등장하고, 트위터에서 한국어로 제 목소리를 내는 성소수자들이 나타나고, 페이스북에서 게이다움을 비교적 거리낌 없이 표출하는 새로운 세대의 남성 동성애자들—흥미롭게도 그 주축이 1984년생들이었다—이 나타나면서, 전에 볼 수 없던 양상이 펼쳐지기 시작했다. 이 시대의 K-LGBT들은 이러한 상황을 어떻게 더 잘 활용해야 좋을까?

1-2. 2016년을 앞두며 오픈리 LGBT들의 독립잡지가 나타나고, 커밍아웃한 게이 문학가의 등단도 이어지고 있다. K-LGBT의 문화적 르네상스라도 오려는 것일

까? 다채로운 활동 양상이 펼쳐지니 반갑지만, 사실상 LGBT 차별이 (어떤 상징 차원에서나마) 크게 무력화된, 2014~2015년 이후의 상황에서, 게이 감수성이나 퀴어 미학이 대체 무슨 소용일까 좀 생각해볼 필요도 있다. 뉴밀레니엄을 앞두고 일찌감치 게이 정치학 이후를 논의했던 논자들—대니얼 해리스, 버트 아처, 앨런 진필드 등—을 복기해가며 대책을 궁리해보면 좋을 텐데. 여차하면, 수년 뒤 '귀여운 로컬 문화'로 비춰질 수도 있다.

2-1. (머리말에서도 언급했지만) 서구의 전후 LGBT 운동은 기본적으로 커밍아웃을 전제로 전개돼왔는데, 유교적 사회인 한국에서 커밍아웃이라는 개념은 잘 받아들여지지 않았다. 오늘의 시점에서 보자면, 한국에서 커밍아웃을 기본 전략으로 삼은 서구식 LGBT 운동은 절반쯤 실패했다고도 볼 수 있다. 그런데, 국제적 동성혼 법제화의 파도가 몰아친 2014년 이후, 서구에서도 슬슬 커밍아웃이란 전략은 시효를 다해가는 모습이다. 그렇다면, 앞으로의 LGBT 운동은 어떤 모습이 될 것인가? 사회적 억압에 의해 조형돼온 동성애자라는 의사-종족적 사회 정체성은 장차 서구 사회에서 서서히 약화될 가능성이 큰데, 이는 한국 같은 LGBT 인권 개도국의 상황에 어떤 영향을 미칠 것인가? (1969년 스톤월 항쟁 이후의 북미 LGBT 운동은 흑인민권운동을 벤치마킹했고, 그 방식은 오랜 민주주의 역사를 지닌 세계 각 도시에 급속히 이식됐더랬다. 크게 보면 범기독교 문화권과 시민권에 바탕을 둔 민주주의의 역사는, 전후 LGBT 인권 신장의 두 조건으로 기능해왔다. 반면, 유교 문화권에서 성 소수자의 권리 신장은 더디게 이뤄지고 있고, 이슬람 문화권에서 성 소수자의 권리는 신장은커녕 목

숨을 위협받는 지경에 이르렀다. 무슬림 성 소수자의 가시성 증진과 배제적 정의에 의한 이슬람 문화 정체성의 재정의 현상이 맞물리며, 무슬림 성 소수자의 인권은 오히려 위기를 맞은 상황이다.) 만약 전후 동성애자 정체성의 종족적 성격이 흐려지고, 현대적 의미의 동성애와 그를 구현하는 행위만 남는다면? 일찍이 고어 비달은 전후 게이 정치학의 바탕인 의사-인종성을 부정하고 행위에 초점을 맞췄던 바 있는데, 어쩌면 그가 더 퀴어 현존의 진실에 가까웠을 수도 있다. 문제는 이뿐만이 아니다. 장차 레즈비언과 게이의 권익 교집합이 줄어들게 될 가능성도 큰데, 그렇다면 L-G-B-T라는 오랜 연대의 끈은 어떻게 유지될 수 있을까? 유지되지 않는다면 어찌 될까? 남성 게이들은 다양한 가시화-서사화 전략을 개발-보유하고 있지만 여성 게이, 즉 레즈비언들은 그렇지 않다. B, 즉 양성애자(바이섹슈얼)란 이름은 연대체의 균형과 다양성을 위한 괄호로나 존재하는 것이고, 성전환자(트랜스젠더)의 권익은 종종 게이 레즈비언의 그것에 가려져 LGBT 사회 내에서도 차별을 받았다. 꼭 뭉쳐야 사는 것은 아니지만, 딱히 뭉칠 이유를 찾기 어려운 상황이 지속된다면, LGBT의 연대체는 붕괴하고, 개별화한 L/G/(B)/T의 권리 운동은 자칫 지리멸렬해질 위험이 있다.

2-2. 한국 LGBT 운동의 초기, 커밍아웃을 바탕으로 한 성 소수자 개개인의 가시화 전략이 잘 수립되지 않다 보니, LGBT의 삶을 서사화하는 과제도 잘 진행되지 않았다. 전략적 스토리텔링이 이뤄지지 않으면, 한국에서 LGBT의 사회적 존재감을 드러내 주류 이성애자 사회의 변화를 이끌어내는 일은 불가능에 가까웠을뿐더러,

LGBT 청소년/청년의 정치적 정체화 기제를 계발하기도 어려웠다. 그런 상황에서 일부 커밍아웃한 LGBT가 매스미디어에 출연하는 경우, 출연자 본인이나 취재인이나 공히 LGBT를 불쌍한 타자로 그리고자 하는 경우가 적지 않았다. 성 소수자를 (역할 모델로서) 긍정 재현하는 일의 중요성을 파악하지 못하고 슬픈 타자로 자신을 포장하는 LGBT 개인들의 등장과 축적은, 한국 LGBT 사회 특유의 '방공호 정서'—세상은 성 소수자의 삶에 위해를 가하려 애쓰고 있고, 그로부터 우리 자신을 지키기 위해선 커밍아웃당하지 않을 권리를 보장받는 것이 우선이라고 믿는—를 낳았다. 2015년에 불어 닥친 LGBT 사회 분위기의 변화를 감안하면 이는 머잖아 극복될 것으로 뵈지만, 특정 세대를 가로지르는 특유의 '아웃팅 공포'는 쉽게 지워지지 않을는지도 모른다.

3. 유교적 집단주의가 서구적 개인주의보다 강하게 작동하는 한국의 토착적 LGBT 하위문화에서 HIV/AIDS 이슈는 주된 과제로 논의되지 못했고, 20(00)년대에 접어들어 한국의 게이 청년들은 "AIDS는 게이의 질병만이 아니다"라는 구호를 "AIDS는 게이의 질병이 아니다"로 오용하기 시작했다. 이는 다시, AIDS 대위기의 시기에 서구의 LGBT/퀴어 진영이 수립한 새로운 투쟁 전략을 국내에 적용하기 어렵게 하는 장벽으로 기능했다. 서구적 현대화를 거부하는 일종의 토착화 방벽이 형성되기 시작했던 셈. 한국의 LGBT 사회가 HIV/AIDS 문제를 정면으로 응시하지 않는 사이, 적잖은 감염인/환우 동성애자가 자살로 생을 마감했다. 2016년 현재, 건강미를 과시하는 HIV 감염인 게이 역할 모델은, 한국 사회에 존재하지 않는다. 어쩌면 좋을까.

4. 2014년 동성혼 법제화 이슈가 세계를 문명권과 비문명권으로 재차 양분하는 과정에서 콘치타 부르스트 같은 새로운 드래그 아이콘이 나타나더니, 2015년엔 디즈니 출신의 팝 뮤지션 마일리 사이러스가 드래그 퀸들과 함께 콘서트 투어를 돌았다. 국제적 동성혼 법제화 이후 제1년이었던 2015년 내내, 구미 사회는 트랜스젠더 인권과 페미니스트 이슈에 주목하는 모습을 뵀다. 스포츠 영웅 브루스 제너가 정교한 미디어 플레이를 통해 성전환자로 커밍아웃하며 여성 케이틀린 제너로 거듭나는 모습은 드라마틱하기 짝이 없었다. 국제적 동성혼 법제화의 흐름에 동참하는 데 실패한 한국에서 보자면, 이러한 구미 사회의 진보적 변화는 또 다시 추격하기 어려운 어떤 낙차 혹은 거리로 전화해버린 셈이다. 다행이라면 국내에서도 2015년 내내 페미니스트 이슈가 뜨겁게 타올라, 여성의 권리와 LGBT의 권리를 중첩해 사고할 수 있는 어떤 새로운 지형이 형성됐다는 사실이다. 페미니스트 이슈와 LGBT 이슈의 보다 적극적인 연동을 고민해야 할 때다.

5. 거시적으로 보면, 경제 발전과 민주주의의 심화와 개인주의 문화의 확산이 LGBT 인권의 신장을 좌우한다. 하지만, 동아시아의 정치 체계에서 두드러지는 집권당 우위 모델의 민주주의는, 서구적 절차와 유교적 가치를 혼합-절충해놓은 결과로서, LGBT 인권 신장에 결정적 걸림돌이 된다. (한국, 일본, 싱가포르 등 어느 국가 체제에서도 동성혼 법제화는 집권 여당의 지지를 얻기 어려울 것이다.) 한데, 집권당 우위 모델의 민주주의는 성장과 성과를 전제로 한다. 기대 감소 시대의 동역학이 제 모습을 드러내며, 동아시아의 국제 질서를 재편하는 오

늘, 생각해봐야 할 가능성이 하나 있다. 만약 장기간의 불황으로 국가 경제가 퇴보하는 상황이 지속된다면, 한국에서 집권당 우위 모델의 민주주의는 오늘의 모습으로 유지될 수 있을까? 아마 아닐 것이다. 개헌을 통한 정치 체제의 재편은 모두에게 고통이 되겠지만, 동아시아의 LGBT에게 그 변동기는 의외의 기회가 될 수도 있을 테다.

2010년대도 어느덧 후반을 향하게 됐지만, 여전히 한국의 LGBT 문화는 번역과 토착화의 딜레마에서 자유롭지 못하다. 2015년 하반기엔 게이 현대미술가 듀오 엘름그린 & 드라그셋이 서울의 삼성미술관 플라토에서 대규모 전시를 열며, HIV 감염 예방약인 트루바다 시대의 도래를 승자의 시점에서 기념-과시했는데, 정작 그를 제대로 이해하고 즐긴 한국인 게이 관객은 극소수에 불과했다. 트루바다 시대를 맞은 구미 게이의 상징체계에 부합하는 문해력을 한국인 게이들로부터 기대하는 것은 무리였을까? 탈식민 국가의 동시대 문화가 대체로 그러하다지만, 탈식민 국가의 LGBT 문화는 어떤 지형 변화가 발생하면 자체적 역동성으로 그에 적응하는 데 큰 어려움을 겪기도 한다. 우리 한국인 LGBT가 스스로를 대변하기에 충분한 상징체계를 획득하려면, 어떤 노력을 기울여야 할까? LGBT의 욕망을 발화하고 재현하는 일이 곧바로 주류 질서의 위반으로 간주되던 낭만적 시대는 이제 대단원의 막을 내렸다. 국내외 모두에서 전후 LGBT 문화 체계의 전반이 정상성의 영역으로 급속히 포섭되는 가운데, 한국의 LGBT 청년들이 제 목소리를 키우기 위해 비평적 상징체계를 재창안하려면 뭘 어찌해야 하는 것일까? (현대적 동성애자 정체성의 기본 체계는 바이마르공화국에서 창안된 것으로, LGBT 개념은 아직 채 100년도 되지 않은,

지극히 유동적이고 불완전한 것이란 사실을 상기하자.) 정체성의 정치학이란 낡은 틀을 벗어나 여러 가능태를 망상하고 실험해야 할 시점이다. 커다란 미지의 과제가 새로운 포스트-퀴어 혹은 포스트-LGBT의 영웅을 기다리고 있다. 바야흐로 새로운 시대다. 아직 적당한 이름조차 붙지 않은.

인물

단체 및 사이트

HIV/AIDS 관련 용어

사건 및 이벤트

LGBT 어플리케이션

장소

공연

TV쇼, 드라마, 영상 클립

음악

극영화, 다큐멘터리

글, 단행본

연재 및 연속 간행물

여섯 빛깔 무지개
임근준 외 지음

초판 1쇄 발행. 2015년 12월 15일

기획. 정지은
진행. 인천문화재단
후원. 문화체육관광부, 한국문화예술위원회

편집. 김재석
사진. LESS (김태균)
인쇄 및 제책. 인타임

워크룸 프레스
출판 등록. 2007년 2월 9일 (제300-2007-31호)
03043 서울시 종로구 자하문로16길 4, 2층
전화. 02-6013-3246
팩스. 02-725-3248
이메일. workroom@wkrm.kr
www.workroompress.kr
www.workroom.kr

ISBN 978-89-94207-61-2 03300
값 20,000원

이 책은 2014년 녹음된 팟캐스트 「여섯 빛깔 무지개」의 내용을 기반으로 제작됐으며, 문화체육관광부와 한국문화예술위원회의 '문화다양성 확산을 위한 무지개다리사업'의 지원을 받았습니다.